Praxisbuch Pflegekinderwesen

WIR GEHEN GEMEINSAM IN DIE ZUKUNFT

von Paula Zwernemann
Diplom Sozialarbeiterin FH

© 2009

ISBN: 978-3-00-026837-3

Herausgeber:
PAN Pflege- und Adoptivfamilien NRW e.V.
Walzwerkstr. 14   40599 Düsseldorf
T: 0211-17 99 63 80   Fax: 0211-17 99 63 81
Email: info@pan-ev.de   Internet: www.pan-ev.de

Das Buch ist über den Herausgeber und den Buchhandel zu beziehen.

„Eine Gesellschaft offenbart sich nirgendwo deutlicher als in der Art und Weise, wie sie mit ihren Kindern umgeht.
Unser Erfolg muss am Glück und Wohlergehen unserer Kinder gemessen werden, die in einer jeden Gesellschaft zugleich die verwundbarsten Bürger und deren größter Reichtum sind."

Nelson Mandela

Vorwort

Die Begegnung mit Pflegekindern reicht in meine frühe Kindheit in der Nachkriegszeit zurück. In unserem kleinen Dorf im Schwarzwald waren bei Bauern die „Jugendamtskinder" untergebracht.

Ich sah, wie diese Kinder von früh auf als Arbeitskräfte missbraucht wurden, keine Zeit für die Hausaufgaben bekamen und dafür in der Schule wegen ihrer „Faulheit" mit Schlägen bestraft wurden. Sie mussten, bevor sie sich auf den weiten Schulweg machen konnten, im Stall arbeiten und stanken entsprechend, wofür sie von den Schulkameraden gemieden wurden. Diese Kinder gehörten nicht zur Familie. Sie waren „Niemandskinder", recht- und schutzlos.

Schon als Kind war mir klar, dass diesen Kindern Unrecht geschieht und dass ihr Schicksal verändert werden muss. Der Satz von einem Nachbarjungen begleitete mich, der weinend sagte: „Wenn die (er meinte die Fürsorgerin) nur einmal mit mir reden würde und nicht nur mit dem Lehrer, Pfarrer und den Pflegeeltern!" Ja, ich wollte den Beruf dieser Fürsorgerin ergreifen und nahm mir fest vor, mit den Kindern zu reden und auf sie zu achten.

Nicht die Ersatzfamilie ist das älteste Pflegekindermodell, wie immer wieder zu hören ist, sondern das recht -und schutzlose „Jugendamtskind", das nicht zur Pflegefamilie gehörte. Auch zu Beginn meiner Berufstätigkeit Anfang der 1960iger Jahre war diese Situation noch vielfach anzutreffen.

Dieses Buch spiegelt meine berufliche Erfahrung und auch das Wechselspiel der Theorien im Pflegekinderwesen wider.

Das Buch soll Mut machen, einem Kind, das nicht in der Herkunftsfamilie aufwachsen kann, einen liebevollen Platz in der eigenen Familie einzuräumen, mit der Bereitschaft elterngleiche Bindungen eingehen zu wollen. Es wendet sich auch an Fachkräfte, um sie für die besondere Situation der Pflegefamilie zu sensibilisieren, um somit eine partnerschaftliche und verständnisvolle Begleitung und Unterstützung zu ermöglichen.

Das Buch konnte nur entstehen, weil ich von vielen Menschen tatkräftig unterstützt und begleitet wurde. Das kritische Hinterfragen gab Anregung zur Weiterentwicklung von Gedanken.

Zuerst möchte ich Dr. Harm Kühnemund danken. Das Kapitel über die gutachtliche Stellungnahme beruht auf vielen Gedanken und Anregungen von ihm. Er ist kurz darauf auf tragische Weise tödlich verunglückt.

Mein besonderer Dank gilt Claudia Kobus und Doris Dyriw. Sie haben in unzähligen Stunden meine Entwürfe korrigiert und mit ihrer konstruktiven Kritik mitgestaltet. Sie haben mit mir bei der Entstehung des Buches „mitgelebt". Frau Prof. Dr. Dr. Gisela Zenz danke ich für die Korrektur des Kapitels Vormundschaft.

Ich danke Franz Volk, der mir geholfen hat, wenn mir der Computer Schwierigkeiten machte. Nicht zuletzt möchte ich meiner Familie danken, die mich verständnisvoll begleitete und mir die Zeit und den Raum für meine Arbeit gab.

Diesen und vielen anderen Menschen gilt mein Dank.

Oktober 2008 *Paula Zwernemann*

Wir gehen gemeinsam in die Zukunft

1.	Einleitung	12
2.	**Die Grundbedürfnisse des Kindes**	**14**
2.1.	Das Grundbedürfnis des Kindes nach Versorgung und Bindung	14
2.2.	Die Grundbedürfnisse des Kindes nach Erikson	18
2.3.	Die Qualität der Bindung	21
2.3.1.	Die sichere Bindung	21
2.3.2.	Die unsicher-vermeidende Bindung	22
2.3.3.	Die unsicher-ambivalente Bindung	23
2.3.4.	Die desorganisierte Bindungsstruktur	23
2.4.	Mut zur Elternschaft	26
3.	**Die Deprivation von Säuglingen und Kleinkindern**	**29**
3.1.	Nichtgebundene, distanzlose Kinder	32
3.2.	Familienfähig?	34
3.3.	Die wärmende Sonne von Liebe und Hoffnung	35
3.4.	Das Annehmen von Stärken und Schwächen	36
4.	**Wie wird ein Kind zum Pflegekind?**	**38**
4.1	Die Trennung eines Kindes bei desorganisierter, ambivalenter, krankmachender Bindung	38
4.2.	Was kann der Berater ertragen?	43
4.3.	Schutz und Sicherheit	46
4.4.	Entwicklungsrückstand	47
4.5.	Die Phasen der Integration des Pflegekindes in die Pflegefamilie	48
4.6.	Das sicher gebundene Pflegekind	54
5.	**Die Trennungsangst des Kindes**	**58**
5.1.	Die Trennung eines sicher gebundenen Kindes	58
5.1.1.	Umgangskontakte mit dem Ziel der Rückführung – Herausgabeverlangen	62
5.1.2.	Die Legende der „sanften Umgewöhnung"	69
5.1.3.	Der kindliche Zeitbegriff und der Antrag auf Verbleib des Pflegekindes gemäß § 1632 Abs. 4 BGB	70
5.1.3.1.	Der kindliche Zeitbegriff	70
5.1.3.2.	Der Antrag auf Verbleib gemäß § 1632 Abs. 4 BGB	75
5.1.3.3.	Das Antragsrecht der Pflegeperson auf Erlass einer Verbleibensanordnung gemäß § 1632 Abs. 4 BGB	81
5.1.3.4.	Das Tätigwerden von Amts wegen	82
5.1.4.	Die Trennung eines Kindes im nicht erinnerungsfähigen Alter	83

5.1.5.	Ist Trennungsleid Wirklichkeit, obwohl es nicht genau messbar ist?	90
6.	**Wie wird eine Familie zur Pflegefamilie?**	**94**
6.1.	Die beste Werbung für neue Pflegefamilien sind zufriedene Pflegeeltern	94
6.2.	Geschichtlicher Rückblick	94
6.2.1.	Organisationsformen des Pflegekinderdienstes	94
6.2.2.	Gruppenarbeit mit Pflegefamilien öffnet neue Wege	96
6.2.3.	Welche Änderungen galt es in die Wege zu leiten?	97
6.2.4.	Lernen im Tun	99
6.3.	Hilfreiche Erfahrungen aus unserer Arbeit	100
6.4.	„Zehn Gebote" für die Gewinnung von Pflegeeltern	103
7.	**Werdende Pflegeeltern**	**104**
7.1.	Pflegeeltern brauchen Vorbereitung	104
7.2.	Hilfreiche Fragen für eine realistische Selbsteinschätzung	105
7.3.	Die Vermittlungsphase: Wie man einen Realitätsschock vermeiden kann	108
7.4.	Entscheidungskriterien	110
7.5.	Darf man Geschwister bei der Vermittlung trennen?	114
7.6.	Die psychosoziale Diagnose bei der Unterbringung ist immer nur vorläufig	118
7.7.	Wenn Kind und Pflegeeltern doch einmal nicht zusammen passen	119
8.	**Die Rolle des Jugendamtes bei der Beheimatung eines Kindes**	**120**
8.1.	Fachliche Ausrichtung des Jugendamtes	121
8.1.1.	Verhältnis Jugendamt – Pflegefamilie	121
8.1.2.	Der Sozialraum des Pflegekindes	122
8.1.3.	Wie wird das Wächteramt des Jugendamtes ausgeübt?	127
8.1.4.	Fachliche und sachliche Ausstattung des Pflegekinderdienstes	135
8.2.	Das Jugendamt als zweigliederige Behörde - Aufbau und Aufgaben des Jugendamtes	136
8.3.	Zusammenarbeit mit den Trägern der freien Jugendhilfe und in der Jugendhilfe ehrenamtlich tätiger Vereine	138
8.4.	Qualitätsstandard im Pflegekinderwesen	140
8.4.1.	Historischer Rückblick auf die „rechtlosen Jugendamtskinder"	142
8.4.2.	Gibt es einheitliche Standards im Pflegekinderwesen?	144
8.4.3.	Ein Blick über die deutsche Grenze	147
8.4.4.	Die Notwendigkeit der Weiterentwicklung von Qualitätsstandards	150
8.4.5.	Die Erziehungswirklichkeit und der pädagogische Bezug in der Familie	151

8.4.6.	Die professionelle Familie?	153
8.4.7.	Fakten, die eine Qualitätsentwicklung verhindern	154
8.4.8.	Veränderungen, die eine Qualitätsentwicklung ermöglichen	154
8.4.9.	Eine Konzeption, die sich in der Praxis bewährt hat	155
9.	**Der Hilfeplanungsprozess**	**161**
9.1.	Was ist Hilfeplanung?	161
9.2.	Die Doppeleignung als Pflege- und Adoptiveltern	161
9.3.	Die psychosoziale Diagnose	163
9.4.	Die Beteiligung der Betroffenen	171
9.5.	Vollzeitpflege als geeignete Hilfeform	172
9.6.	Die Qualifizierung der Fachkräfte	177
9.7.	Die Aufnahme des Kindes in der Pflegefamilie	179
9.8.	Das Hilfeplangespräch	181
9.9.	Der Inhalt des Hilfeplans	183
9.10.	Die Fortschreibung des Hilfeplans	184
10.	**Die Bestellung von Pflegeeltern als Einzelvormünder**	**189**
10.1.	Die rechtliche Situation von Pflegekindern bei der Unterbringung in Vollzeitpflege	189
10.1.1.	Die Unterbringung des Kindes aufgrund eines Antrags der Eltern gemäß § 27 SGB VIII	189
10.1.2.	Die Unterbringung des Kindes aufgrund eines Sorgerechtsentzugs gemäß § 1666 BGB	191
10.1.3.	Die Unterbringung des Kindes aufgrund einer Inobhutnahme gemäß § 42 SGB VIII durch das Jugendamt	192
10.2.	Die elterliche Sorge bei der Unterbringung des Kindes in Familienpflege	195
10.2.1.	Die Alltagssorge gemäß § 1688 BGB	195
10.2.2.	Die Grenzen der Alltagssorge	196
10.3.	Die Vollmacht für die Wahrnehmung von Angelegenheiten der elterlichen Sorge	199
10.4.	Die Übertragung von Teilen der elterlichen Sorge nach § 1630 Abs. 3 BGB auf die Pflegeeltern	199
10.4.1.	Grundsätzliche Überlegungen und gesetzliche Grundlagen nach § 1630 Abs. 3 BGB	200
10.4.2.	Welche Teile der elterlichen Sorge benötigen Pflegeeltern bei einer Übertragung?	202
10.5.	Grundsätzliches zur Vormundschaft und Pflegschaft	202
10.5.1.	Rechtliche Voraussetzungen zur Einrichtung einer Vormundschaft	202
10.5.2.	Gemeinsame Vormundschaft eines Ehepaares	203

10.5.3.	Die Mitvormundschaft gemäß § 1797 Abs. 1 BGB	204
10.5.4.	Die Bestellung eines Gegenvormundes gemäß § 1799 BGB	205
10.5.5.	Die Entziehung der Vormundschaft gemäß § 1796 BGB	205
10.5.6.	Die Auswahl eines Vormundes oder Pflegers gemäß § 1779 BGB	205
10.6.	Gesetzliche Bestimmungen zu Pflichten und Rechten des Vormundes	208
10.7.	Pflegeeltern als Einzelvormünder / Pfleger	212
10.7.1.	Vormundschaft als Nachbildung der elterlichen Sorge	212
10.7.2.	Vorläufige Gründe für ein Jugendamt, die Pflegeeltern nicht als Vormünder vorzuschlagen	213
10.7.3.	Stärkung der Erziehungskompetenz und Verantwortlichkeit der Pflegeeltern	214
10.7.4.	Beratung und Kontrollfunktion des Jugendamtes gegenüber den Pflegeeltern als Vormünder	215
10.8.	Rückblick über berufliche Erfahrungen hinsichtlich von Pflegeeltern als Vormünder	216
11.	**Diskussion über behördeninterne Organisationsformen des Amtsvormundschaftswesens**	**219**
11.1.	Offene Fragen: Amtsvormundschaft oder Einzelvormundschaft bei der Unterbringung des Kindes?	219
11.2.	Geschichtlicher Rückblick auf die Organisationsformen	221
11.3.	Verwirrung durch unklare Funktionstrennung in den Ämtern	222
11.4.	Interessenkonflikt: Vertretung des Kindes und Leistungserbringer	222
11.5.	Einzelvormundschaft/Pflegschaft versus Amtspflegschaft am Anfang des Pflegeverhältnisses	223
11.6.	Fachdiskussion über die Zusammenführung von Amtsvormundschaftswesen und Betreuungswesen von Erwachsenen in einer eigenständigen Interessenvertretungsbehörde	224
12.	**Umgangskontakte bei Pflege- und Adoptivkindern**	**226**
12.1.	Einleitung	226
12.2.	Risiko- und Schutzfaktoren bei Umgangskontakten	232
12.3.	Risikofaktoren, die zum Misslingen der Umgangskontakte beitragen	234
12.4.	Schutzfaktoren, die zum Gelingen der Umgangskontakte beitragen	235
12.5.	Bedingungen, die zum Gelingen oder zum Misslingen der Umgangskontakte führen	240
12.6.	Günstige Voraussetzungen für über Jahre gut verlaufende Umgangskontakte	242
12.7.	Fazit	244

13.	**Die Identitätsentwicklung des Kindes und Jugendlichen**	**249**
13.1.	Biologische und soziale Elternschaft	249
13.2.	Wie entwickelt sich die persönliche Identität, das Selbstwertgefühl?	253
13.3.	Die Phasen der Identitätsbildung	256
13.3.1.	Die oral-sensorische Phase	256
13.3.2.	Die anale-muskuläre Phase	258
13.3.3.	Die infantil-genital-lokomotorische Phase	259
13.3.4.	Werksinn gegen Minderwertigkeit - Latenzphase	261
13.3.5.	Pubertät und Adoleszenz	262
13.4.	Die besondere Situation der Pflege- und Adoptivkinder bei der Identitätsentwicklung	264
13.5.	Biografiearbeit	267
14.	**Namensänderung bei Pflegekindern**	**275**
14.1.	Die Bedeutung des Namens bei Pflegekindern	275
14.2.	Die rechtlichen Voraussetzungen für eine Namensänderung bei einem Pflegekind	277
14.3.	Welche Schritte sind erforderlich, wenn eine Namensänderung eingeleitet werden soll?	280
15.	**Datenschutz in Pflegefamilien**	**282**
15.1.	Datenschutz – Lebensschutz	283
15.2.	Die Sozialdatenerhebung beim Betroffenen und ohne Mitwirkung des Betroffenen	283
15.2.1.	Die Sozialdatenerhebung beim Betroffenen	283
15.2.2.	Die Sozialdatenerhebung ohne Mitwirkung des Betroffenen	284
15.3.	Die Übermittlung der Sozialdaten	285
15.4.	Der Grundsatz der Zweckbindung und Nutzung bei der Datenübermittlung	285
15.5.	Die Handhabung von Sozialdaten	286
15.6.	Ein Fallbeispiel von falsch verstandenem Datenschutz und die Folgen	287
15.7.	Datenschutz und Biografiearbeit	294
16.	**Die innere Haltung des Beurteilenden – Zum Umgang mit wissenschaftlichen Erkenntnissen**	**296**
16.1.	Was versteht man unter einem Gutachten?	296
16.1.1.	Grundsätzliches zum Aussagewert von Gutachten	297
16.1.2	Was ist beim Lesen eines Gutachtens bzw. einer Stellungnahme zu beachten? Fragenkatalog zur Beurteilung eines Gutachtens im Pflegekinderwesen	298

16.1.3. Erfahrungen des Gutachters aus der Praxis des Pflegekinderwesens	300
16.1.4. Zur Verknüpfung von „Erkenntnis und Interesse"	302
16.2. Eine Studie – Handlungsmuster der Jugendämter	303
17. Beistände als Begleiter der Pflegefamilien	**311**
18. Resümee	**321**
19. Erfahrungsberichte	**331**
20. Das FGG Reformgesetz: FamFG und das Pflegekind	**360**
21. Für Pflegekinder bedeutsame Gesetze und Rechtssprechungen	**366**
Auszug aus dem Grundgesetz für die Bundesrepublik Deutschland (GG)	366
Auszug aus dem Sozialgesetzbuch (SGB) Achtes Buch (VIII) Kinder- und Jugendhilfegesetz (KJHG)	367
Auszug aus dem Bürgerlichen Gesetzbuch (BGB)	378
Auszug aus dem Gesetz über das Verfahren in Familiensachen und in den Angelegenheiten der freiwilligen Gerichtsbarkeit (FamFG) (FamFG tritt am 1. September 2009 in Kraft)	382
Auszug aus dem Gesetz über die Angelegenheiten der freiwilligen Gerichtsbarkeit (FGG) FGG wird ab 1. September 2009 vom Reformgesetz (FamFG) abgelöst	388
Auszug aus dem Gesetz über die religiöse Kindererziehung vom 15.07.1921	390
Auszug aus dem Namensänderungsgesetz (NamÄndG)	390
Die Rechtssprechung des Verfassungsgerichtes zum Pflegekind	391
22. Musteranträge	**394**
23. Literaturverzeichnis	**432**
24. Stichwortverzeichnis	**436**

1. Einleitung

Fast täglich wird in der Beratungsarbeit der Mangel an geeigneter Fachliteratur deutlich. Pflegeeltern fragen immer wieder danach, wie sie sich umfassend über die Situation des Pflegekindes informieren können, ohne mehrere Bücher lesen zu müssen.

Dieses Buch führt rechtliche, sozialpädagogische und psychologische Aspekte für eine Pflegekinderpädagogik zusammen, um den Pflegefamilien und den mit Pflegefamilien beschäftigten Fachkräften konkrete Hilfestellung im Alltag zu geben. Es ist ein Buch aus der Praxis für die Praxis. Es zeigt auf, wie sich wissenschaftlicher Erkenntnisstand und tägliche Praxis gegenseitig ergänzen.

Vor diesem Hintergrund liegen mir folgende Ziele besonders am Herzen:
- Prüfung des Einzelfalles, das Anschauen der so oder so gestalteten Realität sowie nicht zuletzt die Beachtung der Vielfalt menschlicher Schicksale,
- Verstehen von Kindern mit belastenden Vorerfahrungen,
- Anregungen geben für die Gestaltung des pädagogischen Alltags,
- Information über die rechtliche Situation des Pflegekindes,
- Rechte von Kindern, Pflegeeltern, Herkunftseltern und Jugendämtern,
- Zusammenarbeit zwischen Jugendamt und Pflegeeltern auf der Basis einer Partnerschaft mit Transparenz, Rollenklarheit, Wertschätzung und Vertrauen.

Ausgehend von diesen Zielen, wendet sich dieses Buch
- an Menschen, die sich mit dem Gedanken tragen, einem zunächst fremden Kind einen Platz in ihrer Familie einzuräumen
- an Pflegeeltern, die bereits ein Kind aufgenommen haben und dabei sind, den Alltag einer Pflegefamilie mit all seinen Höhen und Tiefen zu bestehen
- an Fachkräfte, die Pflegefamilien und Herkunftseltern auf ihrem nicht immer leichten Weg begleiten.

Mit Fachkräften sind nicht nur Sozialpädagogen der Pflegekinderdienste gemeint, sondern auch Pflegeeltern und im weitesten Sinne alle Fachkräfte, die beruflich in irgendeiner Weise Pflegekindern begegnen: Fachkräfte des Allgemeinen Sozialdienstes, Erzieher, Lehrer, Heimerzieher, Psychologen, Therapeuten, Rechtsanwälte, Ärzte und andere mehr*.

Auch Fachkräfte, die eher am Rande mit Pflegekindern zu tun haben, erhalten hier eine praxisnahe Zusammenfassung wesentlicher Aspekte der Arbeit mit

---
* Die Anrede gilt grundsätzlich für weibliche und männliche Personen.

Pflegekindern sowie der besonderen Probleme, die Pflegefamilien im Alltag zu bewältigen haben.

Pflegeeltern und Fachkräfte haben das gemeinsame Anliegen, dem Kind eine dauerhafte Beheimatung zu sichern und die unvermeidlichen Stolpersteine anzuschauen, die ihnen auf diesem Weg begegnen. Ich möchte ihnen Hilfen zum Finden eines guten Weges anbieten.

Bis heute führt die Pflegekinderpädagogik ein stiefmütterliches Dasein im Schatten anderer Themen. Immer wieder werden Pflegekinder mit Scheidungskindern gleichgesetzt. Dabei wird völlig übersehen, dass die Vorerfahrungen dieser Kinder auf dramatische Weise anders sind. Für Pflegekinder war oder ist in der Herkunftsfamilie eine dem Wohl des Kindes oder Jugendlichen entsprechende Erziehung nicht gewährleistet (§ 27 Sozialgesetzbuch Achtes Buch SGB VIII). Bei Scheidungskindern liegen in der Regel andere Voraussetzungen vor. Das Kind bleibt bei einem Elternteil, zu dem es eine sichere Beziehung hat. Es wurde trotz der Konflikte in der Paarbeziehung der Eltern weder vernachlässigt noch misshandelt. In der Regel liebt es beide Elternteile.

In diesem Buch wird die Problematik von Pflege- und Adoptivkindern gemeinsam behandelt, auch wenn die rechtliche Stellung nicht die gleiche ist. Entscheidend ist die Gemeinsamkeit der psychosozialen Situation: Pflege- und Adoptivkinder, Stiefelternadoption ausgenommen, wachsen nicht bei ihren biologischen Eltern auf, sondern leben mit ihren sozialen Eltern zusammen. Eine weitere Gemeinsamkeit: Beide sind von belastenden Vorerfahrungen bis zurück in die vorgeburtliche Zeit geprägt. Auch hier ist wiederum der Hinweis wichtig: Ausschlaggebend für den guten Weg im Sinne des Kindes ist nicht allein die rechtliche Situation, sondern zuallererst das Gelingen einer tragfähigen Eltern-Kind-Bindung.

2. Die Grundbedürfnisse des Kindes

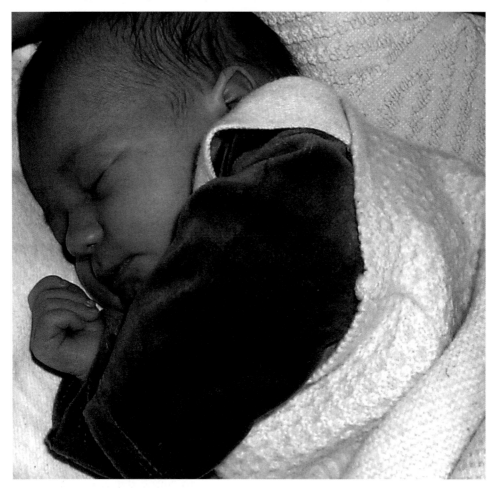

2.1. Das Grundbedürfnis des Kindes nach Versorgung und Bindung

Das neugeborene Kind ist lange Zeit auf Hilfe und Versorgung durch andere Personen angewiesen. Der Säugling ist ein Bündel von Bedürfnissen, angewiesen auf eine verlässliche Bezugsperson, die seine Grundbedürfnisse nach Nahrung, Pflege, Zuneigung, Förderung und Schutz befriedigt.

Der Säugling kommt mit dem angeborenen Bedürfnis nach dauerhafter Zugehörigkeit zu betreuenden Menschen auf die Welt. Er prägt sich ein, wer ihn betreut, und bindet sich an diesen Betreuer.

Der Säugling kann seine Bedürfnisse nur durch Schreien, Lächeln, Blicke, Mimik, Anspannung bis hin zur Verkrampfung und Abwehr äußern. Er ist darauf angewiesen, dass sein Schreien gehört, sein Blick beantwortet und seine Angst beruhigt wird. Er braucht die Sicherheit, dass sein Hunger gestillt, sein Durst gelöscht, sein Körper und seine Seele liebevoll gepflegt und seine Not wahrgenommen wird. Für ihn ist es eine Katastrophe, wenn die Umwelt sein Schreien als einen Angriff auf die Autorität und auf die Bedürfnisse der Elternpersönlichkeit missversteht.

In dem sensiblen Wechselspiel zwischen Säugling und Bezugsperson bildet sich eine sichere Bindung heraus. Eine solche sichere Bindung ist die Grundlage und Grundvoraussetzung für eine gesunde Entwicklung.

Der Säugling braucht das Gefühl, dass er Einfluss auf die Welt nehmen kann. Er muss wissen, dass seine Bezugsperson für ihn da ist, froh mit ihm spielt und mit allem versorgt, was er zu seinem Wohlfühlen braucht. In der frühen Kindheit entscheidet sich, ob das Urvertrauen oder das Urmisstrauen als Grundgefühl im Leben dominiert.

Bernhard Hassenstein[1] geht davon aus, dass der Säugling die Eigenschaften seiner Betreuer zunächst vielleicht mit dem Geruchssinn, bestimmt aber mit dem Berührungs- und Gehörsinn verinnerlicht. Je mehr sich in den ersten Lebensmonaten das Sehen und Formen des Erkennens ausbildet, richtet sich die Aufmerksamkeit des Säuglings auf das Gesicht des Betreuers. Im heiteren Kontakt zwischen der Bezugsperson und dem Säugling lernt das Kind sein Gegenüber immer besser kennen und es entsteht ein Wechselspiel des Aufeinander–Eingehens. Im Verlauf des zweiten Lebensvierteljahres beginnt das Kind, auf bekannte und unbekannte Menschen verschieden zu reagieren. B. Hassenstein[2] beschreibt das Wechselspiel zwischen Mutter und Kind zu Beginn des Fremdelns wie folgt:

„Das Fremdeln des kleinen Kindes bestätigt der Mutter: Das Kind kann sie nun von anderen Menschen unterscheiden, und es will bei ihr bleiben. Es zeigt dadurch seine Zugehörigkeit und verpflichtet zugleich die Mutter, auch ihrerseits dem Kind die Treue zu halten.

Der Bindungsvorgang beginnt in den ersten Lebensmonaten. Zwischen dem sechsten und zwölften Lebensmonat ist er in seiner eigentlichen kritischen Phase. Unter der Voraussetzung einer ungestörten Beziehung zwischen dem Kind und seiner Hauptbezugsperson ist der Bindungsvorgang in der Regel etwa

---

1 Hassenstein 2001
2 Hassenstein 2001, S. 38ff

mit dem 24. Lebensmonat soweit abgeschlossen, dass – beim weiteren Erhaltenbleiben des entstandenen Eltern-Kind-Verhältnisses – eine zuverlässige Basis für die künftige seelisch-geistige Entwicklung des Kindes geschaffen ist".

Die Funktion des Bindungsverhaltens, welche die Nähe der Bindungsperson herstellt, sieht John Bowlby[3], der Begründer der Bindungslehre, erstens in der Gewährleistung des Schutzes des Kindes vor Gefahren, die das Kind noch nicht kennt, und in der Begegnung der Angst des Kindes vor Fremden. Zweitens hat das Kind darüber hinaus in der Gesellschaft seiner Familie die Möglichkeit, Tätigkeiten und Dinge zu erfahren, die es für sein Überleben und seine Rolle in der Gemeinschaft vorbereitet. Das menschliche Streben nach Nähe zu vertrauten Personen bei Angst und Trauer, um Schutz und Beistand zu finden, beruht auf einer lebensnotwendigen Verhaltensdisposition besonders während der Zeit der Unreife. Von der sicheren Basis dieser engen und vertrauten Bezugsperson aus kann Neues, sogar Ängstigendes, vertraut gemacht werden.[4]

J. Bowlby[5] entwickelte fünf Postulate für die Bindungstheorie:
1. Für die seelische Gesundheit des sich entwickelnden Kindes ist kontinuierliche und feinfühlige Fürsorge von herausragender Bedeutung.
2. Es besteht die biologische Notwendigkeit, mindestens eine Bindung aufzubauen, deren Funktion es ist, Sicherheit zu geben und gegen Stress zu schützen. Eine Bindung wird zu einer erwachsenen Person aufgebaut, die als stärker und weiser empfunden wird, so dass sie Schutz und Versorgung gewährleisten kann. Das Verhaltenssystem, das der Bindung dient, existiert gleichrangig und nicht etwa nachgeordnet mit den Verhaltenssystemen, die der Ernährung, der Sexualität und der Aggression dienen.
3. Eine Bindungsbeziehung unterscheidet sich von anderen Beziehungen besonders darin, dass bei Angst das Bindungssystemverhalten aktiviert und die Nähe zur Bindungsperson aufgesucht wird, wobei Erkundungsverhalten aufhört. Andererseits hört bei Wohlbefinden die Aktivität des Bindungsverhaltenssystems auf und die Erkundigungen und das Spiel setzen wieder ein.
4. Individuelle Unterschiede in Qualität von Bindungen kann man an dem Ausmaß unterscheiden, in dem sie Sicherheit vermittelt.
5. Mit Hilfe der kognitiven Psychologie erklärt die Bindungstheorie, wie früh erlebte Bindungserfahrungen geistig verarbeitet und zu inneren Modellvorstellungen von sich und anderen werden.

---

3   Bowlby 1991
4   Harlow 1958
5   Bowlby 1979

Bindungsverhalten wird nur unter Belastung gezeigt, aber eine Bindung besteht kontinuierlich über Raum und Zeit hinweg. Karin Grossmann und Klaus Grossmann[6] beschreiben, was in der täglichen Praxis im Umgang mit Kindern immer wieder beobachtet werden kann, nämlich, dass Bindungsverhalten um so häufiger und deutlicher beobachtbar ist, je mehr das Kind die Nähe seiner Bindungsperson braucht. Dies ist dort zu beobachten, wo das Kind müde, ängstlich, traurig, erschöpft ist oder besonders ausgeprägt dort, wo es spürt, dass es von seiner Bindungsperson getrennt werden soll.

Die Bindung ist bei der Geburt nicht vorhanden. Sie entwickelt sich im Laufe des ersten Lebensjahres. Die Bindungsperson bietet Schutz, Trost und Wohlbehagen. Sie ist das Zentrum der Welt des Kindes geworden. Die Bindungsperson ist die Quelle der Sicherheit und des Vertrauens. Das Kind braucht die Rückversicherung, dass diese Lebensgrundlage durch nichts in Frage gestellt wird. Es weiß, wohin es fliehen kann, wenn es Angst hat. Wenn es diese Sicherheit verliert, fühlt es sich verloren.

Ohne diese Sicherheitsbasis kann es keine gesunde Entwicklung eines Kindes geben.

Die Feinfühligkeit der Betreuungsperson
Die Feinfühligkeit der Betreuungspersonen ist ausschlaggebend, ob das Kind eine sichere Bindung entwickeln kann und von dieser Sicherheitsbasis aus positiv auf die Welt zugehen kann.[7]

K. Grossmann/K. Grossmann sprechen von der mütterlichen Feinfühligkeit in der Beantwortung der Signale des Kindes. Sie nennen liebevolle Nähe zu einer schützenden Bindungsperson „Sicherheit durch Nähe" und den sicheren Rückhalt durch die Bindungsperson „Sicherheit beim Explorieren". Beides zusammen gehört zum gesamten Spektrum der psychischen Sicherheit, die aus der Bindungssicherheit erwächst.[8]

Bindung ist die besondere Beziehung eines Kindes zu der Person, die es beständig betreut. Sie ist in den Emotionen verankert und verbindet das Individuum mit anderen, besonderen Personen über Raum und Zeit hinweg. Mary Ainsworth[9] hat in den 1950er Jahren und danach die individuelle Qualität der Bindung zwischen Mutter und Kind untersucht und auf bestimmte qualitative Ver-

---

6 Grossmann/Grossmann 2004, S.70
7 Grossmann/Grossmann 2004
8 Grossmann/Grossmann 2004, S. 55ff
9 Ainsworth 1973a

haltensweisen der Mütter und auf kindliche Ausdrucksweisen zurückgeführt. In vielen nachfolgenden Untersuchungen wurden diese Ergebnisse bestätigt.

Die Entwicklung einer sicheren Organisation von Emotionen führt sie auf dasjenige Verhalten von Müttern zurück, das sie als mütterliche Feinfühligkeit gegenüber den Signalen des Säuglings beschreibt. Innerhalb feinfühliger Interaktion berücksichtigt eine Mutter die Gefühle des Kindes, bezieht sie auf sein Erleben und bemüht sich, die Bedingungen nachhaltig zu verbessern und dem Kind wirkungsvoll Trost zu spenden.

M. Ainsworth definiert mütterliche Feinfühligkeit wie folgt:
1. Die Wahrnehmung des Befindens des Säuglings, d.h. sie hat das Kind aufmerksam „im Blick", ist geistig präsent und hat keine zu hohe Wahrnehmungsschwelle.
2. Die „richtige" Interpretation der Äußerungen des Säuglings aus seiner Sicht und gemäß seinem Befinden, und nicht gefärbt durch ihre eigenen Bedürfnisse.
3. Eine „prompte" Reaktion, damit der Säugling den Zusammenhang zwischen seinem Verhalten und der mütterlichen Handlung, eine Assoziation, bilden kann. Eine prompte Reaktion vermittelt ihm ein Gefühl der Wirksamkeit seines Verhaltens und seiner Signale im Gegensatz zur Hilflosigkeit, die sich einstellt, wenn das Verhalten „nutzlos" ist; und
4. Die „Angemessenheit" der Reaktion, die dem Säugling gibt, was er braucht. Die „Angemessenheit" der mütterlichen Reaktion verändert sich mit der Entwicklung des Kindes.

Feinfühligkeit unterscheidet sich von der Überbehütung. Die Selbstbestimmung - auch schon des Säuglings - ist zu achten. Das Kind darf nicht überwältigt werden. Es kann nicht beliebig über den Körper des Kindes verfügt werden. Wenn das Kind Nähe sucht, wird die feinfühlige Bindungsperson dies wahrnehmen, wenn es nicht geküsst werden will, ebenfalls.

2.2. Die Grundbedürfnisse des Kindes nach Erikson

Das Entstehen von Urvertrauen – Urmisstrauen beim Säugling und Kleinkind

In Anlehnung an Siegmund Freud teilt Erik Erikson den Lebenslauf des Menschen in verschiedene Phasen ein. Für die gesunde Entwicklung muss jede Phase in positivem Sinn bewältigt werden. Besondere Bedeutung, für die gesunde Persönlichkeitsentwicklung, misst er der frühen Kindheit und den ersten Bezugspersonen bei, die für die gesunde Persönlichkeitsentwicklung, als Eckstein, das Urvertrauen grundlegen.

Die Phasen der Kindheit charakterisiert E. Erikson[10] wie folgt:
- "Ich bin, was man mir gibt;
- ich bin, was ich will;
- ich bin, was ich mir zu werden vorstellen kann;
- ich bin, was ich lerne."

E. Erikson geht davon aus, dass der Sozialisationsprozess lebenslang dauert. Er stellt jeweils zwei Pole dar, die erfolgreiche und die erfolglose Bewältigung der Lebensaufgabe.

Im ersten Lebensjahr entwickelt sich bei dem Gelingen der Lebensaufgabe das Urvertrauen, beim Misslingen das grundlegende Misstrauen in das Leben. Dies entspricht etwa der Entwicklung von sicheren und unsicheren Bindungsqualitäten.[11] Im zweiten Lebensjahr steht das Streben nach Selbstständigkeit im Vordergrund, das nur gelingen kann, wenn das Kind den sicheren Rückhalt bei seinen Bindungspersonen hat. Wenn das Ziel nicht erreicht werden kann, gewinnen Angst und Zweifel die Oberhand.

Die dritte Phase der kindlichen Entwicklung setzt E. Erikson etwa im vierten und fünften Lebensjahr an. Das Kind identifiziert sich mit seinen Bindungspersonen – in der Regel den Eltern – und entwickelt in den Erfahrungen mit diesen sein eigenes Weltbild, das eng mit den Bindungspersonen verbunden ist. Wenn die Beziehung gestört ist, treten Gefühle von Apathie, Interessenlosigkeit, Ziellosigkeit und Schuldgefühle auf. Er beschreibt diese Gefühle im Gegensatz zu dem Gelingen, welches eine autonome Persönlichkeitsentwicklung entstehen lässt, als ängstliches, rigides, fremdbestimmtes Gewissen und als unrealistisches Ich-Ideal.

Wenn das Kind das Vertrauen hat, dass es den Anforderungen gewachsen ist und eine positive Grundstimmung und damit Hoffnung auf Erfolg hat, kann es eine hohe Lernmotivation entwickeln, wenn jedoch das Vertrauen in die eigene Person in der frühen Kindheit nicht entwickelt werden konnte, so ist die Misserfolgsorientierung leistungshemmend. Das Gefühl von Tüchtigkeit und Selbstwirksamkeit oder Versagen und Selbstzweifel wird in der ersten Phase der Kind-

---
10 Erikson 1973
11 Grossmann/Grossmann 2004, S. 360

heit gelegt. In der mittleren Kindheit entwickelt sich Freude am Tun, Fleiß, Betriebsamkeit mit guten Zielen. Die Schule hat dabei eine wichtige Rolle.

Die Tabelle nach E. Erikson stellt die verschiedenen Phasen der Entwicklung dar.

	A Psychosoziale Krisen	B Umkreis der Beziehungspersonen	C Elemente der Sozialordnung	D Psychosoziale Modalitäten	E Psychosexuelle Phasen
I	Vertrauen gg. Mißtrauen	Mutter	Kosmische Ordnung	Gegeben bekommen, Geben	Oral-respiratorisch, sensorisch kinästhetisch (Einverleibungsmodi)
II	Autonomie gg. Scham, Zweifel	Eltern	„Gesetz und Ordnung"	Halten (Festhalten), Lassen (Loslassen)	Anal-urethral Muskulär (Retentiv-eliminierend)
III	Initiative gg. Schuldgefühl	Familienzelle	Ideale, Leitbilder	Tun (Drauflosgehen), "Tun als ob" (= Spielen)	Infantil-genital Lokomotorisch (Eindringend, einschließend)
IV	Werksinn gg. Minderwertigkeitsgefühl	Wohngegend, Schule	Technologische Elemente	Etwas „Richtiges" machen, etwas mit anderen zusammen machen	Latenzzeit
V	Identität und Ablehnung gg. Identitätsdiffussion	„Eigene" Gruppen, „die Anderen". Führer-Vorbilder	Ideologische Perspektiven	Wer bin ich (wer bin ich nicht), Das Ich in der Gemeinschaft	Pubertät
VI	Intimität und Solidarität gg. Isolierung	Freunde, sexuelle Partner, Rivalen, Mitarbeiter	Arbeits- und Rivalitätsordnungen	Sich im anderen verlieren und finden	Genitalität
VII	Generativität gg. Selbstabsorption	Gemeinsame Arbeit, usammenleben in der Ehe	Zeitströmungen in Erziehung und Tradition	Schaffen, Versorgen	
VIII	Integrität gg. Verzweiflung	„Die Menschheit", "Menschen meiner Art	Weisheit	Sein, was man geworden ist; wissen, dass man einmal nicht mehr sein wird.	

2.3. Die Qualität der Bindung

Die Qualität der frühen Bindung ist die Grundlage für das Selbstwertgefühl des Kindes und beeinflusst die Beziehung zu Gleichaltrigen und anderen Personen lebenslang.[12]

In einer Untersuchung junger Erwachsener zeigte sich, dass die Fürsorge, die sie einst erhalten hatten, und die Fürsorge, die sie jetzt ihren Babys gaben, einander sehr ähnlich waren.[13]

Die Feinfühligkeit, mit der dem Kind begegnet wird, ist ausschlaggebend für die weitere kindliche Entwicklung.

2.3.1. Die sichere Bindung

Die sichere Bindung ist erkennbar an der offenen Kommunikation besonders der negativen Gefühle und daran, dass sich das Kind erfolgreich trösten lässt und in Anwesenheit der Bindungsperson unbekümmert spielt.[14]

Eine gelungene sichere Bindung wird auch bei Abwesenheit der Bindungsperson aufrechterhalten. Wenn eine solche Bindung an die leiblichen Eltern besteht, hat die Jugendhilfe die Pflicht, diese Trennung so kurz wie möglich zu halten.

Ich erinnere mich an einen sechsjährigen Jungen, der nach dem Tod der alkoholkranken Mutter von dem ebenfalls alkoholkranken Vater getrennt werden musste, weil dieser nicht in der Lage war, den Alltag für sich zu meistern. Auch während der stationären Therapie war er längere Zeit so mit sich beschäftigt, dass er keinen Kontakt zu seinem Sohn wollte. Als der Vater nach circa zwei Jahren ohne Umgangskontakte diese wieder aufnahm, war es auch für die Pflegeeltern klar, dass der Junge eine enge Bindung an den Vater hatte. Das war darauf zurückzuführen, dass der Vater seinen Jungen längere Zeit in einer entscheidenden Entwicklungsphase zuverlässig versorgt hat. Der Vater war positiv in der Erinnerung des Jungen vorhanden: „Er hat eine tolle Suppe gekocht". Die Heimkehr zum Vater bedurfte keiner „Umgewöhnung".

Diese Entwicklung konnte ich außer in diesem Fall nur dann beobachten, wenn die Hauptbezugsperson wegen einer Krankheit kurzfristig ausfiel.

Eine sichere Bindung an die Herkunftseltern konnte ich, von wenigen Ausnahmen abgesehen, bei keinem Pflegekind beobachten. Wenn eine sichere Bindung

---

12   Sroufe 2000
13   Grossmann/Grossmann 2004, S. 87
14   Grossmann/Grossmann 2004, S. 145

vorhanden ist, wird dieses Kind nicht zum Pflegekind. In diesem Fall muss von der Jugendhilfe mit ambulanten Hilfen die Trennung und damit das Trennungsleid verhindert werden.

Ein sicher gebundenes Kind erlebt und hat die Zuversicht, dass es Hilfe, Unterstützung, Beruhigung und Trost zuverlässig erhält. Wenn es das elterliche Mitgefühl erlebt, ist schon das kleine Kind fähig, Mitgefühl mit anderen zu entwickeln.

2.3.2. Die unsicher-vermeidende Bindung

Diese Kinder verfolgen, ebenfalls wie das sicher gebundene Kind, das Ziel, in der Fremde nicht verlassen zu werden. Diese Kinder lassen kaum Trennungsleid erkennen. Sie vermeiden es, der Bindungsperson gegenüber Bindungsgefühle zu zeigen, wenn diese zurückkommt. Sie wenden sich vermehrt dem Spielzeug zu, spielen aber nur halbherzig.[15] Kinder, die vermeidend-unsicher gebunden sind, erleben den Erwachsenen als stark verunsichernd oder sogar als bedrohlich. Die Herzschlagfrequenz der Kinder mit vermeidend-unsicherer Bindung steigt, wenn sie nach der ersten Trennung „spielen", während diese bei sicher gebunden Kindern beim Spiel fällt, was ein Zeichen von Konzentration ist.[16]

Bei Belastungssituationen versucht das Kind, die Gefühle der Trost- und Schutzbedürftigkeit so lange wie möglich herunterzuspielen und unter Kontrolle zu halten, so dass der Ausdruck von Bindungsbedürfnissen vermieden wird. Das beobachtbare Verhalten dieser unsicher gebundenen Kinder zeigt schon im Alter von zwölf Monaten, dass die Kinder bei emotionaler Belastung ihr Leid der Bindungsperson gegenüber nicht zeigen, und zwar zeigen sie mit größer werdender emotionaler Belastung diese umso weniger.[17] Mit der fremden Person hingegen gehen sie unbekümmert um und scheinen sich zu freuen, dass jemand bei ihnen ist.

Das Kind mit diesem Bindungsmuster verhält sich der Bezugsperson gegenüber eher angepasst und fordert wenig für sich. Ihm scheint es zu genügen, dass es „dazugehört". Diese Kinder sind deutlich weniger beziehungsfähig und es fehlt ihnen die sichere Geborgenheit. Im Jugendalter sind sie leicht verführbar, weil sie zur Gleichaltrigengruppe oftmals einfach dazu gehören wollen und von dieser Schutz erwarten.

---

15 Grossmann/Grossmann 1990
16 Spangler 2002
17 Grossmann/Grossmann 2004, S. 150

2.3.3. Die unsicher-ambivalente Bindung

Kennzeichnend für dieses Bindungsmuster ist das ausgeprägte, widersprüchliche, übertriebene und dramatisch wirkende Bindungsverhalten, das mit Ärger vermischt ist. Die Mischung aus Angst und Ärger in der fremden Situation konnte K. Grossmann nur aufgrund der Mutter-Kind-Interaktion zu Hause erklären, weil die Mütter im Labor sehr liebevoll und tröstend auf ihr Kind eingingen. Kleinkinder mit diesem Muster suchen die Nähe der Mutter, weisen sie aber gleichzeitig mit dem Ausdruck von Ärger zurück. Sie finden nur sehr langsam Beruhigung durch den Kontakt mit der Bindungsperson. Diese Kinder scheinen in einer neuen Umgebung ständig Angst zu haben, die Bindungsperson zu verlieren. Sie haben eine niedrige Schwelle für ein Auslösen ihres Bindungsverhaltens. Ihr lautstarkes Bindungsverhalten ist aber nicht ein Zeichen von einer starken Bindung, sondern es zeugt von Angst. Von daher wird auch von einer Angstbindung gesprochen. Das Kind klammert sich an die Mutter, wenn es das Gefühl hat, dass diese fortgehen möchte und ist dabei ängstlich und erregt. Wenn es alleine gelassen ist, ist es hilflos, ohne sich beruhigen zu können. Das Kind nimmt sofort Körperkontakt zu der zurück kehrenden Mutter auf, ohne dass es jedoch zu einer baldigen Beruhigung führt. Oft zeigt das Kind gleichzeitig Widerstand gegen den Kontakt.

Ambivalent gebundene Kinder erleben den Erwachsenen als nicht durchgängig zuverlässig, zumindest phasenweise oder auch ständig wird die Beziehung als unbefriedigend erlebt. Der Erwachsene ist phasenweise nicht verfügbar oder er missversteht das Kind.

Wenn Kinder mit solchen Bindungserfahrungen keine korrigierenden Erfahrungen machen können, werden sie die Beziehungsmuster bis in ihr Erwachsenenleben übernehmen. Sie schwanken zwischen dem starken Wunsch nach einer sicheren Beziehung und werten diese gleichzeitig ab, oder sie vermeiden Beziehungen.

2.3.4. Die desorganisierte Bindungsstruktur

Desorganisierte Bindungsverhaltensweisen oder Desorientierungen in der fremden Situation umfassen widersprüchliche Verhaltensweisen wie ängstliches Schwanken zwischen Erkunden und Nähe suchen oder vermeidendes Abwenden des Kopfes bei gleichzeitiger Annäherung, so dass dem Kind weder Vermeiden noch Trostsuchen gelingt.[18] Es wendet sich von der Bindungsperson ab und protestiert gleichzeitig gegen die Trennung oder es zeigt Angst vor der

---

18 Grossmann/Grossmann 2004, S. 154

Bindungsperson. Dem Kind fehlen die existentielle Sicherheitsbasis und die Orientierung, die eine sichere Bindung auszeichnen.

Dies zeigt sich besonders bei Umgangskontakten. Auch wenn Besuche äußerlich gut laufen, können traumatische Erlebnisse aus der Vergangenheit übermächtig werden und zu Retraumatisierungen führen. Besuchsbegleiter betonen oft, wie gut doch der Besuch gelaufen sei und sie können nicht verstehen, warum die Pflegeeltern im Nachhinein solche dramatischen Geschichten von Alpträumen in der Nacht, von Einnässen, Anklammern, Angst vor dem Alleinsein, Aggression und vielen anderen Störungen des Kindes, die auf eine tiefe Angst hindeuten, berichten.

Die Kinder erstarren buchstäblich, zeigen bizarres Verhalten oder wirken wie gelähmt.

Ein dreijähriger Junge, der im Alter von zwei Jahren in die Pflegefamilie kam, hörte nach dem Besuch der Mutter nichts mehr. Er saß versunken in einer Ecke und reagierte auf nichts mehr. Weder lautes noch leises Zureden schien zu ihm vorzudringen. Die Pflegeeltern, die zunächst keinen Bezug zu dem Besuch der leiblichen Mutter herstellten, gingen in großer Sorge zum Ohrenarzt. Das Gehör war in Ordnung. Der Junge ist in der Zwischenzeit schon lange ohne Umgangskontakte zur Mutter und hat sich zu einem lebensfrohen Lausbub entwickelt. Er wurde, bis zur Unterbringung in der Pflegefamilie, von seiner großen Schwester versorgt, die völlig überfordert war mit dieser Aufgabe. Die Kinder waren oft tagelang allein und sich selbst überlassen. Er hatte offensichtlich Angst, dass dieser Zustand für ihn wieder Realität werden würde.

Herrmann Scheurer-Englisch[19] beschreibt, dass das wesentliche Charakteristikum in traumatischen Beziehungen ist, dass die Bindungsperson nicht die Quelle von Sicherheit und Vertrauen, sondern entweder selbst Auslöser von Furcht, Horror, Hilflosigkeit, Bedrohung oder Überforderung ist oder für das Kind nicht als Bezugsperson verfügbar und erreichbar ist, z.B. wenn die Bindungsperson selbst Opfer eines Traumas ist (z.B. vom Vater/Mann geschlagen wird) oder die Bindungsperson das Kind allein lässt.

Die Kinder sind gezwungen, sich der bedrohlichen Beziehungswelt anzupassen. Gerade kleine Kinder unter drei Jahren sind auf diese Anpassung existentiell angewiesen, um überleben zu können.

Verleugnung der bedrohlichen Gefühle, Idealisierung der angstauslösenden Person, zwanghafte Anpassung und Unterwerfung in der Beziehung, fehlende

---

19 Scheurer-Englisch 1998, S. 73ff

emotionale Kommunikation und Unterdrückung von Eigeninitiative, Selbstbestrafung und Autoaggression sowie tiefes Misstrauen gegenüber Beziehungen sind die Langzeitfolgen für den Menschen.

H. Scheurer-Englisch führt aus, dass die bisherigen Studien nicht kontrollieren konnten, ob für die Kinder in der verletzenden Situation tatsächlich keine anderen Bezugspersonen zu finden waren, zu der sie flüchten konnten oder mit der sie solche Erfahrungen verarbeiten konnten. Die tatsächlich erlebte Todesangst ist ein weiteres schwer zu erfassendes Kriterium, das neben dem Fehlen einer Schutzperson dazu führen kann, dass aus einer traumatischen Erfahrung eine schwere Belastungsstörung wird und die Bindung tief greifend desorganisiert wird.[20]

Wenn Bezugspersonen selbst schutzlos der Gewalt ausgeliefert sind, löst dies beim Kind ebenfalls existentielle Angst aus.

Ein Beispiel:
Die Mutter wird von ihrem Partner geschlagen und flüchtet aus Angst in das Kinderzimmer und nimmt sogar ihr Kind als Schutzschild auf den Arm. Das Kind weiß, dass es von der Mutter keinen Schutz erwarten kann und dass die Mutter bei dem Kind Schutz sucht.

Dies ist eine unlösbare Situation. Es kommt nicht selten zur Rollenumkehr. Das Kind übernimmt die Verantwortung für den Erwachsenen. Das Kind ist nicht mehr Kind, sondern auf ihm liegt die Verantwortung für das Wohlergehen der Beziehungsperson, vielleicht zusätzlich noch die Verantwortung für das Wohlergehen der jüngeren Geschwister. Es entstehen unlösbare Verkettungen, die nur durch Trennung gelöst werden können.

In einer Untersuchung[21] zeigte sich an misshandelten Vorschulkindern im Vergleich mit nicht misshandelten Kindern, dass sich die misshandelten Kinder eher feindselig verhielten, andere Kinder scheinbar ohne Grund angriffen. Wer mit misshandelten Kindern umgeht, kann immer wieder die Beobachtung machen, dass eigene erlebte Gewalt weiter gegeben wird. Eine weitere Beobachtung: Dort, wo die Gewalterfahrung nicht bald unterbrochen wurde und keine Schutzperson zur Verfügung stand, führen diese Bindungsmuster in krankmachende Verwirrungen, die zu schweren, lebenslangen psychischen Schädigungen führen können.

---

20 Scheurer-Englisch 1998, S. 74 ff
21 George und Main 1979

Bei Müttern mit Kindern dieses Bindungsmusters wurden Geisteskrankheit, Depressionen und Drogenabhängigkeit sowie Misshandlungen und Vernachlässigungen der Kinder beobachtet.

Bei Pflegekindern, die in ihrer frühen Kindheit dieses desorganisierte Bindungsverhalten verinnerlichen mussten, ist es eine besondere Problematik, wenn sie ohne die sichere Rückzugsbasis – ohne die Pflegeeltern – Umgangskontakten ausgesetzt werden.

2.4. Mut zur Elternschaft

Die einzige Hilfe ist, dass das Kind ein verlässliches und eindeutiges Bindungsangebot von den Pflegeeltern bekommt. Dazu gehört beispielsweise, dass es Mama und Papa sagen darf, wenn es das möchte. Wichtig ist hierbei, dass die Elternschaft durch das Jugendamt anerkannt und bestätigt wird.

Der Mangel an Einfühlung in die Erlebniswelt des Kindes und die Parteinahme für die biologischen Eltern ist auch heute noch – vielleicht heute wieder vermehrt – festzustellen. Das Kind, das bei den Pflegeeltern ein sicheres Zuhause hat und die Pflegeeltern und Geschwister als seine Familie erlebt, wird schon bei der Andeutung einer Trennung von diesen mit schweren Ängsten reagieren. Es drückt seine Not in Verhaltensproblemen aus und in der Regel in der Verweigerung von Umgangskontakten ohne die Begleitung der Pflegeeltern oder einer sonst eng vertrauten Person. Wenn das Kind auf unbegleitete Besuche oder die Ausdehnung der Besuche heftig reagiert, wird den Pflegeeltern Mangel an Mitwirkungsbereitschaft unterstellt. Pflegeeltern fühlen sich oft unter dem Druck der Erwartungen von außen gegen ihre eigene Überzeugung gezwungen, trotz heftigem Protest des Kindes dieses zu Umgangskontakten und Übernachtungen zu zwingen.

Noch schwieriger ist es, wenn das Kind noch keine sicheren Bindungen an die Pflegeeltern entwickeln konnte. Solange es sich noch verantwortlich für die drogenabhängige Mutter fühlt, es auch äußert, dass es Sorgen hat, ob es der Mutter gut geht, auf der anderen Seite mitten im Spiel erstarrt, weil ihm die traumatischen Ereignisse gegenwärtig werden, wird dies leider auch von Fachkräften nicht selten falsch interpretiert.

Der Erziehungswissenschaftler Alois Leber[22] schreibt:
"Während sich das Mädchen (Kind) nach Eltern sehnt, die wirklich zu ihm stehen, es aber andererseits seine Trennungstraumata agieren muss, trifft es (oft) auf Pflegeeltern, denen ausgeredet wurde, elterngleiche Bindungen einzugehen und die nur mit Vorbehalt zu ihrer Verantwortung stehen".

Die innere Annahme des Kindes, mit all den Risiken und den unwägbaren Entwicklungen des Lebensweges ist die Voraussetzung dafür. Sichere Bindungen kann ein Kind nur entwickeln, wenn die Pflegeeltern die Elternrolle vorbehaltlos übernehmen.

---

22   Leber 1978

„Ich glaube, dass Erziehung Liebe zum Ziel haben muss. Zuneigung, Liebe kann man lernen. Und niemand lernt besser als Kinder. Wenn Kinder ohne Liebe aufwachsen, darf man sich nicht wundern, wenn sie selber lieblos werden."

Astrid Lindgren 2000, S. 11

3. Die Deprivation von Säuglingen und Kleinkindern

Das Wort Deprivation beinhaltet wörtlich das „Beraubtsein". Diesen Kindern wurde buchstäblich jede Möglichkeit „geraubt", eine verlässliche Bindung einzugehen. Die verlässliche Lebensgrundlage des Vertrauens konnte nicht entstehen, und ein Urgefühl des Misstrauens gegen die Welt wurde grundgelegt.

Die ersten Untersuchungen über die Deprivation von Kindern wurden bei Heimkindern vorgenommen. Diese Kinder konnten durch die Strukturen der Heime, in denen die Kinder in Altersklassen zusammengefasst waren, keine feste Bindung eingehen. Dort, wo Ordensfrauen tätig waren, konnte der Wechsel der Betreuungspersonen in Grenzen gehalten werden. Aber gerade, wenn sich ein Säugling einer Pflegerin angeschlossen hatte, kam er in die Krabbelgruppe und danach je nach Altersstufe in eine andere Gruppe. Heute ist es der Schichtdienst und der Wechsel der Betreuungspersonen, die verhindern, dass ein kleines Kind eine sichere Bindung eingehen kann. Auch heute noch krabbeln die kleinen Kinder in Heimen auf den Schoß von Besuchern und suchen wahllos Zuwendung. Allerdings ist es bei einer verantwortungsvollen Jugendhilfe heute nicht mehr nötig, kleine Kinder in Heimen unterzubringen.

Kinder, die „durchgewickelt" wurden, denen ein Fläschchen gesteckt wurde, wie ich es bei der ersten Unterbringung eines Säuglings in einem „gut geführten", das heißt sauberen und mit der notwendigen Pflege ausgestatteten Hauses, erlebt habe, konnten keine personale Bindung eingehen. Mit circa acht Monaten war an den Kindern ein greisenhaftes Aussehen, ein bitterernstes Gesicht und stereotype Verhaltensweisen zu sehen. Das monotone, rhythmische Hin- und Herwälzen des Körpers oder des Kopfes, das Schaukeln, wiegen und wippen mit dem Oberkörper, führte zu einer Art Trance, die der Spannungsabfuhr und zur Beruhigung der Kinder diente. Diese Jaktationen sind Zeichen einer krankhaften inneren Unruhe und Vereinsamung.

Durch das Anschlagen des Kopfes an die Wand oder das Bett versuchten sich die Kinder selbst zu spüren und zu beruhigen. Um dieses Verhalten zu unterbinden, war es nicht selten, dass die Kinder mit einem Gurt an das Bett festgebunden wurden. Damit wurde ihnen sogar diese Möglichkeit der Stressabfuhr verweigert.

Da das Schreien des Kindes bei der damaligen Massenpflege keine feinfühlige mütterliche Reaktion herbeiführen konnte, wurden die Kinder immer ruhiger, passiv, teilnahmslos und traurig. Diesen Zustand beschrieb der Psychoanalytiker René Spitz als anaklitische Depression und Hospitalismus.

Seine Forschungsergebnisse über die frühe Mutterentbehrung haben auch heute ihre Bedeutung behalten. Kinder in Familien, die vernachlässigt, abgelehnt oder gar misshandelt werden, weisen die gleichen Symptome von Hospitalismus auf. Sie zeigen eine passive Grundhaltung, sind teilnahmslos, weinerlich bis hin zur Apathie. Bindungsstörungen, Anpassungsstörungen, oder Borderline-Persönlichkeitsstörungen können Folgen der emotionalen Mangelversorgung sein.

Hier stellt sich die Frage nach den ambulanten Hilfen für Familien, die das Kind ablehnen, vernachlässigen und einer emotionalen Unterversorgung aussetzen. Wenn die Familienhelferin den Ehrgeiz hat, die Fremdunterbringung möglichst lange hinauszuzögern, kann das Kind lebenslange Folgeschäden davontragen.

Es lohnt, die Situation der bindungslos in Heimen aufgewachsenen Kinder anzuschauen, auch wenn heute die Massenpflege von Kleinkindern der Vergangenheit angehören sollte. Allerdings kommt es immer wieder vor, dass Kleinkinder in Heimen „geparkt" werden und darauf gewartet wird, dass sich die Eltern irgendwann ihrer Erziehungsverantwortung stellen werden. Die Regel ist es jedoch nicht mehr, weil der kindliche Zeitbegriff Eingang in das Gesetz und in das Bewusstsein der Menschen gefunden hat.

Ein Zitat von Bernhard Hassenstein:[23]
Die Bindungslosigkeit und das oben beschriebene Vermeiden des Blickkontaktes ziehen im weiteren Verlauf ganze Ketten von weiteren Behinderungen nach sich: weil bei fehlender individueller Bindung Unsicherheit und Verlassenheitsangst nie ganz gestillt werden können, dämpfen oder unterdrücken sie beim zweijährigen und älteren Kind die Bereitschaft zum Erkunden und Spielen: denn diese Verhaltensweisen verlangen zu ihrer Verwirklichung ein von anderen Verhaltenstendenzen freies „entspanntes Feld". Dabei ändert es nichts, dass keine realen Gründe für die Angst des Kindes bestehen.

Das gesamte Lebensgefühl eines kleinen Kindes erhält die Tönung ängstlich – beunruhigter Erregtheit, wenn frühe Eindrücke überwiegend Angst, Unruhe und Mangelerlebnisse mit sich brachten. Dadurch nistet sich dauernde Unsicherheit in die Struktur der Persönlichkeit ein und verhindert später tiefere, auf Vertrauen gegründete Gefühlsbeziehungen zu anderen Menschen. Dies wiederum unterbindet die auf menschliche Bindungen basierende Gefühlsentwicklung. Man spricht von „Gefühlsarmut". Appelle ans Mitgefühl finden keine Resonanz. Stattdessen dominieren Misstrauen und Aggressivität. Die emotionale Unausgeglichenheit, Bindungslosigkeit und mangelnde Willenssteuerung erhöhen das Risiko für ein Misslingen der Sozialisation und für dissoziale oder kriminelle Entwicklungen."

Andreas Mehringer[24] stellt fest, dass Säuglinge und Kleinkinder im Denken der Pädagogen lange Zeit überhaupt nicht vorkamen. Bis in das 20. Jahrhundert hinein sei die Geschichte der Pädagogik ausschließlich eine Geschichte der Schulpädagogik gewesen. Die Aufwertung der intellektuellen Förderung und die Vernachlässigung der emotionalen Bedürfnisse des Säuglings und Kleinkindes führt A. Mehringer als einen wichtigen Grund auf, dass etwas so einfaches und natürliches wie die Mutterliebe als selbstverständlich angenommen wird, als allen Müttern gegeben, was jedoch in der Realität keinesfalls selbstverständlich ist.

A. Mehringer[25] führt aus:
„Der härteste Grund für das mögliche Verdrängen und Bewerten der frühesten Kindheit ist die extreme Wehrlosigkeit sehr kleiner Kinder. Sie selbst haben keine „Stimme". Sie müssen hinnehmen, wie mit ihnen umgegangen, was ihnen gegeben oder nicht gegeben wird, dies auch schon im Gegensatz zu größeren

---

23   Hassenstein 2001, S.141 ff.
24   Mehringer 1985, S. 10 ff
25   Mehringer 1985, S. 11

Kindern und noch mehr zu Jugendlichen, welche ihre Umgebung durch aufregende Reaktionen auf schlechte Behandlung durchaus in Bewegung bringen können. Kleine Kinder kann man liegen lassen, bis sie stumm, leer werden, bis sie nicht einmal mehr traurig sein können."

3.1. Nichtgebundene, distanzlose Kinder

Säuglinge und Kleinkinder, deren natürliches Bindungsbedürfnis unerfüllt blieb, klammern sich wahllos an jede Person, die dem Kind freundlich zugewandt ist.

In meiner beruflichen Praxis sind mir viele Kinder begegnet, die auf mein freundliches Zugehen mit Anklammern reagiert haben, die mir die Ärmchen entgegenstreckten und beim Abschied nach einem Hausbesuch geweint haben und am liebsten mit mir mitgegangen wären. Ihre tieftraurigen Augen, ihr greisenhaftes Aussehen und ihren apathischen Gesamtzustand werde ich nie vergessen.

Die von B. Hassenstein beschriebenen Kinder lernte ich zu Beginn meiner beruflichen Tätigkeit als Sozialarbeiterin, Anfang der 1960iger Jahre, kennen. Leider ist das nicht Vergangenheit. Auch heute haben Kinder, die in einer Familie leben, in der die Kinder vernachlässigt oder abgelehnt werden, ein ähnliches Schicksal.

Kinder, die in solch einer Mangelsituation leben, wirken nicht selten wie geistig behindert, sie zeigen die beschriebenen Symptome der bindungslosen Heimkinder und bekommen fälschlicherweise die Diagnose einer geistigen Behinderung.

Als eindrucksvolles Beispiel möchte ich die Geschichte von Andreas* erzählen. Andreas, ein dreijähriger Junge, war in der Nähe der leiblichen Mutter bei seiner Urgroßmutter untergebracht. Er pendelte zwischen diesen beiden Welten. Die Urgroßmutter war verwöhnend, keine Grenzen setzend, der Stiefvater und die Mutter hart und ablehnend bis hin zu Schlägen. Die jüngere Schwester wurde dagegen vom Stiefvater und der Mutter verwöhnt. Andreas machte die Erfahrung, dass nicht einmal das Spielzeug, dass er zu Weihnachten geschenkt bekam, für ihn bestimmt war – er musste es seiner Schwester geben. Die Urgroßmutter griff immer wieder schützend ein und holte das Kind zu sich. Ihre Kraft reichte jedoch nicht zu einer Form der Betreuung, die man noch Erziehung nennen konnte.

---

* Alle in den Beispielen aufgeführte Namen wurden geändert.

Andreas konnte nur wenige Worte sprechen. Die sprach er auch noch so undeutlich, dass man nur ahnen konnte, was er meinte. Er deutete einfach auf die Gegenstände, und wenn er etwas wollte, schrie er dazu.

Ein engagierter Arzt setzte sich für die Unterbringung des Jungen in einer Pflegefamilie ein. Er wies darauf hin, dass er unverzüglich Hilfe braucht. Da die Urgroßmutter Andreas bei sich behalten wollte und die Mutter sie hierin unterstützte, kam es zu einer gerichtlichen Auseinandersetzung. Es gab Fachkräfte, die im Gegensatz zur Einschätzung des Arztes die Auffassung vertraten, Andreas sei bei der Urgroßmutter zuhause, und man könne ihm die Trennung nicht zumuten, zumal sein enormer Entwicklungsrückstand im Bereich der geistigen Behinderung zu sehen sei.

Trotzdem konnte rasch eine gerichtliche Entscheidung herbeigeführt werden. Über eine therapeutische Zwischenstation mit enger Anbindung an die neuen Pflegeeltern kam der Junge innerhalb weniger Monate zu den Pflegeeltern. Diese Pflegeeltern konnten akzeptieren, dass Andreas vielleicht tatsächlich geistig behindert ist. Die Pflegemutter widmete ihre ganze Zeit dem Jungen und nahm die Hilfe der Frühförderstelle in Anspruch. Die Anregungen, die sie von dort bekam, setzte sie spielerisch um. Es war geplant, dass er den Kindergarten für geistig behinderte Kinder besucht. Die Entwicklung des Jungen zeigte jedoch bald, dass er den normalen Kindergarten besuchen konnte – auch wenn er dort nur wenige Stunden bleiben konnte, weil er sonst überfordert gewesen wäre.

Auch die ursprünglich angestrebte Förderschule brauchte er nicht zu besuchen, weil er von den kognitiven Fähigkeiten her gut in der Lage war, den Anforderungen der Grundschule zu genügen. Das Gleiche hat sich später im Gymnasium wiederholt. Allerdings hatte er – und hat dies bis heute – Probleme im Umgang mit Gleichaltrigen. Zwischenzeitlich hat der jetzt 25-jährige Mann sein Hochschulstudium abgeschlossen.

Nicht nur die schulische Entwicklung verlief positiv, sondern auch die Eltern-Kind-Beziehung ist geglückt. Die positive Entwicklung des Jungen ist vor allem dadurch gelungen, weil die Pflegeeltern dem Jungen Raum zur Entwicklung gaben, ihm ihre Zeit zur Verfügung stellten, ihm klare Grenzen setzten und ihn liebevoll begleiteten.

Andreas besuchte die Urgroßmutter gelegentlich bis zu ihrem Tod. Immer wieder wollte sich Andreas vergewissern, dass sie gut versorgt ist. Er hatte jedoch nie den Wunsch, länger bei ihr zu bleiben und er versicherte sich immer wieder, dass die Pflegeeltern bei dem Besuch anwesend sind und ihn auch wieder mit nach Hause nehmen.

Die leibliche Mutter lehnt er bis heute ab, weil ihn die Bilder aus seiner frühen Kindheit immer noch quälen. Dass nicht alle Schäden aus der frühen Kindheit behoben sind, zeigt sich auch darin, dass er trotz Hochschulabschluss sehr wenig Selbstwertgefühl hat.

3.2. Familienfähig?

Immer wieder werden Kinder von Fachkräften als nicht familienfähig eingestuft.

Nichtgebundene, distanzlose Kinder sind neben den Kindern mit desorganisierten Bindungsmustern bei der Unterbringung in einer Pflegefamilie am Häufigsten zu beobachten. Ihnen wurde durch ständig wechselnde Bezugspersonen oder Vernachlässigung die Entwicklung einer stabilen Bindung verweigert.

Auch Jugendhilfeträger haben nicht selten zusätzlich belastende Erfahrungen eingebracht, indem das Kind entweder zu lange in einer Jugendhilfeeinrichtung betreut wurde oder in einem nicht vertretbaren Zeitrahmen in einer oder gar mehreren Bereitschaftspflegefamilien untergebracht worden war. Für den Säugling oder das Kleinkind kann bereits ein Zeitraum von wenigen Wochen ein zu langer Zeitraum sein.

Wenn ein nicht gebundenes, distanzloses Kind erfahren kann, dass es von erwachsenen, verlässlichen Menschen verstanden wird, dass seine Bedürfnisse zuverlässig befriedigt werden, kann beobachtet werden, dass das Kind eine sprunghafte Entwicklung nimmt und diese betreuenden Personen zu seinen Eltern macht. Wenn das Kind dann erleben muss, das die „Maßnahme" der Bereitschaftspflege zu Ende ist und es in eine andere Pflegefamilie wechseln muss, kann dies eine weitere schwere Entwicklungsbeeinträchtigung bedeuten.

Bei dem Kleinkind, das in der Notsituation aus der Familie herausgenommen wird und sich willenlos an jeden Menschen hängt, der ihm freundlich begegnet, keine Neugierde im Spiel zeigt, traurig und teilnahmslos auf die Umwelt reagiert, in jedem Leistungstest hoffnungslos unterlegen ist, kommt es oft zu dem Fehlschluss, dass das Kind nicht familienfähig ist. Es stellt sich hier nicht die Frage ob die Schäden irreparabel sind oder nicht, sondern: Finden wir Menschen, die bereit sind das Wagnis einzugehen, mit diesem Kind zu leben. Darüber hinaus stellt sich die Frage, ob diese Pflegeeltern auf Fachkräfte treffen, die wissen, welch schweres Risiko dieses Kind mit sich bringt und darauf bedacht sind, die Schutzfaktoren für die Entwicklung zu stärken. Es entsteht oft das Missverständnis, dass sich das Kind problemlos in die Pflegefamilie integrieren lässt, weil es so angepasst und so dankbar ist. Dass dies eine schwere Bindungsstörung ist, wird oft zu wenig beachtet. Es ist ein langwieriger Weg, bis das Kind verinnerlicht, dass es vertraute und weniger vertraute Menschen gibt, bis es lernt, ein

Zugehörigkeitsgefühl zu einem bestimmten Menschen zu entwickeln, von dem es weiß, dass es bei ihm Schutz und Geborgenheit erwarten kann.

3.3. Die wärmende Sonne von Liebe und Hoffnung

> **Die wärmende Sonne von Liebe und Hoffnung**
> Keine Katze mit sieben Leben,
> keine Eidechse und kein Seestern
> denen das verlorene Glied nachwächst,
>
> kein zerschnittener Wurm
> ist so zäh wie der Mensch,
> den man in die Sonne
> von Liebe und Hoffnung legt.
>
> Mit den Brandmalen auf seinem Körper
> und den Narben der Wunden
> verblasst ihm die Angst.
>
> Sein entlaubter Freudenbaum
> treibt neue Knospen,
> selbst die Rinde des Vertrauens
> wächst wieder nach.
>
> *Hilde Domin 1953: Wen es trifft (Auszug)*

Es wird immer wieder ein wichtiges Thema dieses Buches sein, darauf hinzuweisen, dass mit der Unterbringung des Kindes in einer Pflegefamilie noch längst nicht alle Schäden ausgeglichen sind, die eine Vernachlässigung der leiblichen und seelischen Bedürfnisse des Kindes hinterlassen haben. Therapeutische Hilfen und Fördermaßnahmen sollen keinesfalls in Frage gestellt werden. Diese können nach erfolgreicher Integration in der Pflegefamilie greifen. Die wichtigste Grundlage dafür ist, dass das Kind die Erfahrung macht, dass es für die Pflegeeltern etwas wert ist, dass es von ihnen geliebt und versorgt wird und sich beschützt fühlen darf. Es entwickelt das Vertrauen, dass es gehört wird und es Einfluss auf die Betreuungsperson hat.

Erst wenn die emotionalen Grundbedürfnisse des Kindes erfüllt werden können und es Vertrauen zu seinen neuen Bezugspersonen gefasst hat, können Fördermaßnahmen wirksam werden.

3.4. Das Annehmen von Stärken und Schwächen

Das Beispiel von Andreas zeigt, dass er trotz der frühen Schäden und der immer bleibenden Lücken, durch die stetige Liebe und Fürsorge der Pflegeeltern auf einen guten Weg gebracht werden konnte.

Diese Beispiele ließen sich fortsetzen. Kinder, denen eine düstere klinische Prognose gegeben wurde, haben sich zu lebensbejahenden und lebenstüchtigen Menschen entwickelt. Allerdings war für eine positive Entwicklung immer erforderlich, dass die Kinder ein sicheres Zugehörigkeitsgefühl zur Pflegefamilie entwickeln konnten und die Pflegeeltern ihre Elternrolle angenommen haben. Sie konnten die Kinder mit all ihren Stärken und Schwächen annehmen und lieben lernen.

Es darf jedoch nicht verschwiegen werden, dass es wichtig ist, bei Kindern mit hohen Risiken Pflegeeltern zu finden, die nicht den Ehrgeiz darin sehen, mit allen Mitteln dem Kind einen guten Schulabschluss zu ermöglichen oder das Ziel darin sehen, dass der jugendliche unter allen Umständen eine hochqualifizierte Berufsausbildung abschließt. Es gilt hier bescheiden zu sein. Es muss alles getan werden, was dem Kind hilft und was es fördert, es muss dem Kind jedoch auch ermöglicht werden, indem die Pflegeeltern die Begrenztheit und die Behinderung des Kindes anerkennen, diesem selbst zu helfen, mit einer möglichen Behinderung zu leben. Im schlimmsten Fall können durch frühe Misshandlungen und Vernachlässigungen Schäden entstanden sein, die zu schweren Behinderungen geführt haben. Hier ist es wichtig, dass Pflegeeltern die Hilfen annehmen lernen, die die Gesellschaft allen Kindern mit Behinderungen zur Verfügung stellt. Die Fachkräfte des Jugendamtes sollten darüber hinaus für Entlastung der Pflegeeltern bis hin zu einer stundenweise eingesetzten Haushaltshilfe oder Familienhelferin sorgen.

Für die Fachkräfte ist es immer wieder wichtig, die Risiken dieser Kinder anzuschauen. Es kann ihnen vieles nicht zugemutet werden, was einem gesunden Kind mit einem sicheren Vertrauen in die Welt weniger schaden würde. Es gilt die Schutzfaktoren zu stärken: Einerseits durch die Entwicklung eines sicheren Zugehörigkeitsgefühl zur Pflegefamilie und andererseits dafür zu sorgen, dass von außen keine Verunsicherungen kommen, wie diese z.B. bei unbegleiteten Besuchssituationen mit der Herkunftsfamilie entstehen können.

Eltern, die selbst in der Kindheit keine Liebe erfahren haben, die stattdessen auf Kälte, Stumpfheit, Gleichgültigkeit und Ablehnung gestoßen sind, können in der Regel ihren Kindern ebenfalls keine Liebe weitergeben. Wie sollen sie auch, wenn sie gar nicht wissen, was Liebe ist!

In meiner beruflichen Praxis konnte ich oft beobachten, dass Eltern, die ihre Kinder misshandelten, vernachlässigten oder ablehnten, in ihrer Kindheit die gleichen Erfahrungen erlebt hatten. Ein Vater sagte mir einmal: „Ich habe den Jungen mit dem Gürtel grün und blau geschlagen. Ihm ist damit nichts Schlimmeres passiert als mir selbst als Kind – und auch mir hat es nicht geschadet. Was wollt ihr überhaupt?" Tröstlich ist immerhin, dass nicht jeder Mensch, der in der Kindheit diese verletzenden Erfahrungen gemacht hat, seinen Kindern das Gleiche antut.

Wenn ein Kind nicht ohne Gefährdung seiner Entwicklung in seiner biologischen Familie aufwachsen kann, ist es für den weiteren Weg entscheidend, dass im Gemeinwesen genügend Pflegefamilien zur Verfügung stehen.

4. Wie wird ein Kind zum Pflegekind?

Von Pflegekindern ist ein hoher Prozentsatz der Kinder misshandelt, vernachlässigt und abgelehnt oder es wurde zwischen verschiedenen Personen herumgereicht und konnte keine Bindungen entwickeln. Je länger die Kinder dieser schweren Belastung ausgesetzt waren, umso deutlicher sind krankmachende Bindungsmuster zu beobachten. Die Kinder sind zutiefst einsam und misstrauisch. Die Bindungsperson ist häufig die Ursache ihrer Furcht und Angst. Es kann zu einer Rollenumkehr kommen. Das Kind übernimmt die Verantwortung für den Erwachsenen, der ihm Schutz und Fürsorge bieten sollte.

Das Kind hat ein geringes Selbstwertgefühl. Es fühlt sich abgelehnt und nicht liebenswert. Gefühle werden kaum zugelassen. Verhaltensauffälligkeiten sind die Folge erlebter Gewalt, Vernachlässigung oder Ablehnung. Aggressive Impulse und Wiederholung der Gewaltmuster machen das Leben mit Gleichaltrigen schwer.

4.1 Die Trennung eines Kindes bei desorganisierter, ambivalenter, krankmachender Bindung

Soll eine Trennung von der Herkunftsfamilie um jeden Preis vermieden werden? Stimmt dieser Leitsatz mancher Jugendhilfeträger? Der Vorrang ambulanter Hilfen ist solange richtig, wie das Kindeswohl nicht gefährdet ist. Wenn das körperliche, geistige und seelische Wohl eines Kindes nicht gewährleistet ist, kann man sich nicht auf den Bindungsschutz berufen. Hier ist es gerade die Trennung, die für das Kind Hilfe bringt.

Trennung der Kinder von den Eltern ist bei Kindeswohlgefährdung erforderlich und es gilt, diese nicht durch immer neue ambulante Maßnahmen aufzuschieben. Dadurch kann für das einzelne Kind ein nicht wieder gut zu machender Schaden entstehen.

Josef Goldstein, Anna Freud und Albert Solnit sagen hierzu Folgendes:[26]
„Gute professionelle Arbeit erfordert in gleicher Weise Menschlichkeit und Fachlichkeit.

Mit anderen Worten:

---
26 Goldstein, Freud und Solnit 1988, S.107

Der gute Professionelle muss im Kindesunterbringungsverfahren sowohl einfühlsam als auch realistisch sein. Diese Eigenschaften widersprechen sich nicht, sondern ergänzen einander:

Ein Professioneller, dessen flinke Sympathie die Durchführung unangenehmer, aber notwendiger Entscheidungen behindert, ist weder realistisch noch einfühlsam. Ein Experte, der harte Entscheidungen trifft und sie mit Güte und Verständnis dem betroffenen Erwachsenen und Kind gegenüber durchsetzt, ist beides. Das einfühlende Element beruht auf der Fähigkeit professionell Handelnder, Emotionen zuzulassen, ohne sich selbst oder jene, denen sie dienen, auszubeuten – und sie versprechen nicht mehr, als sie einhalten können oder wollen".

Es ist sicher nicht leicht, krankmachende Bindungen zu erkennen. Wenn ein Kind die Verantwortung für die Mutter übernommen hat, kann dies leicht mit einer engen Bindung zwischen Mutter und Kind verwechselt werden.

Ich denke da an ein Mädchen einer drogenabhängigen Mutter. Als die Mutter in das Krankenhaus musste, wollte das fünfjährige Kind das angebotene Essen nicht annehmen. Erst als ich ihr versichert hatte, dass die Mutter im Krankenhaus genug zu essen bekommt, war es bereit, das Würstchen zu essen. Als das Kind schon längere Zeit in der Pflegefamilie war, beschäftigte es sich sehr intensiv mit der Frage, warum die Mama manchmal so lieb war und dann plötzlich sagte, sie solle aus dem Fenster springen.

Von dieser engen Bindung an ihre Kinder erzählte mir kürzlich eine Sozialarbeiterin von einer Mutter, die sich das Leben nahm. Ich kannte diese junge Frau als Kind und Jugendliche. Sie war heftigen Stimmungsschwankungen ausgesetzt. Einmal schlug sie in meiner Gegenwart plötzlich heftig auf ihren Vater ein. Sie hatte Grund dazu. Sie wurde von ihren Eltern nicht geliebt und sie war verzweifelt. Die Sozialarbeiterin berichtete davon, dass sie immer wieder auf ihre Partner einschlug, laut schrie und um sich schlug, jedoch ihre Kinder hätte sie geliebt. Die vier Kinder hatte sie von vier unterschiedlichen Vätern, weil die Partnerschaften immer wieder zerbrachen.

Hier kann ich nur spekulieren, weil ich die Kinder nicht kenne. Die Szene, wie die junge Frau in meiner Anwesenheit auf ihren Vater einschlug und welche Gefühle dies bei mir auslöste, sind mir gegenwärtig. Wie mag es den Kindern ergangen sein, wenn die Mutter außer sich war und auf den im Augenblick als Vater anwesenden Mann einschlug?

Kann hier von einer guten Bindung gesprochen werden? Das Kind speichert nach jeder dieser Szenen, wie bedrohlich das Leben ist und dass es letztlich nicht geschützt ist.

Immer wieder wird behauptet, dass es keine Traumatisierung wäre, wenn das Kind zwar bei Gewaltszenen anwesend war, es jedoch nicht unmittelbar betroffen war. Ein Mädchen, das von der Mutter als Schutzschild gegen den Vater verwendet wurde und das mit Schrecken an diese Gewaltszenen zurück denkt, ist in den Augen des Sozialarbeiters nicht traumatisiert, obwohl das Mädchen buchstäblich erstarrt, wenn es mitten im Spiel plötzlich von Gedanken an die Gewaltszenen überwältigen wird.

Ein weiteres Beispiel: In der Zeitung ist zu lesen:
„Eltern in X. misshandeln ihre Kinder – Die Nachbarn bemerken nichts; Vater bricht seinem Sohn den Kiefer"

Man mag geneigt sein, das dahinter steckende Leid dieser Kinder abzuwehren. Die Meinung, dass Eltern ihre Kinder immer lieben, ist ein weit verbreiteter Irrtum. Dies gilt auch für Fachkräfte. Es ist auch ein Irrtum, dass mit der Unterbringung in der Pflegefamilie das Leid der Kinder zu Ende ist. Die Erlebnisse wirken lange, manchmal lebenslang, nach. Diese drei Kinder, von denen die Zeitung berichtet hat, sind jetzt fast seit einem Jahr in zwei Pflegefamilien.

Am 20. Juli 2006 berichtet die Zeitung von der Stellungnahme des Kreisdezernenten.

Frage: Die Familie war dem Jugendamt als Problemfamilie bekannt. Warum hat das Jugendamt nicht auf regelmäßigen Besuchen der pädagogischen Fachkraft beharrt?

Antwort: Selbstverständlich wurde die Familie vom Jugendamt und von einer pädagogischen Fachkraft regelmäßig betreut. Als die Familie nicht mehr bereit war, die Hilfe anzunehmen, wurde vom Jugendamt umgehend eine familiengerichtliche Entscheidung angeregt.

Frage: Ist das Jugendamt seiner Aufsichts- und Fürsorgepflicht in diesem Fall gerecht geworden?

Antwort: Im Rahmen des Kinderschutzes ist das Jugendamt verpflichtet, Hilfen anzubieten und familiengerichtliche Entscheidungen zu erwirken, wenn diese zum Schutz des Kindes notwendig sind. In diesem Zusammenhang sind wir zur Zusammenarbeit mit wichtigen Beteiligten wie Ärzte, Schulen und Kindergärten angewiesen. Auch in diesem Fall wurde mit den Beteiligten eng zusammengearbeitet. Auf Grundlage der uns vorliegenden Informationen sind wir unserer Verantwortung nachgekommen. Die verschiedenen Hilfen während unserer Betreuungszeit haben zu positiven Entwicklungen geführt. Auch für uns war es erschreckend, dass in dem Zeitraum vor der

	Herausnahme, als wir keinen Zugang mehr zur Familie hatten, derartig schlimme Misshandlungen stattgefunden haben.
Frage:	Hätte sich das Jugendamt vom Kindergarten, den der fünfjährige Bub besuchte, einen früheren Hinweis auf mögliche Misshandlungen erwartet?
Antwort:	Zwischen uns und dem Kindergarten fand ein kontinuierlicher Kontakt statt. In diesem Rahmen gab es für uns keine Hinweise auf Misshandlungen der Kinder. Wir sind sicher, dass der Kindergarten uns über entsprechende Feststellungen umgehend informiert hätte.
Frage:	Die Familie lebte sehr zurückgezogen. Ist es nicht die Aufgabe der Nachbarn, diese Isolation ein Stück weit zu durchbrechen?
Antwort:	Natürlich ist ein gut funktionierendes Gemeinwesen, in dem aufeinander geachtet wird, erstrebenswert. Gesellschaftliche Realität ist es jedoch, dass bestimmte Familien aufgrund vorhandener Probleme wenig Kontakt nach außen finden.
Frage:	Wie geht es den drei misshandelten Kindern jetzt?
Antwort:	Alle Kinder wurden nach der Herausnahme direkt in Pflegefamilien vermittelt. Wir freuen uns darüber, dass sie sich dort sehr gut entwickeln.
Frage	Gibt es Hoffnung, dass sich die Entwicklungsstörungen beheben lassen?
Antwort:	Im familiären Rahmen der Pflegefamilie haben die Kinder wirklich gute Voraussetzungen, das Erlebte zu verarbeiten und sich weiter gut zu entfalten und aufzublühen.

Soweit der Zeitungsbericht! Ich konnte in meiner Arbeit als Beistand für die Pflegefamilie zwei dieser Kinder kennen lernen. Die Einschätzung des Dezernenten, dass die Kinder gute Chancen in der Pflegefamilie haben, stimmt. Es stimmt auch, dass sie sich gut entfalten können, weil sie sehr sensible Pflegeeltern gefunden haben. Das „Aufblühen" dieser schwer traumatisierten Kinder kann man jedoch noch keinesfalls sehen. Immer noch liegen sie still im Bett, wenn sie nachts aufwachen und getrauen sich kaum, sich zu bewegen. Sie wirken immer noch so, als ob sie geistig behindert wären. Sie stopfen das Essen in Unmengen in sich hinein, brauchen immer die Gewissheit, dass etwas Essbares vorhanden ist. Es ist wichtig, dass die Pflegeeltern wissen, dass überwunden geglaubte Verhaltensprobleme bei jeder Beunruhigung wieder auftreten können. Es ist auch wichtig, dass die Fachkräfte in den Ämtern und Beratungsstellen, die Lehrer und Ärzte wissen, dass allein die Dauer, die das Kind in der Pflegefamilie lebt, noch nicht ausreicht, um die tiefen Ängste des Kindes zu überwinden und dass Verhaltensprobleme Ausdruck von Angst sein können.

Was Hoffnung macht für diese Kinder ist Folgendes:
1. Die Kinder kamen in Zusammenarbeit mit dem Jugendamt in eine Familie, die davon ausgeht, dass die Kinder auf Dauer bei ihnen bleiben. Sie drängen sich den Kindern nicht auf, wissen um die Schwierigkeiten der Kinder um Nähe und Distanz, sind jedoch fest entschlossen, die Elternrolle für die Kinder zu übernehmen. Das Jugendamt hat dies im Hilfeplan festgeschrieben.
2. Die Familie hat praktische Entlastung durch eine Haushaltshilfe, die vom Jugendamt bezahlt wird.
3. Die Pflegefamilie nimmt Beratung an. Dies ist bei so vielen unverständlich erscheinenden Verhaltensweisen der Kinder erforderlich. Als Beispiel: Eines der Kinder stopft unentwegt alles Essbare in sich hinein. Den Pflegeeltern muss geholfen werden, die Beweggründe für dieses Verhalten zu verstehen, damit sie mit Verständnis reagieren können.
4. Kinder und Pflegefamilie bekommen Zeit zugestanden. Der Pflegefamilie wird von den Beratern vermittelt, dass zwar Therapien erforderlich sind, jedoch zunächst den Kindern die Gelegenheit gegeben werden muss, Vertrauen zu entwickeln.
5. Die Kinder haben solange, bis sie sich stabilisiert haben, keine Umgangskontakte mit der Herkunftsfamilie.

Das späte Handeln des Jugendamtes zum Schaden der Kinder möchte ich noch an einem weiteren Beispiel deutlich machen. Wenn die Herkunftseltern „mitarbeiten", sind viele Jugendämter zu der Annahme verführt, dass damit auch die Kindeswohlgefährdung behoben wäre. Ich kenne viele Herkunftseltern, die aus der eigenen Geschichte im Umgang mit Sozialarbeitern und Psychologen ein gutes Gespür entwickelt haben, was diese gerne hören. Ein junger Vater sagte vor kurzer Zeit: „Jetzt ist ‚Arschkriechen' angesagt" - und er hatte Erfolg damit.

Eine Ursache, warum Kindeswohlgefährdungen so lange nicht erkannt werden, ist die Konzentration der Berater auf die Erwachsenen. Dies liegt zum Teil daran, dass viele Berater im Umgang mit kleinen Kindern keine fachliche Sicherheit erwerben konnten, während sie in der Gesprächsführung mit Erwachsenen geübt sind. So kann es vorkommen, dass Gewalt gegen Kinder nicht erkannt wird, obwohl Beratungsgespräche mit den erwachsenen Tätern regelmäßig stattfinden.

Am 17.12.2005 ist in der Zeitung zu lesen, dass zwei der fünf Verteidiger im Prozess am Landgericht wegen sexuellen Kindesmissbrauchs scharfe Kritik am Jugendamt und am Sozialen Dienst des Landratsamtes geübt haben und deshalb auf Strafmilderung plädiert haben, weil das Jugendamt versagt habe. Die Familie sei den Behörden als Problemfamilie bekannt gewesen. Der Hauptangeklagte und die mitbeschuldigten Brüder des Mannes stammten aus einem Elternhaus, in dem Inzest zwischen Eltern und Kindern und unter den Geschwistern zur Normalität gehörten. Dazu käme eine erziehungsunfähige Mutter, die den Kindern keinerlei Schutz bieten könne. Wenn das Jugendamt rechtzeitig eingegriffen hätte, wären nach Meinung der Verteidiger die Straftaten verhindert worden. Durch dieses Nichteingreifen der Behörde sei das Jugendamt mitverantwortlich für die Straftaten geworden.

Dem Haupttäter wurden 67 Straftaten gegen die Kinder nachgewiesen. Insgesamt standen 111 Straftaten gegen die Kinder der Familie fest. Was sich hinter diesen Zahlen für langjähriges Leid der Kinder verbirgt, kann kaum ermessen werden. Wenn im Laufe des Prozesses als strafmildernd angeführt wird, dass der Hauptangeklagte selbst misshandelt und missbraucht wurde in seiner Kindheit, so ist die Frage zu stellen, welche Schäden diese missbrauchten Kinder in der nächsten Generation an ihre Kinder weitergeben.

Wie die Lebensgeschichte dieser Kinder weitergeht, lesen Sie in Kapitel 22., Nr. 6 und 7.

Auch ist die Frage zu stellen, warum die Risiken, die in dieser Familie den Behörden bekannt sein mussten, nicht genauer abgeschätzt wurden. Sexueller Missbrauch birgt immer die Gefahr in sich, dass er trotz guter Absicht, nicht rückfällig zu werden, wiederholt wird. Wenn nicht nur mit den Erwachsenen gearbeitet würde und die Kinder besser im Blickfeld wären, würde die Not der Kinder deutlich werden.

4.2. Was kann der Berater ertragen?

Wie sehr es darauf ankommt, was der Berater selbst ertragen kann, und wie sehr es darauf ankommt, ob er Signale von Kindern hören will und nicht überhört, zeigt folgendes Beispiel:

Ein fünf Jahre altes Pflegekind hat, als es bereits ein Jahr in der Pflegefamilie lebte, dreimal mit den gleichen Worten weinend von schweren sexuellen Übergriffen durch den Vater berichtet. Die Pflegeeltern gaben dies mündlich an den Mitarbeiter des Jugendamtes weiter. Er äußerte sich nicht dazu und schien es zur

Kenntnis zu nehmen. Er ging weiter davon aus, dass das Kind nicht traumatisiert ist, obwohl es bei gewalttätigen Übergriffen des Vaters gegen die Mutter von dieser als Schutzschild benutzt wurde. Der Zusammenhang zwischen Gewalt und sexuellem Missbrauch schien ihm nicht bekannt zu sein. Auch das Miterleben von Gewalt deutete er falsch, indem er glaubte, dies sei ja ausschließlich gegen die Mutter gerichtet gewesen und wenn es das Kind zufällig einmal getroffen hat, sei diese Handlung ja nicht gegen das Kind gerichtet gewesen. Das Jugendamt betrieb weiterhin die Rückführung des Kindes, sodass die Pflegeeltern mit Hilfe eines Beistandes einen Verbleibensantrag beim Familiengericht stellten. In diesem Antrag wurde beschrieben, was das Kind berichtet hat. Die Pflegeeltern nahmen zur mündlichen Anhörung die Hilfe eines Rechtsanwaltes in Anspruch. Die Pflegeeltern erlebten ungläubig, was in dieser Anhörung besprochen wurde. Weder der Richter noch der Jugendamtsmitarbeiter verloren ein Wort über den sexuellen Missbrauch. Die Pflegeeltern wollten von ihrer Rechtsanwältin nach der Anhörung jedoch wissen, warum sie nichts über den sexuellen Missbrauch gesagt hat. Sie sagte wörtlich: „Die Richter hören dies nicht gerne. Sie denken: Nicht schon wieder"!!!

Als vom Jugendamt unbegleitete Besuche mit Übernachtung angeordnet wurden, begleitete ich die Pflegeeltern als Beistand zum Gespräch mit der Jugendamtsleitung und dem zuständigen Sozialarbeiter. Die erste Frage der Amtsleitung war, warum die Pflegeeltern erst jetzt, wo die Rückführung im Raume stehe, von den Vorfällen berichtet haben. Die Pflegeeltern konnten belegen, dass sie dem Sozialarbeiter in Anwesenheit der Familienhelferin bei einem Hilfeplangespräch, zu dem die Herkunftseltern nicht erschienen waren, von den Erzählungen des Kindes berichtet haben. Beide wollten sich nicht daran erinnern. Sie hätten das nicht so ernst genommen. Kinder würden ja manches erzählen und hätten eine lebhafte Phantasie. Den Hinweis, dass es auch im Antrag auf den Verbleib des Kindes aufgeführt war, beantwortete der Sozialarbeiter damit, dass der Rechtsanwalt der Pflegeeltern diese Dinge auch nicht angesprochen hätte. Die Amtsleitung begriff, dass hier die Garantenpflicht des Jugendamtes nicht wahrgenommen wurde. Wenn in § 8a SGB VIII die Garantenpflicht des Jugendamtes zum Schutze der Kinder nicht verdeutlicht worden wäre und dadurch deutlich wurde, dass diese Pflicht eingefordert wird, wäre das Gesprächsergebnis mit großer Wahrscheinlichkeit weniger positiv gewesen. Übernachtungen und unbegleitete Besuche wurden sofort gestoppt.

Es scheint so, als ob es sehr schwer ist, sich vorzustellen, welches Leid Kindern von den eigenen Eltern zugefügt werden kann. Wer dieses Leid beschreibt, kommt in die Gefahr, selbst abgewertet zu werden, weil man sich mit den Eltern identifiziert. Es scheint der Gedanke aufzukommen, dass man selbst in der Erziehung auch nicht alles richtig machen kann - und wo kämen wir hin, wenn sich da der Staat einmischen würde. Der Unterschied zwischen einem Kind, das nicht immer auf Rosen gebettet ist und dem abgelehnten, vernachlässigten und misshandelten Kind wird geleugnet.

J. Goldstein, A. Freud und A. Solnit[27] sagen:
"Ein weiterer Grund für die Schwierigkeiten könnte darin bestehen, daß alle Fachleute einmal Kinder gewesen sind, daß alle Eltern hatten und daß viele selbst Eltern sind. Folglich haben sie eine Vielzahl von persönlichen Ansichten und Alltagsvorstellungen darüber, was für Kinder am besten oder schädlich ist, und darüber, was gute oder ungenügende Eltern kennzeichnet. Deshalb ist das Risiko groß, daß Maßnahmen und Entscheidungen bei der Kindesunterbringung auf persönliche Werturteile gestützt, aber als fachliches Wissen ausgegeben werden; um so wichtiger ist es, diese Gefahr zu erkennen".

Die Tatsache, dass bei Gerichtsverhandlungen der anwesenden weinenden jungen Mutter Mitleid entgegengebracht wird und das nicht anwesende Kind aus dem Blickfeld verloren wird, ist eine schwer zu erklärende Tatsache. Die Welt des Kindes und die Welt der Erwachsenen liegen meist weit auseinander. Wer sich nicht mehr in die eigene Kindheit mit all den Ängsten und Gefühlen zurück versetzen kann, tut sich schwer damit, ein Kind wirklich in seiner Not zu verstehen. Die Solidarisierung mit dem Erwachsenen liegt nahe und es wird in der Regel von der Normalität ausgegangen. Das Offenlegen des Leids des Kindes wird nicht selten als „unfachliche Emotion" eingeordnet. Außerdem ist in normalen Gerichtsverfahren das Ziel, Einvernehmen im Sinne einer ausgleichenden Gerechtigkeit zu erzielen. In diesen familiengerichtlichen Verfahren, in denen das Kindeswohl gefährdet war und ist, geht es jedoch nicht um ausgleichende Gerechtigkeit. Das entspricht nicht der gesetzlichen Vorgabe, weil das Kindeswohl in Familiengerichtsverfahren eindeutigen Vorrang vor einer einvernehmlichen Regelung von Erwachsenen auf Kosten der Kinder hat.

Ich erinnere mich an eine junge Mutter, bei der bereits zwei Kinder in einer bedrohlichen Situation in Obhut genommen werden mussten und diese dauerhaft in Pflegefamilien lebten. Sie wurde schwanger, es wurde ihr ein Mutter-Kind-Heim angeboten. Dies lehnte sie ab. Eine Mitarbeiterin eines Verbandes setzte sich vehement für die junge Mutter ein und dafür, dass das Kind in der alleinigen Obhut der Mutter verbleibt. Sie erklärte, dass sie die Betreuung und die Verantwortung übernehme. Als das Kind circa vier Wochen alt war, meldete sich eine Nachbarin, dass sie das Kind vor einigen Tagen völlig abgemagert und beinahe ausgetrocknet zu sich in die Wohnung geholt hätte. Es ginge ihm jetzt wieder gut, aber die junge Mutter versorge das Kind nicht. Daraufhin wurde die Sozialarbeiterin aktiv und ging zusammen mit der Mutter zu einem Arzt, der einen guten Allgemeinzustand des Kindes bescheinigte. Das Kind blieb bei der

---

27   Goldstein, Freud und Solnit 1988, S. 36f

Mutter. Einige Tage danach rief die betreuende Sozialarbeiterin weinend an, dass sie das Kind tot im Bettchen gefunden hätte. Es war ausgetrocknet. Die Mutter meinte, dass es nicht geschrien hätte und sie es deshalb nicht geweckt hätte. Es stellte sich heraus, dass die Mutter am Vorabend gegen zehn Uhr ein Fläschchen gegeben hatte und bis am Nachmittag des folgenden Tages nicht nach dem Kind geschaut hatte.

4.3. Schutz und Sicherheit

Das desorientierte Kind braucht nach der Unterbringung in einer Pflegefamilie zunächst Sicherheit, und an dieser Sicherheit mangelt es häufig, weil die Lebensperspektive ungeklärt bleibt.

Falls sich die Kinder auf neue Bindungen einlassen können, erwarten sie Schutz und Sicherheit in dieser Beziehung. Erlebt das Kind, dass die Pflegeeltern ihm keinen Schutz geben können, wird eine beginnende Heilung und Vertrauensbildung wiederum zerstört, und das alte Bindungsmuster kann wieder beherrschend werden.

Pflegeeltern, die sich darauf einstellen, dass Pflegekinder jederzeit wieder zu den Herkunftseltern zurück gehen können und deshalb „auf Distanz lieben" und damit dem Kind eine elterngleiche Bindung verweigern, mögen vielleicht im Sinne der Philosophie des Jugendhilfeträgers handeln, für das Kind ist dies jedoch eine verhängnisvolle Lebenssituation. Es hat kein Zuhause, und die für eine gesunde Entwicklung erforderliche Sicherheitsbasis fehlt ihm.

Wenn wir das Schicksal von Pflegekindern anschauen, können wir erahnen, was diesen Kindern als Grundlage fehlt und daraus die Aufgabe erkennen, diesen Kindern mit noch größerer Achtsamkeit und Feinfühligkeit zu begegnen, um Heilung zu ermöglichen. Diese Feinfühligkeit ist besonders dort erforderlich, wo es darum geht, dem Kind einen festen Lebensmittelpunkt zu geben. Wenn das Kind nicht weiß, ob es dauerhaft in der Pflegefamilie bleiben kann, werden die alten Verlassenheitsängste übermächtig. Vor dem Hintergrund der Erkenntnisse der Bindungsforschung verbieten sich oberflächliche Aussagen wie z.B.: *„Pflegekinder sind Kinder auf Zeit"* oder *„das ist das Schicksal des Pflegekindes, dass es zwischen zwei Familien lebt"* oder *„da muss ein Pflegekind einfach durch"*.

Auch können Besuchssituationen mit Herkunftseltern zu einer großen Belastung werden, wenn es nicht gelingt, diese für die Bedürfnisse des Kindes nach

Nähe und Distanz zu sensibilisieren. Als Besuchsbegleiterin habe ich mehrfach gehört: *„Auch wenn Du nicht willst, küsse ich Dich."*

Hier stellt sich die Aufgabe, sich schützend vor das Kind zu stellen und gleichzeitig dem Erwachsenen zu helfen, die Selbstbestimmung des Kindes wahrzunehmen und zu achten.

4.4. Entwicklungsrückstand

Am Anfang eines Heilungsgeschehens bei einem Kind steht das Verstehen des Kindes als Gesamtpersönlichkeit durch seine neuen Betreuer. Hier gibt die Individualpsychologie, im Besonderen Alfred Adler, wichtige Hinweise. A. Adler wies auf die Gefahren der Experimentalpsychologie hin, die den Menschen in unzusammenhängende Einzelteile zerstückelt und er sieht in diesen Erkenntnissen wenig Hilfe, den Menschen besser verstehen zu lernen.

Die klinischen Diagnosen kommen oft zu einem ganzen Katalog von Defiziten des Kindes und daraus folgernd wird der Förderbedarf aufgelistet. Die emotionalen Bedürfnisse finden dabei selten den notwendigen Raum, obwohl bei vernachlässigten, abgelehnten oder gar misshandelten Kindern gerade dort der Grund für den Entwicklungsrückstand zu suchen ist.

Wenn das Kind von der Logotherapie zur Ergotherapie, von der Spieltherapie zur Frühförderung gehetzt wird, bleibt ihm keine Zeit zur Entwicklung einer Beziehung zu den Pflegeeltern. Ein Weniger an Terminen bedeutet ein Mehr an Weiterentwicklung des Kindes.

Das Selbstwertgefühl des Kindes kann sich nur entwickeln, wenn es erfährt, dass seine Umwelt es in Ordnung findet und es erlebt, dass es so angenommen wird, wie es nun einmal ist.

Damit die Pflegeeltern die Zeit für das Kind haben, ist eine Entlastung im Alltag geboten, z.B. durch die Einsetzung einer stundenweise tätigen Haushaltshilfe. Erst wenn ein Grundvertrauen vorhanden ist, können Therapien und Fördermaßnahmen greifen.

Es gilt auch zu beachten, dass jedes Kind die Welt anders wahrnimmt und daher gerade in dieser Verunsicherungsphase standardisierte Tests sehr kritisch zu hinterfragen sind.

Der Grundsatz, dass Erziehung über Beziehung läuft, hat hier eine besondere Bedeutung.

4.5. Die Phasen der Integration des Pflegekindes in die Pflegefamilie

Die wichtigste Voraussetzung für die Integration des Pflegekindes in die Pflegefamilie ist, dass das Kind die Fähigkeit besitzt, sich nochmals auf eine Eltern-Kind-Beziehung einzulassen. Die Integration verläuft regelhaft in drei Phasen:[28]

Die erste Phase ist die Anpassungsphase:
Das Kind kommt in eine völlig fremde Welt. Je kleiner es ist und je weniger über verstandesmäßige Erklärungen laufen kann, umso verwirrender ist das Neue. Bei älteren Kindern ist es trotz aller Erklärungen schwierig, Vertrauen herzustellen.

Viele Kinder können nicht glauben, dass es in der neuen Familie besser ist, dass sie nicht geschlagen werden, dass sie versorgt werden und dass ihre Bedürfnisse geachtet werden. Neben dem Alter und den Vorerfahrungen des Kindes ist für das Gelingen einer Eltern-Kind-Beziehung entscheidend, ob die Pflegefamilie sensibel die Situation des Kindes erkennt und mit Verständnis reagiert.

Es ist wichtig, dass die Pflegeeltern die notwendigen Informationen über die Vorerfahrungen bekommen, um entsprechend reagieren zu können. Fragen wie die folgenden sind wichtig: Was war vor der Trennung? Wurde das Kind mehrfach getrennt? War es in der Notaufnahme in einem oder gar mehreren Heimen? War es in einer oder mehreren Bereitschaftspflegefamilien? Hat es selbst Gewalt erlebt oder war es Zeuge von Gewalt? Befindet sich das Kind in einer besonders trennungsempfindlichen Phase? Von einer solchen ist auszugehen, wenn das Kind zwischen sechs Monaten und sieben Jahren alt ist. Eine hochempfindliche Phase liegt zwischen sechs Monaten und drei Jahren. Welche Qualität hatten die bisherigen Beziehungen? Konnte es überhaupt Bindungen eingehen?

Das Kind steht all den neuen Eindrücken mit gemischten Gefühlen gegenüber. Es hat Ängste, Befürchtungen und Hoffnungen. Es orientiert sich daran, was es bisher erleben musste und erwartet in der Regel das Gleiche. Aufgrund der Unsicherheit und Ängste vor all dem Neuen versucht sich das Kind fraglos anzupassen. Kinder, die bisher bindungslos aufwachsen mussten und distanzlos sind, erscheinen in der Anpassungsphase für die Pflegeeltern besonders gut erzieh-

---

28 vgl. Nienstedt/Westermann 1998

bar. Sie zeigen keine Trennungsreaktionen, „sind lieb und folgsam", und die Pflegeeltern können nichts von den Schwierigkeiten erkennen, von denen der Sozialarbeiter im Vorfeld der Aufnahme des Kindes erzählt hat. Es gibt einfach keine Schwierigkeiten. Pflegeeltern missverstehen diese Überanpassung vielfach und glauben, dass das Kind sie bereits als Eltern akzeptiert. Es ist gut, dass in der Anfangsphase die Konflikte nicht in voller Härte zum Tragen kommen und beide Teile, Pflegeeltern wie das Kind, Gelegenheit bekommen, sich näher zu beschnuppern.

Traumatisierte Kinder geben den Pflegeeltern und Fachkräften oft besondere Rätsel auf.

Sie sind in der Anfangsphase des Pflegeverhältnisses oft überangepasst und erscheinen daher besonders unproblematisch, während sie in Wirklichkeit große Probleme haben, Vertrauen zu entwickeln. Traumatisierte Kinder sind resignativ, entwickeln keine gesunde Neugierde und leisten oft kaum Widerstand. Viele Kinder fragen immer, ob sie lieb sind und klammern sich wahllos an jeden Erwachsenen, - also auch an die Pflegeeltern. Dies überdeckt eine tiefe Bindungsstörung. Wenn Pflegeeltern nicht darauf vorbereitet sind, dass dieses Verhalten kein Zeichen einer entstandenen Bindung zu den Pflegeeltern ist, kann dies zu einer Enttäuschung führen, wenn diese Kinder plötzlich zu kleinen Rebellen werden. Hier braucht es eine fachkundige Begleitung, die dieses Verhalten des Kindes als einen Anfang eines Vertrauensverhältnisses deutlich machen kann.

Besonders Kinder aus Suchtfamilien haben oft die Verantwortung für jüngere Geschwister in der Herkunftsfamilie übernehmen müssen. Diese Kinder wirken wie Erwachsene und zeigen sich sehr vernünftig. Erst langsam lernen sie, wieder „Kind" zu sein und sich von ihrer Verantwortung für die Geschwister zu distanzieren. Wichtig ist, dass die Geschwister, wenn sie in unterschiedlichen Pflegefamilien untergebracht sind, voneinander wissen, dass es dem anderen gut geht.

Wo Kinder aus Familien stammen, in denen Gewalt das Erziehungsprinzip war und sie erlebt haben, dass nur der Starke gewinnt, kann es in der Anfangsphase zu starken Aggressionen kommen. Sie versuchen ihre Angst durch den Angriff zu beseitigen.

Traumatisierte Kinder versuchen ihre Angst durch verschiedene Verhaltensweisen zu bewältigen. Wenn die vermeintliche Gefahr nicht durch Angriff oder

Flucht zu umgehen ist und sich das Kind ohnmächtig ausgeliefert fühlt, kommt es zu folgenden Verhaltensweisen:
1. Es versucht sich unsichtbar zu machen, geht z.B. trotz großer Angst willenlos bei Umgangskontakten mit und ist bemüht, jede Erwartung des Gegenübers zu erfüllen.
2. Es erstarrt. Der leere Blick und das Entsetzen in den Augen, das in einer Situation vom Kind erlebt wird, in der es sich ohnmächtig ausgeliefert fühlt, ist mit Worten kaum wiederzugeben. Deshalb ist es schwer, dass Pflegeeltern Glauben finden, wenn sie diese Beobachtung beschreiben.

Sowohl die Lähmung als auch das Erstarren zeigen die existentielle Not des Kindes und seine Ohnmachtsgefühle. Die Hoffnung, dass es selbst Einfluss auf sein Leben nehmen kann, ist verschwunden. Es kann sich nur helfen, in dem es seine Person – sinnbildlich gesprochen – verlässt und sich den jeweiligen Erwartungen der Außenwelt völlig anpasst.

In den Integrationsphasen ist es besonders wichtig, dass die Pflegefamilie von dem Sozialpädagogen des Fachdienstes begleitet wird, damit die Stolpersteine rechtzeitig erkannt werden. Unbegleitete Pflegefamilien werden regelmäßig davon überrascht, wenn das Kind sein Anpassungsverhalten aufgibt und beginnt sich innerlich zu öffnen und „im neuen Zuhause angekommen ist". Es traut sich seine Gefühle zu äußern und auszuleben. Dies geht manchmal bis an die Belastungsgrenze der Pflegefamilie, gleichzeitig ist es ein entscheidender Vertrauensbeweis des Pflegekindes, weil das Kind sich mit seiner ganzen konfliktbeladenen Persönlichkeit seinen Pflegeeltern zumutet und anvertraut.

Wichtig ist, dass in der Vorbereitungszeit auf die Aufnahme des Kindes bereits auf diese Entwicklung hingewiesen wurde und das Harmonisierungsmodell als Durchgangsstadium verständlich gemacht wurde. Wenn dann die ersten Konflikte kommen, wenn das Kind austestet, wie die neuen Eltern tatsächlich sind, ist es bei einer kontinuierlichen fachlichen Begleitung möglich, den Pflegeeltern, die es in der Regel wieder vergessen haben, in der konkreten Situation den Sinn des Konfliktes zu verdeutlichen. Es muss daran erinnert werden, dass in den Seminaren, in denen der Alltag noch so fern ist, darüber nachgedacht wurde, dass diese beginnenden Konflikte Vertrauensbeweise sind. Jetzt wird versucht, ob Konflikte gewagt werden können, ob die Pflegeeltern auch dann noch zu dem Kind stehen, wenn es nicht „lieb" ist.

Das Kind will Einfluss auf die Lebenssituation nehmen. Pflegeeltern sollten sich in Erinnerung rufen, dass auch das Baby, das in die Familie hineingeboren wird, seine Familie umgestaltet. Das Pflegekind verändert ebenfalls seine Familie, wenn es dort beginnt, Fuß zu fassen. Wenn es Einfluss auf die soziale Umwelt nehmen kann, verhilft es ihm zu dem Gefühl der Sicherheit und Zugehörigkeit. Es gilt jetzt, das Gleichgewicht zwischen Freiheit und Regeln in der Familie herzustellen. Es gibt für die Weiterentwicklung des Kindes zwei Gefahren. Die eine Gefahr ist, dass es in der Anpassungsphase verharrt und den Konflikt nicht wagt, die andere Gefahr ist, dass es ihm bei fehlenden klaren Regeln in der Pflegefamilie gelingt, das ganze Familiensystem zu sprengen. Es ist ein schmaler Weg, der in die nächste Phase der Integration führt. Es muss immer wieder gesagt werden, dass dazu eine enge Begleitung durch einen Fachdienst für Pflegekinder erforderlich ist. Hier ist auch der Erfahrungsaustausch von Pflegeeltern untereinander eine wesentliche Hilfe.

Die zweite Phase ist die Phase der Übertragung:
In der Beziehung zu den Pflegeeltern werden die Erfahrungen des Kindes mit den bisherigen Bezugspersonen wieder belebt. Die aus der Vergangenheit herrührenden Erwartungen, Hoffnungen, Ängste und Gefühle werden auf die Pflegeeltern übertragen.

Diese Wiederbelebung der früheren Erlebnisse ist für Pflegeeltern ein mühsamer Weg, er birgt jedoch die Chance, dass frühere Erfahrungen korrigiert werden können. Diese Wiederbelebung und Korrektur ist nur dort möglich, wo dem Kind ein Schutzraum geboten wird, in dem es sicher sein kann, dass seine Phantasien und Gefühle ernst genommen werden und ohne negative Konsequenzen zugelassen werden. Schläge, Strafe und vernichtende Kritik dürfen keinen Raum haben.

Das Kind überträgt seine früheren Erlebnisse auf die neue Situation. Es „verwechselt" die neuen Eltern mit den Herkunftseltern und benimmt sich so, als ob es auch in der Pflegefamilie bedroht, misshandelt, missbraucht oder vernachlässigt wird. Ich denke da an einen Jungen, der in Ausnahmesituationen äußerst bedrohlich auf die Pflegemutter, die er grundsätzlich sehr liebte, zuging und plötzlich erschrocken die Augen aufriss und sagte: *„Ich habe Dich nicht erkannt, ich meinte Du wärest die Irma".*

Viele Pflegekinder mit traumatischen Vorerfahrungen haben große Mühe, das Beziehungsangebot der Pflegeeltern anzunehmen. Aus Selbstschutz greifen sie auf ihre leidvollen Erfahrungen zurück, dass den Erwachsenen nicht zu trauen ist und es weniger weh tut, wenn man sich innerlich abschirmt, damit man nicht erneut verletzt wird.

Zu beachten ist auch, dass Pflegekinder vielleicht zum Pflegevater oder zur Pflegemutter eine Beziehung zulassen können, jedoch zum anderen Elternteil lange Zeit mit Ablehnung reagieren. Dies beruht in der Regel auf unterschiedlichen Erfahrungen mit dem jeweiligen Elternteil in der Herkunftsfamilie. Diese Phase kann von den Pflegeeltern viel Geduld erfordern.

Hilfreich ist, wenn nach Gemeinsamkeiten gesucht wird, die beiden Teilen Befriedigung bringen, sei es im Spiel, in Naturerlebnissen, in Handarbeiten, im Sport, im Werkeln und in vielen anderen Dingen. Vom Erwachsenen sind hier sehr viele Vorleistungen erforderlich, um dem Kind die Möglichkeit zu geben, korrigierende Erfahrungen zu sammeln und damit eine Gefühlsbeziehung zu wagen.

Kinder fordern die Pflegeeltern nicht selten regelrecht dazu auf, sie doch zu schlagen. Sie versuchen auch, die Pflegeeltern so zu provozieren, dass diese an die Grenzen ihrer Beherrschung kommen. Schlimm wäre, wenn Pflegeeltern tatsächlich schlagen – das kann auch nur ein angedeuteter Schlag sein – weil das das beginnende Vertrauensverhältnis vernichten kann. Wichtig ist, dass Pflegeeltern konsequent führen und Grenzen setzen.

Wenn diese Phase gelingt, so erlebt das Kind, dass die Pflegeeltern sich anders verhalten als die früheren Bezugspersonen, dass sie Vertrauen verdienen. Es lernt zu seiner eigenen Geschichte eine kritische Distanz aufzubauen und Phantasie und Realität zu unterscheiden.

Die dritte Phase ist die „regressive Phase:
Diese Phase äußert sich oft in der Weise, dass das Kind in eine frühere Entwicklungsstufe zurückfällt, z.B. Baby sein will, aus der Babyflasche trinken will, gewiegt werden möchte wie ein Baby und auch als Schulkind in eine kleinkindhafte Sprache zurückfällt.

Auch hier ist es wichtig, dass die Pflegeeltern auf diese Entwicklung vorbereitet sind und in der konkreten Situation fachliche Hilfe bekommen. Der positive Aspekt ist, dass das Kind mit Hilfe der Regression an den Punkt zurückkehren kann, an dem es Mangelerfahrungen erleben musste. Heilsam ist hier das geduldige Rollenspiel zwischen Pflegeeltern und dem Kind. Ermahnungen dagegen, dass es doch schon ein großes Kind ist und sich nicht mehr so benehmen könne, helfen dem Kind nicht.

Im Rollenspiel erlebt das Kind, dass es Dinge tun kann, die im echten Leben nicht möglich sind. Hier kann es negative Gefühle zeigen, allerdings nur dann, wenn die Pflegeeltern auf diese Gefühle einfühlsam und ohne moralische Bewertung eingehen. Es ist oft ein langer Weg, bis z.B. aus „der bösen Puppe", die geschlagen oder gar getötet werden muss eine Puppe wird, die gefüttert, gewickelt und verarztet wird.

Viele Pflegeeltern haben große Schwierigkeiten, die unterschiedlichen Verhaltensweisen des Kindes einzuordnen. Einmal ist es altersgemäß entwickelt und dann wieder dieses unangemessene Verhalten! Der Sinn des regressiven Verhaltens muss immer wieder in das Bewusstsein gebracht werden. Es ist der Beginn einer neuen, vertrauensvollen Beziehung zu den Pflegeeltern, wenn diese Phase positiv gestaltet und als Durchgangsstadium verstanden wird. Das Kind muss nachholen und auch die Pflegeeltern haben hier eine Chance, im Rollenspiel Eltern in einer viel früheren Phase „durchspielen" zu können. Das nächtliche in das Bett der Pflegeeltern kriechen gehört auch zu diesem Erleben des Neubeginns einer sicheren Bindung und Beziehung.

Die beschriebenen Phasen treten in der Realität nicht so sortiert und deutlich abgegrenzt auf. Es gibt es viele Übergänge, Fortschritte und Rückfälle. Die individuellen Unterschiede der Kinder kommen dabei ebenfalls zum Tragen.

4.6. Das sicher gebundene Pflegekind

Gibt es bei all der beschriebenen Belastung der Kinder das sicher gebundene Pflegekind?

Ich habe bereits viele Beispiele von gelungener Integration und Zugehörigkeit zur Pflegefamilie beschrieben. Es mag sein, dass in den Beispielen die vorhandenen „Stolpersteine" auf diesem nicht einfachen Weg zu sehr in den Vordergrund gerieten. Ich möchte deshalb noch einige Lebenswege von Kindern beschreiben, die ich von der Aufnahme bis in das Erwachsenenalter begleiten durfte.

Beispiel 1:
Da ist die Pflegefamilie Bauer. Sie hat zunächst einen körperlich behinderten Jungen mit schweren Entwicklungsrückständen aufgenommen. Es war von Anfang an klar, dass es ungewiss ist, ob auch eine geistige Behinderung vorliegt. Es waren viele Operationen nötig, weil die Beine verkrüppelt waren und es lag auch Minderwuchs vor. Sven kam nach einem kurzen Heimaufenthalt noch als Säugling in die Familie. Die Pflegemutter gab ihren Beruf auf und begleitete den Jungen bei all den belastenden operativen Eingriffen. Es stellte sich heraus, dass er an der oberen Grenze zur geistigen Behinderung bleibt, und er besuchte die Förderschule. Die Pflegefamilie war in einer Selbsthilfegruppe organisiert (Jahrgang 1984), die ich über circa 18 Jahre begleitet habe. Der Junge ist zu einem fröhlichen und auch selbstbewussten jungen Mann herangereift, der jetzt in einer Gemeinde als Gemeindehelfer arbeitet. Bei einer zufälligen Begegnung

mit ihm, vor einigen Wochen, erlebte ich an der Bushaltestelle, wie er für die Sauberkeit in seiner Gemeinde die volle Verantwortung übernimmt. Jemand hatte einen Müllsack einfach in einer Anlage ausgekippt. Er sah das und war voll Empörung sofort mit seinem Fahrrad zur Stelle, um Abhilfe zu schaffen. Er wird zwar nie alleine leben können, hat jedoch immer noch in der Pflegefamilie seine Heimat. Die Pflegeeltern sorgen jetzt als rechtliche Betreuer für ihn, weil er seine finanziellen Angelegenheiten nicht selbst regeln kann. Ich habe noch nie von den Pflegeeltern gehört, dass ihre Erwartungen nicht erfüllt wurden. Sie sind für Sven da und er wird sein Zuhause nicht verlieren, solange die Pflegeeltern leben.

Beispiel 2:
Da ist Corinna, die zunächst mit ihrer Mutter in der Pflegefamilie wohnte, weil man davon ausging, dass die junge Mutter unter Anleitung vielleicht doch die Erziehung des Kindes übernehmen kann. Dies ging circa ein Jahr einigermaßen gut, dann wurde der Mutter klar, dass sie die Verantwortung für das Kind nicht übernehmen kann. Sie zog sich zurück, und die Pflegefamilie musste wegen beruflicher Veränderungen an einen weiter entfernten Ort ziehen. Die Pflegefamilie lud die Mutter einige Male zu einem Ferienaufenthalt ein, was die Mutter genoss. Als das Kind jedoch ins Vorschulalter kam und nicht mehr das süße Baby war, wurden die Kontakte zwischen Mutter und Kind schwierig. In Gesprächen mit der Mutter wurde versucht, ihr dabei zu helfen, Abschied zu nehmen, und nicht auf ihrer Mutterrolle zu beharren. Dies gelang auch. Das Kind wurde zum anerkannten Mitglied der Pflegefamilie, machte eine gute Schulausbildung und ist jetzt als Bankkauffrau tätig. Sie lebt als Erwachsene in einer eigenen Wohnung, wie jedes andere erwachsene Kind, und ist weiterhin ein Mitglied der Pflegefamilie.

Beispiel 3:
Ein Mädchen, das ich als Kleinkind vermittelt habe. Die Mutter war geistig behindert, das Kind war zunächst mit der Mutter in einem Mutter-Kind-Heim, es war aber klar, dass die Mutter nicht in der Lage ist, das Kind zu erziehen. Das Mädchen kam in eine Familie mit zwei älteren Kindern, und die Mutter des Kindes hatte in der Pflegefamilie einen guten Platz gefunden. Sie kam regelmäßig zu Besuch. Für das Mädchen war sie ein Besuch wie alle anderen aus der Verwandtschaft.

Das Mädchen besuchte das Gymnasium, machte Abitur und hat das Studium der Sozialpädagogik an einer Fachhochschule abgeschlossen. Sie ist schon längere Zeit in ihrem Beruf tätig. Sie hat die Pflegschaft für ihre geistig behinderte Mutter übernommen und ist nach wie vor das Kind der Pflegefamilie.

Beispiel 4:
Julia kam mit zehn Monaten in die Pflegefamilie. Die Mutter war und ist immer noch alkoholkrank. Es gab deutliche Anzeichen einer Alkoholembryopathie. Im weiteren Entwicklungsverlauf des Kindes hat sich dies bestätigt. Die Pflegeeltern taten alles, was der Förderung des Kindes diente, vermieden aber auch alles, was zu einer Überforderung führen konnte. Obwohl beide Elternteile Akademiker sind, konnten sie mit der Lernbehinderung gut umgehen und Julia war immer ihre geliebte Tochter. Julia hatte eine Zeit, in der sie sich sehr für ihre Mutter interessierte, insbesondere hatte sie Interesse an ihren zwei Geschwistern, die im Heim für die Mutter aufbewahrt werden. Die Pflegeeltern unterstützten sie, gingen gemeinsam zu Besuchen in die circa 150 km entfernte Stadt und halfen Julia, als sie erkennen musste, dass ihre leibliche Mutter Versprechungen nicht einhalten kann. In der Zwischenzeit hat Julia ein realistisches Bild von ihrer Mutter. Sie war immer von den Pflegeeltern getragen und diese haben geholfen, dass sie einen normalen Schulabschluss machen konnte und jetzt Altenpflegerin wird. Was sie belastet ist, dass ihre zwei leiblichen Geschwister im Heim leben müssen und sie den Unterschied zwischen Familie und Heim erlebt.

Diese Beispiele von geglückter Integration in die Pflegefamilie könnte ich weiter fortführen.

Ich möchte Mut machen und Familien darin bestärken, sich für diese Aufgabe zu öffnen und einem Kind einen guten Platz in ihrer Familie zu geben.

Ganz gewiss sollen Kinder Achtung vor ihren Eltern haben, aber ganz gewiss sollen auch Eltern Achtung vor ihren Kindern haben und niemals dürfen sie ihre natürliche Überlegenheit missbrauchen.

Astrid Lindgren 2000, S. 75

5. Die Trennungsangst des Kindes

5.1. Die Trennung eines sicher gebundenen Kindes

Die Trennung eines sicher gebundenen Kindes von seiner Hauptbezugsperson löst bei diesem existentielle Angst aus. Wer Kinder in Trennungssituationen von der Hauptbezugsperson begleitet, weiß, dass bereits die geringste Andeutung vom drohenden Verlust der Hauptbezugsperson schwere Angst und Verhaltensprobleme auslöst. Diese Verhaltensprobleme können nicht „wegtherapiert" werden. Sie sind vielmehr ein Zeichen einer gesunden Entwicklung.

Der Verhaltensbiologe B. Hassenstein weist in seinen Veröffentlichungen immer wieder darauf hin, dass das Bindungsgeschehen biologisch im Kind verankert ist und dass die Erfahrungen der frühen Kindheit diesen für das ganze Leben bedeutsamen Vorgang prägen.

Helena und Bernhard Hassenstein[29] schreiben:
Zu versuchen, ein Kind auf den beabsichtigten, ihm drohenden Verlust seiner faktischen Eltern zu täuschen, ist aber so gut wie aussichtslos: Kinder sind vor dem Abschluss der Pubertät zwar im logischen Denken noch nicht so geschult wie Erwachsene; aber im Erspüren gefühlsmäßiger Zusammenhänge und im Beobachten auch unscheinbarer Anzeichen für bevorstehende Änderungen sind sie bekanntlich vielen Erwachsenen überlegen. Aus diesem Grunde sind pflichtmäßige Zusammenkünfte mit den leiblichen Eltern für Kinder, die zu ihren Pflegeeltern vertrauensvolle Kind-Eltern-Beziehungen entwickelt haben, fast zwangsläufig mit existentieller Trennungsangst verknüpft. Solche Ängste entstehen ohne jede Beeinflussung seitens der Pflegeeltern, ja sogar entgegen verpflanzungsfreundlicher Beeinflussung seitens der Pflegeeltern. Trotz aller Bemühungen pflegen die Ängste eines Kindes von Besuch zu Besuch zu wachsen, statt abzuflauen.

In verhaltensbiologischer Sicht ist diese Reaktion in der Natur des Kindes verankert: Ein Kind wäre seelisch nicht gesund, wenn es auf den sich anbahnenden Verlust seiner faktischen Eltern und damit seines Hortes der Geborgenheit nicht mit existentieller Angst reagieren würde. Was dies für ein Kind bedeutet, ist für Erwachsene, die als Kinder stets in gesicherten Verhältnissen aufwuchsen, beinahe uneinfühlbar – es sei denn, sie hätten Leiden solcher Kinder unmittelbar miterlebt und mitempfunden. Nach einem derartigen Besuch – und allgemein unter dem Einfluss der Trennungsangst – können Kinder an Schlaflosigkeit, Essunlust und Erbrechen leiden. Sie können zu Bettnässern werden, allgemein

---

29 Hassenstein, Helena und Bernhard 2004, S. 60ff

gesundheitlich abfallen, zu Unfällen und Infektionen neigen. Sie können geistesabwesend oder aggressiv sein und in der Schule versagen.

Leider hat man jahrzehntelang zwar die beschriebenen Leiden der Kinder wahrgenommen, doch ist es tief tragisch, dass man als deren Ursachen nicht die Trennungsängste erkannte. Stattdessen hat man, falls kindliche Verhaltensstörungen der beschriebenen Art auftraten, die Pflegeeltern dafür verantwortlich gemacht.

Den Hintergrund für all diese Vorwürfe bildet, auch heute, noch vorkommende Unkenntnis darüber, dass kindliche Bindungen durch prägungsähnliche Lernvorgänge bei langdauerndem Zusammenleben entstehen und nicht beliebig durch Umlernen zu verändern sind, sowie die allgemeine Vorstellung, dass kindliche Bindungen beim Bestehen von Blutsverwandtschaft selbstverständlich seien.[30]

Damit meint man: Wenn Kinder sich nicht elementar zu ihren leiblichen Eltern hingezogen fühlen und keine Liebesbande entwickeln, so müsse dies in ihrer gegenwärtigen Lebenssituation begründet sein, also auf Erziehungseinflüssen durch die Pflegeeltern beruhen. Die Wirklichkeit sieht aber anders aus: Wenn Pflegeeltern ihre Aufgaben erfüllen, den Kindern Fürsorge und Geborgenheit zu gewähren, dann wendet sich ihnen im Laufe der Zeit das Herz der Kinder zu – dies ist ein unvermeidbares Naturgeschehen – und die nicht oder selten anwesenden leiblichen Eltern sind und bleiben für die Kinder dasselbe wie alle sonstigen Menschen: Nähere oder fernere Bekannte oder Fremde.[31]

Wolfgang Metzger hat in seinem Gutachten „Über die Auswirkungen der Verpflanzung eines Kindes in eine ihm fremde Umgebung" gesagt:[32]
„Nach gesicherten Erkenntnissen der Sozial- und Entwicklungspsychologie kann man bei einem Kind ein normales körperliches, geistiges und seelisches Gedeihen nur dann erwarten, wenn es etwa von der Mitte des ersten Lebensjahres an in der Geborgenheit und dauernden persönlichen Verbundenheit bzw. seelischer Verwurzelung in einem und demselben erwachsenen Menschen aufwachsen kann.

Ob der Mensch, in dem das Kind sich verwurzelt, die leibliche Mutter ist oder nicht, spielt überhaupt keine Rolle. Entscheidend ist die ständige liebevolle Zuwendung, die dem Kind das für die gesamte weitere Entwicklung grundlegende Urvertrauen (Erikson) schafft, d.h. das Bewusstsein, das es diesem Menschen rückhaltlos vertrauen kann. (Dasselbe gilt für den Vater).

---

30 vgl. Klußmann/Stötzel 1995, S. 154ff
31 Hassenstein 2004, S. 66ff
32 Klußmann/Stötzel 1995, S. 258ff

Es ist zwar schon eindeutig zum Ausdruck gebracht, muss aber nochmals ausdrücklich betont werden, daß Blutsverwandtschaft und irgendwelche daraus abgeleitete Ansprüche anderer Personen zwar im Bewusstsein der Öffentlichkeit- und infolgedessen auch in der Gesetzgebung und Rechtsprechung – eine gespenstische Rolle spielen, daß sie aber ohne jede Bedeutung sind für das faktische psychologische Erleben des Kindes, für sein Bewusstsein, eine Mutter (und einen Vater) zu haben, ein Bewusstsein, daß dieser bestimmte Mensch seine Mutter ist (bzw. diese bestimmten Menschen seine Eltern sind).

Man kann da nicht als Jurist sagen: Das Kind irrt sich eben, und es muss seinen Irrtum berichten. Angesichts der geschilderten psychologischen Grundlagen des faktischen Mutter-Kind-Verhältnisses ist eine „Berichtigung" dieses „Irrtums" für das Kind gleichbedeutend mit der Entziehung der Lebensgrundlage. Die vollzogene Verpflanzung ist ein Trauma, das irreversible - das heißt lebenslange Folgen - hinterlässt, im Vergleich mit denen die Folgen auch schwerer körperlicher Misshandlung und Verletzung ein Kinderspiel sind.

Kein Kind – und übrigens auch kein Erwachsener – kann sich daran gewöhnen, Menschen zu lieben, von denen es weiß, daß sie die größte Katastrophe seines Lebens veranlasst haben.

Die Entscheidung darüber, ob eine Mutter mit ihrem Kind zusammenleben will oder nicht, muss demnach bereits während des ersten Lebensjahres ihres Kindes fallen. Wenn sie sich zum ersteren entschließt, so impliziert das unmittelbar ohne Ausweichmöglichkeit die Verpflichtung, vor Beendigung des ersten Lebensjahres die Pflege des Kindes selbst zu übernehmen."

Im Jahre 1982 hat sich Gisela Zenz[33] beim 54. Juristentag mit der Frage beschäftigt: „Soll die Rechtsstellung der Pflegekinder unter besonderer Berücksichtigung des Familien-, Sozial- und Jugendhilferechts neu geregelt werden?" Zum ersten Mal standen damit Pflegekinder im Mittelpunkt einer großen juristischen Diskussion.

Ein Zitat aus diesem Bericht:
„Die Eltern-Kind-Bindung kommt im täglichen Zusammenleben, aus der täglichen Befriedigung der kindlichen Bedürfnisse nach Nahrung, Pflege, körperlicher und psychischer Kontakte zustande. Auf Seiten des neugeborenen Kindes besteht die Bereitschaft, die elementaren Eltern-Kind-Bindungen zu jedem Menschen herzustellen, der die Elternfunktion in dem hier umschriebenen Sinne übernimmt. Das Kind ist in keiner Weise auf seine leiblichen Eltern fixiert. Daran gibt es heute unter den diversen mit menschlicher Entwicklung befassten Wissenschaften keinen Zweifel mehr. Eine spezifische Ausprägung erhält die Eltern-Kind-Beziehung bereits im Laufe des ersten Lebensjahres durch die allmähliche

---

[33] Zenz 1982, Referat S. 43ff

Herausbildung ganz bestimmter, von Persönlichkeit und Lebensumständen der Eltern wie auch von der Konstitution des Kindes geprägten Interaktionsmuster, Verhaltensweisen in der Alltagsroutine, Ausdrucksformen der Freude, Schmerz, Überraschung und Angst, die beiderseits verstanden werden, schaffen ein zunehmend differenziertes Raster, in das reifungsbedingte „Neuerwerbungen" des Kindes (Bewegungs-, Ausdrucks-, Verstehensweisen) eingeordnet werden können, so daß die jeweilige Entwicklung in die Persönlichkeit integrierbar ist.

Ein Abbruch der Eltern-Kind-Beziehung in den ersten Lebensjahren schädigt die kindliche Entwicklung, indem sie dem Kind die Basis für seine Orientierung über die Welt und sich selbst entzieht. Ihre Auswirkungen sind umso gravierender, je mehr das Kind auf diese Orientierung noch angewiesen ist, zur Aufrechterhaltung eines Grundsicherheitsgefühls oder „Urvertrauens", das Voraussetzung für die optimale Bewältigung aller weiterer Entwicklungsschritte ist. Diese extreme Trennungsempfindlichkeit nimmt ab mit wachsender Autonomie, d. h., mit zunehmender Beherrschung von Fähigkeiten, die das Kind in seinem Selbstgefühl von der Mutter unabhängiger machen: Körperkontrolle, Laufen, Sprechen, Gedächtnis und Spannungstoleranz. Allgemein wird eine besondere Trennungsempfindlichkeit für Kinder zwischen sechs Monaten und sieben Jahren konstatiert, mit einer hochsensiblen Phase zwischen sechs Monaten und drei Jahren.

Daß eine traumatische Trennung die kindliche Entwicklung regelmäßig nachhaltiger schädigt als die psychische Struktur von Erwachsenen, ergibt sich daraus, daß alle späteren Entwicklungsschritte des Kindes nur in dem Maße gelingen können, wie die früheren die Voraussetzungen dafür bereitgestellt haben, also selbst gelungen sind. Denn die Entwicklung läuft in Phasen oder Stufen ab, die zwar verzögert oder angehalten werden können, nicht aber umkehrbar sind.

Kompensatorische Entwicklungen sind in vielen Bereichen möglich, erfordern aber stets günstige Voraussetzungen auf Seiten des Kindes wie auch der Umwelt und bedeuten immer eine besondere Kanalisierung in der psychischen Strukturbildung, also ein „Weniger" an Offenheit für die Entwicklung und ein „Mehr" an psychischer Leistung in einem Bereich, das anderen Bereichen entzogen wird.

Schließlich ist allgemein anerkannt, daß die Trennung für Kinder nicht nur schwerer und nachhaltiger, sondern auch schneller wirksam wird.

Kinder haben ein anderes Zeiterleben als Erwachsene, die Trennung wird schneller als dauerhaft und endgültig, also als Verlust erlebt. Ebenso geht die „schleichende Entfremdung", wie sie auch Erwachsene z.B. aus längerdauernden Trennungen kennen, bei Kindern schneller vor sich, also die innere Entfremdung gegenüber Eltern, die nur noch zu Besuch kommen, auch wenn dabei immer wieder von der Rückkehr des Kindes in die Familie die Rede ist."

Einen weiteren Aspekt bringen J. Goldstein, A. Freud und A. Solnit[34]:
„Ein Wechsel in der Pflegeperson hat auch schwerwiegende Folgen für die Gefühlsentwicklung des Kleinkindes. Seine Bindungen sind zu dieser Zeit weitgehend von der Stabilität der Außenwelt abhängig. Jede Trennung von einer vertrauten Person wirkt als Erschütterung; ihre ununterbrochene Anwesenheit und Fürsorge befördert die kindliche Liebesbindung. Kleinkinder, die sich von der elterlichen Person verlassen fühlen, reagieren nicht nur mit Trennungsangst und Trauer, die Folgen des Erlebnisses machen sich auch in einer Herabsetzung ihrer neuen Zuneigungen fühlbar. Ihr Zutrauen zur Erwachsenen-Welt leidet, und wo die Trennungen sich wiederholen, wie beim Wandern von einer Pflegestelle zur anderen, nehmen seine Bindungen mehr und mehr oberflächlichen Charakter an. Solche Kinder werden Erwachsene ohne Gefühlswärme in ihren menschlichen Beziehungen."

5.1.1. Umgangskontakte mit dem Ziel der Rückführung – Herausgabeverlangen

In der Praxis des Pflegekinderwesens ist zu beobachten, dass ein Kind, solange die Herkunftseltern tatsächlich mit dem Verbleib in der Pflegefamilie einverstanden waren, freiwillig und gern zu Umgangskontakten mitging. Ab dem Zeitpunkt aber, an dem es spürte, dass es von den Pflegeeltern getrennt werden soll, änderte es das Verhalten und verweigerte die Besuche. Diese Protesthaltung des Kindes ist eine normale Reaktion und ein Ausdruck von Trennungsangst und keine neurotische Störung, der man therapeutisch begegnen kann.

Bis heute habe ich noch nie erlebt, dass durch Umgangskontakte eine Bindung hergestellt werden konnte. Vielmehr haben sich in allen Fällen, in denen das Kind erlebt oder erspürt hat, dass es aus der Pflegefamilie herausgelöst werden soll, existentielle Trennungsängste entwickelt.

Wenn die Besuche erzwungen werden, kommt das Kind in immer größere Not, und wenn es die Aussichtslosigkeit seines Protestes erlebt, gerät es in die Resignation und scheint sich tatsächlich den Gegebenheiten anzupassen. Diese Resignation wird nicht selten für eine erfolgreiche Umgewöhnung gehalten. Wenn die Fachkräfte der Jugendhilfeträger diese Kindeswohlgefährdung nicht erkennen, weil sie die biologische Elternschaft höher bewerten als das Kindeswohl, ist es Aufgabe der Pflegeeltern, für das Kind Hilfe zu holen, z.B. bei Beiständen der Pflegeelternvereinigungen.

---

34   Goldstein, Freud und Solnit 1974, S. 34

Allgemein wird eine besondere Trennungsempfindlichkeit von Kindern unter sieben Jahren angenommen und eine gesteigerte Sensibilität zwischen dem sechsten Lebensmonat und drei Jahren.

Kindern über sieben Jahren ist eine Trennung ebenfalls nicht ohne Schaden zuzumuten, vorausgesetzt, sie konnten eine sichere Bindung entwickeln. Diese Kinder können sich in der Regel zur Wehr setzen, mit Wut reagieren und auch ihre Trennungsangst verbal zum Ausdruck bringen.

Wenn ein Kind in den Pflegeeltern seine sozialen Eltern gefunden hat, ist es jedoch keine Rückführung, sondern eine Trennung von den Pflegeeltern mit all der existentiellen Not des Kindes, wenn die Umgangskontakte mit dem Ziel der Trennung von den Pflegeeltern verstärkt werden. Wenn Pflegeeltern erleben müssen, wie das Kind seine Angst ausdrückt, nicht mehr gelöst schlafen kann, mit längst überwunden geglaubten Verhaltensproblemen seiner Not Ausdruck verleiht und sie dann zum Schutz des Kindes einen Antrag auf Verbleib stellen, wird diesen sowohl von dem Jugendhilfeträger wie auch von Gerichten nicht selten unterstellt, dass die Ursache der Probleme des Kindes im Verhalten der Pflegeeltern liege. Es werden ihnen Besitzansprüche nachgesagt, wenn sie sich weigern, das schreiende Kind allein zu Umgangskontakten mitzugeben.

Das Herausgabeverlangen von Herkunftseltern löst Ängste aus, die auch von Fachkräften immer wieder missverstanden werden.

Als Beispiel möchte ich von Sabine berichten:
Sabine kam im Alter von 14 Monaten in die Pflegefamilie. Der Grund der Unterbringung war, dass die fünf Jahre alte Schwester ihrer Kindergärtnerin von sexuellen Übergriffen des Vaters erzählte. Die Mutter entschied sich für ihren Mann und somit wurden beide Mädchen fremduntergebracht. Das ältere Mädchen kam in ein Kleinstheim, Sabine zu den jetzigen Pflegeeltern. Es wurde Strafanzeige gestellt und der Prozess zog sich in den verschiedenen Instanzen über Jahre hin. Nach sechs Jahren kam es zu einem erneuten Glaubwürdigkeitsgutachten, das im Gegensatz zu einem früheren Gutachten zu dem Ergebnis kam, dass nicht mit ausreichender Sicherheit bewiesen sei, dass sich das Mädchen richtig erinnert. Der Vater wurde jetzt freigesprochen.

Während der Unterbringung in der Pflegefamilie fanden zunächst monatliche Umgangskontakte mit der Mutter an einem neutralen Ort statt. Nach der Entlassung des Vaters aus dem Gefängnis wurden diese Begegnungen auf die Eltern ausgedehnt. Die Umgangskontakte wurden von der Pflegemutter begleitet, später war eine neutrale Besuchsbegleitung eingeschaltet, weil die leiblichen Eltern die Pflegemutter ablehnten.

Nach dem Freispruch des Vaters stellten die Herkunftseltern einen Antrag auf Rückführung des Mädchens und die Pflegeeltern stellten einen Verbleibensantrag. Die Herkunftseltern sagten bei einem Umgangskontakt, dass sie wollen, dass Sabine zunächst bei ihnen übernachten soll und dann soll sie bald ganz zu ihnen kommen.

Ab diesem Zeitpunkt reagierte das Kind, das in der Zwischenzeit neun Jahre alt war, mit heftiger Abwehr gegen die Besuche. Sie hatte Angstträume, sprach davon, dass nachts „Geister" kommen und sie wegholen wollen. Sie war nicht mehr bereit, allein in ihrem Bett zu schlafen. Sie konnte nur im Bett der Pflegemutter Ruhe finden.

Die Pflegeeltern zogen eine Fachärztin zu Rate. Diese stellte die Diagnose einer „emotionalen Störung mit Trennungsangst, Regression und Lernstörung bei psychosozialer Belastung". Die Fachärztin kam zu der Überzeugung, dass das Kind Tendenzen zeige, auf frühere Entwicklungsstufen zurück zu fallen. Sie stellte eine vermehrte Ängstlichkeit und Trennungsangst von den Bezugspersonen fest sowie Konzentrations- und Aufmerksamkeitsstörungen, die durch den chronischen Stress, unter dem das Kind leide, erzeugt würden.

Bei der Anhörung des Kindes durch den Richter des Familiengerichtes äußerte Sabine nachhaltig und permanent den Willen und Wunsch, in der Pflegefamilie zu bleiben. Sie erklärte, dass sie Angst habe, Mama und Papa (ihre Pflegeeltern) zu verlieren und deshalb nur noch bei der Mama schlafen könne.

Das Gericht bestellte eine Verfahrenspflegerin. Diese berichtete bald, das Mädchen sei ganz auf die Pflegemutter fixiert und deshalb könne es auch zu keinen unbeschwerten Umgangskontakten mit den leiblichen Eltern kommen. Sie sah bei der Pflegemutter eine mit dem Freispruch des Vaters verbundene Angst, dass Sabine von der Pflegefamilie weg müsse. Die Verfahrenspflegerin befürchtete eine „Identitätskrise" bei dem Mädchen, wenn die Pflegemutter ihre besitzergreifende Haltung nicht verändern würde und sprach von einem Loyalitätskonflikt, in dem sich das Mädchen befinde.

In einer Stellungnahme der Pflegeeltern zu der Einschätzung der Situation durch die Verfahrenspflegerin erklärten diese, dass sie sich keineswegs als die „besseren" Eltern darstellen und die leiblichen Eltern nicht abwerten wollten, wenn sie sich nachdrücklich für den Verbleib des Kindes einsetzen. Sie würden vielmehr die Angst des Kindes beobachten, das intensiv befürchte, von ihnen getrennt zu werden.

Die Verfahrenspflegerin hat daraufhin ein Sachverständigengutachten vorgeschlagen, und zwar sollte dieses in einem stationären Aufenthalt in einer Kinder- und Jugendpsychiatrie erfolgen, damit es zu keiner Verfälschung des Gutachtens durch bewusste oder unbewusste Beeinflussung durch die Pflegemutter kommen kann.

Der Sachverständige übernahm die Meinung der Verfahrenspflegerin und sprach von einer „Trennungsangststörung". In der Klinik weigerte sich das Mädchen, den geforderten Besuch mit Übernachtung bei den leiblichen Eltern zuzulassen. Als Sabine abgeholt werden sollte, sperrte sie sich in der Toilette ein. Eine Ärztin erkannte, dass der Besuch nicht erzwungen werden sollte. Die Begutachtung war auf drei Wochen Klinikaufenthalt festgesetzt. Da sich die Meinung des Mädchens nicht änderte und es immer wieder äußerte, dass sie nach Hause wolle, wurde der Klinikaufenthalt verlängert.

Als sie sechs Wochen in der Klinik war, durfte sie für ein Wochenende nach Hause zu den Pflegeeltern. Dort weigerte sie sich heftig, nochmals in die Klinik zu gehen. Sie sprach davon, dass dort ein „Kindergefängnis" sei. Die Pflegeeltern weigerten sich nun, Gewalt gegen das Kind anzuwenden und baten um eine ambulante Begutachtung. Sie stellten sich auch die Frage, warum das Gutachten innerhalb der genannten Frist von drei Wochen nicht erstellt werden konnte.

Der Gutachter lehnte eine ambulante Begutachtung ab, weil es auch während des Klinikaufenthaltes nicht gelungen sei, „eine hinreichend neutrale Atmosphäre zu schaffen". Die vom Gericht gestellte Frage an ihn, ob es beeinträchtigender sei, bei der Pflegefamilie zu bleiben oder zu ihren leiblichen Eltern zu wechseln sowie die Frage, ob sich feststellen lässt, dass Sabine von irgendwelcher Seite unter Druck gesetzt würde, könne er nicht beantworten, weil das Mädchen bei seiner Haltung bleibe.

Die Verfahrenspflegerin stellte nach der Weigerung, das Kind in die Klinik zurück zu bringen, die Erziehungseignung der Pflegeeltern in Frage. Sie lastete den Pflegeeltern das „renitente, ablehnende und unhöfliche Verhalten" des Mädchens gegenüber den leiblichen Eltern an, das auch der dortige Sachverständige in der Klinik beobachtet hätte. Sie beschrieb, dass das Mädchen keine gesunde und freie Entwicklung nehmen könne, solange es auf die Pflegemutter fixiert sei. Das Kind sei offensichtlich für die emotionale Versorgung der Pflegemutter zuständig und es sei „Garant für das Familiensystem" geworden. Wegen des massiven Abhängigkeitsverhältnisses des Kindes von der Pflegemutter könne von Kindeswillen keine Rede sein. Die Pflegeeltern hätten verhindert, dass in einem psychologischen Sachverständigengutachten die Art und Weise der entstandenen Abhängigkeit und Beeinflussung bis hin zur Hörigkeit von der Pflegemutter untersucht werden konnte. Die Pflegemutter sei unbelehrbar und deshalb erfülle sie ihren Erziehungsauftrag nicht. Sie führte weiter aus, dass wegen der mangelnden Erziehungseignung der Pflegemutter ein weiterer Verbleib in der Pflegefamilie eine erhebliche Kindeswohlgefährdung darstelle. Durch die Herausnahme des Kindes aus der Pflegefamilie könne die Abhängigkeit von der Pflegemutter aufgehoben werden und eine gesunde Entwicklung eingeleitet werden.

Das Amtsgericht erließ auf Antrag des Amtsvormundes einen Herausgabebeschluss, notfalls unter Anwendung von Gewalt. Die Pflegeeltern wurden von diesem Beschluss erst informiert, als die Polizei mit dem Gerichtsvollzieher das

Mädchen abholte. Es kam in ein Heim. Die Pflegeeltern durften den Aufenthaltsort des Kindes nicht erfahren.

Bei der gerichtlichen Anhörung der zuständigen Mitarbeiterin rechtfertigte diese die Herausnahme des Mädchens damit, dass es gefährdet gewesen sei. Die Pflegeeltern seien nicht in der Lage gewesen, die Ängste des Kindes aufzufangen, vielmehr hätten sie diese noch verstärkt, was daraus abzuleiten sei, dass das Kind an Schlafstörungen gelitten hätte und mit psychosomatischen Beschwerden reagiert habe. Durch das Verhalten der Pflegeeltern sei das Kind in einen erheblichen „Loyalitätskonflikt" geraten, weil diese die Kontakte zur Herkunftsfamilie nicht mitgetragen hätten. Das Kind habe die Erwartungen der Pflegefamilie erfüllen wollen und sich auch gegenüber der Pflegemutter verantwortlich gefühlt. Nur durch die zwangsweise Herausnahme des Kindes aus der Familie, welche durchaus ein traumatisches Erlebnis für Sabine gewesen sei, habe man ihr die Chance eines Neubeginns und zur Entwicklung einer eigenen Persönlichkeit eröffnen können. Der Pflegefamilie bescheinigte das Jugendamt Machtmissbrauch, Instrumentalisierung und emotionale Abhängigkeit, was eine Gefährdung des Kindeswohles darstelle. Die Kontaktsperre zu den Pflegeeltern sei deshalb aufrecht zu erhalten.

Das Heim berichtete, das Kind habe nur in den ersten drei Tagen viel geweint, danach sei es ruhiger geworden und habe keine Trennungsreaktion gezeigt, vielmehr habe sie sich an die Erwachsenen „gehängt". Es habe tagsüber kaum über sein Zuhause gesprochen. Manchmal weine es am Abend noch, aber tagsüber sei es fröhlich und sei bei den Alterskameraden beliebt.

Die Richterin des Oberlandesgerichtes hörte das Kind an, als es circa acht Wochen in der Einrichtung war und keinerlei Kontakt zu der Pflegefamilie hatte. Aus dem Protokoll geht hervor, dass sich Sabine unverändert mit ihren Zugehörigkeitswünschen zur Pflegefamilie beschäftigt. Sie berichtete der Richterin, dass sie immer noch arges Heimweh habe. Mittags sei es etwas besser, weil eine Freundin mit ihr spiele. Ihr allergrößter Wunsch sei es, nach Hause zu dürfen und ihr zweitgrößter Wunsch sei, immer dort bleiben zu dürfen.

Die Verfahrenspflegerin betonte, dass die Tatsache, dass Sabine jetzt nicht mehr von Gespenstern erzähle und keine Ängste zeige, dafür spreche, dass sie in der betreuenden Einrichtung „Raum" gefunden habe, sich entfalten zu können und nicht mehr mit der Aufgabe konfrontiert sei, die Verantwortung für die Pflegemutter zu tragen. Kontakt zu den Pflegeeltern lehnte sie weiterhin ab, weil diese die Ängste des Kindes gegenüber den leiblichen Eltern schürten und weil sie nicht bereit sind und waren, die Rückführung des Kindes zu seinen Herkunftseltern verständnisvoll zu begleiten.

Das Oberlandesgericht ordnete ein neues Gutachten an. Der neue Gutachter, bescheinigte dem Mädchen eine altersgemäße kognitive, emotionale und soziale Kompetenz. Die Schilderungen und Stellungnahmen des Mädchens seien von einer großen Ernsthaftigkeit geprägt und seien auf eigenständiger Reflexion begründet. Es seien keinerlei Hinweise auf krankheitswertige Veränderungen zu beobachten.

Der neue Gutachter verwies auf die Einschätzung der Kinder- und Jugendärztin, die die Bindungsgefühle des Kindes an die Pflegefamilie als uneingeschränkt angemessen beurteilte und die Weigerung des Kindes, wieder in die Klinik zu gehen, als problemangemessen, nachvollziehbar und normal ansah.

Die Pflegeeltern erlebte er als kompetente Erzieher, die hohe Verantwortung dem Kind gegenüber empfinden, es jedoch in keiner Weise einengen. Die Beobachtung der Pflegeeltern, die seit dem Wunsch der Herkunftseltern auf Besuchsausdehnung mit dem Ziel der Rückführung eingetretenen Ängste des Kindes und das vermehrte Suchen nach Schutz und Geborgenheit konnte der Gutachter auf die real gegebene Situation zurückführen. Die von den Pflegeeltern nicht in Abrede gestellten erheblichen Bindungsgefühle dem Kind gegenüber, welche sich im Verlauf des Zusammenlebens entwickelt haben, sah er als Ergebnis eines normalen Entwicklungsverlaufes an.

Als der Gutachter nach der drei Monate andauernden Kontaktsperre die Interaktion zwischen Pflegeeltern und dem Mädchen beobachtete, sprach er von einer eindeutigen Bindung an die Pflegeeltern und die Pflegegeschwister. In der Begutachtung des Kindes stellte der Sachverständige die enge emotionale Bindung des Kindes an die Pflegefamilie und ihr uneingeschränktes Verlangen, möglichst schnell nach Hause zurückkehren zu können, fest. Zu den Pflegeeltern wolle sie, weil das „ihre richtigen Eltern" seien. Sie konnte diesem Gutachter gegenüber auch ihre Trauer über die Abwesenheit ihrer Familie zeigen und sagte immer wieder, dass sie nachts großes Heimweh habe. Am Tag sei es etwas besser.

Während das Mädchen über den Alltag in der Jugendhilfeeinrichtung spontan und unbeschwert berichten konnte, veränderte sich das Stimmungsbild, wenn der Gutachter auf die sie belastende Thematik der Trennung von der Pflegefamilie kam.

Der Amtspfleger blieb bei der Anhörung bei Gericht trotz der Beobachtungen des Gutachters bei seiner Haltung, dass die Pflegemutter aufgrund eigener Bindungswünsche die Ängste des Kindes gegen die Herkunftseltern schüre, anstatt, wie es ihre Pflicht als Pflegemutter wäre, die Rückführung des Kindes zu seinen Herkunftseltern verständnisvoll zu begleiten. Die gleiche Haltung behielt auch die Verfahrenspflegerin bei.

Der Gutachter sprach von einem authentischen, intensiven und eindeutigen Identitätserleben des Kindes in der Pflegefamilie. Die aus Sicht des Sachverständigen entstandene familiäre Identität des Kindes in der Pflegefamilie sei nicht nur durch die im Erleben des Kindes eindeutig begründete Elternschaft bei den Pflegeeltern, sondern auch durch die intensiven geschwisterlichen Beziehungsgefühle des Kindes zu den Geschwistern in der Pflegefamilie begründet.

Die Bewertung, dass Sabine ihre primäre Identität in der Pflegefamilie gefunden und dort anhaltend begründet hat, stand für den Gutachter außer Frage.

Da es aus kinder- und jugendpsychiatrischer Sicht keine Hinweise auf eine Beeinträchtigung der Erziehungs- und Förderungskompetenz der Pflegeeltern gab und das Kind durchgehend intensive Beziehungs- und Bindungswünsche zu den Mitgliedern der Pflegefamilie zum Ausdruck brachte, folgte das Oberlandesgericht dem Rat des Gutachters, das Mädchen unverzüglich in die Obhut der Pflegefamilie zurück zu geben.

In dieser Geschichte wird deutlich, dass Grundannahmen bei Fachkräften schwerwiegende Entscheidungen für ein Kinderschicksal bedeuten. Der erste Gutachter übernahm die Meinung der Verfahrenspflegerin und sprach bereits im Vorfeld der Begutachtung von einer „Trennungsangststörung". Die Trennungsangst des Kindes wurde der Unfähigkeit der Pflegeeltern angelastet, weil diese dem Kind die Elternschaft nicht aufgekündigt hatten. Da das Mädchen und die Pflegeeltern nicht so reagiert haben, wie es von den Fachkräften erwartet wurde, konnte man sich des Eindruckes nicht erwehren, dass die Fachkräfte persönlich beleidigt reagiert haben und zu Mitteln gegriffen haben, die völlig unangemessen waren und sowohl dem Mädchen wie der gesamten Pflegefamilie nachhaltige psychische Belastungen gebracht haben. Die gewaltsame Herausnahme aus der Pflegefamilie unter Einsatz von Gerichtsvollzieher und Polizei begleitet Sabine in ihren Alpträumen, die sie heute noch quälen.

Die in der Pflegefamilie entstandene Identität, die der zweite Gutachter eindeutig beobachten konnte, war für den Amtsvormund, die Verfahrenspflegerin und den ersten Gutachter eine Störung, die es zu korrigieren galt. Für diese stand fest, dass jedes Kind seine Identität nur dann finden kann, wenn dies mit der biologischen Elternschaft identisch ist.

Wenn man der Frage nachgeht, warum Sabine die schlimmen Ereignisse relativ gut überstanden hat und nicht in Resignation verfallen ist, sehe ich folgende Tatsachen als ursächlich:
1. Die Lebensperspektive und der Verbleib in der Pflegefamilie wurden noch als Kleinkind geklärt. Es gab weder für die Pflegeeltern noch für das Kind Unsicherheiten über den Verbleib.
2. Die Umgangskontakte zu der Herkunftsfamilie waren begleitet und liefen in der Regel gut. Dies änderte sich erst bei den Rückführungsbemühungen durch die Eltern und danach auch durch das Jugendamt.
3. Es ist eine sichere Bindung zu den Pflegeeltern entstanden und das Mädchen wusste mit Sicherheit, dass die Pflegeeltern kämpfen werden, bis sie wieder nach Hause darf.

4. Die Pflegeeltern hatten dem Mädchen die Sicherheit vermittelt, dass sie immer für sie da sind und alles tun werden, dass Sabine zu nichts gezwungen werden darf, was ihr Angst macht. Als sie immer wieder von verschiedenen Fachkräften gefragt wurde, ob sie die leiblichen Eltern nicht doch besuchen wolle, wenn sie nicht mehr zu den Pflegeeltern zurück dürfe sagte sie regelmäßig: "Ihr könnt mich nicht zwingen. Ich will nach Hause".
5. Sabine war neun Jahre alt und konnte ihren Willen nachhaltig äußern. Die Trennung war zwar äußerst schmerzlich, aber sie war aufgrund ihres Alters und der festen Verwurzelung in der Pflegefamilie kurz genug, dass sie nicht in Resignation verfiel. Der Gutachter hat in seinem Gutachten eindeutig darauf hingewiesen, dass der Zeitfaktor beachtet werden muss, damit das Mädchen nicht resigniere und in eine Depression verfalle.
6. Die Pflegeeltern gaben dem Druck des Jugendamtes nicht nach und sie ließen sich nicht auf die Ausdehnung der Umgangskontakte gegen den Willen des Kindes ein, sondern sie wagten, die Schwierigkeiten des Rechtsweges in Kauf zu nehmen. Die Pflegeeltern waren klar in ihrer Entscheidung, das Ziel der Rückführung im Interesse des Kindes nicht zu akzeptieren. Sie sprachen auch offen mit dem Kind darüber und stärkten das Kind, indem sie die Bedeutung seines eigenen Willens deutlich machten. So konnten Sie das Gefühl, ohnmächtig ausgeliefert zu sein, abmildern.

5.1.2. Die Legende der "sanften Umgewöhnung"

In Gutachten wie in Gerichtsurteilen wird nicht selten von der "sanften Umgewöhnung" des Kindes gesprochen. Man glaubt, ohne dass es irgendeinen wissenschaftlichen Beleg für dieses bewusst herbeigeführte Trennungserlebnis eines in einer Pflegefamilie sicher gebundenen Kindes gibt, dass man dies dem Kind „zumuten kann". In Jugendamtsberichten und Gerichtsbeschlüssen ist immer wieder zu lesen, dass man diese Trennung dem Kind, ohne es nachhaltig zu schädigen, zumuten kann, wenn die Pflegeeltern nur loslassen könnten und positiv mitwirken würden.

In einem Gerichtsbeschluss stand, dass das einjährige Mädchen, das insgesamt nur vier Wochen bei seinen Herkunftseltern gewohnt hatte, die mit der Versorgung des Neugeborenen völlig überfordert waren, einen langsamen Übergang zu den leiblichen Eltern wagen kann, weil das Kind später keine bewusste Erinnerung an die Pflegeeltern behalten wird. Das heftige Wehren des Kindes gegen eine Trennung wurde zwar beobachtet, aber das Amtsgericht ging davon aus, dass sich das Kind beruhigen wird und stellte den Pflegeeltern Umgangskontakte in Aussicht. Diese Umgangskontakte lösten bei dem Kind beim Wiedersehen mit den Pflegeeltern Freude aus und am Ende der Umgangskontakte wiederum heftiges Wehren und Schreien. Die Herkunftseltern reagierten mit Eifersucht und verweigerten weitere Besuche.

Die Unwissenheit mancher Gutachter habe ich oft mit Erstaunen wahrgenommen. Sie hatten genaue Pläne aufgestellt, wie über Umgangskontakte eine „sanfte Umgewöhnung" stattfinden sollte. Kein einziger Fall hat in meiner langjährigen Praxis diesen Plänen Recht gegeben. Stattdessen sind diese Kinder im Heim gelandet, weil sie sich auch von den Pflegeeltern verlassen gefühlt haben, wenn diese mitgewirkt haben. Besonders tragisch finde ich, dass die Gutachter keine Rückmeldung über ihre falschen Prognosen bekommen. Praktiker der Jugendhilfe haben, wenn sie lange genug im Amt sind, die Chance, aus ihren Fehlern zu lernen. Für Gutachter dagegen ist der Fall mit der Abgabe des Gutachtens abgeschlossen. Sie erfahren in der Regel nicht, was aus ihren Prognosen geworden ist.

Bei diesen angeblich sanften Umgewöhnungsbestrebungen wird die Not der Kinder in Angstträumen, Unruhe, Aggressivität, Bettnässen, Anklammern, Apathie und vielen anderen Hilferufen deutlich. Wenn Pflegeeltern das Verhalten des Kindes beschreiben, so wird das nicht selten als Übertragung der eigenen Angst auf das Kind interpretiert. Pflegeeltern wird manchmal sogar Therapie anempfohlen, damit sie lernen, das Kind „loszulassen" und von ihren „Besitzansprüchen" weg zu kommen.

Schon Rudolf Klußmann[35] schreibt in den 1970iger Jahren, dass man sich die Mühe machen müsste, Erwachsene zu befragen, welche Not eine Trennung von den engsten Bezugspersonen mit sich gebracht hat. Wenn man auf diese Weise das Leid dieser Kinder an sich herankommen ließe, wäre es nicht mehr möglich, fest gebundene Kinder aus Pflegefamilien herauszureißen. Er schreibt von der Legende der „leichten Umgewöhnung", die durch keinen wissenschaftlichen Beleg zu halten ist, und dass nach humanwissenschaftlichen Erkenntnissen ausschließlich das Gegenteil belegt ist.

5.1.3. Der kindliche Zeitbegriff und der Antrag auf Verbleib des Pflegekindes gemäß § 1632 Abs. 4 BGB

5.1.3.1. Der kindliche Zeitbegriff
Der kindliche Zeitbegriff begegnet uns an verschiedenen Stellen im BGB und im SGB VIII. Insbesondere in den §§: 1632 Abs. 4 BGB sowie §§ 33, 37 SGB VIII.

---

35 Klußmann/Stötzel 1995, S. 161ff

In § 33 SGB VIII steht:
Hilfe zur Erziehung in Vollzeitpflege soll entsprechend dem Alter und Entwicklungsstand des Kindes oder des Jugendlichen und seinen persönlichen Bindungen sowie den Möglichkeiten der Verbesserung der Erziehungsbedingungen in der Herkunftsfamilie Kindern und Jugendlichen in einer anderen Familie entweder

**...eine zeitlich befristete Erziehungshilfe
oder
...eine auf Dauer angelegte Lebensform bieten".** (...)

In § 37 SGB VIII wird festgelegt:
(1) (...) Durch Beratung und Unterstützung sollen die Erziehungsbedingungen in der Herkunftsfamilie innerhalb eines im Hinblick auf die Entwicklung des Kindes oder Jugendlichen vertretbaren Zeitraums so weit verbessert werden, dass sie das Kind oder den Jugendlichen wieder selbst erziehen kann. (...) Ist eine nachhaltige Verbesserung der Erziehungsbedingungen in der Herkunftsfamilie innerhalb dieses Zeitraums nicht erreichbar, so soll mit den beteiligten Personen eine andere, dem Wohl des Kindes oder des Jugendlichen förderliche und auf Dauer angelegte Lebensperspektive erarbeitet werden. (...)

J. Goldstein, A. Freud und A. Solnit[36] fordern, dass Entscheidungen über die Unterbringung von Kindern dem Bedürfnis des Kindes nach langdauernden Bindungen Rechnung tragen müssen. Diese Entscheidungen müssen sich nach dem kindlichen Zeitempfinden richten. Der kindliche Zeitbegriff ist von dem des Erwachsenen zu unterscheiden.

„Das Verhältnis zur Zeit ändert sich je nach seinem Entwicklungsstand und bestimmt die Zeitspanne, während der vorhandene Beziehungen aufrechterhalten und neue angeknüpft werden können. Erwachsene sind fähig, zukünftige Geschehnisse vorauszusehen und können daher auf die Befriedigung ihrer Wünsche warten, Kinder leben im Gegensatz dazu ganz in der Gegenwart und messen den Zeitablauf nach der Dringlichkeit ihrer Triebregungen und Gefühlsansprüche. Die wirkliche Dauer einer Zeitspanne, wie wir sie objektiv mittels Uhr und Kalender messen, ist für das Kind bedeutungslos; es misst den Zeitablauf subjektiv auf Grund von Versagungs- und Ungeduldsgefühlen."

Was für einen Säugling und für ein Kleinkind ein zu langer Zeitraum ist, kann für ein Schulkind bedeutungslos sein. Je jünger das Kind ist, umso mehr ist es auf die dauerhafte Präsenz seiner engsten Bezugsperson angewiesen und umso schwächer sind die Möglichkeiten der Verarbeitung einer Trennung. Josef Goldstein, Anna Freud und Albert Solnit folgern daraus, dass jede Entscheidung

---

36   Goldstein, Freud, Solnit 1974, S. 39 ff.

über den Verbleib eines Kindes ein Eilfall ist, damit das Kind nicht in haltlose Unsicherheit gestürzt und dem Kind dadurch ein schwer gutzumachender psychischer Schaden zugefügt wird.

Die gleichen Autoren schreiben:[37]
„Dieser Grund berücksichtigt, im Hinblick auf den Zeitbegriff des Kindes, die Bedeutsamkeit der Länge der Trennung von den Eltern wie auch die Dauer einer Betreuung durch Ersatzeltern. Unsere Kenntnisse belegen, daß kein Kind für unbestimmte Zeit – bis abwesende Eltern in der Lage oder willens sind, es zurückzuholen – „auf Eis" gelegt werden kann, ohne daß Gesundheit und sein Wohlsein gefährdet werden"

„Die am „wenigsten schädliche Alternative" wird durch jene Maßnahmen zur Unterbringung des Kindes bestimmt, die unter Berücksichtigung des kindlichen Zeitbegriffs, die Chancen des Kindes erhöhen, erwünscht und geschätzt zu sein, und die Möglichkeit eröffnen, eine unbedingte dauerhafte Beziehung mit wenigstens einem Erwachsenen herzustellen, der für das Kind die psychologische Elternrolle übernimmt."[38]

Die „schädlichste Alternative" tritt für ein Kind dort ein, wo es mehrfache Trennungen erleiden musste. Das Kind mag nachfolgend oberflächliche Bindungen entwickeln, ist jedoch mit jeder Trennung weniger in der Lage, tiefe, primäre Bindungen einzugehen.[39]

Immer wieder kommt der Ruf nach festen Fristen für die Beurteilung, welcher Zeitraum für ein Kind ein tolerierbarer Zeitraum ist. Im 1974 erschienenen Buch der genannten Autoren haben sich diese nicht auf Zeiten festgelegt. Im 1982 erschienenen Buch haben sie Fristen genannt.

Sie schreiben:
„Eine langzeitige Betreuungsperson ist ein Erwachsener, bei dem ein Kind untergebracht wurde und der für dieses Kind kontinuierlich gesorgt hat während a) der Dauer von einem Jahr oder länger, wenn das Kind im Zeitpunkt der Unterbringung bis zu drei Jahre alt war; oder b) der Dauer von zwei Jahren oder länger, wenn das Kind im Zeitpunkt der Unterbringung über drei Jahre alt war. Langzeitige Betreuungspersonen sind Eltern gleichgestellt."[40]

Das SGB VIII hat keine Fristen genannt. Vielmehr ist eine differenzierte Wahrnehmung der jeweiligen Bedürfnisse des Kindes oder Jugendlichen im Einzelfall gefordert.

---

37 Goldstein, Freud, Solnit 1982, S. 43
38 Goldstein, Freud, Solnit 1982, S. 162
39 Goldstein, Freud, Solnit 1982, S. 47
40 Goldstein, Freud, Solnit 1982, S. 162

§ 37 Abs. 1 Satz 2 bis 4 SGB VIII nimmt das Jugendamt in die Pflicht, eine Entscheidung über den Lebensmittelpunkt des Kindes „innerhalb eines im Hinblick auf die Entwicklung des Kindes oder Jugendlichen vertretbaren Zeitraums" zu fällen. Das Jugendamt hat sorgfältig zu prüfen, ob die Verbesserungen der Erziehungsbedingungen in der Herkunftsfamilie einem dem kindlichen Zeitbegriff angemessenen Zeitraum erfolgen können.

In der Bundesdrucksache wird der § 37 wie folgt kommentiert:[41]
„Kommt das Jugendamt zum Ergebnis, dass dieser Zeitrahmen nicht eingehalten werden kann, dann ändert sich sein Auftrag. Fortan hat es seine Bemühungen darauf zu richten, die Eltern davon zu überzeugen, dass sie ihrer Elternverantwortung in der konkreten Situation am besten gerecht werden können, dass sie einem dauerhaften Verbleib des Kindes in der Pflegefamilie zustimmen."

Im Frankfurter Kommentar[42] steht:
„Abs. 1 Satz 2 fordert vor dem Hintergrund der Ziele des § 1 Abs. 1 und 3 Rückführungsbemühungen nur dort, wo positive emotionale Bindungen der Kinder oder Jugendlichen zur Herkunftsfamilie die Rückführung im Interesse der betroffenen Minderjährigen auch als mit dem Wohl des Kindes oder Jugendlichen vereinbar erscheinen lassen. Haben sich bei lang andauernder Misshandlung (Vernachlässigung, physische oder psychische Misshandlung oder sexueller Missbrauch) die Beziehungen zur Herkunftsfamilie angstbesetzt, traumatisch und/oder destruktiv entwickelt, ist besonders sorgfältig zu prüfen, ob positive emotionale Bindungen bestehen oder realistischerweise entstehen können. Bei der Klärung der Perspektive über den Lebensmittelpunkt sind dabei entwicklungshemmende Entscheidungsverzögerungen zu vermeiden."

Bei länger andauernden Pflegeverhältnissen genießen die Familienbande in der Pflegefamilie aufgrund der wachsenden Bindungen zwischen dem Kind oder Jugendlichen und seinen Pflegeeltern verfassungsrechtlichen Schutz.[43]

Aus dem grundrechtlichen Schutz der Pflegefamilienverhältnisse ergeben sich für die Kontrollpflichten des Jugendamtes aus Abs. 3 Satz 1 Grenzen. Jede Kontrolle kann vor diesem Hintergrund nur mit dem Schutz anderer Grundrechte, hier dem Recht der Kinder auf Entfaltung ihrer Persönlichkeit und auf körperliche Unversehrtheit, gerechtfertigt werden.[44]

Die Aussagen von J. Goldstein, A. Freud und A. Solnit in ihrem zweiten Buch mit Angaben der Fristen sehe ich aufgrund meiner Erfahrung in der Praxis als

---
41 BT-Drucksache 11/5948, S. 74
42 Münder 2006, S. 517
43 vgl. Art. 6 Abs. 1 GG, BVerfGE 68, S. 176, 178
44 Art. 2 Abs. 1 i.V.m. Art. 1, Art. 2 Abs. 2 Satz 1 GG und vgl. Münder 2006, S. 520

kritisch an. Ich sehe die Vorgaben des SGB VIII, die eine individuelle Prüfung im Einzelfall vorsieht, als richtige Vorgabe an.

Ich denke an Kinder, denen vor der Unterbringung die Möglichkeit verweigert wurde, Bindungen einzugehen oder die desorganisierte Bindungen eingegangen sind. Wenn diese Kinder z.B. im Alter von einem halben Jahr bis drei Jahre untergebracht werden, kann beobachtet werden, dass sie sehr schnell das Bindungsangebot der Pflegeeltern annehmen. Kinder, die dann in der hochsensiblen trennungsempfindlichen Phase, im Alter von einem halben Jahr bis drei Jahre von den Pflegeeltern getrennt wurden, hatten nachhaltige psychische Fehlentwicklungen aufzuweisen, die bis in das Erwachsenenalter hineinreichten.

In diesem Zusammenhang ist auch die gängige Praxis bei Bereitschaftspflegestellen für Säuglinge und Kleinkinder zu hinterfragen.

Ich denke an Michael, dessen Bereitschaftpflegemutter, eine engagierte Sozialpädagogin, bereits nach drei Wochen dringend bat, für das acht Monate alte Kind eine dauerhafte Lösung zu suchen, weil das Kind ein intensives Bindungsbedürfnis hat und sie erkennen muss, dass sie dieses Bedürfnis automatisch befriedigen muss und das Kind sich an sie dauerhaft bindet und nicht mehr ohne Schaden getrennt werden kann. Auch Martina, sie war 10 Monate alt, ist es gleich ergangen.

Die Beispiele lassen sich aufgrund der Beobachtungen von Pflegekindern fortsetzen.

Als Beistand für Pflegefamilien mache ich die Erfahrung, dass Säuglinge und Kleinkinder über Monate in mehreren Bereitschaftspflegefamilien untergebracht wurden. Auch wenn im Hilfeplan ausdrücklich von einer Bereitschaftspflegestelle gesprochen wird und damit die zeitliche Begrenzung festgeschrieben ist, kann diese Befristung im Einzelfall mit dem Kindeswohl nicht vereinbar sein. Wenn das Kind feste Bindungen entwickelt hat und das Kind nicht ohne Schaden zu nehmen, von seinen Bereitschaftspflegeeltern getrennt werden kann, haben diese die Pflicht und das Recht, wie andere Pflegeeltern auch, zum Schutz des Kindes einen Antrag auf Verbleib nach § 1632 Abs. 4 BGB zu stellen.

In jüngster Zeit sind einige dieser Verbleibensanordnungen ergangen, weil ein Wechsel der Pflegefamilien dem Kind nicht zugemutet werden konnte.

Grossmann/Grossmann beschreiben die Vorstellung des Kindes von der Zeit: „Schon im letzten Viertel des ersten Lebensjahres erkennen Säuglinge die Abfolge täglich wiederkehrender Ereignisse wie z.B. die Abendroutine mit Ausziehen, Waschen, Vorlesen und dem Löschen des Lichts. Sie protestieren, wenn die Abfolge nicht eingehalten wird. Durch Routine gewinnen Kleinkinder Vertrauen in Zukünftiges, sie können dann selbst vorhersagen, was als nächstes kommt. Darum, so meint die Sprachforscherin Nelson (1999), bestehen viele Kleinkinder darauf, dass ihre tägliche Routine in stets genau derselben Reihenfolge ablaufen. Für das Kleinkind, das gerade erst Regelmäßigkeiten zu erkennen lernt, bringen Wiederholungen Sicherheit, während Veränderungen der Routine Ungewissheit bedeutet. Nelson vergleicht die Regelmäßigkeit der Ereignisabfolgen mit einer sicheren Basis für das Kleinkind, von der aus es allmählich auch Abwandlungen explorieren kann (Nelson, 1999). Erst mit ungefähr 18 Monaten können Kleinkinder konkrete Zeitworte wie „morgen" verstehen. Es dauert dann aber noch einige weitere Jahre, bis sie verstehen, was „in einer Woche" oder „nächsten Monat" bedeutet.[45]

Wenn ein Säugling mit wenigen Monaten in seine Pflegefamilie kommt und im Hilfeplan steht, dass dieser z.B. in sechs Monaten fortgeschrieben wird, ist dies mit dem kindlichen Zeitempfinden nicht zu vereinbaren. Hier heißt es, in wenigen Wochen zu denken. Für ein Schulkind, das bereits ein Empfinden für „gestern" und „morgen" entwickeln konnte, ist ein halbes Jahr eine zwar schwierige, aber doch konkrete Vorstellung, für einen Säugling und Kleinkind bedeutet in diesem Alter eine Trennung der Verlust seiner ganzen Welt.[46]

In der Praxis hört man immer wieder, dass der in § 86 Abs. 6 SGB VIII genannte Zeitrahmen von zwei Jahren für den Zuständigkeitswechsel von dem Wohnort der Herkunftseltern auf den Wohnort der Pflegefamilie als tolerierbarer Zeitrahmen für eine Trennung von der Pflegefamilie angesehen wird. Dieser Gesetzestext bezieht sich nicht auf das kindliche Zeitempfinden. Er ist lediglich eine verwaltungstechnische Zuständigkeitsregelung, deshalb ist diese Argumentation unzutreffend.

5.1.3.2. Der Antrag auf Verbleib gemäß § 1632 Abs. 4 BGB
Mit den §§ 1632 Abs. 4 und 1630 Abs. 3 BGB hat 1981 erstmals eine Regelung für Kinder in Familienpflege im BGB Eingang gefunden.

---

45 Grossmann/Grossmann 2004, S. 191ff
46 vgl. Zwernemann 2001, S. 197

Noch im Jahr 1971 hatte eine Anfrage des Regierungspräsidiums Südbaden an alle Jugendämter des Landes ergeben, dass die Amtsleitungen keinen Bedarf an einer rechtlichen Regelung der Pflegekindschaft im BGB für nötig ansahen.[47]

Es ist dem Einsatz von engagierten Wissenschaftlern und Praktikern zu verdanken, dass die Verankerung der Pflegekindschaft im BGB entgegen der Absichten des Regierungsentwurfes[48] verwirklicht wurde.[49]

Die Verdienste von Gisela Zenz, Hassenstein, Rudolf Klußmann, Ludwig Salgo, Metzger u.a. für die Einleitung dieses Denkens sind besonders hervorzuheben.

Das Kindschaftsrechtsreformgesetz (KindRG) von 1998 hat sich zum zweiten Mal seit dem Inkrafttreten des BGB des Pflegekindes angenommen. Entwicklungspsychologische Erkenntnisse führten zu einer stärkeren Berücksichtigung des kindlichen Zeiterlebens.

Mit Art. 20 der UN – Konvention über die Rechte des Kindes wurden die Persönlichkeitsrechte des Kindes gestärkt und die mit dem kindlichen Zeitempfinden zusammenhängende Trennungsempfindlichkeit insbesondere von jüngeren Kindern hervorgehoben.

Das kindliche Bedürfnis nach Kontinuität und das natürliche Bindungsbedürfnis fanden Eingang in das Denken der Juristen.

§ 1632 Abs. 4 BGB - Herausgabe des Kindes; Bestimmung des Umgangs, Verbleibensanordnung bei Familienpflege
(...) (4) Lebt das Kind seit längerer Zeit in Familienpflege und wollen die Eltern das Kind von der Pflegeperson wegnehmen, so kann das Familiengericht von Amts wegen oder auf Antrag der Pflegeperson anordnen, dass das Kind bei der Pflegeperson verbleibt, wenn und solange das Kindeswohl durch die Wegnahme gefährdet würde.

§ 166 FamFG (§ 50 FGG[50]) bestimmt, dass ein Verfahrensbeistand zu bestellen ist, wenn es um ein Verfahren nach § 1632 Abs. 4 BGB geht. Falls kein Verfahrensbeistand bestellt wird, hat das Familiengericht dies zu begründen. Die Begründung, dass das Jugendamt die Interessen des Kindes ohnehin vertritt und

---

47	vgl. Zwernemann 2001, S. 201
48	BT Drucksache 7/2060 und 8/111
49	Staudinger 2002, S. 538
50	Das Gesetz (FGG) wird ab 1. September 2009 vom Reformgesetz (FamFG) abgelöst.

deshalb die Bestellung eines Verfahrensbeistands nicht erforderlich ist, ist rechtlich nicht haltbar.[51]

Das Bundesverfassungsgericht hat erstmals im Jahre 1968 ein entscheidendes Urteil über die Gewichtungen der kindlichen Bindungen gefällt, und es hat in der Folgezeit bei der Abwägung von Elternrecht und Kindeswohl das Kindeswohl über das Elternrecht gestellt.

Im Kommentar von Julius von Staudinger zum BGB ist zu lesen:
„Ist aber nicht nur einfachgesetzlicher Ausdruck einer Rezeption entwicklungspsychologischer Erkenntnisse um kindliches Zeiterleben, sondern zugleich Ausdruck der Pflichtgebundenheit des Elternrechts, eben dafür, dass „die elterliche Sorge nicht als Machtanspruch der Eltern gegenüber ihren Kindern zu verstehen ist"(BVerfg Fam.RZ 1993, 1420, 1421 = FuR 1993, 345, 347, sowie des staatlichen Wächteramtes der Verfassung zu Art.6.2 u.3GG)."[52]

Weiter heißt es:
„Nicht zuletzt die Verdeutlichung der verfassungsrechtlich begründeten Subjektstellung des Kindes in der Rechtssprechung des BVerfG und die Intensivierung der Aufmerksamkeit für Kinder in verschiedenen wissenschaftlichen Disziplinen und in der Politik beeinflussen auch die Rechtsentwicklung im Familien- und Jugendhilferecht der Bundesrepublik. Diese beiden Regelungsbereiche erfahren seither eine ständige Verfeinerung und Differenzierung, weil letztlich verfassungsrechtlich geschützte Rechtsgüter wie das Elternrecht (Art. 6 Abs. 2 S 1 GG) einerseits und die Integrität und Persönlichkeit des Minderjährigen andererseits (Art. 2 Abs. 1 iVM Art. 1 Abs. 1 GG) – und damit das Kindeswohl – auf dem Spiel stehen. Wie zunehmend mehr ausländische Rechtsordnungen, so ist auch der Gesetzgeber der Bundesrepublik bestrebt, die schwierigen Entscheidungen in diesem Bereich „aus dem Zufall salomonischer Weisheit in die Gewissheit eines rational nachprüfbaren Prozesses zu überführen (Simitis, in Simitis/Zenz Bd I (1975), 55 ff). Im Mittelpunkt der Konfliktvermeidung und -bewältigung steht ein mit der Fremdplatzierung des Kindes drohendes Auseinanderfallen seiner rechtlichen Zuordnung und seiner tatsächlichen psycho-sozialen Einbindung."[53]

Rudolf Klußmann[54] fasst die Lage der Pflegekinder in der Rechtssprechung wie folgt zusammen und zitiert einige Gerichts- und Verfassungsgerichtsurteile:

---

51 Beschluss Nr. 607, OLG Celle vom 30.10.2001- 17 UF 196/01
52 Staudinger: 2002, S.542
53 vgl. BT- Drucksache. 11/5984,68 und Staudinger 2002, S. 540, 541
54 Klußmann/Stötzel 1995, S. 143ff

Das Oberlandesgericht Karlsruhe, Familiensenat Freiburg (FamRZ 1979,57) stellt fest:
„Hat der Sorgeberechtigte sein Kind anderen zur Pflege anvertraut, kann sich ein solches Pflegeverhältnis, wenn es jahrelang besteht, zu einer Beziehung ausbauen, die einem Eltern-Kind-Verhältnis entspricht. In einem solchen Fall ist die Herauslösung des Kindes aus der Pflegefamilie nur ausnahmsweise vertretbar."

Das Bundesverfassungsgericht erklärt:
„Es ist mit dem Grundgesetz vereinbar, dass ohne Vorliegen der Voraussetzungen des § 1666, Abs. 1 Satz 1 BGB bei der Weggabe des Kindes in Familienpflege allein die Dauer des Pflegeverhältnisses zu einer Verbleibensanordnung nach § 1632 Abs. 4 führen kann, wenn eine schwere und nachhaltige Schädigung des körperlichen und seelischen Wohlbefindens des Kindes bei seiner Herausgabe an die Eltern zu erwarten ist."

R. Klußmann stellt die Fragen, welche bei einer Trennung von den Pflegeeltern zu stellen sind:
1. Sind die Pflegeeltern faktische Eltern in der Erlebniswelt des Kindes, bzw. ist einer von ihnen die Hauptbezugsperson?
2. Sind sie geeignet?

Er fasst zusammen:[55]
„Nach dem Stand der Humanwissenschaften (...) handelt es sich bei der Bindung des Säuglings und auch des älteren Kindes an seine faktischen Eltern um eine echte Prägung, die nicht beliebig, erst recht nicht oft, „umgelernt" werden kann. Im Gegensatz zu anderen Lernvorgängen ist diese Prägung nicht rückgängig zu machen. In diesem Zusammenhang auftretende Ängste des Kindes vor Trennungen und erst recht die tatsächliche Trennung des Kindes von faktischen Eltern führen mit einer an Sicherheit grenzenden Wahrscheinlichkeit zu lebenslangen schweren und nicht wieder auszugleichenden Persönlichkeits- und Verhaltensschäden. Deshalb stellt das Herausgabeverlangen unter den eingangs geschilderten Voraussetzungen eine massive Missachtung der neben den Elternrechten gleichzeitig gegebenen Elternpflichten gegenüber dem eigenen Kind, also ein Versagen wie einen Missbrauch im Sorgerecht, dar".

Das Gutachten von W. Metzger[56] „Über die Auswirkungen der Verpflanzung eines Kindes in eine fremde Umgebung."

---

55 Klußmann/Stötzel 1995, S. 154ff
56 Klußmann/Stötzel 1995, S. 258ff und vgl. Kap. 5

Zusammenfassend geht er davon aus, dass
1. die Entscheidung darüber, ob eine Mutter mit ihrem Kind zusammenleben will oder nicht, während des ersten Lebensjahres des Kindes fallen muss. Wenn sie sich zum ersten entschließt, so impliziert das unmittelbar ohne Ausweichmöglichkeit die Verpflichtung, vor Beendigung des ersten Lebensjahres die Pflege des Kindes zu übernehmen. Entschließt sie sich zum zweiten, das heißt sich von dem Kind zu trennen, so gibt es aus entwicklungs- und sozialpädagogischen Gründen keine Möglichkeit, diesen Entschluss im späteren Leben rückgängig zu machen, ohne in unmenschlicher, für das ganze Leben verhängnisvoller Weise gegen das Wohl des Kindes zu verstoßen,
2. es sich um eine individuelle Bindung handelt, deren Glieder füreinander unersetzbar sind,
3. das körperliche und seelische Gedeihen des Kindes bedingt ist durch die Geborgenheit, die es in seinem Erleben zu den Personen empfindet, die es zu Vater und Mutter gemacht hat. Trennungen von diesen (er spricht nicht vom Tod) ist daher ein Eingriff, durch den jedes normale Kind erschüttert, verstört, verängstigt und aus dem Gleichgewicht gebracht wird,
4. der Zustand der Verwirrung und Verängstigung bereits dann eintritt, wenn das Kind den Zweck der Umgangskontakte erahnt, nämlich die Trennung von seinen engsten Bezugspersonen und seiner gesamten Umwelt, also dann, wenn noch überhaupt nichts passiert ist,
5. die verspätete oder überhaupt nicht erfolgte Information über die biologische Abstammung bei dem Jugendlichen ebenfalls zu schweren Verwirrungen führen kann,
6. die vollzogene Verpflanzung ein Trauma ist, das irreversible, das heißt lebenslange Folgen hinterlässt,
7. die von Gerichten immer wieder genannte These von der allmählichen Gewöhnung an die neuen Familienverhältnissen keine psychologischen Grundlagen haben. Kein Kind – und übrigens auch kein Erwachsener – kann sich daran gewöhnen, Menschen zu lieben, von denen es weiß, dass sie die größte Katastrophe seines Lebens veranlasst haben,
8. die Tatsache, daß eine Mutter die nachgeborenen Kinder gut versorgt, für das Kind, das in einer Pflegefamilie verwurzelt ist, keine Bedeutung hat. Aus theoretischen und vielfach bestätigten Erfahrungsgründen muss diese Behauptung als aus der Luft gegriffene Popularpsychologie bezeichnet werden, die in Wirklichkeit nie bestätigt worden ist.

Die Rechtsprechung sagt, dass ein Kind gefährdet ist, immer nur beim Bestehen einer gegenwärtigen, zumindest nahe bevorstehenden Gefahr. Diese muss so ernst sein, dass sich bei Fortdauer eine erhebliche Schädigung des geistigen oder leiblichen Wohls mit ziemlicher Sicherheit voraussehen lässt.

R. Klußmann beschreibt, dass die Humanwissenschaften und die Praxis übereinstimmend festgestellt haben, dass eine nicht zu übersehende Schadenslage beim Kind beginnt, wenn Trennungsängste grundgelegt werden. Das Kind spürt den drohenden Verlust von den faktischen Eltern und reagiert mit Angst, Abwehr und schließlich mit Resignation.[57]

R. Klußmann verweist darauf, dass die Theorie von der leichten Umgewöhnung der Bindungen des Kindes keine Beweise bringen kann und dass Gernhuber (1973) seine Behauptung von der Möglichkeit der Umgewöhnung mit keiner einzigen Quelle belegen kann.

Ich möchte noch einmal auf das bereits zitierte wichtige Urteil des Bundesverfassungsgerichtes von 1987 zurückkommen.[58] Es geht hier um den Wechsel der Pflegefamilie und um die Risikoabwägungen und die Reichweite elterlicher Befugnisse für den Fall, dass mit der geforderten Herausgabe des Kindes nicht die Herstellung einer Familiengemeinschaft, sondern lediglich ein Wechsel der Pflegefamilie bezweckt ist und dies ohne zwingenden Grund nicht geschehen darf.

Das Bundesverfassungsgericht hat hier Gutachten über die Auswirkungen von Trennungen von ihrer unmittelbaren Bezugsperson eingeholt:[59]

„Danach hat die Trennung von Kleinkindern von ihrer unmittelbaren Bezugsperson unbestrittenermaßen als ein Vorgang mit erheblicher psychischer Belastung und mit einem schwer bestimmbaren Zukunftsrisiko zu gelten."

Wenn es um einen Wechsel der Pflegeeltern geht, dann ist einem solchen elterlichen Herausgabeverlangen nur stattzugeben,[60]

„wenn mit hinreichender Sicherheit auszuschließen ist, dass die Trennung des Kindes von seinen Pflegeeltern mit psychischer und physischer Schädigung verbunden sein kann."

„Die Verbleibensanordnung gewinnt dann an Gewicht, wenn das Kind aus einem intakten Pflegeverhältnis kommt."[61]

Die Rechtssprechung hat dem Kontinuitätsbedürfnis der Minderjährigen letztendlich Rechnung getragen.[62]

---

57 vgl. Klußmann/Stötzel 1995, S. 154ff
58 BVerfGE 75, Fam.RZ 1987, S. 786
59 BVerfGE 75, S. 201, 219
60 BVerfGE 75, S. 201, 220
61 Salgo 2001, S. 43
62 vgl. Staudinger 2002, Abschnitt 2, S. 544 ff

5.1.3.3. Das Antragsrecht der Pflegeperson auf Erlass einer Verbleibensanordnung gemäß § 1632 Abs. 4 BGB

Wenn leibliche Eltern oder auch ein Amt Rückführungswünsche äußern und die Pflegeeltern überzeugt sind, dass dieses nicht dem Wohl des Kindes entspricht, können sie selbst oder mit Hilfe eines Beistandes nach § 13 FamFG (§ 13 FGG) oder eines in diesem Bereich qualifizierten Rechtsanwaltes einen formlosen Antrag auf Verbleib nach § 1632 Abs. 4 BGB beim Familiengericht (Musterbeispiel s. Kap. 22.) stellen.

Auch das Familiengericht und das Jugendamt können von Amts wegen die entsprechenden Schritte zum Schutz des Kindes in die Wege leiten.

Die Rechtsstellung der Pflegeperson ist mit dem Antragsrecht auf eine Verbleibensanordnung gegenüber dem bis vor 1980 geltenden Recht gestärkt worden. Der Rechtsausschuss versprach sich von dieser Bestimmung einen rechtzeitigen Schutz des Pflegeverhältnisses.[63] Die grundsätzlich jedermann, also auch den Pflegeeltern, eingeräumte Möglichkeit, Anregungen an das Jugendamt und an das Familiengericht zu geben, war für den Gesetzgeber nicht ausreichend.

Dieses Antragsrecht sowie die Anhörung der Pflegeperson nach § 169 FamFG (§ 50 FGG) folgen der vom Bundesverfassungsgericht anerkannten Stellung der Pflegefamilie.[64] Die Pflegeperson wird durch dieses Antragsrecht zum formellen Beteiligten im Verfahren, mit allen daraus zu folgernden Rechten, wie z. B. das Recht auf Akteneinsicht, die Teilnahme an der mündlichen Verhandlung, die Bekanntgabe der Entscheidung und das Recht zum Einlegen von Rechtsmitteln, unabhängig davon, ob sie einen Rechtsanwalt oder einen Beistand nach § 13 FamFG (§ 13 FGG) in Anspruch nehmen.

Es gehört zum Ausgangspunkt, auch verfassungsrechtlicher Einschätzungen, dass die Trennung eines Kindes von seiner engsten Bezugsperson ein Vorgang mit erheblichen psychischen Belastungen darstellt, und dass für ein Kind mit der Herausnahme aus der gewohnten Umgebung ein schwer bestimmbares Zukunftsrisiko verbunden ist.[65] Allein die Dauer des Pflegeverhältnisses unter Berücksichtigung des Alters des Kindes, der Dauer der Familienpflege, der Beziehungen und Bindungen des Kindes und Ursachen und Dauer vorangegangener Fremdplatzierungen ist bei der Beurteilung der Gefährdungslage des Kindes von entscheidender Bedeutung. Diese gesetzliche Bestimmung zielt auf

---

63 BT-Drucksache 8/2788, 40, 52
64 vgl. Staudinger 2002, S. 559
65 vgl. Staudinger 2002, S. 562

die Gefährdung durch die Wegnahme des Kindes von der Pflegefamilie. Die mit §§ 33, 37 SGB VIII vom Jugendhilferecht vollzogene Verabschiedung der Doktrin jederzeitiger Widerrufbarkeit von einem Pflegeverhältnis findet in § 1632 Abs. 4 BGB ihren Ausdruck.[66]

5.1.3.4. Das Tätigwerden von Amts wegen

Der Staat hat im Rahmen des Wächteramtes nach Art. 6 Abs. 2 S. 2 GG die Pflicht zur Sicherung positiver Lebensbedingungen für das Kind. Die Amtsermittlungspflicht bei jeder Kindeswohlgefährdung legt dem Jugendamt und dem Familiengericht auf, von Amts wegen zum Schutze des Kindes tätig zu werden. Dies bedarf keines Antrages.

Ist es zum Wohle des Kindes, wegen erheblicher Gefährdung notwendig, den Verbleib in Familienpflege anzuordnen, so entsteht eine Pflicht des Gerichts, die entsprechende Entscheidung zu treffen, ohne dass ihm ein Ermessensspielraum zustünde.[67]

Wenn eine gerichtliche Entscheidung nicht unmittelbar herbeigeführt werden kann, so ist das Jugendamt verpflichtet, die Gefährdungslage des Kindes durch die Inobhutnahme gemäß § 42 SGB VIII abzuwenden.

Schon vor der Einführung des § 8a SGB VIII war das Jugendamt verpflichtet, das Familiengericht unverzüglich anzurufen, wenn das Kindeswohl gefährdet ist, - und die Trennung eines sicher gebundenen Kindes von seiner Bindungsperson stellt in der Regel eine Gefährdung dar.

Durch die Einführung des SGB VIII wurde mancherorts das Jugendamt als reine Dienstleistungsbehörde missverstanden. Zur Verdeutlichung dieser eindeutig unrichtigen Auslegung des SGB VIII wurde die Klarstellung der Anrufungspflicht des Familiengerichtes – durch das Jugendamt bei Kindeswohlgefährdung – durch die Einführung des § 8a SGB VIII notwendig. Das Jugendamt hat sich nicht im Vorfeld mit der Frage zu beschäftigen, ob das Familiengericht dem Antrag und der Einschätzung des Jugendamtes folgen wird, sondern es h a t den Sachverhalt dem Familiengericht unverzüglich mitzuteilen und es hat die Gefährdungslage des Kindes abzuwenden.

Aus kostenrechtlichen Gründen kann es im Ausnahmefall sinnvoll sein, wenn die Pflegeeltern keinen Antrag an das Gericht stellen, sondern das Gericht und

---

66   vgl. Staudinger 2002, S. 568
67   vgl. Staudinger 2002, S. 559, 560

das Jugendamt anregen, von Amts wegen tätig zu werden. Dieses Recht steht jedem und damit auch den Pflegeeltern zu.

5.1.4. Die Trennung eines Kindes im nicht erinnerungsfähigen Alter
Hier möchte ich folgendes Beispiel anführen:
Ein Kind, das die ersten eineinhalb Jahre in der Pflegefamilie lebte, die Mutter stundenweise im Hause der Pflegeeltern war und mit dem Kind spielte, das Kind jedoch immer in der vertrauten Umgebung war und die Bezugsperson in Reichweite war, reagierte auf diese Besuche ohne Angst. Pflegeeltern und Mutter gingen freundschaftlich miteinander um. Die Pflegeeltern hatten die Absicht, die Mutter immer mehr einzubeziehen, und wenn das Kind freiwillig und ohne Angst allein mit ihr gehen würde, wollten sie auch an einer eventuellen Rückkehr mitwirken. In den Vorbereitungsseminaren für die Pflegeeltern wurde deutlich gemacht, dass Pflegeeltern Kinder auf Zeit anvertraut werden und sie Dienstleister für das Jugendamt sind. Dies wurde von den Pflegeeltern akzeptiert.

Die Pflegeeltern mussten jedoch feststellen, dass das Kind, das sich bisher sehr gut entwickelt hatte und regelmäßig an Gewicht und Größe zugenommen hatte, bei der Ausdehnung der Besuche ohne die Pflegeeltern mit Angst und heftigem Protest reagierte. Die Pflegeeltern sahen keine Möglichkeit, dem Kind dieses zu ersparen, weil die Familientherapeuten, die die Rückführung begleiten sollten, auf ihrem Konzept beharrten. Trotz heftigen Schreiens des Kindes bis zur Erschöpfung musste es bei den leiblichen Eltern übernachten. Das Kind sollte, um die Erziehungsfähigkeit der Eltern zu testen, für eine ganze Woche bei ihnen verbringen. Nach dieser Woche kam es mit einem hohen Gewichtsverlust zurück und fortan nahm es weder an Gewicht noch an Größe zu. Dies dauerte circa fünf Monate. Die Pflegeeltern waren danach nicht mehr bereit, dieses Leid des Kindes mit zu verursachen und stellten einen Antrag auf Verbleib nach § 1632 Abs. 4 BGB. Der bestellte Gutachter übernahm die Position der Familientherapeuten und lastete den Pflegeeltern den Verlauf der Entwicklung an.

Dem medizinischen Gutachter, ein Kinder- und Jugendpsychiater, der auf die verhängnisvollen Folgen der Trennung des Kindes hinwies, wurde Parteilichkeit für die Pflegeeltern vorgeworfen.

Der vom Gericht bestellte Gutachter kam zu dem Ergebnis, dass das Kind in einem Alter sei, in dem es die Pflegeeltern vergessen werde und deshalb sei ihm die Trennung von diesen zuzumuten. Da das Amtsgericht die Rückführung beschloss und auch unverzüglich vollzog, waren die Pflegeeltern verzweifelt und mutlos, sodass sie den Gang zum Oberlandesgericht nicht gewagt haben. Besuche bei den Pflegeeltern wurden zwar vom Gericht angeordnet, aber sie wurden vom Jugendamt nicht unterstützt, weil das Kind jeweils beim Abschied von den Pflegeeltern heftig geschrien hatte. Der Besuchsbegleiter war zwar Psychologe, er hatte jedoch von dem Wesen kindlicher Bindungen keine Kenntnisse. Da das Kind beim Abschied von den leiblichen Eltern nicht weinte, meinte er darin die Erziehungskompetenz der leiblichen Eltern zu erkennen und beim Abschied von den Pflegeeltern deren Unfähigkeit, das Kind „loszulassen".

Es ist eine schwierige Entscheidung, ob alle rechtlichen Möglichkeiten ausgeschöpft werden sollen, um den Verbleib zu erwirken. Nach meiner Einschätzung wäre es in diesem Fall ein großes Wagnis gewesen, weil ein ganzes Helfersystem sich in der Einschätzung einig war, dass die Pflegeeltern die Schuld an dem Entwicklungsverlauf des Kindes haben, weil diese die Rückführung innerlich nicht mit tragen können. Die Wahrscheinlichkeit, dass dieses „rückgeführte" Kind bald wieder fremduntergebracht werden muss, ist groß. Die Belastung, die dieses schwierig gewordene Kind mit sich bringt, setzt ein hohes Einfühlungsvermögen an die nachfolgende Betreuung voraus die jedoch nach meiner Einschätzung kaum vorhanden sein kann.

Mit der Behauptung der Amtsrichterin und des Gutachters, dass das Kind sich an die Trennung nicht erinnern kann und deshalb diese auch unschädlich sei, hat sich das Bundesverfassungsgericht 1987 auseinander gesetzt.

Im Beschluss des Ersten Senats vom 14. April 1987 hat das Bundesverfassungsgericht zwei Gutachten zugrunde gelegt und kam zu der Entscheidung, dass dem Kind ein Wechsel nicht zugemutet werden darf.

Aus der Begründung des Urteils halte ich folgenden Auszug für wesentlich:[68]
Der Sachverständige Fthenakis hat darauf verwiesen, es sei fraglich geworden, ob die Trennung eines Säuglings von seiner Mutter zu schweren Entwicklungsstörungen führe. Nach neueren Untersuchungen sei vielmehr die nach der Trennung folgende Betreuungs- und Erziehungssituation des Kindes maßgeblich. Nicht der Wechsel, sondern die Rahmenbedingungen, die ihn begleiteten, seien für das Auftreten einer mittel- wie langfristigen Beeinträchtigung der kindlichen Entwicklung verantwortlich. Diese müssten im Einzelfall geprüft werden. Eine Einschätzung dieser Faktoren sei im vorliegenden Fall wegen fehlender geeigneter und umfassender Datenerhebung nicht möglich, für eine rechtliche Entscheidung jedoch unerlässlich (...).

Weiter heißt es:
Der Gutachter Lempp führt aus, es sei unstreitig und bedürfe keiner wissenschaftlichen Untersuchung, dass die Herausnahme aus der Pflegefamilie bei der Beschwerdeführerin (Pflegekind) Trennungsschmerz und damit Trauer hervorrufen werde. Deren Qualität sei altersbedingt und unterschiedlich. Könne das Kind die Ursache des Umgebungswechsels verstehen, so seien mit der Trauer

[68] BVerfGE 75, S. 201

allenfalls das Gefühl der Wut und die Tendenz des Aufbegehrens verbunden, wenn die Gründe nicht akzeptiert würden. Könnten diese von dem Kind nicht verstanden werden – und davon sei bei der Beschwerdeführerin auszugehen – dann entstehe vor allem ein Angst- und Bedrohungsgefühl, das schädliche Dauerfolgen verursachen könne. Dies sei in dem vom Landgericht eingeholten Gutachten außer Acht gelassen worden.

Man werde davon ausgehen müssen, dass die Überwindung eines Trennungstraumas von sehr verschiedenen individuellen Faktoren des einzelnen Kindes abhänge und von zusätzlichen psychischen Belastungen, die auf das Kind in der Zukunft zukommen könnte. Dabei könne keine untere Altersgrenze festgestellt werden, vor der ein Trennungstrauma des Kindes ohne Bedeutung sei. Auch insoweit müsse den Feststellungen des Gutachters entschieden widersprochen werden. Die Frage, ob sich das Kind später an die Trennung erinnern könne oder nicht, sei für die Spätfolgen nicht entscheidend. Nach neuesten Erkenntnissen seien Säuglinge schon wenige Tage nach der Geburt in der Lage, früheste Erfahrungen zu speichern. Deshalb sei davon auszugehen, dass anhaltende Angstzustände grundsätzlich die Belastungsfähigkeit für spätere Erlebnisse beeinflussen. Wollte man einem Kind eine Art „Abhärtungsprozess" zumuten, so wäre dieser ohne Einbuße an emotionaler Sensibilität und damit ohne Einschränkung der differenzierten Persönlichkeitsentfaltung kaum vorstellbar.

Der Ansicht des Amtsgerichts, dass eine eineinhalbjährige Beziehung des Kindes zu seinen Pflegeeltern noch keine „lange Dauer" begründen könne, müsse widersprochen werden. Beim Zeiterleben handele es sich nicht um eine objektive Feststellung, sondern um ein subjektives Erleben.

Was die zukünftige psychische Belastung der Beschwerdeführerin betreffe, sei eine Voraussage prinzipiell nicht möglich. Bei dieser handele es sich aber um ein „high-risk-Kind", bei welchem nach Vorgeschichte und Befund ein höheres Risiko psychischer Erkrankung angenommen werden muss.

Dass die Beschwerdeführerin mit ihrer Schwester aufwachsen solle, stelle keinen kompensatorischen Vorteil dar. Die Schwester sei für die Beschwerdeführerin ein fremdes Kind. Das allgemeine Prinzip, Geschwister nach Möglichkeit miteinander aufwachsen zu lassen, sei zudem nicht unbestritten und gelte im Übrigen nur für den Fall der Geschwistertrennung und nicht für die Geschwisterzusammenführung. Aus kinderpsychologischer Sicht bedeute der Wechsel der Beschwerdeführerin von den jetzigen Pflegeeltern zu den neuen Pflegeeltern ausschließlich des Eingehens eines Risikos, das man vermeiden sollte.

Die Folgen der Trennung von sehr kleinen Kindern musste ich immer wieder erleben. Diese Kinder wissen als ältere Kinder und Erwachsene selbst nichts von der Trennung und den Folgen, können aber kaum längerfristige Bindungen eingehen und leiden an ihrem Leben. Ich spreche hier von jetzt Erwachsenen mit über vierzig Jahren, die ich in ihrem Leben in Krisensituationen begleiten durfte.

Ein Beispiel, das mir besonders nahe geht:
Simon begegnete ich, als er zwölf Jahre alt war. Er fiel in der Schule auf, weil er alles „klaute", was in seiner Reichweite war. Er nahm auch Nachbarn sinnlos Gegenstände weg und vernichtete diese. Es spielte keine Rolle, ob die Sachen etwas wert waren oder nicht. Die Lehrer waren verzweifelt. Als er schließlich in einer nahen kleinen Fabrik einen Gabelstapler löste und diesen auf einen Webstuhl laufen ließ, in der Absicht, diesen zu zerstören, was auch gelang, kam sowohl von den Eltern als auch von der Schule der dringende Hilferuf an mich als die zuständige Sozialarbeiterin, den Jungen in ein Heim zu bringen.

Es stellte sich heraus, dass Simon ein Adoptivkind war, das im Alter von etwas mehr als zwei Jahren in die Familie kam. Es fanden sich auch alte Akten im Archiv. Diese gaben Aufschluss über die bisherige Entwicklung des Jungen.

Die ersten Eintragungen waren Berichte darüber, dass die Mutter, die bereits ein Kind zur Adoption frei gegeben hatte, Simon zwar selbst nicht bei sich aufnehmen wollte, jedoch ihn auch nicht zur Adoption freigeben wollte. Vielmehr war sie mit einer Pflegefamilie in der gleichen Stadt, in der auch ihre Eltern lebten, einverstanden. Es waren einige kleine Entwicklungsberichte in den Akten zu finden, die von einer sehr positiven Entwicklung des Säuglings berichteten. Der Junge wurde als lebhaft, fröhlich und neugierig beschrieben. Das uneingeschränkte Vertrauen zu den Pflegeeltern wurde ebenfalls beschrieben und die herzliche Zuneigung der Pflegeeltern zu dem Jungen. Die Großeltern besuchten den Jungen gelegentlich.

Der Junge war inzwischen 18 Monate geworden, als die Mutter sich entschloss, das Kind zur Adoption freizugeben. Er sollte als Zwischenstation in ein Kleinkinderheim und die Großeltern hatten das Einverständnis der Mutter, dass er in eine Adoptivfamilie ihrer kleinen Glaubensgemeinschaft vermittelt werden sollte. Die Pflegeeltern mussten Simon in das Heim bringen.

Dann kam ein Bericht des Heimes. Es wurde ausführlich beschrieben, in welcher Panik sich das Kind befindet, sich durch nichts beruhigen lässt und bis zur Erschöpfung schreit. Das Heim bat dringend, den Jungen wieder zurück zu den Pflegeeltern zu bringen. Für das Heim war klar, dass sie die weitere Betreuung des Jungen ablehnen und er unverzüglich abgeholt werden müsse. Der Junge komme immer mehr in einen psychischen und körperlichen Ausnahmezustand.

Dann gibt es eine große Lücke in den Akten. Sicher war, dass ihn die Großeltern im Heim abgeholt haben, jedoch nicht in die Pflegefamilie zurück gebracht hatten.

Als Simon circa drei Jahre alt war, kam ein Adoptionsantrag eines Ehepaares aus der Glaubensgemeinschaft der Großeltern. Das Kind befand sich schon länger bei diesem Ehepaar und wurde von den Großeltern dorthin gegeben. Die Mutter hatte das Kind diesem Ehepaar zur Annahme als Kind anvertraut.

Die zuständige Sozialarbeiterin verfasste einen Bericht, dass das Kind offensichtlich schon sehr an diesem Ehepaar hänge und ein Wechsel nicht mehr vorstellbar sei, obwohl sie bei diesem Ehepaar die übliche Überprüfung durch das Jugendamt nicht durchgeführt habe.

Simon wird als ein sehr braves, stilles Kind beschrieben, das keinerlei Schwierigkeiten machte. Auch die nachfolgenden Berichte schreiben immer wieder von dem lieben, stillen Jungen, der die Nähe der Adoptivmutter sucht. Es wird von einer engen Bindung geschrieben, jedoch nie von einem fröhlichen Spiel oder neugierigem kindlichen Erkundungsverhalten. Die Adoption wurde befürwortet und dann schweigen die Akten.

Als ich den Jungen näher kennen lernte, wurde seine tiefe Not deutlich. Er war völlig einsam und lebte in der ständigen Angst vor dem Adoptivvater, der mit den Schwierigkeiten des Jungen nicht zu Recht kam. Es wurde klar, dass er auch misshandelt wurde, wenn er wieder etwas angestellt hatte. Die Adoptivmutter versuchte ihn zu schützen, konnte sich jedoch auch nicht erklären, warum der Junge so schlimme Dinge anstellte.

Simon bat mich dringend, nicht mehr nach Hause gehen zu müssen. Das Gericht entzog das Sorgerecht, weil die Misshandlungen durch den Vater als Tatsache gewertet werden musste. Simon kam zunächst in ein Heim. Er war auch dort sehr allein und konnte sich in die Gruppe der Gleichaltrigen nicht einfinden. Daraufhin fand ich eine mir gut bekannte Familie, die sich für den Jungen interessierte und ihn regelmäßig zu Ferienaufenthalten und Wochenenden in ihre Familie aufnahm.

Nach dem Hauptschulabschluss mit circa 15 Jahren kam er ganz zu der Familie und absolvierte erfolgreich eine Lehre. Er war äußerlich ganz in die Familie integriert. Seitdem ist er nicht mehr durch Eigentumsdelikte aufgefallen. Besonders zu der Großmutter hatte er offensichtlich eine herzliche Beziehung aufgebaut. Er ging mit ihr spazieren, und als sie nicht mehr lesen konnte, las er ihr Geschichten vor. Simon war für die Großmutter zur wichtigsten Person geworden.

Simon sprach wie immer sehr wenig und zeigte sich sowohl in der Arbeitsstelle wie zu Hause als äußerst angepasst. Es wurde schwierig, wenn ihm etwas nicht sofort gelang. Zuhause bekam er seltene, aber heftige Aggressionsausbrüche. Er zerschlug circa zweimal im Jahr Möbel. In diesem Zustand war er nicht ansprechbar und zeigte sich auch Menschen gegenüber – ausgenommen der Großmutter – als gefährlich. Einmal musste er, als er die Pflegemutter körperlich angriff, in die psychiatrische Klinik zwangseingewiesen werden. Nach diesen Ausbrüchen war es so, als ob er erwachte und erstaunt war, was geschehen ist. Er weinte danach, bat um Verzeihung und tat alles, um den Schaden wieder gut zu machen.

Beruflich war er erfolgreich und beliebt. Er blieb insgesamt 10 Jahre in der Pflegefamilie. Als er mit 25 Jahren eine ältere Frau mit einem sechsjährigen Jungen kennen lernte, zog er zu dieser. Der Abschied von der Pflegefamilie erfolgte in vollem Einvernehmen, und die Partnerin fand ein gutes Verhältnis zur Pflegefamilie. Er versprach einen baldigen Besuch, was besonders für die Großmutter wichtig war. Simon kam jedoch nicht mehr und meldete sich nicht mehr. Er reagierte auch nicht auf Geburtstagsgeschenke.

Die Partnerin hielt Kontakt zur Pflegefamilie. Sie sagte, dass er mit der Vergangenheit keinen Kontakt haben möchte. Was für ihn vorbei sei, sei vorbei. Sie versuchte, ihn zu einem Besuch bei der Großmutter zu bewegen, weil diese sehr traurig war, dass Simon verschwunden war und sie nie mehr besuchte. Er tat es nicht.

Die Partnerin berichtete, dass sie sehr gut zusammen leben würden, dass er jedoch mindestens zweimal im Jahr gefährliche Aggressionsausbrüche hätte und dabei die Möbel zertrümmern würde. Sie selbst habe auch oft Angst. Den Jungen verschone er. Nach diesen Ausbrüchen weine er und bäte verzweifelt um Verzeihung.

Zu dem Jungen war er sehr gütig und einfühlsam. Er unternahm in der Freizeit viel mit ihm, und der Junge akzeptierte ihn voll als Vaterersatz. Es schien ein enges Verhältnis zwischen den beiden zu bestehen. Nach zehn Jahren lernte er eine junge Frau kennen und zog aus. Es gab keine großen Auseinandersetzungen, weil die bisherige Partnerin die Entscheidung akzeptierte, sie bat ihn jedoch, zu dem Jungen Kontakt zu halten. Auch hier kam die Erklärung, dass er dies nicht tun werde. Was vorbei sei, sei für ihn vorbei. Die Gefühle des Jungen kümmerten ihn nicht. Simon ist nun seit einem Jahr ausgezogen und hat sich noch nie bei seiner früheren Familie gemeldet.

Diese Geschichten, die das Leben schrieb, sind eine Bestätigung dessen, was Reinhart Lempp in seinem Gutachten schreibt. Simon kann sich nicht wirklich binden, und seine frühen Erfahrungen, von denen er nichts weiß, begleiten ihn lebenslang. Therapeutische Hilfen konnten bis heute nicht greifen. War das Bemühen der Pflegefamilie mit dem großen Einsatz sinnvoll? Ich meine ja! Er ist beruflich integriert und erfolgreich. Er kann jedoch Beziehungen nur begrenzt durchhalten und ist nicht in der Lage, ein gesundes Selbstwertgefühl aufzubauen und zufrieden und glücklich zu leben. Er kann jedoch überleben. Der Zugang zu seinen Gefühlen ist ihm dennoch versperrt, und Gefühle der Treue sind ihm fremd geblieben.

Wenn Simon heute in der neuen Beziehung befragt würde, so würden die wahren Probleme nicht sichtbar, weil sie ihm selbst nicht verständlich sind. Für mich ist es überdeutlich, dass er lebenslang an den Folgen der frühen Trennung leidet und diese auch deshalb nur bedingt einer Therapie zugänglich sind, weil er sich nicht daran erinnern kann. Dazu kam, dass die nachfolgende Betreuung das nötige Verständnis für die schwierige Situation des Jungen vermissen ließ. Solange er das angepasste, „brave" Kind war, konnten die Adoptiveltern mit dem Buben umgehen, als er aber versuchte einen eigenen Willen zu entwickeln, wurde er als „böse" angesehen und entsprechend hart bestraft, was seine Probleme und Verhaltensauffälligkeiten verstärkte.

Simon ist kein Einzelschicksal, das mir auf meinem beruflichen Weg begegnet ist.

Auch Jasmin, die mit zwei Jahren von der Mutter aus der Pflegefamilie herausgenommen wurde, in der sie sichere Bindungen gefunden hatte, leidet heute noch als Erwachsene an der Entwurzelung. Auch hier gibt es Akten, die das Kind in der ersten Pflegefamilie als fröhlich und neugierig, konzentriert spielend und den Pflegeeltern vertrauensvoll zugewandt beschrieben. Die Mutter holte das Kind fast jedes Wochenende zum Umgangskontakt, was kaum Probleme machte.

Ich begegnete dem Mädchen, als sie sechs Jahre alt war. Es hatte in der Zwischenzeit zwei Pflegefamilien hinter sich. Die eine Pflegefamilie war eine ungeprüfte Familie, die von der Mutter ausgesucht und bezahlt wurde. Die Kindergärtnerin sah, dass diese Familie mit dem Kind völlig überfordert war, weil es weder konzentriert spielen noch Regeln einhalten konnte. Es hatte ein großes Bedürfnis, immer im Mittelpunkt zu stehen und konnte mit den Geschwistern in der Pflegefamilie nicht zurechtkommen. Als die Kindergärtnerin deutliche Misshandlungsspuren am Kind feststellen musste, nahm sie es zu sich nach Hause und behielt es solange, bis eine neue Pflegefamilie gefunden werden konnte.

Die neue Pflegefamilie wurde deshalb ausgewählt, weil die Pflegemutter Sozialpädagogin war und man davon ausging, dass damit die Probleme des Kindes gelöst werden können.

Das Mädchen blieb in dieser Pflegefamilie, brachte aber auch diese Familie immer wieder an den Rand ihrer Kräfte. Jasmin konnte neben sich keine anderen Kinder dulden. Die richtige Entscheidung wäre im Nachhinein gesehen gewesen, wenn sie zu einem kinderlosen Ehepaar gekommen wäre oder zu einer Familie, in der die Geschwister bereits deutlich älter gewesen wären. Sicher wäre jedoch auch gewesen, dass die Mutter mit einem kinderlosen Ehepaar nie einverstanden gewesen wäre – sie besaß die „elterliche Gewalt" (elterliche Sorge).

Jasmin hat heute als Erwachsene mit über 40 Jahren noch engen Kontakt zur Pflegefamilie. Sie fühlt sich zugehörig, hat jedoch immer – trotz aller Therapien – große Schwierigkeiten, sich selbst als liebenswerten Menschen zu sehen. Sie hat ein geringes Selbstwertgefühl, obwohl sie nach der mittleren Reife einen qualifizierten Beruf ergriff und beruflich gut zurechtkam. Partnerschaften waren immer schwierig, und Trennungen brachten sie an den Rand des Abgrunds.

Bei ihr jedoch ist im Gegensatz zu Simon die Treue zur Pflegefamilie zu beobachten – allerdings waren auch da immer wieder Unterbrechungen, weil sie auch heute noch die Welt in schwarz und weiß einteilt. Es kann sein, dass wegen eines kleinen Konfliktes plötzlich für einige Monate der Kontakt abgebrochen wird. Sie findet jedoch immer wieder den Weg zurück und sucht in Krisensituationen den Halt bei der Pflegemutter.

Jede Trennung einer sicheren Eltern-Kind-Bindung stellt ein Risiko für die kindliche Entwicklung dar. Es ist ein Irrtum, wenn davon ausgegangen wird, wie ich mehrfach in Gutachten lesen musste, dass das Kind jetzt zwar voll in die Pflegefamilie eingebunden ist und zwar im Augenblick der Trennung Leid erfährt, dass es dieses aber bald vergisst. Dieses „Vergessen" bedeutet lediglich, dass das mit der Trennung verbundene Leid nicht erinnerbar ist und damit nur schwer einer Therapie zugänglich ist. Die Gefahr, dass die leiblichen Eltern oder auch noch so gute Pflegeeltern mit dem schwieriger werdenden Kind nicht zurechtkommen, steigt mit jeder erneuten Trennung – und diese Kinder sind in großer Gefahr, einen neuen Beziehungsabbruch zu provozieren. Sie suchen nach Nähe und können diese gleichzeitig nicht ertragen, was für jedes Zusammenleben ein großes Risiko bedeutet. Auch Pflegefamilien, die eine pädagogische Qualifikation aufweisen, sind keine Garantie für die Vermeidung eines erneuten Beziehungsabbruchs. Mit jedem weiteren Wechsel steigt das Risiko, dass sich das Kind überhaupt nicht mehr binden kann.

Jede Trennungserfahrung wird gespeichert. Je häufiger sich Trennungen wiederholen, desto geringer wird die Chance für die Entstehung neuer Bindungen. Jede Trennung macht das Kind verletzbarer und unfähiger, den früheren Grad an Zuneigung wieder zu erreichen.[69] Je früher die Traumatisierung erfolgt, umso nachhaltiger sind die Schäden. Diese alte Erkenntnis aus den Humanwissenschaften hat sich durch die Ergebnisse der Hirnforschung erhärtet.

5.1.5. Ist Trennungsleid Wirklichkeit, obwohl es nicht genau messbar ist?

Im Umgang mit Pflegekindern ist die Trennungsangst ein Thema, das der ständige Begleiter von vielen Pflegekindern und Pflegeeltern ist. „Pflegekinder sind

---

69 vgl. Goldstein, Freud, Solnit 1982, S. 43

Kinder auf Zeit", ein Schlagwort, das in der Werbung vieler Jugendämter in Prospekten zu lesen ist, in denen sie neue Pflegeeltern gewinnen wollen. Diesem Mangel an Sicherheit werden wir in diesem Buch noch vielfach begegnen.

In Tierversuchen wurden Folgen der „Mutterentbehrung" festgestellt, die sich auch „messen" ließen. Vielleicht hilft diese „Messbarkeit", lange beobachtete und erkannte tiefe Ängste von Kindern glaubhafter machen zu können. Die neue Hirnforschung weist nach, dass die Ängste der Kinder vor einer Trennung von der geliebten Bezugsperson auch messbar in der Ausschüttung der Hormone nachzuweisen ist.[70]

gezeichnet von Jan Kobus

Hier möchte ich die kleine Geschichte von dem Geschäftsmann von Antoine de Saint-Exupéry in „Der kleine Prinz" anführen. Sie soll deutlich machen, dass Gefühle genauso wichtig sind wie messbares Verhalten und sich nicht alles messen lässt, was trotzdem Wirklichkeit ist.

„Der vierte Planet war der des Geschäftsmannes. Dieser Mann war so beschäftigt, dass er bei der Ankunft des kleinen Prinzen nicht einmal den Kopf hob.

„Guten Tag", sagte dieser zu ihm. „Ihre Zigarette ist ausgegangen."

---

70   Hüther 2001

„Drei und zwei ist fünf. Fünf und sieben ist zwölf. Zwölf und drei ist fünfzehn. Guten Tag. Fünfzehn und sieben ist zweiundzwanzig. Zweiundzwanzig und sechs ist achtundzwanzig. Keine Zeit, sie wieder anzuzünden. Sechsundzwanzig und fünf ist einunddreißig. Uff! Das macht also fünfhunderteine Million sechshundertzweiundzwanzigtausendsiebenhunderteinunddreißig."

„Fünfhundert Millionen wovon?"

„Wie? Du bist immer noch da? Fünfhunderteine Million von … ich weiß nicht mehr … ich habe so viel Arbeit! Ich bin ein ernsthafter Mann, ich gebe mich nicht mit Kindereien ab. Zwei und fünf ist sieben…"

„Fünfhunderteine Million wovon?" wiederholte der kleine Prinz, der niemals in seinem Leben auf eine Frage verzichtete, die er einmal gestellt hatte.

Der Geschäftsmann hob den Kopf.

„In den vierundfünfzig Jahren, die ich auf diesem Planeten da wohne, bin ich nur dreimal gestört worden. Das erste Mal war es vor zweiundzwanzig Jahren ein Maikäfer, der von weiß Gott wo heruntergefallen war. Er machte einen schrecklichen Lärm, und ich habe in einer Addition vier Fehler gemacht. Das zweite Mal, vor elf Jahren, war es ein Anfall von Rheumatismus. Es fehlt mir an Bewegung. Ich habe nicht Zeit, herumzubummeln. Ich bin ein ernsthafter Mann. Und das ist nun das dritte Mal! Ich sagte also, fünfhunderteine Million…"

„Millionen wovon?"

Der Geschäftsmann begriff, dass es keine Aussicht auf Frieden gab: „Millionen von diesen kleinen Dingern, die man manchmal am Himmel sieht."

„Fliegen?" „Aber nein, kleine Dinger, die glänzen."

„Bienen?" „Aber nein. Kleine goldene Dinger, von denen die Nichtstuer träumerisch werden. Ich bin ein ernsthafter Mann. Ich habe keine Zeit für Träumereien".

„Ach, die Sterne?" „Dann sind es wohl die Sterne."

„Und was machst du mit fünfhundert Millionen Sternen?"

„Fünfhunderteine Million sechshundertzweiundzwanzigtausendsiebenhunderteinunddreißig. Ich bin ein ernsthafter Mann, ich nehme es genau."

„Und was machst du mit diesen Sternen?"

„Was ich damit mache?"

„Ja."

„Nichts. Ich besitze sie."

„Du besitzt die Sterne?" „Ja."

„Aber ich habe schon einen König gesehen, der…"

„Die Könige besitzen nicht, »sie regieren über«. Das ist etwas ganz anderes."

„Und was hast Du davon, die Sterne zu besitzen?"

„Das macht mich reich." „Und was hast du von dem Reichsein?"

„Weitere Sterne kaufen, wenn jemand welche findet." (...)

Wer sich auf Augenhöhe mit dem Kind begibt, kann bei einem stillen Hinhören erkennen und erfahren, was ein Säugling und ein kleines Kind braucht, auch wenn es sich verbal noch nicht äußern kann. Da ist das Entsetzen in den Augen eines Kindes zu sehen, das plötzlich vor der Möglichkeit steht, die geliebte Pflegefamilie zu verlieren. Da ist – noch schlimmer – die stille Resignation eines Kindes in das Unabänderliche aus seinen Augen und aus seinem resignierten Verhalten herauszulesen. Die Forderung, dass Fakten auf den Tisch gelegt werden müssen, um zu beweisen, dass dem Kind nachhaltiger Schaden zugefügt wird, wenn ihm die geliebten Menschen und die gesamte soziale Umwelt weggenommen wird, ist mir in meiner beruflichen Laufbahn immer wieder begegnet. Da empfand ich es als ein Glück, wenn ich auf einen Richter oder Gutachter gestoßen bin, der das „Nichtmessbare" mit in die Waagschale geworfen hat.

Seit vielen Jahrzehnten beschreibt die Bindungsforschung Verhalten von Kindern, die durch Trennungsängste in eine bedrohliche Krise gestürzt werden. Seit mindestens vier Jahrzehnten beobachte ich Schicksale von Pflegekindern, die schutzlos sind, denen Trennungen zugemutet werden und die lebenslang dadurch nachhaltigen Schaden genommen haben.

In Gesprächen mit dem Verhaltensbiologen Bernhard Hassenstein über die Tatsache, warum die Erkenntnisse der Humanwissenschaften und die differenzierten Langzeitbeobachtungen der Praxis so wenig Gehör finden, verweist er auf ein Zitat aus seinem Buch.[71] Dort ist zu lesen:

„Der Mensch scheut vor einem Gedanken zurück, der ihn, wenn er ihn dächte, vor eine Situation stellte, der er sich nicht gewachsen fühlt. Die Angst errichtet spezielle Denkhindernisse für Konsequenzen, die eigentlich aus dem eigenen augenblicklichen Wissen und Kenntnisstand zu ziehen wären. Aus Angst kann ein Mensch „nicht wahrhaben wollen", was ihm sein Nachdenken eigentlich vor Augen führen müsste."

---

71   Hassenstein 1992, S. 95

6. Wie wird eine Familie zur Pflegefamilie?

6.1. Die beste Werbung für neue Pflegefamilien sind zufriedene Pflegeeltern

Welche Faktoren sind ausschlaggebend dafür, ob sich in einem Gemeinwesen genügend Familien finden, die Kindern in unterschiedlichsten Notlagen ein Zuhause anbieten – sei es zeitlich befristet oder sei es eine auf Dauer angelegte Lebensperspektive?

Einen großen Einfluss darauf, ob sich Familien öffnen und einen Teil ihrer Intimsphäre aufgeben, um einem Kind, das nicht in seiner biologischen Familie aufwachsen kann, einen festen Platz in ihrer Familie zu geben, hat die Organisationsstruktur des Jugendamtes. Ich möchte das deutlich machen, indem ich Sie zu einem kurzen Streifzug durch meine lange berufliche Erfahrung mit den unterschiedlichsten Amtsstrukturen und mit unterschiedlichsten Gewichtungen zur Bedeutung des Pflegekinderwesens einlade.

6.2. Geschichtlicher Rückblick

6.2.1. Organisationsformen des Pflegekinderdienstes

Anfang der 1960iger Jahre war ich im Außendienst des Jugendamtes tätig und hatte unter vielen anderen Aufgaben „nebenher" auch die Pflegekinder zu betreuen.

Die Heime waren damals überfüllt mit Kleinkindern und Säuglingen, weil es nicht genügend Pflegefamilien gab. Das Amt war bestrebt, möglichst viele Säuglinge, die von der Mutter langfristig nicht versorgt werden konnten, in Adoptionsfamilien zu geben. Die Tatsache, dass ein Kind nichtehelich geboren wurde, war ein Makel. Da man gesamtgesellschaftlich den Erbanlagen eine ausschlaggebende Bedeutung beimaß, konnten viele Kinder nicht vermittelt werden, weil nicht wenige deutsche Familien davon ausgingen, dass das Kind den „lockeren Lebenswandel" der Mutter erben würde. Eine Hilfe waren in der Nachkriegszeit die amerikanischen Adoptionsbewerber, denen dieses Denken fremd war. Trotz der großen Anzahl vermittelter Kinder in die USA waren die Heime in Deutschland weiterhin überbelegt.

Die Pflegefamilien waren zum einen bäuerliche Betriebe. Diese nahmen meist ältere Kinder auf, die mitarbeiten konnten. Damals war für das Jugendamt das Pflegegeld für diese älteren Kinder niedriger als für Kleinkinder, weil die Arbeitsleistung einkalkuliert wurde. Hier war die vielgeschmähte Kontrolle dringend nötig. Im sozialen Umfeld hatten diese Kinder eine Außenseiterrolle. Als „Kind vom Jugendamt" hatten sie einen Makel und wurden meist dementsprechend behandelt.

Eine zweite Gruppe waren die „Häuslesbauer", die oft mehrere Kinder aufnahmen, um die Abzahlungen für ihr Haus aufbringen zu können. Auch hier habe ich Familien in Erinnerung, in denen die Unterschiede zwischen den eigenen Kindern und den „Kindern vom Jugendamt" auffallend waren. Ein echtes Zuhause fanden auch diese Kinder in der Regel nicht.

Die Adoption eines gesunden Säuglings hatte das bessere Image. Ein Pflegekind aufzunehmen galt als weniger erstrebenswert. Denn das wurde von der Gesellschaft meist als zusätzlicher Gelderwerb angesehen, was man als angesehene Familie ja nicht nötig hatte.

Diese Organisation – vielmehr Nichtorganisation – des Pflegekindwesens war nicht geeignet, im Gemeinwesen ein pflegekinderfreundliches Klima zu schaffen. Als Folge davon mussten viele Kinder in Heimen aufwachsen.

Die zweite Organisationsform lernte ich nach meiner Familienphase kennen, als ich einen ASD (Allgemeiner Sozialer Dienst)-Bezirk im gleichen Landkreis übernahm. Für den Bereich Pflegekinderwesen war ich inzwischen sensibilisiert, weil wir zunächst ein, später ein zweites Pflegekind zu unseren drei leiblichen Kindern in die Familie aufgenommen hatten.

Ich hatte einen kleinstädtischen Bezirk. Nebenher vertrat ich die Adoptionsvermittlerin und die Verwalterin des „Pflegestellen-Karteikastens". In der Zwischenzeit waren zwar mehr mittelständische Familien bereit, Pflegekinder aufzunehmen, die Amtsstrukturen hatten sich jedoch seit Anfang der sechziger Jahre nicht wesentlich verändert.

Das Pflegekinderwesen lief so nebenbei. Es gab einige Familien, in denen man Kinder unkompliziert unterbringen und genauso unkompliziert wieder herausnehmen konnte. Der damalige Amtsleiter sagte später einmal – er war in der Zwischenzeit von dem neuen Pflegekinderkonzept begeistert – man habe in diesen Familien die Kinder wie die Hasen abgeben und wieder holen können. Das wollte er aus eigener Überzeugung ändern.

In den 1960iger Jahren waren Adoptions- und Pflegekinderwesen im Amt streng getrennt. Ein kinderloses Ehepaar, das in der Adoptionsliste vorgemerkt war, kam für ein Kind, das im Heim lebte und voraussichtlich auf Dauer nicht bei seinen Eltern aufwachsen konnte, nicht in Frage.

Damals bestand ein erheblicher Mangel an qualifizierten Pflegefamilien. In dem Pflegestellen-Karteikasten waren längst nicht alle Pflegefamilien vertreten, weil jeder Bezirkssozialarbeiter bemüht war, seine „guten" Pflegefamilien für sich zu reservieren. Wenn ein Kind untergebracht werden musste, gingen die Sozialarbeiter oft von Tür zu Tür und fragten die Kollegen, ob sie eine offene Pflegestelle für ein Kind in dem und dem Alter haben. Eine Vorbereitung oder gar eine kontinuierliche Begleitung der Pflegefamilien fand nicht statt. Man ging davon aus: Wenn das Kind untergebracht ist, sind die Probleme vom Tisch.

Über die Frage, welches Kind mit welchen Fähigkeiten und Schwierigkeiten in welche Pflegefamilie passt, wurde wenig nachgedacht. Das war eher dem Zufall überlassen. Es wurde wenig darüber reflektiert, was die Aufnahme eines Kindes mit all seinen Problemen und Schwierigkeiten für die Gesamtfamilie, auch für die leiblichen Kinder, bedeutet und was mit dem Kind selbst geschieht. Da ich diese Probleme durch die Aufnahme der beiden Pflegekinder in unserer Familie kannte und selbst die Erfahrung gemacht habe, wie das Alleingelassensein vom Jugendamt auf der Familie lasten kann, wollte ich zumindest in meinem Bezirk eine Veränderung erreichen.

6.2.2. Gruppenarbeit mit Pflegefamilien öffnet neue Wege
Ich sah natürlich auch, dass der Arbeitsaufwand für regelmäßige Hausbesuche zu groß ist und neben all der anderen Arbeit nicht bewältigt werden kann. Nicht nur deshalb begann ich, auf Gruppenarbeit zu setzen. Ich überlegte nicht lange, sondern lud die Pflegefamilien zu einer kleinen Adventsfeier ein. Ein Konzept hatte ich nicht, aber ich wollte bei diesem Fest die Mütter dafür begeistern, dass wir uns regelmäßig zum Frühstück oder zum Kaffee treffen.

Schon bald erwiesen sich die Vorteile solcher Treffen:
1. Wenn ich regelmäßigen Kontakt zu den Pflegefamilien halten möchte, ist der Zeitaufwand wesentlich geringer, wenn ich ein monatliches Zusammentreffen organisiere.

2. Der Umgang zwischen Jugendamt und Pflegeeltern wird partnerschaftlicher. In der Gruppe werden die Pflegeeltern gestärkt, und Probleme in der Erziehung werden leichter angesprochen als im Einzelgespräch. Es entwickelt sich ein Solidaritätsgefühl unter den Pflegeeltern. Mein Ziel war, dass die Pflegefamilien das Jugendamt als hilfreiche Begleitung und Unterstützung erleben. Solange diese Treffen tagsüber stattfanden – damals wollte ich am Abend zu Hause sein – ergab sich allerdings das Problem, dass nur die Mütter und die Kinder daran teilnehmen konnten.

3. Die Einbeziehung von ehrenamtlichen Mitarbeiterinnen, darunter auch eine Sozialarbeiterin, ließ im Gemeinwesen ein pflegekinderfreundliches Klima wachsen, da sie bald die Rolle von Multiplikatoren übernahmen. Dadurch verringerte sich mein Arbeitsanteil, denn ich brauchte mich nicht mehr um die Organisation und Gestaltung eines angenehmen Rahmens für die Gruppentreffen zu kümmern. Die Kindergruppe wurde ebenfalls von einer ehrenamtlichen Mitarbeiterin betreut. Auch kleine Feste wurden von den ehrenamtlichen Mitarbeiterinnen gestaltet.

4. Die Kindergruppe, an der Pflegekinder und leibliche Kinder der Familien teilnahmen, ermöglichte mir einen guten Einblick in die Stärken und Probleme der einzelnen Kinder. Für die Kinder wiederum bekam das „Jugendamt" eine neue Qualität: Als ein Lehrer einem Pflegekind, das sich im Unterricht daneben benommen hatte, mit dem Jugendamt drohen wollte, war er erstaunt, dass das keine besondere Wirkung mehr hatte. Das Jugendamt wurde inzwischen eher so erlebt, dass man zusammen spielt, miteinander feiert und manchmal auch miteinander Probleme bespricht.

5. Im Gemeinwesen konnte sich ein positives Bild des Pflegekinderwesens entwickeln, weil die ehrenamtlich tätigen Frauen wie auch die Pflegeeltern in ihren sozialen Bezügen – Kirchengemeinde, Landfrauen, Gymnastikgruppe – positiv über das Pflegekinderwesen berichteten und interessierte Frauen zu den Müttertreffen einluden. Dadurch wurde in vielen Familien das Interesse geweckt, ein Pflegekind aufzunehmen.

6.2.3. Welche Änderungen galt es in die Wege zu leiten?

Kehren wir von der Gruppenarbeit wieder ins Amt zurück. Bei der Vertretungstätigkeit im Adoptions- und Pflegekinderbereich hatte ich erlebt, dass die vorhandenen Ressourcen nur wenig genutzt wurden, vor allem aber, dass die Pflege- und Adoptivbewerber nicht auf ihre Aufgabe vorbereitet wurden. Die Trennung von Pflegekinderwesen und Adoptionsvermittlung erlebte ich als

Problem. Im Kollegenkreis und mit der Amtsleitung setzte ich deshalb einen Diskussionsprozess über die gemeinsame Qualifizierung von Pflegeeltern- und Adoptionsbewerbern in Gang.

Ich sah auf diesem Weg folgende Probleme und Aufgaben:
1. Es gab Kinder, die im Heim lebten, weil angeblich keine geeignete Pflegefamilie zur Verfügung stand. Das Kostenproblem für die Heimerziehung spielte damals noch keine Rolle, weil zum einen die Kostensätze in den kirchlichen Einrichtungen sehr gering waren und weil zum anderen die Kostenfrage damals nicht besonders brisant war. Die im Heim untergebrachten Kinder machten weniger Arbeit, was manchem Sozialarbeiter nur willkommen war.

2. Unter den Adoptionsbewerbern und den kinderlosen Ehepaaren begegneten mir interessante und kindzentriert denkende Menschen, die man näher kennen lernen und auf ihre Aufgabe besser vorbereiten sollte. In der Regel fand mit den einzelnen Bewerberpaaren ein Gespräch im Amt statt, dann folgten das Ausfüllen der Bewerberformulare und daran anschließend ein Hausbesuch.

3. Die Organisationsstruktur als Sonderdienst strebte ich mit der Übernahme der Adoptionsvermittlungsstelle und der zentralen Pflegestellen-Kartei sowie des Programms Mutter und Kind im Jahre 1982 an. Aufgrund der positiven Wirkung der Begleitung der Pflegeeltern in meinem ASD-Bezirk konnte ich den damaligen Amtsleiter von dieser notwendigen Veränderung der Amtsstruktur überzeugen. Es ging Schritt für Schritt. Zuerst kam das Angebot an Seminaren zur Vorbereitung der Pflegeeltern, schließlich die regionalen Gruppen. Die gemeinsam erarbeitete Dienstanweisung brachte die Qualitätsverbesserung der Arbeit. Der Pflegekinderdienst wurde im Vorfeld der Unterbringung hinzugezogen und bei der Entscheidungsfindung einbezogen, ob für dieses Kind eine geeignete Pflegefamilie vorhanden ist. Auch bei der Erarbeitung einer Perspektive für dieses Kind hatte der Pflegekinderdienst ein Mitspracherecht.

Die Frage war weniger, ob das Kind familienfähig ist oder nicht, sondern ob für dieses konkrete Kind mit den besonderen Erziehungsanforderungen eine geeignete Pflegefamilie vorhanden ist oder nicht und dass in einem differenzierten Vermittlungsprozess erkundet wird, ob Pflegekind und Pflegefamilie zueinander passen. Eine beiderseitige Sympathie, die nicht in Gutachten und Vermittlungskriterien festgehalten werden kann, ist hier von entscheidender

Bedeutung. Diese Sympathie oder auch nicht, kann nicht mit sachlichen Argumenten begründet werden, ist aber ausschlaggebend, ob ein Pflegeverhältnis gelingt oder nicht.

Maßgeblich für die Qualifizierung des Sonderdienstes waren die Aufstockung der Fachkräfte und die Entwicklung einer Konzeption des Pflegekinderwesens.

Die Heimunterbringung von Kindern im Vorschulalter wurde allein kurzfristigen Problemen vorbehalten. Auch ältere Kinder fanden Aufnahme in geeigneten, gut vorbereiteten und begleiteten Pflegefamilien. Im Jahre 2000 waren schließlich 75 Prozent der fremduntergebrachten Kinder im Landkreis in Pflegefamilien und nur noch 25 Prozent der Kinder in Heimen. Vorher waren mehr als 50 Prozent der Kinder im Heim. (In nicht wenigen Land- und Stadtkreisen ist das Zahlenverhältnis heute noch umgekehrt).

6.2.4. Lernen im Tun

Natürlich gab es nicht nur Sonnenschein. So manche Hürde war zu überwinden. Doch jedes Mal, wenn sich Schwierigkeiten zeigten, taten sich auch Lösungswege auf. Wie war der Weg, den wir damals gegangen sind?

Es war Lernen im Tun! Was uns noch fehlte, ergab sich Schritt für Schritt im Laufe der Arbeit.
1. Theoretische Grundlage für die Gruppenarbeit war die themenzentrierte Interaktion (TZI) nach Ruth Cohn.[72]

2. Regelmäßige Mitarbeitergespräche sorgten bei allen individuellen Gestaltungsmöglichkeiten für eine einheitliche „Philosophie" des Amtes.

3. Die bisher getrennten Schubladen wurden füreinander geöffnet. Adoptions- und Pflegekinderbewerber wurden nicht mehr von vornherein als zwei Gruppen mit völlig unterschiedlichen Zielen angesehen. Die Erfahrung lehrte uns, die bestehenden Vorurteile gegenüber Adoptionsbewerbern zu überdenken. Kinderlose Ehepaare sind oft besonders geeignet für schwierige Kinder, die die ganze Aufmerksamkeit der Pflegeeltern brauchen.
Nach Verabschiedung des Kinder- und Jugendhilfegesetzes im Jahre 1991 erfordert der § 36 SGB VIII Abs. 2 Satz 2:

---

72 Cohn 1991

(1) (...) Vor und während einer langfristig zu leistenden Hilfe außerhalb der eigenen Familie ist zu prüfen, ob die Annahme als Kind in Betracht kommt. (...)

Daraus folgt, dass eine enge Verbindung der Pflege- und Adoptionsstellen erforderlich ist.

4. In einer konstruktiven Auseinandersetzung wurde eine Konzeption erarbeitet, die schriftlich fixiert wurde. Es wurden die Philosophie und die fachlichen Standards des Jugendamtes festgehalten. Handlungsmuster, welche personenunabhängig sind, waren von jedem Mitarbeiter zu beachten.
Die Ehrlichkeit und Transparenz in der Hilfeplanung ist die Grundlage zur Klärung der Lebensperspektive des Kindes.

5. Genügend qualifizierte Fachkräfte und Sachmittel sind Voraussetzung, um erarbeitete Standards entsprechend umzusetzen.

6. Eine kontinuierliche und breit gefächerte Öffentlichkeitsarbeit, die sich nicht nur auf Aufrufe in Zeitungsberichten beschränkt, hat im Pflegekinderwesen einen nicht zu unterschätzenden Stellenwert. Auf vielfältige Weise gilt es, Menschen zu informieren und anzusprechen, z.B. durch eine Vielzahl von öffentlichen Veranstaltungen in Kirchengemeinden, Frauengemeinschaften u.s.w., Informationsveranstaltungen der Jugendämter, Fachtagungen mit Einbeziehung der Medien, Filme über das Pflegekinderwesen, erlebnispädagogische Maßnahmen für Pflegekinder und Berichte darüber in den Medien und nicht zuletzt jene Mundpropaganda der zufriedenen Pflegeeltern.

6.3. Hilfreiche Erfahrungen aus unserer Arbeit

Welche allgemeinen Erfahrungen für die Werbung neuer Pflegeeltern können daraus gewonnen werden?
1. Wichtig ist eine klare Entscheidung des Jugendhilfeträgers, dass bei Kindern, die fremduntergebracht werden müssen, die Sozialisation in qualifizierten Familien Priorität hat. Das ist nicht zum Nulltarif zu haben. Aber neben den humanistischen Gesichtspunkten rechnen sich für die Kommunen die Kosten für eine ausreichende Personaldecke. Wenn gar – was in der Politik eher nicht üblich ist – langfristige gesellschaftspolitische Auswirkungen berücksichtigt werden, spricht gerade auch unter Kostengesichtspunkten alles dafür, der familiären Sozialisation von Kindern den Vorrang einzuräumen. Das bedeutet, dass die Kinder in ihren Grundbedürfnissen ernst genommen

werden, sich geliebt und angenommen fühlen und nicht mit Rückführungsplanungen gequält werden. Das wiederum ist die Voraussetzung dafür, dass diese Kinder in der nächsten Generation Eltern werden können, die Liebe weitergeben können.

2. Wichtig ist eine schriftlich fixierte Konzeption des Pflegekinderdienstes. Sie schafft Kontinuität im Pflegekinderwesen, die von den jeweiligen Personen unabhängig ist. Die Pflegeeltern wissen, nach welchen Gesichtspunkten das Amt arbeitet. Sie wissen, ob die Lebensperspektive in einem dem kindlichen Zeitempfinden angemessenen Zeitrahmen geklärt wird oder nicht. Sie wissen, wie kindliche Bindungen im Jugendamt bewertet werden. Das schafft eine Atmosphäre des Vertrauens und gibt den Pflegeeltern bei all den Unsicherheiten, die der Sache nach immer bestehen, größtmögliche Sicherheit. Als Beistände für Pflegefamilien in Baden-Württemberg erleben wir, dass die höchste Zufriedenheit der Pflegeeltern in denjenigen Ämtern anzutreffen ist, die eine klare Konzeption haben, bei denen der Pflegekinderdienst mit der Adoptionsvermittlungsstelle als Sonderdienst organisiert ist und bei denen die Fallzuständigkeit für das Pflegekind beim Pflegekinderdienst liegt.

3. Unser Hauptpunkt ist die Qualifizierung, sowohl der Pflegeeltern als auch der Mitarbeiter der Jugendämter, als tragende Grundlage für eine partnerschaftliche Zusammenarbeit zwischen Pflegefamilien und Jugendhilfeträgern. Die Qualifizierung der Pflegeeltern allein genügt nicht. Sie brauchen ein Gegenüber, das sowohl über Erfahrung als auch über das nötige Fachwissen in diesem sensiblen Bereich verfügt.

4. Für eine qualifizierte Arbeit und damit für die Zufriedenheit der Pflegeeltern ist eine angemessene Ausstattung mit qualifiziertem Personal und Sachmitteln (Fachliteratur, Gruppenarbeit mit Kindern etc.) erforderlich.

5. Genauso wie im Heimbereich müssen auch für Pflegekinder die notwendigen therapeutischen Hilfen zur Verfügung stehen. Es kann nicht angehen, dass traumatisierte Pflegekinder im Rahmen der Hilfe zur Erziehung anders behandelt werden als Kinder, die in Heimen untergebracht werden. Die Vorstellung, dass mit der Unterbringung in der Pflegefamilie in Vollzeitpflege alle Probleme der Kinder „gelöst" seien, sollte heute als überholt gelten.

6. Pflegefamilien benötigen Entlastung und Unterstützung, diese sind besonders in Krisensituationen wichtig, sei es durch Haushaltshilfe, Hausaufgabenhilfe, Familienhelfer oder einem kurzfristigen stationären Aufenthalt bis

hin zu einem vorübergehenden Internatsaufenthalt. Es ist zu beobachten, dass Jugendhilfeträger immer wieder argumentieren, mehrere Maßnahmen nebeneinander seien nicht möglich. Für dieses Argument gibt es keine gesetzliche Grundlage. Vielmehr ist die Hilfe nach dem Kinder- und Jugendhilferecht so zu gestalten, dass sie den individuellen Bedürfnissen des Kindes oder des Jugendlichen gerecht wird. Die Maßnahme „Vollzeitpflege" ist mit einer Krisenintervention, auch dann, wenn vorübergehend ein Heimaufenthalt notwendig wird, nicht beendet. Gerade an diesem Punkt muss die Anerkennung der gewachsenen Bande zwischen Kind und Pflegefamilie höchste Priorität haben.

7. Noch drei weitere hilfreiche Voraussetzungen für die Werbung neuer Pflegeeltern seien kurz angesprochen:
   - Die Gewinnung von ehrenamtlichen Mitarbeitern, die neben ihrer praktischen Mithilfe ein positives Bild von Pflegekindern im Gemeinwesen vermitteln und damit zu Multiplikatoren werden.
   - Die Unterstützung von bereits vorhandenen oder noch zu gründenden Selbsthilfegruppen von Pflegeeltern (Pflegeelternvereinen).
   - Eine kontinuierliche Öffentlichkeitsarbeit, die über das Veröffentlichen eines einzelnen Zeitungsartikels hinausgeht.

6.4. „Zehn Gebote" für die Gewinnung von Pflegeeltern

Kurz zusammengefasst:
„Zehn Gebote" für die Gewinnung von Pflegeeltern

- Ehrlichkeit und Transparenz in der Hilfeplanung

- Einbeziehung der Fachkraft des Pflegekinderdienstes vor der Fremdunterbringung eines Kindes und Einbeziehung in die Hilfeplanung im Sinne des § 36 SGB VIII

- Anerkennen der kindlichen Grundbedürfnisse nach Kontinuität, Sicherheit und Geborgenheit

- Klärung der Lebensperspektive des Kindes in einem dem kindlichen Zeitempfinden entsprechenden Rahmen

- Anerkennen des verfassungsrechtlich garantierten Schutzes der Intimsphäre der Pflegefamilie

- Partnerschaftlicher Umgang mit der Pflegefamilie, Wertschätzung, Achtung und Respekt vor der Leistung der Pflegeeltern

- Unterstützung und Begleitung der Pflegefamilie, Fallzuständigkeit im Pflegekinderdienst für alle Belange, die die Person des Kindes betreffen (Umgangsgestaltung, Rückführung in die Herkunftsfamilie oder Verbleib in der Pflegefamilie)

- Ausreichende und im Pflegekinderwesen fortgebildete Fachkräfte

- Bei Schwierigkeiten ein schneller Draht zum Jugendamt, der auf gegenseitigem Vertrauen beruht – auch Schwierigkeiten dürfen angesprochen werden

- Einbeziehen der Ressourcen aus dem Sozialraum der Pflegefamilie

Fazit: **Zufriedene Pflegeeltern sind die beste Werbung für neue Pflegefamilien**

7. Werdende Pflegeeltern

7.1. Pflegeeltern brauchen Vorbereitung

Von entscheidender Bedeutung für das Gelingen der Integration eines Kindes in die neue Familie ist eine gute Vorbereitung.

Früher galt die Regel: Wer eigene Kinder erzogen hat, der kann auch ein Pflegekind erziehen. Heute weiß man, dass das nicht reicht. Im Rückblick fühlen sich Betreuungseltern nicht genügend auf ihre Aufgabe vorbereitet, wie u.a. eine Studie der Universität Bamberg[73] ergab.

Grundsätzlich ist es ein großer Unterschied, ob Bewerber kinderlos sind oder ob bereits Kinder – leibliche, Adoptiv- oder Pflegekinder – zur Familie gehören.

Kinderlose Ehepaare haben die Möglichkeit, einem traumatisierten Kind ihre ganze Liebe zu geben. Der Mangel an Erfahrung mit Kindern kann im Einzelfall ein Problem sein. Die Vorzüge eines kinderlosen Elternpaares sind jedoch die Reduktion von Konfliktpotential, z.B. keine Rivalität unter Geschwistern.

Demgegenüber haben Eltern, die bereits mit Kindern in einer Familie zusammen leben, ganz andere Probleme. Die leiblichen Kinder können manchmal schwer nachvollziehen, warum manche Verhaltensweisen beim Pflegekind anders bewertet werden als bei ihnen.

Pflegeeltern, die sich vorgenommen haben, immer gerecht zu sein, werden bald erfahren, dass Gerechtigkeit relativ ist. Das Pflegekind ist immer zu kurz gekommen und wird daher auch weiterhin von dem Gefühl begleitet, zu wenig zu bekommen. Es wird zum Beispiel genau beobachten, ob der leibliche Sohn nicht doch etwas mehr zu Weihnachten geschenkt bekommt.

Die Betreuung eines Pflegekindes stellt immer eine Zusatzbelastung für die Pflegefamilie dar. Vor allem die Situation unmittelbar nach Aufnahme eines Kindes birgt besondere Gefahren, die fachkompetenter Hilfe bedarf. Das muss sowohl dem Sozialarbeiter des Jugendamtes als auch dem Bewerber bereits im Vorfeld klar sein.

---

[73] Kasten, Kunze und Mühlfeld 2001

7.2. Hilfreiche Fragen für eine realistische Selbsteinschätzung

Es ist wichtig, dass sich die Bewerber vor der Aufnahme eines Pflege- oder Adoptivkindes über ihre tatsächliche Familiensituation und Paarbeziehung klar werden.

Auf viele Fragen ist eine realistische Antwort zu finden:
- Macht es in unseren Augen wirklich Freude, mit einem Kind zusammen zu leben, auch wenn es eigene Schwierigkeiten mitbringt? Haben wir genug Offenheit, uns mit ganz neuen Fragen auseinanderzusetzen?
- Wie gut können wir mit Menschen umgehen, die eine andere Lebensweise haben?
- Ist unsere Partnerschaft so stabil, dass wir gegenseitig füreinander einspringen, wenn der andere eine Pause braucht? Sind wir wirklich sicher, dass die Aufnahme eines Kindes nicht vielleicht unbewusst als „Kitt" für einen Mangel an Sinn in der Partnerschaft dienen soll?
- Haben wir ein tragfähiges soziales Netz, auf das wir in Krisen zurückgreifen können?
- Sind wir bereit, uns auf einen Weg einzulassen, dessen Ende wir nicht kennen? Wie belastbar sind wir? Haben wir einen langen Atem? Sehen wir hoffnungsvoll in die Zukunft? Haben wir neben der Zuversicht auch eine Prise Humor, oder nehmen wir alles sehr ernst?
- Sind wir wirklich bereit, Eltern zu bleiben, auch wenn das Kind alte Verhaltensweisen in unserer Familie auslebt? Wo sind unsere Grenzen? Was wollen wir nicht? Können wir zum Beispiel mit einem Kind leben, das sexuell missbraucht wurde und vielleicht ein sexualisiertes Verhalten zeigt?
- Welche Erfahrungen haben wir im Umgang mit Kindern aus dem Verwandten- und Bekanntenkreis? Wie gut können wir uns in Kinder einfühlen? Wie gut können wir zuhören? Sind wir in der Lage, anzunehmen, was ein Kind erzählt, ohne es gleich zu bewerten? Haben wir in unserem Leben die Erfahrung gemacht, dass wir von Kindern lernen können?
- Welche Erziehungsvorstellungen haben wir? Ist uns klar, dass Erziehung weitgehend über Beziehung läuft? Wie stehen wir zur gewaltfreien Erziehung? Haben wir uns Gedanken darüber gemacht, dass bei einem Kind, das Gewalt erfahren hat, schon jedes Drohen eine schwere Krise auslösen kann?
- Sind wir bereit, offen auf neue Lerninhalte zuzugehen? Was macht uns besondere Freude, was bereitet uns Schwierigkeiten? Können wir uns von

dem Kind an die Hand nehmen lassen und sind wir bereit, gemeinsam mit ihm einen guten Weg zu suchen?
- Durch die Aufnahme eines Kindes wird sich unsere Familienkonstellation verändern. Sind alle Familienmitglieder bereit und in der Lage, diese Veränderungen mitzutragen? Welche Bedingungen braucht es, dass sich jedes Familienmitglied wohlfühlen kann? Und was können wir nicht leisten?
- Wären wir als Pflegefamilie auch bereit, dieses Kind zu adoptieren, sofern die rechtlichen Voraussetzungen gegeben sind? Die Doppeleignung als Adoptiv- und Pflegeeltern ist besonders in der Prüfungspflicht des Jugendhilfeträgers in § 36 SGB VIII verankert, wo bestimmt wird, dass vor und während einer langfristig zu gewährenden Hilfe zur Erziehung außerhalb der Herkunftsfamilie zu prüfen ist, ob eventuell auch eine Adoption möglich ist? Dies gilt insbesondere für die Aufnahme von Säuglingen und Kleinkindern.
- Trauen wir uns zu, mit den Mitarbeitern des Jugendamtes ein Vertrauensverhältnis aufzubauen? Glauben wir, dass wir bei ihnen auch dann Gehör finden, wenn wir erkennen müssen, dass wir bestimmte Grenzen haben und manche Eigenschaften des aufgenommenen Kindes nicht akzeptieren können? Wer ist unser Ansprechpartner nach der Aufnahme des Kindes, und welche Kompetenzen hat er in der Hilfeplanung? Welche Beratungs- und Unterstützungsangebote können wir in der Anfangsphase und bei Krisen erwarten? Gibt es einen spezialisierten Pflegekinderdienst im Amt? Gerade in der Anfangszeit ist es wichtig, dass ein kompetenter Berater für die Pflegefamilie zur Verfügung steht, damit die Weichen von vornherein richtig gestellt werden können.

Wenn im Vorbereitungskurs etwa über die verschiedenen Phasen der Integration gesprochen wird, heißt das noch lange nicht, dass dies in der konkreten Belastungssituation dann auch richtig eingeordnet wird. Wenn ein Vertrauensverhältnis zwischen dem Berater im Jugendamt und den Pflegeeltern besteht, kann auch eine Fehlplatzierung rechtzeitig erkannt werden. Es kann sich auch u.U. einmal herausstellen, dass das Kind trotz sorgfältiger Vorbereitung und Vermittlung nicht in die Familie passt.

Eine feingeistige Familie kann mit einem aggressiven und temperamentvollen Kind überfordert sein – und das Kind ebenfalls. Dann muss möglichst schon in der Anfangsphase eine Berichtigung erfolgen. Die Pflegefamilie übernimmt dann vorübergehend die Aufgabe einer Bereitschaftspflege. Hier brauchen die Pflegeeltern die Hilfe der erfahrenen Fachkraft, auf die sie sich verlassen können. Die Struktur eines Jugendamtes ist hierbei von entscheidender Bedeutung. Es ist ein großer Unterschied, ob die Zuständigkeit für ein Kind mit dem Wohnort der leiblichen Eltern wechselt (was u.U. sehr oft so ist) oder ob die Zuständigkeit am Wohnort der Pflegeeltern liegt.

- Ehepaare mit Kindern werden, obwohl sie im Vorfeld das Einverständnis ihrer Kinder hatten, vor ganz neuen Schwierigkeiten stehen. Wie kann man es zum Beispiel den Geschwistern erklären, dass Maria liebenswert ist, obwohl sie das von allen geliebte Meerschweinchen an die Decke geworfen hat, worauf es mit geplatztem Bauch auf dem Boden gelandet ist? Wie können wir unseren bereits in der Familie lebenden Kindern Wege zeigen, wie sie mit dem neuen Familienmitglied gut leben können?
- Sind wir bereit, zum Wohl des Kindes mit der Herkunftsfamilie zusammen zu arbeiten, ohne das Leid des Kindes zu verleugnen, auch wenn ihr Lebensstil mit unserem nicht übereinstimmt? Sind wir grundsätzlich um eine Haltung der Akzeptanz auch Menschen gegenüber bemüht, die völlig anders leben? Der Schutz des Kindes ist uns das Wichtigste; auch wenn wir nicht billigen können, was diese Herkunftseltern dem Kind angetan haben, respektieren wir sie als Person, weil sie oft selbst einen schwierigen Lebensweg hatten – oder lautet sie eher: Mit Leuten, die dem Kind so etwas angetan haben, setzen wir uns nicht an einen Tisch? Sind wir trotz allem bereit, Gespräche mit den Herkunftseltern zu führen, Fotos mitzubringen und über die aktuelle Situation zu berichten?

Ich denke dabei an die Situation einer allein erziehenden jungen Mutter, die ihr Baby von einer Bekannten zur anderen gereicht hatte, weil sie sich überfordert fühlte. Das Jugendamt stellte daraufhin eine Kindeswohlgefährdung fest. Sie selbst war beziehungslos aufgewachsen und konnte nicht verstehen, warum das Kind eine feste Bezugsperson brauchte. Als ihr das Sorgerecht entzogen wurde, geriet sie in eine tiefe Krise. Da sie obdachlos war, konnten wir sie von uns aus nicht erreichen. Wir hatten ihr jedoch angeboten, dass sie jeden Vormittag von der Vermittlungsstelle aus mit der Pflegemutter telefonieren kann.

Die Pflegemutter signalisierte der jungen Frau, wie sehr sie ihre Not verstand. Im Laufe der Gespräche ist langsam ein Vertrauensverhältnis gewachsen. Da das soziale Umfeld der Mutter recht problematisch war, wurde gemeinsam beschlossen, dass der Wohnort der Pflegefamilie zum gegenwärtigen Zeitpunkt geheim bleibt, dass jedoch regelmäßige gemeinsame Spaziergänge mit dem Kind, den Pflegeeltern und der Mutter erfolgen werden. Ein „Mitgeben" des Kindes aus Mitgefühl mit der Mutter wäre allerdings auf keinen Fall in Frage gekommen. Der Schutz des Kindes stand für die Pflegeeltern immer an erster Stelle. In der Zwischenzeit kam es zu einer offenen Adoption. Auch jetzt, nach fünf Jahren, sind die gemeinsamen Unternehmungen nach wie vor für alle eine Selbstverständlichkeit.

7.3. Die Vermittlungsphase: Wie man einen Realitätsschock vermeiden kann

Eines Tages ist es dann für die Pflegefamilie, in Wartestellung, soweit. Die Vorbereitungsphase ist erfolgreich und im gegenseitigen Einvernehmen beendet. Im Abschlussgespräch mit dem Sozialarbeiter sind nochmals die gegenseitigen Erwartungen geklärt worden. Jetzt platzt der Anruf der Sozialarbeiterin in den Alltag, dass Fritz oder Maria einen Platz in einer Familie brauchen – und dass das Team im Jugendamt sich vorstellen kann, „dass dieses Kind in Ihre Familie passt". Unvermittelt wird das, was bisher nur in der Theorie klar war, mit allen Konsequenzen Realität. Erst in diesem Augenblick wird endgültig bewusst, welche praktischen Konsequenzen die Aufnahme eines Kindes für alle Familienmitglieder hat.

Um eine realistische Entscheidung treffen zu können, brauchen die Pflegeeltern bereits im Vorfeld – zunächst ohne Offenlegung der Namen der Herkunftseltern – umfangreiche Informationen über das Kind und die Herkunftsfamilie.

Das betrifft vor allem die bisherige Geschichte des Kindes:
- die Gründe, die zur Trennung von der Herkunftsfamilie geführt haben,
- die Persönlichkeitsstruktur der Herkunftseltern,
- die Einstellung der Herkunftseltern zur Unterbringung in einer Pflegefamilie,
- die Gesundheitssituation des Kindes,
- die Informationslücken benennen,
- die Rechtssituation und
- eine vorsichtige Prognose zum Lebensmittelpunkt des Kindes.

Pflegeeltern beklagen häufig, vorher nicht umfassend informiert worden zu sein. Mangelnde Information hat zur Folge, dass die Pflegeeltern später auftretende Probleme nicht richtig einordnen können. Hieraus können schwerwiegende Folgeprobleme entstehen.

Zum Zeitpunkt der Inpflegegabe ist oft die Schädigung des Kindes nicht in ihrem ganzen Ausmaß bekannt. Gerade bei sexuellem Missbrauch sind die Unterbringungsgründe oft andere, und erst mit wachsendem Vertrauen zu den Pflegeeltern spricht das Kind seine Erlebnisse offen aus. Wenn Informationen fehlen oder offensichtlich mangelhaft sind, muss das zum Thema gemacht werden. Auch das Jugendamt kennt bei der Unterbringung oft nur einen Teil der Vorschädigung des Kindes. Die Spitze des Eisberges, die zeigt, dass eine angemessene Erziehung in der Herkunftsfamilie nicht mehr gewährleistet ist, ist oft schon schlimm genug. Wenn im Nachhinein noch andere gravierende Schädigungen offenkundig werden, bedarf es einer engen und vertrauensvollen Zusammenarbeit zwischen Jugendamt und Pflegefamilie.

Als Beispiel möchte ich die Problematik aufzeigen, die dadurch entsteht, wenn eine Pflegefamilie nicht weiß, welche Folgen im Familienalltag mit einem Kind entstehen können, das sexuellen Übergriffen ausgesetzt war oder das Gewalterfahrungen erleben musste, sei es, dass es selbst betroffen oder dass es Zeuge war. Hierbei ist es unwesentlich, ob ein Strafverfahren eingeleitet und der Täter verurteilt wurde oder nicht. Es gibt viele Gründe, die im Interesse des Kindes von einer Strafverfolgung absehen lassen, da die Beweislast schwer ist und oft auf Kosten des Kindes geht und im Zweifelsfall das Gericht zu Gunsten des Angeklagten entscheiden muss.

Es ist ein Irrtum, dass bei begründetem Verdacht das Kind keine Schädigung erlitten hat, vielmehr brauchen sowohl das Kind als auch die Pflegefamilie von Anfang an die erforderliche fachliche Hilfe.

Wenn die Pflegefamilie gewohnt ist, manchmal gemeinsam zu baden oder sich unbekleidet im Haus zu bewegen, sind Gefahren für das Kind und die Pflegefamilie unvermeidbar. Das Kind kann diese Gewohnheiten als Aufforderung zu sexuellen Handlungen erleben oder eine heftige Handbewegung kann die Angst auslösen, dass es jetzt zu einer existentiellen Bedrohung kommt. Auch kann ein Glas Wein, das zum Abendessen eingenommen wird, beim Kind heftige Ängste auslösen und die Befürchtung, dass es jetzt zu den Szenen kommt, wie es in der Herkunftsfamilie war.

Es gibt Fachkräfte, die den Pflegeeltern Informationen über die Vorgeschichte des Kindes mit dem Hinweis auf den Datenschutz verweigern. Diese Diskussion ist alt. Bereits 1978 gab es heftige Auseinandersetzungen um diese Frage. Die eine Seite betonte die Notwendigkeit, über das Kind, seine Persönlichkeit, die Geschichte der Herkunftsfamilie und die Unterbringungsgründe sowie die vorhandene Diagnostik umfassend informiert zu sein, um dem Kind angemessen helfen zu können. Die andere Seite meinte, das sei ein Eingriff in die Intimsphäre und Grundrechte der leiblichen Eltern.

Da Pflegeeltern die Informationen über die Vorgeschichte des Kindes und die Einstellung der leiblichen Eltern zur Unterbringung in der Pflegefamilie für die Erfüllung der Erziehungsaufgabe brauchen, kann hier der Verweis auf den

Datenschutz nicht herangezogen werden. Selbstverständlich stehen die Pflegeeltern ihrerseits unter den Bestimmungen des Datenschutzes und sie dürfen diese Daten nicht unbefugt weitergeben.

Die Pflegeeltern sollten vor der Aufnahme eines Kindes unbedingt darauf bestehen, umfassend informiert zu werden, um die richtige Entscheidung treffen und dem Kind auf die richtige Weise helfen zu können.

Wichtig ist, dass mit den Pflegeeltern eine Vereinbarung zum Umgang mit Informationen getroffen wird: Pflegeeltern gehören zu dem Personenkreis, der in § 78 SGB X genannt ist. Auf den Datenschutz wird an anderer Stelle dieses Buches eingegangen. An dieser Stelle möchte ich darauf hinweisen, dass der Zweck der übermittelten Daten die Sicherstellung des Kindeswohls in der Pflegefamilie ist. Die Pflegeeltern dürfen diese Daten ausschließlich zum Zwecke der Erziehung und der Gesundheitsfürsorge an Dritte weitergeben. Das Sozialgeheimnis behält seine Verbindlichkeit auch für die Zeit nach der Inpflegegabe.

Wenn die Pflegeeltern einen Beistand nach § 13 SGB X in Anspruch nehmen, unterliegt dieser der gleichen Schweigepflicht wie die Pflegeeltern. Um seine Aufgabe als Beistand wahrnehmen zu können, braucht er jedoch die notwendigen Informationen über Vergangenheit und Gegenwart des Kindes. Das Argument, der Beistand könne die zur Erfüllung seiner Aufgabe erforderlichen Informationen aus Datenschutzgründen nicht bekommen, greift nicht.

7.4. Entscheidungskriterien

Zusammenfassend möchte ich nachfolgend Kriterien ausführen, die beim Entscheidungsprozess hilfreich sein können.

1. Die fachliche Ausrichtung des örtlichen Jugendamtes ist den Pflegeeltern bekannt. Steht das Kindesinteresse im Mittelpunkt seines Handelns oder versteht sich das Jugendamt als Dienstleister der Herkunftseltern?

   Im Vorfeld der Aufnahme eines Pflegekindes ist im offenen Dialog zwischen Jugendamt und Pflegeeltern ein Vertrauensverhältnis entstanden, das es ermöglicht, Gefühle und eigene Grenzen aufzuzeigen.

2. In der Vorbereitungsphase wird klar aufgezeigt, wie die Organisationsstruktur des Amtes ist und wer nach Aufnahme eines Pflegekindes die Fallverantwortung hat.

3. Die Unterbringungsgründe werden klar benannt. Hierzu gehört die Beantwortung der Frage, warum die angebotenen Hilfeleistungen für die Herkunftsfamilie die Situation des Kindes nicht positiv verändern konnten.

   Ist an dieser Stelle bereits abzusehen, dass der bisherige Entwicklungsverlauf des Kindes und die defizitäre Familiensituation gezeigt haben, dass eine Rückkehr des Kindes zu seinen leiblichen Eltern nicht möglich sein wird und ist deswegen von vornherein auf eine auf Dauer angelegte Lebensperspektive hinzuarbeiten?[74]

4. Bevor eine Entscheidung über die Aufnahme eines Kindes getroffen wird, werden die Pflegeeltern umfassend über die Vorgeschichte des Kindes informiert. Die psychosoziale Diagnose über das Kind und die Herkunftsfamilie wird den Pflegeeltern zugänglich gemacht. Die medizinischen und psychologischen Stellungnahmen und Gutachten über das Kind und die Herkunftsfamilie sind offen gelegt, damit die Risiken abgeschätzt werden können. Bis zur konkreten Vermittlung ist dies aus datenschutzrechtlichen Gründen anonymisiert vorzunehmen.

5. Die Pflegeeltern lernen das Kind vor der Aufnahme kennen. Dies muss in einem entspannten Feld in der normalen Umgebung geschehen, ohne dass das Kind das besondere Interesse an ihm spürt. Die früher oft anzutreffende Praxis, dass das Kind in das Sprechzimmer des Heimes gerufen wurde, sollte der Vergangenheit angehören. In einer Bereitschaftspflegefamilie lässt es sich ohne Schwierigkeiten bewerkstelligen, dass bei dem Kind keine Hoffnungen oder Befürchtungen den Besuchern gegenüber geweckt werden. Dies ist ein wichtiges Element der Vermittlung, damit spontane gegenseitige Abwehr oder Sympathie erkundet werden können.

6. Bereitschaftspflegefamilien sind über den kindlichen Zeitbegriff informiert, der besonders bei Säuglingen und Kleinkindern von großer Bedeutung für das Kind ist. Den Bereitschaftspflegefamilien ist bekannt, dass dies je nach Alter bei jedem Kind anders sein kann. Ein bis dahin vernachlässigtes und depriviertes Kind kann innerhalb weniger Wochen ein intensives Bindungsbedürfnis zeigen. Wenn der Wechsel nicht rechtzeitig erfolgen kann, stellt

---

74 vgl. Münder 2006, S. 517

sich die Frage, ob ein Wechsel noch zu verantworten ist und ob aus der Bereitschaftspflege eine Vollzeitpflege wird. Dies ist auch dort gefordert, wo Jugendamt und Bereitschaftpflegefamilie sich vertraglich festgelegt haben.

Die Bestimmungen über das Antragsrecht der Pflegeeltern auf Verbleib gemäß § 1632 Abs. 4 BGB greifen immer dort, wo Bindungen nicht ohne Schaden für das Kind gelöst werden können. Wenn ein Säugling in einer Bereitschaftspflege sichere Bindungen gefunden hat, ist ein Pflegestellenwechsel – und der Wechsel aus einer solchen Bereitschaftspflege in eine andere Vollzeitpflege ist ein Pflegestellenwechsel – nur im Ausnahmefall möglich, wie das Bundesverfassungsgericht festgestellt hat. Der Schutz des Kindes und die Bestimmungen des BGB stehen über dem Vertragsrecht.

7. Wo immer es möglich ist, sollten sich Eltern und Pflegeeltern unter der Regie des Jugendamtes kennen lernen und ihre Erwartungen und Befürchtungen zum Ausdruck bringen können. Dabei ist von den Pflegeeltern und dem Jugendamtsmitarbeiter viel Einfühlungsvermögen erforderlich. Die Eltern sind in der Regel verletzt, wenn sie erkennen müssen, dass sie der Erziehung des Kindes im Alltag nicht gerecht werden können. Wenn sie als Person Wertschätzung erfahren und ihnen signalisiert wird, dass ihre Entscheidung, das Kind in die Pflegefamilie zu geben, Ausdruck ihrer Elternverantwortung ist, hilft dies für den weiteren gemeinsamen Weg.

Diese Empathie für die Eltern beinhaltet, dass die kindlichen Bedürfnisse nach Kontinuität und Bindung in den Mittelpunkt der Gespräche gerückt werden. Versprechungen, dass der Säugling bis zum Kindergartenalter oder dem Schulalter in der Pflegefamilie bleibt und dann zu den Eltern zurück kann, hat zur Folge, dass verantwortungsbewusste Pflegeeltern die Aufnahme des Kindes ablehnen müssen.

Alle Beteiligten sind über die Möglichkeit der Beantragung der Verbleibensanordnung gemäß § 1632 Abs. 4 BGB zu informieren. Diese Klarheit ist auch zum Schutz der leiblichen Eltern nötig. Sie müssen zum Beispiel wissen, dass sie unverzüglich auf einen Platz in einer Sucht- oder Drogenklinik mit dem Kind drängen und der Zeitfaktor eine immer größere Rolle spielt, je jünger das Kind ist.

Dort, wo Eltern nicht gesprächsbereit sind, fällt es den Sozialpädagogen des Jugendamtes zu, mit diesen den Weg zu gehen und die Pflegeeltern aus dem Konfliktfeld herauszuhalten. Pflegeeltern dürfen nicht zu Therapeuten der

Eltern werden. Diese Rolle müssen Pflegeeltern im Interesse einer langfristigen Zusammenarbeit entschieden ablehnen. Auch haben sie die Verantwortung für die Herausnahme des Kindes aus der Herkunftsfamilie nicht und verdienen nicht, die Aggressionen der Eltern gegen das Jugendamt oder Gericht aufarbeiten zu müssen.

8. Die Hilfeplanung hat vor der Unterbringung des Kindes zu erfolgen. Die in Kapitel 9 beschriebenen Kriterien sind zu beachten. Die Besuchsregelung ist für Kind und Pflegefamilie gut zu gestalten. Das Kindeswohl hat dabei im Mittelpunkt zu stehen.

Das Recht auf ein stabiles Erziehungsumfeld und auf Kontinuität ist Leitlinie der Hilfeplanung.

Die Anerkennung dessen, was dem Kind bisher geschehen ist und was nötig ist um die Zukunft des Kindes sicher zu stellen, ist die Voraussetzung für die Besuchsregelung.

Wo den Eltern in dieser Hinsicht unrealistische und auf Dauer nicht realisierbare Versprechungen gemacht werden, ist es für Pflegeeltern im Vorfeld ratsam, auf diese nicht einzugehen und gegebenenfalls unter diesen Umständen die Aufnahme des Kindes abzulehnen.

Die Pflegefamilie muss immer die Möglichkeit haben, die Interessen aller Familienmitglieder berücksichtigen zu können.

Der Schutz als Familie gemäß Art. 6 GG ist vom Bundesverfassungsgericht der Pflegefamilie grundsätzlich zuerkannt worden, wenn das Kind Bindungen zu seiner Pflegefamilie eingegangen ist und es sich als Mitglied der Pflegefamilie versteht.

Aus diesem Grund verbietet es sich die Pflegeeltern als Dienstleister zu behandeln und die familienrechtlichen Grundlagen nicht zu beachten.

Notwendige therapeutische Hilfen für das Kind und die Hilfen für die Pflegeeltern, bis hin zum erhöhten Erziehungszuschlag bei besonderem erzieherischem Aufwand, sind im Hilfeplan festzuschreiben.

9. Wenn aus der zeitlich befristeten Vollzeitpflege eine auf Dauer angelegte Lebensperspektive für das Kind wird, ist die Rechtssituation zu klären und

dort, wo die Vormundschaft beim Amt liegt, dies in der Regel auf die Pflegeeltern zu übertragen. Dort, wo die Eltern das Sorgerecht innehaben, ist es Aufgabe des Sozialpädagogen des Jugendamtes, dass die Eltern dahin geführt werden, gemäß § 1630 Abs. 3 BGB Teile des Sorgerechtes an die Pflegeeltern übertragen zu lassen. Dies ist in Kapitel 10.4 in diesem Buch beschrieben.

10. Dort, wo in den wichtigen Punkten, wie beispielsweise in der Klärung der Lebensperspektive, mit dem örtlichen Jugendamt keine Übereinkunft zu erzielen ist, sollte im Interesse der Kinder der Konflikt gewagt werden bis hin zu der Entscheidung, dass das Kind nicht aufgenommen werden kann, jedoch sollte im Zusammenschluss mit anderen Pflegeeltern Lobbyarbeit für die Pflegekinder geleistet werden. Die politischen Vertreter der Kommunen und im Besonderen die Mitglieder des Jugendhilfeausschusses sind auf die Problematik aufmerksam zu machen und für eine Mitarbeit zu motivieren. Als Pflegeelterngruppe lässt sich so Veränderung herbeiführen. Dass dies möglich ist zeigt die Praxis. Das Jugendamt ist darauf angewiesen, dass genügend zufriedene Pflegefamilien zur Verfügung stehen.

Es besteht Einigkeit bei dem Jugendamtsmitarbeiter und den Pflegeeltern, dass die Forderungen des § 37 SGB VIII (entweder zeitlich befristet oder auf Dauer angelegt) Beachtung in der Hilfeplanung finden.

7.5. Darf man Geschwister bei der Vermittlung trennen?

Früher galt die eiserne Regel: Geschwister dürfen nicht getrennt werden. Geschwisterbindung hat für Kinder eine große Bedeutung, sie darf jedoch nicht undifferenziert idealisiert werden.

Die Familienstruktur, in der Geschwister bisher gelebt haben, ist ausschlaggebend. Geschwister mit traumatischen Vorerfahrungen sind anders zu bewerten als Geschwister, deren Eltern bei einem Unfall ums Leben kamen und die Geschwister bisher in einer intakten Familie befriedigende Beziehungen entwickelt haben. Konnten, vor dem Verlust der Eltern, liebevolle geschwisterliche Bande entwickelt werden, entspricht in der Regel die Geschwistertrennung nicht dem Wohl der Kinder, zumal sie gemeinsam die Trauer erleben und sich hier in einem tiefen Verständnis begegnen können. Die Geschwister können sich in diesem Fall gegenseitig helfen, und der Geschwisterbindung kann ein hoher Stellenwert im Leben dieser Kinder zukommen.

John Bowlby[75] spricht bei Geschwistern von einer „Nebenbindung". Er weist auf die hierarchische Ordnung der kindlichen Bindungsstruktur hin. Geschwister haben eine nebengeordnete, wenn auch wichtige Bedeutung für die Entwicklung des Kindes.

Rudolf Klußmann[76] sagt, dass die Hauptbezugsperson die vitalen Lebensbedürfnisse des Kindes befriedigen und die Geschwister die darüber hinausgehenden Entwicklungsbedürfnisse. Das Kind kann im Hinblick auf seine seelische Unversehrtheit auf die Hauptbezugsperson nicht verzichten, wohl aber auf Geschwister, da deren Funktionen von anderen „Nebenfiguren" übernommen werden können.

Monika Nienstedt und Arnim Westermann[77] weisen darauf hin, dass der Geschwisterbindung ein prägender Einfluss auf die Persönlichkeitsentwicklung eines Kindes zukommt. Sie ist jedoch nicht die Grundlage für eine gesunde Persönlichkeitsentwicklung eines Kindes, sondern sie wird durch die Eltern-Kind-Beziehung gelegt, die der Geschwisterbeziehung vorgeordnet ist.

Geschwistersolidarität kann über Krisen hinweghelfen. Im Märchen Hänsel und Gretel stehen die Geschwister einander in der Not bei, bis sie nach der Überwindung dieser Notsituation zum liebenden Vater zurückkehren und „in lauter Freude zusammenleben". Diese Notsituation kann, nach der Trennung und der Aufnahme in einer Bereitschaftspflegefamilie in der Klärungsphase, den Kindern helfen, mit weniger Angst in der neuen Situation zu leben.

Wenn Kinder, innerhalb des für den kindlichen Zeitbegriff tolerierbaren Rahmens, nicht in die Herkunftsfamilie zurück können, sind die zuvor erlebten familiendynamischen Beziehungen ausschlaggebend für die Beurteilung, ob Geschwister getrennt werden müssen, um jedem Kind gerecht werden zu können. Es ist auch zu beachten, dass die Geschwister, von Zwillingen abgesehen, aufgrund des unterschiedlichen Alters einen unterschiedlichen Zeitbegriff haben, in dem eine Rückkehr in die Herkunftsfamilie möglich erscheint. Was für das sechs Jahre alte Geschwisterkind ein noch tolerierbarer Zeitrahmen sein kann, ist es für das als Baby vermittelte Kind nicht mehr.

Kinder mit chaotischen Familienerfahrungen können zum einen wegen des unterschiedlichen Zeitempfindens, aber auch wegen der unterschiedlichen Ver-

---

75 Bowlby 1986
76 Klußmann/Stötzel 1995, S. 40
77 Nienstedt/Westermann 1998, S. 259

arbeitungsmöglichkeiten der bisherigen Familienerfahrungen, nicht zusammen geketten werden.

Bei Kindern, die vernachlässigt wurden, ist dem ältesten Geschwister oft die Rolle des Versorgers zugekommen. Es musste in der Notgemeinschaft für die jüngeren Geschwister die Elternrolle übernehmen und war damit in eine extreme Überforderungssituation geraten.

Ein schwer vorgeschädigtes Kind braucht seine neuen Eltern oft allein für sich. Für solche Fälle haben sich vor allem kinderlose Ehepaare bewährt. Hier ist es manchmal möglich, auch Geschwister unterzubringen. Trotzdem kann es leicht zu einer Überforderung sowohl der Pflegeeltern wie auch der einzelnen Kinder kommen. Wenn Geschwister aus ideologischen Gründen nicht getrennt untergebracht werden, kommt es häufig vor, dass sie am Ende in ein Heim gegeben werden. Im Nachhinein habe ich oft hören müssen, dass die Geschwister nicht in der gleichen Heimgruppe betreut werden konnten. Es ist also die Frage nach der weniger schädlichen Alternative zu stellen

In meiner beruflichen Praxis wurden in zwei Fällen jeweils fünf Geschwister in ein Kinderdorf gegeben, um dort zusammen zu leben. Beides Mal ist die Integration gescheitert, weil die Kinder die alten krankmachenden Strukturen und Verhaltensweisen in die neue Gruppe hineingetragen haben. Die Voraussetzungen waren zumindest in einem Fall hervorragend. Eine erfahrene Kinderdorfmutter bekam zusammen mit einem Erzieher ein schönes Häuschen für die Kinder und sich. Heilpädagogische Hilfen waren alle vorhanden. Trotz Erfahrung, Hilfen und gutem Willen brach die Kinderdorfmutter bald unter der Last der Erziehung dieser fünf traumatisierten Kinder zusammen. Die Kinder lebten ihr eigenes Leben und die Einflussmöglichkeiten der Erzieher waren so gering, dass eine Beziehung zu der Kinderdorfmutter nicht entstehen konnte.

Ich erinnere mich auch an zwei Geschwister, die gemeinsam eine gute Entwicklung in einer kinderlosen Familie hatten, bis später das dritte Geschwisterkind in die gleiche Familie gegeben wurde. Diese Geschwister kannten sich vorher nicht. Ein Jugendamt hatte aus ideologischen Gründen trotzdem von „Geschwistertrennung" gesprochen und konnte das getrennte Aufwachsen nicht akzeptieren. Das brachte das ganze Familiensystem zum Kippen.

Hier ist wichtig, dass das Jugendamt über eine Fachkraft verfügt, die spezialisierte Kenntnisse im Pflegekinderwesen hat. Allein die biologische Abstammung kann bei fehlender Geschwisterbindung kein Kriterium für eine gemeinsame Vermittlung sein. Die Wahrscheinlichkeit, dass sich bei der Aufnahme von Geschwisterkindern die Geschwister gegenseitig in der Aufarbeitung der Vorerfahrungen und der Entwicklung neuer Eltern-Kind-Beziehungen behindern, ist so hoch, dass in der Regel Geschwister, die auf Dauer in eine Pflegefamilie integriert werden sollen, getrennt zu vermitteln sind.[78]

Diese von Nienstedt/Westermann vorgeschlagene Geschwistertrennung kann aufgrund meiner Erfahrung nur dort umgangen werden, wo besonders gute Voraussetzungen auf Seiten der Kinder und auf Seiten der Pflegefamilie vorliegen, also bei Kindern, die sehr gute Verarbeitungsmöglichkeiten haben und die in der neuen Familie nicht in Rivalitätskonflikten mit Geschwistern konfrontiert werden.

Wenn Geschwisterkinder in eine Familie mit bereits in der Familie lebenden Kindern gegeben werden und die in der Familie lebenden Kinder nicht wesentlich älter sind, ist es die Regel, dass sich zwei Geschwistergruppen bilden, die sich gegeneinander abschotten. Die neu hinzu gekommenen Pflegekinder haben kaum eine Chance, befriedigende Eltern-Kind-Beziehungen aufzubauen. Die Pflegekinder erleben, dass die in der Familie lebenden Kinder eine enge Beziehung zu den Eltern haben, die sie selbst noch nicht einmal ansatzweise entwickeln konnten, und sie kommen sofort in eine Konkurrenzsituation, in der sie nur Verlierer sein können. Geschwister, die aus chaotischen Familiensituationen heraus kommen, setzen ihre alten Verhaltensmuster in der Regel in der neuen Familie fort.

Ich denke an zwei Mädchen, sechs und acht Jahre alt, die zu einem pädagogischen Fachehepaar vermittelt wurden. Sie suchten zunächst Zuwendung bei den neuen Eltern, setzten jedoch ihre alten Verhaltensmuster bis hin zu einem für die Pflegeeltern nicht zu akzeptierenden Sprachgebrauch fort. Als die Kinder die Erfahrung machen mussten, dass sie mit ihrem bisherigen Verhalten auf Kritik stießen, zogen sich die Mädchen in ihr Zimmer zurück und versuchten ein Eigenleben innerhalb der Familie zu führen, was zum Scheitern des Pflegeverhältnisses führte. Die Kinder konnten sich nicht integrieren und sie konnten keine neuen Verhaltensmuster lernen.

Ein anderes Beispiel:
Fünf Geschwisterkinder verloren ihre Eltern durch einen Unfall. Die Familie galt bereits vorher als Problemfamilie. Die Kinder waren vernachlässigt, es fand bereits vor dem Unfall eine Rollenumkehr statt. Das älteste Mädchen übernahm die Versorger-Rolle. Das jüngste Kind war ein Baby, das älteste Mädchen 12 Jahre alt. Die beiden jüngsten Geschwister kamen zu einer Tante, die drei älteren Kinder zu einer erfahrenen Pflegefamilie. Das 12-jährige Mädchen übernahm sofort die Führung der Geschwister, verbot ihnen, auch als sie dies wünschten, zu den

---

78   Nienstedt/Westermann 1998, S. 260

Pflegeeltern Mama und Papa zu sagen. Als sie es doch einmal taten, machte sie ihnen heftige Vorwürfe und förderte Schuldgefühle den verstorbenen Eltern gegenüber. Das Gleiche versuchte das Mädchen bei den zwei jüngsten Geschwistern, die bei der Tante lebten. Die Familie der Tante wusste sich schließlich nicht anders zu helfen, als den Kontakt mit den großen Geschwistern zu unterbinden. Diese beiden Kinder nahmen eine gute Entwicklung, wurden die Kinder dieser Familie, während die drei großen Geschwister, unter der Anleitung der Ältesten, trotz guter Voraussetzungen in der Pflegefamilie Fremde blieben.

Dass auch Heime mit Geschwistern überfordert sein können, wurde oben beschrieben. Immer wieder kommt es vor, dass nachgeborene Kinder, aus grundsätzlichen Erwägungen heraus, in die Pflegefamilie vermittelt werden, in der das ältere Geschwister lebt. Hier kann nicht von Geschwisterzusammenführung gesprochen werden. Diese Kinder sind sich genauso fremd wie andere Kinder, was nicht heißt, dass im Einzelfall eine Vermittlung in diese Familie sinnvoll sein kann.[79]

7.6. Die psychosoziale Diagnose bei der Unterbringung ist immer nur vorläufig

Zum Zeitpunkt der Unterbringung befindet sich das Kind in der Regel in einem völlig chaotischen Seelenzustand. In diesem Zustand ist die psychosoziale Diagnose oft äußerst negativ. Sie ist jedoch nur begrenzt gültig.

Ich habe Kinder erlebt, die mit drei Jahren als geistig behindert eingestuft wurden und inzwischen ein wissenschaftliches Staatsexamen abgelegt haben, aber auf der anderen Seite auch misshandelte Kinder, deren Schicksal nicht schlimmer hätte ausgehen können. Pflegeeltern sollten sich darüber im Klaren sein, dass immer auch der schlimmste Fall eintreten kann. Ich habe Kinder erlebt, die als Jugendliche keine Lehre machen konnten. Dadurch, dass sie jedoch bis in das Erwachsenenalter hinein bei den Pflegeeltern lebten, konnten und können sie ein glückliches und erfülltes Leben führen.

Jeder Weg kann ein guter Weg sein, wenn man ihn innerlich akzeptieren kann. Wenn ich dagegen von mir weiß, dass ich niemals ein Kind akzeptieren könnte, das geistige Mängel hat, sollte ich kein Kind mit entsprechenden Risiken in die Familie aufnehmen. Die Pflegeeltern haben ein Recht darauf, medizinische Diagnosen in vollem Umfang vor der Aufnahme des Kindes zu kennen. Es greift in ihr Familienleben existentiell ein, wenn die leiblichen Eltern des Kindes Hepa-

---

79 vgl. Kap. 5.1.4.: Gutachten von Lempp

titis haben oder wenn sie HIV-positiv sind. Wenn das Wissen um die Risiken da ist, können sich die Pflegeeltern entscheiden, ob sie dem Kind zuliebe diese Risiken eingehen und wie sie im Vorfeld entsprechende Vorsichtsmaßnahmen einbauen können.

7.7. Wenn Kind und Pflegeeltern doch einmal nicht zusammen passen

Natürlich ist es von entscheidender Wichtigkeit, ob Kind und Pflegeeltern zusammen passen, auch wenn das eher eine Sache der Intuition als des Verstandes ist. Nun ein ungewöhnliches Beispiel: Jeder Pferdekundige weiß, dass ein spritziges Rassepferd und eine unsichere, sanfte Reiterin nicht zusammenfinden können, dass aber die gleiche Reiterin ein frommes Pferd sehr wohl liebevoll leiten und betreuen kann.

Auch bei noch so sorgfältiger Vorbereitung auf die Unterbringung des Kindes kann es sich in der Anfangsphase herausstellen, dass das Kind mit dem Alltag der Pflegefamilie überfordert ist, oder dass die Pflegeeltern mit den Verhaltensweisen und dem Wesen des Kindes im Alltag erhebliche Schwierigkeiten haben, so dass es ihnen nicht gelingt, dem Kind von innen heraus die erforderliche Liebe und Zuwendung entgegenzubringen. Man muss das Kind „riechen" können.

Es fällt sehr viel leichter, die Entscheidung zu korrigieren (konkret: die Vollzeitpflege in eine Bereitschaftspflege bis zur Schaffung einer neuen Perspektive umzuwandeln), wenn die Pflegeeltern von einem Sozialarbeiter des Pflegekinderdienstes begleitet werden, der schon in der Vorbereitungsphase für sie zuständig war und zu dem sie bereits Vertrauen entwickeln konnten.

In der Regel kennt die Pflegefamilie bereits aus den Vorbereitungskursen mehrere Mitglieder des Teams, und die Pflegeeltern sind ihrerseits nicht nur für einen einzelnen Sozialarbeiter im Team gegenwärtig. Das Vertrauen in ein Team, von dem man weiß, dass es nach einer gemeinsam erarbeiteten Konzeption arbeitet, dass Schwierigkeiten im Team beraten werden, dass dort Personen sind, die die Gesamtsituation kennen und deshalb auch gewissenhaft mitberaten können, ermöglicht es, auch schmerzhafte Wege leichter zu gehen.

8. Die Rolle des Jugendamtes bei der Beheimatung eines Kindes

Für das einzelne Kind und die einzelne Pflegefamilie ist es eine wichtige Frage, ob das Kind sich in der Pflegefamilie zu Hause fühlen darf oder ob jederzeit die Gefahr droht, die Menschen wieder zu verlieren, denen es sich existenziell verbunden fühlt, und mit ihnen das gesamte Umfeld. Über diese Fragen entscheidet die **fachliche Ausrichtung** des örtlichen Jugendamtes: Steht das Kindesinteresse im Mittelpunkt seines Handelns oder versteht sich das Jugendamt als Dienstleister für die Herkunftseltern, die diesen die Verantwortung in möglichst großem Umfang belässt. Der eine Sozialarbeiter legt das Hauptgewicht auf die Bindungen des Kindes und auf die Klärung der Lebensperspektive des Kindes, der andere versteht sich als Moderator zwischen den Interessen der Erwachsenen.

Auch die **Organisationsstruktur** des Jugendamtes ist in vielerlei Hinsicht für das Gelingen eines Pflegeverhältnisses mitverantwortlich. Die günstigsten Bedingungen für das Gelingen einer Beheimatung sind dort geschaffen, wo das Amt die Fachkenntnisse im Pflegekinderwesen zu einem eigenen Spezialdienst bündelt.

Von hoher Bedeutung ist dabei die Qualifizierung der Mitarbeiter des Pflegekinderdienstes und ihre Spezialisierung auf die besonderen Bedürfnisse der Pflegekinder. Für den Adoptionsbereich ist gesetzlich gefordert, dass der Adoptionsvermittler neben den theoretischen Voraussetzungen ausreichend Erfahrungen in der Adoptionsvermittlung mitbringt. Ebenso müssen immer zwei hauptamtliche Kräfte eingesetzt werden, damit sie zum einen über ausreichende Erfahrung verfügen und zum anderen die Möglichkeit zum fachlichen Austausch haben. Die gleiche Notwendigkeit gilt auch für den Pflegekinderbereich. Zusätzlich zu den umfangreichen Aufgaben des Allgemeinen Sozialen Dienstes kann dieses Wissen kaum erworben werden.

Eine partnerschaftliche Zusammenarbeit setzt beides voraus, die Qualifizierung von Sozialpädagogen im Pflegekinderdienst und die qualifizierte Vorbereitung und Begleitung von Pflegeeltern. Die Einbeziehung der Pflegeeltern in die Entscheidungsfindung der Jugendhilfe ist eine fachliche Notwendigkeit. Wenn Pflegeeltern Entscheidungen, etwa über Besuchsregelungen, aufgebürdet werden mit dem Hinweis „das Team hat beraten und kam zu dem Ergebnis", kann von einem partnerschaftlichen und fachlichen Umgang miteinander nicht mehr gesprochen werden.

Welche fachlichen und persönlichen Qualifikationen benötigt eine Fachkraft im Pflegekinderbereich? Aufbauend auf das Studium als Sozialarbeiter oder Sozialpädagoge braucht er eine spezielle Aus- und Weiterbildung im Pflegekinderbereich. Neben den theoretischen Grundlagen muss er über die empathischen Fähigkeiten verfügen, sich in die Lage der Kinder hineinzuversetzen. Besonders wichtig sind Kenntnisse über die Bedürfnisse von Kindern in verschiedenen Entwicklungsstufen im Allgemeinen, aber auch im Besonderen bei traumatisierten und vorgeschädigten Kindern. Unerlässlich sind nicht zuletzt methodische Kenntnisse und eine persönliche Eignung im Umgang mit Kindern.

8.1. Fachliche Ausrichtung des Jugendamtes

8.1.1. Verhältnis Jugendamt – Pflegefamilie

Der Aufbau eines Vertrauensverhältnisses zur Pflegefamilie beginnt bereits lange vor der Vermittlung eines Kindes in der Vorbereitungsphase. Eine wichtige Frage ist, wie das Jugendamt die Pflegefamilie sieht. Sind die Pflegeeltern Partner des Jugendamtes in der Sorge um das Kind oder fühlt sich das Jugendamt den Pflegeeltern gegenüber als Dienstherr? Erkennt das Jugendamt den Schutz der Intimsphäre der Pflegefamilie aufgrund Art. 6 GG an, wie es das Bundesverfassungsgericht[80] festgestellt hat und zwar dann, wenn als Folge eines länger andauernden Pflegeverhältnisses gewachsene Bindungen zwischen Pflegekind und Pflegeeltern entstanden sind? Werden Pflegeeltern in Entscheidungen einbezogen und erhalten sie bereits vor der Aufnahme des Kindes die für sie erforderlichen Informationen oder nicht? Sieht das Jugendamt die gesetzliche Vorgabe, dass es das Kind entweder auf Zeit oder auf Dauer in einer Pflegefamilie unterbringt? Wie wird die kindliche Zeitperspektive gesehen? Sind die Voraussetzungen vorhanden, dass das Jugendamt seiner Beratungs- und Unterstützungspflicht nach § 37 SGB VIII nachkommen kann?

Der § 37 Abs. 1 SGB VIII besagt:
Bei Hilfen nach §§ 32 bis 34 und § 35a Abs. 2 Nr. 3 und 4 soll darauf hingewirkt werden, dass die Pflegeperson oder die in der Einrichtung für die Erziehung verantwortlichen Personen und die Eltern zum Wohl des Kindes oder des Jugendlichen zusammenarbeiten. Durch Beratung und Unterstützung sollen die Erziehungsbedingungen in der Herkunftsfamilie innerhalb eines im Hinblick auf die Entwicklung des Kindes oder Jugendlichen vertretbaren Zeitraums so weit verbessert werden, dass sie das Kind oder den Jugendlichen wieder selbst erziehen kann. Während dieser Zeit soll durch begleitende Beratung und Unter-

---

80 BVerfGE 68, S. 176, 187, 189

stützung der Familien darauf hingewirkt werden, dass die Beziehung des Kindes oder Jugendlichen zur Herkunftsfamilie gefördert wird. Ist eine nachhaltige Verbesserung der Erziehungsbedingungen in der Herkunftsfamilie innerhalb dieses Zeitraums nicht erreichbar, so soll mit den beteiligten Personen eine andere, dem Wohl des Kindes oder des Jugendlichen förderliche und auf Dauer angelegte Lebensperspektive erarbeitet werden. (...)

Für das Gelingen des Pflegeverhältnisses ist es wichtig, dass die Fallzuständigkeit bei derjenigen Fachkraft liegt, die das Kind am besten kennt. In der Regel wird dies ein Mitarbeiter des Pflegekinderdienstes sein. Dieser kann am besten beurteilen, wie sich Besuche auf das Kind auswirken, welche Gefühle es hat und mit welchen Ängsten es belastet ist. Eine Fachkraft, die diesen persönlichen Kontakt mit dem Kind nicht hat, ist nicht in der Lage, eine kindzentrierte Hilfeplanung zu gestalten. Hier stellt sich die Frage, ob das Jugendamt das Kind dem Sozialraum der Herkunftseltern oder dem der Pflegefamilie zuordnet.

8.1.2. Der Sozialraum des Pflegekindes

Die Sozialraumorientierung hat in der Sozialarbeit für die Vernetzung von Hilfen eine große Bedeutung. Die heftige Diskussion um die Streichung des § 86 Abs. 6 SGB VIII in den Jahren 2004/2005 haben die Probleme der Zuständigkeit und der Zuordnung zum Sozialraum verdeutlicht.[81] Diese Diskussion hat sehr viel damit zu tun, ob das Kind, wenn es gefühlsmäßig ein Teil der Pflegefamilie geworden ist, letztendlich auch dem Sozialraum der Pflegeeltern zugeordnet wird. Nicht unwesentlich hängt hiermit die Frage nach der wohnortnahen Vermittlung des Kindes im Umfeld der Herkunftsfamilie zusammen.

Schaut man die Unterbringungsgründe von Kindern und die der Unterbringung vorausgegangener erfolgloser ambulanter Hilfsbemühungen an, so kommt der Vorentscheidung, ob das Kind in der Nähe der Herkunftsfamilie untergebracht wird oder nicht, eine besondere Bedeutung zu.

Wie das für das Kind aussehen kann, möchte ich an zwei Beispielen verdeutlichen:
Martin kam als drittes Kind einer schwer alkoholabhängigen Mutter zur Welt. Die beiden älteren Geschwister mussten nach einem Sorgerechtsentzug wegen Kindeswohlgefährdung in einer Pflegefamilie untergebracht werden. Bereits während der Schwangerschaft bat sie das Jugendamt um Hilfe und sie war bereit, unverzüglich in eine Klinik für Mutter und Kind für suchtabhängige Frauen zu gehen. Sie machte in der Therapie gut mit und versorgte das Kind nach der Geburt gut, sodass sie schließlich entlassen werden konnte, als das Kind sechs

---

81 Zwernemann 2004a

Monate alt war. Sie nahm die pädagogischen und wirtschaftlichen Hilfen des „Programm Mutter und Kind" an, arbeitete in der Gruppe der Alleinerziehenden gut mit und ging liebevoll mit dem Kind um. Die Hilfe des Familienhelfers, der ihr zusätzlich zur Seite gestellt wurde, nahm sie dankbar an. Als das Kind ein Jahr alt war, kam ein schwerer Rückfall. Da das Kind eine gute Bindung zur Mutter entwickelt hatte und sie bei allen Hilfsangeboten konstruktiv mitgearbeitet hatte, ging man davon aus, dass gute Aussichten bestehen würden, wenn sie unverzüglich wieder in die Klinik für suchtkranke Mütter ginge und das Kind in sechs Wochen wieder bei ihr wäre. In der Zwischenzeit wurde das Kind in einer Pflegefamilie in der gleichen Stadt untergebracht. Es kam jedoch anders. Sie brach den Klinikaufenthalt ab und sank immer tiefer in ihre Alkoholabhängigkeit, tat sich mit einem Partner zusammen, der ebenfalls alkoholkrank war und war damit einverstanden, dass das Kind in der ursprünglich auf Zeit angelegten Pflegefamilie auf Dauer verbleibt. Die einmal im Monat stattfindenden Umgangskontakte verliefen problemlos. Der Junge hatte zu den Pflegeeltern elterngleiche Bindungen, und die vierwöchigen Umgangskontakte, bei denen die Pflegeeltern immer zugegen waren und man gemeinsam etwas unternommen hatte, waren für den Jungen keine Belastung, jedoch auch keine besondere Freude. Die Mutter erschien bei den Besuchen nie betrunken.

Als Martin im Schulalter war, änderte sich der Zustand der Mutter. Sie und ihr Partner saßen in der gleichen Stadt, in der der Junge lebte, meist in der Ecke am Gymnasium und bettelten. Sie waren oft sichtlich betrunken. Dann kam der Bub in dieses Gymnasium! Die Mutter lief ihm einmal nach und sagte in betrunkenem Zustand vor all seinen Schulkameraden: „Ich bin doch Deine Mutter! Erkennst Du mich nicht mehr?"

Der Leser mag sich in die Situation dieses Jungen hineinversetzen. Diese Scham! Bis jetzt war er der Sohn einer angesehenen Familie, geliebt und umsorgt. Und nun?

Das zweite Beispiel der wohnortnahen Unterbringung:
Sebastian war das älteste von drei Kindern. Die Familie lebte zunächst unauffällig und war nicht als Problemfamilie bekannt. Dies änderte sich während der dritten Schwangerschaft. Es gab mehrfach Polizeieinsätze, weil es zu gewalttätigen Auseinandersetzungen zwischen den Eheleuten kam. Zunächst wurde der Ehemann als Problem angesehen, bis immer deutlicher wurde, dass die Ehefrau bei den Konflikten unter schwerem Alkoholeinfluss stand und nicht mehr wusste, was sie tat. Es kamen Meldungen über Kindeswohlgefährdung, die Eltern trennten sich und die schwangere Frau war mit dem Einsatz einer Familienhelferin und mit der Einleitung der therapeutischen Maßnahmen einverstanden. Geplant war, dass sie zusammen mit dem Baby in die Mutter-und-Kind-Kurklinik geht und die beiden drei und fünf Jahre alten Kinder in der Nachbarschaft in eine Bereitschaftspflegefamilie gehen, damit die Mutter regen Kontakt halten

kann. Auch vor dem Antritt der Kur konnte sie die Kinder nicht versorgen, sodass dies zunächst als eine günstige Lösung erschien. Die Mutter ging auch in die Klinik, alles schien wie geplant zu verlaufen, bis sie die Kur abbrach und auch das Baby wegen Kindeswohlgefährdung untergebracht werden musste.

Die beiden älteren Kinder, die in der Zwischenzeit fast ein Jahr in der Pflegefamilie waren und sich dort sehr geborgen fühlten und richtig auflebten, mussten nun mit erleben, wie ihre leibliche Mutter betrunken vor dem Haus stand und drohend auf das Haus einbrüllte. Die Angst wuchs, als die Mutter zusammen mit dem ebenfalls betrunkenen Großvater in den Garten eindrangen, als die Kinder dort spielten. Die kleine Schwester wurde gefasst und mitgenommen, Sebastian konnte fliehen. Ab diesem Zeitpunkt weigerte er sich, das Haus zu verlassen. Er war in der Zwischenzeit in der ersten Schulklasse. Er konnte die Schule nicht mehr besuchen. Er verlangte, dass die Rollläden in seinem Zimmer nicht mehr geöffnet werden und bat immer wieder, dass die Pflegeeltern einen Käfig um sein Bett bauen sollen, damit er nicht weg geholt werden kann. Besonders tragisch war, dass sich der Junge eng an die Pflegeeltern und die Pflegegeschwister gebunden hatte. Er wollte unbedingt in dieser Familie bleiben. Die einzige Möglichkeit der Hilfe für Sebastian war in dieser Situation, die durch die Bedrohung durch die Herkunftsfamilie ausgelöst wurde, ihn an einen sicheren Ort zu bringen. Es war sehr schwer, ihn davon zu überzeugen, dass er ja in die Schule gehen muss und nicht immer in seinem Zimmer bleiben kann. Schließlich gelang es, an einem entlegenen Ort, den er öfters mit den Pflegeeltern besuchte, eine andere Pflegefamilie kennen zu lernen, und er konnte schließlich überzeugt werden, dass ihn dort seine betrunkene Mutter nicht finden kann. Alle drei Kinder mussten in anderen Pflegefamilien untergebracht werden, und der Aufenthaltsort musste geheim gehalten werden.

Ob Sebastian nochmals tiefe Bindungen eingehen konnte oder er sich mit der positiven Situation arrangiert hat, ist auch nach sechs Jahren noch nicht sicher zu sagen. Die Schulverweigerung hat er mit dem Wohnortwechsel aufgegeben. Die Schullaufbahn durchläuft er bis jetzt problemlos.

Während ich diese Geschichten schreibe, kommt mir der Gedanke, ob der eine oder andere Leser meint, dies wäre übertrieben und die Ausnahme. Leider muss ich sagen, dass dem nicht so ist. Dort, wo Sucht und Gewalt im Spiel ist, und dies ist nicht selten, könnte ich diese Beispiele in einer großen Anzahl weiterführen.

Dort, wo das Kindeswohl in der Herkunftsfamilie gefährdet ist – und dies ist nicht nur dort, wo Maßnahmen nach § 1666 BGB im Rahmen eines Sorgerechtsentzuges anstehen – kann der Sozialraum der Herkunftsfamilie nicht für das Pflegekind gelten. Das Kind hat mit der Klärung der Lebensperspektive und der gefühlsmäßigen Zuordnung zur Pflegefamilie ein Recht, Hilfen in seinem eigenen Lebensraum zu bekommen. Dieser Lebensraum ist sein Sozialraum.

Hier lebt es, hier geht es in die Schule, hier hat es Freunde und hier lebt seine Familie – nämlich die Pflegefamilie. Wenn es Hilfen braucht, können diese nur im Sozialraum der Pflegefamilie erschlossen werden. Der Gesetzgeber hat schließlich mit seiner Entscheidung in § 86 Abs. 6 SGB VIII, dass die Zuständigkeit nach zwei Jahren weiterhin auf den Wohnort der Pflegefamilie übergeht, diesen Argumenten Rechnung getragen.

Ursula Kolb schreibt:[82]
„Eine Spezialisierung oder Ausrichtung einzelner Leistungsbereiche, z.B. „Hilfen zur Erziehung" als Spezialdienst, ist unverhältnismäßig teuer und widerspricht dem fachlichen Ziel, Lebenszusammenhänge im Sozialraum/Quartier zu bündeln. Da in der Mehrheit aller Fälle neben dem Bedarf an erzieherischen Hilfen allgemeine persönliche Notlagen, Sozialhilfebezug usw. auftreten, müssen Familien und Einzelpersonen in Kauf nehmen, dass für sie mehrere Fachkräfte zuständig sind."

Hier ist der Blick ausschließlich auf die Herkunftsfamilie und nicht auf die Bedürfnisse des Kindes gerichtet. Der Blick auf das Gemeinwesen ist wichtig. Aber in dieser Sichtweise, wie sie im vorgenannten Beitrag zum Tragen kommt, wird kein Unterschied zwischen Pflege- und Heimkinder gemacht. Es findet keine Beachtung, dass mehr als die Hälfte aller Hilfen zur Erziehung außerhalb des Elternhauses in Pflegefamilien erfolgen. Es stellt sich immer wieder die Frage, warum in diesem Zusammenhang die Pflegefamilie nicht erwähnt wird. Der Sozialraum, in dem das Pflegekind lebt, ist der Sozialraum, in dem Hilfsquellen zu erschließen sind. Kommt dieser Form der Hilfe keine Beachtung zu, weil man sich dann mit den Gefühlen von Kindern auseinander setzen müsste? Oder ist es darauf zurückzuführen, dass man hier davon ausgeht, dass Pflegekinder immer „Kinder auf Zeit" sind und deshalb immer der Herkunftsfamilie zuzuordnen sind?

Zur Verdeutlichung des Problems möchte ich einen Fall schildern, der Ausdruck dieser Haltung eines Jugendamtes ist:
Eine Pflegefamilie aus einer Stadt mit der oben angeführten Organisation zog in meinen Zuständigkeitsbezirk. Die Familie hatte vier Pflegekinder. Es waren für diese Pflegefamilie drei voneinander unabhängig agierende Sozialarbeiter und drei Rechtsanwälte als Vormünder tätig. Bei allen vier Kindern war klar, dass sie aufgrund der langjährigen Bindungen wie auch der Situation in den Herkunftsfamilien auf Dauer bei den Pflegeeltern bleiben.
Die Zahl der zuständigen Sozialarbeiter und der Vormünder war auf drei beschränkt, weil zwei Kinder Geschwister waren. Wenn dies nicht der Fall gewe-

---
82 Kolb 2000

sen wäre, hätten vier Sozialarbeiter und vier Vormünder unabhängig voneinander die Hilfeplanung und auch die Besuchsregelungen festgelegt.

Der Umzug der Pflegefamilie wegen eines Arbeitsstellenwechsels führte zu strengen Auflagen. Es wurde den Pflegeeltern auferlegt, die gerade erst begonnene Therapie bei zwei Kindern in der 70 km entfernten Stadt weiter zu führen, und außerdem wurde ihnen auferlegt, die Kinder jeweils zu Umgangskontakten zu den Herkunftseltern zu bringen. Da die drei zuständigen Sozialarbeiter und Vormünder diese Regelungen jeweils unabhängig voneinander festlegten, war das Chaos perfekt. Die Pflegeeltern waren am Rande ihrer Leistungsfähigkeit. Dazu kam die Drohung, wenn sie das nicht leisten könnten, dann müssten die Kinder in eine andere Pflegefamilie. Es war offensichtlich nicht bekannt, dass ein Pflegestellenwechsel laut Urteil des Bundesverfassungsgerichtes[83] überhaupt nicht in Frage kommen konnte. Die Pflegeeltern wussten dies auch nicht.

Dem neu zuständig gewordenen Pflegekinderdienst oblag es nun, Ordnung in dieses Chaos zu bringen, was den Pflegeeltern Freiraum gab, sich um die Kinder zu kümmern. Die Pflegeeltern hatten es nun mit e i n e m Sozialarbeiter zu tun. Der Sozialarbeiter kannte jedes Kind persönlich. Die Pflegeeltern hatten einen kurzen Draht zum Sozialarbeiter. Sie holten sich Beratung, wenn ein Problem auftauchte – und das ist so oft bei vier Kindern, dass es sehr bald zu einem Vertrauensverhältnis kam. Der Sozialarbeiter kannte die gesamte Familie und das Lebensumfeld der Pflegefamilie. Er kannte auch die Herkunftsfamilien, und es gelang ihm, bei zwei Herkunftsfamilien Verständnis für die notwendige Reduzierung der Umgangskontakte zu erreichen. Der Grund für die Reduzierung der Umgangskontakte war allerdings nicht der Umzug der Pflegefamilie, sondern die Tatsache, dass die Mütter eine Psychose hatten und eine Übernachtung bei diesen eine Kindeswohlgefährdung bedeuten würde.

Das abgebende Jugendamt ging auch davon aus, dass die Pflegeeltern grundsätzlich nicht in der Lage sind, die Vormundschaft für ihre Kinder zu übernehmen. Diese Meinung war darin begründet, dass die Kinder Teile der Herkunfts- und nicht der Pflegefamilie seien und die Pflegeeltern die Interessen der Herkunftsfamilien nicht vertreten können. Das neue Jugendamt hatte hier eine andere Einstellung und strebte für zwei Kinder die Vormundschaft durch die Pflegeeltern an, bei den Geschwisterkindern schien es aus der Situation heraus günstiger, dass der bis dahin tätige Vormund weiterhin die Vormundschaft ausübt.

Wenn ich mich an diesen Fall erinnere, kommt mir die Ratlosigkeit der Fachkräfte in den Sinn. Der Mitarbeiter brachte mir als der zuständigen Sachgebietsleiterin mit einem ratlosen Lächeln einen Berg von Akten, und in mir selbst entstand jenes unfachliche Chaos, das offensichtlich auch in der Pflegefamilie herrschte. Als der Fall im Team erörtert wurde, kam es zu der gleichen Reaktion. Ratlosigkeit, Chaos – und wie weiter? Nicht nur die Vielzahl der Zuständigkei-

---

[83] BVerfGE 75, S. 201 ff, FamRZ 1987, S. 786

ten machten Schwierigkeiten. Es fanden sich im abgebenden Jugendamt und teilweise auch bei den Vormündern keine Fachkräfte, die mit der Problematik von Pflegekindern vertraut waren.

Diese Beispiele sollen aufzeigen, was „milieunahe Vermittlung" und an der Herkunftsfamilie ausgerichtete "Sozialraumorientierung" für das einzelne Kind und die Pflegefamilie bedeuten kann. Wenn vielfach bedauert wird, dass nicht genügend Pflegefamilien zur Verfügung stehen, so muss auf die Bedingungen hingewiesen werden, unter denen Pflegefamilien bei dieser fachlichen Einschätzung eines Jugendamtes leben müssen. Es ist so nicht möglich, ein normales Leben als Familie zu führen. Hier muss wieder einmal darauf hingewiesen werden, dass diese Einmischung in die Intimsphäre der Pflegefamilie vom Bundesverfassungsgericht nicht gewollt ist.

8.1.3. Wie wird das Wächteramt des Jugendamtes ausgeübt?

Der § 1666a BGB sagt aus, dass die Trennung eines Kindes von der Familie nur erfolgen darf, wenn eine Gefahr für das Kindeswohl nicht auf andere Weise abgewendet werden kann. Ambulante Hilfen wie z.B. die sozialpädagogische Familienhilfe oder Tagesbetreuung der Kinder bei gleichzeitiger Therapie der Eltern sind wichtige Hilfen, sie werden jedoch oft unspezifisch eingesetzt und ihre Wirksamkeit wird nicht überprüft. Es wird immer wieder behauptet, dass die Kinder immer schwieriger werden und deshalb kaum noch für die Familienpflege geeignet seien. Dies mag dort stimmen, wo ambulante Hilfen eingesetzt werden, bei denen von vornherein feststeht, dass sich Veränderungsprozesse bei Suchtabhängigkeit oder psychischen Erkrankungen mit einer ambulanten Familienhilfe nicht verändern lassen. Auch Misshandlungen, sexuellem Missbrauch und innerer Ablehnung des Kindes kann nicht mit ambulanten Hilfen begegnet werden. Vielmehr ist es wichtig, dass das traumatisierte Kind rechtzeitig geschützt wird, damit geholfen werden kann. Die Einstellung, möglichst lange eine Fremdunterbringung zu verhindern (die in manchen Ämtern und Gerichten anzutreffen ist), führt eben dazu, dass diese Kinder über einen langen Zeitraum hinweg traumatisiert werden und dann Hilfe nur noch schwer möglich ist.

Der § 27 SGB VIII hat wesentlich dazu geführt, dass in der Praxis das Missverständnis aufkam, dass mit den Eltern ausgehandelt werden muss, was im Interesse des Kindes zu geschehen hat, um eine Kindeswohlgefährdung abzuwenden.

Entwicklungsgefährdende familiäre Konstellationen werden wie folgt beschrieben:
„Vernachlässigung von Kindern, sexueller Missbrauch, körperliche und seelische Misshandlungen, die das Wohl des Kindes gefährden und seine Entwicklungschancen beeinträchtigen bieten der Jugendhilfe Anlass dafür, Eltern Hilfe zur Erziehung anzubieten, die geeignet sein soll, ihnen andere Wege im Umgang mit ihren Kindern und bei der Bewältigung familiärer Problemlagen zu eröffnen".[84]

In § 27 SGB VIII steht, dass dem Personensorgeberechtigten Hilfe zur Erziehung zu gewähren ist. Der Gesetzgeber hat ausdrücklich nicht von „Eltern" gesprochen.

Es stellt sich jedoch die Frage, ob bei Kindeswohlgefährdung, die durch die Eltern herbeigeführt wurde und welche das Kind traumatisiert hat, den Eltern überhaupt Hilfe nach § 27 SGB VIII gewährt werden kann mit der Folge, dass damit das gesamte Sorgerecht bei den Eltern verbleibt.

Wie kann dem Kind geholfen werden, wenn die Eltern mit Familientherapeuten ihre Probleme, z.B. bei Gewalt in der Familie und sexuellem Missbrauch, besprechen und Kooperationsbereitschaft zeigen, das Kind jedoch weiterhin bei diesen Eltern leben muss, oder, falls eine Fremdunterbringung erfolgt, die Bestimmung über sein Schicksal bei diesen Eltern verbleibt? Das Bürgerliche Gesetzbuch hat in dem § 1666 den Weg aufgezeigt, der bei einer massiven Kindeswohlgefährdung zu beschreiten ist.

Kinder, die bei Alkohol und Drogenproblemen der Eltern sich selbst überlassen sind, jedoch nicht körperlich misshandelt werden, verbringen nicht selten die entscheidenden Kindheitsjahre auf sich selbst gestellt und werden mehr oder weniger zu "Selbstversorgern". Diese Kinder haben das Vertrauen verloren, dass es verlässliche Erwachsene gibt, die Schutz und Geborgenheit vermitteln. Die Folge dieser langandauernden schweren Vernachlässigung ist nicht selten eine desorganisierte Bindung, in der das Kind die Verantwortung für die Eltern übernommen hat, und diese Verantwortung für die Eltern oder einen Elternteil kann – von außen betrachtet – als eine gute Bindung missverstanden werden.

Eine jetzt erwachsene Frau schilderte ihr Zusammenleben mit dem alkoholkranken Vater wie folgt:
„Nach dem Tod meiner Mutter wurde das Trinken immer schlimmer. Ich versorgte den Haushalt nach der Schule und zitterte, wenn der Vater spät nach der Arbeit betrunken nach Hause kam. Ich wusste nie, was mich erwartet. Einmal

---

[84] Köckeritz 2004, S.74

war er überschwänglich zärtlich, dann weinte er sich wieder bei mir aus, und ein anderes Mal kam er heim, warf die Wäsche, die Schuhe und manchmal auch das Geschirr aus den Schränken, und nicht selten schlug er mich, ohne dass ich wusste, warum er das tat.

Schlimm war für mich, dass der Sozialarbeiter des Jugendamtes mich immer wieder fragte, ob ich nicht, wie meine jüngeren Geschwister, in eine Pflegefamilie wolle. Ich konnte doch den Vater nicht alleine lassen! Ich war hin und her gerissen und hätte nichts mehr gewünscht, als dass der Sozialarbeiter für mich entschieden hätte. Im Nachhinein muss ich sagen, dass meine Kindheit freudlos, beängstigend und ohne irgendeine Verlässlichkeit vertan wurde. Ich hätte die rechtzeitige und mutige Entscheidung des Sozialarbeiters gebraucht".

Die Behauptung, dass die Kinder immer schwieriger werden und deshalb „normale" Pflegefamilien mit diesen überfordert seien, ist nicht richtig. Die Kinder sind dort schwieriger, wo ungeeignete ambulante Hilfen eingesetzt werden und auch bei Kindeswohlgefährdung immer noch das Elternwohl höher bewertet wird als der Schutz des Kindes.

Die Haltung, dass dem Kind rechtzeitig und nachhaltig Hilfe zukommen muss, erspart der Gesellschaft hohe Folgekosten und die nächste Generation wird in ihrer Erziehungsfähigkeit gestärkt.

Der Schutzauftrag des Jugendamtes wurde nach der Einführung des SGB VIII vielfach in Frage gestellt. Das SGB VIII hat den Auftrag des Jugendamtes, das Kindeswohl zu schützen, nie in Frage gestellt. In der Praxis und in den Hochschulen hat sich jedoch das Missverständnis eingeschlichen, dass das Jugendamt nur noch „Dienstleister" sei und Professionalität darin bestehe, der jeweiligen Familie zuzugestehen, dass sie am besten weiß, wie sie ihre Probleme lösen kann. Man setzte vielerorts auf die „Aushandlungs- und Verständigungsprozesse" gegenüber den Betroffenen, meinte aber auch hier wieder die Erwachsenen und nicht die Kinder. Der 10. Kinder- und Jugendhilfebericht von 1998[85] hat bereits gewarnt. Er stellte fest:

„Dieser Hinweis auf die Herbeiführung eines Paradigmenwechsels – von der Kontrollfunktion zur Dialogorientierung – als einer pädagogischen und nun auch jugendhilferechtlichen Anforderung hat in Teilen der Jugendhilfepolitik zu der Auffassung geführt, mittels Aushandlungs- und Verständigungsprozessen gegenüber den Betroffenen sei es möglich, die strukturellen Ambivalenzen in der Jugendhilfe aufzulösen. Dies ist ein Irrtum. Die der Jugendhilfe inhärenten Widersprüche von helfender Zuwendung einerseits und sozialer Kontrolle andererseits sind nicht auf der individuellen Ebene der Aushandlung zwischen Fach-

---

85   BT Drucksache 13/11368, S. 262

kraft und Adressaten aufzuheben. Hier wird von einer Utopie des „herrschaftsfreien Diskurses" ausgegangen, die, wenn sie auf Realsituationen projiziert wird, zu Ideologie wird (Schwabe 1996 b).

Abgesehen von der implizierten Annahme, dass die betroffenen Kinder und Eltern bereits über die für das Aushandeln notwendige Kompetenzen verfügen und nicht etwa sich dadurch kennzeichnen, dass sie noch „um Selbstbestimmtheit und Einsichtsfähigkeit" (Klatetzki 1995, S. 16) ringen, verleugnen Verfechter dieser Position ebenso das „doppelte Mandat" öffentlicher Jugendhilfe."

Die Diskussion um den Aushandlungsprozess in der Jugendhilfe beinhaltete auch, dass man eine psycho-soziale Diagnose als Grundlage zur Hilfeplanung für unnötig ansah. Lässige Sprüche wie: „Jugendamt ist Jugendamt und nicht Wächteramt", waren auch bei tragischen Todesfällen von Kindern zu hören. Christine Köckeritz[86] sagt, dass Sozialarbeit in Deutschland lange Zeit von Ideologien und nicht oder kaum von Empirie geleitet war.

Die Diskussion um die Leugnung des Wächteramtes des Jugendamtes habe ich im Landesteil Baden in voller Härte erlebt. Auf Fortbildungen kam ich in heftige Bedrängnis als „ewig Gestrige", wenn ich auf Artikel 6 Abs. 2 des Grundgesetzes hinwies, in dem dem Staat zugewiesen ist „über die Erziehung zu wachen". Wenn das nur eine theoretische Diskussion gewesen wäre, hätte sie ja nicht viel schaden können. Realität war, dass die einzelnen Mitarbeiter der Jugendämter in ihrem Aufgabengebiet nach dieser Devise handelten und damit für viele Kinder nicht die notwendige Hilfe geleistet wurde.

Der Bundesgerichtshof hat das Wächteramt – die Garantenpflicht – des Jugendamtes deutlich eingefordert. Eine Antwort auf das Verleugnen des Wächteramtes des Staates, im Besonderen des Jugendamtes, war die Schaffung des § 8a SGB VIII. Der Gesetzgeber hat hier eindringlich darauf hingewiesen, dass neben der Beratung und der Dienstleistung das Jugendamt den Kinderschutz und damit auch Kontrollaufgaben wahrzunehmen hat. Nicht zuletzt haben auch die Strafprozesse gegen Mitarbeiter der Jugendämter dazu geführt, dass die Diskussion über die Einschätzung von Kindeswohlgefährdungen und die Kontrollaufgaben sowie die Möglichkeiten der Informationsbeschaffung, auch bei Dritten, in Gang gekommen sind. Das heißt keinesfalls, dass sich die Haltung bei allen Jugendämtern und Gerichten verändert hat. Vielfach ist eine Absicherungsmentalität zu beobachten. Es werden lange Fragebögen ausgefüllt, ohne sich wirklich um das Wohl des Kindes zu kümmern.

---

86 Köckeritz 2005: ZfJ, S. 461, 465

Die Haltung, nicht zu bewerten und sich auf andere Lebenskontexte einzulassen, wird für den Pflegekinderbereich u.a. von Josef Faltermeier gefordert.[87] Der Sozialarbeiter soll sich jeder Wertung enthalten und zwar auch dort, wo Kindeswohlgefährdung im Raume steht. Jede Wertung und Gewichtung der Realität wird als Abwertung angesehen. Wenn aber nur mit den Eltern verhandelt wird, ob sie bereit sind, Hilfe anzunehmen, und das Gefährdungspotential nicht gründlich analysiert wird, kann es dazu kommen, dass während dieser Verhandlungen Kinder misshandelt, sexuell missbraucht oder gar zu Tode kommen (vgl. Kap. 4.1.).

Ein neues Recht wird nur von begrenztem Nutzen sein, wenn nicht die Haltungen, Ideologien, Theorien und andere Faktoren, die für die Katastrophe ursächlich sein könnten, auf den Prüfstand kommen.[88]

Gisela Zenz schreibt, dass Staat und Gesellschaft ein legitimes Interesse an gelingender Sozialisation der nachwachsenden Generation, der systematisch Schwächeren haben.[89]

Lange Zeit wurden besorgte Nachbarn oder andere Personen, die sich besorgt über die Situation von Kindern geäußert haben, als „Kinderschützer" mit offensichtlich eigenen Problemen abgetan. Wenn ein Nachbar sich gar anonym meldete, weil er vor dem gewalttätigen Nachbarn Angst hatte, fand dies bei den meisten Ämtern kein Gehör. Dies hat sich bis heute nicht grundlegend geändert.

Eine Geschichte, die sich kürzlich zugetragen hat:
Ein Großelternpaar einer drogenabhängigen Mutter, die gerade ihre so hoffnungsvoll begonnene ambulante Therapie abgebrochen hatte, wandte sich an den zuständigen Mitarbeiter des Jugendamtes mit der Bitte, zur Kenntnis zu nehmen, dass sie sich große Sorgen um das Enkelkind machen, weil die Tochter in den letzten Tagen ein Verhalten an den Tag legt, dass darauf hindeutet, dass sie dem Jungen nicht mehr die notwendige verlässliche Versorgung und Erziehung gibt. Sie schilderten die Einzelheiten, die Anlass sind, dass sie eine Kindeswohlgefährdung sehen und baten dringend um ein Gespräch, bevor das Jugendamt tätig wird, weil die Tochter, in Gefährdungssituationen für das Kind, immer bei den Eltern angerufen hatte und gebeten hatte, dass sie den jetzt zweieinhalbjährigen Jungen abholen sollen, worüber der Junge sich immer sehr freute. Sie sahen es für besonders wichtig an, dass geholfen wird, aber dass man vor-

---

87 Faltermeier 2001, S. 321
88 vgl. Salgo 2006
89 Zenz 1972, S. 72, 100

her zusammen überlegt, wie man vorgehen kann, um die Türe zum Elternhaus nicht zu verschließen und damit sowohl Mutter wie Kind hilflos zu lassen mit der großen Gefahr, dass es im Drogenrausch oder in der Folge der Entzugserscheinungen zu einer Gefährdung des Kindes kommt. Die Sozialarbeiterin hörte sich alles kommentarlos an. Sie fand die Mitteilung so gravierend, dass sie erklärte, ein Gespräch mit den Eltern und dem Patenonkel, der gleichzeitig der Vermieter war, sei nicht erforderlich. Sie bestand auf sofortiges Handeln von ihrer Seite, trotz der eindringlich vorgebrachten Bedenken, dass hier die letzte Hilfe für das Kind zerstört werden kann, indem die junge Mutter das Kind nicht mehr zu den Großeltern bringt, wenn sie sich überfordert fühlt. Die Sozialarbeiterin erklärte, dass sie aufgrund der gesetzlichen Bestimmungen keine andere Wahl hätte, als die junge Mutter sofort aufzusuchen, um mit ihr den vorgegebenen Fragebogen bei Meldungen über Kindeswohlgefährdungen abzuarbeiten. Zuvor verlangte sie, dass die Eltern schriftlich zu ihrem Anruf stehen.

Die Sozialarbeiterin machte einen Hausbesuch und fand eine Wohnung vor, die gerade zwei Wochen zuvor von Eltern und Patenonkel neu eingerichtet wurde und von diesen auch finanziert wird. Der Patenonkel ist Eigentümer der Wohnung. Die beiden vorhergehenden Wohnungen hatten Eltern und Patenonkel entrümpelt.

Die junge Frau, die sehr viel Therapie-Erfahrung hat, zeigte sich der Sozialarbeiterin gegenüber kooperativ, gab ihre Drogenabhängigkeit zu und sagte auch, dass sie etwas dagegen tun möchte.

Gesprächsergebnis war, dass die junge Mutter damit einverstanden ist, dass die Sozialarbeiterin alle zwei Wochen bei ihr vorbeischaut. Es wurde über eine neuerliche Therapie in einer Mutter-Kind-Kur diskutiert.

Nach dem Gespräch mit der Sozialarbeiterin rief die Tochter bei ihren Eltern an und verbot ihnen, weiterhin Kontakt zu ihr zu halten und drohte, mit dem Kind ins Ausland umzuziehen, weil sie ihr „das Jugendamt auf den Hals gehetzt" hätten.

Als die Großeltern die Sorge darüber, dass ihre Tochter dieses tatsächlich in die Tat umsetzen könnte, um sich dem Zugriff des Jugendamtes zu entziehen, der Sozialarbeiterin mitteilten, äußerte sie, dass sie nichts tun kann, weil die junge Mutter gesprächsbereit sei. Die Sozialarbeiterin setzte die demonstrative Gesprächsbereitschaft gleich mit der Abwendung der Kindeswohlgefährdung.

Es entstand der Eindruck, dass die Sozialarbeiterin die Auffassung vertritt, dass der „Fremdmelder" ein eigenes Problem hat, sodass das Gespräch mit ihm überflüssig ist, es sei denn, er wird selbst zum Klienten. Weiterhin entstand der Eindruck, dass sie die Sorge und die Einschätzung der Großeltern nicht ernst genommen hat und nun als Folge Ihres Handelns genau das eingetreten ist, was die Großeltern befürchtet haben. Die Türe ist jetzt zu und die Kindeswohlgefährdung ist akuter als zuvor, weil die vorhandene Hilfe durch die Großeltern nicht mehr möglich ist.

Das „Raster" wurde abgearbeitet und die Gesprächsbereitschaft, die offensichtlich ein letzter Punkt dieses Fragebogens ist, wurde kritiklos hingenommen ohne eine echte Mitwirkungsbereitschaft zu überprüfen.

In § 8a SGB VIII wird klar gesagt, dass das Jugendamt den Hinweisen nachzugehen hat, wenn es um gewichtige Anhaltspunkte und um ernstzunehmende konkrete Hinweise auf Kindeswohlgefährdungen geht. Genau wie zuvor in den Jugendämtern vielerorts das Wächteramt geleugnet wurde, genauso unreflektiert kommt es nach der gesetzlichen Vorgabe in § 8a SGB VIII tendenziell zur Absicherungsmentalität einzelner Mitarbeiter des Jugendamtes. Vielfach wird ein „Raster" abgearbeitet, das der Absicherung des Sozialarbeiters dient, jedoch nicht in jedem Fall dem Kindeswohl, wie der oben beschriebene Fall zeigt.

Das Jugendamt ist bei akuter Gefährdung verpflichtet, das Kind oder den Jugendlichen in Obhut zu nehmen.

Eine Kindeswohlgefährdung kann auch dadurch herbeigeführt werden, dass Pflegekinder zu Umgangskontakten gezwungen werden, obwohl sie misshandelt, vernachlässigt, abgelehnt oder sexuell misshandelt wurden.

Gisela Zenz schreibt:[90]
„Die neue Bindungsforschung hat – wie bereits erwähnt – hinreichend belegt, wie entscheidend die jeweilige Qualität der Bindung für die Entwicklung von Kindern ist. Die Bindung von Kindern etwa an misshandelnde Eltern ist ja deswegen als pathogen, also krankmachend einzustufen, weil hier in Ermangelung anderer Bindungspersonen emotionale Nähe gesucht wird, die zugleich massive Ängste bis hin zu Todesangst (Westermann, in 1.Jahrbuch des Pflegekinderwesens 1998, S. 32 ff) hervorruft. Solche hochambivalente Bindungswünsche bei den Kindern immer wieder durch Besuche bei den Eltern zu beleben, muss zu einer fortgesetzten Verwirrung des ohnehin meist bereits schwer geschädigten, nämlich „desorientierten" Bindungsverhaltens führen und damit auch die Entwicklung neuer, positiv getönter sicheren Bindungen an die Pflegefamilie verhindern. Erste empirische Untersuchungen zu Besuchskontakten bestätigen inzwischen diese Überlegungen, die aus der allgemeinen Bindungsforschung längst ableitbar waren.

Es bedarf im Übrigen wohl kaum eines tiefenpsychologisch oder sonst wie geschulten Einfühlungsvermögens, um zu begreifen, welche Bedrohung ständige Besuche leiblicher Eltern in einer Pflegefamilie für schwer traumatisierte

---

90   Zenz 2001, S. 22ff

Kinder bedeuten müssen. Wie soll ein Kind begreifen, dass die Eltern, die es misshandelt oder verlassen haben, von den Pflegeeltern freundlich empfangen werden? Wie soll es da sicher sein, dass den Eltern nicht auch erlaubt wird, es wieder mitzunehmen? Auch das Argument, Kinder brauchten zur Herausbildung einer starken Identität die Auseinandersetzung mit ihrer Herkunft, zu der die leiblichen Eltern, wie auch immer sie waren, nun einmal gehören, auch dieses Argument ändert an der Problematik der Besuche nichts. Es beruht vielmehr auf einem tief greifenden Missverständnis entwicklungspsychologischer Zusammenhänge. Richtig ist, dass Menschen ihre Herkunft begreifen wollen, dass sie – wie es oft heißt – nach ihren Wurzeln suchen, und richtig ist auch, dass dieses Bedürfnis in Wissenschaft und Praxis lange Zeit wenig wahrgenommen worden ist. Die Auseinandersetzung mit der eigenen Geschichte ist also ein durchaus ernst zu nehmendes Thema geworden, das Rechtspolitik und Jugendhilfe wohl auch in Zukunft weiter beschäftigen wird. Zu behaupten aber, dass diese Auseinandersetzung mit der eigenen Geschichte nur in Form realer Konfrontation mit den zu dieser Geschichte gehörenden Personen vor sich gehen könnte und vor sich gehen müsse, ist eine durch nichts zu belegende Idee, die sich meist recht abstrakt auf die Erhaltung des familialen Systems beruft ohne Rücksicht auf die destruktiven Auswirkungen auf seine schwächsten Mitglieder, Kinder nämlich, die von ihren Eltern in der Vergangenheit Leid, Gewalt und Zurückweisung erfahren haben, das mit fortlaufendem Kontakt mit ihnen immer wieder auflebt. Keinem Traumatologen würde es einfallen, in der Arbeit mit traumatisierten Menschen das Opfer immer wieder mit seinem Peiniger zu konfrontieren, um dadurch die Aufarbeitung dieser Erfahrungen zu ermöglichen."

Es ist leider immer noch nicht Allgemeingut in der Ausbildung von Sozialarbeitern, aber auch von Psychologen und Richtern, was Traumatisierung für ein Kind bedeutet. Es wird verharmlost und behauptet, dass Besuche nun einmal sein müssen und die Herkunftseltern in jedem Fall ein Recht auf Besuche haben. Es ist mancherorts zu beobachten, dass diese Behauptung zu einer feststehenden Glaubensüberzeugung, die durch nichts zu hinterfragen ist, geworden ist. Wenn Kinder auf Umgangskontakte mit heftigen Ängsten und Verhaltensauffälligkeiten reagieren, wird nicht selten den Pflegeeltern die Schuld dafür angelastet.

Auch dort, wo Herkunftseltern keinen Wunsch nach Verdichtung der Umgangskontakte haben, kommt es vor, dass durch die Vorgabe des Sozialarbeiters alle Beteiligten unter Druck geraten: Herkunftseltern, Pflegeeltern und nicht zuletzt das Kind. Die Folge davon ist, dass das Kind stark verunsichert wird und die vorhandene Bindung in Frage gestellt wird.

In Fortbildungen wird dem systemischen und dem personenzentrierten Beratungsansatz eine hohe Bedeutung beigemessen. Wer diese Gedankengänge als nicht zu hinterfragende Glaubensüberzeugungen verinnerlicht hat, hat es schwer, sich innerlich auf die Not des Kindes einzulassen. Die Bedeutung traumatischer Ereignisse und kindzentrierter Betrachtung geraten in den Hintergrund. Die Folge davon ist eine nicht auf das Wohl des Kindes ausgerichtete Besuchsregelung.

Jörg Fegert führt aus:[91]

„Die Auseinandersetzung mit traumatisierenden Erfahrungen setzt voraus, dass das einmal oder mehrfach überwältigte Ich sich nicht real bedroht fühlt, dass es genügend Sicherheit in der Distanz und in einer haltgebenden Beziehung hat, um sich den angstauslösenden Erfahrungen in der Erinnerung – oder auch in der Übertragung – aussetzen zu können.

Ob von Ideologien oder kindzentriertem Denken und Handeln in einem Team eines Jugendamtes ausgegangen wird oder nicht, hat erhebliche Auswirkungen auf das Schicksal des einzelnen Kindes, der Pflegefamilie und der Herkunftsfamilie. Das bei Pflegeeltern nicht selten anzutreffende Gefühl der Abhängigkeit von ihrem Jugendamt hindert diese oft, ein kritisches Hinterfragen der Haltungen des Mitarbeiters oder des gesamten Teams zu wagen. Hier haben Pflegeelternvereinigungen eine wichtige Aufgabe auch im Hinblick darauf, dass nicht nur den Pflegeeltern, sondern auch den Jugendamtsmitarbeitern entsprechende Fortbildungsangebote gemacht werden.

8.1.4. Fachliche und sachliche Ausstattung des Pflegekinderdienstes

Für eine qualifizierte Arbeit ist eine angemessene Ausstattung mit Fachkräften und Sachmitteln (für Fachliteratur, für Gruppenarbeit mit Kindern etc.) erforderlich. Empfehlungen der kommunalen Gemeinschaftsstelle für Verwaltungsvereinfachung (1982) gehen von 30 Kindern pro Sozialarbeiter im Pflegekinderdienst aus. Das Argument mancher Landesjugendämter und Jugendämter, man könne die Fallzahlen zwischen einzelnen Ämtern nicht vergleichen, geht an der Sache vorbei. Schon 1984 hat das Deutsche Jugendinstitut in München festgestellt, dass die Begleitung von 40 Pflegefamilien eine Fachkraft erfordert. Als geeigneter Vergleichsmaßstab können die Fallzahlen gelten, die einem Erziehungsleiter in einem Heim zugemutet werden können. Wenn die Fallzahlen über diesem Grenzbereich liegen, ist erfahrungsgemäß eine verantwortliche Begleitung der Pflegekinder nicht möglich. Hier müssen sich die Jugendhilfeträger mit der Frage auseinandersetzen, ob sie der Garantenpflicht des Staates für das Kindeswohl gerecht werden.

---

91 vgl. Fegert 1998, S. 20

Wenn die Schutzpflichten des Jugendamtes einem Kind gegenüber nicht wahrgenommen wurden und das Kind zu Schaden kam, sind bis jetzt die fallführenden Sozialarbeiter strafrechtlich verfolgt worden, niemals jedoch diejenigen, die Arbeitsbedingungen geschaffen haben, die ein gewissenhaftes Arbeiten nicht möglich gemacht haben.

Jugendhilfe ist eine Pflichtaufgabe des Staates und es ist pflichtwidrig, wenn von den politisch Verantwortlichen Vorgaben gemacht werden – wie dies in Einzelfällen geschehen ist – wie viele Kinder fremduntergebracht werden dürfen.

Zu einer kontinuierlichen Beratungstätigkeit des Pflegekinderdienstes ist erforderlich, dass eine für alle Mitarbeiter gültige Konzeption erarbeitet wird. Eine Konzeption des Pflegekinderdienstes kann erfahrungsgemäß nur dann in der Praxis funktionieren, wenn sie gemeinsam und in gegenseitiger Abstimmung von Pflegekinderdienst, Pflegeelternverein und Allgemeinem Sozialen Dienst erarbeitet worden ist. Das macht zunächst viel Arbeit, die sich aber im Nachhinein auszahlt, weil eine von allen Seiten mitgetragene Lösung viel Reibungsverluste und Konflikte erspart. Eine von oben diktierte Konzeption läuft demgegenüber Gefahr, unbeachtet abgeheftet zu werden.

Sowohl die Haltung der Mitarbeiter des Jugendamtes, die Rahmenbedingungen, unter denen diese arbeiten können, als auch eine allgemein gültige Konzeption des Pflegekinderdienstes, an der auch die Pflegeeltern und Pflegeelternvereine mitwirken können, tragen dazu bei, dass die Pflegefamilie den Schutz von außen hat, den sie braucht, um dem Kind eine dauerhafte Heimat zu bieten.

8.2. Das Jugendamt als zweigliederige Behörde - Aufbau und Aufgaben des Jugendamtes

Das Jugendamt und das Landesjugendamt ist seit der Novellierung des RJWG (Reichsjugendwohlfahrtsgesetz) im Jahre 1953 eine zweigliedrige Behörde. Das Jugendamt als Amt untergliedert sich seither in die beiden Teile: Jugendhilfeausschuss und die Verwaltung des Jugendamtes. Es hat damit eine einmalige Sonderstellung innerhalb der Gebietskörperschaften. Das SGB VIII beließ es bei dieser Zweigliedrigkeit mit ihren besonderen Regelungen. Dem Jugendhilfeausschuss gehören nicht nur Mitglieder der Vertretungskörperschaften, sondern auch andere Bürger an. Er hat nach § 71 SGB VIII ein eigenständiges Beschluss- sowie Anhörungs- und Antragsrecht gegenüber der Vertretungskörperschaft (Stadtrat, Gemeinderat, Kreisrat). Im Jugendhilfeausschuss sind die

Grundlagen dafür gegeben, die bürgernahe Mitverantwortung zu stärken und die freie Jugendhilfe verantwortlich einzubeziehen. Der Jugendhilfeausschuss ist im Verhältnis zur Verwaltung rechtlich das übergeordnete Gremium. Grundsätzliche Angelegenheiten bleiben allein dem Jugendhilfeausschuss vorbehalten, wie z.B. die konzeptionelle Ausrichtung des Jugendamtes. Das Ziel ist es, möglichst viele Kräfte aus der Politik, den freien Trägern der Jugendhilfe, der Verwaltungsfachkräfte und engagierter Einzelpersonen zusammen zu bringen, damit sie gemeinsame Entscheidungen erarbeiten um die Lebensbedingungen von Kindern und Jugendlichen zu verbessern.[92]

Bereits das Reichsjugendwohlfahrtsgesetz von 1922 enthält die Verpflichtung zur Beteiligung der freien Träger der Jugendhilfe. So hat dieses Zusammenwirken der Verwaltung und der freien Träger der Jugendhilfe eine fast 80 Jahre alte Tradition. Es hängt allerdings davon ab, ob sich engagierte und fachkundige Bürger in diesem Ausschuss einbringen und die Interessen von Kindern und Jugendlichen einfordern.

In § 70 SGB VIII wird die Organisation des Jugendamtes und des Landesjugendamtes geregelt und Folgendes bestimmt:
(1) Die Aufgaben des Jugendamtes werden durch den Jugendhilfeausschuss und durch die Verwaltung des Jugendamtes wahrgenommen.

(2) Die Geschäfte der laufenden Verwaltung im Bereich der öffentlichen Jugendhilfe werden vom Leiter der Verwaltung der Gebietskörperschaft oder in seinem Auftrag vom Leiter der Verwaltung des Jugendamtes im Rahmen der Satzung und der Beschlüsse der Vertreterkörperschaft und des Jugendhilfeausschusses geführt.

(3) Die Aufgaben des Landesjugendamtes werden durch den Landesjugendhilfeausschuss und durch die Verwaltung des Landesjugendamtes im Rahmen der Satzung und der dem Landesjugendamt zur Verfügung gestellten Mittel wahrgenommen. Die Geschäfte der laufenden Verwaltung werden von dem Leiter der Verwaltung des Landesjugendamtes im Rahmen der Satzung und der Beschlüsse des Landesjugendhilfeausschusses geführt.

Der § 71 SGB VIII besagt zum Jugendhilfeausschuss, Landesjugendhilfeausschuss:
(1) Dem Jugendhilfeausschuss gehören als stimmberechtigte Mitglieder an
1. mit drei Fünfteln des Anteils der Stimmen Mitglieder der Vertretungskörperschaft des Trägers der öffentlichen Jugendhilfe oder von ihr gewählte Frauen und Männer, die in der Jugendhilfe erfahren sind,

---
92 vgl. Merchel, Reismann 2004, S. 31ff

2. mit zwei Fünftel des Anteils der Stimmen Frauen und Männer, die auf Vorschlag der im Bereich des öffentlichen Trägers wirkenden und anerkannten Träger der freien Jugendhilfe von der Vertretungskörperschaft gewählt werden; Vorschläge der Jugendverbände und der Wohlfahrtsverbände sind angemessen zu berücksichtigen.

(2) Der Jugendhilfeausschuss befasst sich mit allen Angelegenheiten der Jugendhilfe, insbesondere mit

1. der Erörterung aktueller Problemlagen junger Menschen und ihrer Familien sowie mit Anregungen und Vorschlägen für die Weiterentwicklung der Jugendhilfe,
2. der Jugendhilfeplanung und
3. der Förderung der freien Jugendhilfe.

(3) Er hat Beschlussrecht in Angelegenheiten der Jugendhilfe im Rahmen der von der Vertretungskörperschaft bereitgestellten Mittel, der von ihr erlassenen Satzung und der von ihr gefassten Beschlüsse. Er soll vor jeder Beschlussfassung der Vertretungskörperschaft in Fragen der Jugendhilfe und vor der Berufung eines Leiters des Jugendamts gehört werden und hat das Recht, an die Vertretungskörperschaft Anträge zu stellen. Er tritt nach Bedarf zusammen und ist auf Antrag von mindestens einem Fünftel der Stimmberechtigten einzuberufen. Seine Sitzungen sind öffentlich, soweit nicht das Wohl der Allgemeinheit, berechtigte Interessen einzelner Personen oder schutzwürdiger Gruppen entgegenstehen.

(4) Dem Landesjugendhilfeausschuss gehören mit zwei Fünftel des Anteils der Stimmen Frauen und Männer an, die auf Vorschlag der im Bereich des Landesjugendamtes wirkenden und anerkannten Träger der freien Jugendhilfe von der obersten Landesjugendbehörde zu berufen sind. Die übrigen Mitglieder werden durch Landesrecht bestimmt. Absatz 2 gilt entsprechend.

(5) Das Nähere regelt das Landesrecht. Es regelt die Zugehörigkeit beratender Mitglieder zum Jugendhilfeausschuss. Es kann bestimmen, dass der Leiter der Verwaltung der Gebietskörperschaft oder der Leiter der Verwaltung des Jugendamtes nach Absatz 1 Nr.1 stimmberechtigt ist.

8.3. Zusammenarbeit mit den Trägern der freien Jugendhilfe und in der Jugendhilfe ehrenamtlich tätiger Vereine

In § 73 SGB VIII wird bestimmt, dass in der Jugendhilfe tätige ehrenamtliche Personen bei ihrer Tätigkeit angeleitet, beraten und unterstützt werden sollen.

§ 73 SGB VIII ist eine Soll-Vorschrift und beinhaltet die Förderpflicht ehrenamtlicher Tätigkeit in der Jugendhilfe.[93]

Der Begriff „Bürgerschaftliches Engagement" setzt sich immer mehr durch: „Ehrenamtliche Mitarbeit ist freiwillige, nicht auf Entgelt ausgerichtete Tätigkeit im sozialen Bereich. Um ehrenamtliche, d.h. unentgeltliche Mitarbeit handelt es sich auch dann, wenn nur Aufwandsentschädigung oder Auslagenersatz gewährt werden".[94]

Diese Bestimmungen können für Pflegefamilien wichtig werden, z.B. wenn ein Pflegeelternverband Besuchsbegleitung für Pflegekinder anbietet und damit seine Fachkompetenz zu Gunsten des Pflegekindes zur Verfügung stellt oder Patenschaften für neue Pflegefamilien vorhält. Auch Fortbildung und Vorbereitungskurse für Pflegeeltern können einem Pflegefamilienverband übertragen werden.

Dies ist eine Chance, die Fachkompetenz im Rahmen des bürgerschaftlichen Engagements einzubringen, unter der Voraussetzung, dass die Eigenständigkeit gewahrt wird.

Kritisch ist jedoch zu hinterfragen, ob dies in jedem Fall eine günstige Konstellation ist, da die letztendliche Verantwortung beim öffentlichen Jugendhilfeträger verbleibt. Durch die Auslagerung der Betreuung verliert der fallverantwortliche Sozialarbeiter im Jugendamt in der Regel den persönlichen Bezug zum Kind und seinem persönlichen Umfeld. Somit sind Entscheidungen aufgrund von Berichten anderer Fachkräfte mit hohen Fehlerquoten verbunden.

Förderung der freien Jugendhilfe
Der § 74 SGB VIII gibt vor:
(1) Die Träger der öffentlichen Jugendhilfe sollen die freiwillige Tätigkeit auf dem Gebiet der Jugendhilfe anregen; sie sollen sie fördern, wenn der jeweilige Träger

1   die fachlichen Voraussetzungen für die geplante Maßnahme erfüllt,

2.   die Gewähr für eine zweckentsprechende und wirtschaftliche Verwendung der Mittel bietet,

3.   gemeinnützige Ziele verfolgt,

4.   eine angemessene Eigenleistung erbringt und

---

93   vgl. Münder 2006, S. 859
94   BAG Freie Wohlfahrtspflege, Wiesner 1982

5. die Gewähr für eine den Zielen des Grundgesetzes förderliche Arbeit bietet.

Eine auf Dauer angelegte Förderung setzt in der Regel die Anerkennung als Träger der freien Jugendhilfe nach § 75 SGB VIII voraus. (...)

Die Anerkennung als Träger der freien Jugendhilfe wird in § 75 SGB VIII geregelt.
(1) Als Träger der freien Jugendhilfe können juristische Personen und Personenvereinigungen anerkannt werden, wenn sie

1. auf dem Gebiet der Jugendhilfe im Sinne des § 1 tätig sind,
2. gemeinnützige Ziele verfolgen,
3. aufgrund der fachlichen und personellen Voraussetzungen erwarten lassen, dass sie einen nicht unwesentlichen Beitrag zur Erfüllung der Aufgaben der Jugendhilfe zu leisten imstande sind, und
4. die Gewähr für eine den Zielen des Grundgesetzes förderliche Arbeit bieten.

(2) Einen Anspruch auf Anerkennung als Träger der freien Jugendhilfe hat unter den Voraussetzungen des Absatzes 1, wer auf dem Gebiet der Jugendhilfe mindestens drei Jahre tätig gewesen ist.

(3) die Kirchen und Religionsgemeinschaften des öffentlichen Rechts sowie die auf Bundesebene zusammengeschlossenen Verbände der freien Wohlfahrtspflege sind anerkannte Träger der freien Jugendhilfe.

Der § 78 SGB VIII besagt zur Bildung von Arbeitsgemeinschaften:
Die Träger der öffentlichen Jugendhilfe sollen die Bildung von Arbeitsgemeinschaften anstreben, in denen neben ihnen die anerkannten Träger der freien Jugendhilfe sowie die Träger geförderter Maßnahmen vertreten sind. In den Arbeitsgemeinschaften soll darauf hingewirkt werden, dass die geplanten Maßnahmen aufeinander abgestimmt werden und sich gegenseitig ergänzen.

Die §§ 74 bis 78 SGB VIII können für Pflegeelternverbände bedeutend werden. Denkbar ist, dass Pflegeelternverbände bei entsprechender fachlicher Ausstattung Beratungsaufgaben für Pflegefamilien übernehmen können.

8.4. Qualitätsstandard im Pflegekinderwesen

Die vielerorts in der Jugendhilfe geführte Diskussion über Qualitätsstandards hat scheinbar das Pflegekinderwesen wenig berührt. Wie kann nun eine Qualitätshöhe, ein Maß, eine Richtschnur, sprich ein Standard im Pflegekinderwesen festgelegt werden?

Wie verhält es sich allgemein mit der Weiterentwicklung der Hilfen zur Erziehung? In § 79 SGB VIII wird ganz allgemein die Gesamtverantwortung für die Erfüllung der Aufgaben innerhalb der Jugendhilfe festgelegt. Insbesondere wird dem Träger der öffentlichen Jugendhilfe aufgegeben, dass er dafür zu sorgen hat, dass geeignete Einrichtungen, Dienste und Veranstaltungen den verschiedenen Grundrichtungen der Erziehung entsprechend rechtzeitig und ausreichend zur Verfügung stehen; hierzu zählen insbesondere auch Pfleger, Vormünder und Pflegepersonen. Die Träger der öffentlichen Jugendhilfe haben für eine ausreichende Ausstattung der Jugendämter und der Landesjugendämter zu sorgen; hierzu gehört auch eine dem Bedarf entsprechende Anzahl von Fachkräften. Im Rahmen dieser Gesamtverantwortung hat der öffentliche Träger demnach die Pflicht zur sorgfältigen Prüfung und Einschätzung dessen, was an Angeboten und Leistungen auf dem Gebiet der Jugendhilfe notwendig ist.[95]

Von großer Bedeutung für die Qualitätsentwicklung der Hilfen zur Erziehung ist die in § 79 Abs. 3 SGB VIII genannte Verpflichtung des öffentlichen Trägers der Jugendhilfe für eine personelle, sachliche und finanzielle Ausstattung der Jugendämter und der Landesjugendämter. Der Hinweis auf eine dem Bedarf entsprechende Zahl von Fachkräften (§ 72 SGB VIII) ist gerade für das Pflegekinderwesen von großer Bedeutung.[96] Trotz dieser Vorgabe gibt es bis heute auch in der fachlichen Ausstattung der Pflegekinderdienste keine einheitlichen Standards.

Die Heimträger mit ihrer starken Lobby in den Verbänden der freien Wohlfahrtspflege haben es nach der heftigen Kritik an der Heimerziehung nach 1965 verstanden, fachliche Standards auszuarbeiten, und darüber hinaus ist es ihnen gelungen, dass dies in der Öffentlichkeit Gehör gefunden hat.

Trotz der günstigen Voraussetzungen in den Jahren nach 1965 ist es nicht gelungen die Wichtigkeit der Familienerziehung in der Fachwelt zu verdeutlichen. Die Privatheit und der Mangel an Lobbyarbeit für diese stille Arbeit in der Familie dürfte ein Grund dafür sein, dass man auch heute noch zwischen professionell geleisteten Hilfen zur Erziehung und nicht professioneller Hilfe unterscheidet. Mit professioneller Hilfe wird in der Regel ein nachprüfbarer Qualitätsstandard verbunden, der von einem beruflichen Erzieher geleistet wird. Nicht zuletzt deshalb ist durch die Nähe zur Heimerziehung in diesem Bereich eine Verbesserung der Beratung der Erziehungsstellen durch qualifizierte und spezialisierte Pflege-

---

95 vgl. Münder 2006, S. 939
96 vgl. Münder 2006, S. 945

kinderdienste erfolgt, während diese notwendige Beratung den „nicht professionellen" Pflegefamilien in der Regel nicht gewährt wird.

Martin Textor[97] fordert im Pflegekinderwesen eine doppelte Professionalisierung, und zwar sowohl auf Seiten der Fachkräfte als auch auf Seiten der Pflegeeltern. Er meint hier offensichtlich, dass gut vorbereitete und begleitete Pflegeeltern eine besondere „Profession" haben.

8.4.1. Historischer Rückblick auf die „rechtlosen Jugendamtskinder"

Heute ist zu hören, dass die Ersatzfamilie das ältere Konzept in der Praxis der Vollzeitpflege ist und dieses auf der Vorstellung beruht, dass das Kind auf Dauer in einer Pflegefamilie untergebracht wird und erst dann gute Beziehungen zu den neuen Pflegeeltern entwickeln kann, wenn es die Beziehungen zu den Herkunftseltern aufgeben konnte.[98]

Ulrich Gudat (1987) stellt die Bindung des Kindes an seine Herkunftsfamilie in den Mittelpunkt seiner konzeptionellen Überlegungen. Die Kooperation zwischen Herkunftseltern und Pflegeeltern sieht er unabhängig von der Vorgeschichte des Kindes als den zentralen Punkt für eine gesunde Entwicklung des Kindes an. Folgerichtig sind aus U. Gudats Sicht Umgangskontakte zur Herkunftsfamilie generell einzufordern, und das Kind wird als Teil der Herkunftsfamilie gesehen.[99]

War das Konzept der Ersatzfamilie zumindest seit der Nachkriegszeit, das Handlungsmuster der Jugendhilfe? Ich kann mich ab dem Jahr 1945 an Pflegekinder erinnern. Diese Kinder waren „Jugendamtskinder". Sie waren rechtlos.[100] Die Geschichte von Heini, die in diesem Jahrbuch beschrieben wurde, ist für diese Zeit die Regel gewesen.

Er kam als Baby zu einer älteren Frau, die verstarb, als er in das Schulalter kam. Ab diesem Zeitpunkt war er bei einem Bauern als Arbeitskraft. Er gehörte nie zu der Familie. Er war allein auf sich gestellt. Weder Lehrer, Pfarrer noch Sozialarbeiter erkannten seine Not. Der Satz von Heini: „Wenn die nur einmal mit mir reden würden und nicht nur mit den anderen" war ausschlaggebend für meine Berufswahl. Sein Leben ist die Geschichte eines verlorenen Menschen. Er wurde straffällig, flüchtete in die Fremdenlegion als Söldner, kam als gebrochener und alkoholkranker Mann zurück, versuchte einen neuen Start mit Hilfe der alten Schulkameraden, die seine Schulden übernahmen und persönlich

---

97 Textor 1995, S. 507
98 vgl. Entwicklungspsychologie für die Jugendhilfe 2004, S.226, 227
99 Gudat, Ulrich 1987
100 Zwernemann 2001, S. 181ff

Hilfe leisteten, wurde wieder rückfällig und beendete schließlich mit 45 Jahren sein Leben.

Ein weiteres Beispiel:
Ein heute siebzig Jahre alter Mann, der als Pflegekind in einer Bauernfamilie lebte, sagte zu mir: „Das Schlimmste an meiner Kindheit war nicht die schwere Arbeit, die ich als Schulkind leisten musste, sondern diese große Einsamkeit, weil ich nicht zur Familie gehörte."

Auch noch in den Jahren nach 1960 begegneten mir diese rechtlosen „Jugendamtskinder". Das Schicksal eines Mädchens geht mir besonders nahe. Sie ist jetzt fünfundvierzig Jahre alt, und sie schildert ihre Kindheit wie folgt:

Sie kam mit sechs Jahren in eine Familie, die einen Bauernhof und ein Gasthaus bewirtschafteten. Es waren drei ältere leibliche Söhne in der Pflegefamilie. Der Unterbringungsgrund war die psychische Erkrankung der Mutter und die Unfähigkeit des Vaters, das Kind zu versorgen.

Die Situation in der Pflegefamilie schildert die Frau so: Sie musste arbeiten, wenn sie aus der Schule kam, wurde völlig anders behandelt als die Söhne der Familie, bekam kein Spielzeug, wurde geschlagen, wenn sie die ihr aufgetragenen Arbeiten nicht richtig erfüllt hatte, war völlig allein. Sie erinnert sich, dass sie in die Pflegefamilie kam, ohne irgendein Kleidungsstück zu haben außer dem, was sie auf dem Leib trug, und dass sie mit 14 Jahren genauso von der Pflegefamilie weg ging. Der einzige Unterschied beim Weggang war, dass sie an einer Puppe festhielt und sich diese nicht nehmen ließ. Diese Puppe hat sie zusammen mit einem Puppenwagen mit 12 Jahren zu Weihnachten geschenkt bekommen. Weder die Puppe noch der Puppenwagen waren neu. Sie erinnert sich, wie tief verletzt sie war, dass ihr erst jetzt mit 12 Jahren eine Puppe mit Puppenwagen geschenkt wurde. In ihrer Einsamkeit klammerte sie sich jedoch an diese Puppe. Ihr konnte sie sagen, was ihr Schlimmes passierte. Außer ihr hatte sie niemanden, dem sie sich anvertrauen konnte. Die Sozialarbeiterin, die sie einige Male im Jahr besuchte, hatte sie nie alleine gesehen. Sie erinnert sich, dass sie in Anwesenheit der Sozialarbeiterin auf den Schoss der Pflegemutter genommen wurde und liebevolle Worte hörte – was sonst nie vorkam, sie jedoch nie die Möglichkeit gehabt hat zu sagen, was wirklich geschieht.

Zu ihrer Einsamkeit kam, dass der älteste Sohn der Familie sie ab dem 12. Lebensjahr regelmäßig vergewaltigte. Sie konnte mit niemandem darüber sprechen, am allerwenigsten mit der Pflegemutter, weil dieser Sohn zugleich der Lieblingssohn der Pflegemutter war.

Mit 14 Jahren bekamen die leiblichen Eltern das Sorgerecht wieder. Sie kam zurück zu einer Mutter, die ihr völlig fremd war. Diese war zwar zuvor einige Male im Jahr zu einem Besuch in die Pflegefamilie gekommen, aber es bestand keine innere Verbindung zwischen Mutter und Kind. Nach der Rückkehr zu der Mutter kam der psychische Zusammenbruch, und sie musste über einen längeren Zeitraum in einer psychiatrischen Klinik behandelt werden. Glück hatte sie, dass sie danach einen Partner fand, der sie verstand und mit ihr einen langen Weg durch das Leben bis heute geht.

Dieser Rückblick zeigt, dass wir heute auf einen anderen „Qualitätsstandard" im Pflegekinderwesen bauen können. Kinder werden als Kinder wahrgenommen. Wenn Kinder zur Familie gehören und eben nicht rechtlose „Jugendamtskinder" sind, dann stellt sich die Frage nach „Ersatzfamilie" oder „Ergänzungsfamilie" nicht. Kinder brauchen das Gefühl, dass sie gehalten werden und dass sie zu der Familie, in der sie leben, dazugehören.

Die Nähe zu den ehemaligen „Jugendamtskindern" ist dort gegeben, wo in der Familie eine deutliche Unterscheidung zwischen den „eigenen" Kindern und den Pflegekindern erfolgt. In der Arbeit als Beistand wurde ich beratend bei einer schwierig gewordenen 16-jährigen Pflegetochter tätig. Als ich bei den Pflegeeltern von ihrer Tochter sprach, wurde ich sofort berichtigt. Das sei nicht ihre Tochter, sondern die Pflegetochter. Mit den eigenen Kindern kämen sie gut zurecht. Diese Distanzierung spürt der junge Mensch als Kränkung.

In einem anderen Bereich ist die Gefahr des nicht sicher Zugehörigfühlens ebenfalls groß. Dort, wo Pflegeeltern als Erziehungsstellen wirtschaftlich von die Belegung durch das Jugendamt abhängig sind, besteht die Gefahr, dass Besuchswünsche oder Rückführungswünsche auch dort widerspruchslos hingenommen werden, wo sie eindeutig gegen das Kindeswohl verstoßen. Auch hier können sich Kinder rechtlos und ohnmächtig ausgeliefert fühlen.

8.4.2. Gibt es einheitliche Standards im Pflegekinderwesen?

In den letzten Jahrzehnten haben Jugendämter unterschiedlich Qualitätsstandards entwickelt.[101] Manche Beschreibungen beschränken sich auf äußere Rahmenbedingungen, andere bemühen sich auch um inhaltliche Ausgestaltung. Kennzeichnend ist, dass diese Standards nicht miteinander vergleichbar sind, sowohl die inhaltliche Seite als auch die Rahmenbedingungen betreffend.

Reinhard Wiesner[102] nimmt wie folgt zur Qualitätsentwicklung Stellung. Er schreibt:
„Betrachtet man die fachliche Diskussion über die Weiterentwicklung der Hilfen zur Erziehung in den letzten Jahren, so wird deutlich, dass die Vollzeitpflege davon so gut wie unberührt bleibt. Freilich hat es auch hier neue Ansätze und

---

101 Zwernemann 2001, S. 187ff
102 Wiesner 2001, S. 19ff

Entwicklungen gegeben. So haben sich unter dem Dach des Pflegekinderwesens verschiedene professionelle und semiprofessionelle Sonderformen entwickelt, und auch die Abgrenzung zur Heimerziehung ist fließend geworden, was bei sogenannten Erziehungsstellen bzw. Erziehungsfamilien besonders deutlich wird.

Dennoch hat das Pflegekinderwesen an der fachlichen Diskussion um seinen Standard innerhalb des Systems der Kinder- und Jugendhilfe nicht teilgenommen. Der Grund dafür dürfte in der Sonderstellung liegen, die das Pflegekinderwesen im Gesamtkonzept der Hilfen zur Erziehung einnimmt. Diese Sonderstellung ergibt sich einmal aus der spezifischen Struktur der Leistungserbringer, zum anderen aus der begrenzten Steuerungsfähigkeit dieser Hilfeart. (...) Die Vorzüge und Stärken dieser privaten, lebensweltorientierten Hilfe brauchen hier nicht eigens betont werden. Die individuelle private Ausrichtung der Pflegekindschaft birgt auch die Nachteile. Insbesondere erschwert sie eine angemessene Repräsentanz und Interessenvertretung nach außen. (...)

Es ist bezeichnend, dass ein im Jahre 1999 erschienenes Standardwerk zum Thema „Qualität in der Jugendhilfe" sich mit verschiedenen Hilfeformen befasst, zum Pflegekinderwesen aber kein Wort verliert. Eine solche Qualitätsdiskussion muss auf der Seite der „Leistungserbringer" von Anwälten und Repräsentanten des Pflegekinderwesens, also Verbänden oder Institutionen geführt werden, um sich im Konzert der professionellen Leistungsanbieter gegenüber den kommunalen Gebietskörperschaften als Kostenträger das notwendige Gehör zu verschaffen."

In der gleichen Veröffentlichung hat ein Initiativkreis eine Leistungsbeschreibung für Hilfen zur Erziehung in Familien nach §§ 33 und 34 SGB VIII erstellt.[103] Das erzieherische Milieu ist nach der Überzeugung der Arbeitsgruppe gekennzeichnet durch:
- Verfügbarkeit einer konstanten, nicht austauschbaren Betreuungsperson für das Kind;
- Anhaltendes Interesse am Entwicklungsweg des Kindes über den Zeitraum der Unterbringung hinaus;
- Bereitschaft der Pflegefamilie, bedarfsgerechte Bindungs- bzw. Beziehungserfahrungen zu ermöglichen;
- Ermöglichen sozialen Lernens am Modell Familie. Familie wird als das auf Dauer angelegte Zusammenleben von Menschen verschiedener Generationen beschrieben;
- Würdigung und Förderung der Interessen jedes einzelnen Familienmitgliedes;
- Emotionale Sicherheit jedes Familienmitgliedes;

---

103 Zeitschrift Pflegekinder 2001, S. 27ff

- Herstellen von Normalität im Sinne von
  1. Integration des Kindes in ein dauerhaftes soziales System
  2. eindeutige Zugehörigkeit des Kindes – auch in der Außendarstellung
  3. Vermeidung von Stigmatisierung des Kindes;
- Konzentration auf die Individualität und die besondere Lebenserfahrung des Kindes als Maßstab erzieherischen Handelns;
- Die Übernahme persönlicher Verantwortung;
- Das Vermitteln von Geborgenheit;
- Die Nichtaustauschbarkeit der Beziehungen in der Familie.

Der Arbeitsausschuss hat zu Mindeststandards für die Familienpflege Stellung genommen und hat zur zeitlichen und inhaltlichen Vorbereitung der Pflegeeltern einheitliche Vorgaben gefordert, ebenso für die Vermittlungsphase und die Begleitung der Pflegefamilien und die Fortbildung der Pflegeeltern.

Die Initiativgruppe sagt, dass es keine Berufsgruppe gibt, die speziell für das Pflegekinderwesen ausgebildet ist und auch für Pädagogen und Psychologen eine spezielle Zusatzausbildung nötig ist. Sie gehen allerdings nicht den weiteren notwendigen Schritt, dass es einen Fachdienst im Jugendamt geben muss, deren Mitarbeiter ein spezielles Zusatzstudium brauchen, und dass jeweils ein Mitarbeiter fallverantwortlich die Pflegefamilie betreut.

In den letzten zwanzig Jahren wurde viel für die Qualifizierung von Pflegeeltern getan. Bei den Fachkräften, die für Pflegekinder verantwortlich sind, ging und geht man immer noch davon aus, dass das normale Studium der Sozialarbeit und Sozialpädagogik für die verantwortliche Arbeit im Pflegekinderwesen genügt.

Wer in diesem sensiblen Bereich mit Kindern arbeitet, die nicht in ihrer Herkunftsfamilie aufwachsen können und zum großen Teil traumatische Erlebnisse verkraften müssen, braucht ein auf diese Probleme spezialisiertes Studium. Nicht nur die Kenntnisse der Gesetze gehören zum Handwerkszeug des angehenden Sozialpädagogen im Pflegekinderbereich, sondern auch gründliche Kenntnisse in der Entwicklungspsychologie, Bindungsforschung, Traumaforschung und in der Methodik im Umgang mit Kindern. Diese Zusatzqualifikationen sollten an den Fachhochschulen und Universitäten erworben werden können und Voraussetzung für die Beschäftigung im Pflegekinderwesen werden. Nur so treffen gut ausgebildete Pflegeeltern auch auf Fachkräfte, die angemessene Hilfsangebote anbieten können.

Dieses spezielle Fachwissen ist dringend bei allen Fachgruppen erforderlich, die verantwortlich mit Pflegekindern arbeiten wie Verfahrenspfleger, Umgangsbegleiter für Pflegekinder, Fachanwälte für Familienrecht, Psychologen, Gutachter und Familienrichter.

8.4.3. Ein Blick über die deutsche Grenze

Es gibt im deutschsprachigen Bereich aus Deutschland, der Schweiz und Österreich sehr gute Beschreibungen über Qualitätsstandards, allerdings kann von einer einheitlichen und vergleichbaren Entwicklung nicht gesprochen werden.

Elisabeth Lutter[104] (Wien) hat Leitgedanken und Schwierigkeiten der Aufgabenstellung von Pflege- und Adoptiveltern, ihren Organisationen und den befassten Behörden und Fachdisziplinen aufgezeigt. Sie stellte das EU-Projekt „Cinderella" vor.

Auftrag und Ergebnis war es, zwei zentrale Anliegen des Pflegekinderwesens zu vereinbaren:
1. das Bedürfnis (und Recht) jedes Kindes auf Familienerziehung und auf Qualität dieser Betreuungsform, gerade unter den besonderen Bedingungen von Beziehungsabbrüchen und Traumatisierungen bei Pflegekindern und
2. die Entwicklung eines Pflegeeltern-Anforderungsprofils, das diesem Recht des Kindes gerecht wird, einschließlich der erforderlichen Ausbildung.

Fünfzehn europäische Partner haben an diesem Projekt mitgewirkt. Als Leitsätze für das Pflegekinderwesen wurden formuliert:

- Kindeswohl durch Erwachsenenwohl,
- Erwachsenenwohl durch Partnerschaft aller beteiligten Personen und Institutionen,
- daher interdisziplinäre, institutionalisierte und integrative Zusammenarbeit.

Ziel ist es:
- individuell-bedürfnisorientierte familiale Unterbringungsmöglichkeiten schaffen,
- bei belastbaren, weil speziell auf ihre Aufgabe vorbereiteten und regelmäßig begleiteten Pflegeeltern,
- unter gleichzeitiger entlastender Hilfestellung für die Herkunftseltern,

---

104 Lutter 2000

- Mediation zwischen den Konfliktparteien (Eltern vs. Pflegeeltern, Pflegeeltern vs. Jugendamt) zu leisten sowie
- die Heimerziehung hintanzuhalten.

Zur Erreichung dieser Ziele wurden als Kernelemente gefordert:
- die systematische Herangehensweise an die Fallarbeit einschließlich der Elternarbeit,
- regelmäßiges Angebot von standardisierten Vorbereitungskursen für Pflegeelternbewerber,
- fachliche Begleitung durch laufende Fortbildung und Gruppensupervision,
- spezialisierte Familienberatungsstellen mit multiprofessionellem Team und
- jährliche interdisziplinäre Fortbildung für alle Beteiligten im Pflegekinderwesen.

An dieser Studie ist u.a. beachtlich, dass für die Qualitätsentwicklung im Pflegekinderwesen drei Säulen genannt werden:
1. Eine standardisierte Vorbereitung und Begleitung der Pflegeeltern und die fachliche Begleitung der Pflegefamilien
2. ein spezialisierter Fachdienst und
3. eine spezielle Fortbildung für den Fachdienst und die Pflegeeltern.

Auf dem gleichen Kongress in Zürich sagte Rita Aemmer aus Bern, dass Qualitätsentwicklung heißt, die Qualität so zu entwickeln, dass sie den Anforderungen gemäß aktueller Erkenntnisse gerecht wird. Auch sie geht nicht so sehr auf formale Dinge ein, sondern auf die Erziehungswirklichkeit.

Der Pflegekinderdienst der schweizerischen Fachstelle für das Pflegekinderwesen beschreibt unter dem Produkt „unbefristete Pflegeverhältnisse":
"Ein Kind, bei dem die Perspektivklärung eine dauerhafte Platzierung in einer Familie ergeben hat, soll in dieser Pflegefamilie die Möglichkeit zur Korrektur früherer Erfahrungen bekommen. Auch Pflegefamilien, Pflegeeltern sollen sich als Familie, als Eltern verstehen, bei denen ein Kind bis zur Verselbständigung im Erwachsenenalter verbleiben und neue Eltern-Kind-Beziehung aufbauen kann. Ein solches Kind sollte dann aber ein Recht auf die neue Familie, auf Geborgenheit und den Schutz der entstandenen Bindungen haben.

Die Mitarbeitenden der Pflegekinderdienste werden insbesondere zu fragen haben: „Was braucht dieses Kind?" Elternrecht sollte vor dem Kindesrecht zurückstehen, wenn dies der Schutz der Bindungen eines Kindes erfordert und fachlich verantwortungsvoll begründbar ist."

Unter dem nächsten Produkt „zeitlich befristete Pflegeverhältnisse" ist folgende Grundaussage beachtlich:
„Für Kinder mit zeitlich offener Perspektive muss unter konsequenter Berücksichtigung des kindlichen Zeitempfindens und der bei ihm vorhandenen Bindungsbereitschaft die Unterbringung in einer Übergangsfamilie bei gleichzeitig fachlich kompetent und zügig durchgeführten Klärung der Rückkehrmöglichkeit in die Ursprungsfamilie realisiert werden.

Zu den Teilleistungen in einem solchen Fall zählt das Einholen eines psychologischen Gutachtens.

Es darf nicht zugesehen und abgewartet werden: „Was machen Eltern jetzt nach der Herausnahme." Angebote des Pflegekinderdienstes, ein Kind in einer zeitlich befristeten Form unterzubringen, werden ausschließlich unter der Bedingung gemacht, dass die Auftrag erteilende Stelle die Hilfeplanung in den Faktoren

- Zielsetzung der Unterbringung
- geplanter Zeitraum und
- Folgen für das Kindeswohl

mit allen Beteiligten erörtert und klärt.

Alle Beteiligten müssen wissen, dass ein Kind in einem bindungssensiblen Entwicklungsalter seine Übergangspflegeeltern zu psychologischen Ersatzeltern machen kann, dass hier Fakten erzeugt werden, die gegebenenfalls durch konsequentes, am Kindeswohl orientiertes Arbeiten des Pflegekinderdienstes eine Bedeutung in der Abwägung Kindeswohl gegen Elternrecht bekommen können. Es darf nicht sein, dass Pflegeeltern durch den Verlauf der Perspektivenklärung in eine Situation gebracht werden, in der auf ihrem Rücken die diesbezüglich entstehende Problematik ausgetragen wird. Ein Pflegekinderdienst kann als Anbieterin von zeitlich befristeten Unterbringungen in Pflegefamilien die Verantwortung für die von der Auftraggeberin (VB, Sozialer Dienst) zu koordinierende Teilleistungen zur Perspektivenklärung nicht übernehmen und wird in einem solchen Konfliktfall eine konsequent am Kindeswohl orientierte rasche Klärung fordern."

Dieses Beispiel zeigt, dass Worte wie Produkt, Anbieter, Teilleistung nicht negativ besetzt sein müssen. Hier stimmt der Inhalt und es ist sofort klar, was mit Qualitätsentwicklung gemeint ist. Häufig trifft man bei konzeptionellen Erwägungen und bei Beschreibungen der Qualitätsentwicklung auf Schlagworte, die nicht mehr deutlich machen, dass es bei der Fremdplatzierung um das Kindeswohl geht und dass das Kind ein Recht auf Kontinuität und Zuverlässigkeit in der Beziehung zu seiner Bezugsperson hat.

Das Offenlassen der Perspektive zeugt von einem Mangel in der Qualität der Sozialen Dienste und Pflegekinderdienste.

8.4.4. Die Notwendigkeit der Weiterentwicklung von Qualitätsstandards

Der § 33 das SGB VIII hat die Unterscheidung zwischen zeitlich befristeten Hilfen zur Erziehung in Vollzeitpflege und Hilfen auf Dauer als Grundgedanken eingeführt.

Hier heißt es:
Hilfe zur Erziehung in Vollzeitpflege soll entsprechend dem Alter und Entwicklungsstand des Kindes oder des Jugendlichen und seinen persönlichen Bindungen sowie den Möglichkeiten der Verbesserung der Erziehungsbedingungen in der Herkunftsfamilie Kindern und Jugendlichen in einer anderen Familie eine zeitlich befristete Erziehungshilfe oder eine auf Dauer angelegte Lebensform bieten. (...)

Schon bei der Interpretation des § 33 SGB VIII sind erhebliche Unterschiede festzustellen. Es gibt Konzeptionen, die lediglich den ersten Teil des Paragrafen zitieren. Der zweite Halbsatz, in dem steht: "oder eine auf Dauer angelegte Lebensform bieten" bleibt unerwähnt.

Diese Jugendämter geben als ihr Leitbild aus: Entweder Rückkehr oder Adoption. Dazwischen gibt es keine Wahl. Wie sind hier die Qualitätsstandards der fachlichen Betreuung mit dem Kindeswohl zu vereinbaren? Eine Ideologie wird verfolgt, und diese beruht in nicht wenigen Fällen auf kurzfristigen Finanzplanungen. Die Rückführung eines Kindes kann durchaus kurzfristig eine Kostenersparnis einbringen, wobei Folgekosten durch eine erneut notwendige Heimunterbringung oder gar die Kosten für psychosomatische Kliniken und andere Einrichtungen, die einen anderen Kostenträger haben, die aber die Gesellschaft insgesamt auf Dauer belasten, nicht beachtet werden.

Mit den möglichen weiteren Folgen, dass diese durch mehrfachen Wechsel ihrer Bezugspersonen vorgeschädigten jungen Erwachsenen Eltern werden, die die Liebe und Geborgenheit, die sie selbst nicht erfahren haben, auch nicht weiter geben können und damit eine neue Generation von gefährdeten Kindern die Gesellschaft belasten.

Das größte Hemmnis einer Qualitätsentwicklung im Pflegekinderwesen ist, dass die im SGB VIII vorgesehene ausreichende Einsetzung von Fachkräften in der Praxis keine Beachtung findet. Das Pflegekinderwesen braucht nicht nur die theoretisch vorbereiteten Pflegeeltern, sondern auch die doppelte Qualifizierung. Voraussetzung hierfür ist ein auf diesem Gebiet vorbereiteter Sozialarbeiter, der – wie im Adoptionswesen – im Team arbeitet und überwiegend mit der Arbeit mit Pflegekindern ausgelastet ist. Er hat somit die Möglichkeit die notwendigen Erfahrungen in diesem sensiblen Bereich zu sammeln.

8.4.5. Die Erziehungswirklichkeit und der pädagogische Bezug in der Familie

Ein kurzer Rückblick: Hermann Nohl hat in der ersten Hälfte des vergangenen Jahrhunderts darum gerungen, das zu beschreiben, was Erziehung ist und hat die Lehre von der „Kunde" entwickelt. Unter dieser Erziehungskunde versteht er keinen Gegenbegriff zur Wissenschaft. Er schreibt: „Der erfahrene Zusammenhang des Seelenlebens muss die feste, erlebte und unmittelbar sichere Grundlage der Psychologie bleiben."[105] Das Ausgehen „vom Lebensganzen" war ihm ein zentrales Anliegen. Er warnt davor, dass bei Beobachtungen von Kindern fachwissenschaftliche Begriffe zu schnell benutzt werden und damit die Gefahr der Verfälschung gegeben ist.[106] H. Nohl hat den „gesunden Menschenverstand" aufgewertet. Die erste unerlässliche Bedingung für das Entstehen einer pädagogischen Menschenkunde ist nach H. Nohl der persönliche erzieherische Umgang mit dem Einzelnen. „Man wird immer wieder von neuem damit beginnen müssen, sich unmittelbar vor das einzelne Kind zu stellen – Auge in Auge –."[107]

Im Mittelpunkt der Pädagogik sieht H. Nohl:
1. die Erziehungswirklichkeit und
2. den pädagogischen Bezug.

Die Erziehungswirklichkeit ist Bedingung, Ausgangspunkt und Fundament der pädagogischen Theorie. Es geht nicht darum, was ich gelesen habe, sondern um das, was ich mit den Kindern erlebt habe. Da stehen Menschen wie Pestalozzi, Mehringer, Korzak und viele andere Pädagogen, die mit den Kindern gelebt haben, mit ihrer erlebten Erziehungswirklichkeit und den daraus gewonnen Erkenntnissen im Mittelpunkt. Es zeigt sich, dass es diesen Pädagogen schwer fällt, alles klar zu ordnen. Ihnen fallen bei jedem Versuch einer systematischen wissenschaftlichen „Qualitätsbeschreibung" von Erziehung die Kinder ein, die sie begleitet haben und die nicht in aufgestellte Hypothesen hineinpassen.

---

105 Bartels 1968, S.40, 41
106 Bartels 1968, S. 45
107 Nohl 1938, S. 10

Hermann Nohl sagt, dass die Erkenntnis von dem Wert jeder einzelnen Kinderseele und ihrem Recht zur Entfaltung zu den ewigen Wahrheiten der Erziehung gehört. Diese Erkenntnis droht immer wieder aus dem Blick zu geraten. Darum hat der Erzieher (und der Pädagoge als Wissenschaftler) in der Arbeitsteilung unserer Gesellschaft den besonderen Auftrag, „vor allem das Recht des Kindes zu wahren", den ansonsten niemand wahrnehmen würde.[108]

H. Nohl weist darauf hin, dass sein zweites zentrales Thema, der pädagogische Bezug, zwar von ihm geprägt wurde, aber die Sache selbst „alt, weil sie ein ewiges Lebensverhältnis ausdrückt".[109] Das Grundmodell des Eltern-Kind-Verhältnisses ist bei H. Nohl das Grundmodell des pädagogischen Bezugs. Heinrich Pestalozzi hatte wesentlichen Einfluss auf seine Haltung. H. Pestalozzis Umgang mit seinen Kindern in Stans/Schweiz, der sowohl väterliche wie mütterliche Züge trug, war für H. Nohl ein Vorbild. Die entscheidende Leistung von H. Pestalozzi sieht H. Nohl in der inneren Verbundenheit des Kindes mit dem Erzieher, die Grundlage jeder pädagogischen Arbeit ist.

Die „Wohnstube", in der das Kind gedeihen kann, ist für H. Pestalozzi[110] das mütterliche und väterliche Element in der Erziehung. Die Mutter pflegt und bewahrt das Eigenleben des Kindes. Sie bewahrt ihr Kind vor zu hohen Anforderungen, aber auch vor zu niedrigen, aus Liebe zum Kind in seiner Wirklichkeit. Das Ernstnehmen des Kindes und die Berücksichtigung seiner Kräfte und Bedürfnisse leben aus der Gegenwart und dürfen keiner Zukunft geopfert werden. Die Mutter vertritt nach H. Pestalozzi und H. Nohl eher das Prinzip des „Wachsenlassens", der Vater mehr des „Führens". H. Pestalozzi wie H. Nohl sehen das väterliche und mütterliche Prinzip nicht als an das Geschlecht gebundene Eigenschaft. Sie sehen in jedem Erzieher väterliche und mütterliche Elemente.

H. Nohl sagt, dass die Familienerziehung die besten Bedingungen für einen geglückten pädagogischen Bezug bietet, weil sie gleichzeitig Bildungsgemeinschaft und Lebensgemeinschaft ist. Der Geist, die Atmosphäre in der Familie sind die prägenden Kräfte, die wichtiger sind als jede pädagogische Einzelmaßnahme und wichtiger als alle Methodik.[111] Die Familie wird nach H. Nohl von zwei Mächten getragen: Liebe und Autorität. H. Nohl fordert vom Erzieher die Liebesgemeinschaft mit dem Kinde, aus der gegenseitiges Vertrauen erwachsen kann.

---

108 Bartels 1968, S. 145
109 Nohl 1926
110 vgl. Pestalozzi 2006
111 vgl. Bartels 1968, S. 177

Manche Worte von Hermann Nohl und Heinrich Pestalozzi mögen vielleicht nicht „zeitgemäß" erscheinen. Was sie jedoch aussagen macht die Erziehung, das Leben in der Familie aus. Die „Wohnstube" und die Atmosphäre in ihr ist entscheidend, ob das Kind Freude am Leben haben kann oder eben nicht, und ob es daneben die Förderung erhält, die seinen Kräften entsprechen.

Die Gegenwart, die gelebt wird, macht eine glückliche oder eine unglückliche Kindheit.

Es fällt schwer, einen Übergang von dem, was H. Nohl und H. Pestalozzi über die Erziehung in der Familie gesagt haben und einer Qualitätsdiskussion über die Erziehung in der Pflegefamilie zu finden. Das, was Erziehung in der Familie bedeutet, kann nicht gemessen werden. Es gibt jedoch Rahmenbedingungen, die diese Atmosphäre der Sicherheit, Geborgenheit und Liebe erst ermöglichen, und diese können sehr wohl beschrieben werden und als Standard im Pflegekinderwesen eingefordert werden.

8.4.6. Die professionelle Familie?

Ich möchte nicht, wie immer wieder zu lesen ist, zwischen der „normalen" und der „professionellen" Familie unterscheiden. Ich wage zu behaupten, dass es keine professionelle Familie geben kann, da es ein Widerspruch in sich selbst ist. Familie ist Intimität, Nähe, bedingungsloses Einstehen füreinander.

Pflegefamilien haben eine „besondere Professionalität" zu bieten. Sie nehmen Kinder mit Entwicklungsrisiken auf. Sie öffnen ihre Familien für dieses Kind mit allem, was dazu gehört. Sie müssen darauf vorbereitet sein, dass das nicht genauso ist, wie bei ihren leiblichen Kindern, deshalb ist die Vorbereitung auf diese Aufgabe wichtig, um eine besondere Professionalität als Pflegeeltern zu erwerben. Das hat mit einer beruflichen Ausbildung wenig zu tun.

Im Übrigen gibt es für keine Berufsgruppe, die mit Pflegekindern in Berührung kommt, eine auf das Pflegekinderwesen ausgerichtete Qualifikation.

Die Rahmenbedingungen, die sogenannten „professionellen Familien" (gemeint sind Erziehungsstellen) geboten werden, stehen allen Pflegefamilien zu. Es sind die gleichen Kinder, die in sogenannten „normalen Pflegefamilien" untergebracht werden oder in den „professionellen Erziehungsstellen". Die Rahmenbedingungen sind unterschiedlich.

Bei den „normalen" Pflegefamilien gibt es von Ort zu Ort völlig unterschiedliche Rahmenbedingungen und dort, wo kein qualifizierter Fachdienst für das Pflegekinderwesen eingerichtet ist, ist es eher dem Zufall überlassen, ob sich ein engagierter Sozialarbeiter neben all seinen anderen Aufgaben das notwendige Wissen im Pflegekinderwesen aneignet oder nicht. Bei Erziehungsstellen ist die fachliche Begleitung der Pflegefamilie sichergestellt. Der Nachteil ist, dass finanzielle Abhängigkeiten vom Träger der Einrichtung die Vorteile dieser Hilfsmaßnahme ins Gegenteil umdrehen können.

Wenn von einer professionellen Pflegefamilie gesprochen wird, so ist eine besondere Professionalität einzufordern. Das hat nichts mit „Erziehungsstellen" oder „Sonderpädagogischen Pflegestellen" oder anderen Bezeichnungen zu tun.

Eine Pflegefamilie braucht eine spezielle Vorbereitung auf diese Aufgabe und eine intensive Begleitung nach der Aufnahme des Kindes. Das Gleiche gilt für die Fachkräfte im Pflegekinderdienst. Auch sie brauchen neben dem Studium eine spezifische Weiterbildung und eine berufsbegleitende Fortbildung.

8.4.7. Fakten, die eine Qualitätsentwicklung verhindern
Eine erfolgreiche Qualitätsentwicklung kann es dort nicht geben, wo
1. das dauerhaft untergebrachte Pflegekind Teil des Sozialraumes der Herkunftseltern bleibt;
2. keine speziellen, auf diese Aufgabe vorbereiteten und weitergebildeten Fachkräfte in einem Pflegekinderdienst als Team zusammenarbeiten, wodurch somit auch keine kollegiale Supervision möglich ist und
3. in dem keine klaren Vorgaben über die Vorbereitung und Begleitung der Pflegeeltern gegeben sind und außerdem
4. keine klare Konzeption erarbeitet wurde und als Hauptpunkt
5. die Grundbedürfnisse des Kindes altersangemessen nicht berücksichtigt werden.

8.4.8. Veränderungen, die eine Qualitätsentwicklung ermöglichen
Bei den Fachhochschulen und Universitäten, die die Fachkräfte ausbilden, liegt eine hohe Verantwortung im Hinblick auf eine Weiterentwicklung der Hilfen in Familienpflege.

In der Schweiz hat sich eine Arbeitsgruppe gebildet, die ein Zusatzstudium für das Pflegekinderwesen mit den Fachhochschulen ausarbeitet. Hier liegt eine große Chance. Nicht nur die Sozialarbeiter der Jugendämter, auch Familienrichter, Fachanwälte für Familienrecht, Gutachter, Verfahrenspfleger und die in diesem Bereich arbeitenden Ärzte, Psychologen und Gutachter bedürfen dieser Zusatzqualifikation. Diese kann berufsbegleitend erworben werden.

Wo Pflegekinder neben all den anderen Aufgaben im sozialen Dienst ohne spezielle Qualifikation der Sozialarbeiter so nebenher „mitlaufen", kann von Professionalität und Qualitätsstandards im Pflegekinderwesen nicht gesprochen werden.

Pflegeeltern haben ein Recht, von Fachkräften betreut zu werden, die nicht nur Gesetze kennen, sondern auch in der Entwicklungspsychologie, in der Bindungsforschung, in der Traumaforschung, in der Pflegekinderpädagogik und in den Methoden im Umgang mit Kindern (altersentsprechendes Spiel, Gespräch) Experten sind.

8.4.9. Eine Konzeption, die sich in der Praxis bewährt hat
Im 2. Jahrbuch des Pflegekinderwesens ist die Entwicklung des Pflegekinderwesens im Landkreis Waldshut beschrieben.[112]

Als ich die Adoptionsvermittlungsstelle dieses Landkreises im Jahre 1982 übernahm, gab es eine strenge Trennung zwischen Pflegekinderwesen und Adoption. Es gab auch eine strenge Trennung zwischen Adoptionsbewerbern und Bewerbern für ein Pflegekind. Gruppenarbeit fand nicht statt. Eine Spezialisierung auf das Pflegekinderwesen war nicht vorhanden, und es waren viele Kleinkinder im Heim, weil angeblich keine Pflegeeltern vorhanden waren. 75 Prozent der fremduntergebrachten Kinder waren im Heim, 25 Prozent der fremduntergebrachten Kinder waren in Pflegefamilien.

Die „Qualitätsentwicklung" – damals benutzte man dieses Wort noch nicht – fand in folgenden Schritten statt:

1. Die Trennung zwischen Adoptionsvermittlungsstelle und Pflegestellenvermittlung wurde aufgehoben
Unter den Adoptionsbewerbern galt es die Eltern zu finden, die sich vorstellen konnten, einem Pflegekind eine dauerhafte Heimat zu geben und die auch bereit waren, mit der Herkunftsfamilie zusammen zu arbeiten. Es galt Ängste abzubauen. Die größte Angst war und ist, dass das Kind sich in der Familie verwurzelt und dann einfach wieder aus der Pflegefamilie herausgenommen werden wird.

---

112   Zwernemann 2001, S.184 bis 192

2. Aufbau eines Sonderdienstes
Das musste mit wenigen Fachkräften bewerkstelligt werden, weil sich eine Veränderung in einer Amtsstruktur nur langsam verwirklichen lässt. Damit Seminare angeboten werden konnten, mussten Honorarkräfte beteiligt werden.

Mit Hilfe des Jugendhilfeausschusses wurde allmählich der Personalschlüssel aufgestockt. Eine intensive fachliche Auseinandersetzung und Weiterbildung der eingesetzten Fachkräfte durch Fachliteratur, regelmäßige kollegiale Beratung und die Entwicklung einer Konzeption unter Beteiligung des Allgemeinen Sozialen Dienstes waren Teil der Entwicklung.

3. Dienstanweisung und Konzeption
Eine Dienstanweisung wurde erlassen, in der die Vorbereitung, Vermittlung und die Fallzuständigkeit bei einer Fremdunterbringung festgelegt wurde.

Die Schritte wurden wie folgt festgelegt:
a) Wenn eine Fremdunterbringung eines Kindes im Raume steht, legt der Sozialarbeiter des Allgemeinen Sozialdienstes dem Leiter des Sonderdienstes für Pflegekinder eine psycho-soziale Diagnose vor.
b) Der Pflegekinderdienst wird an den Teamsitzungen des ASD beteiligt mit dem Ziel zu entscheiden, ob für dieses Kind in seiner besonderen Situation eine geeignete Pflegefamilie vorhanden ist. Die Entscheidung, ob das Kind „familienfähig" ist oder nicht, wird nicht ohne Einbeziehung des Pflegekinderdienstes gefällt.
c) Der Sozialarbeiter des Pflegekinderdienstes, in dessen Bezirk die mögliche Pflegefamilie wohnt, übernimmt zusammen mit dem Bezirkssozialarbeiter die Gespräche mit der Herkunftsfamilie, der Pflegefamilie, und er lernt das Kind kennen. Wo dies wegen mangelnder Mitarbeit der Herkunftsfamilie nicht möglich ist und das Kindeswohl gefährdet ist, erfolgt die Vermittlung in der gleichen Reihenfolge über eine Bereitschaftspflegefamilie. Bei diesen Gesprächen wird mit allen Beteiligten über den kindlichen Zeitbegriff gesprochen und darüber, was in welcher Zeit in der Herkunftsfamilie an Veränderung erfolgen muss, damit das Kind innerhalb dieser, am Alter des Kindes orientierten, Zeit in die Herkunftsfamilie zurückkehren kann.
d) Die Fallzuständigkeit wurde festgelegt. Für die Pflegefamilie ist der regional zuständige Sozialarbeiter des Pflegekinderdienstes von Anfang an zuständig. Während der Klärungsphase über die Lebensperspektive des Kindes ist der Allgemeine Soziale Dienst für das Kind fallführend, wenn die Prognose erarbeitet wurde, dass eine Rückkehr innerhalb der für das Kind vertretbaren Zeit nicht möglich ist, geht die Fallzuständigkeit für das Kind (Hilfepla-

nung, Besuchsregelung) auf den regional zuständigen Sozialarbeiter des Pflegekinderdienstes über.

Die Konzeption des Pflegekinderwesens:
Die Konzeption legt die Grundrichtung des Pflegekinderwesens fest und wird zusammen vom Pflegekinderdienst und der Leitung der Verwaltung in Zusammenarbeit mit dem Jugendhilfeausschuss erarbeitet.

Hier werden die Ziele der Hilfe in Vollzeitpflege festgelegt, die aufgrund der gesetzlichen Vorgaben, der Erkenntnisse der Bindungsforschung und der Entwicklungspsychologie erarbeitet wurden.

Als Ziele wurden festgelegt:
a) Die Unterbringung eines Kindes, das nicht in der Herkunftsfamilie leben kann, erfolgt vorzugsweise in einer Pflegefamilie.
b) Der kindliche Zeitbegriff wird beachtet und das Kindeswohl steht im Zentrum der Bemühungen.
c) Die Hilfeplanung erfolgt nach den Grundsätzen der Wahrhaftigkeit, Klarheit und Transparenz allen Beteiligten gegenüber.
d) Die fachliche und sachliche Ausstattung mit der personellen Besetzung wird festgelegt.

4. Es wurde ein standardisiertes Bewerberverfahren erarbeitet, das in verschiedene Schritte unterteilt wurde:
a) Informationsgespräch mit den Bewerbern,
b) Hausbesuch von 2 Sozialarbeitern,
c) Zwischenauswertung nach Erstgespräch und Hausbesuch,
d) Mitteilung an die Bewerber, ob das Jugendamt sich vorstellen kann, dass sie als Bewerber für ein Kind in Frage kommen,
e) bei positivem Bescheid Einladung zum Seminar, bei Unsicherheit Einladung zu weiteren Einzelgesprächen. Falls in diesen Einzelgesprächen die Bedenken gegen die Aufnahme eines Kindes in dieser Familie nicht ausgeräumt werden konnten, ehrliche Mitteilung, dass wir kein Kind vermitteln können, mit Nennung der Gründe.
f) Verpflichtende Teilnahme der Bewerber an zehn Abendseminaren und an einem Familienwochenende. Der Sachgebietsleiter des Pflegekinderdienstes übernahm bei den Seminaren mit einer Honorarkraft die Gruppenleitung.
g) Auswertungsgespräch mit jedem Bewerber mit dem Sachgebietsleiter und dem regional zuständigen Sozialarbeiter des Pflegekinderdienstes. Es wurde erörtert, was sich die Bewerber vorstellen können, welcher Aufgabe sie sich

gewachsen fühlen, und die Einschätzung des Jugendamtes wurde offen gelegt.

Damit war die Bewerbungsphase abgeschlossen. Es war erstaunlich, wie viele Ehepaare unter den kinderlosen Ehepaaren, die zuvor nur für ein Adoptivkind vorgemerkt wurden, ohne die Motive der Bewerber zu erforschen, für ein Pflegekind die richtigen Eltern waren. Insbesondere waren Kinder, die einem Rivalitätskonflikt unter Geschwistern nicht gewachsen gewesen wären und die uneingeschränkte Zuwendung der Pflegeeltern brauchten, mit großem Erfolg bei kinderlosen Ehepaaren beheimatet worden. Die Zahl der Heimkinder nahm kontinuierlich ab.

5. Die Auswahl der Bewerber erfolgt nach folgenden Kriterien:
a) Persönliche Offenheit und Flexibilität sowie die Bereitschaft, innere Prozesse und Gefühle zuzulassen.
b) Kindzentriertes Denken. Nicht der eigene Kinderwunsch, sondern die Bedürfnisse des Kindes müssen im Vordergrund stehen. Die Gabe, sich in die Gefühlswelt des Kindes, aber auch der Herkunftsfamilie hineinzuversetzen, ist eine wichtige Voraussetzung für die positive Entwicklung des Kindes.
c) Als Grundhaltung sind Toleranz und Akzeptanz, auch andersartigen Menschen gegenüber, sowie eine lebensbejahende Grundhaltung erforderlich.
d) Die persönliche Belastbarkeit und die Risikobereitschaft für neue Entwicklungen und neue Lebenswege ist eine wichtige Voraussetzung für die Aufnahme eines Kindes.
e) Die soziale Umwelt und ausreichende wirtschaftliche Grundlagen sind ebenfalls wichtig.
f) Das Kind soll nicht als Ersatz gesehen werden, weder für fehlende Geschwisterkinder noch für ein verstorbenes oder nicht geborenes Kind.

6. Die Vermittlungsphase
In der Vermittlungsphase ist der Pflegekinderdienst im Vorfeld der Fremdunterbringung zu beteiligen. Nur so kann die richtige Familie für dieses konkrete Kind gefunden werden. Fehlvermittlungen werden so weitgehend vermieden.

Es ist entscheidend für das Gelingen eines Pflegeverhältnisses, dass der Allgemeine Soziale Dienst, der die Unterbringung des Kindes in einer Pflegefamilie anstrebt und der Pflegekinderdienst vor und während des Vermittlungsprozesses eng zusammen arbeiten. Dies erfordert in dieser Phase einen hohen Zeitaufwand, der sich aber im Nachhinein sowohl für das Kind, für die Pflegefamilie, für die Herkunftsfamilie und auch für das Jugendamt auszahlt.

In Kapitel 7.3. sind die Fragen beschrieben, die sich alle Beteiligten vor der Unterbringung eines Kindes in einer Pflegefamilie zu stellen haben.

7. Die Stützung und Begleitung der Pflegefamilien

Um Pflegeeltern in ihrer schwierigen Aufgabe zu begleiten und zu unterstützen, sind qualifizierte und spezialisierte Fachkräfte nötig.

Der Jugendhilfeausschuss, der alle generellen Angelegenheiten der Jugendhilfe in seiner Gebietskörperschaft regelt, hat dafür zu sorgen, dass genügend Fachkräfte zur Verfügung stehen, damit diese Aufgaben geleistet werden können. Hier kommt den Pflegeelternverbänden eine erhebliche Aufgabe zu, dass sie diese qualifizierten Fachkräfte in ausreichendem Umfang einfordern. Dies ist ein Feld, in dem immer noch erhebliches Umdenken nötig ist. Es geht nicht um kurzfristige Kostenersparnis, sondern um langfristige hohe Folgekosten und um die Kinder, die die Zukunft der Gesellschaft sind.

Um den Qualitätsstandard zu erhalten und weiter zu entwickeln ist der Dialog zwischen der Verwaltung, dem Jugendhilfeausschuss und den Interessenvertretern der Pflegeeltern erforderlich.

Fazit

Wenn qualifizierte Pflegeeltern auf qualifizierte Fachkräfte treffen, kann ein Rahmen geschaffen werden, in dem das Kind gedeihen kann. Voraussetzung hierfür ist die Einsicht, dass die Weiterentwicklung im Pflegekinderwesen gemeinsam geschultert werden muss.

Es gelingt, wenn
1. im Jugendamt
2. bei Pflegeelternverbänden
3. im Jugendhilfeausschuss

Rahmenbedingungen geschaffen werden, die es möglich machen, in der Vorbereitung, Vermittlung und Begleitung des Pflegeverhältnisses fachliche Hilfestellung zu geben. Neben dem qualifizierten und spezialisierten Sozialarbeiter braucht dieser ausreichend Zeit für die Beratung aller Beteiligten, auch der Begleitung der Herkunftsfamilie, der er bei Umgangskontakten in der Regel immer wieder begegnet. Die Aussage zu den Fallzahlen für einen Sozialarbeiter kann bei der Qualitätsentwicklung im Pflegekinderwesen nicht umgangen werden.

9. Der Hilfeplanungsprozess

9.1. Was ist Hilfeplanung?

Die Hilfeplanung ist ein Prozess, der im Zusammenwirken mehrerer Fachkräfte mit den Beteiligten zu erarbeiten ist (§ 36 SGB VIII). Dies geht wesentlich über den schriftlich fixierten Hilfeplan hinaus. Vor einer fachlich fundierten Entscheidung über eine Hilfegewährung für ein Kind hat eine gründliche Anamnese und daraus folgernd eine psychosoziale Diagnose und eine vorsichtige Prognose über den Lebensmittelpunkt zu erfolgen. Nicht gründlich vorbereitete Entscheidungsgrundlagen für die Hilfeplanung beinhalten sehr häufig schwerwiegende Konfliktlagen für das Kind, die Pflegefamilie und die Herkunftsfamilie.

9.2. Die Doppeleignung als Pflege- und Adoptiveltern

Die Vorbereitung auf die Aufnahme eines Kindes ist sowohl bei Pflege- wie auch Adoptiveltern von großer Bedeutung. Beide sind auf kindzentriertes Denken hinzuführen, und es gilt Ängste abzubauen. Dort, wo die Parole ausgegeben wird, dass Pflegekinder immer „Kinder auf Zeit" sind, werden gerade kindzentriert denkende Eltern davon abgehalten, dem Kind eine Heimat zu geben. Ich hörte in den Beratungsgesprächen immer wieder den Satz: „Wenn das Kind bei uns sein Zuhause gefunden hat und wir damit rechnen müssen, dass es jederzeit weg geholt werden kann, können wir das nicht aushalten". Meine Antwort war: „Wenn Sie das so einfach aushalten könnten, wären Sie auch nicht die Pflegeeltern oder die Adoptiveltern, die wir suchen."

Wertschätzung der Herkunft gegenüber als Grundhaltung ist sowohl bei der Adoption wie auch bei einem Pflegeverhältnis eine wichtige Voraussetzung für die Entwicklung des Kindes. Da besteht zwischen beiden Gruppen wenig Unterschied, zumal die offenen Formen der Adoption mit gelegentlichen Besuchen nicht ungewöhnlich sind.

Adoptiveltern, die ein Kind mit dem Ziel der Adoption aufnehmen, können ebenfalls nicht gewiss sein, ob es zu einer Adoption kommt. Zum einen können die leiblichen Eltern die notarielle Einwilligung nicht geben, oder das Kind birgt solch große Entwicklungsrisiken, dass sich die Adoptiveltern nicht zur Adoption entschließen können und das Kind als Pflegekind in dieser Familie aufwächst. Bei der Vermittlung eines Kindes gilt es die am Besten geeigneten Eltern für dieses Kind zu finden und erst danach kommt die Frage in der Hilfeplanung, ob es ein Adoptions- oder Pflegeverhältnis wird. Es ist ein Prozess, der sich in beide Richtungen entwickeln kann.

Bei Säuglingen und Kleinkindern, bei denen die Rückkehr in die Herkunftsfamilie in einem dem kindlichen Zeitgefühl entsprechenden Rahmen nicht möglich erscheint, ist in § 36 SGB VIII vorgeschrieben, dass vor und während einer langfristig zu leistenden Hilfe außerhalb der eigenen Familie zu prüfen ist, ob die Annahme als Kind in Betracht kommt. Da auch heute noch viele Fachkräfte Adoption mit Inkognitoadoption verwechseln, wird diese Prognose bei der Unterbringung kaum einmal erwähnt.

Bei kleinen Kindern kommt es häufig vor, dass sie in Familien mit mehreren Kindern vermittelt werden unter dem Gesichtspunkt, dass diese Familien nicht adoptieren wollen. Aus der Erfahrung heraus ist jedoch zu sagen, dass immer wieder der Fall eintritt, dass leibliche Eltern ihr Kind an die Pflegeeltern zur Adoption freigeben wollen, wenn sie sehen, dass das Kind in der Pflegefamilie seine Heimat gefunden hat oder wenn Kosten von ihnen für die Unterbringung eingefordert werden. Diese Frage gehört als mögliche Option vor der Hilfeplanung überdacht. Hier ist es wichtig, dass Familien ausgesucht werden, die sowohl mit dem Pflegekinderstatus leben können als auch zur Adoption bereit sind.[113]

Die Klärung dieser Option im Vorfeld kann aus einem weiteren Grund Bedeutung erlangen. In der Praxis kommt es immer wieder vor, dass sich eine Pflegefamilie mit bereits erwachsenen Kindern für die Aufnahme eines Pflegekindes zur Verfügung stellt, welche aber nicht damit rechnet, dass sich bei einem Pflegekind eventuell auch die Frage der Adoption stellt. Später dann, wenn das Kind längere Zeit in der Pflegefamilie lebt und es von den Herkunftseltern zur Adoption freigegeben wird, wird diese Frage zwischen den Pflegeeltern und dem Jugendamt geklärt werden müssen. Die Entscheidung liegt bei den Pflegeeltern. Es ist zu bedenken, dass das Bundesverfassungsgericht sich dazu geäußert hat.

Wenn tatsächlich ein Wechsel des Kindes von der Pflegefamilie in eine Adoptivfamilie geplant wird, haben die Pflegeeltern die Möglichkeit, einen Antrag auf Verbleib nach § 1632 Abs. 4 BGB zu stellen.

---

113 vgl. Landesjugendamt Karlsruhe, Knester 1999, S. 18f.

Im Urteil des Bundesverfassungsgerichtes wird festgestellt, dass die Adoption grundsätzlich einem Pflegeverhältnis vorzuziehen ist.[114] Das Bundesverfassungsgericht gibt nicht in jedem Fall vor, dass ein Kind aus einer Pflegefamilie in eine Adoptivfamilie wechseln muss, es sagt jedoch eindeutig, dass geprüft werden muss, ob die in Aussicht genommenen Adoptiveltern voraussichtlich in der Lage sind, die mit der Trennung des Kindes von den Pflegeeltern verbundenen psychischen Beeinträchtigungen zu mildern. Diese Risikoabwägung, die das Bundesverfassungsgericht einfordert, ist durchaus kritisch zu bewerten, aber sie muss beachtet werden.

Als Schlussfolgerung und zur Vermeidung solcher Situationen muss vom Fachdienst im Vorfeld sorgfältig eine Doppeleignung von Adoptivbewerbern als Pflegeeltern, insbesondere bei der Unterbringung von kleinen Kindern, geprüft werden, weil die Übergänge von der Vollzeitpflege zur Adoption oft fließend sind. Um den Prüfauftrag nach § 36 KJHG nachkommen zu können, ist eine sehr enge Zusammenarbeit zwischen Adoptionsvermittlung und Pflegekinderdienst unabdingbar. Vor dem Hintergrund, dass eine oben beschriebene Situation nicht gewünscht sein kann, wurden vom Landesjugendamt Karlsruhe Handlungsstandards erarbeitet, die den Anforderungen der Praxis bei der Vermittlung von kleinen Kindern, sei es als Adoptiv- oder als Pflegekind, Rechnung tragen.[115]

Die Praxis beachtet diese Vorgaben oft nicht. Nicht selten werden Adoptionsbewerbern Besitzansprüche unterstellt und ihnen die Eignung als Pflegeeltern generell abgesprochen. Da ich, wie bereits mehrfach erwähnt, gerade unter den kinderlosen Adoptionsbewerbern für entwicklungsbeeinträchtigte Kinder die besten Bedingungen für Kinder vorfand und diese auch mit der Herkunftsfamilie einfühlsam und verständnisvoll umgingen, kann ich diese Hypothese nicht bestätigen.

9.3. Die psychosoziale Diagnose

Die Entscheidung, dass ein Kind aus der Herkunftsfamilie herausgenommen wird und in eine Pflegefamilie kommt, ist eine schicksalhafte Weichenstellung für das Kind, die Herkunftsfamilie und die Pflegefamilie. Unabhängig davon, ob es sich um eine Unterbringung des Kindes auf Wunsch der Eltern oder um

---

114 BVerfGE 79, S. 51, 59; vgl. hierzu § 36 Rz. 31 f. sowie OLG Karlsruhe, FamRZ 1999, S. 1686
115 Landesjugendamt Karlsruhe 1999

eine Maßnahme zum Schutze des Kindes im Rahmen eines Sorgerechtsentzugsverfahrens handelt.

In den 1990er Jahren wurde eine kontroverse Diskussion darüber geführt, ob eine psychosoziale Diagnose zulässig ist oder ob die Hilfeplanung ein Aushandlungsprozess zwischen dem Jugendhilfeträger, den Personensorgeberechtigten und dem Kind ist. Gegen eine umfangreiche Informationssammlung und systematische Auswertung wurden insbesondere datenschutzrechtliche Zweifel erhoben.

Harnach-Beck (1995a, b, 1999), Maas (1997) Petermann und Schmid (1995) vertreten jedoch wie andere Autoren den Standpunkt, dass die Erstellung einer fachlich begründeten psychosozialen Diagnose eine wesentliche Grundbedingung für eine angemessene und erfolgreiche Hilfeplanung ist.[116]

Wenn nicht ergründet wird, wie es zu der gegenwärtigen Entwicklung kam und lediglich mit den Personensorgeberechtigten „ausgehandelt" wird, welche Hilfe sie bereit sind anzunehmen, kann auch keine Prognose über den weiteren Hilfeverlauf gestellt werden.

Dieser „Aushandlungsprozess" ist nicht neu, er war vielmehr bis in die 1980er die Regel. In alten Akten fand sich häufig nur das, was die Personensorgeberechtigten für sich wollten. Wünsche des Kindes wurden damals kaum genannt. Obwohl in § 36 SGB VIII steht, dass Kinder und Jugendliche zu beteiligen sind, ist zu bezweifeln, ob heute die Wünsche des Kindes Beachtung finden. In einer Erhebung von Becker wurde belegt, dass nur 6% der Jugendämter den Wünschen des Kindes in ihrem Frageraster zum Hilfeplan Beachtung schenken.[117]

Helga Oberloskamp hat für die Erarbeitung einer psychosozialen Diagnose gültige Maßstäbe in der sozialen Arbeit aufgestellt.[118] Dieser Standard wird besonders bei Unterbringungen, die auf Antrag der Eltern erfolgen, bei Jugendämtern oft nicht eingehalten oder unter Berufung auf den Datenschutz abgelehnt.

Die Praxis lehrt, dass der fallführende Sozialarbeiter eine gründliche Vorbereitung durch eine psychosoziale Diagnose braucht, damit er zu einer fachlich fundierten Entscheidung kommen kann. Ebenfalls ist es für das Ziel der Hilfe erfor-

---

116   vgl. Fröhlich-Gildhoff 2002, S. 12f
117   Fröhlich-Gildhoff 2002, S. 28.
118   Oberloskamp/Balloff/Fabian 2001

derlich, dass derjenige, der die Hilfe durchführt – in diesem Fall die Pflegeeltern – zum Verständnis des Kindes die notwendigen Informationen bekommen.

Der Sozialarbeiter sammelt alle verfügbaren Informationen, die sowohl bei den Beteiligten als auch bei anderen Fachdiensten und Fachkräften erhoben wurden und werden. Die Risiken- und Schutzfaktoren für dieses Kind müssen gründlich und systematisch ausgewertet werden. Ein oberflächliches Arbeiten in dieser Phase birgt für die Zukunft die Gefahr von schweren Konflikten in sich. Es muss auch für jedes Kind eine vorsichtige Prognose über die Lebensperspektive gewagt werden.

Es gibt Situationen, in denen bereits vor der Unterbringung feststeht, dass der bisherige Entwicklungsverlauf und die defizitäre Familiensituation gezeigt haben, dass eine Rückkehr des Kindes zu seinen leiblichen Eltern nicht möglich sein wird. Die Anrufung des Familiengerichtes und damit die eindeutige Klärung der rechtlichen Situation ist eher als günstig zu bewerten. Dort, wo die rechtliche Situation unklar ist, das volle Sorgerecht bei den Eltern verbleibt, obwohl sie die Pflicht, für das Kind zu sorgen, nicht wahrnehmen können oder wollen, sind die Pflegeeltern immer wieder gezwungen, im rechtlosen Raum zu agieren. Damit werden sie angreifbar, was zur Verunsicherung der Pflegeeltern in der Erfüllung ihres Erziehungsauftrages führen kann.

Der Frankfurter Kommentar zum SGB VIII sagt Folgendes aus:[119]
Das Gesetz geht davon aus, dass die Rückkehr des Kindes oder Jugendlichen zu den Eltern vorrangiges Ziel der Fremdunterbringung ist (§ 37 Abs. 1 Satz 2 SGB VIII). Voraussetzung ist, dass eine Verbesserung der Erziehungsbedingungen in der Herkunftsfamilie in – aus der Perspektive des Kindes – vertretbarer Zeit erwartet werden kann und die Rückkehr mit dem Wohl des Kindes oder Jugendlichen vereinbar ist. Schon bei der Entscheidung über die Hilfe außerhalb der eigenen Familie (§ 36 SGB VIII) gilt es regelmäßig, eine Prognose darüber abzugeben, ob diese Unterbringung im Interesse des Kindes oder Jugendlichen zeitlich befristet oder auf Dauer angelegt sein soll. Prognosen bedürfen einer fortwährenden Evaluation hinsichtlich ihrer Verwirklichung (vgl. § 36 Abs. 2 Satz 2 Halbsatz 2). Wird sie jedoch ausdrücklich formuliert, so ergibt sich daraus die Notwendigkeit, die jeweilige Option zu begründen und zur Erreichung des jeweils angegebenen Ziels die erforderlichen Ressourcen anzugeben und einzusetzen.

Abs. 1 Satz 2 fordert vor dem Hintergrund der Ziele des § 1 Abs. 1 und 3 Rückführungsbemühungen nur dort, wo positive emotionale Bindungen der Kinder und Jugendlichen zur Herkunftsfamilie die Rückführung im Interesse der

---

[119] Münder 2006, S. 517

betroffenen Minderjährigen auch als mit dem Wohl des Kindes oder Jugendlichen vereinbar erscheinen lassen. Hat sich bei lang andauernder Misshandlung (Vernachlässigung, physische oder psychische Misshandlung oder sexueller Missbrauch) die Beziehung zur Herkunftsfamilie angstbesetzt, traumatisch und/ oder destruktiv entwickelt, ist besonders sorgfältig zu prüfen, ob positive emotionale Bindungen bestehen oder realistischerweise entstehen können. Bei der Klärung der Perspektive über den Lebensmittelpunkt sind dabei entwicklungshemmende Entscheidungsverzögerungen zu vermeiden und ggf. bei der Hilfe außerhalb der eigenen Familie von vornherein auf eine auf Dauer angelegte Lebensperspektive hinzuarbeiten.

Der Hilfeverlauf hängt weitgehend ab von der Erforschung
- der bisherigen Entwicklung des Kindes und dessen Familie sowie dem sozialen Umfeld,
- der bisher erbrachten Hilfeleistungen für die Herkunftsfamilie und das Kind,
- der Begründung der Frage, warum die angebotenen Hilfeleistungen für die Herkunftsfamilie die Situation des Kindes nicht positiv verändern konnten,
- der langfristigen Entwicklungschancen des Kindes, bezogen auf sein Alter,
- der Qualität der bisherigen Bindungen und eventueller Traumatisierung und daraus resultierend einer Prognose,
- der Bedürfnisse des Kindes und der Erkundung seines Willens,
- des Anschauens auch der Bereiche, die Fachkräfte dann ausklammern, wenn sie persönlich Schwierigkeiten mit einem Problem haben, z.B. dem Verdacht auf Misshandlungen oder sexuellem Missbrauch, wenn keine körperlichen Spuren feststellbar sind.

Wenn nur das „Hier und Jetzt" beachtet und der Blick in die Vergangenheit und die Zukunft ausgeklammert wird, und gleichzeitig ausgehandelt wird, was sich die Personensorgeberechtigten als Hilfe wünschen, werden für die Zukunft Konflikte verschlimmert. Eine nachträgliche Korrektur ist dann kaum mehr möglich.

Die Ursachen des Hilfebedarfs müssen für dieses Kind umfassend ergründet werden. Die Wahlfreiheit der Personensorgeberechtigten kann das Kindeswohl nicht außer Acht lassen. Die Frage, ob eine Heimunterbringung oder eine Unterbringung in einer Pflegefamilie für dieses Kind erforderlich ist, kann nicht nur aus diesem Gesichtswinkel gesehen werden. Vorrang hat die Abwägung dessen, was für die Entwicklung dieses Kindes erforderlich ist.

Wenn Pflegeeltern nicht wissen, was vorher war und mit welchen Belastungen sie zu rechnen haben, können sie auch nicht beurteilen, ob dieses Kind in ihrer Familie den richtigen Platz hat. Diese Einschätzung wird zu Recht von der Pflegefamilie erwartet, sie erfordert aber auch von der Fachkraft gründliche Vorarbeit.

Immer wieder sind Hilfepläne zu lesen, die die Gründe für die Unterbringung entweder gar nicht nennen oder die Situation des Kindes verharmlosen.

Folgendes ist bezeichnend für diese Haltung:
Die Mutter wurde als Jugendliche drogenabhängig und hatte bereits zwei Kinder schwer vernachlässigt. Diese wurden in Pflegefamilien untergebracht und das Sorgerecht musste der Mutter entzogen werden. Sie hatte bereits seit vier Jahren das Methadonprogramm mitgemacht und zusätzlich Tabletten und Alkohol konsumiert.

Der Vater des dritten Kindes war ein schwer alkoholkranker Mann, der zudem wiederholt wegen gewalttätiger Konflikte straffällig wurde. Die schwangere Frau flüchtete immer wieder zu ihrer Großmutter, um bei ihr Schutz zu suchen. Die Großmutter hatte sie seit frühester Kindheit versorgt und konnte mit ihrer energischen Art dem angehenden Vater des Kindes Einhalt bieten. Wenn jedoch der akute Konflikt vorbei war, ging die schwangere Frau wieder zu dem Mann zurück, obwohl er sie regelmäßig schwer misshandelte.

Eine Drogentherapie wurde nicht in Erwägung gezogen, weil die Mutter neben der Abhängigkeit auch an Krebs erkrankt war und sie bisher keine angebotene Therapie durchgehalten hatte. Bezeichnend war auch, dass sie seit mehreren Jahren die Höchstdosis im Methadonprogramm erhielt. Aufgrund der Vorgeschichte lag die Schlussfolgerung nahe, dass die Therapeuten ihr das Leben so erträglich wie möglich machen wollten, dass sie jedoch keine Hoffnung auf Heilung durch eine Therapie hatten.

Nach der Geburt des Kindes kümmerte sich die Mutter nur kurz um das Kind, sie hielt sich während des Krankenhausaufenthaltes weitestgehend im Freien zum Rauchen auf. Sie verschwand auch ohne Erklärung aus der Klinik und kam innerhalb des vierwöchigen Klinikaufenthaltes des Kindes nur zweimal zu einem kurzen Besuch zum Kind. Nach vier Wochen erschien der betrunkene Vater in der Klinik und randalierte. Er wollte das Kind mitnehmen, weil es sein Kind sei. Dass das Kind schwere Entzugserscheinungen hatte, interessierte beide Elternteile nicht. Das Jugendamt nahm das Kind in Obhut, und nachträglich stimmte die sorgeberechtigte Mutter „freiwillig" in die Unterbringung in einer Pflegefamilie zu.

Verwunderlich war, was im Hilfeplan stand. Er ist ein Beispiel für mangelnde Klarheit und Transparenz. Die Vorgeschichte wurde ausgeklammert und den Pflegeeltern die, für die Erziehung, notwendigen Daten vorenthalten. Der standardisierte Hilfeplan ist nachfolgend wörtlich zitiert:

Es ist zu lesen:

I.   **Bedarf an Förderung und Unterstützung für die weitere Entwicklung des jungen Menschen?**

Aus Sicht des Personenberechtigten:

Antwort: Seit der Geburt befindet die Mutter sich in ärztlicher Behandlung. Sie sehe sich aus diesem Grunde nicht in der Lage, ihr Kind selbst zu versorgen und hat einer vorübergehenden Unterbringung des Kindes in einer Pflegefamilie zugestimmt. Die Mutter will alles tun, um wieder gesund zu werden und dann ihr Kind selbst versorgen.

Aus Sicht anderer Institutionen:

Antwort: Von seiten der Klinikärzte wurde die Entscheidung der Mutter im Sinne des Kindes unterstützt.

Aus Sicht des Jugendamtes:

Antwort: Das Kind ist auf eine zuverlässige Versorgung, Betreuung und liebevolle Zuwendung angewiesen, welche die Mutter aus gesundheitlichen Gründen derzeit nicht im erforderlichen Umfang leisten kann. Die Hilfe ist notwendig und geeignet.

II.   **Auf welche Hilfe haben sich die Beteiligten verständigt?**

Antwort: Vollzeitpflege

III.   **Zielsetzungen, Aufgaben und notwendige Leistungen für den jungen Menschen?**

LEBENSPRAKTISCHE ERZIEHUNG IM ALLTAG

a) Ziele:

Antwort: Geregelter Tagesablauf

b) Aufgaben:

Antwort: Ernährung, Bewegung, Zuwendung, Spazieren fahren, Arztbesuche, etc. Körperhygiene und Gesundheit, Säuglingspflege, ärztliche Versorgung: Pflege, Arztbesuche, Heilbehandlung und therapeutische Unterstützung sicherstellen.

c) Wer übernimmt welche Aufgaben?

Antwort: Pflegeeltern, Arzt, Therapeuten, Mutter, die Pflegeeltern informieren die Mutter über fällige Arzttermine und bei solchen, die darüber hinaus notwendig werden.

PERSÖNLICHKEITSENTWICKLUNG:

a) Ziele:

Antwort: Das Kind soll im familiären Rahmen aufwachsen

b) Wer übernimmt welche Aufgaben?

Antwort: Pflegeeltern, Mutter

SOZIALE KOMPETENZ:

a) Ziele:

Antwort: Der familiäre Rahmen bietet die Möglichkeit für erste soziale Erfahrungen

b) Aufgaben:

Antwort: Erwachsenenvorbild

c) Wer übernimmt welche Aufgaben?

Antwort: Pflegeeltern, Mutter

IV.	Mitwirkung der Eltern

Welche Veränderungen sind die Personensorgeberechtigten gefordert vorzunehmen, ihr Kind in seiner weiteren Entwicklung zu fördern und die Erziehungsbedingungen für das Kind ausreichend zu verbessern?

Antwort: Die Mutter und die Pflegeeltern arbeiten in einer offenen und vertrauensgebenden Atmosphäre miteinander. Die Mutter kümmert sich um die Wiederherstellung ihrer Gesundheit. Sie nimmt die Empfehlungen der Ärzte an und arbeitet mit ihnen zusammen.

V.	Bei außerfamiliären Hilfen

Ist eine Rückkehr des jungen Menschen in die Herkunftsfamilie vorgesehen?

Antwort: Ja

Wenn ja, welche Voraussetzungen schaffen die Personensorgeberechtigten, um ihrem Kind eine Rückkehr zu ermöglichen?

Antwort: Die Mutter will mit ärztlicher Unterstützung ihre Gesundheit stabilisieren, damit es ihr möglich wird, das Kind bei sich aufzunehmen und selbst zu versorgen und zu erziehen.

Welche konkreten Schritte unternehmen die Personensorgeberechtigten hierzu bis zum nächsten Hilfeplangespräch?

Antwort: Die Mutter beabsichtigt zunächst in eine Kur zu gehen. Weitere Entscheidungen über die medizinische Behandlung sollen von ärztlicher Seite fallen.

Wenn nein: Welche auf Dauer angelegte Lebensperspektive wird geplant?

Antwort: Entfällt

Das Beispiel zeigt, dass hier weder eine gründliche Information der Pflegeeltern erfolgt ist – diese erfolgte über die Klinik im Laufe der ärztlichen Untersuchungen des Kindes – noch eine gründliche psychosoziale Diagnose und eine realistische Prognose erstellt wurde. Dieses Jugendamt ging wie viele andere davon aus, dass die Pflegeeltern aus Datenschutzgründen keine Informationen über die Herkunftsfamilie erhalten dürfen.

Das, was im Hilfeplan steht, entspricht in keinem Punkt der Realität und widerspricht dem Interesse des Kindes. Weder das Alter des Kindes noch die Möglichkeit der Veränderung der Erziehungsfähigkeit der Mutter wurden angesprochen. Der kindliche Zeitbegriff wurde der Mutter nicht nahe gebracht. Die Vergangenheit war kein Thema, und über die Lebensperspektive des Kindes kam die Antwort: Entfällt.

Die Pflegeeltern waren in diesem Fall sehr kooperativ, aber nicht bereit, diesen Hilfeplan zu unterschreiben. Die Mutter wollte zunächst wöchentliche Besuche, war aber nicht in der Lage, diese regelmäßig einmal im Monat wahrzunehmen.

Das Kind ist in der Zwischenzeit zwei Jahre alt und immer noch besteht kein gültiger Hilfeplan. Was sich jedoch ereignet hat, ist die Tatsache, dass die Mutter einsehen kann, dass das Kind neue Eltern gefunden hat und sie dem Kind kein Leid zufügen möchte.

Das Jugendamt hat immer noch Schwierigkeiten, die Tatsache anzuerkennen, dass das Kind die Pflegeeltern zu seinen Eltern gemacht hat. Bei einem Gespräch nach einem Wechsel des Sozialarbeiters meinte dieser, dass er den Pflegeeltern das Kind „doch nicht schenken kann", als sie ihn auf die Lebensperspektive des jetzt zweijährigen Mädchens ansprachen.

Diese Haltung von Jugendämtern ist zwar nicht die Regel, aber sie ist noch viel zu häufig anzutreffen. Besonders oft ist diese Haltung in Jugendämtern zu beobachten, die keinen spezialisierten Pflegekinderdienst haben.

9.4. Die Beteiligung der Betroffenen

Die Beteiligung der Betroffenen beinhaltet, dass Klarheit, Transparenz und Ehrlichkeit die Grundlage des Hilfeverlaufes sind. Die Herkunftsfamilie muss über die Folgen der Fremdunterbringung des Kindes aufgeklärt werden. Dies bedeutet auch, dass sie über das biologisch begründete Bindungsbedürfnis des Kindes, im Besonderen des Säuglings und des Kleinkindes, aufgeklärt werden. Es geht hier nicht um das Erreichen einer möglichst konfliktfreien Lösung, wenn diese nicht auf Ehrlichkeit beruht. Um zu einer schnellen Lösung zu kommen, wird leiblichen Eltern nicht selten gesagt, dass sie das Kind bis zum Schuleintritt oder bis zum Kindergartenalter in eine Pflegefamilie geben mögen und bis dahin ihre Verhältnisse in Ordnung bringen oder z.B. ihre Lehre beenden sollen. Wie viel berechtigte Bitterkeit es dann auslöst, wenn die Pflegeeltern zum Schutze der Bindungen des Kindes einen Antrag nach § 1632 Abs. 4 BGB auf Verbleib in der Pflegefamilie stellen, weiß jeder, der in Pflegekinderdiensten arbeitet.

Pflegeeltern müssen wissen, dass es zu einem verantwortungsbewussten Wahrnehmen ihrer Aufgaben gehört, den kindlichen Zeitbegriff zu respektieren und sie dann, wenn das Kind sie zu seinen Eltern gemacht hat, auch die Schutzaufgaben der sozialen Elternschaft wahrzunehmen haben.

Wenn Verabredungen getroffen werden, dass das Kind für mehrere Jahre in eine Pflegefamilie gegeben wird und dann wieder zu den leiblichen Eltern zurück kann, ist dies rechtswidrig, weil der kindliche Zeitbegriff nicht beachtet wird. Wenn das Kind durch die Herausnahme aus der Pflegefamilie nachhaltig geschädigt wird, so ist die Aussage im Hilfeplan wertlos. Die Pflegeeltern haben unabhängig davon, was im Hilfeplan geschrieben steht, das Recht, den Antrag auf Verbleib des Kindes in ihrer Familie gemäß § 1632 Abs. 4 BGB zu stellen. Es geht eindeutig um das Wohl des Kindes, wie es das Bundesverfassungsgericht immer wieder festgestellt hat.

Der § 36 Abs. 1 SGB VIII sagt aus, dass der Personensorgeberechtigte und das Kind oder der Jugendliche vor ihrer Entscheidung über die Inanspruchnahme einer Hilfe und vor einer notwendigen Änderung über Art und Umfang der

Hilfe zu beraten und auf die möglichen Folgen für die Entwicklung des Kindes oder Jugendlichen hinzuweisen sind.

Wenn eine Hilfe über längere Zeit zu leisten ist, soll die Entscheidung im Zusammenwirken mehrerer Fachkräfte getroffen werden. Auch andere Personen, die bei der Leistungserbringung aktiv beteiligt sind, insbesondere Pflegepersonen, sind hinzuzuziehen (§ 36 Abs. 2 Satz 3 SGB VIII).

Der Beteiligtenstatus der Pflegeeltern am Hilfeplanverfahren wird gelegentlich angezweifelt. Die praktische Beteiligung am Hilfeplanverfahren kann jedoch nicht in Frage gestellt werden.

Neben den Bestimmungen des SGB VIII § 36 Abs. 2 Satz 3 ist in SGB X § 12 Abs. 1 Nr. 4 festgelegt, dass die Behörde bei einem Sozialverwaltungsverfahren von Amts wegen oder auf Antrag diejenigen, deren rechtliches Interesse durch den Ausgang des Verfahrens berührt wird, als Beteiligte hinzuziehen müssen.

9.5. Vollzeitpflege als geeignete Hilfeform

Der Hilfeplan ist in der Regel vor der Aufnahme des Kindes in der Pflegefamilie zu erstellen. Die Pflegefamilie ist nicht beteiligt bei der Feststellung und Entscheidung, dass eine Vollzeitpflege für dieses Kind die geeignete Hilfe ist.

Die Entscheidung, ob das Kind „familienfähig" ist, ist Sache des Jugendamtes. Allerdings gilt es zu hinterfragen, ob eine theoretische Entscheidung möglich ist, ob ein Kind familienfähig ist oder nicht. Es kommt vielmehr darauf an, ob eine Pflegefamilie vorhanden ist, die dieses Kind mit seinen Eigenheiten und seiner Geschichte innerlich annehmen kann, und ob das Kind, das vielleicht auf andere Menschen mit großem Misstrauen reagiert, gerade zu diesen Menschen Vertrauen entwickeln kann.

Grundsätzlich ist jedes Kind für die Familienpflege geeignet, wenn es die für dieses Kind günstigen Bedingungen vorfindet:[120]

Ich erinnere mich an die Situation von Carola, die inzwischen 18 Jahre alt ist. Damals, mit sieben Jahren, war sie schwer verwahrlost. Bei der Untersuchung zur Einschulung ist sie mit ihrem erheblichen Entwicklungsrückstand aufgefallen. An ihrem Körper waren Narben und blaue Flecken zu sehen. Sie sprach

---

120 vgl. Fröhlich-Gildhoff 2002, S. 95f

fast nichts. Sie hatte keinen Kindergarten besucht. Die Eltern machten einen hilflosen Eindruck.

Der untersuchende Arzt wandte sich an das Jugendamt und wies auf die Vernachlässigung und mögliche Misshandlung des Mädchens hin. In den Gesprächen mit den Eltern wurde deutlich, dass sie schon lange mit Carola überfordert waren und froh wären, wenn sie in eine andere Familie käme. Sie selbst sahen keinen Weg, zumal nun noch ein sechs Monate altes Baby da war, das Tag und Nacht schrie, so dass sie sich nicht zu helfen wussten. Sie gaben zu verstehen, dass sie manchmal ausrasteten und Angst hätten, dem Baby etwas anzutun. Im Einverständnis mit den Eltern wurden beide Kinder untergebracht. Es wurde mit den Eltern eingehend besprochen, dass eine Unterbringung ihrer Kinder in einer Pflegefamilie eine auf Dauer angelegte Lebensperspektive sein muss. Obwohl diese Klarheit für die Eltern schmerzlich war, konnten sie dies im Interesse der Kinder verstehen. Sie waren sich bewusst, dass beide Kinder Schaden genommen hatten und dass alles daran gesetzt werden muss, dass sie eine Heimat in einer Familie finden.

Vor der Unterbringung wurde auch darüber gesprochen, dass die rechtliche Situation der Kinder klar sein muss, wenn die Kinder in einer Pflegefamilie eine neue Heimat gefunden haben. Eine entsprechende vorläufige Erklärung der Eltern gemäß § 1630 Abs. 3 BGB wurde, vor der Unterbringung der Kinder in einem Kleinstheim, aufgenommen.

Während des Heimaufenthalts fanden weitere Gespräche mit den Eltern über die Situation der Kinder statt. Es wurde klar, dass bei dem hohen Bedarf beider Kinder auf Zuwendung und Förderung die Geschwister getrennt in Familien untergebracht werden müssen.

Für den kleinen Michael war bald eine geeignete Pflegefamilie gefunden. Die Herkunftseltern lernten die Pflegeeltern kennen und waren mit diesen einverstanden. Die Pflegeeltern zeigten den leiblichen Eltern, dass sie Verständnis für ihre schwierige Situation hatten.

Carola blieb in dem Kleinstheim. Die Diagnose bezeichnete sie als nicht familienfähig. Da Carola in ihrer Herkunftsfamilie nichts zu erwarten hatte, konnte ich mich mit dieser Diagnose nicht abfinden, zumal aufgrund des Alters der Heimleiterin zu erwarten war, dass das Mädchen in diesem Heim nicht genug Zeit haben würde, um erwachsen zu werden.

Carola war sehr still und ängstlich. Sie hatte einen äußerst geringen Wortschatz und zeigte sich Menschen gegenüber misstrauisch. Wenn mögliche Pflegeeltern im Heim waren, merkte sie trotz aller Vorsicht der Heimleiterin, dass der Besuch ihr galt, und reagierte mit offener Ablehnung. Das änderte sich erst, als Frau X – eine mögliche Pflegemutter – einige Tage als Praktikantin in dem Heim tätig war. An diese schloss sie sich sofort an, suchte Zärtlichkeit bei ihr und löste bei dieser wiederum ein Fürsorgeverhalten aus. Carola war es, die die „Praktikantin" fragte, ob sie mit ihr nach Hause darf. Und dort ist sie bis heute. Sie hat die Förderschule besucht und mit gutem Ergebnis abgeschlossen. Derzeit macht sie eine beschützte Lehre. Sie wird auch über die Volljährigkeit hinaus den Schutz der Familie brauchen. Sie ist in dieser Familie zu Hause und als vollwertiges Familienmitglied akzeptiert. Schon lange trägt sie den Namen der Familie, zu der sie sich voll zugehörig fühlt.

Ein schwerwiegender Irrtum ist es, wenn Fachkräfte behaupten, dass für das Gelingen eines Pflegeverhältnisses die innere Zustimmung der Herkunftseltern Voraussetzung wäre. Wenn die Herkunftseltern von Fachkräften in die Richtung der freiwilligen Zustimmung beraten werden und sie von diesen in ihrer Trauerarbeit begleitet werden, ist dies ein guter Weg. Verhängnisvolle Auswirkungen gibt es für das Kind dort, wo Herkunftseltern mit einer Heimunterbringung, aber nicht mit dem Aufwachsen in einer Pflegefamilie einverstanden sind. Das Hinnehmen und Umsetzen dieses Wunsch- und Wahlrechtes der Herkunftseltern ist im Einzelfall mit dem Kindeswohl nicht zu vereinbaren.

Ich möchte ein Kind beschreiben, dessen Schicksal mich immer noch sehr bewegt:
Die Mutter von Janina war bei deren Geburt bereits schwer krebskrank. Die älteren Geschwister waren volljährig. Die Familie hatte im Vorfeld mit den Kindern Probleme, und die Mutter konnte auch in gesunden Tagen schlecht für die Familie sorgen, weil sie alkoholabhängig war.

Der Vater von Janina, der wesentlich jünger war und noch in der Ausbildung an einem weit entfernten Ort war, kam nur am Wochenende in die Familie. Nach der Geburt wurde das Mädchen von ihren älteren Schwestern versorgt. Die Mutter verstarb, als Janina etwas über ein Jahr alt war. Der Vater bekam Urlaub zur Versorgung des Mädchens.

Er bekam alle Hilfen angeboten, die es ihm ermöglicht hätten, Janina selbst zu versorgen. Er entschied sich, sie in eine Pflegefamilie zu geben. Im Hilfeplan wurde festgehalten, dass sie jedes Wochenende beim Vater verbringt. Die Aufnahme des Mädchens in der Pflegefamilie erfolgte an ihrem zweiten Geburtstag.

Durch den dauernden Wechsel der Bezugspersonen und auch dadurch, dass der Vater in der Vergangenheit aus Ausbildungsgründen kaum präsent war, war Janina sehr distanzlos. Als sie sich in die Pflegefamilie integrierte und diese Familie als ihr Zuhause empfand, wollte sie bald abends mit Entschiedenheit nach Hause, zu den Pflegeeltern.

Die Besuche wurden im Einverständnis mit allen Beteiligten auf Tagesbesuche festgelegt. Janina entwickelte sich positiv und hatte ein herzliches Verhältnis zu den Geschwistern in der Pflegefamilie und zu den Pflegeeltern. Sie hatte sichere

Bindungen zu den Pflegeeltern entwickelt. Der Vater hatte einen guten Platz in der Pflegefamilie. Er war ein willkommener Gast und es bestand ein freundschaftliches Verhältnis zwischen Pflegefamilie und Vater. Die ursprünglichen schweren Verhaltensprobleme waren im Alter von circa vier Jahren weitgehend behoben.

Kurz vor der Einschulung von Janina erklärte der Vater, dass er eine neue Lebensgefährtin habe, eine schöne Eigentumswohnung gekauft hätte und jetzt zur Einschulung das Mädchen zu sich nehmen werde. Die äußeren Verhältnisse waren tatsächlich gut.

Janina reagierte mit heftigen Verhaltensauffälligkeiten, sie zerstörte ihre Lieblingsspielzeuge, zerstörte eine geschmackvolle Puppenstube, die der Vater und die Lebensgefährtin ihr zu Weihnachten geschenkt hatten und war in die Verhaltensweisen zurückgefallen, die sie als Kleinkind bei der Aufnahme in der Pflegefamilie gezeigt hatte.

Eine Beratungsstelle wurde eingeschaltet. Der Pflegekinderdienst wies auf die Veränderungen von Janina hin. Der neu zuständige Allgemeine Soziale Dienst beurteilte die neue Familie sehr positiv. Schließlich reduzierten die Beratungsstelle und der Allgemeine Soziale Dienst das Problem auf Loyalitätsprobleme des Mädchens. Diese beiden Dienste konnten die Pflegeeltern davon überzeugen, dass sie Janina „loslassen" müssen, damit es eine gesunde Entwicklung nehmen könne.

Der ursprünglich geplante langsame Übergang des Mädchens von der Pflegefamilie in die Herkunftsfamilie konnte nicht realisiert werden. Sie verfiel in chaotische Verhaltensweisen und war in beiden Familien nicht mehr erziehbar. Die Psychologin der Beratungsstelle und der Sozialarbeiter des ASD führten Janinas Verhalten verstärkt auf einen Loyalitätskonflikt des Mädchens zurück. Die Erklärungen des Pflegekinderdienstes über die Trennungsangst des Mädchens wurden nicht beachtet.

Ein schneller Wechsel in die Herkunftsfamilie wurde unumgänglich und erfolgte im Einverständnis mit den Pflegeeltern. Janina sollte wöchentliche Besuche bei den Pflegeeltern wahrnehmen.

Die Besuche verliefen so, dass sich Janina sehr freute, wenn sie zur Pflegefamilie kam, und wenn sie wieder abgeholt wurde, schrie sie und klammerte sich an die Pflegeeltern. Auch hier wurde den Pflegeeltern die Schuld zugeschrieben, weil sie offensichtlich nicht loslassen könnten und nicht fähig seien, das Mädchen zu dem Vater und der Lebensgefährtin hinzuführen.

Der Vater und die Lebensgefährtin reagierten mit Wut und Eifersucht auf das Verhalten von Janina. Sie gaben den Pflegeeltern die alleinige Schuld, dass das Mädchen beim Abschied von der Pflegefamilie mit großem Trennungsschmerz reagierte.

Janina wurde im Einverständnis mit der Beratungsstelle nicht mehr zu Besuchen gebracht. Wiederum wurde der Loyalitätskonflikt als Ursache angegeben.

Die Herkunftsfamilie nahm die Beratung weiterhin in Anspruch, und als die Konflikte mit Janina eskalierten, wurde auch eine Familienhelferin angenommen. Schließlich war die Lebensgefährtin nicht mehr bereit, das Mädchen mit seinen Verhaltensauffälligkeiten in der Familie zu behalten. Das Mädchen lief mehrfach von zu Hause fort und erzählte Nachbarinnen, dass es heftig geschlagen werde.

Der Vater stellte einen Antrag auf eine Heimunterbringung. Janina war etwas mehr als ein Jahr bei dem Vater gewesen. Mit der Rückkehr in die Pflegefamilie war er nicht einverstanden, weil er angab, er habe schlechte Erfahrungen mit den Pflegeeltern gemacht, und der zuständige Sozialarbeiter akzeptierte ungesehen den Wunsch des Vaters.

Janina kam ohne Wissen der Pflegeeltern auf Wunsch des Vaters in das Heim, wo sie heute noch ist. In den ersten zwei Jahren des Heimaufenthaltes besuchte der Vater das Mädchen nicht, danach kam er auf Initiative des Heimes und des Jugendamtes zu regelmäßigen Besuchen für einige Stunden in das Heim. Nach Hause darf Janina, die bald volljährig wird, bis heute nicht.

Die Fehleinschätzungen der Fachkräfte, dass das Problem des Kindes der viel zitierte Loyalitätskonflikt sei und das Wahlrecht des Vaters haben diesem Kind, wie vielen anderen Kindern, eine glückliche Kindheit genommen. Diese Fehleinschätzungen mit lebenslangen Folgen für die Kinder werden statistisch nicht erfasst. Derjenige, der nicht weiß, was mit den Kindern genau geschah, kommt leicht zum Schluss, dass dem Heimaufenthalt ein gescheiterter Pflegefamilienversuch vorausgegangen sei.

Mit dem ersten Beispiel möchte ich zeigen, dass die Diagnose „familienfähig oder nicht" keine Aussagekraft hat. Wer diese „nicht familienfähigen Kinder" in Heimen als Sozialarbeiter begleitet hat, weiß, was die zusätzliche Schädigung durch wechselnde Bezugspersonen und das Fehlen einer Beheimatung für das Schicksal dieser Kinder bedeutet.

Das zweite Beispiel zeigt, dass es im Leben dieses Mädchens eine Wende gegeben hat, die ihm alles genommen hat, was es an Liebe, Zuwendung und Sicherheit erfahren hatte. Die zuständigen Fachkräfte gingen davon aus, dass der Vater das Wahlrecht hat. Da das Mädchen eine sichere Bindung an die Pflegeeltern entwickeln konnte, hätte die Möglichkeit bestanden, dass die Pflegeeltern auch nach einem Jahr des Aufenthalts beim Vater einen Antrag auf Verbleib nach § 1632 Abs. 4 BGB hätten stellen können. Die folgenschwere Entscheidung des zuständigen Sozialarbeiters, die Pflegeeltern vom Verlauf der Entwicklung des Kindes nicht zu informieren, ist darin begründet, dass der zuständige Sozialarbeiter das Einverständnis des Vaters höher bewertete als das Wohl des Kindes.

Meine Erfahrung in der Praxis zeigt, dass bei einem engagierten Einsatz und kreativen Lösungsansätzen für fast jedes Kind genau die Familie gefunden werden kann, die dieses Kind braucht. Voraussetzung ist, dass – wie bereits beschrieben – Fehlentscheidungen sofort korrigiert werden müssen.

9.6. Die Qualifizierung der Fachkräfte

Für das Gelingen des Pflegeverhältnisses gibt es Grundvoraussetzungen,
- dass Kind und Pflegeeltern zueinander passen,
- dass sie sich innerlich annehmen können mit all den Stärken und Schwächen,
- dass die Pflegefamilie belastbar ist und die Elternteile sich gegenseitig unterstützen,
- dass ein soziales Netz die Familie hält und
- dass die Pflegeeltern die Herkunft des Kindes achten.

Ebenso hängt es wesentlich von der Qualifizierung der Fachkräfte ab, ob bei Konflikten die nötige Unterstützung erfolgt oder das Gegenteil geschieht.

Es ist ein enges Vertrauensverhältnis zwischen dem fallverantwortlichen Sozialarbeiter des Jugendamtes und der Pflegefamilie nötig, dass die Klippen, die in jedem Entwicklungsverlauf kommen, umschifft werden können. Es kommt darauf an, dass der Fachdienst der Pflegefamilie die notwendigen Hilfen zur Verfügung stellt und bei Belastungen die gesamte Pflegefamilie im Blick hat.

In der Fachliteratur wird immer wieder auf die Notwendigkeit der Qualifizierung der Pflegeeltern hingewiesen. Sie brauchen gewiss eine sorgfältige Vorbereitung, aber insbesondere auch eine sorgfältige Vermittlung und danach die notwendige Begleitung und Unterstützung.

Bei den Erziehungsstellen wird selbstverständlich davon ausgegangen, dass die Beratung durch qualifizierte Fachdienste erfolgt und diesen auch die nötige Zeit zur Beratung zur Verfügung steht.

Wer die Praxis kennt, weiß, dass in Erziehungsstellen die gleichen Kinder leben wie in so genannten „normalen" Pflegefamilien. Der Unterschied ist, dass die

Erziehungsstellen professionell begleitet werden und die „normalen" Pflegefamilien oft ungenügend vorbereitet oder zumindest ungenügend unterstützt und beraten werden. Dies ist im Besonderen dort der Fall, wo kein Fachdienst beim Jugendamt vorhanden ist oder dieser mit zu hohen Fallzahlen zu kämpfen hat.

Der Sozialpädagoge, der Pflegefamilien berät, bedarf neben den Spezialkenntnissen im Pflegekinderwesen auch der Möglichkeit, genug Erfahrung in diesem Bereich zu sammeln. Diese Erkenntnis hat in den Adoptionsvermittlungsstellen Eingang gefunden, indem an die Fachlichkeit hohe Anforderungen gestellt werden und auch darauf abgehoben wird, dass der Adoptionsvermittler überwiegend in diesem Bereich tätig sein muss. Ebenfalls dort ist die gesetzlich festgelegte Forderung aufgestellt, dass mindestens zwei überwiegend in der Adoptionsvermittlungsstelle beschäftigte Fachkräfte tätig sein müssen, damit ein fachlicher Austausch möglich ist.

Im Pflegekinderwesen gibt es vielerorts gut funktionierende Spezialdienste, deren Mitarbeiter im Team die notwendige kollegiale Supervision haben und die durch Fortbildung im Pflegekinderwesen die Belange der Kinder, der Pflegefamilien und der Herkunftsfamilien im Blick haben. Allerdings ist auch dort die Personalsituation fast immer als nicht ausreichend anzusehen. Wenn insbesondere in der Anfangszeit eines Pflegeverhältnisses der Sozialarbeiter ausreichend Zeit hat, um den „ersten Knopf richtig zuzumachen", hat er dafür gesorgt, dass die beste Grundlage dafür geschaffen ist, dass eine gute Entwicklung eingeleitet wird. Wenn Pflegeeltern allein gelassen werden oder noch schlimmer, wenn sie einen Sozialarbeiter haben, der die spezialisierten Fachkenntnisse nicht hat, ist die Gefahr der Überforderung groß.

Wichtig ist, dass der Sozialarbeiter des Jugendamtes im Umgang mit Kindern Erfahrung hat, empathisch auf das jeweilige Kind eingehen kann, kindgerechten und altersgerechten Kontakt mit dem Kind aufnehmen kann und auch methodisch das nötige Handwerkszeug mitbringt. Dieses kann man sich auch als Sozialpädagoge nicht einfach so nebenher erwerben. Das Wissen, was es bedeutet, 24 Stunden mit einem traumatisierten Kind zusammen zu leben, das Wissen und die Erfahrung, was es bedeutet, wenn ein Kind Trennungsangst hat, was wechselnde Bezugspersonen für ein Kind bedeuten, sind für das Gelingen eines Pflegeverhältnisses ebenso wichtig wie eine gute Vorbereitung der Pflegeeltern auf ihre Aufgaben. Dies sind Grundvoraussetzungen für das Gelingen des Pflegeverhältnisses.

Die Grundhaltung der Achtung der Pflegefamilie, die als solche den verfassungsrechtlichen Schutz nach Art. 6 GG genießt und in deren Intimsphäre nicht ohne Not eingegriffen werden darf, gehört zu den Grundpfeilern eines Vertrauensverhältnisses.[121] Wenn Pflegeeltern als „Leistungserbringer" gesehen werden, die z.B. bei der Ausgestaltung der Umgangskontakte nicht gefragt werden müssen und welche die Belange aller Familienangehörigen nicht einbringen dürfen, dann ist auf Seiten des Amtes die Fachlichkeit und die Menschlichkeit in Frage zu stellen.

Bei Umgangskontakten ist immer wieder festzustellen, dass dem Kind und der Pflegefamilie schwerwiegende Belastungen zugemutet werden, die so groß werden können, dass es zum Scheitern des Pflegeverhältnisses kommen kann. Je öfter der fallverantwortliche Berater der Pflegefamilie wechselt und je weniger er auf das Pflegekinderwesen spezialisiert ist, umso größer ist die Gefahr, dass die Pflegefamilie durch ihn keine Hilfe und Stütze erfahren kann, sondern eher das Gegenteil erleben muss.

9.7. Die Aufnahme des Kindes in der Pflegefamilie

Bei der Durchführung der Hilfen werden regelmäßig Einrichtungen und Dienste sowie Einzelpersonen tätig. Zur Qualifizierung der Hilfeplanung sind diese gemäß § 36 Abs. 2 Satz 3 SGB VIII ebenfalls an der Hilfeplanung zu beteiligen. Dies betrifft die Pflege- oder Erziehungspersonen bei einer Fremdunterbringung (§§ 33 und 35 SGB VIII).[122]

Pflegeeltern sollten dabei unterstützt und ermutigt werden, interessierte und kritische Fragen bereits vor Erstellung des ersten Hilfeplanes zu stellen.

Um mehr Sicherheit zu bekommen, wäre es sehr sinnvoll, wenn eine erfahrene Pflegefamilie eine Art Patenschaft für die zukünftigen Pflegeeltern übernehmen würde. Hier könnten Pflegeelternvereine eine wichtige Aufgabe in Zusammenarbeit mit den Jugendämtern leisten. Vielfach haben Pflegeelternbewerber nicht den Mut, kritische Fragen zu stellen, zumal mit dem Argument des Datenschutzes mancher Sozialarbeiter unerfahrene Pflegeeltern entmutigen kann.

---

121 BVerfGE 68, S.176, 187, 189 und vgl. Salgo 2001, S.41
122 Münder 2006, S. 487

Wenn noch keine Entscheidung gefallen ist, ob die Pflegeelternbewerber bereit sind, dieses Kind, für welches das Jugendamt Pflegeeltern sucht, aufzunehmen, ist der richtige Zeitpunkt für folgende Fragen:

- Wie lange war das Kind den Belastungen ausgesetzt?
- Welche Hilfen wurden bisher angeboten und mit welchem Erfolg?
- Welche realistischen Aussichten bestehen, dass in einem dem kindlichen Zeitbegriff angemessenen Rahmen die Bedingungen in der Herkunftsfamilie so verändert werden können, dass das Kind dorthin zurückkehren kann?
- Welcher Zeitrahmen ist vorgesehen? Je kleiner das Kind ist, umso weniger Zeit bleibt den leiblichen Eltern für die Veränderung der Lebens- und Erziehungsbedingungen. Wurde dies den leiblichen Eltern gegenüber deutlich gemacht?
- Nach welchem zeitlichen Rahmen wird die Entscheidung über die Rückkehr oder den dauerhaften Verbleib, dann auch eventuell mit der Konsequenz der Übertragung der Personensorge nach § 1630 Abs. 3 BGB, gefällt?
- Welche Schritte wurden konkret im Hilfeplan festgelegt, zum Beispiel unverzügliche Einleitung eines stationären Entzuges mit nachfolgender Therapie, je nach Alter des Kindes eventuell in einer Mutter-und-Kind-Therapieeinrichtung?
- Ist das Kind traumatisiert und steht dadurch von vornherein fest, dass eine dauerhafte Lebensperspektive in der Pflegefamilie zu sehen ist?
- Sind die leiblichen Eltern ausreichend über den kindlichen Zeitbegriff und das biologisch festgelegte Bindungsbedürfnis aufgeklärt?
- Welcher Soziale Dienst, welche Fachkraft ist für die Hilfeplanung und die Betreuung der Pflegefamilie und der Herkunftsfamilie zuständig?
- Wie sind die Rechte der Pflegeeltern nach § 1688 BGB konkret zu sehen?
- Wie wird die Personensorge geregelt? Falls die Herkunftseltern die Personensorge haben, stellt sich die Frage, ob sie zu der in § 37 KJHG geforderten Zusammenarbeit und Mitwirkung zum Wohle des Kindes bereit und in der Lage sind. Oder stellen sie den Antrag auf Hilfe zur Erziehung vielleicht nur, um einem Antrag auf Sorgerechtsentzug zu vermeiden?
- Wie ist die Besuchsregelung geplant?

Wichtig ist, dass sich die Erwachsenen – ohne das Kind – an einen Tisch setzen, um sich gegenseitig kennen und akzeptieren zu lernen. Erst dann wenn ein gewisses Maß an Akzeptanz bei der Herkunftsfamilie vorhanden ist, sind Besuche möglich. Kleine Kinder können nicht einfach „mitgegeben" werden. Sie brauchen den Schutz der Pflegeeltern oder einer anderen Vertrauensperson. Gemeinsame Unternehmungen bieten sich an. Wenn das Kind Angst vor der

Begegnung hat, sind andere Formen zu überlegen, wie die leiblichen Eltern an der Entwicklung des Kindes teilhaben können.

9.8. Das Hilfeplangespräch

Zur Vorbereitung des Hilfeplans dient das Hilfeplangespräch. Die Beratung im Fachteam ist vom eigentlichen Hilfeplangespräch zu unterscheiden. Das Hilfeplangespräch wird von dem fallverantwortlichen Mitarbeiter des Jugendamtes geleitet. Die leiblichen Eltern sollen auch dann beteiligt werden, wenn sie nicht Inhaber der Personensorge sind. Wenn andere Fachkräfte, z. B. Familienhelfer oder Therapeuten, beteiligt sind, ist es günstig und auch fachlich erforderlich, wenn auch diese am Hilfeplangespräch teilnehmen, damit möglichst alle vorhandenen Informationen einfließen können.

Pflegeeltern sind am Hilfeplangespräch immer zu beteiligen. Sie sind es, die mit dem Kind zusammenleben und „den erzieherischen Bedarf" des Kindes am Besten kennen.

In § 36 SGB VIII wird das „Zusammenwirken" mit dem Kind oder Jugendlichen eingefordert. Die Beteiligung von Kindern und Jugendlichen wird oft so verstanden, dass das Kind am Hilfeplangespräch selbst zu beteiligen ist. Bei Jugendlichen ist die Beteiligung am Hilfeplangespräch in der Regel möglich, aber auch kritisch zu hinterfragen. Ob dies bei einem Jugendlichen möglich und sinnvoll ist, muss zusammen mit den Pflegeeltern vorab und separat erwogen und entschieden werden. Möglich und sinnvoll kann eine Teilung des Hilfeplangespräches sein, bei denen sich die Erwachsenen vorab besprechen, und der Jugendliche bei einem zweiten Teil des Hilfeplangespräches, welcher auf das Beisein des Jugendlichen abgestimmt ist, anwesend ist. Die Gestaltung der Rahmenbedingungen eines Hilfeplangespräches hat wesentlichen Einfluss auf den Inhalt. Es ist ein großer Unterschied, ob ein „Raster" abgearbeitet wird oder eine Gesprächsatmosphäre geschaffen wird, die für alle Beteiligten angenehm ist.

Nach der Einführung des SGB VIII war zu beobachten, dass eine Tendenz dahin gehend war, dass sich ein Sozialarbeiter besonders fortschrittlich fühlte, wenn er Kinder „gleichberechtigt" mit an den großen Tisch setzte. Von Gleichberechtigung kann jedoch keine Rede sein. Bei keinem leiblichen Kind werden die Eltern mit fremden Personen über die Probleme ihres Kindes reden. Wenn Kinder mithören, wie über sie geredet wird und dass Dinge gesagt werden, von denen sie glaubten, dass das ein „Geheimnis" zwischen den Eltern und ihm sind, wird es tief gekränkt und verletzt. Wie geht es dem Kind, wenn in großer Runde über das gesprochen wird, was ihm vielleicht peinlich ist. Ja, es nässt immer noch gelegentlich ein und es schämt sich dafür. Da geschehen Kränkungen des Kindes, und es kann dieses Gespräch als Vertrauensbruch erleben.

Bei einem Kind ist ein Hilfeplangespräch in seinem Beisein aus fachlicher Sicht grundsätzlich in Frage zu stellen. Es sitzt da verloren zwischen all den Erwachsenen und muss hören, wo es ihm noch überall fehlt und was es in welcher Zeit zu lernen hat.

Für die Beteiligung des Kindes sind andere Formen nötig. Die Fachkraft, die für das Kind zuständig ist, muss bemüht sein, ein Vertrauensverhältnis zu ihm aufzubauen. Sie muss die Gefühle und Wünsche des Kindes kennen, damit sie zu richtigen Schlüssen kommen kann.

Es ist ein Kunstfehler, die Teilnahme des Kindes am Hilfeplangespräch wortwörtlich zu nehmen. Das Kind hat ein Recht auf Schonung. Leider wird hier oft wenig Sensibilität gezeigt.

Die Wünsche und der Wille des Kindes und Jugendlichen sind ernst zu nehmen und müssen in der Hilfeplanung Beachtung finden. Dies geschieht jedoch nicht dort, wo so getan wird, als ob das Kind und der junge Mensch bei all den Erwachsenen gleichberechtigter Partner wäre. In dieser Situation ist der „runde Tisch" eine Täuschung. Das Kind und der junge Mensch sind hoffnungslos unterlegen.

Eine völlig andere Situation ergibt sich, wenn der junge Mensch Vertrauen zu „seinem Sozialarbeiter" im Jugendamt hat und der Sozialarbeiter ebenfalls einen engen Kontakt zu der gesamten Pflegefamilie hat. Dieses Vertrauen wird jedoch nicht in einem formellen Hilfeplangespräch aufgebaut werden können, sondern es entsteht in einem fortlaufenden Begleiten des Kindes und der Pflegefamilie.

In der Frage des Umgangskontaktes hat dies in der Regel eine besondere Bedeutung. Wenn das Kind diese Besuche eigentlich wünscht, aber befürchtet, dass es die Pflegeeltern damit verletzt, wird der Sozialarbeiter der Vermittler sein, wie auch dort, wo das Kind Angst vor diesen Besuchen hat und die Belastungen der erzwungenen Besuche kaum ertragen kann.

Ein im Rahmen der JULE Studie befragtes Mädchen im Heim sagte aus:
„Die verstehen das nicht, ich vertraue ihr (der Erzieherin) das an – und das ist ja schon ein großer Schritt für jemanden, der fremd ist, der von zuhause rausfliegt oder weggeht, der seine Eltern nicht mehr hat, die ihm vertraut sind, denen er alles erzählen kann –, dass er jemandem Fremdem anvertraut, was er will, seine Wünsche, seine Zukunft, fürs Leben, für heute, für morgen. Und wenn die das nicht akzeptieren, was man will, sondern gleich so reagieren: "Och, ich weiß schon, was besser für dich ist." Warum fragen sie mich dann überhaupt?[123]

Wenn ein junger Mensch Pflegeeltern gefunden hat, die er liebt und denen er vertraut, kann ein solches Gespräch das Vertrauen zu ihnen tief erschüttern, wenn diese davon ausgehen, dass sie alle Fragen beantworten müssen.

Für Pflegeeltern sind Hilfeplangespräche oft sehr schwierig, weil sie sich allein fühlen, da die Herkunftsfamilie, der Therapeut der Herkunftseltern, der Familienhelfer der Herkunftseltern sowie Fachkräfte des Jugendamtes und der Beratungsstelle am Gespräch beteiligt sein können. Es ist daher nicht nur legitim, sondern auch empfehlenswert, dass die Pflegeeltern einen Beistand nach § 13 Abs. 4 SGB X hinzuziehen. Ein Beistand kann zu einer erheblichen Spannungsreduzierung beitragen. Damit kann verhindert werden, dass Pflegeeltern sich im Nachhinein fragen, warum sie wichtige Gesichtspunkte nicht vorgetragen haben.

Erfahrungsgemäß ist es gut, wenn wichtige Punkte im Vorfeld, im Beisein des Beistands, im Jugendamt angesprochen werden. Ebenso können im Nachgespräch kritische Punkte im Beisein des Beistands mit den Verantwortlichen im Jugendamt geklärt werden. Es ist legitim den Hilfeplan bis zu einer Klärung der kritischen Punkte nicht zu unterschreiben. Der Hilfeplan sollte so formuliert sein, dass das Pflegekind später einmal, als Erwachsener, diesen lesen kann.

9.9. Der Inhalt des Hilfeplans

Der Hilfeplan sollte allen Beteiligten gegenüber klar und ehrlich sein. Er muss Aussagen enthalten
- über die Beteiligten des Hilfeplans,
- über die Unterbringungsgründe,
- über die vorausgegangenen Hilfsangebote und was diese bewirken konnten,
- über den erzieherischen Bedarf des Kindes,

---

[123] Fröhlich-Gildhoff 2002, S. 86

- eine genaue Beschreibung dessen, was die leiblichen Eltern in welchem Zeitrahmen verändern müssen, um die Rückkehr des Kindes in ihre Familie zu ermöglichen. Äußere Veränderungen, wie Wohnung, Heirat oder Arbeit sind damit nicht gemeint.
- die Darstellung der unterschiedlichen Sichtweisen,
- die notwendigen therapeutischen Hilfen,
- die Bedingungen für die Besuchsregelung.

Die Nennung des Termins für die Fortschreibung des Hilfeplanes muss dem kindlichen Zeitempfinden gemäß geplant werden. Bei einem Säugling sind vier Wochen bereits ein erheblicher Zeitraum, bei einem 10-jährigen Kind ist es ein nicht erheblicher Zeitraum.

Wenn bereits zu Beginn eine Rückkehr, in einem vom kindlichen Zeitempfinden her gesehenen Rahmen, nicht möglich erscheint, muss die Prognose von Anfang an eine auf Dauer angelegte Lebensperspektive sein, und dieses soll auch so im Hilfeplan festgeschrieben werden.

Falls äußere Gründe wie Berufstätigkeit, Obdachlosigkeit oder wirtschaftliche Not von den leiblichen Eltern als Gründe für den Antrag auf Hilfe zur Erziehung genannt werden, so ist dies zu hinterfragen. Es sind in der Regel vorgeschobene Gründe. Dahinter kann der Wunsch stehen, von der Verantwortung und der Überforderung befreit zu werden. Diesen äußeren Gründen muss mit anderen Mitteln beggenet werden. Aus wirtschaftlicher Not heraus darf kein Kind in Vollzeitpflege untergebracht werden. Die Voraussetzungen für Hilfe zur Erziehung nach § 27 SGB VIII und für die Trennung von den Eltern liegen in diesen Fällen nicht vor.

Hilfepläne, welche die entscheidenden Fragen nicht stellen, welche die Unterbringungsgründe nicht nennen, die sich in Bezug auf die Klärung einer dauerhaften Perspektive des Kindes – entweder in der Herkunftsfamilie oder in der Pflegefamilie – nicht klar ausdrücken, können von Pflegeeltern weder akzeptiert noch unterschrieben werden.

9.10. Die Fortschreibung des Hilfeplans

Bei der Fortschreibung des Hilfeplans ist es wichtig zu überprüfen, ob die Ziele erreicht wurden, die im vorhergehenden Hilfeplan aufgestellt wurden. Dies ist besonders dann wichtig, wenn den leiblichen Eltern Auflagen gemacht werden, die sie erfüllen müssen, um eine Rückführung des Kindes zu ermöglichen.

Nicht selten kommt es vor, dass sich leibliche Eltern nach der Unterbringung des Kindes und nach der Erstellung des 1. Hilfeplanes zurückziehen, weil sie nicht die Fähigkeit oder Möglichkeit haben, im Sinne des § 36 SGB VIII ihre Aufgabe wahrzunehmen, an der Erziehung ihres Kindes mitzuwirken. Der Jugendhilfeträger hat hier die Aufgabe, beratend und unterstützend tätig zu werden. Einfach zuzuwarten schafft neue Konflikte. Wenn die leiblichen Eltern die Mitwirkung verweigern und dadurch das Wohl des Kindes gefährdet wird, ist das Familiengericht anzurufen (vgl. § 8a Abs. 3 Satz 1 SGB VIII).

Die grundsätzliche Bereitschaft zur Zusammenarbeit hat dort ihre Grenzen, wo die Pflegefamilie bedroht und beschimpft wird und trotz Vermittlungsversuche nicht erreicht werden kann, dass die Herkunftsfamilie die Pflegefamilie akzeptiert. Ein weiterer Grund kann sein, dass das Kind mit Entschiedenheit ablehnt, dass den Herkunftseltern ein Bild ausgehändigt wird und es mit großer Verzweiflung und Wut reagieren würde, wenn es erfahren müsste, dass die Pflegeeltern gegen seinen Willen hinter seinem Rücken miteinander Kaffee trinken würden. Dies ist bei Max (Kap.15.6 und 22., Nr. 4 in diesem Buch) der Fall. Seine Erfahrungen mit der Herkunftsfamilie sind so unfassbar, dass er einen Kontakt der Pflegeeltern zu den Herkunftseltern als Vertrauensmißbrauch verstehen würde, was bei dieser Vorgeschichte schwerwiegende Folgen für die weitere Beziehung zu den Pflegeeltern haben würde.

Wenn die leiblichen Eltern den Antrag auf Hilfe zur Erziehung unter dem Druck unterschrieben haben, dass eine Einschränkung des Personensorgerechtes gemäß § 1666 BGB erfolgen wird, wenn sie den Antrag auf Hilfe zur Erziehung nicht unterschreiben, ist in der Regel die in § 36 SGB VIII geforderte Mitwirkungspflicht nicht gegeben. Bei mangelnder Mitwirkung durch den Personensorgeberechtigten sind Pflegeeltern immer wieder gezwungen, Handlungen vorzunehmen, die rechtlich nicht gedeckt sind. Die Praxis des Stillschweigens ist eine sehr kurzsichtige Denkweise. Zur Verdeutlichung möchte ich als Beispiel die Geschichte von Simone vorstellen:

Simone kam mit fünf Monaten zum dritten Mal in die Kinderklinik mit Knochenbrüchen. Bei dieser dritten Einweisung war für die Klinik klar, dass es sich um eine Misshandlung handelte, und sie schaltete das Jugendamt ein. Dort war die junge Mutter sofort einverstanden, jede Hilfe anzunehmen. Sie blieb zwar bei der Behauptung, Simone sei vom Wickeltisch gefallen, zeigte sich aber sonst in allen Punkten zur Zusammenarbeit mit dem Jugendamt bereit. Die Überlegung, das Mädchen in Tagespflege zu geben und eine Familienhelferin einzusetzen, wurde von der Mutter und der Sozialarbeiterin diskutiert und versuchsweise auch realisiert. Die Mutter hatte eine tägliche Arbeitszeit von acht Stunden, das Mädchen kam sehr früh zur Tagespflegestelle.

Im Hintergrund stand bei der Sozialarbeiterin offensichtlich die unausgesprochene Befürchtung, dass es bei der Überforderung der Mutter zu erneuten Misshandlungen des Mädchens kommen könnte. Dies wurde jedoch nirgends erwähnt. Die Mutter stellte schließlich einen Antrag auf Wochenpflege. Sie wollte das Mädchen innerhalb der Woche häufig besuchen und bei der Pflegemutter Anleitung im Umgang mit dem Mädchen annehmen. Der Hilfeplan sollte nach einem Jahr fortgeschrieben werden.

Nach der Unterbringung in der Pflegefamilie kam es insgesamt nur einmal, und zwar am ersten Wochenende, zum vereinbarten Umgangskontakt. Danach erschien sie nicht mehr. Die Pflegefamilie teilte dies mehrfach der Sozialarbeiterin mit. Diese sah keinen Handlungsbedarf. Bei der Unterbringung in der Pflegefamilie war Simone fünf Monate alt. Bis zum Alter von vier Jahren meldete sich die Mutter zweimal telefonisch bei der Pflegefamilie, um sich nach dem Ergehen des Mädchens zu erkundigen. Sie hatte immer noch das volle Sorgerecht.

Als Simone vier Jahre alt war, stellte die Mutter den Antrag auf „Rückführung". Sie war im Begriff, einen angesehenen Bürger der Stadt zu heiraten. Es wurden gleich mehrere Anwälte eingeschaltet. Der neu zuständige Sozialarbeiter ging davon aus, dass die Mutter das Sorgerecht hat, und er ließ sich von der Mutter und deren Freund überzeugen, dass sie ja alles getan hätten, um ihre Verhältnisse in Ordnung zu bringen. Er unterstützte die Mutter darin, sofort Besuche ohne Beisein der Pflegeeltern durchzuführen. Diese Besuche hatten zum Ergebnis, dass das Mädchen mit großen Ängsten reagierte. Die Mutter hatte ihr gesagt, dass sie sie bald von den Pflegeeltern wegnehmen werde.

Die Pflegeeltern stellten daraufhin einen Antrag nach § 1632 Abs. 4 BGB auf Verbleib beim Familiengericht. Die Besuche wurden fortgeführt, und es kam zu einer Übernachtung. Danach wurden die Verhaltensprobleme des Mädchens, insbesondere für die Geschwister in der Pflegefamilie, fast unerträglich. Vom zuständigen Sozialarbeiter wurde den Pflegeeltern unterstellt, dass sie Schuld seien, wenn das Mädchen so panisch reagiere. Wenn sie sie loslassen würden und zu der leiblichen Mutter hinführen könnten, gäbe es diese Probleme nicht.

Richter und Sozialarbeiter gingen von der mittlerweile vielfach als falsch bewiesenen Idee aus, es gäbe eine „sanfte Umgewöhnung". Der Sozialarbeiter war im Pflegekinderwesen nur nebenbei innerhalb des Allgemeinen Sozialen Dienst tätig und hatte die Erfahrung nicht machen können, dass sicher gebundene Kinder mit heftigem Trennungsschmerz reagieren, wenn sie spüren, dass sie die Menschen verlieren, die für sie die Eltern geworden sind.

Der Richter entschied, dass die Verhältnisse der Mutter in Ordnung sind und diese versprach, für das Mädchen therapeutische Hilfe in Anspruch zu nehmen. Da die Pflegeeltern vom Jugendamt keine Hilfe erwarten konnten, ihre Schilderungen über die Not des Mädchens von niemand ernst genommen wurden und die ganze Familie keine Kraft mehr hatte, weitere Schwierigkeiten durchzuhalten, die bei einer Berufung gegen das Urteil auf sie zukommen würden, resignierten sie.

Besuche sollten, wie im Urteil beschrieben, danach bei den Pflegeeltern erfolgen. Dies war einmal der Fall. Das Mädchen klammerte sich an die Pflegemutter und weigerte sich, mit der leiblichen Mutter mitzugehen. Nach diesem Erleben war die Mutter nicht mehr zu weiteren Besuchen bereit.

Nach knapp zwei Jahren bei der Mutter und ihrem Partner wurde Simone in ein Heim gegeben, in dem sie heute noch lebt.

Der Wechsel der Zuständigkeit führt nicht selten zu ganz neuen Zielsetzungen in der Hilfeplanung. Dies geschieht besonders häufig dort, wo kein spezialisierter Pflegekinderdienst vorhanden ist und dem Sozialarbeiter die notwendigen Fachkenntnisse und Erfahrungen für diesen Bereich fehlen. Hier zeigt sich, wo diese Aufgaben nebenbei erledigt werden und keine Sachgebietsleitung für die Fachaufsicht sorgt.

So kann es vorkommen, dass im ersten Hilfeplan von dem Sozialarbeiter, der das Kind in der Pflegefamilie untergebracht hat, z.B. die Bedingungen genannt werden, die eine Rückführung des Kindes ermöglichen und auch den hierfür vorhandenen Zeitrahmen benennt. Der neu zuständige Sozialarbeiter jedoch überprüft oft die vorher genannten Auflagen nicht und geht unabhängig von der Ausgangslage dazu über, die Rückführung anzustreben und dabei die Bedingungen, die genannt wurden, zu übergehen.

Die Fortschreibung des Hilfeplanes bei Säuglingen und Kleinkindern muss in einem engen Zeitrahmen geschehen. Ein Hilfeplan bei einem Säugling kann nicht in einem Jahr fortgeschrieben werden. Solche Handlungsweisen beinhalten, dass dem kindlichen Zeitempfinden und dem natürlichen Bindungsbedürfnis keine Bedeutung zugemessen werden und billigend in Kauf genommen wird, dass ein in der Zwischenzeit sicher an die Pflegeeltern gebundenes Kind durch die Trennung von diesen eine schwere Schädigung in seiner Entwicklung zugemutet wird.

Pflegeeltern müssen darauf bestehen, dass in dieser Entwicklungsphase des Kindes die Frage nach der Perspektive in engen Abständen überprüft wird.

Wenn ein Kind in der Pflegefamilie voll integriert ist und die dauerhafte Lebensperspektive feststeht, so hat die Fortschreibung des Hilfeplanes eher eine verwaltungstechnische Aufgabe in dem Sinn, dass der Hilfeplan für eine weitere Hilfegewährung formal notwendig ist. Keinesfalls kann das Hilfeplangespräch diese dauerhafte Lebensperspektive in Frage stellen. Falls ein Kind oder ein Jugendlicher dabei erfährt, dass eine solche Frage diskutiert wird, können schwerwiegende Ängste reaktiviert werden.

Doppelbotschaften sind zu vermeiden. Alle Beteiligten müssen aus dem Hilfeplan heraus klar erkennen können, was im Interesse des Kindes zu geschehen hat.

10. Die Bestellung von Pflegeeltern als Einzelvormünder

Vorausschicken möchte ich, dass Pflegeeltern die berufenen Vormünder für ihr Pflegekind sind, wenn dieses in der Pflegefamilie seine Heimat gefunden hat.

Das Gesetz fordert, dass der Vormund die Fähigkeit haben muss, eine langfristige Beziehung zu seinem Mündel einzugehen.

Pflegeeltern übernehmen Tag für Tag Elternverantwortung. Rechte und Pflichten gehören zusammen, damit die Erziehungskompetenz der Pflegeeltern auch in schwierigen Situationen gestärkt wird und die Handlungsfähigkeit an die Normalität von Familien angeglichen wird.

Die §§ 1793 und 1800 BGB gehen davon aus, dass die Vormundschaft der elterlichen Sorge nachgebildet ist. Falls die Pflegeeltern nicht geeignet wären, diese Verantwortung zu tragen, wären sie nicht die geeigneten Pflegeeltern.

10.1. Die rechtliche Situation von Pflegekindern bei der Unterbringung in Vollzeitpflege

Die rechtliche Situation von Pflegekindern bezüglich ihrer gesetzlichen Vertretung kann bei der Unterbringung in Vollzeitpflege und auch während des Aufwachsens in einer Pflegefamilie bis zur Volljährigkeit sehr unterschiedlich sein.

Die Unterbringung eines Kindes in einer Pflegefamilie kann aufgrund verschiedener Rechtsgrundlagen erfolgen, wie in folgenden Kapiteln beschrieben.

10.1.1. Die Unterbringung des Kindes aufgrund eines Antrags der Eltern gemäß § 27 SGB VIII

Nach § 27 SGB VIII hat ein Personensorgeberechtigter bei der Erziehung eines Kindes oder eines Jugendlichen Anspruch auf Hilfe (Hilfe zur Erziehung), wenn eine dem Wohl des Kindes oder Jugendlichen entsprechende Erziehung nicht gewährleistet ist und die Hilfemaßnahme für seine Entwicklung notwendig ist. Diese Hilfe zur Erziehung kann u.a. auch ein Antrag und die Gewährung von Hilfe nach § 33 SGB VIII, Vollzeitpflege, sein.

Auf Antrag der leiblichen Eltern gemäß § 27 SGB VIII werden etwa 40 % der Pflegekinder in Pflegefamilien untergebracht. In diesen Fällen haben die leiblichen Eltern die volle elterliche Sorge, die Pflegeeltern haben jedoch gemäß § 1688 BGB die Alltagssorge für das Kind. Die Entscheidungsbefugnisse der Pflegeperson werden an anderer Stelle in Kapitel 10.2. zur Alltagssorge nach § 1688 BGB beschrieben.

In diesen 40 % der auf Antrag der leiblichen Eltern freiwillig in Pflegefamilien untergebrachten Kinder sind auch diejenigen Kinder enthalten, die zunächst im Rahmen einer Inobhutnahme nach § 42 SGB VIII auf Grund einer akuten Gefährdung des Kindeswohls aus der Familie genommen werden mussten. Von Freiwilligkeit kann nur dort gesprochen werden, wo die leiblichen Eltern zu der Einsicht geführt werden können, dass diese Maßnahme zum Schutz des Kindes wirklich erforderlich ist, weil nur bei einer Mitwirkungsbereitschaft eine Kooperation im Sinne des Kindeswohls erwartet werden kann. Bei nicht wenigen Pflegekindern erfolgte die Unterschrift der leiblichen Eltern unter dem Druck, dass im Verweigerungsfall vor dem Familiengericht ein Antrag auf Entzug der elterlichen Sorge gestellt werden muss. In diesen Fällen kann nicht von einer Mitwirkungsbereitschaft im Sinne des § 36 SGB VIII ausgegangen werden. Es ist leicht nachvollziehbar, dass diese Situation dazu führt, dass Pflegeeltern immer wieder gezwungen sein werden, Handlungen vorzunehmen, die durch die Alltagssorge nach § 1688 BGB nicht abgedeckt sind.

Konsequenterweise müsste im Sinne des Kindeswohls immer dann, wenn eine Mitwirkungsbereitschaft der Sorgeberechtigten nicht erreicht werden kann, das Familiengericht angerufen werden, um den Entzug der elterlichen Sorge zu erwirken. Die gängige Praxis ist, dass in diesen Fällen trotzdem ein Antrag auf Entzug der elterlichen Sorge beim Familiengericht nicht erfolgt.

Es ist gesetzlicher Auftrag nach SGB VIII, und dieser wird in der Praxis der Jugendämter auch umgesetzt, dass zunächst eine Verbesserung der Situation durch die Gewährung von ambulanten Hilfen angeboten werden muss, welche dann von den leiblichen Eltern beantragt werden können. Nur dann, wenn diese bereits erfolglos durchgeführt wurden, oder wenn nach Einschätzung des Jugendamtes schon im Vorfeld absehbar ist, dass trotz ambulanter Hilfen keine Aussicht auf Erfolg besteht, wird ein Kind von der Herkunftsfamilie getrennt.

Es ist wichtig, dass Klarheit und Transparenz für alle Beteiligten hergestellt und genau hingeschaut wird, wo die Zukunft des Kindes liegt. Soll die elterliche Sorge bei den Herkunftseltern bleiben? Eine wichtige Frage! Wenn Herkunftseltern nicht erreichbar sind oder wenn diese nicht in der Lage sind, bei der

Erziehung des Kindes verantwortlich mitzuwirken, dann ist das Familiengericht anzurufen.

Wenn dies nicht erfolgt, zeigt die Erfahrung, dass diese Handlungsweise der Fachdienste mit Blick auf die Zukunft des Kindes nicht selten zu Situationen führt, die im Sinne des Kindeswohls nicht zu bewältigen sind, weil alle Rechte und Pflichten der elterlichen Sorge bei den leiblichen Eltern verbleiben. Dadurch können wichtige Entscheidungen blockiert oder durch Nichterreichbarkeit der Sorgeberechtigten hinausgezögert werden. Ein späterer Sorgerechtsentzug wird im Allgemeinen dann, wenn das Kind fremduntergebracht ist, nicht mehr beantragt werden, da sich im Vergleich zu den Ereignissen, welche zu einer Fremdunterbringung geführt haben, keine solch gravierenden Vorkommnisse mehr ereignen können, als dass dann ein Antrag auf Sorgerechtsentzug Erfolg versprechend wäre.

Durch solch einen Sachverhalt kann zum Beispiel die Situation entstehen, dass ein Pflegekind ausländischer Herkunftseltern „legal" ins Ausland „entführt" werden kann, ohne dass es die Sprache und die Kultur des Landes kennt, und dort einem ungewissen Schicksal entgegen sieht. Auch um dieser Möglichkeit der „legalen Entführung" nicht Vorschub zu leisten, ist bei der Herausnahme eines Kindes aus der Herkunftsfamilie sorgfältig zu prüfen, ob die „freiwillige" Inpflegegabe des Kindes und Belassen der elterlichen Sorge bei den leiblichen Eltern der Situation gerecht wird.

Auch in weniger spektakulären Fällen heißt das für ein Kind, dass die Herkunftseltern, von denen es, aus welchen Gründen auch immer, vernachlässigt oder sogar traumatisiert wurde, entscheidend seine Zukunft bestimmen können und sogar müssen. Die Grundlage für diese Entscheidungen fehlt jedoch, da sie das Kind allenfalls aufgrund der Umgangskontakte kennen.

Die rechtliche Vertretung kann in solchen Fällen bis zur Volljährigkeit bei Personen liegen, welche nicht mit dem Kind zusammen leben und seine Belange und seine Entwicklung somit auch nicht einschätzen können.

10.1.2. Die Unterbringung des Kindes aufgrund eines Sorgerechtsentzugs gemäß § 1666 BGB

Bei circa 60 % der Kinder, die in Pflegefamilien untergebracht werden, wird aufgrund einer Maßnahme gemäß § 1666 BGB wegen Kindeswohlgefährdung eine Pflegschaft oder Vormundschaft angeordnet. Es hängt wesentlich von der Einstellung des Jugendamtes ab, ob der Prozentsatz der Sorgerechtseingriffe höher oder niedriger liegt. Wenn das Jugendamt leibliche Eltern in „das Boot" holt und zur Unterschrift unter den Antrag zur Hilfe zur Erziehung bewegt, auch wenn sie nicht mitwirkungsbereit sind, liegt der Prozentsatz der Sorgerechtsentzüge wesentlich niedriger als bei Jugendämtern, die klare Rechtsverhältnisse bevorzugen und somit das Wohl und die Gestaltung der Zukunft eines Kindes im Auge haben, welches soeben aus dem Nest gefallen ist und eine ungewisse Zukunft vor sich hat.

§ 1666 BGB sagt aus:
Wird das körperliche, geistige oder seelische Wohl des Kindes oder sein Vermögen durch missbräuchliche Ausübung der elterlichen Sorge, durch Vernachlässigung des Kindes, durch unverschuldetes Versagen der Eltern oder durch das Verhalten von Dritten gefährdet, so hat das Familiengericht, wenn die Eltern nicht gewillt oder nicht in der Lage sind, die Gefahr abzuwenden, d.h. die zur Abwendung der Gefahr erforderlichen Maßnahmen zu treffen.

Wenn die elterliche Sorge ganz entzogen wird, ist eine Vormundschaft zu bestellen, wenn Teile der elterlichen Sorge entzogen werden, wird eine Pflegschaft bestellt. Die Pflegschaft wird für die Teile der elterlichen Sorge bestellt, für die sie dem Personensorgeberechtigten entzogen wurde.

10.1.3. Die Unterbringung des Kindes aufgrund einer Inobhutnahme gemäß § 42 SGB VIII durch das Jugendamt

Bei der Inobhutnahme nach § 42 SGB VIII handelt es sich um eine hoheitliche Aufgabe des Jugendamtes. Sie ist eine Krisenintervention durch das Jugendamt und ermöglicht vorläufige Maßnahmen in Eil- und Notfällen zum Schutz von Kindern und Jugendlichen. In Deutschland werden jährlich 25.000 bis 30.000 Kinder und Jugendliche in Obhut genommen, davon etwa ein Drittel auf Wunsch der meist über 12 Jahre alten Kinder und Jugendlichen.[124] Jüngere Kinder werden in akuten Krisen- und Gefährdungssituationen fast ausschließlich auf Initiative des Jugendamtes oder Dritter, z.B. von Nachbarn, Ärzten, Polizei, Familienhelfern und Erzieherinnen, in Obhut genommen.

Das Jugendamt ist befugt und verpflichtet, ein Kind oder einen Jugendlichen in Obhut zu nehmen, wenn eine dringende Gefahr für das Wohl des Minderjährigen besteht und die Gefahr nicht mit anderen Mitteln abgewendet werden kann (§ 8a Abs. 3 Satz 2 SGB VIII, in Verbindung mit § 42 Abs. 1 Nr. 2 SGB VIII). Der Maßstab für die fachliche Einschätzung der Gefährdung des Kindes oder Jugendlichen orientiert sich an der Gefährdungslage entsprechend des § 1666 BGB. Die Gefahr ist dringend, wenn eine Sachlage oder ein Verhalten

---

124 vgl. Statistisches Bundesamt 2005, S.455 f.

bei unbehindertem Ablauf des zu erwartenden Geschehens mit hinreichender Wahrscheinlichkeit das Wohl des Kindes oder des Jugendlichen gefährden wird. Nicht erforderlich ist, dass die Verletzung oder Schädigung unmittelbar bevorsteht.[125]

Mit der Inobhutnahme ist dem Kind oder dem Jugendlichen unverzüglich Gelegenheit zu geben, eine Person seines Vertrauens zu benachrichtigen (§ 42 SGB VIII Abs. 2 Satz 2). Dem Minderjährigen muss Gelegenheit gegeben werden, die Benachrichtigung selbst vorzunehmen. Er kann dann selbst entscheiden, wann und auf welche Weise er dies tun will.[126]

Das Jugendamt hat die Personensorgeberechtigten oder Erziehungsberechtigten unverzüglich von der Inobhutnahme zu unterrichten. Pflegeeltern sind unabhängig von ihrer sonstigen Rechtsstellung, also auch dann, wenn sie nicht Vormund des Kindes sind, immer Erziehungsberechtigte. Wenn ein Beziehungskonflikt dem Wunsch des jungen Menschen nach Inobhutnahme zugrunde liegt, kann und muss die Beratung zunächst ohne den oder die Sorgeberechtigten erfolgen. Unverzügliche Information der Personensorgeberechtigten bedeutet nicht sofortige Information, sondern die Information muss ohne schuldhafte Verzögerung erfolgen. Die Zeitspanne kann hier länger sein als die Benachrichtigung einer Vertrauensperson durch den jungen Menschen.[127]

Die Möglichkeit, dass das Jugendamt ein Kind in Obhut nimmt, ist nicht nur in Gefährdungssituationen bei den leiblichen Eltern gegeben, sondern sie ist auch in dem Fall wichtig, wenn sorgeberechtigte Herkunftseltern das Kind aus der Pflegefamilie herausnehmen wollen und dadurch für das Kind die Gefahr einer Schädigung droht.

Ein Beispiel:
Die leiblichen Eltern haben das Sorgerecht und verlangen, das Kind aus der Pflegefamilie in ihre Familie zu überführen. Der Rechtsanwalt rät den Herkunftseltern, Fakten zu schaffen und es bei einem Umgangskontakt nicht zurück zu geben. Das Jugendamt stellt klar, dass es in diesem Fall eine Gefährdung des Kindeswohls sieht. Die Pflegeeltern stellen einen Antrag auf Verbleib gemäß § 1632 Abs. 4 BGB. Das Jugendamt erklärt den leiblichen Eltern unmissverständlich, dass es das Kind wegen Gefährdung des Kindeswohls in Obhut nimmt, falls sie ihre Absicht verwirklichen. Allein diese Klarstellung hat eine große Wirkung. Der Rechtsanwalt wird seinen Rat zurück nehmen müssen, weil er, wenn er die Ent-

---

125 BVerwG 6.9.1974 I C 17.7 E 47, 31 ,40
126 Münder 2006, S. 561ff
127 Münder 2006, S. 564

schlossenheit des Jugendamtes erkennen muss, von diesem Handeln abraten und den normalen gerichtlichen Weg einschlagen muss.

Dieses Beispiel zeigt, dass das Jugendamt nicht machtlos ist, wenn es eine Kindeswohlgefährdung erkennen muss. Die Auffassung mancher Jugendämter, dass sie selbst keine Möglichkeit haben, zum Schutze eines Kindes tätig werden zu können, entspricht nicht den tatsächlichen Rechtsverhältnissen.

Die Wichtigkeit der Möglichkeit der Inobhutnahme durch das Jugendamt unterstreicht ein anderes Beispiel:
Ein Kind kommt mit schweren Verletzungen ins Krankenhaus. Es besteht der Verdacht auf Kindesmisshandlung. Die Eltern wollen das Kind nach einigen Tagen aus der Klinik mitnehmen, unter Berufung auf ihr Sorgerecht. Das Jugendamt kann als vorläufige Schutzmaßnahme das Kind in Obhut nehmen und so einer weiteren Kindeswohlgefährdung vorbeugen.

Die Inobhutnahme ist nicht nur eine Schutzmaßnahme, sondern eine sozialpädagogische Maßnahme, die zur Klärung der Gesamtsituation des Kindes oder des Jugendlichen dient. Während dieser Maßnahme übt das Jugendamt das Sorgerecht aus.

Die Beendigung der Inobhutnahme
Wenn die Personensorge- oder Erziehungsberechtigten der Inobhutnahme widersprechen, hat das Jugendamt entweder
1. das Kind oder den Jugendlichen den Personensorge- oder Erziehungsberechtigten zu übergeben, sofern nach der Einschätzung des Jugendamtes eine Gefährdung des Kindeswohls nicht besteht oder die Personen- oder Erziehungsberechtigten bereit und in der Lage sind, die Gefährdung abzuwenden, oder
2. eine Entscheidung des Familiengerichtes über die erforderlichen Maßnahmen zum Wohl des Kindes oder Jugendlichen herbeizuführen. Dies kann auf Antrag des Jugendamtes sein oder das Familiengericht kann von Amts wegen tätig werden. Wenn das Kind oder der Jugendliche mit der Entscheidung des Jugendamtes nicht einverstanden ist, besteht die Möglichkeit, dass er mit der Person seines Vertrauens das Familiengericht anregt, von Amts wegen tätig zu werden.

Die Inobhutnahme endet mit der Übergabe des Kindes oder Jugendlichen an die Sorgeberechtigten oder der Entscheidung über die Gewährung von Hilfen nach dem Sozialgesetzbuch. Diese Hilfe kann ein Antrag auf Hilfe zur Erziehung nach SGB VIII sein und die Unterbringung des Kindes in einer Pflegefamilie zur Folge haben. Wenn das Familiengericht das Sorgerecht, auf Antrag des

Jugendamtes gemäß § 1666 BGB, entzieht und einen Pfleger oder Vormund bestellt, kann dieser beim zuständigen Jugendamt Hilfe zur Erziehung beantragen und die Unterbringung in einer Pflegefamilie veranlassen.

10.2. Die elterliche Sorge bei der Unterbringung des Kindes in Familienpflege

Wie bereits beschrieben haben die Herkunftseltern bei der Unterbringung eines Kindes in Familienpflege aufgrund eines Antrags nach § 27 SGB VIII die volle elterliche Sorge. In diesem Fall oder auch, wenn die elterliche Sorge nach § 1666 BGB entzogen wurde und eine Amtsvormundschaft/Amtspflegschaft eingerichtet bzw. ein Einzelvormund bestellt wurde, haben die Pflegeeltern gemäß § 1688 BGB die Alltagssorge.

Die rechtliche Situation einer minderjährigen Mutter verhält sich hierbei wie folgt:
Bei einer minderjährigen Mutter tritt nach § 1673 Abs. 2 BGB die Amtsvormundschaft für das Kind ein. Die tatsächliche Personensorge übt die Mutter aus. Das bedeutet, dass sie bei der gesetzlichen Vertretung in allen Angelegenheiten der elterlichen Sorge der Zustimmung des Vormundes bedarf. Bei Meinungsverschiedenheiten mit dem gesetzlichen Vormund geht die Meinung der minderjährigen Mutter vor. Wenn der Vormund das Kindeswohl durch das Verhalten der minderjährigen Mutter als gefährdet ansieht, hat er, wie bei anderen Kindeswohlgefährdungen, das Familiengericht anzurufen.

10.2.1. Die Alltagssorge gemäß § 1688 BGB

Die Rechte der Pflegeeltern waren vor dieser Regelung in § 38 SGB VIII geregelt. Nach der geltenden Regelung im BGB greift dieser Paragraf erst, wenn das Kind „längere Zeit" in Familienpflege ist oder von Anfang an fest steht, dass es sich um eine langfristige Unterbringung handelt. Bei der früheren Regelung im § 38 SGB VIII kam diese Alltagssorge von Anfang an zum Tragen.

In der Anfangsphase des Pflegeverhältnisses liegt somit eine Rechtsunsicherheit vor.

In § 1688 BGB steht:
(1) Lebt ein Kind für längere Zeit in Familienpflege, so ist die Pflegeperson berechtigt, in Angelegenheiten des täglichen Lebens zu entscheiden sowie den Inhaber der elterlichen Sorge in solchen Angelegenheiten zu vertreten. Sie ist befugt,

den Arbeitsverdienst des Kindes zu verwalten sowie Unterhalts-, Versicherungs-, Versorgungs- und sonstige Sozialleistungen für das Kind geltend zu machen und zu verwalten. § 1629 Abs. 1 Satz 4 gilt entsprechend.

(2) Der Pflegeperson steht eine Person gleich, die im Rahmen der Hilfe nach den §§ 34, 35 und 35a Abs. 1 Satz 2 Nr. 3 und 4 des Achten Buches Sozialgesetzbuch die Erziehung und Betreuung eines Kindes übernommen hat.

(3) Die Absätze 1 und 2 gelten nicht, wenn der Inhaber der elterlichen Sorge etwas anderes erklärt. Das Familiengericht kann die Befugnisse nach den Absätzen 1 und 2 einschränken oder ausschließen, wenn dies zum Wohl des Kindes erforderlich ist.

(4) Für eine Person, bei der sich das Kind auf Grund einer gerichtlichen Entscheidung nach § 1632 Abs. 4 oder § 1682 aufhält, gelten die Absätze 1 und 3 mit der Maßgabe, dass die genannten Befugnisse nur das Familiengericht einschränken oder ausschließen kann.

Absatz 4 ist besonders dann wichtig, wenn das Gericht den Antrag der Herkunftseltern auf Rückführung in die Herkunftsfamilie abgelehnt und nach § 1632 Abs. 4 BGB oder § 1682 BGB den Verbleib in der Pflegefamilie angeordnet hat. In dieser Situation ist es oft nicht möglich, die Inhaber der elterlichen Sorge – und bei der Verbleibensanordnung verbleibt die elterliche Sorge bei den Herkunftseltern – zur Mitarbeit zu gewinnen. Diese Situation ist konfliktbeladen, weil die Herkunftseltern in der Realität nicht im Sinne des § 36 SGB VIII an der Hilfeplanung mitarbeiten. Eine eindeutigere, transparentere und somit für alle Beteiligten weniger konfliktbeladene Situation ist, dass zumindest Teile der elterlichen Sorge, im Zuge der Verbleibensanordnung, entzogen werden und somit klare Rechtsverhältnisse hergestellt werden.

10.2.2. Die Grenzen der Alltagssorge

Pflegeeltern stehen Entscheidungen in Angelegenheiten, deren Regelung für das Kind von erheblicher Bedeutung ist, nach wie vor nicht zu, es sei denn, dass ihnen Teile der elterlichen Sorge nach § 1630 BGB übertragen wurden oder dass sie zu Vormündern oder Pflegern bestellt worden sind. In Angelegenheiten von erheblicher Bedeutung muss immer das Einverständnis von den Personensorgeberechtigten eingeholt werden.

Ebenfalls können die Pflegeeltern trotz Alltagssorge gemäß § 1688 BGB in den Angelegenheiten der täglichen Sorge nicht entscheiden, wenn die Herkunftseltern als Inhaber der elterlichen Sorge für diesen Bereich widersprechen. Es ist dann möglich, das Familiengericht anzurufen, wenn durch diese Einschränkungen die Bedürfnisse des Kindes und dessen Erziehung nicht angemessen verwirklicht werden können.

Angelegenheiten von erheblicher Bedeutung sind immer:
- Impfung,
- Auslandsreise,
- Operation,
- Schulwechsel,
- viele andere Entscheidungen von grundsätzlicher Bedeutung,
- Diagnostik und Therapien in therapeutischen Einrichtungen.

Wenn die Pflegeeltern bei wichtigen Entscheidungen für das Kind korrekt handeln und die Sorgeberechtigten nicht erreichbar sind oder nicht reagieren, kann dies für das Kind schmerzhafte Situationen nach sich ziehen.

Eine Blinddarmoperation ohne Zustimmung der Sorgeberechtigten oder des Amtsvormunds, wenn eine Amtsvormundschaft besteht, kann z. B. nur durchgeführt werden, wenn es sich dabei um eine Notoperation handelt. Ab welchem Schmerzstatus ist der Arzt davon überzeugt, dass es sich um einen Notfall handelt? Wie viel Schmerzen muss das Kind bis dahin unnötigerweise ertragen? Und wenn es dann zu spät ist?

Auch dann, wenn von Herkunftseltern oder vom Amtsvormund grundsätzlich das Einverständnis für eine notwendige Operation vorliegt, können schwerwiegende Konflikte entstehen.

Ich denke da an folgendes Beispiel:
Ein Kind stand unter Amtsvormundschaft und die Einverständniserklärung des Amtsvormundes zur Operation lag vor. Während der Operation stellte sich heraus, dass ein weiterer Eingriff in der gleichen Narkose nötig war, für den keine Einverständniserklärung vorlag. Der Amtsvormund war nicht erreichbar. Der Arzt weigerte sich zunächst, diesen Eingriff ohne eine erweiterte Einverständniserklärung des Amtsvormunds vorzunehmen. Das Kind hätte erneut unter Narkose operiert werden müssen. Den Pflegeeltern gelang es unter dem ganzen Einsatz ihrer persönlichen Verantwortung für das Kind, den Arzt schließlich zur Durchführung des zusätzlich notwendigen Eingriffs im Rahmen der ersten Operation zu bewegen.

In der Praxis begegnen Pflegeeltern, die sich auf die Notfallkompetenz berufen, immer wieder erheblichen Schwierigkeiten. Die Notfallkompetenz bei geschiedenen Eltern mit gemeinsamer elterlicher Sorge wird in der Regel nicht in Frage gestellt, bei Pflegeeltern wird sie wesentlich härter ausgelegt. Die Pflegeeltern, die nicht als Vormund/Pfleger für das Kind bestellt wurden, haben eben nur die Alltagssorge nach § 1688 BGB und nicht die gemeinsame elterliche Sorge wie geschiedene Eltern, bei denen die Entscheidung des einen Elternteils ohne die Zustimmung des anderen in Notfällen rechtlich eindeutig geregelt ist.

Auch ist es für ein Pflegekind z. B. schwer verständlich, wenn es aufgrund eines fehlenden Einverständnisses von Menschen, die nicht zu seinem Alltag gehören, nicht zu einer Klassenfahrt ins Ausland mitgehen darf oder wenn es erleben muss, das entgegen aller Normalität seine Eltern nicht ohne das Einverständnis anderer Menschen das Amt des Elternvertreters annehmen können. Im Normalfall führt es zu keinen Schwierigkeiten, wenn Pflegeeltern in diesen Dingen eigenmächtig handeln, zumal in der Praxis oft Unkenntnis darüber besteht, dass diese Dinge rechtlich nicht abgedeckt sind. Wenn die sorgeberechtigten Herkunftseltern es jedoch darauf anlegen, der Pflegefamilie Schwierigkeiten bereiten zu wollen, was nicht selten vorkommt, können hier große Probleme entstehen.

Wichtiger für das Kind und die Pflegeeltern ist, dass sie nicht immer wieder in Arztpraxen, in Schulen und bei vielen anderen Gelegenheiten Diskussionen führen müssen, die ihre Elternverantwortung in Frage stellen. Es ist unvermeidlich, dass dies das Kind miterleben muss und dadurch schwere Verunsicherungen entstehen. Es ist auch eine Identitätsfrage für das Kind, wenn es seine psychische Identität in der Pflegefamilie aufbauen konnte und dort seine Heimat gefunden hat. Wer bin ich, wenn meine Eltern mich nicht vertreten und schützen können? Auch für die Pflegeeltern ist es ein Signal, wenn andere Menschen die rechtliche Elternverantwortung tragen, obwohl sie Tag für Tag die ganze Last der Verantwortung zu tragen haben. Das kann in Krisensituationen dazu führen, dass sich Pflegeeltern leichter vom Kind distanzieren, weil man ihnen zuvor gezeigt hat, dass sie keine Rechte haben.

Eine Pflegemutter, der die Personensorge nach § 1630 Abs. 3 BGB übertragen wurde, berichtete, welche Erleichterung es für sie ist, dass sie bei der Frage nach dem Sorgerecht die Bescheinigung des Gerichtes wortlos vorlegen kann und sie dann das Kind ohne Wenn und Aber vertreten kann.

10.3. Die Vollmacht für die Wahrnehmung von Angelegenheiten der elterlichen Sorge

Die Vollmacht kann vom Inhaber der Personensorge ausgestellt werden. Mit der Ausstellung einer Vollmacht für bestimmte Teile der Personensorge wird den Pflegeeltern oftmals vermittelt, dass sie nun mit dem Kind auf der rechtlich sicheren Seite sind.

Dass dem nicht so ist, zeigt folgendes Beispiel:
Aila war bei dem Tod der Mutter sechs Monate alt. Der Vater war damals im Gefängnis und hatte wegen Drogenhandels eine siebenjährige Haftstrafe abzuleisten. Aila wurde in ein Heim gegeben, und der Vater sollte als Freigänger für das Kind sorgen. Der Vater wurde rückfällig und als Aila drei Jahre alt wurde, kam sie in eine Pflegefamilie. Das Sorgerecht hatte ein Amtsvormund und die Pflegeeltern bekamen eine Vollmacht für die medizinischen und schulischen Belange. Nach der Verbüßung der Haftstrafe wurde der Vater als türkischer Staatsangehöriger in die Türkei abgeschoben.

Das Kind kannte den Vater von seltenen Besuchen im Gefängnis und von Briefen. Der Vater zeigte sich den Pflegeeltern gegenüber immer freundlich und dankbar dafür, dass es seiner Tochter bei ihnen so gut geht. Das Mädchen war in der Zwischenzeit dreizehn Jahre alt, und der Vater hatte die Pflegemutter und die Tochter zu seiner Familie in den Osten der Türkei zu einem Ferienaufenthalt eingeladen. Es fand in dieser Zeit ein Seminar für Pflegefamilien statt, in der die Wichtigkeit des Findens der eigenen Wurzeln stark in den Vordergrund gestellt wurde. Die Pflegeeltern wurden bestärkt, das Angebot des Vaters anzunehmen, und auch der Amtsvormund fand dies für das Mädchen sehr wichtig.

Als Aila mit der Pflegemutter bei der Familie ankam, wurden sie zunächst freundlich empfangen. Der Vater bat um ein Gespräch ohne Kinder. Diese sollten draußen spielen. Nach einem kurzen Gespräch wurde der Pflegemutter eröffnet, dass sie die Türkei unverzüglich zu verlassen hätte und die Tochter bereits an einem sicheren Ort sei.

Die Vollmacht war wertlos. Als die Pflegeeltern einen Anwalt in der Türkei einschalten wollten, wurden sie auch vom Amtsvormund darüber belehrt, dass sie keinerlei Rechte hätten und für das Kind juristisch fremde Personen seien.

10.4. Die Übertragung von Teilen der elterlichen Sorge nach § 1630 Abs. 3 BGB auf die Pflegeeltern

Nach § 1630 Abs. 3 BGB ist auf Antrag des Personensorgeberechtigten oder auf Antrag der Pflegeeltern eine Übertragung von Teilen der elterlichen Sorge auf die Pflegeeltern möglich. Diese Möglichkeit zur Klärung der Rechtssituation wird in wenigen Jugendämtern genutzt und erscheint selten in den Statistiken, wobei es Jugendämter gibt, die bis zu 17% ihrer Dauerpflegeverhältnisse über diese Rechtsposition geregelt haben.[128]

Die Übertragung von Teilen der elterlichen Sorge ist immer dann sinnvoll, wenn eine echte Freiwilligkeit der Inpflegegabe und die Einsicht bei den Herkunftseltern vorliegt, dass ihr Kind bei den Pflegeeltern seine Zukunft hat und auch die Rechtsbefugnisse dort liegen müssen, wo das Kind ist.

10.4.1. Grundsätzliche Überlegungen und gesetzliche Grundlagen nach § 1630 Abs. 3 BGB

Die Übertragung von Teilen der elterlichen Sorge gemäß § 1630 Abs. 3 BGB ist im Gegensatz zur Vollmacht eine gerichtliche Übertragung. Teil der elterlichen Sorge kann auch das gesamte Personensorgerecht sein, wenn die Vermögenssorge bei den leiblichen Eltern verbleibt.

Die Vollmacht kann, im Gegensatz zu der gerichtlichen Übertragung, stündlich widerrufen werden. Deshalb ist bei einer länger zurückliegenden Datierung der Vollmacht für den Leser nicht erkennbar, ob diese noch Gültigkeit hat. Bei der gerichtlichen Übertragung muss, bei der Beantragung einer Aufhebung im Gegensatz dazu, ein Antrag beim Familiengericht gestellt werden.

Aus rechtlicher Sicht ist die Übertragung von Teilen der elterlichen Sorge auf die Pflegeeltern nach § 1630 Abs. 3 BGB, auf Antrag von Personensorgeberechtigten oder auf Antrag der Pflegeeltern nach § 1630 Abs. 3 BGB, eine Übertragung der Rechtsbefugnisse und damit nicht vergleichbar mit einer Vollmacht. Eine Vollmacht endet, wenn das Kind nicht mehr in der Obhut der Pflegeeltern ist. Sie endet auch dann oder wird zumindest in Frage gestellt, wenn eine stationäre Unterbringung erforderlich wird. Die gerichtliche Bestellung nach § 1630 Abs. 3 BGB kann zwar widerrufen werden, aber dies geht nur über einen richterlichen Beschluss.

Der Gesetzgeber hat in § 1630 Abs. 3 BGB eine klare Haltung bezogen. Er sieht die Situation von Kindern, die in Familienpflege leben und räumt den Pflegeeltern sogar seit der Gesetzesänderung im Jahre 1998 das Recht auf Antragsstellung zur Übertragung von Teilen der elterlichen Sorge ein.

---

128 Zwernemann 2004, S.245

In § 1630 Abs. 3 BGB steht:
(...) (3) Geben die Eltern das Kind für längere Zeit in Familienpflege, so kann das Familiengericht auf Antrag der Eltern oder der Pflegeperson Angelegenheiten der elterlichen Sorge auf die Pflegeperson übertragen. Für die Übertragung auf Antrag der Pflegeperson ist die Zustimmung der Eltern erforderlich. Im Umfang der Übertragung hat die Pflegeperson die Rechte und Pflichten eines Pflegers.

Die Haltung des Sozialarbeiters im Jugendamt bei der Begleitung der Herkunftsfamilie spielt eine wesentliche Rolle. Wenn der Sozialarbeiter von der Grundüberzeugung ausgeht, dass das Kind in der Herkunftsfamilie keine Lebensperspektive hat und eine dauerhafte Unterbringung in der Pflegefamilie zu sehen ist, kann er mit der Herkunftsfamilie Trauerarbeit leisten und ihnen dabei helfen, Abschied zu nehmen. Es wird ihm dann leichter fallen, die leiblichen Eltern davon zu überzeugen, dass die Pflegeeltern auch rechtlich die notwendigen Befugnisse haben müssen.

Diese Beheimatung in der Pflegefamilie findet in der nachstehenden Bundesdrucksache ihren Ausdruck:

"Kommt das Jugendamt nach einer sorgfältigen Prüfung der Situation in der Herkunftsfamilie zu der Überzeugung, dass Bemühungen zur Verbesserung der Erziehungsbedingungen in der Herkunftsfamilie mit dem Ziel der Rückführung des Kindes innerhalb eines angemessenen Zeitraumes offensichtlich erfolglos sind oder sein werden, dann ändert sich der Auftrag. Fortan hat es seine Bemühungen darauf auszurichten, die Eltern davon zu überzeugen, dass sie ihre Elternverantwortung in der konkreten Situation am besten dadurch gerecht werden können, dass sie einem dauerhaften Verbleib des Kindes in der Pflegefamilie, ggf. auch einer Adoption durch die Pflegeeltern zustimmen".[129]

Wenn es dem Sozialarbeiter gelingt, den Herkunftseltern mit Verständnis zu begegnen und ihnen zu der schmerzlichen Einsicht verhilft, dass sie ihrem Kind nicht das geben können, was es braucht, aber dass sie gute Eltern sind, wenn sie dem Kind die Erlaubnis geben, in der Pflegefamilie groß zu werden, sind sie nicht selten auch bereit, Angelegenheiten der elterlichen Sorge auf die Pflegeeltern zu übertragen. In meiner Jugendamtspraxis war es immerhin möglich, dass bei 17 % der Dauerpflegekinder Teile der elterlichen Sorge auf die Pflegeeltern übertragen werden konnten.[130]

---

[129] BT Drucksache 11/5948, S. 71
[130] Zwernemann 2004, S. 245

10.4.2. Welche Teile der elterlichen Sorge benötigen Pflegeeltern bei einer Übertragung?

Im Einzelfall ist zu prüfen, welche Teile der elterlichen Sorge übertragen werden sollen. Unabdingbar ist nach meiner Erfahrung die Übertragung
- der Gesundheitsfürsorge einschließlich therapeutischer Maßnahmen
- der schulischen und beruflichen Belange
- der Antragsstellung bei Behörden.

Ob das Aufenthaltsbestimmungsrecht beantragt werden soll, ist im Einzelfall zu entscheiden. Da die Pflegeeltern für den Fall, dass die Herkunftseltern das Kind aus der Pflegefamilie herausnehmen wollen, das Recht auf die Beantragung einer Verbleibensanordnung nach § 1632 Abs. 4 BGB haben, ist das Aufenthaltsbestimmungsrecht für die rechtliche Vertretung des Kindes nicht unbedingt erforderlich. Es ist Aufgabe des Jugendamtes, den Herkunftseltern die Übertragung der oben genannten Bereiche der elterlichen Sorge bei einer entsprechenden Beratung einsichtig zu machen.

Die Beantragung des Aufenthaltsbestimmungsrechtes kann erfahrungsgemäß Ängste bei den Herkunftseltern auslösen, weil sie befürchten, dass ihnen dann Besuche verweigert werden können. Dies ist jedoch nicht der Fall. Das Besuchsrecht besteht solange, wie es dem Kind nicht schadet und kein Zwang gegen das Kind ausgeübt werden muss.

10.5. Grundsätzliches zur Vormundschaft und Pflegschaft

10.5.1. Rechtliche Voraussetzungen zur Einrichtung einer Vormundschaft

Im § 1773 BGB sind die Voraussetzungen für den Eintritt einer Vormundschaft wie folgt festgelegt:

(1) Ein Minderjähriger erhält einen Vormund, wenn er nicht unter elterlicher Sorge steht oder wenn die Eltern weder in den die Person noch in den das Vermögen betreffenden Angelegenheiten zur Vertretung des Minderjährigen berechtigt sind.

(2) Ein Minderjähriger erhält einen Vormund auch dann, wenn sein Familienstand nicht zu ermitteln ist.

In den Fällen, in denen die elterliche Sorge nach § 1666 BGB durch das Familiengericht entzogen wurde, muss ein Vormund bestellt werden. Dies kann grundsätzlich entweder ein Amtsvormund oder ein Einzelvormund sein. In der Regel wird zunächst ein Amtsvormund bestellt, weil zum Zeitpunkt des Entzugs der elterlichen Sorge in den meisten Fällen keine geeignete Person, die die Vormundschaft übernehmen könnte, zur Verfügung steht.

10.5.2. Gemeinsame Vormundschaft eines Ehepaares
§ 1775 BGB sieht vor, dass mehrere Vormünder für einen jungen Menschen bestellt werden können:
Das Vormundschaftsgericht kann ein Ehepaar gemeinschaftlich zu Vormündern bestellen. Im Übrigen soll das Vormundschaftsgericht, sofern nicht besondere Gründe für die Bestellung mehrerer Vormünder vorliegen, für den Mündel und, wenn Geschwister zu bevormunden sind, für alle Mündel nur einen Vormund bestellen.

Wenn Pflegeeltern zu Vormündern bestellt werden, liegt der besondere Grund für eine gemeinschaftliche Ausübung der Vormundschaft in der Tatsache, dass sie im täglichen Leben gemeinsam für das Kind sorgen.

Nach § 1835 BGB wird auf Antrag an das Vormundschaftsgericht für die Führung der Vormundschaft jährlich eine Pauschale pro Vormund gewährt. Sollte nachgewiesenermaßen die Führung der Vormundschaft wesentlich mehr Kosten verursacht haben, so kann auch im Wege des Einzelnachweises eine höhere Aufwandsentschädigung geltend gemacht werden.

Die Abgabe eines jährlichen Berichtes über die Entwicklung des Kindes und eventuell die Erstellung eines Vermögensnachweises wird gefordert.

Das Gericht kann die Personensorge und die Vermögenssorge verschiedenen Vormündern/Pflegern übertragen. Die Teilung der Vormundschaft bei einem Pflegekind kann dann sinnvoll sein, wenn Vermögen verwaltet werden muss. Die Praxis zeigt, dass dies nur in seltenen Fällen bei Pflegekindern notwendig ist. Dies kommt z.B. dann vor, wenn ein Kind eine Erbschaft macht. Hier ist es sinnvoll, dass die Vermögenssorge dem Amtsvormund übertragen wird und die Personensorge den Pflegeeltern. Die Unterhaltsbeitreibung erfolgt ohnehin durch das Jugendamt, weil die leiblichen Eltern zum Kostenersatz für das Pflegegeld verpflichtet sind und die wirtschaftliche Erziehungshilfe dieses Geld beansprucht. Von seltenen Ausnahmefällen abgesehen ist das Pflegegeld höher als der Unterhaltsbeitrag.

Falls die Pflegeeltern die gesamte Vormundschaft oder als Pfleger Teile des Sorgerechts haben (Pflegschaft), ist das Jugendamt verpflichtet, die Pflegeeltern zu beraten. Die Beratung und Unterstützung bezieht sich auf rechtliche, erzieherische und wirtschaftliche Aspekte der Führung der Vormundschaft. Der § 53

Abs. 2 SGB VIII begründet einen Rechtsanspruch des Vormundes/Pflegers auf regelmäßige und dem jeweiligen erzieherischen Bedarf entsprechende Beratung und Unterstützung durch das Jugendamt. Die Führung der Vormundschaft erfordert erzieherische Fähigkeiten, Kenntnis der einschlägigen Rechtsvorschriften und Sicherheit im Umgang mit Behörden. Wird in rechtlichen Fragen beraten, liegt kein Verstoß gegen das Rechtsdienstleistungsgesetz (Gesetz über außergerichtliche Rechtsdienstleistungen, RDG) vor. Dieses Gesetz regelt seit dem 1. Juli 2008 in Deutschland die Befugnis, außergerichtliche Rechtsleistungen zu erbringen. Es löst damit das Rechtsberatungsgesetz ab. §§ 6 und 7 des RDG regeln die Beratungstätigkeit im rechtlichen Bereich von Nichtjuristen.

Die Beratung umfasst nicht nur den Einzelfall, sondern es muss darüber hinaus eine planmäßige Schulung der Vormünder durch Seminare, Vorträge und andere hilfreiche Maßnahmen erfolgen.[131]

Die schuldhafte Verletzung der Beratungspflicht infolge falscher, unzureichender, unvollständiger oder missverständlicher Beratung durch Mitarbeiter des Jugendamtes kann einen Amtshaftungsanspruch nach sich ziehen (Art. 34 GG in Verbindung mit § 839 BGB). Das OLG Bamberg hat bei einer fehlerhaften Beratung in einer Rentenangelegenheit den Amtshaftungsanspruch bejaht.[132]

Bei Stellungnahmen von Ämtern zur Bestellung von Pflegeeltern als Einzelvormünder wird vielfach den Pflegeeltern bescheinigt, in wirtschaftlichen Fragen nicht kompetent genug zur Führung einer Vormundschaft zu sein. Da das Jugendamt hier als Pflichtaufgabe die Beratung der Vormünder wahrzunehmen hat, ist dieses Argument gegenstandslos. Die Pflegeeltern würden jedoch selbst haften, wenn sie die Beratung durch das Jugendamt nicht in Anspruch nehmen würden.

10.5.3. Die Mitvormundschaft gemäß § 1797 Abs. 1 BGB
Die Mitvormundschaft ist die Vormundschaft gleichrangiger Vormünder (§ 1797 Abs. 1 BGB). Das Vormundschaftsgericht kann
- die Vormünder zu gemeinsamem Handeln verpflichten oder
- die Vormundschaft in mehrere Wirkungskreise aufteilen.

---

131 vgl. Oberloskamp 1998, S. 29
132 ZBlJR 1953, S. 258

10.5.4. Die Bestellung eines Gegenvormundes gemäß § 1799 BGB
Der Gegenvormund ist Aufsichtsperson über den Vormund (§ 1799 BGB). In bestimmten Fällen bedarf der Vormund der Genehmigung des Gegenvormundes (§§ 1809, 1810, 1812, 1814 BGB). Ein Gegenvormund soll bestellt werden, wenn ein größeres Vermögen zu verwalten ist.

10.5.5. Die Entziehung der Vormundschaft gemäß § 1796 BGB
Wenn ein Vormund sein Amt nicht pflichtgemäß ausübt, so kann das Gericht nach § 1796 BGB und auch, sofern vorhanden, den anderen Einzelvormündern die Vormundschaft entziehen:
(1) Das Vormundschaftsgericht kann dem Vormund die Vertretung für einzelne Angelegenheiten oder für einen bestimmten Kreis von Angelegenheiten entziehen.

(2) Die Entziehung soll nur erfolgen, wenn das Interesse des Mündels zu dem Interesse des Vormunds oder eines von diesem vertretenen Dritten oder einer der § 1795 Nr. 1 bezeichneten Personen in erheblichem Gegensatz steht.

10.5.6. Die Auswahl eines Vormundes oder Pflegers gemäß § 1779 BGB
In der Regel wird zunächst ein Amtsvormund bestellt, weil zum Zeitpunkt des Entzugs der elterlichen Sorge nach § 1666 BGB kein geeigneter Einzelvormund vorhanden ist.

§ 1779 BGB legt die Auswahl des Vormunds durch das Vormundschaftsgericht fest:
(1) Ist die Vormundschaft nicht einem nach § 1776 Berufenen zu übertragen, so hat das Vormundschaftsgericht nach Anhörung des Jugendamts den Vormund auszuwählen.

(2) Das Vormundschaftsgericht soll eine Person auswählen, die nach ihren persönlichen Verhältnissen und ihrer Vermögenslage sowie nach den sonstigen Umständen zur Führung der Vormundschaft geeignet ist. Bei der Auswahl unter mehreren geeigneten Personen sind der mutmaßliche Wille der Eltern, die persönlichen Bindungen des Mündels, die Verwandtschaft oder Schwägerschaft mit dem Mündel sowie das religiöse Bekenntnis des Mündels zu berücksichtigen.

(3) Das Vormundschaftsgericht soll bei der Auswahl des Vormunds Verwandte oder Verschwägerte des Mündels hören, wenn dies ohne erhebliche Verzögerung und ohne unverhältnismäßige Kosten geschehen kann. Die Verwandten und Verschwägerten können von dem Mündel Ersatz ihrer Auslagen verlangen; der Betrag der Auslagen wird von dem Vormundschaftsgericht festgesetzt.

Das Vormundschaftsgericht hat gemäß § 1779 BGB die Vorschläge des Jugendamtes und anderer Personen, die ein berechtigtes Interesse haben, bei der Auswahl des Vormundes/Pflegers zu beachten.

Es hat jedoch insbesondere aufgrund der Bestimmungen des § 167 FamFG (§ 50b FGG) die Verpflichtung, sich ein eigenes Bild von der Sicht des jungen Menschen und nach § 1779 BGB von dessen persönlichen Bindungen zu machen.

Das Gericht hört in einem Verfahren, das die Personen- oder Vermögenssorge betrifft, das Kind persönlich an, wenn die Neigungen, Bindungen oder der Wille des Kindes für die Entscheidung von Bedeutung sind (§ 167 FamFG (§ 50b FGG)).

Ein Problem stellt die Tatsache dar, dass sowohl Richter als auch Sozialarbeiter, die nicht über besondere fachliche Qualifikationen in der Gesprächsführung mit Kindern verfügen, mit der Erkundung des Willens im Besonderen bei kleinen Kindern oft überfordert sind. Hier liegt ein Vorteil bei Ämtern, die einen Fachdienst für Pflegekinder haben. Die Mitarbeiter dieser Fachdienste verfügen in der Regel über fachspezifische Erfahrungen mit Kindern, und über Weiterbildungsangebote können sie spezialisierte zusätzliche Qualifikationen erwerben, die ihnen helfen, auch kleine Kinder zu verstehen.

Jugendlichen ab dem 14. Lebensjahr steht nach § 1887 (2) BGB in Verbindung mit § 64 FamFG (§ 50b 2 FGG) zudem das Recht zu, die Entlassung des Amtsvormundes zu beantragen, wenn sie dem Gericht eine geeignete Person zur Übernahme der Vormundschaft vorschlagen können. Ein Jugendlicher ab 14 Jahren muss vom Gericht in jedem Falle bei der Bestellung eines Vormundes gehört werden.

Außerdem sind nach § 169 FamFG (§ 50c FGG) die Pflegeeltern zu hören, wenn das Kind schon längere Zeit in ihrer Familie lebt. Hier heißt es:
„Das Gericht hat in Verfahren, die die Person des Kindes betreffen, die Pflegeperson stets anzuhören, wenn das Kind seit längerer Zeit in Familienpflege lebt, es sei denn, dass von der Anhörung eine Aufklärung nicht erwartet werden kann. Satz 1 gilt entsprechend, wenn das Kind auf Grund einer Entscheidung nach § 1682 des Bürgerlichen Gesetzbuches bei dem Ehegatten, Lebenspartner oder Umgangsberechtigten lebt."

(§ 50c FGG sagt „Lebt ein Kind seit längerer Zeit in Familienpflege, so hört das Gericht in allen die Person des Kindes betreffenden Angelegenheiten auch die

Pflegeperson an, es sei denn, dass davon eine Aufklärung nicht erwartet werden kann.)."

Es besteht eigentlich kein Zweifel daran, dass die Bestellung oder Veränderung einer Vormundschaft über das in der Pflegefamilie lebende Kind hier auch gemeint sein dürfte. Die gängige Praxis ist es jedoch nicht.

Das Gericht hat bei der Auswahl des Vormunds unter mehreren Personen nach § 1779 BGB Folgendes zu beachten:
- die persönliche Eignung,
- den Willen des Kindes,
- die Bindungen des Kindes,
- das religiöse Bekenntnis,
- der mutmaßliche Wille des (verstorbenen) Sorgeberechtigten und
- die Verwandtschaft.

An dieser Stelle zeigt sich, wie auch an verschiedenen anderen Stellen des Bürgerlichen Gesetzbuchs (BGB), dass der Gesetzgeber anfangs des vergangenen Jahrhunderts von Kindern ausging, deren Eltern verstorben sind und in der Verwandtschaft stets geeignete Personen waren, die das Mündel in ihrer Familie aufnahmen und versorgten wie ein eigenes Kind. Ein großer Teil des BGBs ist auch der Bestimmung des Nachlasses und der Vermögenssorge gewidmet. Die Vermögenssorge spielt heute bei Pflegekindern in der Regel keine Rolle.

Zur persönlichen Eignung als Vormund gehört, dass dieser in der Lage ist, eine langfristige persönliche Beziehung zu dem Mündel herzustellen und er die Bereitschaft und Fähigkeit mitbringt, für die Person des Kindes zu sorgen und es rechtlich zu vertreten.

Die Frage stellt sich hier nicht, wer für die Übernahme der Vormundschaft besser geeignet sein könnte, als Pflegeeltern, die die Sorge für das Kind täglich unter Beweis stellen!

Voraussetzung ist jedoch, dass das Kind die Pflegefamilie als seine Familie erlebt und die Pflegeeltern für das Kind Elternverantwortung übernommen haben. Wenn ein Kind die Pflegeeltern und die gesamte Familie in seinem Erleben zu seinen Eltern und zu seiner Familie gemacht hat, entspricht es dem Willen und den Bindungen des Kindes, dass es von den Pflegeeltern auch rechtlich vertreten werden kann.

Es kommt noch ein weiterer Aspekt hinzu. Pflegeeltern, die ihre Elternverantwortung gegenüber dem Pflegekind tagtäglich unter Beweis stellen, können als Einzige die Interessen des Pflegekindes in vollem Umfang vertreten. Nur sie kennen das Kind mit allen Stärken und Schwächen. Selbst wenn das Kind unter einer Amtsvormundschaft steht, ist der Amtsvormund auf die Informationen der Pflegeeltern zwingend angewiesen, weil der Amtsvormund das Kind im besten Fall wenige Male im Jahr sieht, manchmal aber erheblich seltener. Bei den meisten Vereins- oder Berufsvormündern ist es nicht anders.

In diesem Zusammenhang zeigt sich, dass ein Amtsvormund die Aufgaben des Vormunds zwar vorübergehend wahrnehmen kann und muss, diese aber für die weitere Zukunft des Kindes, welches in einer Pflegefamilie lebt und beheimatet ist, nie in der Realität wahrnehmen kann. Eine Amtsvormundschaft stellt somit zwar eine notwendige Regelung dar in den Fällen, in denen schnell gehandelt werden muss und in diesem Moment keine geeignete Person als Vormund zur Verfügung steht, also als Ausfallbürgschaft des Staates für eine Übergangszeit. Eine Amtsvormundschaft ist notwendig und sinnvoll in Krisensituationen, auch unter Umständen für eine längere Zeitdauer. Leider zeigt sich aber auch hier in der Praxis, dass die Haltung des Jugendamtes meistens eine andere ist und immer wieder Argumente gegen eine Einzelvormundschaft, insbesondere gegen die Pflegeeltern, angeführt werden, die einer näheren Prüfung nicht Stand halten. Hier drängt sich der Verdacht auf, dass die Pflegeeltern zwar vom Jugendamt den Auftrag haben, das Kind optimal zu versorgen, ihnen aber die rechtlichen Grundlagen dazu abgesprochen werden.

10.6. Gesetzliche Bestimmungen zu Pflichten und Rechten des Vormundes

In **§ 1793 BGB** werden die Aufgaben des Vormunds genannt. Diese sind durch Verweise auf die Paragrafen, die das Verhältnis und die Pflichten zwischen Eltern und Kindern betreffen, der elterlichen Sorge nachgebildet:

(1) Der Vormund hat das Recht und die Pflicht, für die Person und das Vermögen des Mündels zu sorgen, insbesondere den Mündel zu vertreten. § 1626 Abs. 2 gilt entsprechend. Ist der Mündel auf längere Dauer in den Haushalt des Vormundes aufgenommen, so gelten auch die §§ 1618a, 1619, 1664 entsprechend. (...)

Der **§ 1618a BGB** legt fest, dass Eltern und Kinder einander die Pflicht zu Beistand und gegenseitiger Rücksicht schuldig sind.

In **§ 1619 Abs. 2 BGB** wird Folgendes ausgesagt:
Das Kind ist, solange es dem elterlichen Hausstand angehört und von den Eltern erzogen oder unterhalten wird, verpflichtet, in einer seinen Kräften und seiner Lebensstellung entsprechenden Weise den Eltern in ihrem Hauswesen und Geschäft Dienste zu leisten.

In **§ 1626 BGB** heißt es:
(...) (2) Bei der Pflege und Erziehung berücksichtigen die Eltern die wachsende Fähigkeit und das wachsende Bedürfnis des Kindes zu selbstständigem verantwortungsbewusstem Handeln. Sie besprechen mit dem Kind, soweit es nach dessen Entwicklungsstand angezeigt ist, Fragen der elterlichen Sorge und streben Einvernehmen an. (...)

In **§ 1664 BGB** unter dem Thema Haftung der Eltern lesen wir:
(1) Die Eltern haben bei der Ausübung der elterlichen Sorge dem Kind gegenüber nur für die Sorgfalt einzustehen, die sie in eigenen Angelegenheiten anzuwenden pflegen.

(2) Sind für einen Schaden beide Eltern verantwortlich, so haften sie als Gesamtschuldner. Inhalt und Grenzen der Personensorge gelten sowohl für Eltern als auch für Vormünder.

§ 1631 BGB:
(1) Die Personensorge umfasst insbesondere die Pflicht und das Recht, das Kind zu pflegen, zu erziehen, zu beaufsichtigen und seinen Aufenthalt zu bestimmen.

(2) Kinder haben ein Recht auf gewaltfreie Erziehung. Körperliche Bestrafungen, seelische Verletzungen und andere entwürdigende Maßnahmen sind unzulässig. (...)

Somit haben Vormünder grundsätzlich die gleichen Pflichten wie Eltern. Zu der Personensorge gehören die Pflege und die Erziehung des Mündels. Die Rechte des Vormunds sind insofern eingegrenzt, als dass er die Pflicht hat, die Interessen des Mündels zu vertreten. Genauso wie Eltern den jungen Menschen bei allen Entscheidungen, die seine Person betreffen, in die Entscheidungsfindung einzubeziehen haben, hat das ein Vormund auch zu tun. Es kann nicht über den Kopf des Kindes und Jugendlichen hinweg entschieden werden. Gehorsam um jeden Preis ist in der Erziehung nicht mehr gefordert. Der Vormund hat jedoch, genauso wie Eltern, nicht in jedem Punkt dem Willen des jungen Menschen zu folgen.

Der Vormund hat zu beachten, dass bestimmte Rechtsgeschäfte der vormundschaftsgerichtlichen Genehmigung bedürfen. Es ist ratsam, dass der Vormund das Gericht bittet, ihm einen Katalog der genehmigungspflichtigen Rechtsgeschäfte auszuhändigen.

Die Pflichten und Rechte des Vormunds sind also explizit durch die Verweise auf die § 1626 ff. BGB, welche die Pflichten und Rechte der Eltern und der Kinder regeln, bis auf wenige Ausnahmen (religiöses Bekenntnis, Namensangelegenheiten, bestimmte Rechtsgeschäfte) identisch mit denen der Eltern.

Im Folgenden werden die Begriffe, welche in den Paragrafen genannt werden, inhaltlich beleuchtet.

Pflege: Die Pflege umfasst die Sorge für das leibliche Wohl, also Nahrung, Kleidung, Unterkunft, Körperpflege und Gesundheit. Die Erfüllung der körperlichen Grundbedürfnisse ist die Voraussetzung der Erziehung des Mündels und Teil der Erziehung.

Erziehung: Die Erziehung ist im § 1631 Abs. 1 BGB ausdrücklich genannt. Im § 1800 BGB wird auf diesen Paragrafen verwiesen. Das Ziel ist, dem Mündel dazu zu verhelfen, ein lebenstüchtiger Erwachsener, eine selbstverantwortliche Persönlichkeit zu werden. Der Vormund muss ihm Orientierung, Unterweisung, Anregung zukommen lassen, ihm Vorbild sein, ihm Gelegenheit zur Übung und zum Sammeln von Erfahrungen zu geben.[133] Er hat die wachsende Reife des Mündels zu beachten, seine Fähigkeiten und Begabungen.

Das **Aufenthaltsbestimmungsrecht** ist ein wichtiges Recht des Vormundes oder Pflegers. Er kann bestimmen, ob das Mündel in seine Familie aufgenommen wird, in ein Heim oder in eine Pflegefamilie gegeben wird. Allerdings hat er dabei auch auf die Bedürfnisse und die Wünsche des Kindes Rücksicht zu nehmen.

Aufsicht: Der Vormund ist verpflichtet, für die Aufsicht des Mündels zu sorgen. Diese ist Teil der Erziehung. Im Rahmen der Aufsicht ist der Vormund verpflichtet, den Mündel vor körperlichen und seelischen Gefahren zu schützen. Auch hier hat der Vormund die Möglichkeit, die Aufsichtspflicht auf andere Personen, z.B. auf Pflegeeltern, zu übertragen.

---

133 vgl. Oberloskamp 1998, S. 87

Umgang mit Dritten: Mit welchen Personen das Mündel Umgang hat, bestimmt allein der Vormund. Dabei hat dieser die wachsende Reife und Urteilsfähigkeit des Mündels zu beachten. Der Vormund hat Einfluss auf den Briefwechsel des Mündels und er kann Umgangsverbote aussprechen. Dass diese Umgangsverbote nicht willkürlich verhängt werden können, ergibt sich aus dem demokratischen Grundverständnis von Erziehung.

Religiöse Erziehung: Der Vormund hat das religiöse Bekenntnis des jungen Menschen zu achten. In welchem Bekenntnis das Mündel erzogen wird, ist im Gesetz über die religiöse Kindererziehung vom 15.07.1921 geregelt. Ein von den Eltern bestimmtes Bekenntnis ist auch dann nicht abzuändern, wenn ihnen das Sorgerecht gemäß § 1666 BGB entzogen ist. Der Vormund kann das Bekenntnis nur dann bestimmen, wenn die Eltern noch keine Bestimmung getroffen haben. Die Möglichkeit der Erstbestimmung durch den Vormund folgt aus § 3 Abs. 2 Satz 6 RelKEG. In den seltenen Fällen, in denen der Vormund das Bekenntnis bestimmen kann, benötigt er die vormundschaftsgerichtliche Genehmigung. Auch in diesem Fall hat das Gericht die Eltern und ab dem 10. Lebensjahr das Mündel anzuhören. Hat das Mündel das 14. Lebensjahr vollendet, kann es nach § 5 Satz 1 RelKEG selbst entscheiden. Auch wenn das Kind eine Änderung des religiösen Bekenntnisses noch so sehr wünscht, kann dies ohne Einwilligung der leiblichen Eltern nicht vor dem 14. Lebensjahr erfolgen.
Bei Pflegekindern, die einer anderen Konfession angehören und in einer katholischen Familie aufwachsen, kann z.B. bei der Erstkommunion ein großes Problem für die Kinder entstehen, vor allem wenn sie in einer Schulklasse mit überwiegend katholischen Klassenkameraden sind.
Dass das Gesetz über die religiöse Kindererziehung dem Kindeswillen vor dem 14. Lebensjahr überhaupt keine Bedeutung beimisst und auf die Gefühle der Kinder keine Rücksicht nimmt, zeigt, dass dieses Gesetz, das 1921 entstand, bis heute nie der gesellschaftlichen Entwicklung angepasst wurde. Warum ist das so? Hat die Religion in unserer Gesellschaft so wenig Bedeutung, dass man in diesem Punkt immer noch von der „elterlichen Gewalt" ausgeht?

Sorge für Ausbildung und Beruf: Der Vormund hat die Sorge für eine passende Schul- und Berufsausbildung zu tragen. Er hat dabei auf die Eignung und Neigung des Mündels Rücksicht zu nehmen. Für den Abschluss von Berufsausbildungs- und Arbeitsverträgen benötigt der Vormund die vormundschaftsgerichtliche Genehmigung.

Namensfragen: Die Namensfrage ist Sache des Personensorgeberechtigten. Dies kann die Festsetzung eines Vornamens sein, wenn das Kind von den Eltern keinen Namen bekommen hat, oder eine Namensänderung. Die Namensänderung bedarf der vormundschaftsgerichtlichen Genehmigung.

Statusfragen: An dieser Stelle wird auf diese Fragen nicht näher eingegangen. Vaterschaftsfeststellungen und Vaterschaftsprozesse sind in der Regel eine Überforderung für einen Einzelvormund, es sei denn, es handelt sich um einen Rechtsanwalt. Hier ist das Jugendamt als Beistand gefragt. Das Jugendamt hat auf diesem Gebiet über Jahrzehnte eine hohe Fachkompetenz erworben, die ein Einzelvormund in der Regel nicht haben kann. Diesen Bereich einem Einzelvormund zu überlassen, ist unklug und nicht ratsam.

Vermögensfragen: Die Vermögenssorge spielt bei Pflegekindern in der Regel kaum eine Rolle. Wenn Rentenanträge oder Anträge nach dem Opferentschädigungsgesetz gestellt werden müssen, so hat der Einzelvormund Anspruch auf Unterstützung und Beratung durch das Jugendamt.
Für Pflegeeltern ist es wichtig zu wissen, dass sie vorsichtig sein müssen, wenn sie Geldanlagen für ihr Pflegekind tätigen, die Herkunftseltern aber noch Inhaber der Vermögenssorge sind. Hier ist die Beratung durch den Bankfachmann nötig. Wenn Herkunftseltern in einer finanziellen Notlage sind, kommt es nicht selten vor, dass sie auf das Sparkonto ihres Kindes zurückgreifen, das in einer Pflegefamilie lebt.

10.7. Pflegeeltern als Einzelvormünder / Pfleger

10.7.1. Vormundschaft als Nachbildung der elterlichen Sorge

Die Vormundschaft ist gemäß den §§ 1793 und 1800 BGB den Vorschriften der elterlichen Sorge nachgebildet. Der Vormund übt die Personensorge, die Vermögenssorge und die rechtliche Vertretung für das Mündel aus. Für die Pflegschaft gilt dies für die Teile der elterlichen Sorge, für die ein Pfleger bestellt wurde. Die Hauptpflicht des Vormundes/Pflegers ist es, die Interessen des Mündels wahrzunehmen und für das Wohl des Kindes zu sorgen.

Der Gesetzgeber hat den Vorrang der Einzelvormundschaft vor der Amtsvormundschaft eingeräumt. Dies hat er in § 1887 BGB wie auch in § 53 SGB VIII festgelegt. In § 53 Abs. 1 SGB VIII wird das Jugendamt verpflichtet, dem Vormundschaftsgericht Personen vorzuschlagen, die im Einzelfall zur Führung der Vormundschaft geeignet sind. Dies gilt auch für die Pflegschaft.

In § 1887 BGB wird bestimmt, dass das Vormundschaftsgericht das Jugendamt als Amtsvormund zu entlassen hat, wenn dies dem Wohl des Mündels dient und eine andere geeignete Person als Vormund/Pfleger vorhanden ist. Die Entscheidung ergeht von Amts wegen oder auf Antrag. Zum Antrag ist das Mündel berechtigt, wenn es das 14. Lebensjahr vollendet hat sowie jede andere Person, die ein berechtigtes Interesse geltend macht. Das Jugendamt soll den Antrag bei dem Vormundschaftsgericht stellen, sobald es erfahren hat, dass die Voraussetzungen des § 1887 Abs. 1 BGB vorliegen.

Das Jugendamt hat gemäß § 56 Abs. 4 SGB VIII in der Regel jährlich zu prüfen, ob im Interesse des Kindes seine Entlassung als Amtspfleger oder Amtsvormund und die Bestellung einer Einzelperson oder eines Vereins angezeigt ist, und hat dies dem Vormundschaftsgericht mitzuteilen.

Die Pflegeeltern gehören ohne Zweifel zu den Personen, die ein berechtigtes Interesse an der Antragsstellung nach § 1887 BGB haben.

Wenn das Kind für längere Zeit in der Pflegefamilie untergebracht ist und seine Zukunftsperspektive dort liegt, gehören Pflegeeltern ebenfalls ohne Zweifel zu den Personen, die vom Jugendamt vorzuschlagen sind, es sei denn, es liegen Gründe vor, die dagegen sprechen. Sollten tatsächlich schwerwiegende Gründe vorliegen, die gegen eine Eignung der Pflegeeltern als Vormünder sprechen, stellt sich konsequenterweise die Frage, ob das Kind in der Familie überhaupt eine Zukunft haben kann.

10.7.2. Vorläufige Gründe für ein Jugendamt, die Pflegeeltern nicht als Vormünder vorzuschlagen

Aus folgenden Gründen kann es sinnvoll sein, die Pflegeeltern von Seiten des Jugendamtes nicht als Einzelvormünder vorzuschlagen:

- Das Kind ist erst kurze Zeit in der Pflegefamilie und die Lebensperspektive ist ungeklärt.
- Die Beziehung zwischen Pflegeeltern und Kind hat sich nicht so entwickelt, wie dies erhofft wurde. Dann stellt sich die dringende Frage, ob das Kind in dieser Pflegefamilie bleiben kann.
- Ein Rechtsstreit ist nicht abgeschlossen.
- Das Kind kommt älter in die Pflegefamilie und die Wahrscheinlichkeit, dass ein echtes Eltern-Kind-Verhältnis entstehen kann, ist eher unwahrscheinlich.

- Die Besuchsregelung verläuft sehr konfliktreich. Hier kann entweder ein Amtsvormund oder ein geeigneter Einzelvormund zunächst günstiger sein.

Bis heute habe ich in meiner langjährigen Praxis im Pflegekinderdienst keine anderen Gründe kennen gelernt, die gegen eine Umwandlung einer Amtsvormundschaft/Amtspflegschaft in eine Einzelvormundschaft/Pflegschaft der Pflegeeltern sprechen können. Es ist schwer zu verstehen, warum viele Jugendämter große Probleme haben, die Pflegeeltern als Vormünder vorzuschlagen und somit geltende Rechtsnormen ignorieren. Die Pflegeeltern üben täglich die Personensorge aus. Ich erlebe als Beistand für Pflegeeltern, dass die Behörden große Sorgen haben, die Kontrolle über Pflegeeltern zu verlieren. Die Frage, warum diese Pflegeeltern die Erziehung tatsächlich leisten, jedoch nicht in der Lage sein sollen, die rechtliche Vertretung des Kindes auszuüben, wurde mir niemals schlüssig beantwortet.

Ein Argument, das ich immer wieder hören musste, ist, dass das Kind in der Pubertät Schwierigkeiten bekommen kann und vielleicht einen therapeutischen Heimaufenthalt braucht. Dieses Argument gilt als Gegenargument für mich, weil gerade in diesem Fall die Verantwortlichkeit der Pflegeeltern gestärkt werden muss. Es kommt nicht selten vor, dass Pflegeeltern, bei denen das Kind jahrelang gelebt hat, wie fremde Personen behandelt werden, keine Auskunft über die Person des Kindes bekommen und an der Hilfeplanung oder an gerichtlichen Entscheidungen generell nicht beteiligt werden. Wenn sie jedoch Vormund oder Pfleger sind, steht ihre Beteiligung am Hilfeprozess oder am Gerichtsverfahren außer Frage.

10.7.3. Stärkung der Erziehungskompetenz und Verantwortlichkeit der Pflegeeltern

In der Regel sind Pflegeeltern bereit und fähig zur Ausübung des Amtes des Vormundes. Die häufige Äußerung, Pflegeeltern wollen die Vormundschaft nicht ausüben, gründet wohl eher darauf, dass sie weder bei der Vorbereitung noch dann, wenn ein Pflegekind in ihrer Familie sein Zuhause gefunden hat, umfassend beraten werden. Die Vormundschaft ist keine zusätzliche Belastung, sondern eher eine Stärkung ihrer Erziehungskompetenz. In der Alltagspädagogik ist es wichtig für die Kinder zu erleben, dass die Pflegeeltern Entscheidungen treffen können, die ihre Person betreffen. Pflegekinder möchten nichts mehr, als ganz normale Kinder in ganz normalen Familien sein. Sie möchten, dass die Pflegeeltern, die zu ihren Eltern geworden sind, vor anderen Eltern nicht erklären müssen, dass sie sich ohne Zustimmung anderer Personen nicht in den Elternbeirat wählen lassen dürfen oder dass die Pflegeeltern nicht selbst entscheiden können, ob es mit auf die Klassenfahrt ins Ausland gehen darf. Allein der Umstand, dass die Pflegeeltern sich selbst immer wieder fragen müssen, ob diese anstehende Entscheidung mit der Alltagssorge abgedeckt ist, schafft Unsicherheit in der Erziehung und wird auch von dem Kind so erlebt.

In § 1793 BGB sieht der Gesetzgeber ausdrücklich vor, dass der Vormund sein Mündel in seinen Haushalt aufnehmen kann. Gibt es da einen Unterschied zu Pflegeeltern? Die Pflegeeltern haben das Kind in ihren Haushalt aufgenommen und das Kind hat sie zu seinen Eltern gemacht. Es hat eine gute Bindung an sie entwickelt und auch darauf hebt der Gesetzgeber ab, dass der Wille und die Bedürfnisse des Kindes Beachtung finden müssen. Dass der Gesetzgeber die Pflegeeltern als rechtliche Vertreter des Kindes für geeignet hält, lässt sich auch an § 1630 Abs. 3 BGB ablesen, demgemäß die Pflegeeltern zu Pflegern für ihr Pflegekind bestellt werden können.

Ein wichtiger Grund für die Bestellung der Pflegeeltern zu Vormündern/Pflegern ist die Stärkung der Verantwortlichkeit dem Kind gegenüber. Bei Kindern, die in ihrer frühen Kindheit schwere Entwicklungsbeeinträchtigungen hinzunehmen hatten, kann es z.B. in der Pubertät zu der Notwendigkeit von stationären therapeutischen Aufenthalten kommen. Es ist nicht selten zu beobachten, dass Pflegeeltern, wenn sie keine rechtliche Stellung haben, in diesen schwierigen Situationen ausgegrenzt werden. Gerade in Krisenzeiten ist es wichtig, dass der junge Mensch von den Menschen begleitet wird, zu denen er eine tragfähige und konstante Bindung entwickelt hat.

10.7.4. Beratung und Kontrollfunktion des Jugendamtes gegenüber den Pflegeeltern als Vormünder

Sowohl das Jugendamt wie auch das Vormundschaftsgericht behalten nach der Übertragung der Vormundschaft/Pflegschaft auf die Pflegeeltern wichtige Aufgaben. Sie haben die Vormünder/Pfleger zu beraten, zu unterstützen, und sie haben auch Aufsichtspflichten. Das Jugendamt hat nach § 53 Abs. 3 SGB VIII „darauf zu achten, dass die Vormundschaft zum Wohle des Mündels ausgeübt wird",[134] auch das Vormundschaftsgericht hat nach § 1837 BGB die gleichen Aufgaben.

Der Vormund/Pfleger handelt in eigener Verantwortung, wenn er jedoch seine Pflichten nicht erfüllt, kann er vom Vormundschaftsgericht entlassen werden.

---

[134] vgl. Zenz, Hansbauer (Hrsg.), S. 113

Kann dieser Fall bei einem Pflegekind, bei dem die Pflegeeltern zum Vormund oder zum Personenrechtspfleger bestellt sind, eintreten? Dies ist schwer vorstellbar, denn dann wären die Pflegeeltern auch nicht in der Lage, dem Kind das zu geben, was es für seine Entwicklung braucht.

In diesem Zusammenhang hat das Jugendamt bei Pflegekindern noch ein weiteres Instrument der Einflussnahme. Das Jugendamt gewährt in der Regel Hilfe zur Erziehung gemäß § 27 SGB VIII. Die offensichtlich mancherorts vorhandene Sorge bei Jugendämtern, Einflussnahme auf Pflegeeltern zu verlieren, ist deshalb unbegründet, weil der Vormund unter der Aufsicht des Jugendamtes und des Vormundschaftsgerichtes sein Amt ausübt.

Wichtig ist die Frage der Vormundschaft mit dem zuständigen Sozialarbeiter zu klären und zu erreichen, dass der Antrag bei Gericht gestellt wird.

Wo kein Einvernehmen hergestellt werden kann, bleibt der Weg zur eigenen Antragstellung auf Übertragung der Vormundschaft/Pflegschaft den Pflegeeltern immer offen.

Es zeugt jedoch von einem tiefen Misstrauen gegenüber Pflegeeltern, wenn vom Jugendamt eine ablehnende Stellungnahme zum Antrag der Pflegeeltern auf Übertragung der Vormundschaft/Pflegschaft an das Gericht abgegeben wird.

10.8. Rückblick über berufliche Erfahrungen hinsichtlich von Pflegeeltern als Vormünder

In meiner Berufspraxis im Pflegekinderwesen war es üblich, dass nach Abschluss des Gerichtsverfahren und nachdem Klarheit in der Hilfeplanung über eine dauerhafte Lebensperspektive in der Pflegefamilie erreicht wurde, die Pflegeeltern dem Vormundschaftsgericht als geeignete Einzelvormünder vorgeschlagen wurden.

Ich habe in keinem Fall erlebt, dass das Gericht diesem Vorschlag nicht nachgekommen wäre. In den Fällen, in denen die Vermögenssorge eine Rolle spielte, bezog sich der Vorschlag auf die Personensorge und nicht auf die Vermögenssorge.

Das Ziel dieser Handlungsweise war in zwei Richtungen wichtig. Einmal hat der Zuwachs an Kompetenzen den Zustand der Normalität in der täglichen

Wahrnehmung der Pflichten und zum anderen die Verantwortlichkeit der Pflegeeltern gestärkt. Bei dieser Aussage ist an Kinder gedacht, die relativ jung in die Pflegefamilie kamen und bei denen die Pflegeeltern die sozialen, faktischen Eltern wurden. Es gibt Kinder, die auch im Schulalter genau in diese Familie hineinpassen und die in den Pflegeeltern soziale, faktische Eltern gefunden haben. In diesen Fällen ist es ebenfalls nur konsequent, dass diese Pflegeeltern auch, wenn sie nach objektiver Beratung durch das Jugendamt dazu bereit sind, die rechtliche Elternverantwortung übernehmen.

Die in der Fachöffentlichkeit oft geäußerte Feststellung, dass Pflegeeltern genug Aufgaben mit der täglichen Auseinandersetzung im Erziehungsalltag hätten und deshalb nicht mit der Vormundschaft/Pflegschaft belastet werden sollten, ist in keiner Weise nachvollziehbar. Das Gegenteil ist der Fall. Wenn Kinder die Pflegeeltern zu ihren Eltern gemacht haben, werden die Pflegeeltern durch Übernahme der mit der Vormundschaft/Pflegschaft übernommenen Verantwortung darin bestärkt, dass sie Elternverantwortung für die Kinder haben und z B. bei Schwierigkeiten nicht davonlaufen. Die Kinder sehen, dass die Pflegeeltern Kompetenz haben, über wichtige Fragen in ihrem Leben mit ihnen zusammen zu entscheiden. Vor allem in der Pubertät ist dies von großer Bedeutung.

Als Beistand für Pflegeeltern habe ich mehrfach von Jugendämtern in ablehnenden Stellungnahmen zur Übernahme von Pflegschaften durch Pflegeeltern gehört, dass es voraussichtlich in der Pubertät zu Schwierigkeiten kommen wird, weil das Kind sich mit der Herkunft auseinandersetzt. Ja, das tut es - nur was hat dies mit der Ausübung des Sorgerechts zu tun?

Ein Beispiel:
Charlotte war 14 Jahre alt, fand die Pflegeeltern einfach unmöglich, weil sie gewisse Forderungen im Alltag an sie stellten. Sie sah nicht mehr ein, dass sie Schulaufgaben machen sollte, sie sah nicht mehr ein, dass sie nicht erst nach Mitternacht nach Hause kommen konnte und gar noch ihr Zimmer selbst aufzuräumen und einige Handgriffe im Haushalt zu erledigen hatte. In ihrer Gruppe besprachen die Jugendlichen diese Probleme und alle fanden, dass Charlotte es als Pflegekind eigentlich im Gegensatz zu ihnen gut hätte. Sie müsste sich das alles nicht gefallen lassen. Ihre Pflegeeltern hätten gar kein Recht, ihr irgendetwas zu befehlen.

Charlotte kam heim und erklärte selbstsicher, dass es von jetzt an ganz anders weiter gehen würde. Die Pflegeeltern hätten kein Recht, ihr irgendetwas zu sagen. Nun, die Pflegeeltern waren Pfleger für die Personensorge und erklärten ihr, sie möge mit ihren Schulkameraden besprechen, dass sie gleichwohl Rechte hätten, weil sie die Personensorge für sie übertragen bekommen hätten. Dies tat sie auch – und siehe – sie kam heim und sagte, dass ihre Kameraden dies nun anders sehen würden. Sie sähen, dass es ihr nicht besser ginge wie ihnen - nämlich die Pflegeeltern hätten doch die gleichen Rechte wie ihre leiblichen Eltern.

Wenn ein Amtsvormund, der dem Pflegekind fremd oder wenig bekannt ist, wichtige Dinge entscheiden darf, kann das für das Kind zu einer Krisensituation führen.

Noch gravierender ist es, wenn die Herkunftseltern das volle Sorgerecht haben und somit alle wichtigen Entscheidungen treffen können. Wenn diese Eltern dem Pflegekind innerlich fremd geworden sind und es die Pflegeeltern zu seinen Eltern gemacht hat und es erleben muss, dass Menschen über es entscheiden, mit denen es eventuell schwer belastende Erinnerungen verbindet, kann dies zu Ohnmachtsgefühlen führen. Es kann sich das Bewusstsein beim Kind verfestigen, dass es keinen Sinn hat, sich zu wehren, was für das Kind eine Retraumatisierung bedeutet. Wenn das Pflegekind erleben muss, dass seine Pflegeeltern nicht entscheiden können und es sie daher als schwach erlebt, kann dies zu einem Vertrauensverlust führen.

Der Vormund hat die Funktion von „Ersatz-Eltern". Die Pflegeeltern haben diese Funktion ebenfalls. Die notwendigen Entscheidungen für das körperliche, geistige und seelische Wohl des Kindes kann nur die Person fällen, die aufgrund der persönlichen Kenntnis der Lebensumstände des Kindes und der persönlichen Überzeugung in der Verantwortung steht.

Bei Pflegekindern ist es die Regel, dass dies die Pflegeeltern sind, im Ausnahmefall können dies andere nahe Vertrauenspersonen des Kindes sein.

Die Forderung ist, dass die Regel eingehalten wird und nur im Ausnahmefall andere Einzelpersonen zu Pflegern und Vormündern bestellt werden.

11. Diskussion über behördeninterne Organisationsformen des Amtsvormundschaftswesens

11.1. Offene Fragen: Amtsvormundschaft oder Einzelvormundschaft bei der Unterbringung des Kindes?

In der Fachöffentlichkeit wird die Frage diskutiert, warum den Mündeln der Sozialarbeiter des Pflegekinderdienstes oder des Allgemeinen Sozialen Dienstes präsent ist und nicht der „Amtsvormund", der eine verwaltungsrechtliche Ausbildung hat und in der Statistik erscheint, weil er die Unterschrift unter die vom Pflegekinderdienst oder des Allgemeinen Sozialen Dienstes vorbereiteten Entscheidungen setzt.

Die Personensorge steht bei Pflegekindern im Mittelpunkt der Tätigkeit des Vormundes und Pflegers. Hier werden die Entscheidungen getroffen, die für das Kind von weit reichender Bedeutung sind. Sowohl im Gesetz wie auch in der Praxis scheint ein Übergewicht auf vermögensrechtlichen Fragen zu liegen, während diese bei der Betrachtung der Situation von Pflegekindern kaum eine Bedeutung haben.

Die Lektüre des Gesetzestextes über die Vormundschaft legt nahe, dass die Vormundschaft regelhaft dann eintritt, wenn beide Eltern verstorben sind. Dies entspricht keineswegs der heutigen Praxis im Pflegekinderwesen, sondern spiegelt die historische Situation bei der Entstehung des Bürgerlichen Gesetzbuches am Ende des 19. Jahrhunderts wieder.

In der Frankfurter Studie zu den Vormundschaften wird festgestellt, dass elf der sechzehn Jugendämter angaben, dass in ihrer Behörde die Amtsvormundschaft als eigenständiges Sachgebiet organisiert ist und dies meist in Form einer kombinierten Zuständigkeit für die Aufgabenbereiche „Beistandschaft", „Amtspflegschaft" und „Amtsvormundschaft". In den anderen fünf Ämtern waren die Mitarbeiter zusätzlich für Aufgaben wie „Unterhalt/Unterhaltsvorschuss" sowie die „Betreuung Erwachsener" zuständig, oder sie übernahmen als Mitarbeiter des Sachgebietes „Allgemeiner Sozialer Dienst" und des Fachdienstes „Heim- und

Pflegekindererziehung" zugleich die Führung der bestellten Amtspflegschaften und Amtsvormundschaften.[135]

Es wird kritisiert, dass der „Amtsvormund" dem Mündel nicht bekannt sei, sondern der zuständige Sozialarbeiter für ihn als Jugendamt präsent sei.

Dies ist eine eher theoretische Diskussion, weil hier deutlich wird, dass in Behörden die finanziellen Gesichtspunkte ein Übergewicht haben und deshalb keine klare Funktionsteilung der Amtsvormundschaft vorgenommen wird.

Es kann niemand ernstlich wollen, dass dort, wo die Verwaltungskraft die „Amtsvormundschaft" führt, auch die Entscheidungen der Personensorge von dieser gefällt werden. Die vielerorts übliche Praxis, dass der Sozialarbeiter, der das Kind betreut, die Entscheidungen im Bereich der Personensorge fällt, und diese Entscheidungen dann als rechtliche Vertretung von der Verwaltungskraft unterschrieben wird, führt zu Verwirrungen. Wie soll ein Kind verstehen, dass da eine Person unterschreibt, die es entweder gar nicht kennt oder nur selten gesehen hat, während der Sozialarbeiter des Jugendamtes – hoffentlich – regelmäßig zu Hausbesuchen kommt, sich mit dem Kind persönlich beschäftigt und es daher kennt und das Kind zu ihm im persönlichen Kontakt steht.

Wer kennt zum Zeitpunkt der Aufnahme des Kindes in der Pflegefamilie die Gesamtsituation des Kindes? Das ist der Sozialarbeiter des Allgemeinen Sozialen Dienstes und des Pflegekinderdienstes. Der Sozialarbeiter des Allgemeinen Sozialen Dienstes regt in der Regel beim Familiengericht den Sorgerechtsentzug an und zwar erst dann, wenn durch ambulante Hilfen die Trennung des Kindes von seiner Herkunftsfamilie nicht verhindert werden konnte. Er kennt das bisherige Umfeld des Kindes und das Kind selbst, während der Sozialpädagoge des Pflegekinderdienstes die Pflegefamilie und das Kind kennt. Eine sinnvolle Hilfeplanung kann nur dort gut gelingen, wo die Mitarbeiter des Allgemeinen Sozialen Dienstes und des Pflegekinderdienstes eng kooperieren. Die Anfangssituation nach der Unterbringung des Pflegekindes ist in der Regel offen, so dass oft eine Bereitschaftspflegefamilie als Ort der Klärung gewählt wird.

Fragen wie z.B. die folgende „wird die alkoholkranke Mutter mit ihrem Baby/Kind unverzüglich eine Kur antreten, und ist in der Verwandtschaft eine geeignete Pflegefamilie, die nicht in den Konflikten der Gesamtfamilie befangen ist" bedeuten, dass der Pflegekinderdienst diese mögliche Verwandtenpflegefamilie

---

[135] Schweppe, Zitelmann und Zenz 2004, S. 27, 28

genau so gut und sorgfältig kennen lernen und prüfen muss wie eine fremde Pflegefamilie.

Wenn die Eltern nach einem Sorgerechtsentzug in die Berufung gehen, ist die rechtliche Vertretung dem am ehesten möglich, der die Gesamtsituation des Kindes kennt und sowohl sozialpädagogische als auch rechtliche Fachkompetenz hat. Dies ist in der Regel der Sozialarbeiter des ASD und des Pflegekinderdienstes.

In dieser Anfangsphase hat sich die Praxis der Amtsvormundschaft bewährt. Die kurzen Wege und die Ergänzung der verschiedenen Fachkräfte, wie sie in § 36 SGB VIII gefordert werden, ist ein Vorteil. Die Kritik, dass auch in der Anfangsphase des Pflegeverhältnisses die Amtsvormundschaft in der bisher ausgeübten Praxis mangelhaft sei, kann ich aus meiner Praxiserfahrung nicht bestätigen.

11.2. Geschichtlicher Rückblick auf die Organisationsformen

An dieser Stelle möchte ich einen kleinen Rückblick auf die Organisationsformen, wie ich sie ab dem Jahr 1961 im Jugendamt kennen lernte, geben. Alle Entscheidungen über das Schicksal eines Kindes wurden von der Verwaltungsfachkraft gefällt. Der Sozialarbeiter hatte lediglich Empfehlungen zu geben, Entscheidungen durfte er nicht treffen. Dies ging soweit, dass der Vormund darauf bestehen konnte, dass die Adoptionsbewerber genau nach dem Listenplatz in der Bewerberliste für ein Kind ausgesucht wurden und die Entscheidung nicht darauf ausgerichtet wurde, ob diese Familie für dieses Kind geeignet ist.

Mit zunehmender beruflicher Qualifikation und wachsendem Selbstbewusstsein der Sozialarbeiter gab es eine Veränderung. Nach heftigen Diskussionen wurden die Zuständigkeiten verändert. Jetzt bekam der Sozialarbeiter die gesamte Amtsvormundschaft übertragen und musste auch die Verwaltungsarbeit voll leisten. Verwaltungskenntnisse haben zwar auch in der Sozialarbeiterausbildung einen Platz – aber eben einen bescheidenen. Die persönliche Betreuung des Mündels wurde aufgrund der sozialpädagogischen Fachkompetenz erheblich besser, die Bewältigung der Verwaltungsangelegenheiten ließ jedoch zu wünschen übrig.

Für mich persönlich war und ist die schlüssigste Lösung die, dass die finanziellen Belange durch die Verwaltungskraft geregelt werden und der Sozialarbeiter des Pflegekinderdienstes oder des Allgemeinen Sozialen Dienstes, der engen Kontakt zu dem Mündel hat, die Aufgaben der Personensorge wahrnimmt. Diese Praxis habe ich über zwei Jahrzehnte als gut erlebt.

11.3. Verwirrung durch unklare Funktionstrennung in den Ämtern

Wie bereits erwähnt, habe ich als Leiterin eines Pflegekinderdienstes in einer äußerst geringen Anzahl von Fällen erlebt, dass Vermögen für Pflegekinder verwaltet werden konnte. Das Pflegegeld, das das Jugendamt an die Pflegeeltern auszahlt, übersteigt fast immer den Unterhalt, den Herkunftseltern als Kostenersatz leisten. Die wirtschaftliche Erziehungshilfe zieht den Unterhalt als Kostenersatz für das Pflegegeld ein. Die Verwaltungsfachkraft hat die Fachkompetenz in vermögensrechtlichen Angelegenheiten, der Sozialarbeiter hat die Fachkompetenz in der Wahrnehmung der Aufgaben innerhalb der Personensorge. Warum sollte diese Vorgehensweise geändert werden?

Es war nur konsequent, dass der Pflegekinderdienst in diesem Bereich die rechtliche Vertretung so lange übernahm, bis die Angelegenheiten der Personensorge in seinem Pflichtbereich geklärt werden konnten. Wenn die Lebensperspektive eine – wenn auch nur vorläufige – Klärung erfahren hat, sind die Pflegeeltern als Einzelvormünder vom Jugendamt dem Gericht, im Ausnahmefall ein anderer geeigneter Einzelvormund, für das Kind vorzuschlagen.

In vielen Jugendämtern erfolgt entgegen der gesetzlichen Vorschrift dieser Vorschlag nicht. Daher ist in vielen Ämtern der eigentlich als Übergangslösung und als Ausfallbürgschaft des Staates gedachte Zustand der Amtsvormundschaft ein Dauerzustand. Hier muss die Kritik ansetzen.

11.4. Interessenkonflikt: Vertretung des Kindes und Leistungserbringer

Das Jugendamt muss auf Antrag der Personensorgeberechtigten Hilfe zur Erziehung gewähren. Hier gibt es keinen Interessenkonflikt zwischen dem, der die Hilfe beantragt und demjenigen, der die Hilfe gewährt. Bei der Vertretung von ausländischen Mündeln kann es verwaltungsintern zu Konflikten kommen, wenn der Leiter einer Gebietskörperschaft dem Amtspfleger/Amtsvormund verbieten möchte, gegen das eigene Ausländeramt zu klagen. Hier war es in meiner Berufspraxis in einigen Fällen nötig, einen geeigneten Einzelvormund von Anfang an zu bestellen. Dieser kann dann die nötigen rechtlichen Schritte gegen das Ausländeramt einleiten.

Am Anfang eines Pflegeverhältnisses ist eine qualifizierte Hilfeplanung und eine enge Zusammenarbeit mit den Pflegeeltern und der Herkunftsfamilie sowie die rechtliche Klärung der elterlichen Sorge das oberste Gebot, damit eine Lebensperspektive entweder in der Herkunftsfamilie oder in der Pflegefamilie erarbeitet werden kann. In dieser Phase des Hilfeprozesses ist es in der Regel nicht sinnvoll, einen Einzelvormund vorzuschlagen.

In der Veröffentlichung „Neue Wege der Vormundschaft?"[136] wird die bisherige Praxis in vielen Jugendämtern hinterfragt, in denen keine klaren Aussagen darüber getroffen werden, wer die Personensorge und wer die Vermögenssorge ausübt. Es wird auch gefragt, ob das Jugendamt als Vormund und als Leistungserbringer für das Mündel nicht in einem Interessenkonflikt steht.

Aus meiner Erfahrung heraus ergibt sich, dass es in der Regel in der Anfangsphase eines Pflegeverhältnisses günstig ist, wenn eine Amtsvormundschaft oder Amtspflegschaft besteht. Wenn die Konfliktsituation des Anfangs etwas geglättet ist, steht sowieso die Prüfung an, ob die Pflegeeltern oder im Ausnahmefall eine andere Einzelperson zur Übernahme der Vormundschaft/Pflegschaft zur Verfügung stehen.

11.5. Einzelvormundschaft/Pflegschaft versus Amtspflegschaft am Anfang des Pflegeverhältnisses

Es ist richtig, dass einem Amtsvormund nur dort der Vorrang zu geben ist, wo kein geeigneter Einzelvormund zur Verfügung steht. Wie wäre es jedoch, wenn in der Anfangsphase des Pflegeverhältnisses ein Einzelvormund bestellt werden würde? Was weiß er von dem Kind, was weiß er von der Vorgeschichte, was weiß er von der Geeignetheit einer Pflegefamilie? Er ist darauf angewiesen, was der Sozialarbeiter des Pflegekinderdienstes und des Allgemeinen Sozialen Dienstes ihm sagen. Wenn er darauf nicht eingeht und glaubt, eine völlig neue Linie verfolgen zu müssen, besteht die Gefahr, dass die Interessen des Kindes nicht vertreten werden.

Bei einem Einzelvormund, in dessen Familie das Mündel nicht lebt, kommt es auf die menschliche und berufliche Qualifikation des Vormundes an. Lisa Wolf beschreibt die Vorzüge der Einzelvormundschaft.[137] Sie beschreibt jedoch auch, dass sie am Anfang ihrer Arbeit auf die Informationen des Sozialen Dienstes

---
136 Hansbauer (Hrsg.) 2002
137 Hansbauer (Hrsg) 2002, S. 151ff

angewiesen ist. Wie ist es jedoch, wenn der Vormund in dieser Situation glaubt, die Vergangenheit nicht beachten zu müssen?

11.6. Fachdiskussion über die Zusammenführung von Amtsvormundschaftswesen und Betreuungswesen von Erwachsenen in einer eigenständigen Interessenvertretungsbehörde

Kann sich eine staatliche Institution in der Funktion des Dienstleisters der Jugendhilfe und als Interessenvertreter des Mündels selbst kontrollieren? Dies ist eine berechtigte Frage.[138]

Bei ausländischen Kindern, die nicht unter elterlicher Sorge stehen, ist der Interessenkonflikt unübersehbar. Ein unbegleitetes Flüchtlingskind soll abgeschoben werden. Das Jugendamt ist Vormund. Das Ausländeramt derselben Gebietskörperschaft betreibt die Abschiebung. Das Jugendamt vertritt die Belange des jungen Menschen und kommt zu der Überzeugung, dass ohne Gefährdung des Kindeswohls eine Abschiebung des jungen Menschen nicht möglich ist. Ein Prozess ist unumgänglich. Die Prozessführung bedarf jedoch der Einwilligung des Leiters der Gebietskörperschaft. Und dieser Leiter ist genau der, der auch für das Ausländeramt verantwortlich zeichnet. Wie kann er gegen sich selbst klagen? Er könnte es zwar, aber hat er dazu die menschliche Größe? Die Konsequenz in diesem Fall ist, dass der Amtsvormund dem Gericht gegenüber erklärt, dass er sich nicht in der Lage sieht, das Mündel zu vertreten und einen geeigneten Einzelvormund vorschlägt. Da in diesem Fall komplizierte Gerichtsverfahren in Aussicht stehen, kann es auch dann, wenn das Kind in einer Pflegefamilie lebt, besser sein, einen rechtskundigen Einzelvormund vorzuschlagen.

Die Überlegungen, dass eine Behörde geschaffen werden sollte, die eine Zusammenführung der gesetzlichen Betreuungen für Erwachsene mit der Amtsvormundschaft und Pflegschaft zum Ziel hat, sind kritisch zu hinterfragen.

Der wichtigste Punkt dabei ist die fachliche Qualifikation des gesetzlichen Betreuers und des Vormundes.

An dieser Stelle möchte ich folgendes Beispiel anführen:
Ein Gericht bestellte für ein Pflegekind einen Vormund, den es als gesetzlichen Betreuer für erwachsene Personen schätzen gelernt hatte. Dieser Vormund

---

138   vgl. Zenz, Hansbauer (Hrsg.), S. 109ff

hatte keine Erfahrungen mit Kindern, insbesondere nicht mit traumatisierten Kindern. Er solidarisierte sich bald mit dem psychisch kranken Elternteil, weil er diese Funktion aus seinem bisherigen Aufgabenfeld übertrug.

Das schwer traumatisierte Kind reagierte mit heftigen Angstzuständen auf die Besuche der leiblichen Eltern. Der Vormund verstand dies nicht, weil er bei den Besuchen kein ungewöhnliches Verhalten der leiblichen Eltern registrieren konnte. Dass die Besuche eine Retraumatisierung für das Kind bedeuteten, war nicht im Blickwinkel dieses, auf psychisch kranke Erwachsene spezialisierten, Betreuers.

Wenn eine Behörde geschaffen würde, die sowohl für die Betreuung von Erwachsenen wie auch für die Vormundschaften und Pflegschaften von Minderjährigen zuständig wäre, so könnte die Erfahrung und Spezialisierung für psychisch belastete Erwachsenen den Blickwinkel auf die völlig andere Situation von Kindern verstellen. Die fachliche Qualifikation für beide Bereiche müsste genau abgesteckt werden, da diese zwei Arbeitsgebiete nicht miteinander zu vereinbaren sind. Auf der einen Seite ist ein junger Mensch, der nicht unter elterlicher Sorge steht. Dieser Umstand bedeutet immer, dass der Minderjährige ein Verlusterlebnis von erheblichem Ausmaß zu verkraften hat und den besonderen Schutz seiner Ersatzeltern braucht. Im anderen Fall ist ein erwachsener Mensch zu betreuen, der psychisch belastet ist und der der Hilfe und Begleitung bedarf. Die Aufgabe des Kinderschutzes kann hier leicht ins Hintertreffen geraten.

Eine Gefahr besteht auch darin, dass die Betreuungsbehörde für die gesetzliche Betreuung von Erwachsenen bereits eine Tradition hat, während bei der Eingliederung der Aufgaben für minderjährige Mündel die langjährige Erfahrung der Jugendämter verloren ginge. Was wäre für den Kinderschutz gewonnen? Aus meiner Sicht sind nur Nachteile für die Kinder und Jugendlichen erkennbar, wenn nicht zugleich ein sehr hohes Anforderungsprofil an die fachliche und menschliche Qualifikation des Mitarbeiters in dieser Behörde festgelegt wird.

Dass zu wenige Einzelvormünder zur Verfügung stehen, liegt nach meiner Erfahrung an der mangelhaften Aufklärung und Vorbereitung der Vormünder. Pflegeeltern, denen z.B. gesagt wird, dass sie den Unterhalt beitreiben müssen, wenn sie die Vormundschaft übernehmen, sind falsch beraten und es ist dann nicht verwunderlich, wenn sie dieses Amt nicht übernehmen wollen. Bis heute ist mir auch kein Aufruf in der Presse begegnet, in dem ein Jugendamt für die Übernahme von Einzelvormundschaften mit entsprechender Vorbereitung geworben hätte.

12. Umgangskontakte bei Pflege- und Adoptivkindern

12.1. Einleitung

Jedes Kind hat ein Recht auf Umgang mit beiden Elternteilen. § 1684 BGB verpflichtet die Eltern auch dann zum Umgang mit dem Kind, wenn sie nicht das Sorgerecht haben. Das Kind hat jedoch nicht die Pflicht zum Umgang mit seinen Eltern.

Der Verfassungsbeschwerde[139] eines nicht umgangswilligen Vaters, der vom Oberlandesgericht zum Umgang mit dem Kind unter Androhung von Zwangsmitteln verurteilt wurde, ist mit folgender Begründung stattgegeben worden: Die durch Art. 6 Abs. 2 Satz 1 GG den Eltern auferlegte Verantwortung für ihr Kind und dessen Recht auf Pflege und Erziehung durch seine Eltern rechtfertigt zwar den Anspruch auf den Umgang des Kindes mit seinen Eltern, dieser Umgang muss jedoch dem Kindeswohl dienen. Der erzwungene Umgang dient jedoch in der Regel nicht dem Wohl des Kindes. Der Gesetzgeber geht davon aus, dass generell dem Umgang zwischen Eltern und Kindern eine herausragende Bedeutung für die positive Entwicklung des Kindes zukommt. Das Urteil führt aus, dass das Kind eine eigene Würde und eigene Rechte hat. Als Grundrechtsträger hat es Anspruch auf Schutz durch den Staat und auf die Gewährleistung seiner grundgesetzlich verbürgten Rechte. Bei einem erzwungenen Umgang unter Androhung von Zwangsmitteln, ist davon auszugehen, dass dies dem Kindeswohl nicht dient und deshalb ist der Eingriff in die Persönlichkeitsrechte des Vaters nicht gerechtfertigt.

Dieses Urteil bezieht sich nicht auf ein Pflegekind, sondern auf ein Kind nach einer Trennung der Eltern. Der Unterschied zwischen dem Umgang bei Trennungs- und Scheidungskindern und Pflegekindern ist in regierungsamtlichen Begründungen kaum zu finden. In der Praxis werden Konflikte beim Umgang sowohl von Jugendämtern wie auch von Gerichten in der Regel mit Kindern gleichgestellt, deren Eltern sich getrennt haben, das Kind jedoch in der Regel bei beiden Elternteilen keine belastenden Vorerfahrungen machen musste. Der Konflikt liegt beim Pflegekind in der gestörten Eltern-Kind-Beziehung und nicht auf der Paarebene. Hier ist der Unterschied zwischen Kindern aus Trennungssituationen der Eltern und Pflegekindern.

---

139 vgl. 1 BvR 1620/04 v. 1. April 2008

Es wird in statistischen Auswertungen nicht selten angegeben, dass finanzielle Probleme oder Wohnungsprobleme die Ursache der Fremdplatzierung sei. Tatsache ist, dass sehr oft finanzielle und äußere Probleme vorhanden sind, wenn Kinder in Pflegefamilien untergebracht werden. Dies ist jedoch fast ohne Ausnahme eine Begleiterscheinung der tiefer liegenden Schwierigkeiten der Eltern. Äußere Belastungen mit Geld oder Wohnung, dürfen nicht zur Unterbringung eines Kindes in einer Pflegefamilie führen, weil der Staat gemäß § 1666a BGB dazu verpflichtet ist, alle Hilfen zu geben, um eine Trennung von Eltern und Kindern zu verhindern. Die Gründe der Unterbringung eines Kindes in einer Pflegefamilie sind Suchtprobleme, psychische Störungen der Eltern, Erziehungsunfähigkeit, emotionale Ablehnung des Kindes, Vernachlässigung, Misshandlung und/ oder sexueller Missbrauch. Aus diesen Unterbringungsgründen ergibt sich allein schon, dass die Verknüpfung zwischen Rechte und Pflichten der Eltern bei Fremdplatzierungen von Kindern problematisch sind. Das Bundesverfassungsgericht hat festgestellt, dass der Grundrechtsschutz der Eltern nach Art. 6 GG nur für ein Handeln in Anspruch genommen werden kann, das bei weitester Anerkennung der Selbstverantwortlichkeit der Eltern noch als Pflege und Erziehung gewertet werden kann. Es stellt fest, dass die Pflichtbindung das Elternrecht von allen anderen Grundrechten unterscheidet. Der realistische Blick auf die Vorgeschichte des Kindes ist unerlässlich bei der Beurteilung, welchen Stellenwert die Umgangskontakte für dieses konkrete Kind hat. Es gibt hier keine generellen Vorgaben. Die Einzelfallprüfung und nicht ideologische Vorgaben müssen Grundlage der Beurteilung sein, ob das Kind die Besuche unbeschadet und auch mit Gewinn wahrnehmen kann.

Die Gestaltung der Umgangskontakte bei Pflege- und Adoptivkindern ist ein wichtiger Faktor für das Gelingen oder Scheitern eines Pflegeverhältnisses oder eines offenen Adoptivverhältnisses. Das bei der Inkognitoadoption übliche völlige Ausgrenzen der Herkunftsfamilie hat sich nicht in jedem Fall bewährt, es hat sich bei vielen Adoptivkindern als großes Problem bei dem Finden einer eigenen Identität herausgestellt.

Umgangskontakte bei Pflegekindern werden von vielen Jugendämtern generell eingefordert, unabhängig davon, ob diese Umgangskontakte speziell diesem Kind gut tun oder nicht. Die frühere Abschottung gegen die Herkunftsfamilie hat sich in vielen Ämtern ins Gegenteil verkehrt.

Dabei werden Umgangskontakte vielfach zu einer Ideologie erhoben, die dem einzelnen Kind nicht gerecht werden kann. Oft werden Umgangskontakte, die dem Kind nicht gut tun, aufrechterhalten unter dem Hinweis, dass ein Kind seine Herkunftseltern braucht. Weiterhin ist häufig zu beobachten, dass Kinder, sowohl vom Jugendamt als auch von Familienrichtern, als „Trost" für die leiblichen Eltern eingesetzt werden. Wenn das Kind nicht zurück kann, soll den Eltern als ausgleichende Gerechtigkeit Umgangskontakte gewährt werden, auch dort, wo sich das Kind gegen diese Kontakte wehrt. Nach der Behebung der Notsituation des Kindes durch die Unterbringung des Kindes in die Pflegefamilie geht nicht selten die Empathie der Fachkraft auf die Herkunftseltern über.

Eine Studie der Universität Bamberg[140] aus dem Jahr 2001 über Pflege- und Adoptivkinder, die in Heimen leben, belegt, dass das Scheitern des Pflege- oder Adoptivverhältnisses nicht auf eine einzelne Ursache zurückgeführt werden kann, sondern auf das Zusammenwirken mehrerer Bedingungen. Es gibt Schutzfaktoren, die dem einzelnen Kind helfen, die Risikofaktoren zu mindern, gleichfalls gibt es bei dem Fehlen von geeigneten Schutzfaktoren für dieses Kind Risikofaktoren, welche die Entwicklung des Kindes ungleich schwerer beeinträchtigen.

Umgangskontakte und die Rahmenbedingungen, unter denen sie stattfinden, haben erhebliche Auswirkungen auf die Entwicklung eines Pflege- und Adoptivkindes. Umgangskontakte müssen immer im Zusammenhang mit der Lebensplanung für dieses Kind gesehen werden und in dem Bewusstsein, dass das Kind nicht hilflos einem mehr oder weniger bekannten Amtsträger ausgeliefert sein darf, sondern dass es – wie in allen anderen Fragen des täglichen Lebens auch – hierbei die Möglichkeit der Einwirkung und der Gestaltung hat.

Schon ein Säugling kann sehr genau signalisieren, was Angst auslöst und was Freude macht. Diese Signale haben im Normalfall Auswirkungen auf das elterliche Verhalten. Eltern werden ihr Baby z.B. nicht bei einer Betreuungsperson lassen, wenn es eine heftige Abwehrhaltung und Angst zeigt.

Allgemein gelten mit zunehmendem Alter die Bestimmungen in der Erziehung, die in § 1626 Abs. 2 BGB formuliert sind. Wörtlich heißt es hier:
(...) **(2) Bei der Pflege und Erziehung berücksichtigen die Eltern die wachsende Fähigkeit und das wachsende Bedürfnis des Kindes zu selbstständigem verantwortungsbewusstem Handeln.** (...)

Dieses vom Gesetzgeber vorgesehene sensible Eingehen auf den Willen des Kindes unter Berücksichtigung des Kindeswohles gilt generell in der Erziehung. So ist diese Bestimmung, welche für Eltern und Vormünder gilt, auch von den Fachkräften bei der Gestaltung der Umgangskontakte entsprechend zu beachten.

---

140   Kasten, Kunze, Mühlfeld 2001

Das BGB bestimmt in § 1631, dass Gewalt in der Erziehung unzulässig ist. Dies gilt auch für die Gestaltung der Umgangskontakte.

Hier ist eine interessante Entwicklung festzustellen. Die elterliche Gewalt hat sich im Jahr 1980 in die elterliche Sorge gewandelt. Es gibt seither ein zähes Ringen im Parlament um die Formulierung eines Gewaltverzichtes gegen Kinder. Was ist Gewalt gegen Kinder? Kann auch gegen ein kleines Kind Gewalt ausgeübt werden, wenn es sich gegen einen Umgangskontakt schreiend wehrt? Ist es legitim, dass ein Gerichtsbeschluss ergeht, in dem Pflegeeltern verpflichtet werden, das sich heftig wehrende Kind „über den Zaun zu reichen", um es den leiblichen Eltern zum Umgangskontakt zu übergeben? Was ist mit dem Kind, das gelernt hat, dass auch seine engsten Bezugspersonen, nämlich die Pflegeeltern, es nicht schützen werden und es sich deshalb willenlos zu einem Umgangskontakt zwingen lässt? Das sind leider keine theoretischen Fragen, sondern das Schicksal von nicht wenigen kleinen Kindern. Was bedeuten gesetzliche Bestimmungen, die den Gewaltverzicht propagieren, wenn gerade den hilflosesten Wesen, nämlich den Säuglingen und den Kleinkindern nicht zugestanden wird, dass sie einen eigenen Willen haben und dass das Brechen dieses Willens Gewalt ist?

Im Verfahrensrecht ist nach heutigem Stand in § 33 Abs. 2 FGG festgeschrieben, dass Gewalt gegen ein Kind zum Zwecke des Umgangs nicht angewandt werden darf. Im Reformgesetz (FamFG, tritt in Kraft am 1.9.2009) hat sich inhaltlich in diesem Paragraf nichts geändert.

In § 104 FamFG heißt es:
(...) (2) Anwendung unmittelbaren Zwangs gegen ein Kind darf nicht zugelassen werden, wenn das Kind herausgegeben werden soll, um das Umgangsrecht auszuüben. (...)

Trotz geltenden Rechts und all der Grundsatzbeteuerungen ist die Ausübung körperlicher und psychischer Gewalt gegen das Kind immer noch an der Tagesordnung, wenn es um die Durchsetzung des Umgangs geht. Es fallen nicht selten Sätze wie zum Beispiel: „Da muss das Kind einfach durch. Das kann man ihm nicht ersparen. Das ist nun einmal das Schicksal eines Pflegekindes. Es ist das Schicksal des Kindes, in so eine Familie hineingeboren zu sein."

Es muss nicht betont werden, dass sich dabei ein Mangel an Empathie dem Kind gegenüber zeigt und auch das Unverständnis, was Gewalt dem Kind gegenüber bedeutet.

Die Unkenntnis von entwicklungspsychologischen Gegebenheiten, im Besonderen bei Säuglingen und Kleinkindern und das Wissen über das Bindungsgeschehen und die Trennungsempfindlichkeit ist sowohl bei Familienrichtern, Gutachtern als auch Sozialarbeitern in Jugendämtern anzutreffen. Als Beispiel möchte ich die Geschichte von Stefan schildern:

Die Eltern von Stefan haben sich in einer Behinderteneinrichtung kennen gelernt. Der Vater ist geistig leicht behindert, spricht gelegentlich dem Alkohol zu und reagiert nicht selten - trotz seiner generellen Gutmütigkeit mit Gewaltausbrüchen. Die Mutter hat in ihrer Kindheit einen schweren Unfall erlitten und hat eine spastische Lähmung. Sie ist ebenfalls geistig leicht behindert und hat ein hohes Aggressionspotential. Wenn sie unter Stress gerät, verliert sie die Kontrolle über ihre Körperfunktionen und es kommt zu unkontrollierten Wutausbrüchen.

Der Mutter wurde vor der Geburt vom Jugendamt eine Hilfe in einem Mutter-Kind-Heim angeboten. Die Eltern, die damals noch nicht verheiratet waren, lehnten dies entschieden ab. Das Jugendamt kam zu der Einschätzung, dass das Kind nicht ohne Kindeswohlgefährdung den Eltern überlassen werden kann und brachten es in einer Pflegefamilie, bei zunächst täglichen Besuchen – unter der Anleitung einer Hebamme –, unter. Es handelte sich um eine Bereitschaftspflegefamilie, die jedoch bei Scheitern der Rückkehroption auch als Dauerpflegefamilie zur Verfügung stand. Die Hebamme legte nach ca. vier Wochen ihr Amt nieder, weil der Vater alles besser wusste und sich nichts sagen ließ und die Mutter gegen die Hebamme handgreiflich wurde. Daraufhin setzte das Jugendamt die Besuche unter Begleitung des Pflegevaters auf einmal die Woche fest. Dies ging zunächst gut und die Eltern suchten in vielen persönlichen Angelegenheiten den Rat des Pflegevaters. Die Atmosphäre war jedoch sehr unterschiedlich, bei einem Treffen war von Anfang an eine freundschaftliche Atmosphäre und beim nächsten Mal kam die Mutter ohne sichtlichen Grund wütend auf den Pflegevater zu und beschimpfte ihn. Der Höhepunkt war, als die Mutter in einem spastischen Anfall das Kind aus dem Kinderwagen reißen wollte und der Kinderwagen vom Pflegevater nur mit Mühe vor dem Umfallen gerettet werden konnte. Daraufhin wurden die Besuche neu geordnet. Es gab eine Umgangsbegleiterin. Stefan war damals ca. fünf Monate alt. Es verlief zunächst recht gut. Er war zwar nach den Besuchen etwas unruhig, zeigte aber im Essverhalten und beim Schlafen keine besonderen Auffälligkeiten. Das dauerte bis ca. zum siebte Lebensmonat. Danach schrie er heftig, wenn die Umgangsbegleiterin ihn abholte. Er klammerte sich an die Pflegemutter und konnte nur mit Gewalt von ihrem Arm gerissen werden. Wenn die Umgangsbegleiterin ihn wieder nach Hause brachte, schlief er erschöpft ein und verweigerte das Essen. Stefan bekam im Alter von neun Monaten Krampfanfälle. Die Pflegeeltern suchten verschiedene Ärzte auf, die keine hirnorganischen Ursachen für die Krampfanfälle finden konnten und die von psychogenen Anfällen ausgingen. Die Essensverweigerung verstärkte sich so, dass Stefan, er ist jetzt knapp zwei Jahre alt, keine Kartoffeln, keine

Nudeln, kein Gemüse und Salat, kein Marmeladebrot isst. Wenn Versuche in dieser Hinsicht unternommen werden, so schluckt er die Nahrung nicht. Bis jetzt ernährt er sich von Nutellabrot, Müsli, Pommes und Schnitzel.

Die Pflegeeltern wussten sich keinen Rat mehr und holten die Hilfe eines Beistandes, der mit den Pflegeeltern zusammen versuchte, die Not des Kindes deutlich zu machen und darauf hinzuwirken, dass die Pflegeeltern bei den Besuchen zugegen sind, weil das Kind offensichtlich unter heftigen Trennungsängsten litt und die Anfälle immer öfter auftraten. Da die Eltern das Beisein der Pflegeeltern während der Besuche ablehnten und die Besuchsbegleitung berichtete, dass das Kind gar nicht lange schreien würde und sie sonst keine ungewöhnlichen Reaktionen während des Besuches erleben würde, ordnete das Jugendamt weiterhin die Besuche an, bis die Pflegeeltern sich weigerten, dies weiterhin mitzutragen. In der darauf folgenden gerichtlichen Auseinandersetzung wurde in zwei Gutachten einmal die Erziehungsunfähigkeit der Eltern und zum anderen die hohe Trennungsempfindlichkeit und -ängstlichkeit bestätigt. Eine einfühlsame Richterin sah die Not des Kindes und empfahl den Eltern, therapeutische Hilfen in Anspruch zu nehmen, um den Aufenthalt des Kindes bei den Pflegeeltern akzeptieren zu lernen. Erst wenn sie die schmerzliche Einsicht für sich annehmen könnten, dass Stefan in der Pflegefamilie groß werden würde, könnten Besuche stattfinden und das nur im Beisein der Pflegeeltern.

Ob die Schäden, die durch die Gewaltanwendung gegen Stefan wieder durch die liebevolle Betreuung der Pflegeeltern ausgeglichen werden können, bleibt abzuwarten. Gravierend ist der Mangel an kindzentriertem Denken bei der Umgangsbegleiterin, die die Not des Kindes nicht sah und lediglich froh war, wenn es mit dem Schreien aufhörte und sich der Situation willenlos anpasste. Das Kind erlebte, dass es der Situation ohnmächtig ausgeliefert war und die Pflegeeltern es nicht schützen konnten. Jene „mütterliche Feinfühligkeit" musste Stefan zunächst auch bei den Pflegeeltern vermissen, weil sie sich auch hilflos fühlten und erst durch die Hilfe des Beistands den Mut bekamen, sich schützend vor das Kind zu stellen.

Wenn Kinder in Notsituationen in einer Kurzzeitpflege untergebracht werden müssen, weil z.B. die betreuende Bezugsperson krank wird und im Ausnahmefall aus der Verwandtschaft oder Nachbarschaft niemand für die Betreuung des Kindes in Frage kommt, wird das Kind Sehnsucht nach der geliebten mütterlichen/väterlichen Bezugsperson haben. Es wird die Besuche genießen und Trennungsschmerz, je nach Alter und Empfinden, auch zum Ausdruck bringen. In diesen Ausnahmefällen ist es wichtig, dass von Anfang an häufige Besuche bei der mütterlichen/väterlichen Bezugsperson stattfinden. Das Alter des Kindes ist zu berücksichtigen.

Was ist jedoch, wenn das Kind von Vater oder Mutter vernachlässigt oder misshandelt wurde und schwere Ängste entwickelt hat? Was hat das Kind erlebt und erlitten, wenn es von wechselnden Bezugspersonen betreut wurde und somit keine sicheren Bindungen entwickeln konnte? Wenn keine sicheren Bindungen an eine Bezugsperson entstehen, sondern vielmehr krankmachende Bindungen oder, was die Entwicklung eines Kindes am meisten schädigt, überhaupt keine Bindungen entstehen, sind diese Kinder mit hohen Risiken behaftet und es bedarf der Ausbildung eines Systems von Schutzfaktoren, die es dem Kind ermöglichen, einen Teil der Entwicklungsbeeinträchtigungen abzuschwächen oder sogar möglicherweise zu kompensieren.

12.2. Risiko- und Schutzfaktoren bei Umgangskontakten

Neben den persönlichen Risiken eines Kindes gilt es bei der Planung von Umgangskontakten auch allgemeine Schutz- und Risikofaktoren zu beachten. Bei Kindern mit einem hohen Entwicklungsrisiko bedarf es einer besonders sorgfältigen Planung der Umgangskontakte. Trotz dieser muss man erleben, dass das eine Kind in eine tiefe Krise gestürzt wird, während das andere bei gleich erscheinenden Umständen den Umgangskontakt ohne besondere Belastungen verkraftet.

Bei der Planung der Umgangskontakte hat sich die Fachkraft mit den folgenden Fragen auseinanderzusetzen:
- Wurden die Pflegeeltern genügend auf ihre Aufgabe vorbereitet?
- Stehen die Pflegeeltern Umgangskontakten grundsätzlich positiv gegenüber?
- Spüren Pflegeeltern, wenn Besuche das Kind emotional stark belasten?
- Was berichten die Pflegeeltern von dem Verhalten des Kindes vor und nach den Besuchen?
- Welche Qualität der Bindung besteht zu den leiblichen Eltern?
- Wurde das Kind vernachlässigt, misshandelt, sexuell missbraucht, emotional abgelehnt oder wechselnden Bezugspersonen ausgesetzt?
- Wie wird der Umgang gestaltet und wer führt Regie beim Umgangskontakt?
- Ist im Hilfeplan genau festgelegt, was in welcher Zeit geschehen muss, um die Erziehungsbedingungen in der Herkunftsfamilie so zu verändern, dass das Kind zurückkehren kann? Dazu gehört die Abklärung, ob es möglich ist, das notwendige erhöhte Einfühlungsvermögen in die Bedürfnisse des Kindes, bei den Herkunftseltern, herzustellen.

Ein Säugling hat keine Zeit. Das natürliche Bindungsbedürfnis bestimmt die Entwicklung. Auch die Bereitschaftpflege hat sich diesem biologischen Bindungsbedürfnis des Kindes unterzuordnen. Bei einem Säugling ist die Bereitschaftspflege auf wenige Wochen zu beschränken. Es gibt sensible Phasen, in denen die Trennung für das Kind eine Katastrophe bedeutet. Generell wird von allen Humanwissenschaften angenommen, dass die Zeit zwischen dem achten Lebensmonat und dem sechsten Lebensjahr eine hochsensible Phase ist, in der Trennungen lebenslange Folgeschäden hinterlassen.

Wenn eine Rückkehr eines Säuglings und Kleinkindes möglich ist, so reichen wöchentliche Besuche nicht aus. Die Einbeziehung in die Pflege ist erforderlich.

Wurde die Frage nach der dauerhaften Lebensperspektive, falls die Rückkehr in einem dem kindlichen Zeitbegriff entsprechenden Rahmen nicht möglich ist, klar beantwortet? Es gibt Fallkonstellationen, in denen die Perspektive von Anfang an klar ist, weil sich die Erziehungsbedingungen für dieses Kind in einem angemessenen Zeitrahmen nicht verändern lassen. Wenn dies der Fall ist, muss konsequent danach gehandelt werden. Die oft vorgebrachte Frist von zwei Jahren, die aus § 86 Abs. 6 SGB VIII abgeleitet wird, beruht auf einem Missverständnis.

Diese Frist ist verwaltungstechnisch gemeint und es geht hier um den Übergang der Fallzuständigkeit vom Bezirk der Herkunftseltern auf den Wohnort der Pflegeeltern. Diese Frist von zwei Jahren sagt nichts über das Bindungsgeschehen beim einzelnen Kind aus.

Wichtig ist, dass zwischen Fachbehörden, Pflegeeltern und Herkunftseltern die Frage nach dem Lebensmittelpunkt in einem dem kindlichen Zeitempfinden angemessenen Rahmen geklärt wird. Das Kind kann sich nur positiv entwickeln, wenn es weiß, dass sein Zuhause nicht in Frage gestellt wird. Wo dies bei Umgangskontakten geschieht, bedeutet dies für das Kind ein hohes Entwicklungsrisiko.

12.3. Risikofaktoren, die zum Misslingen der Umgangskontakte beitragen

Risikofaktoren im Hinblick auf das Gelingen der Umgangskontakte, deren Nichtbeachtung nicht selten auch zum Scheitern des Pflegeverhältnisses insgesamt führen können:

- Vor der Unterbringung des Kindes wurden die Pflegeeltern nur mangelhaft über die bisherige Entwicklung und über die bisherigen Erziehungseinflüsse des Kindes informiert. Insbesondere die Frage, wer für das Kind eine positive oder negative Bedeutung hatte, ist hierbei von großer Bedeutung.
- Ein Hilfeplan vor der Unterbringung des Kindes in der Pflegefamilie fehlt oder es fehlen im Hilfeplan Aussagen darüber, was sich in welchem Zeitraum bei den Herkunftseltern in welcher Weise verändern muss, damit das Kind zu ihnen zurück kann. Das Alter des Kindes, die Vorerfahrungen und der jeweilige Entwicklungsstand müssen dabei sorgfältig beachtet werden.
- Die Ängste des Kindes werden nicht erkannt und nicht benannt.
- Von den Gerichten, den Jugendämtern, den Herkunftseltern oder den Pflegeeltern wird bei Besuchen psychische oder gar körperliche Gewalt ausgeübt, die Gefühle und die Angst des Kindes werden nicht beachtet.
- Die Besuche dienen der „sanften Umgewöhnung" des Kindes mit dem Ziel der Rückführung des Kindes zu den Herkunftseltern gegen seinen Willen.
- Die Fachbehörde nimmt die Beobachtungen der Pflegeeltern nicht ernst, sondern unterstellt, bei von außen nicht nachvollziehbaren Widerständen des Kindes gegen Besuche, dass dies auf die Haltung der Pflegeeltern zurück zu führen ist. Das Alter des Kindes und der Entwicklungsstand, insbesondere die Trennungsangst des Kindes, findet nicht die gebührende Beachtung. Ein gesunder Säugling und ein Vorschulkind kann eine Trennung von der Bindungsperson nur eine eng begrenzte Stundenzahl unter besonders günstigen Umständen verkraften.[141] Je mehr Risiken ein Kind mitbringt, umso geringer sind seine Verarbeitungsmöglichkeiten.

Bei einem gesunden Säugling ist die Bindungsperson, bei der er Schutz sucht, das Zentrum seiner Welt.[142] Hat ein Kind eine Bindung zu einer bestimmten Bindungsperson aufgebaut, was ab vier bis sechs Monaten der Fall ist, so wird es bei einer Trennung von ihr leiden. Kommt es zu einer längeren Trennung oder gar zu einem Verlust, so senden alle Kinder eine typische Sequenz aus:

---

141 vgl. Grossmann/Grossmann 2005
142 vgl. Grossmann/Grossmann 2005, S.74

1. Betäubtsein,
2. Protest und Sehnsucht (Trennungsangst und starkes Bemühen um das Wiedererlangen der Person der Sehnsucht),
3. Verzweiflung und Desorganisation (Kummer, Trauer und eventueller Realitätsverlust),
4. Entfremdung.

Folgende Gefühle sind während der ersten drei Phasen zu erwarten: Eine Sehnsucht nach der Rückkehr der verlorenen Person; eine verzweifelte Hoffnung, das wunderbarerweise die Person plötzlich wieder da sein wird, die Wut, im Stich gelassen worden zu sein und zornige Vorwürfe gegen alle, die mit diesem Verlust in Verbindung gebracht werden können. Die vierte Phase führt im Kindesalter zur Entfremdung und Ablösung von der Bindungsperson, was im Erwachsenenalter einer Reorganisation entspricht.[143]

Aus den Ausführungen im vorhergehenden Abschnitt ergibt sich, dass bei Kleinkindern und Säuglingen Übernachtungen bei Umgangskontakten in der Herkunftsfamilie ein nicht abzuschätzendes Risiko bedeuten. Das Kind hat keine Möglichkeit, bei Verlustängsten zu der vertrauten Bezugsperson zu fliehen.

12.4. Schutzfaktoren, die zum Gelingen der Umgangskontakte beitragen

1. Sorgfältige Vorbereitung der Pflegeeltern auf die Aufnahme eines Pflegekindes

Die prägende Wichtigkeit der Biografie des Kindes und die Veränderung des eigenen Familiensystems wurden reflektiert, gegenseitige Erwartungshaltungen wurden bedacht und die Notwendigkeit der Offenheit und Wertschätzung der Herkunftsfamilie gegenüber wurden erkannt. Die Pflegeeltern stehen Umgangskontakten positiv gegenüber.

Neben Einzelgesprächen haben sie an einem Vorbereitungsseminar teilgenommen. Die bereits in der Familie lebenden Kinder sind in die Entscheidung miteinbezogen.

---

143   Bowlby 1973/1976, S.45

2. Beschaffung und Weitergabe von umfassenden Informationen über das Kind vor der Aufnahme als Pflegekind

Nur durch die Beschaffung und Weitergabe von umfassenden Informationen über das Pflegekind vor der Aufnahme ist es möglich, dass das passende Kind auf die passenden Pflegeeltern trifft. Weiterhin ist es notwendig, die Pflegeeltern realistisch einschätzen zu können, ob sie den zu erwartenden Belastungen gewachsen sind.

Wichtig ist, dass bereits im Vorfeld Vertrauen zwischen der Fachkraft und den Pflegeeltern besteht, damit die Pflegeeltern auch rational nicht zu begründende Gefühle und Abneigungen oder Abwehr gegen Verhaltensweisen, z.B. sexualisiertes Verhalten eines sexuell missbrauchten Kindes oder gegen alkoholkranke Herkunftseltern, äußern können, ohne als ungeeignete und nicht belastbare Pflegeeltern abgestempelt zu werden.

Es ist wichtig, dass nicht nur über vorhandene Informationen, sondern auch über die Informationslücken gesprochen und dabei festgelegt wird, wer welche Informationen besorgt, z. B. medizinische Untersuchung, Abklären eines Verdachtes auf sexuellen Missbrauch oder körperliche oder seelische Misshandlungen, mögliche Behinderungen, Erziehungsverhalten der bisherigen Betreuer, Wechsel der Bezugspersonen, Informationen über Spielsachen, Gegenstände, Gerüche, Bettdecken, Kissen, die dem Kind lieb sind.

Eine wohlmeinende Selektion und Zurückhaltung von Informationen durch die Fachkraft, um die Pflegeeltern zu schonen, kann nicht zielführend sein. Pflegeeltern müssen alle verfügbaren Informationen erhalten, um aus der Norm fallende Verhaltensweisen des Pflegekindes und auch der Herkunftseltern einordnen und damit umgehen zu können.

Der oft zitierte Datenschutz greift hier nicht, weil diese Informationen für die Pflegeeltern erforderlich sind, damit sie das Kind verstehen können. Im Erziehungsalltag können unnötige Stresssituationen vermieden und die Erziehungsaufgabe besser bewältigt werden (s. Kap. 15.).

3. Kennenlernen der Erwachsenen ohne Beteiligung des Kindes als günstige Voraussetzung und zu bevorzugende Konstellation vor Stattfinden der Umgangskontakte

Gemeinsame Gespräche zwischen Pflegeeltern, Sozialarbeiter und Herkunftseltern haben das Ziel, im Interesse des Kindes zu erarbeiten, was für das Kind jetzt und für die Zukunft wichtig ist. Im Mittelpunkt steht dabei die Frage, was die Herkunftseltern jetzt, bezogen auf das Alter des Kindes, verändern müssen, damit das Kind zurück kommen kann. Falls die Erziehungsbedingungen nicht in dem für dieses Kind angemessenen Zeitrahmen verändert werden können oder das Kind traumatisiert wurde, ist von Anfang an eine auf Dauer angelegte Lebensperspektive zu erarbeiten.

Die Herkunftseltern müssen über den kindlichen Zeitbegriff umfassend informiert werden. Dies geschieht in der Praxis auch heute immer noch nicht oft, weil die Unterschrift unter den Antrag „Hilfe zur Erziehung" leichter zu erhalten ist, wenn die Herkunftsmutter von der irrigen Annahme ausgeht, dass sie das Kind unabhängig von den Bindungen, die es an die Pflegeeltern eingegangen ist, wieder zu sich nehmen kann. Wenn hier der vielleicht zunächst beschwerlich erscheinende, aber ehrlichere Weg gegangen wird, erspart dies allen Beteiligten, und nicht zuletzt auch den Herkunftseltern bzw. der Herkunftsmutter, viele Belastungen und Vertrauensbrüche.

In vielen Fällen, insbesondere dann, wenn Misshandlungen und Vernachlässigung des Kindes, verbunden mit dem Mangel an Einsicht bei den Herkunftseltern vorliegen, kann dieses Kennenlernen vor der Aufnahme des Kindes nicht stattfinden. Wenn die Herkunftseltern den Verbleib des Kindes nicht akzeptieren können, ist der Sozialarbeiter gefordert, klare Strukturen aufzuzeigen. Erst dann sind Umgangskontakte mit dem Kind möglich.

4. Vorbereitung des Kindes auf den Umgangskontakt

Von großer Wichtigkeit ist, dass der betreuende Sozialarbeiter ein Vertrauensverhältnis zum Kind aufbauen kann. Dazu sind fachliche Standards der Vermittlungsstelle erforderlich.

Die Fachkräfte der Pflegekinderdienste brauchen nicht nur eine spezialisierte und fundierte Weiterbildung in den theoretischen Grundlagen des Pflegekinderwesens, sondern auch im Umgang mit Kindern, und dies im Besonderen mit bindungsgestörten und traumatisierten Kindern.

Neben der kontinuierlichen Weiterbildung und Spezialisierung im Pflegekinderbereich ist die Kontinuität des Sozialarbeiters für das Kind wichtig. Nicht „das Jugendamt", sondern Frau Mayer oder Herr Schmidt vom Jugendamt sind Vertrauenspersonen. Das Kind muss wissen, dass seine Interessen, Wünsche, Ängste und Erwartungen von der Fachkraft ernst genommen werden. Das Kind braucht das Erleben, dass es Schutz bekommt und die Sozialarbeiter ein positives Verhältnis zu seinen Bezugspersonen, im Besonderen zu den Pflegeeltern, haben. Dort, wo das Kind zu einem Gespräch allein auf das Jugendamt eingeladen wird, damit es unbeeinflusst von den Pflegeeltern seine Meinung sagen kann, wird dem Kind die Botschaft übermittelt, dass ihm die Pflegeeltern letztendlich nichts zu sagen haben, was sich besonders in der Pubertät und in Krisensituationen verhängnisvoll auswirken kann. Dieses Vorgehen ist ein Zeichen, dass Pflegeeltern in ihrer Verantwortung nicht ernst genommen werden und kein Vertrauensverhältnis zwischen Amt und Pflegefamilie besteht. Der Sozialarbeiter kann bei kleinen Kindern im Spiel im eigenen Kinderzimmer mehr über das Kind erfahren als bei einer angeblich neutralen Befragung auf dem Amt.

Dort, wo der Sozialarbeiter in ein spezialisiertes Pflegekinderteam eingebunden ist, besteht eine gute Chance, dass das Fachwissen in dieser Abteilung gebündelt wird und allen Beteiligten zum Nutzen gereicht. Bei einer geeigneten Struktur der Abteilung und nicht zuletzt, wenn der Pflegekinderdienst regelmäßig gesellige Zusammenkünfte mit den Pflegefamilien pflegt, sind dem Kind, den Herkunftseltern und den Pflegeeltern nicht nur ein einzelner Mitarbeiter, sondern zumindest zwei oder drei Fachkräfte bekannt. Wenn ein Vertrauensverhältnis besteht zwischen Fachkraft und Kind wird es diesem auch sagen, wenn es Besuche wünscht oder ablehnt.

5. Notwendigkeit der Begleitung der ersten Besuche durch den zuständigen Sozialarbeiter

Die ersten Besuche sind immer durch den zuständigen Sozialarbeiter zu begleiten. Nur so kann er sich ein eigenes Bild über die Möglichkeiten und Grenzen der Umgangskontakte machen. Es ist wichtig, dass der Sozialarbeiter die Reaktionen vor und nach den Besuchen beobachtet. Die Pflegeeltern sind die Einzigen, die z.B. die Nacht nach dem Besuch erleben und darüber berichten können. Diesen Berichten ist Beachtung zu schenken.

Nur dann, wenn der Sozialarbeiter nahe am Kind ist, kann er die Ängste und Sehnsüchte des Kindes beurteilen. Dies ist vom Schreibtisch aus schlecht möglich.

In der Praxis wird oft dazu übergegangen, begleitete Besuche an Honorarkräfte zu vergeben. Dadurch verpasst der zuständige Sozialarbeiter eine einmalige Gelegenheit, sich eine sorgfältige eigene Einschätzung der Situation des Kindes zu verschaffen. Eine Arbeitsersparnis bedeutet dies in der Anfangsphase nicht, weil die Vorbereitung und die Nachbesprechung der Besuche bei Konflikten sehr zeitaufwändig sind. Wenn der Sozialarbeiter die Situation selbst miterlebt, kann er im Vorfeld manchen Konflikt entschärfen oder er erlebt, dass das Kind mit der Situation tatsächlich überfordert ist.

6. Grundbedürfnis nach sicherer Zugehörigkeit

Durch das Nichtbefriedigen des Grundbedürfnisses nach Sicherheit und Geborgenheit sind fast alle Pflegekinder verletzt, die Verletzung entsteht ebenso dann, wenn die existentiellen Grundbedürfnisse durch eine geliebte Bezugspersonen nicht befriedigt wurden. Dadurch bestehen in Stresssituationen wenige Verarbeitungsmöglichkeiten. Deswegen muss mit Trennungserfahrungen und Stresssituationen besonders sorgfältig umgegangen werden. Dies ist durch die Hirnforschung eindeutig belegt.[144]

Bei Säuglingen und Vorschulkindern ist der wichtigste Schutz der Kinder, dass sie bei Umgangskontakten nicht weggegeben oder mitgegeben werden, sondern dass Pflegefamilie und Herkunftsfamilie gemeinsame Unternehmungen machen. Bei etwas Phantasie können Situationen geschaffen werden, die von vornherein Spannungen vermindern. So kann ein Besuch im Zoo, in einem Wildgehege, zu einem Grillplatz und andere Möglichkeiten, die bei genauem Nachdenken immer gefunden werden können, eine entspanntere Atmosphäre schaffen. Das Kind hat die Möglichkeit, wenn es beunruhigt ist oder Trost sucht, zu der Schutz gewährenden Pflegeperson zu gehen. Auf der anderen Seite hat es die Möglichkeit, das Spiel mit der Herkunftsfamilie zu suchen.

Solange keine Einigkeit über den Lebensmittelpunkt des Kindes besteht und das Kind durch Bemerkungen und Andeutungen über eine bevorstehende Trennung von der Pflegefamilie verängstigt wird, sind diese lockeren Besuche nicht möglich. In diesem Fall muss der zuständige Sozialarbeiter einen so statt gefundenen Besuch so vor- und nachbereiten, dass Klarheit darüber besteht, dass die Besuche nur fortgeführt werden können, wenn sich die innere Haltung dem Kind gegenüber verändert hat und der Lebensmittelpunkt des Kindes in der Pflegefamilie akzeptiert wird. Die Praxis zeigt, dass durch diese Klarheit des Sozialarbeiters Veränderung möglich ist.

Ein Beispiel:
Die sehr junge Mutter hatte im Mutter-Kind-Heim das Kind in einer Überforderungssituation mit circa drei Monaten misshandelt und schließlich verlassen. Die Mutter war selbst wegen Überforderung ihrer Mutter über einen längeren Zeitraum in einem Kinderheim untergebracht. Die junge Mutter konnte dahin geführt werden, dass sie den Verbleib des Kindes in einer Pflegefamilie akzep-

---

144   Hüther 2001

tieren konnte. Damit waren schon in der Säuglingszeit gemeinsame Besuche zusammen mit den Pflegeeltern an einem neutralen Ort möglich. Die Schwierigkeit kam, als die Großmutter Rechte anmeldete und beim ersten Besuch in Anwesenheit des Kleinkindes keine Gelegenheit versäumte zu sagen, dass sie nicht zulasse, dass die Pflegeeltern ihr Enkelkind für sich beanspruchen und dieses mit Sicherheit nicht bei ihnen groß werden würde. Die Sozialarbeiterin beendete daraufhin den Besuch und lud Mutter und Großmutter zu klärenden Gesprächen ein, bevor der Großmutter ein weiterer Besuch gestattet werden konnte. Da die Großmutter die klare Haltung der Sozialarbeiterin erlebte und bei der Pflegemutter jemanden fand, der den Schmerz der Großmutter verstehen konnte, waren Besuche mit gemeinsamen Unternehmungen, die von der Pflegemutter geplant wurden und daher auch für den Jungen interessant waren, über nunmehr 14 Jahre ohne besondere Belastungen möglich.

7. Rechte und Pflichten gehören zusammen
Die Verantwortlichkeit der Pflegeeltern muss im Interesse des Kindes gestärkt werden. Der Gesetzgeber hat den Pflegeeltern gemäß § 1630 Abs. 3 BGB das Antragsrecht für Teile des Sorgerechtes eingeräumt und in § 1887 BGB bestimmt, dass der Amtspfleger/Vormund zu entlassen ist, wenn ein geeigneter Einzelvormund zur Verfügung steht. Die gesetzlichen Vorgaben sind klar, die Praxis jedoch ist oft weit davon entfernt, diese gesetzlichen Vorgaben zu verwirklichen. Wenn Pflegeeltern eine klare Rechtsposition haben, trägt dies viel zum Gelingen von Umgangskontakten bei.

12.5. Bedingungen, die zum Gelingen oder zum Misslingen der Umgangskontakte führen

Gelingen und Misslingen von Umgangskontakten hängen einerseits von allgemein gültigen Bedingungen und andererseits von individuellen Persönlichkeitsmerkmalen, der Geschichte der Kinder und deren Familien ab.

Ich beziehe mich auf eine Fallanalyse von 178 Pflegekindern.[145] Die Untersuchung bezieht sich auf die Erhebungen in einem einzelnen Landkreis und somit auf die Lebenswirklichkeit dieser Kinder. Die Zahlen zur Häufigkeit der Umgangskontakte sprechen eine eigene Sprache. An diesem Stichtag war die Häufigkeit der Umgangskontakte zu den leiblichen Eltern/einem Elternteil wie folgt:
24 % dieser Kinder hatten mindestens monatlich einen Kontakt
21 % haben weniger als 6 Kontakte im Jahr

---
145 Zwernemann 2004, S. 239ff

39 % hatten keinen Kontakt
16 % der Mütter waren verstorben.

Von den 30 Kindern, die im Alter von null bis acht Monaten in Pflegefamilien untergebracht wurden, hatten sechs leibliche Mütter/Eltern noch nach Jahren monatlichen Kontakt zu ihrem Kind, sieben Kinder hatten weniger als sechs Kontakte im Jahr und bei 15 Kindern war kein Kontakt zwischen leiblichen Eltern und Kind. Dazu kamen zwei Kinder, deren leibliche Mütter/Eltern verstorben waren.

In der Praxis im Pflegekinderwesen können im Laufe der Kindheit ursprünglich geplante Besuche unmöglich werden, aber auch anfänglich nicht mögliche Besuche können möglich werden und für alle Beteiligten gut sein.

Als Beispiel werden im Folgenden die Umgangskontakte der 30 Kinder näher beleuchtet, die im Alter von null bis acht Monaten untergebracht wurden.

Bei einem Jungen, der als Neugeborener von den leiblichen Eltern bei Bekannten untergebracht wurde und dort ein gutes Zuhause fand, fanden bis zum Alter von 12 Jahren häufige Besuche statt. Der Junge spielte mit den Geschwistern und hatte keine Probleme mit der Herkunftsfamilie, bis diese mit 12 Jahren die Rückkehr einforderten. Ab diesem Zeitpunkt verweigerte er heftig jeden Kontakt mit der Herkunftsfamilie.

Ein anderer Junge, der wegen einer schweren Erkrankung der Mutter ebenfalls als Neugeborener in die Pflegefamilie kam, hatte unbeschwerten Kontakt zu der Herkunftsfamilie. Die beiden Familien waren sich freundschaftlich zugetan. Der Einbruch kam, als die Umgangskontakte bei dem Vorschulkind mit dem Ziel der Rückführung ausgedehnt wurden. Der Junge verstand die Absicht der leiblichen Eltern und reagierte mit heftigen Ängsten. Besuche waren nur noch mit Zwang möglich, dies führte zu noch heftigerer Abwehr des Kindes.[146]

Bei einem Mädchen, das zunächst Besuche ohne Widerstände annahm, führte die aggressive Haltung der leiblichen Mutter gegenüber den Pflegeeltern zu einer völligen Verweigerungshaltung der inzwischen jungen Frau, die bis heute anhält.

Fünf der Kinder, die als Neugeborene bis zum Alter von acht Monaten in die Pflegefamilie kamen, sind behindert und wurden deshalb von den leiblichen

---

146   Zwernemann 2004, S. 269

Eltern abgelehnt. Zwei dieser Kinder waren durch Misshandlungen der leiblichen Eltern behindert. Zwei der leiblichen Mütter, welche beide seit vielen Jahren in Kliniken bzw. in Wohngemeinschaften für psychisch Kranke leben, konnten sich bisher nicht entschließen, Kontakt zu ihren Kindern aufzunehmen, weil sie Angst haben, dass während des Besuchs die Wahnvorstellungen durchbrechen könnten und sie den beiden Mädchen schaden könnten. Bei zwei Elternteilen, die ebenfalls psychisch krank sind und keine Krankheitseinsicht haben, wurden die Besuche durch Gerichtsbeschluss untersagt. Drei Mütter verabschiedeten sich von den Kindern und verzogen in weit entfernte Städte.

Bei Kindern, die im Schulalter untergebracht werden mussten, war die Situation unterschiedlich. Ich denke da an vier Kinder, die zunächst von ihren Müttern gut versorgt wurden und dann von den neuen Lebenspartnern der Mütter abgelehnt und teilweise misshandelt wurden. Diese Mütter hatten sich den Partnern untergeordnet und waren trotz der Bemühungen des Sozialarbeiters auch nicht zu Besuchen bereit. Diese Kinder litten sehr darunter, dass die Mutter sich nicht um sie kümmerte. Therapeutische Hilfen für die Kinder konnten etwas Hilfe bringen, aber der tiefsitzende Schmerz und später auch die Wut konnte nicht aufgelöst werden.

Eine Mutter aus der Praxisanalyse lehnte das Kind, das aus einer Vergewaltigung stammte, heftig ab. Sie konnte im Laufe von einigen Jahren die Probleme aufarbeiten, und gelegentliche Besuche wurden für alle Beteiligten möglich und gut. Zwei Mütter, die unter einer Psychose leiden, konnten mit therapeutisch/medizinischer Hilfe soweit hergestellt werden, dass die Besuche für die Kinder wenig Belastung brachten. Ein Mädchen, dessen Mutter sich bis zum Alter von circa 14 Jahren nicht interessiert hatte, nahm auf Wunsch des Mädchens den Kontakt auf. Nach zunächst heftiger Zuneigung zwischen leiblicher Mutter und dem Kind ist eine Ernüchterung eingetreten, weil das Mädchen den Lebensstil der leiblichen Mutter nicht akzeptieren kann. Gelegentliche Besuche finden weiterhin statt.

12.6. Günstige Voraussetzungen für über Jahre gut verlaufende Umgangskontakte

1. Bei den Kindern, die als Säugling in der Pflegefamilie untergebracht werden, ist eine sichere Bindung zwischen Pflegefamilie und Kind entstanden.

2. Die Kinder erleben, dass die Pflegeeltern mit den Herkunftseltern zusammen Spaziergänge und gemeinsame Unternehmungen machen.

3. Es besteht Einigkeit über den Lebensmittelpunkt des Kindes. Die Grundbedürfnisse des Kindes werden altersgerecht beachtet, im Besonderen das Bedürfnis nach sicherer Zugehörigkeit, Geborgenheit und Liebe. Die Erkenntnisse der Trauma- und Bindungsforschung werden von allen Erwachsenen beachtet. Die Fachkraft hat die Aufgabe, ihnen die Wichtigkeit dieser Erkenntnisse für das Kind deutlich zu machen.

4. Der zuständige Sozialarbeiter bringt sich besonders in der Anfangsphase des Pflegeverhältnisses intensiv ein und hilft den Herkunftseltern bei der Verarbeitung der Trennung von dem Kind und der Verarbeitung der Schuldgefühle. Den Pflegefamilien hilft er bei der Verarbeitung der Veränderungen in ihrer Familie und bei der Bewältigung von auftretenden Problemen.

5. Sowohl der Sozialarbeiter wie auch die Pflegeeltern bringen den Herkunftseltern als Personen – unabhängig davon, ob sie ihr Handeln billigen können – Wertschätzung entgegen. Die Herkunftseltern akzeptieren die Pflegeeltern als soziale Eltern, bei denen das Kind groß werden darf.

6. Es wird kein Druck und Zwang, auch nicht von Jugendamt und Gericht, ausgeübt. Der Wille des Kindes findet Beachtung. Dies zeigt sich schon dann, wenn ein Säugling oder Kleinkind von den Herkunftseltern nicht geküsst werden will. Falls dies die Herkunftseltern nicht erkennen können, hat die Fachkraft die Aufgabe, diese zur Haltung der Achtung vor dem Willen und den Gefühlen des Kindes hinzuführen.

7. Das Kind wird nicht in Trennungsängste gestürzt. Der bei negativ verlaufenden Umgangskontakten mit Druck und Zwang oft zu hörende Satz: „Ein Pflegekind muss da einfach durch" findet bei keinem der Beteiligten (Fachkräfte, Gericht, Herkunftseltern und Pflegeeltern) Raum.

8. Die rechtliche Situation ist geklärt, Rechte und Pflichten liegen möglichst nah beieinander, was bedeutet, dass bei fehlender Rückkehroption Teile der elterlichen Sorge oder die Vormundschaft nach einer angemessenen Zeitdauer des Pflegeverhältnisses auf die Pflegeeltern übertragen wurden (s. Kap. 10.).

9. Die Bedürfnisse des Kindes in den verschiedenen Alters- und Entwicklungsstufen finden Beachtung. Die Fachkraft muss hier genügend Kapazität für die Beratung haben. Die unterschiedlichen individuellen Risikofaktoren des Kindes werden ergründet und beachtet. Auch und insbesondere die Beobachtungen der Pflegeeltern finden Beachtung. Wenn das Kind Ängste entwickelt, werden diese von allen Erwachsenen sehr ernst genommen, auch wenn diese für Erwachsene manchmal nicht nachvollzogen werden können.

10. Das Kind hat keine Traumatisierung erfahren.

11. Misshandlungen, sexueller Missbrauch und Vernachlässigung werden von den Herkunftseltern und den Fachkräften nicht geleugnet oder bagatellisiert. Dies ist die Voraussetzung, dass das Kind Zugang zu seiner eigenen Geschichte bekommt. Durch das Anerkennen der Realität kann beim Kind ein therapeutischer Prozess möglich werden.

12.7. Fazit

- Umgangskontakte haben dem Kind zu dienen. Wenn ein Kind Widerstände gegen Begegnungen mit der Herkunftsfamilie zeigt, so hat dies seine Vorgeschichte, die wir nur unvollständig kennen. Es ist nicht von Bedeutung, was die Erwachsenen verstehen oder welche Ideologie sie vertreten („Ein Pflegekind braucht seine Herkunftseltern"), sondern das, was das Kind signalisiert. Das Kind hat ein Recht auf Schutz. Zwang, sei es psychisch oder gar körperlich, ist unzulässig und steht im Widerspruch zu geltendem Recht.

- Pflegeeltern und Herkunftseltern müssen etwas zusammen unternehmen können, unter dem Motto: Zwei Familien begegnen sich und unternehmen etwas. Wo dies nicht möglich ist, sind Umgangskontakte für das Kind eine schwere Belastung und nicht an seinem Wohl orientiert.

- Wenn diese gemeinsamen Unternehmungen nicht möglich sind, kann nicht daraus geschlossen werden, dass dann die Herkunftseltern mit dem Kind alleine Umgang haben können, weil der angebliche Loyalitätskonflikt der Grund für das Scheitern sei. Es liegt in der Regel kein Loyalitätskonflikt vor, sondern das Kind ist mit der Umgangssituation überfordert und die Gefahr der Retraumatisierung ist gegeben, wenn es trotz offener oder innerer Widerstände zu den Besuchen überredet oder gar gezwungen wird.

- Für eine Übergangszeit kann es erforderlich sein, dass begleitete Umgangskontakte durchgeführt werden. Diese Begleitung erfolgt möglichst durch den fallführenden Sozialarbeiter oder einen spezialisierten Umgangskontaktbegleiter für Pflegekinder. Die Begleitung durch die Pflegeeltern, von Anfang an, sollte außer Frage stehen, damit das Kind zu diesen Vertrauen aufbauen kann.

- Begleiteter Umgang ist immer eine Notlösung. Das Ziel ist, dass Pflegeeltern und Herkunftseltern lernen, spannungsarm miteinander umzugehen. Voraussetzung für das Gelingen von Umgangskontakten ist, dass die Pflegeeltern den Herkunftseltern Wertschätzung entgegen bringen und die Herkunftseltern die Autorität der Pflegeeltern während des Umgangskontaktes weder verbal noch nonverbal in Frage stellen und den Lebensmittelpunkt des Kindes nicht in Frage stellen.

- Begleiteter Umgang kann nicht, wie dies mancherorts geschieht, so verstanden werden, dass der Umgangskontaktbegleiter das Kind abholt, den Herkunftseltern übergibt und somit das Kind allein gelassen wird, um es danach den Pflegeeltern wieder zu übergeben. Diese bei Trennungs- und Scheidungskindern geübte Praxis kann nicht auf die Situation der Pflegekinder übertragen werden.

- Der Umgangskontaktbegleiter muss über ein spezialisiertes Fachwissen verfügen, verbunden mit der Fähigkeit, „in die Haut des Kindes schlüpfen zu können" (Empathie). Er hat sensibel auf die Befindlichkeit des Kindes zu achten und erkennt Ängste auch dort, wo sie verschlüsselt gesendet werden. Er hat in der Bindungstheorie Kenntnisse, insbesonders erkennt er desorganisierte Bindungsmuster. Dies erfordert vom Umgangskontaktbegleiter eine auf das Pflegekinderwesen abgestimmte Weiterbildung. Pflegevereinigungen bieten Fortbildungen in diesem Bereich an und können in der Regel geeignete Fachkräfte vorschlagen.

- Der Schutz des Kindes kann vom Umgangsbegleiter im Einzelfall einfordern, ein – das Kind offensichtlich belastendes – Treffen abzubrechen. Er hat für das Kind parteilich zu sein. Wichtig ist, dass das Kind ein Vertrauensverhältnis zum Umgangsbegleiter hat. Der Umgangsbegleiter hat die Aufgabe, während des Kontaktes eine freundliche Atmosphäre zu schaffen. Konflikte sind beim Umgangskontakt kein Thema. Der Umgangskontaktbegleiter soll während der ganzen Besuchszeit anwesend sein.

- Auch die nicht seltene Aufforderung von Fachkräften, die Umgangskontakte in der häuslichen Umgebung bei den Pflegeeltern oder der Herkunftsfamilie stattfinden zu lassen, ist sehr kritisch zu hinterfragen und kann nur gelingen, wenn keine Traumatisierung des Kindes stattgefunden hat, und der Verbleib des Kindes geklärt und somit eine sichere Basis vorhanden ist.

- Das Mitgeben oder Abgeben eines kleinen Kindes, aber in der Regel auch eines Schulkindes, ist nicht vertretbar. Ein verletztes Kind braucht einen erhöhten Schutz.

- Die Beobachtungen der Pflegeeltern nach Umgangskontakten müssen Beachtung finden. Diese müssen von der Fachkraft abgefragt werden. Bemerkungen wie die Folgenden: „Pflegeeltern müssen kooperativ sein, auch deswegen, weil Herkunftseltern es nicht sind" oder Feststellungen wie: „Pflegeeltern wollen nur nicht die Unbequemlichkeiten der Umgangskontakte tragen" oder „es liegt an den Pflegeeltern, wenn das Kind massiv auf die Kontakte reagiert und es sind die Verlustängste der Pflegeeltern, die hier deutlich werden" sind fehl am Platz.

- Pflegekinder können nicht mit Kindern aus geschiedenen Ehen verglichen werden. Die Situation von Scheidungs- und Pflegekindern ist grundverschieden und Vergleiche sind unzulässig. Im Normalfall haben Kinder aus geschiedenen Ehen zu beiden Elternteilen eine gewachsene Bindung. Wenn nun miteinander verfeindete Elternteile, bei einem Kontakt zusammentreffen, kann das Kind in einen Loyalitätskonflikt geraten.

- Bei Pflegekindern ist die Situation völlig anders. Sie mussten von den Herkunftseltern getrennt werden, weil sie elementar bedroht waren, durch Vernachlässigung, Verwahrlosung, Misshandlung, Missbrauch oder weil die Herkunftseltern nicht in der Lage waren, die Bedürfnisse des Kindes angemessen zu befriedigen. Der Konflikt liegt nicht auf der Paarebene, sondern in der Mutter/Eltern-Kind-Beziehung.

- Jedes Pflegekind bringt Risiken mit sich, die einen erhöhten Schutz einfordern. Längere Trennungen bei Säuglingen und Vorschulkindern bedeuten für die Entwicklung des Kindes ein hohes Risiko. Übernachtungen sind in der Regel auszuschließen.

- Das Festlegen der Umgangskontakte erfordert ein stetes Anpassen an die sich verändernden Bedürfnisse des Kindes. Die Aufgabe der Erwachsenen ist es, zu reflektieren und wenn nötig Änderungen vorzunehmen.

- Es ist möglich, dass durch zwangloses Eingehen auf die Bedürfnisse des Kindes Ängste abgebaut werden können und umgekehrt, dass das Kind Ängste entwickelt, z.B. dann, wenn Rückführungsforderungen deutlich werden.

- Das Kind hat nach all den Verletzungen, die es erfahren musste, ein Recht auf Normalität und ein Recht auf Selbstbestimmung. Achtung und Respekt dem Kind gegenüber wird von allen Erwachsenen gefordert, die Verantwortung für dieses spezielle Kind zu tragen. Es hat ein im Grundgesetz verankertes Recht auf Unversehrtheit. Dies muss von den Fachkräften gesehen und vorbehaltlos vertreten werden. Auch wenn in Relation zu den oft als hoch stehend zitierten Elternrechte gewichtet werden muss, muss zugunsten der Unversehrtheit des Kindes an Leib und Leben entschieden werden, und zwar insbesondere auch deswegen, weil dieses Kind, welches unter der Obhut des Jugendamtes steht, eben keine unbelastete Vergangenheit hat.

- Dort, wo das Kind eine frühere Bezugsperson besuchen möchte, ist es zu prüfen und zu unterstützen, wenn es den kindlichen Bedürfnissen entgegen kommt und seinem Wohl dient.

Es ist nicht leicht, ein Kind zu sein, las ich
kürzlich in einer Zeitung und ich war perplex,
denn es passiert ja nicht jeden Tag, dass man
etwas in der Zeitung liest, das wirklich wahr ist.
Da spricht ein Revolutionär.

Es ist nicht leicht, ein Kind zu sein, nein! Es ist
schwer – sehr schwer, sogar. Was bedeutet es
eigentlich, Kind zu sein?

Es bedeutet, dass man zu Bett gehen,
aufstehen,
sich anziehen, essen, Zähne und die Nase
putzen muss,
wenn es den Großen passt und nicht einem
selbst. (…)

Es bedeutet ferner, dass man ohne zu klagen,
sich die persönlichsten Bemerkungen von
Seiten
eines jeden Erwachsenen anhören muss,
die das eigene Aussehen, den
Gesundheitszustand,
die Kleidung, die man trägt, und die
Zukunftsaussichten
betreffen.

Ich habe mich oft gefragt, was passieren würde,
wenn man die Großen in derselben Art
behandeln würde.

Astrid Lindgren 2000, S. 33

13. Die Identitätsentwicklung des Kindes und Jugendlichen

13.1. Biologische und soziale Elternschaft

Heute besteht weitgehend Einigkeit darüber, dass Anlage und Umwelt in Wechselwirkung zueinander stehen. Allerbeste Anlagen können sich in einer ungünstigen Umwelt nicht entfalten, und bescheidene Anlagen können bei einer günstigen Umwelt zu ungeahnten Entwicklungen führen.

In einem gerichtspsychologischen Gutachten vom Mai 2004 ist über ein vierjähriges Kind zu lesen:
Die Sachverständige würde sich für J. wünschen, dass ihm dauerhaft beide Familiensysteme erhalten bleiben, egal, wo er seinen Lebensmittelpunkt hat. Weiter schreibt sie: Es ist auch darauf hinzuweisen, dass neuere Forschungsergebnisse wieder vermehrt die leibliche Elternschaft und deren Bedeutung für die Kinder in den Vordergrund rücken.

Quellen nennt die Verfasserin des Gutachtens nicht. Weiter schreibt sie:
Er erlebt die Familie und den Haushalt der Pflegeeltern als seine sichere und geborgene Heimat. Der Ausdruck Rückführung erscheint insofern nicht korrekt, als das Kind noch nie beim Vater gelebt hat.

Sie kommt zu dem Ergebnis, dass Pflegeelternschaft eine professionelle Haltung dem Kind gegenüber voraussetzt und das Kindeswohl es erfordert, dass die Pflegeeltern das Kind innerlich „loslassen" und die Bereitschaft mitbringen müssen, trotz all der Widerstände des Kindes gegen die Besuche ohne Begleitung der Pflegeeltern und den danach auftretenden Verhaltensprobleme des Kindes wie Bettnässen, Schlafstörung, Essensprobleme, Angstträume in der Nacht, Unruhe und auch aggressivem Verhalten, das Kind zu beeinflussen, dass die Besuche ausgedehnt werden. Die Rückführung sei deshalb trotz unbestreitbarer enger Bindung zwischen der Pflegefamilie und Kind erforderlich, weil die Pflegeeltern zwar beteuern, dass sie das Kind auf Dauer behalten, jedoch rechtlich das Pflegeverhältnis jederzeit aufkündigen könnten. Sie stellt in Aussicht, dass das Kind bei einer Übersiedlung zum Vater in eine depressive Phase verfallen kann, die aber therapeutisch aufgearbeitet werden könnte. Der Vater biete die Gewähr, dass er entsprechende Hilfen in Anspruch nehme.

Tatsache war, dass der Vater mit dem Kind bei dem unbegleiteten Besuch mit Übernachtung zu der psychisch kranken und alkoholabhängigen Mutter nach

Amerika geflogen ist und das Kind dort zurückgelassen hat, obwohl der Vater immer wusste und dies vertreten hat, dass das Kind vor der Mutter Angst hat und von ihr nicht versorgt werden kann.

Ein anderer Gutachter stellt in einem gerichtspsychologischen Gutachten fest, dass das neunjährige Mädchen, das im Alter von eineinhalb Jahren zu der Pflegefamilie kam, sich voll mit der Pflegefamilie identifiziert und seine persönliche Identität in der Pflegefamilie gefunden hat. Er sprach von einem authentischen, intensiven und eindeutigen Identitätserleben des Kindes in der Pflegefamilie. Er unterstützte den Wunsch des Mädchens, dass es nur zu begleiteten Besuchen und nicht zu Übernachtungen gegen den Willen des Kindes kommen kann. Besuche mit dem Ziel der Rückführung, wie dies die Verfahrenspflegerin mit großer Entschiedenheit einforderte, mit der Begründung, dass das Mädchen im Falle des Verbleibs in der Pflegefamilie von einer „Identitätskrise" bedroht sei, lehnte er ab. Die Verfahrenspflegerin begründete ihre Haltung damit, weil das Mädchen an die Pflegemutter „in einem Zustand von Angst, emotionaler Abhängigkeit und weiterer massiver Beeinflussung bis hin zur Hörigkeit gebunden" sei. Die Pflegemutter zeige sich gegenüber der Problematik der Rückführung des Mädchens bzw. Annäherung an die leibliche Familie anhaltend unerreichbar und unbelehrbar.

Die Verfahrenspflegerin beachtete nicht, dass das Kind unter Trennungsangst litt, seit es von der leiblichen Familie erfahren hatte, dass es von ihrer Pflegefamilie, in der es ihr ganzes bewusstes Leben gelebt hat, weg soll und dass es damit alles, was ihm wichtig ist, verlassen soll.

Ein drittes Beispiel: Im Gutachten – es handelt sich um einen vietnamesischen Jungen, der ab Geburt wegen der Erkrankung und den familiären Problemen der Herkunftsfamilie in einer deutschen Pflegefamilie lebt – schreibt die Gutachterin:

Manche der etwa seit 1984 bestehenden Anliegen sind auf Kritik bei den deutschen Ansprechpartnern gestoßen. Ein Teil als nicht kindgemäß empfundenen Verhaltensweisen der Kindeseltern ist auf die kulturell bedingte unterschiedliche Wahrnehmungsweise der Bedürfnisse des Kindes zurückzuführen. Neben diesen kulturellen Besonderheiten prägt auch ihre aktuelle gesundheitliche und psychische Verfassung das Verhalten der Kindeseltern. Die Kindesmutter kann sich aufgrund der gesundheitlichen Schädigung nur in begrenztem Umfang um ihre Kinder engagieren. Der Kindesvater leidet unter gelegentlichen Kopfschmerzen und Wetterfühligkeit. Er berichtet von Stimmungsschwankungen; zeitweilig kann er sich mit seiner Lebenssituation abfinden, zeitweilig überkommen ihn Ungeduld sowie aggressive Gefühle und Gereiztheit. Die Auseinandersetzungen mit der Pflegefamilie von Tom verunsichern den Kindesvater und steigern aggressive Gespanntheit. Aus ihrer eigenen Beziehung zu dem Sohn und ihren Vorstellungen von dem Zusammenhalt der Familienmitglieder in einer vietnamesischen Großfamilie heraus fällt es den Kindeseltern schwer, sich der erheblichen Unterschiede der kulturellen Verbundenheit innerhalb ihrer Familie, nämlich zwischen ihnen und dem jüngsten, nur deutsch sprechenden und von Geburt an in westdeutscher Familien- und Lebenskultur lebenden Sohn bewusst zu werden.

Die Gefühle der Machtlosigkeit und Abhängigkeit, zusammen mit der jeweiligen Angst, mit welchen Problemen das jeweils anstehende Besuchstreffen verknüpft sein werde, bringen den Kindesvater zeitweilig an den Rand seines Vermögens, seine Gefühle und Verhaltensweisen adäquat zu kontrollieren. So kommt es gelegentlich zu heftigen Auseinandersetzungen.

Insgesamt gesehen ist festzustellen, dass die Pflegeeltern in einer engen emotionalen Beziehung zu Tom stehen und engagiert für ihn sorgen; die Enge der Bindung und die Empfindung, aufgrund der von ihnen gespürten besonderen Zartheit Tom's in besonderer Weise für sein Wohl Sorge tragen zu müssen und zu wollen, erschwert es ihnen, sich den Wechsel Tom's in die Nähe der leiblichen Eltern vorzustellen.

Berücksichtigt man die Gesamtumstände der Lebenssituation von Tom, so ist eine allmähliche Hinführung des vietnamesischen Kindes zu seinen Eltern mit dessen Wohl vereinbar, sofern zunächst bindungsmäßig Voraussetzungen geschaffen werden, und das Kind nicht mit einer abrupten Veränderung konfrontiert wird.

Für ein Kind wie Tom, das von kleinauf auch im Kontakt mit den leiblichen Eltern, wie es selbst aussehenden Eltern stand, besteht jedoch im sechsten Lebensjahr (so alt war Tom in der Zwischenzeit) durchaus bereits eine diffuse Sensibilität für Aspekte der Zusammengehörigkeit durch Herkunft. Tom hat zudem ein Alter erreicht, in dem durch kindgemäße Erklärungen – vermittelt auch über die Beziehung zu seiner Herkunftsfamilie – eine Basis für die Integration der beiden Kulturverbundenheiten gelegt werden kann, so dass Tom in der Pubertät ein plötzliches, eventuell erschreckendes Erleben seiner asiatischen Herkunft erspart werden könnte. Derzeit bestehen vom Alter und den Umständen her noch gute Voraussetzungen, dem Jungen von kleinauf zu der Herausbildung einer stabilen Identität auf der Grundlage seiner wirklichen Herkunft und seiner voraussichtlichen Zukunft als Vietnamese in Westeuropa zu verhelfen.

Danach folgen technisch genau formulierte Anweisungen zur Umgewöhnung des Kindes und zuletzt als Folgerung, dass ein nicht gewünschter, aber plötzlicher Wechsel erforderlich ist, wenn die Pflegeeltern nicht mitmachen.

Und die Pflegeeltern haben nicht mitgemacht.

Kurze Zeit später ist die Herkunftsfamilie auseinander gebrochen und die anderen Kinder mussten fremduntergebracht werden.

Tom hat eine glückliche Kindheit in der Pflegefamilie erlebt. Er hat in der Zwischenzeit seinen Hochschulabschluss. Ein Geschwister wollte Kontakt mit ihm. Er sagte, dass er das sicher irgendwann einmal möchte, aber im Augenblick andere Interessen hätte.

Gerade dieses Beispiel zeigt, dass es schlichtweg Ideologie und nicht kindzentrierte Begutachtung war, was die Sachverständige zu Papier brachte Die Lebenswirklichkeit hat die Ideologie widerlegt. Der junge Mann ist ein zufriedener, sozial anerkannter und sich der Pflegefamilie zugehörig fühlender junger Erwachsener. Die Vorhersage, dass er in der Pubertät in eine außergewöhnliche Identitätskrise gerät, hat sich nicht erfüllt. Die Sozialisation in der Pflegefamilie hat seine Identität geprägt, ebenso wie die sichere, von niemandem in seinem sozialen Umfeld hinterfragte Zugehörigkeit zu der Pflegefamilie.

Die Beispiele zeigen eine unterschiedliche Gewichtung der biologischen und der sozialen Elternschaft. Was ist für die Identitätsentwicklung des Kindes wichtig: Die Anlage oder die Umwelt?

Dies war lange Zeit eine heftig diskutierte Frage in der Wissenschaft und Forschung und ist es, wie das erstgenannte Gutachten und die Haltung der Verfahrenspflegerin im zweiten Beispiel zeigt, heute noch.

Das hat er von seinen Eltern geerbt, sagt der Eine, das hat er bei seinen Eltern gelernt, der Andere.

Es steht außer Frage, dass die Sozialisation eines Kindes in der Familie erfolgt, in der es lebt, und dass es von dieser Familie die dort geltenden Werte und Normen übernimmt. Es steht auch außer Frage, dass sich das Kind mit derjenigen Person identifiziert, die es täglich versorgt und dadurch die prägende Bindung zu dieser Person festgelegt wird.

13.2. Wie entwickelt sich die persönliche Identität, das Selbstwertgefühl?

Die Frage, wer bin ich, wie sehe ich mich selbst, wie werde ich von anderen gesehen, ist eine Frage und Entwicklung, die die ganze Lebensspanne umfasst. Wir entwickeln nicht nur eine Vorstellung darüber, wer wir sind; wir entwickeln darüber hinaus eine Vorstellung darüber, wer wir sein wollen. Das Selbstwertgefühl, der Selbstwert ist für unsere Lebensgestaltung von zentraler Bedeutung. Selbstkonzept und Selbstwert sind wichtige Merkmale der personalen Identität. Mit der Wertschätzung der eigenen Person ist in jedem Alter Wohlbefinden verbunden.

Die emotionalen Fähigkeiten eines Kindes können sich nur dann entwickeln, wenn seine Grundbedürfnisse befriedigt werden und eine konstante Bezugsperson zur Verfügung steht. Bei fehlenden Lernmöglichkeiten oder sozialer Isolierung können die Entwicklungsdefizite zwar bei günstigen nachfolgenden Bedingungen, zum Beispiel bei der Unterbringung des Kindes in einer liebevollen und fördernden Umgebung einer Pflegefamilie, in gewissem Umfang aufgeholt werden, bestimmte Grundmuster sind jedoch nur schwer veränderbar.

Wer als Kind gelernt hat, seinen Mitmenschen zu misstrauen, wird seine späteren Beziehungen mit großer Wahrscheinlichkeit nach diesem Muster gestalten. Durch dieses Misstrauen den Mitmenschen gegenüber wird er immer wieder auf Ablehnung stoßen und in einen Teufelskreis geraten, der sein Selbstwertgefühl erheblich herabsetzt. Misstrauen, was heißt das eigentlich? Es ist das Gefühl, ich bin nichts wert, mich kann niemand lieb haben, ich bin selbst schuld an allem. Das Kind hat das Vertrauen zu sich und der Umwelt verloren. Es resigniert oder wendet sich aggressiv abwehrend gegen die Umwelt. Das Grundgefühl der Angst ist ein weiterer lebenslanger Begleiter.

Angst und Angstträume sind in der Kindheit ein viel zu wenig beachtetes Thema. Der Erwachsene sollte versuchen, sich zu erinnern, welche Angst er als Kind in einzelnen Situationen hatte, wenn er sich alleingelassen fühlte oder wenn er als Kind einen schlimmen Traum hatte und dann erstarrt im Bettchen lag. Wenn diese Erinnerung und der Zugang zu dieser Erinnerung möglich sind, fällt es dem Betreuer des Kindes leichter, Empathie für das Kind zu empfinden und es in seiner Not zu verstehen.

Kinder, die reale Trennungsängste haben, die Erinnerung an Gewalt, Vernachlässigung und Misshandlung haben, bekommen dies als kleine Kinder, aber auch später, vielfach als unzusammenhängende Bilder sowohl im Wachzustand wie auch in den Träumen, in das Erleben. Langandauernde und beängstigende Kindheitserfahrungen wirken als Bilder bis in das Erwachsenenalter hinein.

Ich erinnere mich an eine circa 30-jährige Frau, die zur Beratung kam und in Erfahrung bringen wollte, warum sie verschiedene Bilder aus der frühen Kindheit quälen. Sie sagte, sie wüsste nicht, ob es Traum oder Realität ist. Ich fand ihre Akte – diese Akte wurde nicht vernichtet, weil sie später von den Pflegeeltern adoptiert wurde und Adoptionsakten nicht vernichtet werden dürfen. Wir fanden einen Bericht, der dem Bild, das sie mir schilderte, genau entsprach. Sie war gerade 20 Monate alt, als dieses – als Bild in Erinnerung gebliebene traumatische Ereignis – geschah.

Eine andere erwachsene Frau sagte, sie habe ein Bild vor sich, dass sie auf dem Boden krabbelte und durch die Ritze auf einen sehr langen und dunklen Flur schaute. Sie habe ein sehr dunkles und bedrückendes Gefühl dabei. Auch dies entsprach genau der Realität des Kinderheimes, in dem sie bis circa zu ihrem zweiten Lebensjahr untergebracht war.

Die Bestätigung, dass dies Realität und nicht Phantasie war, hat diesen erwachsenen Menschen sehr entlastet.

Die geistig etwas zurück gebliebene Isabella saß als Jugendliche tagelang in ihrem Zimmer und schloss sich ein. Die Pflegeeltern baten verzweifelt um Hilfe. Es gelang mir, dass Isabella die Zimmertüre öffnete. Sie saß vor einem Blatt Papier und zeichnete eine Wohnung in immer wieder anderen Formen. Sie war dabei emotional in einem Ausnahmezustand, sprang immer wieder auf, setzte sich wieder hin, zeichnete weiter und sprach kein Wort dabei. Nach langer Zeit des still bei ihr Sitzens sagte sie, dass sie ihrer Therapeutin gesagt habe, dass sie sich erinnert, vom Stiefvater geschlagen worden zu sein und dass er noch viel Schlimmeres mit ihr gemacht hatte. Sie weinte dabei und sprach von dem sexuellen Missbrauch durch den Stiefvater. Die Therapeutin habe ihr gesagt, dass das nicht stimmt, weil sie ja mit zwei Jahren in die Pflegefamilie kam und danach dort nie mehr alleine war. Sie könne sich unmöglich an so etwas erinnern. Sie sagte verzweifelt: Aber das Bild ist da.

Wenn ein Kind mit solchen Bildern Besuchssituationen allein ausgeliefert wird, mag man ermessen, welche dramatischen Folgen dies haben kann. Es kommt nicht auf das an, was es während der Besuchssituation erlebt, sondern auf die Bilder, die in ihm aufsteigen.

Das Bild von sich selbst verändert sich immer wieder im Laufe der Entwicklung. Erik Erikson versteht die Identitätsentwicklung als ständige Wechselwirkung zwischen Individuum und Gesellschaft. Die Identifizierung mit Modellen und

Vorbildern sind Voraussetzung für Identitätsbildung und Identitätsänderung. In der frühen und mittleren Kindheit findet das Kind in der Familie die Vorbilder, in der Pubertät werden in Abgrenzung zu den familiären Vorbildern, Werten und Normen neue Vorbilder gesucht. Es kommt zu neuen Probeidentifizierungen, die für alle Eltern, im Besonderen für Pflegeeltern, schmerzlich sein können.

Das Kind übernimmt unbewusst die Normen der Familie, in der es lebt. Wenn es diese Normen verinnerlicht und diese Normen als Teil seiner eigenen Persönlichkeit empfindet, führt dies zur Bildung des Gewissens, das heißt, die Regeln werden auch in Abwesenheit der Eltern eingehalten. Wenn diese Regeln überschritten werden, kommt es bei einem Kind, dessen Gewissensbildung günstig verlaufen ist, zu Selbstvorwürfen und Scham.

Die Ich-Identität bildet sich aus der Auseinandersetzung mit den Normen und Werten, die in der Umgebung gelten, heraus. Sie ist wesentlich von dem Vorbildverhalten der Eltern/Pflegeeltern abhängig. Regelmäßigkeit, Zuverlässigkeit, Wertschätzung in der Familie, in der das Kind lebt und in der sozialen Umgebung sind wichtige Voraussetzungen für eine positive Selbstwahrnehmung und ein positives Selbstbild. Das Gefühl: "Ich bin in Ordnung"; entsteht im Spiegel der Umwelt.[147]

S. Coopersmith nennt drei wesentliche Entwicklungsbedingungen des Selbstwertgefühls:[148]
1. Das vollkommene Akzeptieren des Kindes durch seine Eltern,
2. klar bestimmte und geltend gemachte Handlungsgrenzen und
3. Achtung und Spielraum für individuelles Handeln innerhalb bestimmter Grenzen.

Konflikte sind in unserem Sprachgebrauch meist negativ besetzte Begriffe. Konflikte und Krisen dienen jedoch der Weiterentwicklung. Das Kind, der Mensch generell, sieht sich Erwartungen und Anforderungen gegenüber, die es zu bewältigen gilt. Die Aufgaben und Krisen können erfolgreich bewältigt werden oder auch nicht. Bewältigte Krisen stärken das Selbstwertgefühl, unbewältigte Krisen führen zu Minderwertigkeitsgefühl und krisenhaftem Beharren.

Die Bedeutung des Erziehungsstils der Eltern betont Mary Ainsworth.[149] Ein sicherer Bindungsstil fördert das kindliche Selbstwertgefühl entscheidend: Die

---
147 vgl. Erikson 1973
148 Coopersmith 1967, S.236
149 Ainsworth 1973

Eltern geben verlässlichen Schutz und bieten gleichzeitig Unterstützung, lassen das Kind die Umwelt erkunden und selbstständig werden. Diana Baumrind (1996)[150] beschreibt selbstwertzuträgliches Erziehungsverhalten und meint damit einen Erziehungsstil, der sich durch klare Regeln und Anforderungen an das Kind, aber auch ein hohes Maß an Zutrauen und Unterstützung kennzeichnet. Die Anforderungen an das Kind sollten den aktuellen Fähigkeiten des Kindes immer nur einen kleinen Schritt voraus sein.

13.3. Die Phasen der Identitätsbildung

E. Erikson entwarf auf der Basis der psychoanalytischen Theorie ein Modell der Identitätsentwicklung, das die gesamte Lebensspanne umfasst. Er geht davon aus, dass sich der Mensch zunehmend auf einen weiteren sozialen Radius einstellen muss und dass auch die soziale Umgebung dem entgegenzukommen versucht. Die einzelnen Entwicklungsphasen bieten Aufgaben und Krisen, Risiken und Chancen. Wenn eine Phase der Entwicklung nicht gelingen konnte, birgt dies Lebensrisiken.

E. Erikson unterscheidet zwei Möglichkeiten: Die erfolgreiche Bewältigung der Lebenskrise und das Scheitern an der Aufgabe. Die Bewältigung der mit den einzelnen Entwicklungsphasen verbundenen Aufgaben/Krisen ermöglicht das Erreichen der nächst höheren Phase. Bei einem Misslingen schafft dies Probleme, die auch noch in höherem Alter das innerpsychische und soziale Leben bestimmen können. Die Phasen sind allerdings nicht so zu verstehen, dass durch nachfolgende Erfahrungen keine Veränderung möglich wäre. Gerade Kinder, die in der ersten Phase im Säuglingsalter vernachlässigt wurden und die Bedürfnisbefriedigung nicht im notwendigen Maße erfolgte, können vieles nachholen, was Pflegeeltern Mut machen kann.

Die in der Kindheit und Jugend bestimmenden Phasen teilt E. Erikson wie folgt ein:[151]

13.3.1. Die oral-sensorische Phase
Das Thema ist:
Ich bin, was man mir gibt.[152]

---

150 Baumrind 1996
151 vgl. Erikson 1973
152 Erikson 1973, S. 64ff

E. Erikson spricht vom Einverleibungsmodell. Das Gegeben-Bekommen und das Annehmen sorgen für Wohlbefinden und Entspannung. Die Schwachheit und Bedürftigkeit des Säuglings veranlasst die Mutter zum Geben. Das Kind identifiziert sich mit der Gebenden. So entsteht Bindung. Wenn die Mutter erlebt, dass ihr Geben Wohlbefinden auslöst, ist sie ebenfalls entspannt. Diese Wechselseitigkeit der Entspannung ist für die erste Erfahrung eines freundlichen Anderen von höchster Bedeutung.

Dies ist die entscheidende Phase, in der sich das Urvertrauen oder Misstrauen herausbildet. Mit Vertrauen meint E. Erikson das Gefühl des Sich-Verlassen-Dürfens, und zwar in Bezug auf die Glaubwürdigkeit der anderen sowie die Zuverlässigkeit seiner selbst. Der Säugling weiß, dass er Einfluss auf seine Umwelt hat. Das Kind lernt in dieser Phase, dass es sich auf die Versorger aus der Umwelt verlassen kann und dass es sich selbst vertrauen kann. Es lernt, dass es Einfluss auf die Mutter, den Vater hat und dass seine Signale verstanden werden. Dies gibt die Sicherheitsbasis für ein gesundes Selbstwertgefühl.[153]

C. Rogers hebt die Wichtigkeit der bedingungslosen Wertschätzung des Kindes durch seine engste Bezugsperson für den Aufbau eines positiven Selbstwertgefühls hervor.[154]

Wenn die wechselseitige Regelung versagt, kommt es zu einer grundlegenden Entwicklungsbeeinträchtigung des Säuglings. In seiner extremen Hilflosigkeit erfährt der Säugling, wenn auf seine Bedürfnisse nicht eingegangen, wenn er lieblos behandelt, vernachlässigt oder gar misshandelt wird, dass die Umwelt keine Sicherheit und Verlässlichkeit bietet und sich damit das Urvertrauen eben nicht entwickeln kann, sondern ein Gefühl des Misstrauens und der Angst bis hin zur Resignation und Depression zugrunde gelegt wird. Dieses Grundgefühl des Misstrauens, der Angst, das Gefühl der Ohnmacht legt ein lebenslang wirksames Grundgefühl fest.

Klaus Haußer beschreibt als Beispiel eine junge Bauersfrau, die ihre kleine zweijährige Tochter bei längerem Schreien regelmäßig in den dunklen Keller sperrt, damit sie mit dem Schreien aufhört und sieht hierin ein generalisiertes Gefühl der Bedrohung und Verzerrung des Selbstkonzeptes, das zu einer Herabsetzung des Selbstwertgefühls und der massiven Erfahrungen der Unbeeinflussbarkeit und des Ausgeliefertseins bei dem kleinen Kind führen wird.[155]

---

[153] vgl. Erikson 1973
[154] vgl. Rogers (1950)
[155] vgl. Haußer 1983, S. 208

Es ist eine grundlegende Erfahrung des Mangels, die bei vielen Pflegekindern in Krisensituationen immer wieder zum Tragen kommt. Das kann sich im Horten von Esswaren, Verstecken von Gegenständen, Verschimmeln lassen von Essbarem, kleinen Diebstählen äußern. Diese Verhaltensweisen können in Krisensituationen immer wieder vorkommen. Es ist wichtig, dass sich Pflegeeltern bewusst machen, dass dieses Grundmuster des Mangels mit verstandesmäßigen Erklärungen nicht zu beeinflussen ist. Es ist ein Grundgefühl, das im Erleben des jungen Menschen Realität war und das bei Krisen wieder auflebt.

13.3.2. Die anale-muskuläre Phase
Das Thema ist:
Ich bin, was ich will.
Festhalten und das Loslassen.
Autonomie gegen Scham und Zweifel.[156]

Das ein- bis zweijährige Kind geht in vielfältiger Weise auf Entdeckungsreise. Die Funktionslust entlädt sich im Spiel. Es erfährt, dass es Dinge festhalten und wegwerfen kann, ein Spiel, von dem es nicht genug bekommen kann. Es erprobt seine Muskeln und seinen Willen. Es erfährt sich als jemand, der die Umwelt auf Trab halten kann. Geht die Mutter auf das Spiel ein? Wann setzt sie Grenzen? Empfindet sie das Spiel selbst als lustvoll oder wird sie unwillig?

In diesem Alter erkennt sich das Kind im Spiegelbild wieder, ein weiterer Schritt zum Erkennen, dass es eine eigenständige Person ist.

Die Ausscheidungsorgane bekommen eine besondere Wertigkeit für das Kind. Es kann behalten oder geben. Der Vorgang der Entleerung des Darms und der Blase ist von einem Gefühl des Wohlbefindens begleitet.

Wenn diese Erprobungsphase durch rigide Erziehungsmethoden eingeengt wird, kann es zu neurotischen Störungen kommen. In diese Zeit fallen das Aufrichten, das Stehen und schließlich das Gehen. Dieses Stadium ist für die Eltern oft anstrengend.

E. Erikson sagt:
Aus einer Empfindung der Selbstbeherrschung ohne Verlust des Selbstgefühls entsteht ein dauerndes Gefühl von Autonomie und Stolz; aus einer Empfindung muskulären und analen Unvermögens, aus dem Verlust der Selbstkontrolle und dem übermäßigen Eingreifen der Eltern entsteht ein dauerhaftes Gefühl von

---

156 Erikson 1973, S. 78ff

Zweifel und Scham. Die Vorbereitung für Autonomie ist ein festverwurzeltes frühes Vertrauen. Das Kleinkind muss das Gefühl haben, dass sein Urvertrauen zu sich und der Welt nicht bedroht ist. Mit Festigkeit muss man das Kind dagegen schützen, dass aus seinem noch unterentwickelten Unterscheidungsvermögen Anarchie entsteht.[157]

Die Scham, wenn das Kleinkind sich als erfolglos erlebt, es gar ausgelacht wird, weil das Höschen schon wieder nass ist, ist eine tiefe Kränkung des Kindes und ein Vertrauensbruch. Es erlebt die Welt nicht mehr als verlässlich. Wenn dies gar seine engste Bezugsperson tut, ist es eine besondere Katastrophe.

Wie ist es jedoch, wenn bei einem Hilfeplangespräch das Kind „einbezogen ist" und schonungslos über es geredet wird? Es versinkt in Scham und Zweifel.

Das empfindliche Kind, dem die allmähliche Erfahrung der autonomen und freien Wahl nicht gegönnt war, oder das durch einen frühen Vertrauensbruch geschwächt ist, kann all seinen Drang, die Dinge zu erforschen und betasten, gegen sich selber richten. Es wird übermäßig selbstkritisch und entwickelt ein frühreifes Gewissen.[158]

In dieser Phase kann ein Verhalten grundgelegt werden, verbotene Dinge heimlich zu tun, was bei nicht wenigen Pflegekindern mit entsprechender Vorerfahrung der Fall ist.

Der Wille des Kindes muss gelenkt, jedoch nicht gebrochen werden.

13.3.3. Die infantil-genital-lokomotorische Phase
Das Thema ist:
Eindringen, einschließen.
Tun als ob.
Ich bin, was ich mir zu werden vorstellen kann.[159]

Das Kind kommt nach der Lösung der Autonomieprobleme in die nächste Stufe und steht wieder vor der Aufgabe, die es krisenhaft zu bewältigen gilt. Es will so werden wie Vater und Mutter und dies unabhängig davon, ob es die leiblichen Eltern oder die Pflegeeltern sind.

---

157   Erikson 1973, S. 78ff
158   vgl. Erikson 1973, S. 81
159   Erikson 1973

Die Welt wird im Spiel erobert. Im Rollenspiel des Kindes wird den Eltern ein Spiegel vorgehalten. Sie können erkennen, wie sie selbst mit dem Kind und mit ihrem Partner reden. Wenn sie genau hinhören, so können sie die Wünsche und die Ängste des Kindes kennen lernen. Das Spiel ist in dieser Phase von größter Wichtigkeit. Nehmen sich die Eltern Zeit zum Spiel mit dem Kind? Setzen sie es vielleicht einfach vor den Fernseher, um Ruhe zu haben? Das Spiel ist nicht nur für das Kind wichtig, sondern in der Interaktion zwischen Eltern und Kind festigt sich die Lust und die Freude am Leben und legt bei beiden positive Gefühle frei.

Bei Kindern, die beängstigende Vorerfahrungen haben, wie das bei Pflegekindern die Regel ist, ist es besonders wichtig, dass sich Pflegeeltern auf die Stufe des Kindes begeben können, um sich in „Augenhöhe" mit dem Kind zu begegnen und mit ihm spielen. Was soll's, wenn im Haushalt etwas liegen bleibt? Dieses Kind braucht es, die Welt des Spiels nachholen zu können, auch wenn es vielleicht schon älter ist. Auch ältere Kinder können im Spiel, besonders im Rollenspiel, ihre Konflikte aufarbeiten und frühere, verpasste Entwicklungsphasen nachholen.

Der Phantasie kommt in dieser Entwicklungsstufe eine hohe Bedeutung zu. Diese Phantasiereisen beflügeln das Kind auf der einen Seite, auf der anderen Seite ängstigen sich Kinder in dieser Phase stark. Das gilt bei allen Kindern, bei Pflegekindern mit entsprechender Vorerfahrung in weit größerem Maße. Das Erschrecken, das Erstarren kann man bei Pflegekindern immer wieder beobachten, wenn sie entsprechend beängstigende Vorerfahrungen haben. Angstträume haben alle Kinder in diesem Alter, Pflegekinder umso mehr.

Wenn Umgangskontakte nicht im Einvernehmen mit den Pflegeeltern verlaufen und das Kind spürt, dass es auf „dünnem Eis" lebt, wenn es hört, dass die leiblichen Eltern wollen, dass es von den Pflegeeltern weg soll – vorausgesetzt es ist dort sicher gebunden und das Kind hat die Pflegeeltern zu seinen Eltern gemacht und die Pflegeeltern haben diese Elternrolle angenommen – werden die Phantasien und Ängste das Kind in eine tiefe Krise stürzen. Auftretende Verhaltensprobleme sind da nur ein Signal, dass sich das Kind in tiefer Not befindet.

Das Sprachvermögen wird in dieser Phase ausdifferenziert. Es entwickelt eine große Wissbegier. Dazu ist dies ein Stadium einer geschlechtlichen Neugier. Doktorspiele sind angesagt. Gelegentlich kommt es zu einer übermäßigen

Beschäftigung mit sexuellen Dingen, die jedoch in der Regel bald wieder ihren Reiz verlieren.

Eifersucht und Geschwisterrivalität bereiten den Eltern in dieser Entwicklungsstufe oft große Schwierigkeiten. Es ist ein Kampf um den Vorrang bei Vater und Mutter.

Wenn ein Pflegekind in eine Familie mit Geschwistern, die nicht wesentlich älter sind kommt, besteht die Gefahr, dass es in der Regel zu kaum lösbaren Schwierigkeiten unter den Geschwistern kommt. Das „neue" Kind hat kaum eine Chance, weil alle anderen Familienangehörigen miteinander vertraut sind. Es steht außerhalb und beginnt bald, die Geschwister zu provozieren.

Bei einem Hausbesuch erlebte ich kürzlich einen fünf jährigen Jungen, der seit circa drei Monaten in der Pflegefamilie war. Die beiden Pflegegeschwister waren circa ein und zwei Jahre älter. Er sah mich zum zweiten Mal. Wir spielten miteinander, und als die Pflegemutter und ich mit allen drei Kindern spielten und nicht mit ihm allein, schrie er weinend und sehr verzweifelt: „Ihr seid alle nicht lieb, ihr seid böse, ich hasse euch".

Die große Not, dass er stets nicht genug an Zuwendung und Liebe bekommen hatte, wurde erschütternd deutlich.

Der Gewissensbildung kommt im Vorschulalter eine große Bedeutung zu. Die Gewissensbildung beruht auf Vertrauen zu sich selbst und zur Umwelt. Dieses Vertrauen wurde in den vergangenen Entwicklungsphasen grundgelegt oder auch nicht. Das Vorbild der Eltern/Pflegeeltern und ihre Liebe zum Kind ist die Grundlage, auf der sich Gewissensbildung vollziehen kann. Kinder spüren, wenn Eltern das selbst nicht leben, was sie von den Kindern einfordern. Wenn das Kind erleben muss, dass die Forderungen der Eltern, die diese an das Kind richten, von ihnen selbst nicht eingehalten werden, so kann das Kind die Vorstellung verinnerlichen, dass es eben nicht um Gut und Recht, sondern um Macht und Überwältigung geht. Ehrlichkeit, Verlässlichkeit und Zuwendung der Vorbilder ist für die Gewissensbildung des Kindes ausschlaggebend.

13.3.4. Werksinn gegen Minderwertigkeit - Latenzphase
Das Thema ist:
Ich bin, was ich lerne.[160]

---

160   Erikson 1973

Der Schulbeginn kommt diesem Bedürfnis nach Lernen entgegen. Wenn die Schule sowohl die Welt des Wissens und der Kulturtechniken eröffnet und dem freien Spiel der Kinder Raum lässt, kann das Kind Erfolgserlebnisse im Wissensbereich und Entlastung in der freien Entfaltung im Spiel erfahren. Beides ist gleich wichtig. Wenn die Leistung überbetont wird, kommt es zur Verkümmerung der Phantasie und der freien Entfaltung der kreativen Kräfte des Kindes.

Die Erfolgserlebnisse des Kindes im Schulalter, die Anerkennung in der Gleichaltrigengruppe, die Anerkennung und Wertschätzung in der Familie stärken das Selbstwertgefühl des Kindes. Ein siebenjähriger Junge sagte einmal: „Wenn ich daran denke, wie gut ich bin, werde ich immer besser". Die Hoffnung auf Erfolg hängt mit dem Urvertrauen zusammen und steigert die Lebensfreude und die Leistungsbereitschaft. Dies führt zu einem Gefühl des Wohlbefindens. „Ich bin in Ordnung, ich kann etwas leisten, ich bin bei meinen Kameraden beliebt, ich kann den Lehrer, die Eltern alles fragen, sie helfen mir". Das gibt Sicherheit. Das Kind erlebt sich im Spiegel der Umwelt als wertvoll, was sein Selbstwertgefühl entscheidend beeinflusst. Voraussetzung ist, dass das Kind in den früheren Phasen dieses Vertrauen erworben hat.

Für den Menschen, das Schulkind, ist Lernen von herausragender Bedeutung. Es gibt verschiedene Formen des Lernens. Lernen durch Nachahmung, Lernen, dass nach einer bestimmten Handlung eine Konsequenz folgt (Operante Konditionierung), oder das Lernen, dass nach einem bestimmten Reiz ein anderer Reiz folgen wird (Klassische Konditionierung). Dem latenten Lernen kommt eine hohe Bedeutung zu. Dieses wird durch Beobachtungen gewonnen. Vorurteile, Einstellungen, Werte der Eltern und Lehrer werden übernommen. Auch „heimliche Erzieher", insbesondere die Medien oder die Gleichaltrigengruppe, vermitteln Verhaltensmuster.

In einem spracharmen und anregungsarmen Milieu sind die Lernmöglichkeiten des Kindes erheblich eingeschränkt.

13.3.5. Pubertät und Adoleszenz
Das Thema ist:
Wer bin ich.
Wer bin ich nicht.
Das Ich und die Gemeinschaft.[161]

---

[161] Erikson 1973, S. 144

Während in den vorherigen Phasen die Familie die Instanz war, die dem jungen Menschen die Richtung durch das Vorleben und das Vorbild gegeben haben, sucht der Jugendliche in Abgrenzung zu den bisherigen Autoritäten seinen eigenen Weg zu finden. Das, was die Eltern an Werten und Normen, an Verhaltensweisen und Meinungen vorgelebt haben und das bisher auch für den jungen Menschen gültig war, wird in Frage gestellt. Der Jugendliche erkennt, dass es verschiedene Werthaltungen, Meinungen und Verhaltensweisen gibt und die Welt der Eltern ihre Begrenztheit hat. Die Welt der Eltern ist eben nur ein Teil der Wahrheit. Alles wird auf den Prüfstand gestellt und mit den eigenen Erfahrungen verglichen. Der Jugendliche wendet sich mehr oder weniger enttäuscht von den Meinungen der Eltern ab. Der Jugendliche beginnt sich als eigene Persönlichkeit mit eigener Urteilskraft, eigenen Moralvorstellungen und mit einer eigenen Identität zu begreifen.

Erik Erikson schreibt über die schwierige Phase der Adoleszenz:
Hier muss man sich darauf besinnen, dass die Adoleszenz, trotz aller Ähnlichkeit mit neurotischen und psychotischen Symptomen und Phasen, nicht eine Krankheit, sondern eine normative Krise ist, d.h. eine normale Phase vermehrter Konflikte, charakterisiert einerseits durch eine scheinbare Labilität der Ichstärke, aber auch durch ein hohes Wachstumspotential. Neurotische und psychotische Krisen zeichnen sich aus durch eine gewisse Neigung zu starrer Beharrung, durch wachsende Verschwendung und Abwehrenergien und durch vertiefte psychosoziale Vereinsamung, während normative Krisen relativ überwindbar erscheinen und durch einen Reichtum an freier Energie charakterisiert sind, der wohl schlafende Ängste aufweckt und neue Konflikte hervorruft, aber auch neue und erweiterte Ich-Funktionen im spielerischen Ergreifen neuer Möglichkeiten unterstützt. Was bei voreingenommener Betrachtung als Beginn einer Neurose erscheint, ist oft eine besonders schwere Krise, die sich selbst überwinden kann und letzten Endes einen wertvollen Beitrag zur Identitätsbildung zu leisten vermag.[162]

Ja, das sagt E. Erikson sehr schön. Nur die Eltern und die Jugendlichen, die in dieser normativen Krise stecken, haben es schlicht schwer. Die jungen Menschen stellen alles in Frage, suchen neue Vorbilder, und es sind nicht immer die Vorbilder, die sich die Eltern wünschen. Es kommt zur „Probeidentifikation" mit neuen Vorbildern. E. Erikson spricht von dem peinlichen Erlebnis der Identitätsdiffusion. Hier ist das Wohlgefühl nicht vorhanden, wenn das, was der junge Mensch von sich selbst hält und das, was die Umwelt, zumindest seine Eltern und Lehrer von ihm wahrnehmen, auseinander klafft.

---

162 vgl. Erikson 1973, S. 144f

Der Weg zu der eigenen Identität ist ein Weg, der auch Irrwege beinhalten kann. Dies ist ein typisches Merkmal für das Jugendalter. Die Abgrenzung zu den Eltern, wohlgemeint zu Eltern o d e r Pflegeeltern, ist ein normaler Vorgang.

Die Jugendlichen lehnen sich oft weit aus dem Fenster. Der junge Mensch muss sich in immer neuen Experimenten seinen eigenen Weg suchen.

Es gibt in der Pubertät schmerzliche Phasen, wo der junge Mensch das Gefühl der Verwirrung und der Zersplitterung hat und seine Mitte nicht findet. Er zieht sich zurück oder wendet sich aggressiv gegen seine Umwelt, im Besonderen gegen seine Eltern, gegen seine Familie. Es kann zum Gefühl der Vereinsamung oder dem Hang zur Uniformität und der überbetonten Gruppenabhängigkeit kommen, um die schwache Selbstsicherheit zu verstecken.

Bei einem jungen Menschen, der in der frühen Kindheit ein Urvertrauen herausbilden konnte, kommt es am Ende der Adoleszenz zu einer neuen, ganz persönlichen Identität. Er hat ein Bild von sich und erlebt sich im Spiegel der Umwelt als einen Menschen, der im Großen und Ganzen in Ordnung ist.

Hat der junge Mensch die früheren Entwicklungsphasen nicht erfolgreich durchlaufen, überwiegt das Gefühl des Misstrauens, er kann in den Zustand der Hoffnungslosigkeit und Arbeitslähmung verfallen. Zweifel und Scham können übermächtig werden. Er fühlt sich als Versager und minderwertig.

E. Erikson schreibt, dass sich eine dauernde Ich-Identität nicht bilden kann ohne das Vertrauen der ersten oralen Phase. Sie könne sich nicht vollenden ohne das Versprechen der Erfüllung, das von dem Bild des Erwachsenen hinabreicht in die ersten Kindheitstage.[163]

13.4. Die besondere Situation der Pflege- und Adoptivkinder bei der Identitätsentwicklung

Pflege- und Adoptivkinder sind eine Minderheit. Minderheiten stehen unter dem Druck, ihr Anderssein zu begründen. Das ist für ein Kind besonders schwer.

---

163   vgl. Erikson 1973, S. 109

Die Untersuchung von Beate Ebertz von Adoptierten zeigt auf, dass sich Adoptierte am Normalitätsmuster von Familie orientieren.[164] Nahezu alle in dieser Untersuchung Befragten hielten es für wichtig, dass nichts Besonderes an ihnen sei im Vergleich zu Nicht-Adoptierten. Sie seien ganz normal und würden keine Eigentümlichkeiten aufweisen. Auffallend war jedoch, dass die Frage nach der Normalität gar nicht gestellt wurde und die Befragten spontan betonten, dass alles „normal" bei ihnen sei. Wenn hier für die Betroffenen kein Problem wäre und die Normalität selbstverständlich als gegeben angenommen würde, hätte dies nicht herausgestellt werden müssen.

Im Begleiten von Adoptiv- und Pflegekindern sind mir zwei Gruppen aufgefallen. Die einen betonen den Sonderstatus auffallend, und die anderen haben das große Bedürfnis, nicht anders als die Anderen zu sein. Die erste Gruppe ist sehr klein, die zweite Gruppe umfasst die Mehrheit der Pflege- und Adoptivkinder. Sie leiden darunter, wenn es unter Schulkameraden thematisiert wird, dass sie im Gegensatz zu den Schulkameraden nicht bei ihren leiblichen Eltern aufwachsen. Wenn in Streitgesprächen unter Kindern gar der Satz fällt, dass sie nicht einmal richtige Eltern haben, was nicht selten vorkommt, braucht das Kind sehr viel sensibles Eingehen auf seine Not, von Seiten der Pflege- und Adoptiveltern.

Fachkräfte des Jugendamtes können den Konflikt entweder entschärfen oder verschärfen. Wenn der Sozialarbeiter wie andere Besucher der Pflegefamilie in das Haus kommt und sich auch wie ein normaler Besucher verhält, kann ein Vertrauensverhältnis wachsen. Ein sechsjähriges Mädchen sagte, dass der Sozialarbeiter nicht von einem „richtigen" Jugendamt käme. Dazu sei er zu nett. Ihre leibliche Mutter hatte dem Kind mit dem Jugendamt Angst gemacht und negativ von den Sozialarbeitern gesprochen, die schließlich zum Schutze des Kindes einschreiten mussten.

Ein zehnjähriges Mädchen wurde von der Sozialarbeiterin in das Jugendamt bestellt, weil diese davon ausging, dass die Weigerung des Mädchens, ohne Begleitung der Pflegeeltern mit der leiblichen Mutter zu einem Umgangskontakt zu gehen, von der Haltung der Pflegeeltern herrühre. Deshalb hielt die Sozialarbeiterin ein Gespräch im Amt auf neutralem Boden für erforderlich. Das Mädchen erzählte einer Klassenkameradin, dass sie heute Nachmittag nicht kommen kann, weil sie auf das Jugendamt müsse. Diese fragte erschrocken, was sie denn angestellt hätte, dass sie auf das Jugendamt müsse. Dieses Kind war zum einen stark beunruhigt, weil es sich alleingelassen, ohne den Schutz der Pflegeeltern, dem Druck ausgesetzt fühlte, dass es zu Umgangskontakten

---

164 Ebertz 1987, S. 63ff

gezwungen werden sollte, und zum anderen sah es im Spiegel der Reaktion der Klassenkameradin, dass mit ihr etwas nicht in Ordnung ist.

Keinem zehnjährigen Kind in einer „normalen" Familie würde diese Situation zugemutet. Erschwerend kam hinzu, dass es sich bei diesem Mädchen um ein Kind handelt, das als Säugling lebensgefährliche Verletzungen durch die Misshandlung in der Herkunftsfamilie erlitten hatte. Das Kind wusste davon verstandesmäßig nichts, es hatte jedoch instinktiv Angst vor der Mutter, und es hatte Angst vor der Sozialarbeiterin, die das Kind nicht verstehen wollte.

Pflege- und Adoptivkinder brauchen die Gewissheit, dass die Pflegeeltern ihnen Schutz gewähren können. Für das oben beschriebene Mädchen war es eine große Hilfe, als die Pflegeeltern die Vormundschaft übertragen bekamen und somit in die Lage versetzt wurden, sich schützend vor das Mädchen zu stellen.

Erleichterung kann bringen, wenn die Kinder andere Pflege- und Adoptivkinder kennen. Wenn sich Pflege- und Adoptivfamilien in Gruppen treffen und gemeinsame Freizeitaktivitäten unternehmen, knüpfen Kinder und Jugendliche Freundschaften mit anderen Pflege- und Adoptivkindern und erleben sich nicht mehr als Außenseiter. Sie sehen, dass Max und Maria liebenswerte Freunde und ganz „normale" Kinder sind. Sie können gerade als Jugendliche über ihre besonderen Probleme miteinander sprechen. Da braucht nicht viel erklärt zu werden, weil es ähnliche Lebenssituationen sind.

Die Frage, warum der junge Mensch nicht wie andere Kinder bei den leiblichen Eltern aufwachsen kann, stellt sich in den verschiedenen Altersstufen sehr unterschiedlich. Günstig wirkt sich aus, wenn das Kind in seinem ganzen bewussten Leben weiß, dass es bei einer anderen Mutter im Bauch gewachsen ist. In der Regel kommt bei Vorschul- und Grundschulkindern der Wunsch auf, dass es im Bauch der Pflegemutter war bis hin zum Ignorieren der Tatsachen. Die Einschulung ist auch der Zeitpunkt, bei dem der Wunsch nach Namensgleichheit mit den Pflegeeltern drängend werden kann. Im Schwarzwald wird das Kind immer wieder gefragt: „Wem gehörst Du?" Wenn das Kind als Säugling oder Kleinkind in die Pflegefamilie kam und es dort verwurzelt ist, will es ganz selbstverständlich zu seiner Familie – zur Pflegefamilie – gehören.

Die schwierigste Phase der Identitätsfindung ist das Jugendalter. Wenn die normale Krise bei einem jungen Menschen angeschaut wird, von der E. Erikson sagt, dass sie leicht mit einer neurotischen Störung verwechselt werden kann, so hat der junge Mensch, der in einer Pflege- oder Adoptivfamilie lebt, in der Regel eine heftigere Krise. Erschwerend kommt hinzu, dass viele Pflege- und Adoptiveltern nicht auf diesen Ablösungsprozess vorbereitet sind und eine erhöhte Verletzlichkeit aufweisen. Wenn ein leibliches Kind die üblichen Angriffe gegen die Eltern startet, ihre Vorbilder in Frage stellt, vielleicht sogar mit einem Auszug aus dem Elternhaus droht, ist das für Eltern eine große Herausforderung und Belastung. Wenn aber das Pflegekind sagt, dass die Pflegeeltern ihm nichts zu sagen haben, weil sie nicht die richtigen Eltern sind, kann dies Pflege- und Adoptiveltern tief treffen. Wichtig ist hier die Annahme der Aggression und die richtige Einordnung und Wertung. Hilfreich sind Kreise, in denen sich Betroffene, die in ähnlichen Situationen stehen, austauschen. Ebenso sind Pflegeeltern auf verständnisvolle Fachkräfte im Jugendamt angewiesen.

Es kann durchaus sein, dass in einer heftigen Krisensituation ein therapeutischer stationärer Aufenthalt des jungen Menschen erforderlich ist. In nicht wenigen Fällen gehen Fachkräfte dann vorschnell von einem Scheitern des Pflegeverhältnisses aus und versäumen es, die Pflegeeltern zu stützen, damit sie diese vorübergehende Krise erfolgreich bewältigen können. Erik Erikson weist auf die Gefahr hin, wenn sich übereifrige oder neurotische Erwachsene einmischen und eine unnötige Schwere hineinbringen.[165]

Wenn junge Menschen ihre leiblichen Eltern idealisieren, weil sie den Alltag mit den Jugendlichen nicht bestehen müssen, so kann ein Ferienaufenthalt bei diesen im Einzelfall Realität herstellen und somit heilsam wirken.

Was jedoch nicht passieren darf ist, dass die Pflegeeltern die Türe zumachen und den jungen Menschen, aus der eigenen Verletzung heraus, mit seiner Suche nach dem rechten Weg allein lassen.

13.5. Biografiearbeit

Das Wort „Biografiearbeit" ist zum Modewort geworden, es werden unterschiedliche Konzepte von Jugendamtsmitarbeitern erprobt. Dabei greifen die einen auf bewährte Methoden wie Familienfreizeiten, erlebnispädagogische Maßnahmen mit Pflege- und Adoptivkindern und Beratung der Pflegeeltern zurück, damit diese in der gesicherten Beziehung ihres Familienalltags aufkommende Fragen spontan beantworten können. Die Auseinandersetzung mit der Lebensgeschichte und um den Status als Pflegekind wird hier innerhalb einer guten Beziehung und in einem guten Vertrauensverhältnis angesprochen, und die Kinder und Jugendlichen haben jederzeit die Möglichkeit, sich wieder ande-

---

165 vgl. Erikson 1973, S. 146

ren Aktivitäten zuzuwenden und somit die Möglichkeit des Rückzugs, wenn es ihnen zuviel wird.

Andere Jugendämter glauben, dies selbst in professionelle Hände nehmen zu müssen, weil sie von der Annahme ausgehen, dass Schwierigkeiten des Kindes unter anderem daran liegen, dass ihre Lebensgeschichte nicht „aufgearbeitet" wurde. Wir wollen der Frage nachgehen, was da „gearbeitet" werden muss und ob spontane Situationen in Freizeitaktivitäten und im Familienalltag dem Kind einen besseren Raum geben können, sich mit seiner Sondersituation auseinander zu setzen.

Ich erinnere mich an eine junge Frau, die als Kind adoptiert wurde und die zur Beratung in die Adoptionsvermittlungsstelle kam. Sie wollte wissen, was in den ersten fünf Jahren ihres Lebens mit ihr geschehen ist. Sie hatte das Bild von einer langen Autofahrt in einem sehr großen Auto. Sie sei am Boden zwischen den Sitzen gesessen und hätte große Angst gehabt.

Was war geschehen?
Das Kind lebte zunächst bei der Großmutter, die jedoch mit dem Kind überfordert war. Die Mutter gab das Kind zur Adoption frei, weil sie es selbst nicht versorgen konnte. In den Akten stand ein Vermerk mit folgendem Inhalt: Das Kind ist immerhin schon fünf Jahre alt und wir haben leider keine Adoptionsbewerber, die weiter weg wohnen. Deshalb bin ich mit dem Kind im Landkreis herum gefahren, damit das Mädchen die Orientierung verliert.

Dieser Vorfall hat sich in den 1960iger Jahren abgespielt, es ist also noch gar nicht lange her, dass man dem Kind seine Geschichte und seine Erinnerungen nehmen wollte, wenn es in eine Adoptivfamilie kam.

Es ist vor 40 Jahren, mancherorts sogar noch vor 30 Jahren die Regel gewesen, dass man dem Kind, solange dies möglich war, den Adoptionsstatus nicht offenbarte. Dies war keinesfalls nur aus Eigennutz der Adoptiveltern geschehen, vielmehr wollten diese – und auch die Adoptionsvermittlerinnen – Schmerz und Diskriminierung vom Kind fernhalten. Zu jener Zeit war es aufgrund der Überbewertung der genetischen Anlagen nicht einfach, ein nichteheliches Kind ohne Klärung der Vaterschaft in einer bürgerlichen Familie unterzubringen.

Und noch ein Beispiel, von ihr habe ich bereits in Kapitel 13.2. berichtet:
Da sitzt Isabella in ihrem Zimmer und zeichnet und zeichnet immer neue Bilder von der Wohnung ihrer Mutter und ihres Stiefvaters und ist verzweifelt, weil sie den Zusammenhang nicht findet. Sie spricht unzusammenhängend von sexuellen Übergriffen des Stiefvaters und dass er sie auf einem Stuhl festgebunden

hat. Sie will das Puzzle zusammensetzen. Die Pflegeeltern haben eine Therapeutin eingesetzt, die dem Kind jedoch nicht abnimmt, dass es so frühe Erinnerungen hat.

In den Akten ist vermerkt, dass Isabella am Stuhl festgebunden wurde, Essen in sie hineingestopft wurde, sie es erbrach und das Erbrochene wieder essen musste. Dies war der Grund der Herausnahme. Vom sexuellen Missbrauch war nichts bekannt.

Das junge Mädchen war von einem innerlichen Zwang beseelt, seine Lebensgeschichte zu erkennen und es war für sie existentiell wichtig zu wissen, ob die Bilder, die sie begleiten, Realität oder Wahnvorstellungen sind.

Es stellen sich für mich folgende Fragen bei der Biografiearbeit:

1. Wer übernimmt diese Aufgabe? Darf diese delegiert werden?
Ich denke an die sexuelle Aufklärung der jungen Menschen vor 50 Jahren. Das war ein feierlicher Akt. Spontane Fragen, die während des Spiels so nebenbei kamen und gingen, wurden, z.B. von meiner Mutter, mit dem Hinweis beantwortet, dass das ein großes Geheimnis ist, wie der Mensch entsteht und dass wir uns bald einmal in einer ruhigen Stunde darüber unterhalten werden. Ja, und da kam der Herr Pfarrer, und ich hörte an der Durchreiche von der Küche zur Stube, wie dieses Thema vorbereitet wurde. Mir wurde es unheimlich. Neben dem schlechten Gewissen, dass ich verbotenerweise an der Wand gehorcht habe, ist mir heute noch das tiefe Schamgefühl in Erinnerung, dass meine Mutter mit dem Herrn Pfarrer über mich sprach. Ich hatte doch nur ihr die Frage gestellt. Ich wollte es schon gar nicht mehr wissen, welche Geheimnisse dahinter standen. Schlimm war, dass der Herr Pfarrer bereit war, meiner Mutter diese „schwere Aufgabe" abzunehmen. Vor meiner Mutter wäre das alles kaum peinlich gewesen, aber der Herr Pfarrer glaubte das besser machen zu können, und ich versank in Scham. Ich denke, dass ich kein Wort von dem verstanden hatte, was er mir umständlich versuchte nahe zu bringen. Gut war, dass ihm der Akt der Zeugung ebenso peinlich war und somit hatte er mir die Geschichte von dem Bauch der Mutter erzählt, was mir peinlich genug war.

Wenn das Kind Fragen hat und es diese den vertrauten Pflegeeltern stellt, will das Kind in der Regel nicht, dass diese weiter getragen werden. Es kann als Vertrauensbruch und Kränkung erlebt werden und eine große Belastung für es bringen. Es ist etwas Anderes, wenn die Pflegeeltern sagen müssen, dass sie dies und das nicht wissen, dass sie z.B. auch kein Foto als Baby haben und dass andere wichtige Dinge vielleicht in den Akten des Jugendamtes und beim Sozialarbeiter zu erfahren sind, und sie dann gemeinsam das Gespräch auf dem Jugendamt suchen. Das erlebt das Kind als Hilfe und nicht als Vertrauensbruch.

2. Kann und darf Biografiearbeit „verordnet" werden?

Eine andere Geschichte:
Der Sozialarbeiter kam von einer Fortbildung über Biografiearbeit mit Pflegekindern. Bei dieser Fortbildung war man sich einig, dass ein großer Teil der Schwierigkeiten der Pflegekinder darin liegt, dass die Lebensgeschichte nicht aufgearbeitet ist. Er kam mit der festen Überzeugung zurück, dass hier professionelle Hilfe nötig ist und er sich dieser „Arbeit" widmen wird.

Ja, da ist doch Klara, die nichts von dem sexuellen Missbrauch als kleines Kind weiß und sich trotzdem gegen Besuche wehrt. Er ist davon überzeugt, dass die Besuche für die Identitätsbildung notwendig sind. Also gilt es, diese Geschichte, die im vorsprachlichen Alter geschah, aufzuarbeiten. Es sollte Verständnis für die Handlungsweisen der leiblichen Eltern geweckt werden, damit das Mädchen sie besser verstehen kann. Die Mutter wurde wegen Verletzung der Fürsorgepflicht zu einem halben Jahr Gefängnis und der Vater zu einer längeren Gefängnisstrafe verurteilt, wegen der besonderen Schwere der Tat.

Der Sozialarbeiter hatte zwar kein besonderes Vertrauensverhältnis zu dem Mädchen, er traute sich jedoch zu, dies mit dem Mädchen zu schaffen. Auf Nachfrage meinte er, dass es ganz wichtig ist, dass das Mädchen weiß, dass die leiblichen Eltern es lieben.

Mit einiger Mühe konnte der Kollege von seinem Vorhaben abgebracht werden, weil dieses Vorgehen mit Sicherheit eine tiefe Krise hervorgerufen hätte, mit schicksalhaften Auswirkungen.

Was niemals möglich ist, ist die Aussage eines Beraters, dass man im "Team" beschlossen hat, dass Biografiearbeit angesagt sei. Ein Team ist zur fachlichen Beratung des einzelnen Mitarbeiters eine wichtige Entscheidungshilfe. Das Team kennt jedoch das Kind nicht, hat kein Vertrauensverhältnis zu diesem Kind und bekommt die Sichtweise der Pflegeeltern nur im Ausnahmefall und meist durch die Brille des zuständigen Mitarbeiters mit. Nur der Mensch, zu dem das Kind ein Vertrauensverhältnis hat, kann vorsichtig mit dem Kind einen Weg gehen, seine Geschichte anzuschauen. Das kann nur dann gut gehen, wenn das Kind abbrechen kann.

Was rechtlich und psychologisch nicht möglich ist, dass über die Pflegeeltern hinweg entschieden wird, dass Kinder, entweder im Einzelgespräch oder in Kindergruppen mit ihrer und der Geschichte von anderen Kindern konfrontiert werden. Die Pflegefamilie genießt den verfassungsrechtlichen Schutz nach Art. 6

GG[166] als Familie und ist damit geschützt vor staatlichen Übergriffen – und es ist ein staatlicher Übergriff, wenn ein Jugendamt direkt mit den Kindern verhandelt, ob sie an einer solchen Kindergruppe teilnehmen wollen. Die Pflegefamilie ist davon unmittelbar betroffen und nur die Pflegeeltern können beurteilen, ob es dem Kind in dieser Situation, in der es sich gerade befindet, nützt, wenn es mit diesen Fragen konfrontiert ist, oder ob die Gefahr der Retraumatisierung im Raume steht.

3. Wann ist der richtige Zeitpunkt für welche Fragen?

Meine Antwort: Der richtige Zeitpunkt ist immer, es kommt nur darauf an, für welche Fragen. Die Fragen, die das Kind hat, sind einfühlsam und schonend zu beantworten. Es kann nicht zu jedem Zeitpunkt die ganze Wahrheit gesagt werden, es ist jedoch immer notwendig, dass nichts von dem zurück genommen werden muss, was gesagt wurde. Mit Lebenslügen lässt sich kein Vertrauen aufbauen.

Voraussetzung ist, dass Pflege- und Adoptiveltern Fragen zur Geschichte des Kindes möglichst realitätsgetreu und spontan beantworten. Das Kind spürt, wenn den engsten Bezugspersonen Fragen peinlich sind. Wenn es von Bildern aus der Vergangenheit heimgesucht wird, so braucht es offene Ohren der engsten Vertrauensperson. Es kann auch sein, dass der zuständige Berater der Pflegefamilie eine so enge Vertrauensbasis zur Pflegefamilie und zum Kind hat, dass das Kind auch ihm die Fragen stellt, die in ihm aufsteigen.

4. In welchen Fällen muss abgewartet werden, bis die Fragestellung vom jungen Menschen kommt und wo ist die Initiative vom Erwachsenen zu ergreifen?

Das Wichtigste ist, dass das Kind, in einem Entwicklungsstadium erfährt, dass es nicht das leibliche Kind ist, in dem es die Tragweite noch gar nicht erfassen kann. Ebenfalls wichtig ist, dass dies nicht als etwas Geheimnisvolles dargestellt wird, sondern ganz normal in den Alltag integriert wird.

Die Frage, ob es das leibliche Kind ist oder nicht, kann nicht vom Kind her kommen. Hier haben die Pflegeeltern die Initiative zu ergreifen. Dazu gibt es viele Gelegenheiten. Eine oft vorkommende günstige Situation ist, wenn das Kind als Kleinkind im Bekanntenkreis erlebt, dass eine Frau schwanger ist und die Frage eigentlich nicht automatisch kommt, ob es auch im Bauch der Pflegemutter war. Den Pflegeeltern fällt die Aufgabe zu, das Gespräch unbefangen

---

166 BVerfGE 68, S. 176, 187, 189

darauf zu lenken, dass es nicht im Bauch der Pflegemutter war, sondern im Bauch von einer anderen Frau.

Zu welchem Zeitpunkt sich der junge Mensch mit welchen Fragen auseinandersetzt, kann nicht verordnet werden. Die Beantwortung der vorhandenen Fragen ist wichtig, und dies kann nur eine Vertrauensperson ausführen. Diese Feststellung beinhaltet, dass dies auch eine für den jungen Menschen verantwortliche Fachkraft im Jugendamt sein kann, vorausgesetzt, sie hatte die Fähigkeit und die Zeit, ein Vertrauensverhältnis aufzubauen.

Was absolut kontraproduktiv ist, wenn ein Jugendamtsmitarbeiter das Kind auf das Amt einbestellt – wie geschehen – und diesem versucht klar zu machen, dass seine Herkunftseltern es lieb haben, auch wenn sie ihm seit Jahren nicht zum Geburtstag gratuliert haben und nie eine kleine Aufmerksamkeit zu Weihnachten oder Ostern kam. Hier werden Wunden aufgerissen, die nicht mit beschönigenden Worten gutgemacht werden können.

Wichtig ist, dass dem Kind, das traumatisiert wurde, nicht durch beschönigende Worte versucht wird klar zu machen, dass seine Erinnerungen oder – wenn es im vorerinnerungsfähigen Alter passiert ist – seine unbewusst abgespeicherten Ängste nicht wahr sind. Realität herstellen ist auf unterschiedliche Weise in den verschiedenen Entwicklungs- und Altersstufen der Kinder erforderlich.

Die Herstellung der Realität war im Alltag des Adoptions- und Pflegekinderdienstes eine wichtige Arbeit von mir. Der Wunsch jedes jungen Menschen, seine Geschichte kennen zu lernen, wurde ernst genommen. Dabei galt es, die Taten vom Täter zu unterscheiden. Wenn in einer Geschichte Misshandlungen, sexueller Missbrauch oder Vernachlässigung vorkamen – und das war die Regel – so wurde versucht, die Situation ohne Bewertung darzustellen. Es ist wichtig, dass keine Abwertung oder Verteidigung der Person des „Täters" vom Berater kommt, sondern eine realistische Beschreibung und ein Hinhören, welche Bilder in dem jungen Menschen lebendig werden.

Wie sollte eine so schwierige Aufgabe ohne die Einbeziehung der Pflegeeltern erfolgen können? Auch muss sehr wohl erwogen werden, was heute gesagt werden kann und was auf einen anderen Termin verlegt werden muss. Pflegeeltern müssen bei der Vorbereitung dieser Gespräche beteiligt sein und es muss gemeinsam erkundet werden, was dem Kind zum gegenwärtigen Zeitpunkt zugemutet werden kann.

Problematisch sind die Angebote von Biografiearbeit in Kindergruppen. Gisela Zenz sagt:[167]
„Es ist daran zu erinnern, welche Art von Erfahrungen hier „auf den Tisch kommen" sollen, wenn es sich um Dauerpflegekinder handelt: Es sind in der Regel traumatische Erfahrungen mit Misshandlung, Missbrauch oder schwerer Vernachlässigung, deren Aufarbeitung nur in einer Sicherheit gebenden Beziehung „gut" gelingen kann, die insbesondere auch den Schutz vor Retraumatisierung, d.h. vor dem ungewollten Durchbruch traumatischer Erinnerungen gewährleisten muss.

Aus gruppendynamischen Erfahrungen ist bekannt, wie leicht in einer um lebensgeschichtliche Themen zentrierten Gruppe ein Sog zur Selbstenthüllung und zur Offenbarung von ansonsten strikt abgeschirmten Erlebnissen und Gefühlen entsteht, der Gruppentherapeuten eine genaue Einschätzung der Folgen und immer wieder auch schützendes Eingreifen abverlangt.

Kinder sind dem Gruppensog weit mehr ausgeliefert als Erwachsene, können ihm weniger Abwehr zum Selbstschutz entgegensetzen. Traumatische Erfahrungen aber, das wissen wir aus der Traumaforschung, haben eben diesen Selbstschutz zerstört und brechen nur zu leicht mit voller Wucht durch, wenn Erinnerungen auch nur in die Nähe der damaligen Überwältigungssituation kommen. Wenn es in der Folge nicht zu einer leidvollen Wiederbelebung posttraumatischer Belastungssymptome oder aber zu einer verstärkten Abspaltung und „Vereisung" von Gefühlsbeziehungen kommen soll, bedarf es spezifisch geschulter und erfahrener Führung. Vorbereitung und Nachsorge im Kontakt mit der persönlichen Umwelt sind wichtige ergänzende Aufgaben."

Gisela Zenz schreibt weiter:
„In der Familie wird am ehesten erkennbar sein, wie das Kind mit den Erfahrungen aus der „Biografiearbeit" zurechtkommt und wie es mit neuen Erkenntnisses über seine Lebensgeschichte, mit neuen Einsichten und Gefühlen umgeht, wie es sie in Beziehung setzt zu seiner jetzigen Lebenssituation. Der Kontakt mit den Pflegeeltern ist freilich nicht nur im Zusammenhang mit der anfänglichen Einwilligung und der abschließenden Nachsorge von Bedeutung. Ohne ihre kontinuierliche, wohlinformierte, zustimmende Begleitung dürfte Biografiearbeit insgesamt rechtlich wie psychologisch nicht zu verantworten sein, denn die Pflegeeltern müssen ebenfalls mit den Folgen dieser Arbeit zurechtkommen, und die Familie ist für diese Kinder mehr als für andere Lebensmittelpunkt, dessen Grundlage nicht zerstört oder gefährdet werden darf."

---

167 Mit freundlicher Genehmigung von Gisela Zenz, unveröffentlichtes Manuskript 2005

5. Das Lebensbuch

Was für jedes Kind wichtig ist, ist das Aufbewahren von Fotografien der Herkunftseltern, der Geschwister, Babybilder, Bilder von Umgangskontakten und allen Dingen, die Bedeutung haben können. Es ist hier Aufgabe der Fachkräfte dies zu einem frühen Zeitpunkt im Blick zu haben und z.B. Fotografien der Herkunftseltern zu erfragen und zu archivieren, da die späteren Pflege- oder Adoptiveltern diese Gelegenheit eventuell nicht mehr haben.

Ich denke da an Kinder, die in der Klinik zurück gelassen werden. Da kann eine Strampelhose, eine Rassel, ein Schnuller von großer Bedeutung für das Kind sein. In dem Fotoalbum oder dem „Lebensbuch" soll alles festgehalten werden, was die Pflegeeltern in Erfahrung bringen konnten. Das können auch eine frühere Pflegefamilie, eine Bereitschaftspflegefamilie, ein Kinderheimaufenthalt sein. Erfahrungsgemäß ist die erste Begegnung zwischen Kind und Pflegefamilie von großer Bedeutung für das Kind.

Biografiearbeit heißt nicht, die Vergangenheit mit all den Verletzungen schön zu reden. Es heißt jedoch, das Erlebte stehen zu lassen, zu hören, was das Kind bewegt, und den Herkunftseltern immer ihre Würde zu lassen und nicht abwertend über sie zu denken. Die Gedanken sind es, die das Kind spürt. Den Herkunftseltern die Würde zu lassen, zu sehen, wie das alles werden konnte, heißt nicht, dass die Taten, z.B. Misshandlungen, beschönigt werden.

Ein Beispiel aus der Realität:
Das Kind wurde als Baby schwerst misshandelt, die Mutter ist alkoholkrank. Nach Jahren meldet sie sich und will Umgangskontakte. Das zehnjährige Kind weigert sich, alleine mitzugehen, was vom Jugendamts-Mitarbeiter gefordert wurde. Dieser führt die Weigerung auf die Haltung der Pflegeeltern zurück und fordert ein Gespräch alleine mit dem Kind im Amt. Dort erklärt er dem Kind: „dass die Mutter trinkt, weil sie so traurig ist und sie ist so traurig, weil sie nicht mit Dir leben kann und Dich nicht versorgen konnte und jetzt will sie Dich sehen."

Das Kind wird dazu hingeführt, dass es Schuldgefühle entwickelt und daraus kann entstehen, dass das Kind glaubt, dass es verpflichtet ist, der Mutter zu helfen. Das sind Doppelbotschaften, mit denen ein Kind nicht leben kann.

14. Namensänderung bei Pflegekindern

14.1. Die Bedeutung des Namens bei Pflegekindern

Der Familienname ist ein wichtiger Baustein für die Entwicklung einer eigenen Identität des Kindes. Mit dem Namen verbindet sich ab dem erinnerungsfähigen Alter die Zugehörigkeit zu einer Familie. Bei einem Kind, das sich bereits mit dem Namen der Herkunftsfamilie identifiziert, ist eine Namensänderung in der Regel nicht im Interesse des Kindes.

Wenn das Kind sehr jung in die Pflegefamilie kommt, stellt sich die Situation anders dar. Das Kind wird von den anderen Kindern mit dem Familiennamen der Pflegeeltern verbunden. Dort, wo dies nicht so ist, kommt es immer wieder zu Verletzungen des Kindes. Das Pflegekind kommt leicht in eine Außenseiterrolle. Bei einem Pflegekind ist der Status des Kindes unsicher, und es kommt nicht selten zu Hänseleien: *„Du hast gar keine richtigen Eltern, Du hast gar keinen Vater"*. Die Namensungleichheit des Pflegekindes kann so immer wieder zur Verunsicherung des Kindes beitragen.

Der Wunsch des Kindes nach Namensgleichheit kommt in der Regel bei der Einschulung. Wenn das Kind mit einem anderen Namen als die (Pflege)Eltern in der Schule geführt werden muss, so ist es wichtig zu ergründen, ob das Kind selbst den Wunsch nach Namensgleichheit mit der Pflegefamilie hat. Wenn dies der Fall ist, sollten Pflegeeltern auch diesem Wunsch nachgehen und die Namensänderung anstreben.

Nicht nur dort, wo das Kind im nicht erinnerungsfähigen Alter in die Pflegefamilie kam, kann die Namensgleichheit mit der Pflegefamilie ein wichtiger Stabilisierungsfaktor für das Kind sein, sondern auch dort, wo schwer belastende Erinnerungen mit dem Namen der Herkunftsfamilie verbunden sind.

Ich denke an ein Mädchen, das in der Herkunftsfamilie schwer traumatisiert wurde und im Alter von ungefähr sieben Jahren in die Pflegefamilie kam. Nachdem die leibliche Mutter dem Kind bei einem Umgangskontakt, in ihrer Landessprache gesagt hatte, dass sie den Pflegeeltern wünsche, sie mögen auf der Heimfahrt an einen Baum fahren und tot sein, lehnte das Mädchen bis heute – in der Zwischenzeit ist es bald volljährig – jeden Kontakt zur Mutter ab und erträgt es nicht, wenn man die leibliche Mutter als ihre Mutter bezeichnet. Als die Frage erörtert wurde, ob ein Ersetzungsantrag zur Annahme als Kind gemäß § 1748 BGB gestellt werden soll oder nicht, scheiterte dies – trotz dem Vorliegen der rechtlichen Gründe für einen Ersetzungsantrag – an der Weigerung des Mädchens, weil sie Angst hatte, bei einer Anhörung mit der leiblichen Mutter zusammen zu treffen. Sie wollte lieber warten, bis sie als Volljährige selbst den Antrag zur Annahme als Kind stellen kann. In diesem Gespräch meinten die Pflegeeltern, dass es ja eigentlich egal sei, wie man heiße. Sie hätten auf jeden Fall nichts dagegen, dass die Tochter anders heiße als sie selbst. Diese sagte jedoch sehr betroffen und leise: *„Aber ich"*!

Das Argument, dass immer wieder gegen eine Namensänderung ins Feld geführt wird, dass ja viele Scheidungskinder auch andere Namen als ihre Eltern trügen, greift bei Pflegekindern nicht generell. Wenn ein kleines Kind in eine Familie kommt und dann erlebt, dass es bei ihm anders ist als bei den anderen Kindern, wenn ihm vielleicht von anderen Kindern sogar gesagt wird, dass es gar keine richtigen Eltern hat, kommt es in große Not. Diese Not zeigt sich darin, dass viele Pflegekinder sich in der Schule weigern, mit dem Namen der Herkunftsfamilie aufgerufen zu werden. Nicht selten kommt es zur Leistungsverweigerung, wenn ein Lehrer auf dem amtlichen Namen besteht.

Kinder können in eine schwerwiegende Krise gestürzt werden, wenn sie nach außen immer wieder begründen müssen, warum sie anders heißen als ihre geliebten (Pflege-)Eltern. Das Gefühl, nicht zur Familie zu gehören, wird durch die gegebenen rechtlichen Faktoren oft verstärkt. Umgangskontakte, Hilfeplangespräche, die nicht immer kindgerecht ablaufen, Anhörungen vor Gericht bei Konflikten um Umgangskontakte oder gar Rückführungsanträge bei einem sicher an die Pflegeeltern gebundenen Kind sowie die Tatsache, dass das Kind weiß, dass die Pflegeeltern nicht Vormund sind, sondern ein Amt oder eine fremde Einzelperson über es bestimmen kann, verunsichern Pflegekinder zusätzlich. Dies ist völlig anders als bei Scheidungskindern. Da weiß das Kind, dass derjenige Elternteil, bei dem es wohnt, auch die entsprechenden Rechte hat und zumindest den Namen, den es jetzt trägt, selbst einmal getragen hat oder der getrennt lebende Vater diesen trägt. Auch die Tatsache, dass in der Zwischenzeit eine Scheidung in der Gesellschaft nicht mehr mit einem Makel behaftet ist, wohl aber die Tatsache, dass ein Kind aus einer Familie stammt, die den gesellschaftlichen Normen offensichtlich nicht entsprochen hat, trägt dazu bei.

Das Gefühl, nach außen dokumentieren zu können, dass es ein Teil der Familie Schulze oder Schmidt ist, kann für das einzelne Kind und seine störungsfreie Entwicklung von großer Bedeutung sein.

14.2. Die rechtlichen Voraussetzungen für eine Namensänderung bei einem Pflegekind

Das Namensänderungsgesetz nimmt auf die Gefühlslage von Kindern Rücksicht und ermöglicht bei Vorliegen bestimmter Voraussetzungen die Namensänderung. Nach § 3 Abs. 1 des Gesetzes über die Änderung von Familiennamen und Vornamen (NamÄndG) darf ein Familienname oder ein Vorname nur geändert werden, wenn „ein wichtiger" Grund vorliegt. In der Rechtssprechung hat der Begriff des wichtigen Grundes im Zusammenhang mit der Änderung des Nachnamens eines Pflegekindes in den Familiennamen seiner Pflegeeltern eine Konkretisierung erfahren: Nachdem früher Namensänderungen grundsätzlich nur dann zulässig waren, wenn das Kindeswohl sie erfordert, entschied das BVerwG im Jahre 1987[168], dass der Familienname eines Pflegekindes dem der Pflegeeltern bereits dann anzugleichen ist, wenn dies das Wohl des Kindes fördert und überwiegende Interessen an die Beibehaltung des Namens nicht entgegenstehen, ferner das Pflegeverhältnis auf Dauer angelegt ist und eine Annahme als Kind nicht oder noch nicht in Frage kommt.[169]

Der 1. Senat des Verwaltungsgerichtshofs Baden-Württemberg hat am 11. Februar 2003 beschlossen, dass der Antrag der Kläger (leibliche Eltern) auf Zulassung der Berufung gegen das Verwaltungsgericht Freiburg vom 11. Juli 2001 abgelehnt wird. Zu den Gründen der Verwerfung der Zulassung der Klage führt es Folgendes aus:

„Das Verwaltungsgericht hat angenommen, dass ein die Änderung des Familiennamens der Beigeladenen von ... in ... rechtfertigender wichtiger Grund im Sinne des § 3 Namensänderungsgesetzes vorliegt. Es hat seiner Prüfung dabei die vom Bundesverwaltungsgericht in seinem Urteil vom 24.04.1987 -7 C 120.86 (Buchholz 402.10 § 3 NÄG Nr. 60) aufgestellten Grundsätze zugrunde gelegt, wonach der Familienname des Pflegekindes dem der Pflegeeltern nach § 3 Abs. 1 NÄG bereits dann anzugleichen ist, wenn dies das Wohl des Kindes fördert und überwiegende Interessen an der Beibehaltung des Namens nicht entgegenstehen, ferner das Pflegeverhältnis auf Dauer angelegt ist und eine Annahme als Kind durch die Pflegeeltern nicht oder noch nicht in Frage kommt (S. 6 des UA; vgl. auch Nr. 42 NamÄndVwV).

Das Antragsvorbringen erschöpft sich der Sache nach in dem Einwand, das Verwaltungsgericht habe zu Unrecht angenommen, dass die vom Bundesverwaltungsgericht für in Dauerpflege stehenden Kinder aufgestellten Vorausset-

---

168 BVerwG, Urteil v. 24.04.1987, NJW 1988, S. 85
169 VG Darmstadt, Urt.v.3.2.1998, StAZ 1998, S. 347; VG Arnsberg, Besch. V. 28.5.1999, DAVorm 1999. S. 649; Loos NamÄndG 2. Aufl., § 3, S.77; vergl. auch Ziff.42 AmÄndVwV, abgedruckt bei Loos, aaO, S. 12ff

zungen im Fall der Beigeladenen vorliegen, weshalb eine Namensänderung gegen den Willen der Kläger (leibliche Eltern) unzulässig sei. Hiermit werden beim Senat keine ernstlichen Zweifel an der Richtigkeit der angegriffenen Entscheidung geweckt.

Soweit die Kläger geltend machen, als „natürliche Eltern" seien sie mit der „schlechten Mutter", die in der Entscheidung des Bundesverwaltungsgerichts vorausgesetzt werde, nicht vergleichbar, geht dies an den entscheidungstragenden Erwägungen des angegriffenen Urteils ebenso vorbei wie an der in Bezug genommenen Entscheidung des Bundesverwaltungsgerichts. Weder das Verwaltungsgericht noch das Bundesverwaltungsgericht haben maßgeblich darauf abgestellt, ob die Gründe für die Unterbringung des Kindes in der Pflegefamilie der leiblichen Mutter bzw. den leiblichen Eltern subjektiv vorgeworfen werden können. Das Verwaltungsgericht hat es vielmehr als entscheidend angesehen, dass das Pflegeverhältnis der nunmehr nahezu 15 Jahre alten Beigeladenen zu ihren Pflegeeltern, bei denen sie seit 1989 ununterbrochen lebt, auf Dauer angelegt ist. Zur Begründung hat es unter Bezugnahme auf den Beschluss des Oberlandgerichts Karlsruhe vom 02.05.2000 betreffend einen Antrag auf Rückübertragung der elterlichen Sorge ausgeführt, dass bei einer Herausnahme der Beigeladenen aus ihrer Pflegefamilie, zu der sie eine gewachsene elterngleiche Bindungen entwickelt habe, und eine Rückführung zu ihren leiblichen Eltern der Verlust ihrer sozialen Bezüge und damit eine völlige Bindungslosigkeit und eine schwere und nachhaltige psychische Schädigung des Kindes zu erwarten wäre, so dass eine Aufhebung der Sorgerechtsentziehung das Wohl der Beigeladenen in hohem Maße gefährdete.

Dies gilt auch für das Vorbringen der Kläger, sie fühlten sich ihrem einzigen leiblichen Kind emotional eng verbunden, hätten sich der Elternverantwortung nie entzogen, sondern seit Jahren um sie gekämpft, und seien „materiell und psychisch in der Lage, das Kind bei sich in ordentlichem Lebensstandard zu halten". Denn auch damit werden die letztlich entscheidenden, auf eine Vielzahl von Umständen gestützten tatsächlichen Feststellungen des Verwaltungsgerichts zur Dauer des Pflegeverhältnisses und zur Förderlichkeit der Namensänderung für das Kindeswohl nicht erschüttert. Vielmehr spricht gerade der Vortrag der Kläger: ihr einziges Ziel sei es immer gewesen, durch viele Aktionen den Kontakt zum Kind aufrecht zu erhalten und das Kind letztlich in die Familie zurückzubekommen, wodurch sie ihr natürliches Elternrecht betont hätten, für die Richtigkeit der Beurteilung des Verwaltungsgerichts. Daran wird insbesondere deutlich, dass die Kläger offenbar nicht zu überwindende Schwierigkeiten haben, zu erkennen, dass ihre bisherige Vorgehensweise zu einer massiven Verunsicherung und Verängstigung der Beigeladenen insoweit geführt hat, als sie ständig befürchtet, gegen ihren Willen von ihrer Pflegefamilie getrennt zu werden und damit ihre Sicherheit und Geborgenheit zu verlieren, was letztlich dazu geführt hat, dass sie jeden Kontakt mit den Klägern ablehnt. Dem entspricht die Darstellung des Oberlandesgerichts Karlsruhe in seinem Beschluss v. 02.05.2000, dass die Kläger nicht in der Lage sind, die Beigeladene als eigenständige Persönlichkeit wahrzunehmen und auf ihre Bedürfnisse einzugehen, und sie ohne Rücksicht auf die psychische Befindlichkeit des Mädchens, insbesondere dessen elterngleiche Bindung an die Pflegeeltern, auf ihrem Elternrecht beharren und die Auffassung vertreten, dass „ein minderjähriges Kind gegenüber seinen leiblichen Eltern kein Ablehnungsrecht habe". Vor diesem Hintergrund geht der Senat davon aus, dass den Klägern nach wie vor der Blick auf das Wohl ihres Kindes in einer Weise verstellt ist, dass sie daran gehindert sind, ihrer elterlichen Verantwortung gerecht zu werden."

Im Urteil des VerwG Arnsberg v. 28.05.1999 ist zu lesen:
Auf der Grundlage des bisherigen Sach- und Streitstandes ist davon auszugehen, dass eine Änderung des Familiennamens der Beigeladenen (Pflegekind) für ihr Wohl förderlich ist. (...) Der Familiennamen K. (Pflegefamilie) ist somit inzwischen für sie (Geschwister) zu einem Integrationsfaktor geworden. Grundsätzlich kann sich ein Elternteil, dem das Sorgerecht für sein Kind entzogen wurde und dessen Kind unter Vormundschaft und unter pflegeelterliche Betreuung gestellt wurde, nicht auf ein eigenes Interesse am Fortbestand des bisherigen Namens des Kindes berufen. Ein derartiges namensrechtliches Interesse ist in der Elternverantwortung begründet. Dieser Verantwortung wird aber derjenige, der unfähig oder unwillig ist, für sein Kind zu sorgen, deshalb gerade die Ursache für die Errichtung der Vormundschaft und für die Begründung eines Pflegeverhältnisses gesetzt hat, nicht gerecht. Wer aber den Verpflichtungen einer Elternschaft nicht gerecht wird, kann auch nicht den aus Art. 6 des Grundgesetzes fließenden Schutz des Elternrechtes, der auch – wie bereits erläutert – die namensrechtlichen Belange gegen eine Umbenennung umfasst, in Anspruch nehmen.[170]

Diese beiden Urteile zitiere ich hier deshalb wörtlich, weil in der Urteilsbegründung alle wesentlichen Aspekte für eine Namensänderung bei Pflegekindern enthalten sind.

Kinder, die in Dauerpflege aufwachsen und es dem Wohle des Kindes förderlich ist und überwiegende Interessen an der Beibehaltung des Namens nicht entgegenstehen, können den Namen der Pflegeeltern annehmen. Die leiblichen Eltern werden zwar regelmäßig angehört und sie können Einwände vorbringen. Diese Einwände verhindern die Namensänderung jedoch nicht, wenn es sich ergibt, dass die Namensänderung dem Wohle des Kindes förderlich ist. Häufig wird sich diese Förderlichkeit bereits daraus ergeben, dass eine Namensänderung die weitere gesunde Entwicklung von Pflegekindern unterstützt. Die nach

---

170 vgl. BVerwG, Urteil v. 24.4.1987 7 C120/86 NJW 1988, 85,86

außen bekundete Zugehörigkeit zu seiner Pflegefamilie und die Verminderung der Verlustängste sind ein Grund zur Namensänderung.

14.3. Welche Schritte sind erforderlich, wenn eine Namensänderung eingeleitet werden soll?

Der Inhaber der Personensorge stellt einen Antrag beim zuständigen Ordnungsamt der Kommune. Es handelt sich um ein Verwaltungsverfahren.

Antragsberechtigt ist nur das Kind, daher muss für einen Minderjährigen der gesetzliche Vertreter den Antrag stellen.

Steht das Kind unter Vormundschaft oder Pflegschaft, so hat der Vormund oder Pfleger für die Antragstellung beim Ordnungsamt die vormundschaftsgerichtliche Genehmigung zur Antragstellung (§ 2 NÄG).einzuholen. Das Vormundschaftsgericht hat das Kind anzuhören.

Am Verfahren beteiligt sind die Eltern des Kindes und die Pflegeeltern. Das Jugendamt nimmt zum Antrag des Kindes Stellung.

Sollte der Inhaber der elterlichen Sorge oder derjenige, der Teile der elterlichen Sorge, insbesondere das Recht auf Antragstellung bei Behörden und Gerichten oder die Vormundschaft hat, sich gegen eine Beantragung einer Namensänderung aussprechen, so besteht keine Möglichkeit der Antragstellung. Hier muss zuerst die Pflegschaft/Vormundschaft geändert werden.

Sind Pflegeeltern Vormund oder Pfleger, so müssen sie damit rechnen, dass sie als Antragsteller die Gebühren zu bezahlen haben. Diese richten sich nach ihrem Einkommen.

Der Antrag ist zu begründen und muss beinhalten, warum die Namensangleichung zwischen Kind und Pflegeeltern dem Kindeswohl förderlich ist

Am Verfahren beteiligt sind nach der Namensänderungsverwaltungsvorschrift (Nr. 11 NamÄndVwV) die Herkunftseltern des Kindes und seine Pflegeeltern. Das Jugendamt nimmt zu dem Antrag Stellung (Nr. 18 c NamÄndVwV).

Danach fällt die Behörde die Entscheidung. Das Verfahren richtet sich nach dem Verwaltungsrecht, und Beschwerden sind innerhalb der Gerichtsbarkeit auf dem Verwaltungsweg einzuleiten.

Dem Antrag sind folgende Unterlagen beizufügen:
- Eine Bescheinigung der Meldebehörde
- beglaubigte Abschriften des Geburtseintrages
- für über 14-jährige Personen ein Führungszeugnis
- die Genehmigung des Vormundschaftsgerichtes, wenn ein Vormund oder Pfleger die Namensänderung beantragt.

15. Datenschutz in Pflegefamilien

Eine sehr gründliche Datenerhebung ist Voraussetzung, um Entscheidungen für das Kind zu treffen und das Kind im pädagogischen Alltag verstehen und richtig begleiten zu können. Dazu gehört auch die vollständige Dokumentation über die aktuelle Situation bei der Unterbringung des Kindes in die Pflegefamilie. Was ist akut geschehen? Was sind die wirklichen Unterbringungsgründe? Wie war die Vorgeschichte in der Herkunftsfamilie? Was ist im Jugendamt bekannt? Wo sind Lücken in der Datenerhebung? Welche medizinischen Befunde liegen vor?

Welche Hilfen wurden der Herkunftsfamilie angeboten und warum führten sie nicht zur Verhinderung der Unterbringung des Kindes?

Die Datenübermittlung ist ebenfalls von grundlegender Wichtigkeit. Pflegeeltern müssen wissen, was das Kind bisher erlebt hat, um ihrer Aufgabe gerecht werden zu können. Dies ist besonders wichtig bei Zuständigkeitswechsel des Jugendhilfeträgers oder auch des Mitarbeiters innerhalb eines Amtes. Bei Kindeswohlgefährdung darf keine Information verloren gehen. Biografiearbeit bedeutet in erster Linie, dass die Vorgeschichte, die Unterbringungsgründe und die Entwicklung des Kindes realistisch gesammelt und dokumentiert werden und die Pflegeeltern diese Daten kennen, weil sie in der Regel die Einzigen sind, denen der junge Mensch diese Fragen nach der eigenen Geschichte stellen wird. Bei Adoptivkindern gilt die Vorschrift, dass Adoptionsakten nicht vernichtet werden dürfen, bei Pflegekindern wäre zu fordern, dass Akten wenigstens bis zur Volljährigkeit aufbewahrt werden müssen.

Immer wieder müssen Pflegeeltern hören, dass sie aus Datenschutzgründen keine Auskunft über die Geschichte des Kindes in der Herkunftsfamilie bekommen können. Diese Aussage oder vielmehr diese ideologisch festgelegte Haltung entspricht nicht den gesetzlichen Anforderungen. Hier werden Pflegeeltern so gesehen, als ob sie für die „Versorgung" des Kindes zuständig wären, jedoch das Hauptziel, dass dem Kind eine verständnis- und liebevolle Begleitung zusteht, wird nicht gesehen. Die im Gesetz explizit vorgesehene Erforderlichkeit bei der Übermittlung von Informationen zur Erfüllung einer Aufgabe wird bei dieser Sichtweise außer Acht gelassen.

15.1. Datenschutz – Lebensschutz

In Fällen von Kindeswohlgefährdung kann es überlebenswichtig für das Kind sein, dass die erforderlichen Daten ausgetauscht werden. Dies gilt für jede Gewaltausübung gegen ein Kind, im Besonderen bei Misshandlungen und Verdacht auf sexuellen Missbrauch.

Johannes Münder schreibt zum § 62 SGB VIII:
„Verfassungsrechtlich ist die erhebliche Erweiterung der Eingriffsbefugnis in Buchstabe d nicht zu beanstanden, wenn/weil die Abwägung betroffener Schutzgüter gemäß Artikel 2 Abs. 1 GG (Verfassungsrecht der informationellen Selbstbestimmung des Betroffenen und Verfassungsrecht des Kindes auf persönliche Freiheit/Unversehrtheit) dies als „ultima ratio" notwendig macht. Die Jugendhilfe darf sich nicht darauf beschränken, Leistungen für Kinder gemäß § 2 Abs. 2 SGB VIII nur „auf Antrag" bzw. auf Nachfrage zu gewähren (§ 8a Rz 24).

Bei „gewichtigen Anhaltspunkten für eine Gefährdung des Kindeswohls" hat das Jugendamt, und hatte es schon immer, von Amts wegen tätig zu werden. Insofern befugte auch die bisherige Nr. 2 Buchstabe d in Verbindung mit § 50 Abs. 3. a.F. zu entsprechenden Datenerhebungen „am Betroffenen vorbei" und regelt die Ergänzung substanziell nichts Neues".[171]

15.2. Die Sozialdatenerhebung beim Betroffenen und ohne Mitwirkung des Betroffenen

15.2.1. Die Sozialdatenerhebung beim Betroffenen
Der § 62 SGB VIII sagt aus:
(1) Sozialdaten dürfen nur erhoben werden, soweit ihre Kenntnis zur Erfüllung der jeweiligen Aufgabe erforderlich ist.

(2) Sozialdaten sind beim Betroffenen zu erheben. Er ist über die Rechtsgrundlage der Erhebung sowie die Zweckbestimmung der Erhebung und Verwendung aufzuklären, soweit diese nicht offenkundig sind.

(3) Ohne Mitwirkung des Betroffenen dürfen Sozialdaten nur erhoben werden, wenn

1. eine gesetzliche Bestimmung dies vorschreibt oder erlaubt oder

---

[171] Münder 2006, S. 766

2. ihre Erhebung beim Betroffenen nicht möglich ist oder die jeweilige Aufgabe ihrer Art nach eine Erhebung bei anderen erfordert, die Kenntnis der Daten aber erforderlich ist für

(...)

c) die Wahrnehmung einer Aufgabe nach §§ 42 bis 48a und nach § 52 oder

d) die Erfüllung des Schutzauftrages bei Kindeswohlgefährdung nach § 8a (SGB VIII) oder

3. die Erhebung beim Betroffenen einen unverhältnismäßigen Aufwand erfordern würde und keine Anhaltspunkte dafür bestehen, dass schutzwürdige Interessen des Betroffenen beeinträchtigt werden, oder.

4. die Erhebung bei dem Betroffenen den Zugang zur Hilfe ernsthaft gefährden würde. (...)

Außer den oben genannten Fällen ist die Datenbeschaffung nur zulässig, wenn sie in Kenntnis und bewusster Mitwirkung des Betroffenen erfolgen. Minderjährige, die in datenschutzrechtlichen Aspekten einsichts- und urteilsfähig sind, entscheiden selbst, nicht ihre Personensorgeberechtigten.[172]

Der § 67 Abs. 5 SGB X stellt ergänzend fest, dass die Erhebung von Sozialdaten nur dann zulässig ist, wenn und soweit ihre Kenntnis zur Erfüllung der jeweiligen konkreten Aufgabe der erhebenden Stelle der öffentlichen Jugendhilfe und aktuell erforderlich ist. Der Begriff der Erforderlichkeit zur Erfüllung der jeweiligen Aufgabe enthält die verfassungsrechtlich gebotene strikte Zweckbindung und Einzelfallorientierung.[173]

15.2.2. Die Sozialdatenerhebung ohne Mitwirkung des Betroffenen

Durch das Inkrafttreten des Kinder und Jugendhilfeweiterentwicklungsgesetzes (KICK) am 1. Oktober 2005 wurde die Datenerhebung ohne Mitwirkung des Betroffenen – neben der Datenerhebung bei Dritten auch für die interne Weitergabe von Daten bei Übergang der Fallzuständigkeit für ein Kind - präzisiert und konkretisiert.

Der Zwang zur Erhebung beim Betroffenen nach § 62 Abs. 2 SGB VIII gilt für die Fälle der Kindeswohlgefährdung nach §§ 1666, 1666a BGB und § 8a SGB VIII nicht. Hier geht es um einen Eingriff in das elterliche Sorgerecht, und die Datenerhebung zielt auf einen Eingriff zur Abwendung einer Kindeswohlgefährdung hin (§ 62 Abs. 3 Nr. 2d SBG VIII).

---

[172] vgl.Münder 2006, § 9 Rz 8, S. 761
[173] vgl.Münder 2006, S. 760

Die Datenerhebung ohne Mitwirkung des Betroffenen ist möglich, wenn
1. Eine Erhebung beim Betroffenen nicht möglich ist oder
2. die jeweilige Aufgabe ihrer Art nach eine Erhebung bei Dritten erfordert.

Die zweite Fallgruppe ist bei Kindeswohlgefährdung die Regel. Dem Grundsatz der Verhältnismäßigkeit, der die Prinzipien der Erforderlichkeit und der Geeignetheit der Datenerhebung umfasst, muss entsprochen werden. Durch die Präzisierung in § 62 Abs. 3 Nr. 2 d SGB VIII mit dem Hinweis auf § 8a SGB VIII in § 62 Abs. 2 sind die bereits vor dem 1. Oktober 2005 bestehenden Erhebungsbefugnisse erweitert worden.

Mit der Information des Personensorgeberechtigten kann die Kindeswohlgefährdung erheblich verschärft werden. Dies gilt im Besonderen bei psychischer und körperlicher Gewalt dem Kind gegenüber, bei sexuellem Missbrauch und bei Entführungsgefahr.

15.3. Die Übermittlung der Sozialdaten

Der § 64 SGB VIII bestimmt:
(1) Sozialdaten dürfen zu dem Zweck übermittelt oder genutzt werden, zu dem sie erhoben worden sind.

(2) Eine Übermittlung für die Erfüllung von Aufgaben nach § 69 des Zehnten Buches ist abweichend von Absatz. 1 nur zulässig, soweit dadurch der Erfolg einer zu gewährenden Leistung nicht in Frage gestellt wird. (...)

Erfolgt die Übermittlung oder Nutzung zu demselben Zweck, zu dem sie erhoben worden sind, so ist dies vom geltenden Recht gedeckt.

Übermittelt das Jugendamt während und nach der Vermittlung eines Pflegekindes Informationen im Sinne von Sozialdaten an die Pflegeeltern, so unterliegen diese Informationen dem Sozialgeheimnis nach § 35 SGB I. Das Jugendamt hat die Pflegeeltern auf die Wahrung des Sozialgeheimnisses hinzuweisen.

15.4. Der Grundsatz der Zweckbindung und Nutzung bei der Datenübermittlung

Die Übermittlungsbefugnis der Daten der Pflegekinder und Herkunftsfamilien unterliegen dem Prinzip der Erforderlichkeit zur Erfüllung der jeweiligen

Aufgabe und der Zweckbindung. Die Weitergabe dieser Daten an Ärzte, Therapeuten, Schulen, Kindergarten und Beiständen unterliegen dem gleichen Grundsatz.

In § 78 SGB X wird über die Zweckbindung und Geheimhaltungspflicht eines Dritten, an den Daten übermittelt werden Folgendes bestimmt:
(1) Personen oder Stellen, die nicht in § 35 des Ersten Buches genannt werden und denen Sozialdaten übermittelt worden sind, dürfen diese nur zu dem Zweck verarbeiten oder nutzen, zu dem sie befugt übermittelt worden sind. Die Dritten haben die Daten in demselben Umfang geheim zu halten wie die in § 35 des ersten Buches genannten Stellen. (...)

15.5. Die Handhabung von Sozialdaten

Die komplizierte Ausdrucksweise beim Datenschutz hat unter den Mitarbeitern der Jugendämter mancherorts für große Verwirrung gesorgt. Die Frage, was Pflegeeltern brauchen, um das Kind zu verstehen, seine Not zu begreifen und dem Kind in der rechten Weise helfen zu können, erfordert ein umfassendes Wissen über das, was das Kind vor der Aufnahme in der Familie erlebt hat, welchen Einflüssen es ausgesetzt war und welche Erziehungshaltung die Eltern ihren Kindern gegenüber hatten. Dies schließt ein, dass es wichtig ist, was älteren Geschwistern in der Herkunftsfamilie widerfahren ist, ob sie vernachlässigt, misshandelt oder sexuell missbraucht wurden. Auch hier gibt es das Missverständnis, dass diese Daten nicht weiter gegeben werden können. Misshandlung, sexueller Missbrauch und das nicht Erspüren, was ein Kind für seine Entwicklung braucht, verändert sich nur bei den Eltern, die zu ihrem Versagen stehen und therapeutische Hilfe aufsuchen. Die Einsicht, dass bei den größeren Geschwistern etwas schief gelaufen ist, ist die Grundvoraussetzung dafür, dass das jüngere Kind nicht den gleichen Gefährdungstatbeständen ausgeliefert ist. Die Daten der Geschwister sind erforderlich zum Schutz des jüngeren Geschwisters. Diese Daten dienen dem Schutz des Kindes im Sinne von § 8a SGB VIII.

Ein zweiter Irrtum, der für Kinder verhängnisvolle Folgen haben kann, ist die Angst Daten an ein anderes Amt oder auch bei internem Fallzuständigkeitswechsel an eine andere Stelle zu geben. Die Weitergabe der Sozialdaten bei Kindeswohlgefährdung ist jetzt eindeutig in § 65 SGB VIII geregelt.

In § 65 SGB VIII steht:
(1) Sozialdaten, die dem Mitarbeiter eines Trägers der öffentlichen Jugendhilfe zum Zweck persönlicher und erzieherischer Hilfe anvertraut worden sind, dürfen von diesem nur weitergegeben werden

1. mit Einwilligung dessen, der die Daten anvertraut hat, oder

2. dem Vormundschafts- oder Familiengericht zur Erfüllung der Aufgaben nach § 8a Abs. 3, wenn Angesichts einer Gefährdung des Wohls eines Kindes oder eines Jugendlichen ohne diese Mitteilung eine für die Gewährung von Leistungen notwendige gerichtliche Entscheidung nicht ermöglicht werden könnte, oder

3. dem Mitarbeiter, der aufgrund eines Wechsels der Fallzuständigkeit im Jugendamt oder eines Wechsels der örtlichen Zuständigkeit für die Gewährung oder Erbringung einer Leistung verantwortlich ist, wenn Anhaltspunkte für eine Gefährdung des Kindeswohls gegeben sind und die Daten für eine Abschätzung eines Gefährdungsrisikos notwendig sind, oder

4. an die Fachkräfte, die zum Zwecke der Abschätzung des Gefährdungsrisikos nach § 8a hinzugezogen werden; § 64 Abs. 2 bleibt unberührt, oder

5. unter den Voraussetzungen, unter denen eine der in § 203 Abs. 1 oder 3 des Strafgesetzbuches genannten Personen dazu befugt wäre.

Gibt der Mitarbeiter anvertraute Sozialdaten weiter, so dürfen sie vom Empfänger nur zu dem Zweck weitergegeben werden, zu dem er diese befugt erhalten hat. (...)

Das BGH Urteil[174] hat klargestellt, dass es eine Verpflichtung des Mitarbeiters ist, die erforderlichen Daten zur Abwendung einer Kindeswohlgefährdung an das neu zuständig werdende Jugendamt weiter zu geben.

Eine Kindeswohlgefährdung kann auch dadurch gegeben sein, wenn das Kind im Ungewissen gelassen wird, wo es dauerhaft leben wird oder die Verdichtung der Umgangskontakte mit dem Ziel der Rückführung angeordnet wird und das Kind dadurch in existentielle Ängste stürzt.

15.6. Ein Fallbeispiel von falsch verstandenem Datenschutz und die Folgen

Max war sieben Jahre alt, als er vor sechs Jahren in die Pflegefamilie kam. Es war eine Notaufnahme. Die Begründung für die Notaufnahme war: Die Mutter ist obdachlos und kann das Kind nicht versorgen. Max war das erste Kind in dieser Pflegefamilie. Die Pflegeeltern hatten zwar einen Vorbereitungskurs absolviert,

---

[174] BGH-Urteil vom 21.10.2004 - IIIZR 254/03

aber wie es tatsächlich ist, wenn ein Kind in die Familie kommt, wussten sie nicht. Sie wunderten sich aus Unerfahrenheit heraus nicht, dass die leibliche Mutter nicht in Erscheinung trat und die Sozialarbeiterin das Kind einfach bei ihnen ließ. Die Obdachlosigkeit wurde damit begründet, dass die Mutter sich von ihrem Freund getrennt hat und diesem die Wohnung gehört.

Max war ein völlig distanzloses und verunsichertes Kind. Er versuchte zu gefallen, fragte unentwegt „Hab ich das gut gemacht". Er lief tollpatschig und ungelenkig umher, beim Fallen stützte er sich nicht ab, sondern fiel ungeschützt auf sein Gesicht. Er war bemüht, den Pflegeeltern und der Tochter der Pflegefamilie zu gefallen und erzählte allerhand tolle Geschichten, was er alles kann.

Der Pflegevater ging nach einigen Tagen im Einverständnis mit dem Jugendamt zu der Wohnung, in der der Junge zuvor gelebt hatte. Er fand dort den letzten Freund der Mutter und zu seinem Erstaunen den Vater des Kindes vor. Die beiden Männer packten die Sachen des Jungen zusammen, fragten aber nicht nach dem Ergehen von Max. Allerdings warnte der Vater des Kindes den Pflegevater vor der Mutter. Diese sei gefährlich.

Eine Woche später brachte der Vater, wie vereinbart, die restlichen Sachen des Jungen in die Pflegefamilie. Der Junge war in der Schule. Wiederum fragte er nicht nach dem Jungen. Er machte einen benommenen Eindruck. Er sprach nichts, schaute sich das Zimmer des Jungen an, trank die angebotene Tasse Kaffee und ging wieder.

Die Mutter trat nicht in Erscheinung. Der Vater unterschrieb beim Jugendamt den Antrag auf Hilfe zur Erziehung und die Mutter gab telefonisch ihre Zustimmung zur Hilfe zur Erziehung. Mit dem Vater vereinbarte das Jugendamt einen Umgangskontakt. Der Termin kam und der Vater erschien nicht. Max hatte mit der Pflegemutter zuvor den Tisch festlich gedeckt. Die Enttäuschung war groß. Er schrieb danach folgenden Brief: „Lieber Vater, entschuldige, aber ich brauche eine Zeit für mich, wo ich all die schlimmen Sachen vergessen kann. Ich melde mich wann ich will. Mir geht es gut. Dein Max"

In der Zwischenzeit wussten die Pflegeeltern aus dem Zeugnis, dass Max in einer Pflegefamilie in einem anderen Bundesland eingeschult wurde, dann an den Wohnort der leiblichen Mutter wechselte und dort in der Schule und im heilpädagogischen Hort war.

Das erste Hilfeplangespräch kam. Im Protokoll steht: „Da die bisherige Lebensgeschichte von Max nur in Bruchstücken bekannt ist, sind manche Reaktionen von ihm in ihrer Bedeutung schwer einzuordnen. Aus einem sehr kurzen Bericht des Jugendamtes X. ist zu entnehmen, dass Max schon in der vorherigen Pflegefamilie wegen Konzentrations- und Wahrnehmungsschwäche viel Aufmerksamkeit und Betreuung brauchte. Besonders wichtig sei konsequentes Erziehungsverhalten und eine gute Kooperation zwischen Pflegefamilie und Schule".

Ja, nun wussten die Pflegeeltern, dass er mit circa fünf Jahren wegen Obdachlosigkeit der Mutter für knapp zwei Jahre in einer Pflegefamilie in einem anderen Bundesland war. Max selbst fing an Bilder zu malen. Das erste Bild war ein Bild, wie Vater und Mutter, er und sein kleiner Bruder im Gefängnis waren. Er erzählte, dass er und sein kleiner Bruder mit der Mutter im Gefängnis waren. Der Vater sei im gleichen Gefängnis gewesen, aber nicht mit der Mutter zusammen. Auf der Zeichnung sieht man den Vater in einem Block, wie er an der Wand lehnt. Der Mutter hat er an Händen und Füßen eine Fessel angemalt. Er sagte dazu, dass er damals noch sehr klein war und nicht weiß, wo er zuvor war. Als er das malte, war er knapp neun Jahre alt.

In der Schule wurde Max immer schwieriger. Er schlägerte sich mit den Klassenkameraden, niemand mochte ihn. Er kam in eine völlige Außenseiterrolle. Die Pflegeeltern waren froh, als sie in einer christlichen Schule Lehrer fanden, die bestrebt waren, Max zu helfen. Durch die enge Kooperation zwischen der Schule und den Pflegeeltern ging es in der Schule ordentlich, und er bekam die Realschulempfehlung.

Im Laufe der Zeit und mit dem Aufbau einer engen Vertrauensbeziehung an die Pflegeeltern, insbesondere an die Pflegemutter, wurde die Lebensgeschichte des Kindes deutlich. Es waren alles immer Bruchstücke. Er erzählte, dass er noch vier ältere Schwestern hat, die er jedoch kaum kennt und er weiß nicht, wo sie leben. Er erzählt von seinem kleinen Bruder, den er gefüttert hat, dem er die Windeln gewechselt hat, weil die Mutter es nicht tat. Wenn man nachrechnete, war Max, als diese Aufgabe auf ihn zukam, knapp vier Jahre alt. Er erzählte auch, dass er den kleinen Bruder geschützt hat, wenn die Mutter zornig war. Er habe dann für seinen Bruder die Schläge eingesteckt. Er erzählte, dass die Mutter Drogen und Alkohol genommen hat und es dann besonders schlimm war.

Max macht oft einen verwirrten Eindruck und hört dann auf nichts mehr. Plötzlich kommt es aus ihm heraus, z.B. dass die Mutter seinem kleinen Bären, der ganz weich und kuschelig war und den er sehr lieb hatte, im Zorn die Gurgel durchgeschnitten hat und er Angst hatte, dass sie auch ihn töten wollte. Er ist unruhig, umtriebig, nimmt eine Verweigerungshaltung ein, und plötzlich malt er ein Bild von der Wohnung in XY. Er ist völlig gefangen und malt und malt. Es wird ein Bild von einer Wohnung, in der er vor der Aufnahme in der ersten Pflegefamilie gelebt hat. In seinem Zimmer sind die Fenster mit Brettern zugenagelt. Es gibt kein Licht. Wenn die Mutter fortgeht, so sperrt sie ihn in dieses Zimmer ein. Einmal hat er sich gewehrt. Da hat die Mutter ihm die Hand in die Türe eingeklemmt und mit einem Messer, das sie immer bei sich hatte, in die Hand gestochen. Danach sei er immer freiwillig in das dunkle Zimmer gegangen.

Das Zimmer der Mutter bezeichnet er als „die Hölle des Teufels". Es gibt auf der Zeichnung zwei Haken, die er genau beschreibt und als „Galgen" bezeichnet. Immer wieder kommt plötzlich der Ausruf: „Sie wollte mich töten". Max wird von quälenden Bildern umgetrieben.

Besonders traumatisierend ist folgende Erinnerung: Die Mutter hatte ohne Hilfe zu Hause ein Kind geboren und es danach getötet. Er schildert, dass er versucht hat, dies zu verhindern und die Mutter dann mit dem Messer auf ihn losgegangen sei und ihn in die Ecke geworfen hätte. Das Entsetzen ist ihm dabei in das Gesicht geschrieben.

Die Frage der Pflegeeltern, ob er denn nicht auch gute Erlebnisse gehabt hat sagt er: „Nein, gar nichts" und nach einigem Nachdenken ergänzt er: „Doch, mit der Oma durfte ich mit einem Boot einmal auf dem See fahren, und in der Pflegefamilie durfte ich mit dem Opa auf dem Traktor fahren".

Auf die Frage, wie das war, als er von der ersten Pflegefamilie weg geholt wurde, sagt er, dass die Mutter einfach kam und ihn mitnahm. Er habe sich gewehrt und sei bei der nächsten Ampel aus dem Auto gesprungen. Der Freund der Mutter habe ihn eingeholt und ins Gesicht geschlagen. Die Nase habe stark geblutet und wehgetan. Das Nasenbein sei gebrochen gewesen. Er habe nicht zum Arzt gehen dürfen.

Was danach kam, bringt für Max wiederum Entsetzen. Er erinnert sich, wie seine Mutter ihn auf einem öffentlichen Platz, er schildert es sehr genau - und diese Treppe vor der Kirche ist vorhanden, hinunter gestoßen hat und dabei gelacht hat. Fremde Menschen hätten ihn zum Arzt gebracht.

Der Pflegemutter gegenüber öffnete er sich und erklärte, dass der neue Freund seiner Mutter ihm seinen Penis in den Po gesteckt hat. Er würde sich so sehr schämen. Das könne er nur ihr erzählen.

Die Pflegemutter und Max kamen an einer Brücke vorbei. Er fragte die Pflegemutter: „Weißt Du, warum ich Brücken nicht mag?" Nein, sie wusste es nicht. Er sagte: „Ich habe mit meiner Mutter darunter geschlafen. Es war so kalt. Ich habe gefroren". Die Unterbringung in der Pflegefamilie war am 18. Januar wegen Obdachlosigkeit der Mutter. War Max mit seiner Mutter zu dieser Zeit unter der Brücke?

Erst in letzter Zeit berichtete er der Pflegemutter erregt, dass nachts immer Männer und Frauen in schwarzer Lederkleidung mit Motorrädern zu den Eltern kamen, als er noch klein war. Die hätten ihn, zusammen mit der Mutter, in einen engen Käfig gesteckt und solange gequält, bis er heftig geschrien hätte. Er schilderte auch andere grausame Praktiken, die eindeutig darauf hinweisen, dass es sich um einen Satanskult handelt.

Max ist jetzt 13 Jahre alt und könnte von der Intelligenz her gut einen Realschulabschluss erreichen. In dieser Schule fand er leider nicht den Schutz und das Verständnis der Lehrer wie in der christlichen Grundschule. Er sucht die Freundschaft mit Kindern, stößt aber auf Spott und Ablehnung, was ihn immer verzweifelter werden lässt. Er ist immer wieder Opfer in gewalttätigen Auseinandersetzungen, ist aber bei der Entstehung des Konfliktes immer auch beteiligt.

Die Klasse ist sich einig: Max ist immer selbst Schuld, und die Lehrer haben diese Meinung ebenfalls übernommen und wollen ihn mit Hilfe des Jugendamtes in eine Sonderrealschule für Erziehungshilfe einweisen. Dies bedeutet für den Jungen, dass er die Pflegefamilie verlassen soll und in ein weit entferntes Heim gehen soll.

Der Junge und die Pflegeeltern sind verzweifelt und haben sich an mich als Beistand gewandt.

Wie die Lebensgeschichte dieses Jungen weitergeht, lesen Sie in Kapitel 22., Nr. 4.

Was hat der Datenschutz mit der Geschichte dieses Jungen zu tun?

1. Der Zuständigkeitswechsel
Es sind seit der Unterbringung in der ersten Pflegefamilie drei Jugendämter zuständig gewesen, die die Situation der Herkunftsfamilie nicht beschrieben haben, sondern lediglich die Erklärung der Mutter als Unterbringungsgrund entgegen nahmen, nämlich, dass die Mutter obdachlos sei. Als die Mutter ein Obdach nachweisen konnte, hatte das Jugendamt keine Einwände, dass die Mutter von ihrem Sorgerecht Gebrauch machte und die Herausgabe des Kindes verlangte. Als die Mutter wieder obdachlos wurde, war dies wiederum als Unterbringungsgrund in der Akte erschienen. Was wirklich war, wurde entweder nicht ergründet oder verschwiegen.

Beim Zuständigkeitswechsel wurde darauf hingewiesen, dass die Mutter Hilfe braucht. Diese hat man ihr in Form einer Tagesbetreuung auch gegeben. Auf Gewalt, Alkohol und Drogen gab es keine Hinweise, obwohl in einem Nebensatz stand, dass die Mutter in der Vergangenheit „stationäre Therapie" in Anspruch genommen hatte.

Der Gedanke des Schutzes des Kindes wurde an keiner Stelle erwähnt. Den Eltern wurde das volle Sorgerecht belassen.

2. Was ereignete sich in der Vergangenheit, und wie ist die Erziehungshaltung der Herkunftseltern?
Es wurden von verschiedenen Jugendämtern vier ältere Schwestern zu unterschiedlichen Zeitpunkten in Pflegefamilien untergebracht. Diese Schwestern kannte Max nicht. Auch der jüngere Bruder wurde vor ihm aus der Familie herausgenommen.

Es ist mit Sicherheit anzunehmen, dass jedes jeweils zuständige Jugendamt Erkenntnisse über die Not jedes einzelnen Kindes hatte und das Kindeswohl als gefährdet angesehen hat.

Aus Datenschutzgründen weigern sich Jugendämter, die Gründe zu nennen, warum die Geschwisterkinder aus der Familie genommen werden mussten.

Tatsache ist, dass die Eltern drogen- und alkoholabhängig sind und die stationäre Therapie erfolglos war. Was wusste das Jugendamt von der Gewalt in der Familie, von Misshandlungen der Kinder, von Vernachlässigung und sexuellem Missbrauch? Es kann sein, dass der sexuelle Missbrauch nicht bekannt war, weil der Junge diesen aus Angst noch nicht offenbaren konnte.

Wenn der kleine Bruder in eine Pflegefamilie kam, gleichgültig ob das Jugendamt eingreifen musste oder die Eltern das Kind dem Jugendamt übergeben hatten -und das geht mit keinem Satz aus den Unterlagen hervor, hätten sie nachprüfen müssen, wie es dem noch in der Familie lebende Kind geht.

Wenn die Gefährdungslage der älteren Geschwister und des jüngeren Bruders erkundet und dokumentiert worden wären, wäre der Mitarbeiter des gerade zuständigen Jugendamtes darauf gekommen, dass auch Max in höchstem Maße gefährdet ist.

Man war jedoch, wie es auch heute noch immer wieder anzutreffen ist, der Meinung, dass der Datenschutz es verbietet, die Erziehungshaltung der Eltern bei älteren Geschwistern zu durchleuchten, um damit die Gefährdungslage der nachgeborenen Geschwister einschätzen zu können.

Wenn nicht nur das Hier und Jetzt gesehen worden wäre und das Jugendamt sich nicht als Dienstleister für die Eltern missverstanden hätte, so wäre hier Kontrolle angesagt gewesen. Die zugenagelten Fenster des Kinderzimmers wären sichtbar geworden, und die große Not des Kindes wäre deutlich geworden.

Insgesamt zeigt das Beispiel von Max, wie viele für das Kind wichtige Informationen nicht weiter gegeben wurden. An dieser Stelle noch einmal der Hinweis auf das BGH Urteil vom 21.10.2004 - IIIZR 254/03, welches klargestellt hat, dass es eine Verpflichtung des Mitarbeiters ist, die erforderlichen Daten zur Abwendung einer Kindeswohlgefährdung an das neu zuständig werdende Jugendamt weiter zu geben.

3. Der pädagogische Alltag und der Datenschutz
Die Pflegeeltern bekamen außer dem Hinweis auf die Obdachlosigkeit und über das Zeugnis des Jungen, aus dem hervorging, dass er schon einmal in einer Pflegefamilie war, keine Informationen aus der Vorgeschichte.

So standen am Anfang seine schulischen Probleme zu sehr im Vordergrund, von seiner schweren Traumatisierung, den schweren Misshandlungen und der erlebten Todesangst, war nichts bekannt.

Sie verstanden daher viele Verhaltensweisen des Jungen nicht. Warum geht er nicht in diese oder jene Stadt. Warum verweigert er sich, wenn harmlose Situationen ihn außer Fassung bringen? Warum ist er verwirrt und blockiert, wenn er sich von einem Mitschüler bedroht fühlt. Warum hat er Angst vor der Dunkelheit? Warum hat er Alpträume?

Die Pflegeeltern brauchen alle verfügbaren Informationen über die Geschichte des Kindes, um ihren pädagogischen Auftrag erfüllen zu können. Der Rückzug darauf, dass Pflegeeltern keinen Anspruch auf Informationen über die gesamte Herkunftsfamilie haben – die allerdings diese Sozialdaten nicht an Unbefugte weitergeben dürfen – entbehrt der gesetzlichen Grundlage. Zur Erfüllung ihrer Aufgabe ist es unabdingbar, dass sie die Familiengeschichte und die Geschichte des Kindes kennen und einordnen können. Nur so können sie das Kind verstehen und begleiten

4. Die rechtliche Situation
Da den Eltern Hilfe zur Erziehung gewährt wurde, die Daten der Geschwister von Max aus Datenschutzgründen nicht herangezogen wurden, die Eltern das Kind dem Jugendamt „anvertraut" hatten und damit die Notlage behoben wurde, sahen die Mitarbeiter keine Gründe, die tatsächlichen Unterbringungsgründe zu bewerten und diese dem nachfolgend zuständigen Jugendamt weiter zu geben. Die Eltern behielten deshalb das volle elterliche Sorgerecht.

Die Eltern meldeten sich sechs Jahre nicht und fragten nie nach dem Ergehen des Jungen. Als es in der Schule Probleme gab und die Schule die Umschulung in eine Sonderrealschule - verbunden mit einem Heimaufenthalt - anstrebte, suchte das Jugendamt die Sorgeberechtigten. Der Vater antwortete - die Mutter nicht. Der Vater, der den Jungen seit sechs Jahren nicht gesehen hatte, war sofort bereit, den Antrag auf Heimunterbringung zu unterschreiben.

Die Begründung des Amtes war, dass Max Realschüler sei, die Realschule ihn wegen seiner Verhaltensauffälligkeiten nicht beschulen könne und in der Nähe der Pflegeeltern keine Realschule mit dem Schulzwerg für Erziehungshilfe vorhanden wäre. Den Pflegeeltern wurde in dieser Situation erklärt, dass sie selbst keinerlei rechtliche Möglichkeiten hätten, Einfluss zu nehmen, weil sie kein Sorgerecht hätten.

In meiner Rolle als Beistand half ich den Pflegeeltern, einen Antrag auf Übertragung der Personensorge gemäß § 1630 Abs. 3 BGB zu stellen. Ebenfalls wurde in Aussicht gestellt, dass ein Antrag auf Verbleib gemäß § 1632 Abs. 4 gestellt wird.

Es bestand eine geringe Hoffnung, dass die Eltern zu einem Gerichtstermin kommen und deshalb konnten die Pflegeeltern das Verfahren zur der Übertragung von Teilen des Sorgerechtes nach § 1630 Abs. 3 selbst in Gang bringen. Die Eltern kamen nicht. Die Richterin, die die Not des Kindes sah und der Handlungsunfähigkeit der Pflegeeltern ein Ende setzen wollte, entzog den Eltern das gesamte Sorgerecht und übertrug die Vormundschaft auf die Pflegeeltern. Dies hat für Max eine hohe Bedeutung. Er fühlt sich jetzt sicherer und die Ängste, dass er wieder weg geholt werden kann, haben sich gelegt. Er besucht jetzt wieder eine christliche Privatschule. Pflegeeltern und Lehrer versuchen die – nach wie vor – vorhandenen Verhaltensprobleme durchzustehen.

Die Frage, welche Daten zur Hilfegewährung erforderlich sind, wurde falsch eingeschätzt, und es wäre Max durch das Verschweigen, was ihm bisher geschehen ist und damit durch das Belassen des Sorgerechtes bei den Herkunftseltern, ohne das Eingreifen des Beistandes, erneut schwerer Schaden zugefügt worden.

15.7. Datenschutz und Biografiearbeit

Vor mir liegt: „Mein Lebensbuch" Da ist zu lesen:
Wohin gehe ich?
Wer bin ich?
Alles über mich!
So möchte ich gerne sein!
Meine Geburt!
Meine leibliche Mutter heißt:
Mein leiblicher Vater heißt:
Weitere Verwandte:
Das weiß ich über meine Geburt:

Das weiß ich über meine Herkunftsfamilie:
Warum lebe ich nicht bei meinen Eltern?
Am… wurde ich aufgenommen bei Familie….
Der Grund, warum ich gerade in diese Familie gekommen bin?
Mein Weg hierher, schreibe die Einrichtungen und Familien auf, wo Du seit Deiner Geburt gelebt hast.
Die Familie, in der ich lebe:

Diese und andere Fragen sind bei der „Biografiearbeit", die der Mitarbeiter des Jugendamtes in einer Kindergruppe stellt, Thema.

Was sollte Max da schreiben? Wie könnte er sich in einer Gruppe öffnen? Das Ziel dieser Biografiearbeit ist die „Versöhnung" mit der Herkunftsfamilie. Wie soll ein traumatisiertes Kind, dessen Überlebensstrategie es ist, sich blitzschnell den Erwartungen der Umwelt anzupassen, reagieren?

Max hat nicht das Problem, sich mit der Mutter zu versöhnen. Er hat große Angst davor, ihr zu begegnen. Er weiß nichts von seiner Geschichte im nicht erinnerungsfähigen Alter. Er weiß nichts von seinen Schwestern. Er weiß nicht, ob dies vielleicht Halbschwestern sind. Er weiß auch nichts darüber, was diesen Schwestern passiert ist und warum seine Eltern so geworden sind, wie sie nun einmal sind. Er weiß nichts über die Gründe, warum die Mutter mit ihm und seinem kleinen Bruder in das Gefängnis kamen. Was ihn wirklich interessiert ist die Frage, wie es seinem kleinen Bruder geht. Den hat er zusammen mit seinem Vater einmal besucht, und die Pflegeeltern seien sehr nett gewesen. Seither weiß er nichts mehr von ihm. Ansonsten möchte er in Ruhe leben. Und das ist auch sein gutes Recht.

Jedes Kind will wissen, was mit ihm in der frühen Kindheit geschehen ist. Es will wissen, warum es Bilder mit sich trägt, die es quälen. Es will wissen, was war, als es von der Herkunftsfamilie getrennt wurde. Es will realistische Schilderungen und keine ideologisch gefärbte Schönmalerei.

Diese realistische Schilderung, ohne Abwertung einer Person, hilft dem jungen Menschen, Frieden mit seiner Vergangenheit zu schließen. Deshalb ist es unabdingbar, dass der junge Mensch auch bei mehrfachem Zuständigkeitswechsel von Jugendämtern nachfragen kann, was mit ihm geschehen ist.

Adoptionsakten dürfen aus diesen Gründen nicht vernichtet werden. Auch für Pflegekinder gelten diese Gründe. Auch sie haben ein Recht auf die Daten, die für ihr Leben bestimmend wurden.

16. Die innere Haltung des Beurteilenden – Zum Umgang mit wissenschaftlichen Erkenntnissen

16.1. Was versteht man unter einem Gutachten?

> Einen Sachverhalt „be-gutachten" bedeutet im Wortsinn, eine plausible Argumentation vorzulegen, was ein Experte auf der Grundlage ausgewählter Fakten „für gut erachtet". Jedes Gutachten besteht folglich aus zwei sorgfältig auseinanderzuhaltenden Teilen.
>
> 1. aus einer Zusammenstellung als wesentlich erachteter Fakten, die für die Beurteilung von Bedeutung sind sowie
>
> 2. aus einer wertenden Gewichtung dieser Fakten und einer Handlungsempfehlung auf dem Hintergrund von Wissen, Erfahrung und der Einstellung des Gutachters.

Jeder von uns kennt diese beiden Aspekte aus der täglichen Lektüre der Tageszeitung. Eine gute Zeitung zeichnet sich dadurch aus, dass sie mit vergleichbarer Sorgfalt zwischen Information (Nachrichten) und Meinung (Kommentar) trennt. Das hört sich allerdings einfacher an, als es ist. Schon die Entscheidung, welche Einzelinformationen ein Journalist zu einer Nachricht zusammenstellt, ist von seiner Einstellung beeinflusst („gefärbt"), selbst dann, wenn dies zumeist gar nicht bewusst geschieht.

Ein historisches Beispiel:[175]
Am 15. August 1963, zwei Tage nach dem Mauerbau in Berlin, kam der damalige Bundeskanzler Konrad Adenauer zu einer Wahlkundgebung nach Göttingen. Es ging ziemlich turbulent zu. Über weite Strecken hatte Adenauer keine Möglichkeit, sich verständlich zu machen. Das Interessanteste an dem Ereignis waren allerdings die Berichte am Tag darauf in den beiden örtlichen Zeitungen.

Das eher SPD-nahe Blatt berichtete von knapp 300 Teilnehmern, von kritischen Sprechchören und von Pfeifkonzerten, von Transparenten mit Parolen wie „Adenauer löscht keinen Brandt" und von Zwischenrufen „Hagen! Hagen!". In Hagen hatte Adenauer anlässlich einer Wahlkundgebung am Tag zuvor den Verdacht geäußert, die DDR habe mit dem Mauerbau eine gezielte Wahlhilfe für die SPD inszenieren wollen.

---

175 Mit freundlicher Genehmigung von Harm Kühnemund

Der Journalist des eher CDU-nahen Blattes schien auf einer völlig anderen Veranstaltung gewesen zu sein. Er berichtete von rund 400 Teilnehmern, von überwältigendem Applaus für den Bundeskanzler und von einer rundum gelungenen Veranstaltung, auch wenn es am Rande ein paar jugendliche Randalierer gegeben habe, die aber in der Minderheit geblieben seien.

Man kann beiden Journalisten unterstellen, dass sie nach bestem Wissen und Gewissen berichtet haben. An dem Beispiel wird deutlich, welchen gravierenden Einfluss die innere Einstellung (das Gewissen) des Beobachters auf seine Wahrnehmung haben kann. Jeder sieht – legitimerweise – vor allem das, was in sein Weltbild passt. Insofern stellt bereits die Auswahl der Informationen, die man für eine Nachricht für wesentlich hält, einen (meist unbewussten) Akt der Meinungsäußerung dar. Genau genommen ist auch die Nachricht selber immer schon „meinungsgesättigt".

Zurück von der Tageszeitung zu unserer Frage, was beim Lesen eines Gutachtens zu beachten ist. Auch Gutachter sind Menschen aus Fleisch und Blut und keine unfehlbaren Wahrheitsfindungs-Automaten. Ihre Wahrnehmung (ihre innere Einstellung, ihr Gewissen, ihr Weltbild) ist geprägt durch ihre Biografie, durch ihre fachliche und berufliche Sozialisation sowie durch ihren jeweiligen familienpolitischen Standort. Schließlich sind die psychologischen Wissenschaften nicht etwa eineinheitliches Fachgebiet, sie bestehen vielmehr aus einer Vielfalt von Fachrichtungen, die einander in ihrem Verständnis von der Wirklichkeit des Menschen nicht selten widerstreiten.

16.1.1. Grundsätzliches zum Aussagewert von Gutachten

Aufgabe des Gutachters ist es, plausible Fingerzeige für mögliche Handlungsentscheidungen zu geben. Das Gutachten soll dem Entscheider bei der Aufgabe helfen, sich ein eigenes Urteil zu bilden. Aufgabe des Entscheiders ist es, die Plausibilität dieser Fingerzeige auf ihre Nachvollziehbarkeit zu überprüfen und sie nach seinem eigenen Urteil in die Entscheidung einzubeziehen.

Man unterliegt einem groben Missverständnis und einem Abgeben der eigenen Verantwortung, wenn man von einem Gutachten ein vollständiges 1:1-Abbild der Wirklichkeit und eine unumstößliche Handlungsanweisung erwartet.

Das kann ein Gutachten in den seltensten Fällen leisten.

16.1.2 Was ist beim Lesen eines Gutachtens bzw. einer Stellungnahme zu beachten? Fragenkatalog zur Beurteilung eines Gutachtens im Pflegekinderwesen

Der hier vorgelegte Fragenkatalog, beruht auf jahrzehntelanger Praxiserfahrung mit Gutachten im Pflegekinderwesen. Es gibt sowohl Gutachten, die sich in ihrer Prognose als völlig unzutreffend herausgestellt haben, als auch Gutachten, die sensibel auf die Gefühlswelt des Kindes eingehen und sich in der Rückschau dieser Kinder, die inzwischen zum Teil erwachsen sind, als der richtige Wegweiser herausgestellt haben.

1. **Fragestellung des Gutachtens:** Wie geht der Gutachter mit der vorgegebenen Fragestellung um? Wird in der Fragestellung unkritisch die Rückkehr des Kindes in die Herkunftsfamilie vorausgesetzt? Schließt sich der Gutachter einer solchen Vorgabe an?

2. **Angewandte Methoden:** Mit welchen Methoden arbeitet der Gutachter? Führt er neben dem psychodiagnostischen Gespräch auch projektive Tests durch? Oder setzt er allein auf Verhaltensbeobachtungen und Leistungstests?
   Manche Sachverständige lehnen projektive Tests grundsätzlich ab, weil sie diese nicht für aussagekräftig halten oder weil sie keinen Sinn darin sehen, nach den Ursachen eines Verhaltens zu fragen und Antworten stattdessen allein im Hier und Jetzt suchen. Bei traumatisierten Kindern kommt es nicht in erster Linie auf die Feststellung objektiver Verhaltensweisen an, sondern auf deren subjektive Bedeutung für das Kind.[176]
   Um ein Kind mit seinen emotionalen Störungen (massive Ängste, unbändige Wut, starkes Misstrauen gegenüber erwachsenen Bezugspersonen) verstehen zu können, ist es unumgänglich, aus der Perspektive des Kindes und entsprechend seiner altersgemäßen Bedürfnisse und seines Entwicklungsstandes seine bisherige Lebenserfahrung und seine Lebensgeschichte zu verstehen.[177] Um zu dieser emotionalen Situation des Kindes vorzudringen, sind projektive Tests unbedingt erforderlich.

3. **Vorgeschichte des Kindes:** Welche Bedeutung räumt der Gutachter der Vorgeschichte des Kindes ein? Werden medizinische Gutachten, Stellungnahmen des Jugendamts, Berichte von Familienhelfern usw. beachtet? Liegt Vernachlässigung oder Misshandlung des Kindes vor? Wie wird „Vernachlässigung" gewertet? Wird beachtet, dass emotionale oder körperliche Vernachlässigung, Misshandlung oder sexueller Missbrauch zu einer Traumatisierung

---

176 vgl. Wegener 1992, S.145
177 vgl. Hardenberg 2001, S.18

des Kindes führen kann? Besteht eine Tendenz zur Verharmlosung oder gar Verleugnung sowohl bei den Fachkräften als auch bei den Herkunftseltern („Ich habe das Baby lediglich manchmal geschüttelt"!)?

4. **Vorgeschichte der Unterbringung:** Werden die vorausgegangenen ambulanten Hilfen berücksichtigt? Wird analysiert, warum diese nicht ausgereicht haben, die erzieherische Notlage des Kindes zu beheben? Werden die konkreten Unterbringungsgründe beachtet? Wird, zum Beispiel bei drogen- oder suchtabhängigen Eltern, die Dauer der Schädigung beachtet? Werden die Ängste des Kindes gesehen und Möglichkeiten der Retraumatisierungen ernst genommen?

5. **Alter und Bindungen des Kindes:** Wird das Alter des Kindes zum Zeitpunkt der Unterbringung berücksichtigt? Werden die Dauer der Unterbringung und die Qualität der Bindung des Kindes beachtet?

6. **Erziehungsfähigkeit der Mutter/der Eltern:** Wird die Erziehungsfähigkeit der leiblichen Eltern einschließlich ihrer Achtsamkeit und Feinfühligkeit gegenüber dem Kind eingehend beobachtet und untersucht? Wie gehen sie auf die Bedürfnisse des Kindes ein? Wie interpretieren sie das Verhalten des Kindes? Sehen sie ihre eigenen Anteile am Geschehen – oder weisen sie generell den Pflegeeltern die Schuld an bestehenden Spannungen zu? Nehmen sie leichthin in Kauf, dass dem Kind durch die Trennung Schmerz zugefügt wird?

7. **Logische Nachvollziehbarkeit:** Sind die Schlüsse, die der Gutachter zieht, logisch nachvollziehbar? Wenn das Kind nach dem Besuch wahrheitsgemäß berichtet, die Mutter habe es auf den Kopf geschlagen, der Gutachter aber meint, das passe nicht zu seinem Bild von der Mutter, und die Aussage des Kindes leichthin auf die Spannungen zwischen den Erwachsenen zurückführt, ist das eine laienhafte Privatmeinung dieses Gutachters.

8. **Verhaltensbeschreibung der Pflegeeltern:** Werden die Verhaltensbeschreibungen der Pflegeeltern beachtet und erscheinen sie im Gutachten?

9. **Nachfolgende Erziehungsbedingungen:** Wird den nachfolgenden Erziehungsbedingungen mit den hohen Anforderungen der kindgerechten Umsetzung die nötige Aufmerksamkeit geschenkt?

16.1.3. Erfahrungen des Gutachters aus der Praxis des Pflegekinderwesens

Zu welchem Ergebnis ein Gutachter kommt, entscheidet sich vor allem daran, von welcher theoretischen Orientierung er ausgeht. Wenn er die Bindungen des Kindes, das Alter bei der Unterbringung, die – oft traumatischen – Vorerfahrungen mit seinen Herkunftseltern nicht beachtet und stattdessen nur das Hier und Jetzt sieht und daraufhin eine Technik vorschlägt, wie Bindungen „abgewöhnt" werden können, kommt er zu ganz anderen Handlungsvorschlägen als ein Gutachter, der sich wirklich auf dieses konkrete Kind einlässt und der die Biografie des Kindes und seine Bindungen und Bedürfnisse achtet.

Es ist wichtig, dass der Leser eines Gutachtens erkennt, ob das Gutachten für Martina oder Simon wirklich zutrifft oder ob stattdessen theoretische Konstrukte aufgestellt werden, die mit Martina und Simon wenig zu tun haben. Ich möchte dies an einem Beispiel verdeutlichen:

Martina kam mit drei Monaten in die Pflegefamilie. Die Mutter war bei ihrer Geburt 16 Jahre alt, der Vater 17 Jahre alt. Der Vater lebte seit seiner Pubertät in Jugendhilfeeinrichtungen und zeitweise in erlebnispädagogischen Maßnahmen im Ausland. In den Heimen konnte er nicht mehr gehalten werden, weil er sowohl Gruppenmitglieder als auch Erzieher körperlich angriff und bedrohte. Er war mehrfach straffällig geworden. In einem Heim hatte er die spätere Mutter des Kindes kennen gelernt. Sie selbst hat ebenfalls eine schwierige Biografie, neigt zur Magersucht und geriet sehr schnell in ein Abhängigkeitsverhältnis zum Vater des Kindes.

Nach der Geburt des Kindes lebte sie mit dem Kind in einem Mutter-Kind-Heim. Ihr und dem Vater des Kindes war es wichtig, zusammen zu sein. Da dies im Mutter-Kind-Heim nur begrenzt möglich war, ging sie mit dem Vater zu „Kumpels". Die Einrichtung kam zu dem Schluss, dass sie nicht mehr in der Lage seien, die Verantwortung für das Kind zu übernehmen, zumal das Kind auch in körperlicher Hinsicht die anfängliche positive Entwicklung nicht fortsetzte, sondern zusehends an Gewicht verlor.

Nach der Aufnahme in der Pflegefamilie entwickelte es sich langsam zu einem rundum zufriedenen und sicher gebundenen Säugling. Die Mutter besuchte das Kind wöchentlich einen Nachmittag bei den Pflegeeltern, führte es spazieren und spielte wie ein älteres Geschwister mit dem Mädchen. Als Martina neun Monate alt wurde, beschloss das „Team" im Jugendamt, dass die Rückführung ansteht, nachdem die jungen Eltern inzwischen eine Wohnung hatten. Das Mädchen musste von nun an einmal in der Woche bei den leiblichen Eltern übernachten. Sie reagierte auf längere Trennungen heftig, während sie einige Stunden mit der Mutter zusammen gut leben konnte.

Mit elf Monaten ordnete das Jugendamt an, dass sie nun eine Woche ganz bei den leiblichen Eltern leben sollte. Die Pflegeeltern berichten, dass nach dieser Woche eine völlige Veränderung mit dem Kind vor sich ging. Das zuvor zufriedene und neugierige Kind war nicht wieder zu erkennen. Es hatte Schlafstörungen, schlug mit dem Kopf auf den Boden und an die Wände und schaukelte mit dem Kopf hin und her, um sich zu beruhigen.

Die Gutachterin führt dazu aus:
Nach Ainsworth (1978) entwickelt ein Kind personenspezifische Bindung im ersten Lebensjahr in vier Stufen:

(1) In einer Vorphase ist das Kind allgemein sozial ansprechbar ohne Unterschiede der Personen und richtet auch seine „Signale" ohne Unterschied an die Umwelt. In der Interaktion lernt es dann, seine Partner zu unterscheiden, so dass ab etwa drei Monaten die Phase

(2) der personenunterscheidenden Ansprechbarkeit zu beobachten ist. Das Kind wendet nun bevorzugt seine Signale einer spezifischen Person oder wenigen vertrauten Personen zu und erweitert auch sein aktives Repertoire an Bindungsverhaltensweisen (z.B. greifen). Von

(3) eigentlicher Bindung spricht Ainsworth, wenn das Kind sich ab etwa dem siebten Monat aktiv in die Nähe der Bezugsperson bringen kann (Lokomotion), sie bei Abwesenheit vermisst (Objektpermanenz/Personenpermanenz) und flexibel sein Verhalten auf das Ziel, Mutter (oder Vater) in die Nähe zu bringen, einsetzen kann. Die letzte Stufe

(4) dürfte erst nach drei Jahren wesentlich werden und wird als „zielkorrigierte Partnerschaft" bezeichnet.

Aus dieser Darstellung wird deutlich, dass sich die Trennung des Kindes von seinen Eltern innerhalb einer besonders sensiblen Phase seiner Entwicklung vollzogen hat. Vor diesem Hintergrund sind auch die von den Eltern und Pflegeeltern geschilderten Verhaltensauffälligkeiten des Kindes zu verstehen.

Soweit die gutachterliche Äußerung. Wie sehen dagegen die Fakten aus? Das Kind war gerade in der ersten Phase der Entwicklung in die Pflegefamilie gekommen. Das Mädchen war sehr bald ein sicher gebundenes Kind und zeigte keine Trennungsreaktionen. Die Mutter, die sie regelmäßig im Hause der Pflegeeltern besuchte, wurde von ihr wie jede andere Bekannte oder Verwandte der Pflegefamilie erlebt. Erst als dem Mädchen die Trennung von den Pflegeeltern zugemutet wurde, begann ein tiefer Bruch in der Entwicklung des Kindes. Diese Worte sind allerdings völlig unzureichend, wenn man das Leid des Kindes selber begleiten musste.

Wie kann die Gutachterin von der „Trennung von den leiblichen Eltern" in einer besonders sensiblen Phase reden? Das Mädchen war gerade noch in der von Mary Ainsworth beschriebenen undifferenzierten ersten Phase in der Pflegefamilie untergebracht worden. Die einwöchige Trennung von den engsten Bezugspersonen – und das waren die Pflegeeltern – erfolgte im Alter von elf Monaten. Wie nur konnte die Gutachterin darauf kommen, dass sich die Trennung von den „leiblichen Eltern", mit denen sie nie zusammengelebt hat, in einer sensiblen Phase vollzogen hat? Wie konnte sie übersehen, dass dieses leidvolle Trennungserlebnis gerade bei den Pflegeeltern in einer besonders sensiblen Phase erfolgte?

Bei der Interpretation von Gutachten haben Beistände von Pflegeeltern nach § 13 SGB XIII die Aufgabe, Gutachten kritisch zu hinterfragen. Die unkritische Gläubigkeit Gutachten gegenüber, sei es bei Verfahrenspflegern, Gerichten, Rechtsanwälten und Jugendämtern, ist manchmal erschreckend. Ein Gutachten muss in sich logisch sein, die Biografie des Kindes in den Mittelpunkt stellen, die Grundbedürfnisse des Kindes erfassen, die Verhaltensbeobachtungen der Pflegeeltern ernst nehmen und aus all dem logische, nachvollziehbare Schlüsse ziehen.

Was Pflegeeltern als Grundlage für ein Gutachten erbringen müssen, ist eine genaue Verhaltensbeobachtung. Es ist wichtig, dass Pflegeeltern konkret beschreiben, was sich in welcher Situation für das Kind für Schwierigkeiten ergeben haben und mit welchen Verhaltensweisen es reagiert hat. Dies gilt insbesondere bei Umgangskontakten und ihren Auswirkungen auf das Kind.

Ein Beistand kann dabei eine große Hilfe sein. Vielen Pflegeeltern, die so unmittelbar von der Not des Kindes betroffen sind, fällt es schwer, eine genaue Schilderung der Fakten zu geben und die Gefühlslage des Kindes deutlich zu machen. Hier kann der Beistand mit seinen theoretischen Kenntnissen helfen, das, was sich konkret zugetragen hat, auch konkret zu schildern. Das hilft dem Richter, die Situation des Kindes realistisch und konkret zu erfassen und zu einem angemessenen Ergebnis zu kommen.

16.1.4. Zur Verknüpfung von „Erkenntnis und Interesse"
Hier möchte ich mich den Ausführungen von Gisela Zenz anschließen:[178]
„Zum Abschluss noch eine Bemerkung zum Umgang mit wissenschaftlichen Erkenntnissen. Wissenschaft wird bekanntlich von Menschen betrieben, und

---

[178] Zenz 2001, S. 34ff

Menschen haben außer wissenschaftlichen auch persönliche Motive oder auch Gruppeninteressen, die mehr oder weniger bewusst ihre Arbeit beeinflussen.

So muss es nicht verwundern, wenn eine Zeit, in der Familienkonflikte offenkundig sind, eher solche – wissenschaftlich begründete – Lösungen in einem günstigen Licht erscheinen lässt, die niemandem wehtun und die Konfliktparteien immer und überall freundschaftlich zusammenarbeiten lassen. In gleicher Weise ist es verständlich, dass das Ideal sozialarbeiterischer Tätigkeit bestimmte Strategien eingreifender, kontrollierender und entscheidender Art mit wissenschaftlicher Begründung als unzweckmäßig erscheinen lässt gegenüber anderen Strategien, bei denen es eher um Beraten, Anbieten und Aushandeln geht.

Die praktische Erfahrung lehrt hier freilich etwas anderes. Es ist deshalb eine vordringliche Aufgabe, diese Erfahrungen aus wissenschaftlicher Perspektive zu bündeln, zu benennen und überall dort Konsequenzen zu ziehen, wo Wunsch und Realität auseinander klaffen.

Weniger Nachsicht scheint mir angebracht mit anderen, sehr handfesten finanziellen und politischen Interessen, die gerne wissenschaftliche Erkenntnisse für sich in Anspruch nehmen. So werden etwa kostengünstigere Lösungen gern pauschal als wissenschaftlich besser ausgewiesen präsentiert: die Familienpflege gegenüber der Heimerziehung, die sozialpädagogische Familienhilfe gegenüber der Familienpflege.

Leider lassen PsychotherapeutInnen, FamilenberaterInnen und MediatorInnen manchmal nicht nur den Bedarf für Psychotherapie und Beratung, sondern auch die Erfolgsaussichten in allzu günstigem Licht erscheinen, das angeblich auf ihrer wissenschaftlich erwiesenen Qualität beruht. Die Finanzverantwortlichen lassen sich natürlich gern von der wissenschaftlichen Seriosität neuer Therapie- oder Trainingsverfahren überzeugen, die auch schwierigste Fälle in kürzester Frist – und damit kostengünstiger als alle anderen – zu erledigen versprechen.

Diese enge Verbindung von „Erkenntnis und Interesse" sollte man bei wissenschaftlichen Auseinandersetzungen nicht aus dem Blick verlieren. Das gilt ganz besonders, wenn sie sich, etwa im Zusammenhang mit rechtspolitischen Reformen, im öffentlichen Raum abspielen, wo es immer auch um Macht und nicht zuletzt um Geld geht."

16.2. Eine Studie – Handlungsmuster der Jugendämter

Die Universität Konstanz hat ein sozialwissenschaftliches Forschungsprojekt[179] durchgeführt, dass die unterschiedlichen Arbeitsweisen der Jugendämtern und Vormundschaftsgerichte untersuchte. Die Erkenntnisse dieser Untersuchung wurden aus Expertengesprächen (Jugendamtsmitarbeiter, Familienrichter) und

---

179 vgl. Hoch, Eckert-Schirmer, Ziegler, Lüschner 2002, S. 100

aus Aktenanalysen gewonnen. Dabei kamen unterschiedliche Handlungsmuster zutage. Es wurden in je drei Jugendämtern und Vormundschaftsgerichten in Baden-Württemberg und Nordrhein-Westfalen sowie im Jugendamt Bremen 60 Akten in Jugendämtern und 15 Akten in Vormundschaftsgerichten analysiert.

Die Forschungsgruppe unterteilte die Handlungsmuster der Jugendämter wie folgt:
1. diagnostisch-fürsorgende Handlungsmuster
2. dienstleistungsorientierte Handlungsmuster
3. fachlich-beratende Handlungsmuster

Das diagnostisch-fürsorgende Handlungsmuster wurde als kindzentriert beschrieben, das dienstleistungsorientierte Handlungsmuster als elternzentriert und das fachlich-beratende als eine Mischform des kindzentrierten und elternzentrierten Handlungsansatzes.

Die Handlungsmuster zeigen erhebliche Unterschiede bei der Gestaltung der Pflegeverhältnisse, sowohl im Hinblick auf die Gestaltung der Umgangskontakte als auch im Zusammenhang mit den Vormundschaftsregelungen. Der elternzentrierte Ansatz hatte zur Folge, dass davon ausgegangen wird, dass auch unzuverlässig wahrgenommene und die Kinder belastende Umgangskontakte hinzunehmen sind, während die kindzentrierte Denkweise dazu führte, dass Bedingungen an die Gestaltung der Umgangskontakte geknüpft werden. Dazu gehört eine gewisse Zuverlässigkeit in der Wahrnehmung der Besuchstermine durch die Herkunftseltern und das Eingehen auf die Bedürfnisse des Kindes. Im dienstleistungsorientierten Handlungsmuster wurden vom Jugendamt häufiger Kontakte angeboten als von den Herkunftseltern wahrgenommen wurden. Umgangskontakte wurden trotz erheblicher negativer Auswirkungen auf das Kind beibehalten.[180]

Obwohl sich deutliche Unterschiede in der fachlichen Orientierung der befragten Sozialarbeiter/innen herausarbeiten ließen, zeigten sich wider Erwarten keine gravierenden Unterschiede in der Frage, ob die Vollzeitpflege eine zeitlich befristete Hilfe ist oder auf Dauer angelegt ist.[181]

Bemerkenswert an dem Ergebnis der Studie ist, dass sich die elternzentrierte Orientierung der Fachkräfte nicht auf die Häufigkeit der Rückführungen in die Herkunftsfamilie auswirkt.

---

180 vgl. Hoch, Eckert-Schirmer, Ziegler, Lüschner 2002, S. 109
181 vgl. Hoch, Eckert-Schirmer, Ziegler, Lüschner 2002

Als Begründung für die Tatsache, dass weniger Kinder zurückgeführt werden können als geplant, führten die Vertreter des dienstleistungsorientierten Handlungsmusters, welche grundsätzlich auf Rückführungen hinarbeiten und somit elternzentriert ausgerichtet waren, an, dass sich die Wiederherstellung der Erziehungsfähigkeit der Eltern häufig nicht realisieren lasse.[182]

Die im Rahmen des Forschungsprojektes durchgeführte Untersuchung zeigt auf, dass es unterschiedliche Vorgehensweisen mit unterschiedlichen Zielsetzungen gibt. Hier stehen sich in Jugendämtern oft unversöhnliche Ideologien gegenüber.

Erstaunlich ist das Untersuchungsergebnis: Trotz der beiden grundsätzlich verschiedenen Handlungsmuster sind keine Auswirkungen auf realisierbare Rückführungen zu verzeichnen. Hier stellt sich die Frage, ob es gerechtfertigt sein kann, auch schwere Belastungen für das Kind in Kauf zu nehmen, wenn es zum Beispiel indirekt oder aber sogar direkt zu Umgangskontakten gezwungen wird oder wenn die Lebensperspektive ungeklärt bleibt und das Kind in einem Schwebezustand gehalten wird.

Die Methode der Aktenanalyse birgt viele Fehlerquellen, weil die Lebenswirklichkeit des Kindes aufgrund eines reinen Aktenstudiums nicht erkannt werden kann. Die Fallbeurteilung aufgrund von Aktenstudien ist auch deshalb kaum möglich, weil dazu eine lückenlose Aktenführung notwendig wäre, die aber in der Praxis nicht geleistet werden kann. Auch sollte der „Beurteilende" die Akten völlig neutral lesen und es soll dabei keine Hypothesenbildung belegt werden.

An zwei Fallbeispielen möchte ich aufzeichnen wie es zu schwerwiegenden Fehleinschätzungen der Lebenswirklichkeit des Kindes kommen kann. Ich habe bei dieser Untersuchung mitgewirkt und meine eigenen Berichte wurden wiedergegeben.

In der ersten Fallgeschichte handelt es sich um einen, von der alkoholkranken leiblichen Mutter, schwer misshandelten und vernachlässigten acht Monate alten Jungen. Bei der Unterbringung in der Pflegefamilie war er apathisch und ließ sich ohne ein gesundes Neugierverhalten von jedem auf den Arm nehmen. Dem Vater wurden Hilfsangebote gemacht, damit er das Kind allein versorgen kann. Dies ließ sich jedoch nicht verwirklichen, da er sich die Erziehung des Kindes nicht zutraute und er die Unterbringung in einer Pflegefamilie wünschte. Bald versöhnte sich der leibliche Vater wieder mit seiner Ehefrau, und es fanden

---

182 vgl. Hoch, Eckert-Schirmer, Ziegler, Lüschner 2002, S. 85

wöchentliche Besuche bei den Pflegeeltern statt. Das Verhältnis zwischen Pflegeeltern und Herkunftseltern war freundschaftlich. Die leibliche Mutter suchte Rat bei der Pflegemutter in ihren persönlichen Problemen. Der Junge zeigte keine negativen Reaktionen bei den Besuchen, bis die Herkunftseltern Besuche ohne Begleitung der Pflegeeltern einforderten und die Rückübertragung des Sorgerechtes beantragten.

Die vom Gericht angeordneten Besuche ohne die Pflegeeltern führten bei dem Kind zu heftigen Angstzuständen. Die Trennung von den Pflegeeltern hat das nunmehr eng an die Pflegemutter gebundene Kind nicht verkraftet, und es reagierte mit Angst und Anklammern. Es schrie sofort, wenn die Pflegemutter aus seinem Blickfeld verschwand. Als schließlich Übernachtungen gefordert wurden, wandte ich mich in einem Bericht an das Amtsgericht und begründete aufgrund des Alters und des Verhaltens des Kindes vor dem Vormundschaftsgericht, warum dies dem vorgeschädigten Kleinkind nicht zugemutet werden kann, ohne dass es dauerhaften Schaden nehmen wird.[183]

In der Aktenanalyse wird festgestellt, dass „teilweise allgemeine, quasi wissenschaftliche Aussagen" herangezogen werden, um Umgangskontakte zu verhindern. Mein Bericht wird wie folgt zitiert:

„Der Umfang des Antrages der Rechtsanwältin Frau (...) ist bei einem Kleinkind wie PK nicht am Kindeswohl orientiert . (...) Auch wenn das Kind erfreulicherweise keine Angst vor den Eltern hat, ist es eine psychologisch begründete Tatsache, dass Einschlafen und Aufwachen eines Kleinkindes besonders sensible Momente sind.

Es ist wichtig, die vertraute Bezugsperson vorzufinden, die vertraute Umgebung (Bettchen, Spielsachen, Gerüche) und die vertrauten Geräusche, damit keine Verunsicherung des Kindes erfolgt. Jede Verunsicherung kann zu Ängsten führen, die das Kind schädigen. Wir schlagen im Einverständnis mit den Pflegeeltern vor, dass das Kind am 1. Weihnachtsfeiertag nach dem vorverlegten Mittagsschlaf zu den Eltern geht und dort verbleiben kann bis es müde wird. Dies ist in der Regel gegen 19.00 Uhr.

Eine weitergehende Ausdehnung des Besuches ist gegen das Wohl des Kindes und kann deshalb von uns nicht befürwortet werden".[184]

Der Fortgang der Entwicklung war wie folgt:
Das Gericht ordnete die Übernachtung an. Die Pflegeeltern resignierten, weil den Schilderungen ihrer Berichte von dem schweren Rückfall des Kindes

---

183 vgl. Hoch, Eckert-Schirmer, Ziegler, Lüschner 2002, S. 100
184 vgl. Hoch, Eckert-Schirmer, Ziegler, Lüschner 2002, S. 100

kein Glauben geschenkt wurde. Die Gutachterin, die vor einer Ausdehnung der Besuche abriet und die Rückführung des Kindes als gravierende Schädigung ansah, wurde mit einem Gegengutachten, als unglaubwürdig hingestellt, genau wie der fallführende Sozialarbeiter. Der Junge, der zu Anfang schrie, sich anklammerte und sich wehrte, wurde zusehends resignierter und apathischer. Er schrie nicht mehr. Dieses Anpassungsverhalten des Kindes wurde als gelungener Prozess gewertet, und das Kind ging zu den leiblichen Eltern zurück.

Als das Kind zweieinhalb Jahre alt war, kam es wiederum zu schweren Misshandlungen des Kindes durch die Mutter. Es musste wieder fremduntergebracht werden. Dieses Kind ist jetzt ein Jugendlicher. Er konnte wegen seiner Verhaltensauffälligkeiten keine normale Förderschule besuchen, die schweren Schädigungen konnten bisher durch keine Therapie aufgefangen werden. Die Kontakte zur Mutter finden aufgrund ihrer Alkoholproblematik ein- bis zweimal im Jahr statt. Der Vater hat sich kurz nachdem er mit dem Kind vor der Ehefrau geflohen ist und die zweite Fremdunterbringung in die Wege geleitet hat, selbst getötet.

Aufgrund dieser Aktenauswertung kommt der Autor zu folgendem Ergebnis:
"(...) Daraus resultiert eine konfrontative Haltung gegenüber den Herkunftseltern und eine Orientierung des Sorgerechts und der Besuchskontakte an dem, was als das Wohl und die aktuellen Bedürfnisse des Kindes angesehen wird. Dabei werden teilweise verallgemeinerte wissenschaftliche Aussagen oder auch subjektive Einschätzungen zur Bestimmung des Kindeswohls herangezogen. Ein darüber hinausgehendes Elternrecht besteht gemäß dieser Orientierung nicht bzw. wurde mit der Inpflegegabe verwirkt. Die Fürsorgepflicht des Jugendamtes wird in diesem Handlungsmuster so verstanden, dass nicht nur eine Gefährdung des Kindeswohls abgewendet werden soll, sondern darüber hinaus aktiv versucht wird, dem Kind eine bessere Familie zu bescheren."[185]

Die Geschichte dieses Jungen beweist, dass ihm nicht eine bessere Familie beschert werden sollte, sondern dass er vor zu erwartenden weiteren Misshandlungen und Traumatisierungen geschützt werden sollte. Ein lebenslang nachwirkender Schaden für den jungen Menschen hätte vermieden werden können. Die Aktenanalyse konnte die Probleme dieses Kindes nicht erkennen und die Folgerungen, die aus dieser Geschichte gezogen wurden, sind fehlerhaft. In der Aktenanalyse fand die Garantenpflicht des Jugendamtes für den Kinderschutz keinen Raum, und es wurde den Beobachtungen des Gutachters und des Sozialarbeiters kein Glauben geschenkt.

---

185   vgl. Hoch, Eckert-Schirmer, Ziegler, Lüschner 2002, S. 101

Das zweite Fallbeispiel aus der Aktenanalyse:
In der Untersuchung wird als Unterbringungsgrund des siebeneinhalbjährigen Jungen im Frühjahr 1990 die Scheidung, Wiederheirat und Trennung genannt. Der Unterbringungsgrund war jedoch die Tatsache, dass, wie sich im Nachhinein herausstellte, der Junge von den Nachbarn seit Jahren versorgt wurde, weil der Vater und seine Lebensgefährtin meist so betrunken waren, dass sie die Anwesenheit oder die Abwesenheit des Jungen nicht wahrnahmen. Die Mutter, die einige Kilometer entfernt wohnte, sorgte für die Wäsche, wandte sich jedoch nie an das Jugendamt um Hilfe für das Kind zu bekommen. Sie selbst hatte das Sorgerecht für den Jungen. Sie wollte diesen jedoch nicht zu sich nehmen, weil ihr Ehemann den Jungen ablehnte. Nach der Unterbringung war die Mutter froh, dass für den Jungen eine Pflegefamilie gefunden werden konnte. Monatliche Besuche wurden im Hilfeplan festgeschrieben. Der Junge wartete auf diese Besuche, weil die Mutter für ihn wichtig war. Ohne das Kind oder die Pflegefamilie zu benachrichtigen kam die Mutter nicht. Ersatztermine wurden vereinbart, die gelegentlich eingehalten wurden. Der Vermerk in den Akten ist entstanden, als der Junge sich in die Pflegefamilie so gut integrieren konnte, dass er kaum mehr darunter litt, dass die Mutter die vereinbarten Besuche nur gelegentlich einhielt. Der von mir verfasste Aktenvermerk über diese Tatsache heißt „PK hat am Anfang auf diese versprochenen und nicht eingehaltenen Besuche (durch die HM) sehr stark reagiert, jetzt hat er keine Wünsche mehr an seine Mutter. Beim letzten nicht eingehaltenen Besuch vor circa zwei Monaten spielte er fröhlich weiter".[186]

Bei dem Abfassen des Aktenvermerkes war ich erleichtert, dass der Junge nicht mehr so sehr litt. Die Folgerung in der Aktenanalyse, dass das Ausbleiben der Umgangskontakte als Erfolg verbucht wurde, entsprach keinesfalls den Tatsachen.

Der Autor kommt nach der Aktenauswertung zu folgendem Ergebnis:
„Falls die Eltern trotz ihres Erziehungsversagens noch Kontakt zu ihrem Kind halten wollen, so müssen sie sich erst in der einen oder anderen Weise „bewähren", sie müssen Initiative, Kontinuität und Durchhaltevermögen zeigen. Kontaktangebote von Seiten des Jugendamtes, die dann von den Herkunftseltern nicht wahrgenommen werden, tauchen kaum auf. Entsprechend wird es in zwei Fällen als Erfolg verbucht, wenn das Pflegekind keinen Kontakt mehr zu den Herkunftseltern hat."[187]

---

186   vgl. Hoch, Eckert-Schirmer, Ziegler, Lüschner 2002, S. 99, 106
187   vgl. Hoch, Eckert-Schirmer, Ziegler, Lüschner 2002, S. 106

Gerade bei diesem Kind wurde zwar nicht jeder Besuchsversuch in der Akte genau vermerkt, jedoch waren im Hilfeplan monatliche Besuche vorgesehen und terminiert. Ich war jeweils an diesem Tag in der Pflegefamilie, um zum einen das Kind zu begleiten, zum anderen auch um regelmäßigen Kontakt zur Herkunftsmutter zu pflegen. Der Junge schmückte den Tisch und half beim Kuchenbacken. Es war sehr schmerzlich für den Jungen, wenn die Mutter wieder einmal nicht kam. So ist meine Erleichterung zu verstehen, die aus dem zitierten Aktenvermerk stammt.

Die Auseinandersetzung mit diesen zwei Fallbeispielen will nicht aussagen, dass der Verfasser nicht korrekt gearbeitet hat, vielmehr möchte ich verdeutlichen, dass Aktenanalysen deshalb die Lebenswirklichkeit nur schwer verdeutlichen können, weil die Beschreibung in Vermerken und Berichten nicht dem entspricht, was beobachtet werden kann, wenn die erlebte Wirklichkeit und das erlebte Verhalten des Kindes entweder durch die Pflegeeltern oder durch den Berater begleitet wird. Bei der Arbeitsüberlastung der Sozialarbeiter ist es auch kaum möglich, die Akte so zu führen, dass ein Unbeteiligter die Wirklichkeit dieses Kindes nachvollziehbar wiedergeben kann.

Die Handlungsmuster der Jugendämter haben auch erhebliche Auswirkungen darauf, ob den Pflegeeltern die Vormundschaft oder die Pflegschaft gemäß § 1630 Abs. 3 BGB übertragen wird.

Ein Zitat aus der Untersuchung:
„Fragen des Sorgerechts werden in diesem (diagnostisch-fürsorgenden) Handlungsmuster an dem Wohl des Kindes orientiert. In einem zweiten Fallbeispiel dieses Musters fand die Inpflegegabe des siebeneinhalbjährigen Jungen im Frühjahr 1990 durch den Vater (nach dessen Scheidung, Wiederheirat und Trennung) statt. Das Jugendamt formuliert hier:

Es entspricht dem Wohle des Kindes, wenn die Pflegeeltern auch rechtlich die tatsächliche Sorge für das Kind ausüben können. Gerade bei PK. (dem Pflegekind) bedarf es auch therapeutischer und schneller Entscheidungsbefugnis. Sowohl der Vater wie auch die Mutter sind häufig nicht schnell erreichbar".[188]

Das vorstehende und das nachfolgende Fallbeispiel bezieht sich auf den gleichen Jungen, der bereits bei den Umgangskontakten (s. Kap. 12.) beschrieben wurde. Die Mutter stellte auf Anraten des kindzentriert arbeitenden Jugendamtes den Antrag auf Übertragung des Sorgerechtes nach § 1630 Abs. 3 BGB. Das Kind war in einem anderen Jugendamtsbezirk untergebracht. Da die Mutter das Sor-

---
188   vgl. Hoch, Eckert-Schirmer, Ziegler, Lüschner 2002, S. 99

gerecht hatte, wurde das nach dem dienstleistungsorientierten Handlungsmuster arbeitende für die Mutter zuständige Jugendamt vom Gericht befragt.

Zitat:
„Hauptsächlich verdeutlicht sich das dienstleistungsorientierte Handlungsmuster in der Regelung des Sorgerechts und der Besuchskontakte. Hier wird der Grundsatz vertreten, dass eine Einschränkung oder ein Entzug der elterlichen Sorge nur an einer Unfähigkeit der Eltern festzumachen ist."

Ein Beispiel:
„HM (Herkunftsmutter) signalisierte Bereitschaft zur Zusammenarbeit und Verantwortungsbewusstsein bezüglich dem Wohlergehen von PK (Pflegekind). Wir sind deshalb der Auffassung, dass eine Einschränkung der elterlichen Rechte gemäß § 1630 BGB nicht erforderlich ist. Der Grundsatz, dass auch der geringfügigste Eingriff in die elterlichen Rechte auf einem entsprechenden Unvermögen der Eltern basiert, ist u.E. hier nicht erfüllt".[189]

Für das eine Jugendamt stand fest, dass Pflegeeltern Dienstleistungen für das Jugendamt erbringen und keine zusätzlichen Rechte brauchen. Für das andere Jugendamt war wichtig, dass die Pflegeeltern auch rechtlich im Sinne des Kindes handeln können.

Der Richter entsprach in diesem Fall dem Antrag der Mutter und fand die Stellungnahme des Jugendamtes mit der elternorientierten Sichtweise nicht entscheidungsrelevant.

Erschreckend ist, dass es für ein Kind schicksalhaft entscheidend sein kann, in welchem Jugendamtsbezirk es wohnt, auf welchen Gutachter mit welchem theoretischen Hintergrund oder auf welchen Verfahrenspfleger, der Bindungen beachtet und etwas von Traumatisierung versteht – oder eben nicht – trifft. Deshalb ist der in § 36 SGB VIII aufgestellte Grundsatz wichtig, dass die Hilfe für das Kind im Zusammenwirken verschiedener Fachkräfte zu erfolgen hat.

Anmerken möchte ich, dass Pflegeeltern für das Kind fachlich kompetente Personen sind, die am Nächsten am Kind sind, und deren Verhaltensbeobachtung fachlich ein hoher Wert zugemessen werden sollte.

---

[189] vgl. Hoch, Eckert-Schirmer, Ziegler, Lüschner 2002, S. 101f

17. Beistände als Begleiter der Pflegefamilien

Die Mitarbeiter der Pflegeelternschule Baden-Württemberg e.V. machen in den Seminaren für Pflegeeltern immer wieder die Erfahrung, dass Pflegeeltern vielerorts nicht die Vorbereitung auf ihre Aufgabe als Pflegeeltern bekommen und auch die Begleitung und Beratung in Krisensituationen nicht im notwendigen Ausmaß bei ihrem Jugendhilfeträger finden. Nicht selten fühlen sich Pflegeeltern alleingelassen und über mögliche Unterstützungsmöglichkeiten im Umgang mit ihrem schwer vorbelasteten Pflegekind schlecht informiert. Auch das Kind belastende Besuchssituationen mit der Herkunftsfamilie bringen Pflegefamilien oft an die Grenze ihre Belastbarkeit.

Als Konsequenz aus dieser Erkenntnis ist ein Ausbildungsprogramm für erfahrene Pflegeeltern entstanden, welche die Aufgabe eines Beistandes gemäß § 13 SGB X fachkompetent übernehmen können. Der erste Ausbildungsgang fand regen Anklang, und mehr als 20 Teilnehmerinnen und Teilnehmer aus allen Berufssparten haben nach zwei Jahren die Ausbildung abgeschlossen und sind zum größten Teil im Einsatz. In der Zwischenzeit hat ein zweiter Ausbildungsgang abgeschlossen und der dritte mit weiteren ca. 20 Teilnehmern beginnt im Herbst 2008, so dass nach Abschluss in Baden-Württemberg flächendeckend ausgebildete Beistände zur Verfügung stehen. Pflegeelternverbände von anderen Bundesländern planen nach dem Konzept von Baden-Württemberg ähnliche Beistandsausbildungen.

Eine umfassende Konzeption ist die Grundlage der Ausbildung und Arbeit der Beistände.

In der Konzeption werden die Ziele der Beistandsausbildung wie folgt beschrieben: Ausgangspunkt für jede Handlung eines Beistandes ist es, die Bedürfnisse des Pflegekindes in den Mittelpunkt zu stellen und das Kindeswohl – insbesondere sein Recht auf dauerhafte Beheimatung – als Richtschnur der Beratung anzusehen und engagiert zu vertreten. Von dieser Grundannahme ausgehend kann in Konfliktsituationen eine gemeinsame Basis zwischen Pflegefamilien, Herkunftsfamilien und Jugendhilfeträgern gesucht werden.

Die Arbeit des Beistandes gliedert sich zum einen in die Prävention und Begleitung, dies kann eine Patenschaft für neue Pflegefamilien sein, die Unterstützung bei der Antragstellung zur Übertragung der Pflegschaft/Vormundschaft und auch die Übernahme einer Pflegschaft/Vormundschaft in besonderen Situationen sein. Zum anderen ist sie Konflikt- und Krisenbegleitung.

Sei es, dass die Pflegefamilie mutlos wird und Hilfe und Stärkung nötig hat, sei es, dass die Umgangskontakte die Pflegefamilie und insbesondere das Kind überfordern oder sei es, dass Rückführungswünsche der Herkunftsfamilie oder des Jugendamtes im Raume stehen und das Pflegekind in schwere Trennungsängste stürzen.

Die Beistände erhalten für ihre schwierige Arbeit Praxisbegleitung durch im Pflegekinderwesen erfahrene Fachkräfte.

Auch im gerichtlichen Verfahren kann ein besonders qualifizierter Beistand für die Pflegeeltern eine große Hilfe sein. Er hilft, fundierte Anträge z.B. einen Antrag auf Verbleib gemäß § 1632 Abs. 4 oder die Übertragung von Teilen der elterlichen Sorge gemäß § 1630 Abs. 3 zu stellen und die Hemmschwelle und Angst vor gerichtlichen Auseinandersetzungen, im Interesse des Kindes, zu mildern. Da er ehrenamtlich arbeitet, ist dies gerade in der ersten Instanz, auch unter Kostengesichtspunkten, eine wichtige Hilfe. Pflegeeltern sind in der Regel über der Einkommensgrenze, in der sie Prozesskostenhilfe bekommen können, haben jedoch oft durch einen Hausbau und nur einen Verdiener in der Familie einen engen finanziellen Rahmen.

Erfreulich ist, dass die Neufassung des FGG – das FamFG – in § 13 diese Möglichkeit aus dem vorausgegangenen Gesetz übernommen hat.

Der Beistand vertritt in erster Linie die Interessen des Pflegekindes. Dies geschieht im Rahmen des § 13 SGB X im Auftrag der Pflegeeltern. Die gesetzlichen Grundlagen für die Beistände sind in § 13 SGB X festgelegt. Dort heißt es:

(...) (4) Ein Beteiligter kann zu Verhandlungen und Besprechungen mit einem Beistand erscheinen. Das von dem Beistand Vorgetragene gilt als von dem Beteiligten vorgebracht, soweit dieser nicht unverzüglich widerspricht.

(5) Bevollmächtigte und Beistände sind zurückzuweisen, wenn sie geschäftsmäßig fremde Rechtsangelegenheiten besorgen, ohne dazu befugt zu sein. Befugt im Sinne des Satzes 1 sind auch die in § 73 Abs. 6 Satz 3 des Sozialgerichtsgesetzes bezeichneten Personen, sofern sie kraft Satzung oder Vollmacht zur Vertretung im Verwaltungsverfahren ermächtigt sind.

(6) Bevollmächtigte und Beistände können vom Vortrag zurückgewiesen werden, wenn sie hierzu ungeeignet sind; vom mündlichen Vortrag können sie nur zurückgewiesen werden, wenn sie zum sachgemäßen Vortrag nicht fähig sind. Nicht zurückgewiesen werden können Personen, die zur geschäftsmäßigen Besorgung fremder Rechtsangelegenheiten befugt sind.

(7) Die Zurückweisung nach den Absätzen 5 und 6 ist auch dem Beteiligten, dessen Bevollmächtigter oder Beistand zurückgewiesen wird, schriftlich mitzuteilen. Verfahrenshandlungen des zurückgewiesenen Bevollmächtigten oder Beistandes, die dieser nach der Zurückweisung vornimmt, sind unwirksam.

In welchen Situationen suchen Pflegeeltern Hilfe?
Im Vorfeld der Unterbringung werden Pflegeeltern in der Regel für die Aufnahme eines Kindes vorbereitet. Auch in der Unterbringungsphase erhalten sie vielleicht noch die erforderliche Hilfe. Das Gefühl, allein gelassen zu werden, stellt sich meist nach der Unterbringung des Kindes ein. Für die Pflegefamilie ist jedoch die erste Zeit nach der Aufnahme des Kindes die schwierigste Phase. Das Kind ist zunächst fremd, sein Verhalten schwer zu verstehen.

Hier ist es wichtig, dass ein gutes Vertrauensverhältnis zwischen dem zuständigen Mitarbeiter des Jugendamtes und der Pflegefamilie vorhanden ist. Die Pflegefamilie muss jedoch nicht selten feststellen, dass der Mitarbeiter des Amtes, mit dem sie bisher Kontakt hatte, für das Pflegekind nicht zuständig ist. Hier treten oft gravierende Schwierigkeiten auf, die Hilfe von außen erforderlich macht. Der Beistand kann bei auftretenden Schwierigkeiten eine wichtige Hilfe sein. Er kann Hilfestellung geben, bei der Bewältigung des Alltags mit dem Kind und beim Verstehen der schwierigen Verhaltensweisen des Kindes und den Pflegeeltern helfen zu verstehen, welche Nöte und Ängste hinter dem Verhalten des Kindes stehen können. Der Beistand kann auch helfen, im Umgang mit dem Jugendhilfeträger, eine partnerschaftliche Atmosphäre herzustellen und zur Klarheit und Transparenz in der Hilfeplanung zu kommen.

Dort, wo der Datenschutz so interpretiert wird, dass die Pflegeeltern möglichst wenig Informationen über die Vergangenheit des Kindes erhalten sollen, ist dies für das Verstehen des Kindes ein großes Problem. Die Pflegeeltern erkennen aus dem Verhalten des Kindes, dass ihnen vieles aus dem bisherigen Erleben des Kindes unbekannt ist. Sie stellen fest, dass sie mehr über die Vorgeschichte erfahren müssen, um dem Kind gerecht werden zu können. Welche Belastungen hat das Kind in welcher Umwelt und von welchen Personen erfahren? Wer hatte einen positiven, wer einen negativen Einfluss auf das Kind und in welcher Ausprägung? Welche Bindungen sind für das Kind und warum bedeutsam?

Vor wem oder was hat es Angst? Wurde das Kind misshandelt, allein gelassen, nicht versorgt, geschüttelt, bestand der Verdacht auf sexuellen Missbrauch? Dies sind einige von vielen Fragen, die für den Erziehungsalltag wichtig sind, und hier stoßen Pflegeeltern bei vielen Jugendämtern auf Widerstand. Es wird auf den Datenschutz verwiesen. Hier kann der Beistand die Pflegeeltern beraten, indem er aufzeigt, was der Sinn des Datenschutzes ist. Er kann sie bestärken, ihr Recht auf alle Informationen, die zur Erfüllung der Erziehungsaufgabe notwendig sind, einzufordern. Dazu gehört alles, was das Kind bisher erlebt und auch belastet hat. Diese Kenntnis der Vorgeschichte ist die Grundlage für eine verständnisvolle Erziehung. Dort, wo es den Pflegeeltern nicht gelingt, den zuständigen Sozialarbeiter von dem Sinn und der Rechtmäßigkeit der Weitergabe von Daten, die das Kind betreffen, zu überzeugen, ist die Begleitung des Beistandes in der Auseinandersetzung über den Datenschutz sinnvoll. Der Datenschutz wird in Kapitel 15 in diesem Buch ausführlich behandelt.

Als positives Beispiel möchte ich aus der Pflegekinderkonzeption des Rhein-Sieg-Kreises wie folgt zitieren:
„Pflegeeltern gehören zu den Personen, die in § 78 SGB X mit „Personen oder Stellen" (...) gemeint sind, die nicht in § 35 SGB I genannt wurden und denen die Sozialdaten ihrer Pflegekinder und deren Eltern übermittelt wurden. Zweck der übermittelten Daten ist die Sicherstellung des Kindeswohls in der Pflegefamilie. Diese Daten dürfen von den Pflegeeltern ausschließlich zum Zwecke der Erziehung, der Gesundheitsfürsorge usw. an Dritte weitergegeben werden. Das bedeutet vor allem, dass Pflegeeltern bestimmte anvertraute Sozialdaten an Erzieher/innen im Kindergarten, Lehrer/innen in der Schule oder Ärzte/Ärztinnen weitergeben dürfen, wenn diese Datenweitergabe erforderlich ist. Eine darüber hinausgehende Weitergabe von Sozialdaten ist untersagt. Das Sozialgeheimnis behält seine Verbindlichkeit auch für die Zeit nach der Inpflegegabe (...).
Falls sich Pflegeeltern im Verwaltungsverfahren durch einen Beistand unterstützen lassen, kann es erforderlich sein, diesem bestimmte Sozialdaten anzuvertrauen. Diese Datenweitergabe unterliegt jedoch auch dem Grundsatz der Erforderlichkeit."

Die Hilfeplanung kann zu einem Konfliktpunkt zwischen Jugendhilfeträger und Pflegeeltern werden. Es ist trotz der gesetzlichen Vorgabe noch nicht selbstverständlich, dass eine Hilfeplanung erstellt und fortgeführt wird.

Es ist auch heute noch oft so, dass im Hilfeplan nichts über die Unterbringungsgründe und über das, was die Herkunftseltern in welchem Zeitrahmen in Ordnung bringen müssen, welche Hilfen sie bei der Bewältigung ihrer Probleme angeboten bekommen und wie der Erfolg der Maßnahmen in welchem Zeitraum überprüft wird, festgeschrieben wird. Oft wird auch das Alter des Kindes und damit verbunden der kindliche Zeitbegriff nicht beachtet.

Die in den §§ 33 und 37 SGB VIII geforderte Klärung der Lebensperspektive des Kindes ist keinesfalls die Regel. Ein großer Teil der Vollzeitpflegekinder ist traumatisiert. Dort wo Gewalt, Drogen und Alkohol die Elternpersönlichkeiten geprägt haben, ist kaum Veränderung in dem Zeitrahmen zu erwarten, der dem Zeitbegriff dieses konkreten Kindes entspricht. Hier ist zu prüfen, ob von vornherein der dauerhafte Verbleib des Kindes in der Pflegefamilie im Interesse des Kindes angestrebt werden muss.

Bei Hilfeplänen, die die Situation des Kindes mehr verschleiern als erläutern, ist der Beistand für Pflegekinder und Pflegeeltern, aber auch für Herkunftseltern eine wichtige Stütze. Klarheit ist für die Lebensplanung aller Beteiligten eine grundlegende Hilfe. Bei Konflikten und in der Anfangsphase des Pflegeverhältnisses ist das Einfordern von Transparenz eine wichtige Grundlage zur Vermeidung von Dauerkonflikten. Hier kann der Beistand den Pflegeeltern beim Einfordern der notwendigen Klarheit in der Hilfeplanung ein wichtige Stütze sein.

Die Klarheit hilft nicht nur dem Kind und den Pflegeeltern, sondern auch den Herkunftseltern. Diese müssen wissen, was genau mit welchen Mitteln und mit welchen Hilfen in welchem Zeitrahmen verändert werden muss, und es muss ihnen die Hilfe gewährt werden, die realisierbar ist. In vielen Hilfeplänen von Pflegefamilien, die sich hilfesuchend an einen Beistand wenden, steht z. B. trotz der Diagnose einer schweren psychischen Erkrankung, dass
- eine andere Wohnung gesucht
- Arbeit nachgewiesen
- ein Erziehungskurs besucht

werden muss und ähnliche äußere Gegebenheiten.

Der Beistand weiß um die Notwendigkeit, die Herkunftseltern nicht hinzuhalten. Wenn eine Rückkehr in dem angemessenen Zeitrahmen nicht möglich ist, hat die Hilfe für die Herkunftsfamilie sich fortan darauf auszurichten, sie davon zu überzeugen, dass sie ihrer Elternverantwortung in der konkreten Situation am besten dadurch gerecht werden können, dass sie einem dauerhaften Verbleib in der Pflegefamilie, ggf. auch einer Adoption zustimmen.[190]

---

190   BT-Drucksache 11/5948, S. 71ff

Die Umgangskontakte sind ein weiterer Konfliktpunkt, in dem die Hilfe des Beistandes angefragt wird. Pflegeeltern erfahren im täglichen Umgang mit dem Kind, ob dieses sich auf Umgangskontakte freut oder mit Ängsten reagiert.

Hier fühlen sich Pflegeeltern oft hilflos und überfordert, wenn ihnen kein Einfluss auf die Gestaltung der Umgangskontakte zugestanden wird. Der Beistand kann Besuchsbegleitung anbieten, um im Umgang mit allen Beteiligten nach einem Weg zu suchen, wie Umgangskontakte kindgerechter gestaltet werden können. Er kann auch durch die Verhaltensbeschreibung des Kindes bei den Umgangskontakten und vor allen Dingen nach den Umgangskontakten auf die Ängste und die Not des Kindes hinweisen und auf die erforderlichen Maßnahmen drängen. Wenn Pflegeeltern unterstellt wird, sie würden ihre eigenen Ängste auf das Kind übertragen, das Kind gegen die Herkunftseltern beeinflussen oder sich den Herkunftseltern gegenüber ungeschickt oder feindlich verhalten, kann der Beistand einerseits viel zur Entspannung der Situation, aber auch zur Klärung der Situation beitragen.

Gerade in der Anfangssituation des Pflegeverhältnisses bedürfen die Pflegeeltern – besonders dort, wo keine quantitativ und qualitativ gut ausgestatteten Fachdienste vorhanden sind – der Stützung durch erfahrene Pflegeeltern, die in pädagogischen und rechtlichen Fragen die entsprechende Weiterbildung haben.

Das Herausgabeverlangen und die Besuchsausweitung mit dem Ziele der Rückführung ist die häufigste und schwierigste Aufgabe in der Beratung der Pflegeeltern durch den Beistand. Oft wissen die Pflegeeltern nichts über ihre eigenen Rechte, oder sie sind völlig verunsichert, weil ihnen eingeredet wird, das Kind würde durch ihr Verhalten leiden, weil sie es nicht loslassen können. Es wird immer wieder behauptet, dass das Kind keine Trennungsängste hätte, wenn sie als Pflegeeltern positiv mitwirken würden. Die Verzweiflung, hier alleine zu stehen, ist für viele Pflegeeltern kaum auszuhalten. Der Beistand, der das Kind genau kennt, wird auch den Pflegeeltern helfen können, Mut zu fassen, auch zu gerichtlichen Schritten, wenn sie sehen, dass das Kind eine sichere Bindung an sie entwickelt hat und nicht ohne Schaden zu nehmen von ihnen weggegeben werden kann.

Im außergerichtlichen Verfahren, wo dem Kind der Schutz des Verfahrenspflegers in der Regel nicht gewährt wird, kommt es vielfach zu Abbrüchen von Pflegeverhältnissen, weil die Pflegeeltern nicht damit zurecht kommen, dass man ihnen die Schuld zuweist, wenn das Kind mit elementaren Verlassenheitsängsten und mit zunehmenden Verhaltensstörungen auf die Ausweitung der

Umgangskontakte mit dem Ziel der Rückführung reagiert. Hier brauchen die Pflegeeltern Bestärkung und Begleitung. So manchem Kind konnte geholfen werden, weil die Pflegeeltern wieder Mut schöpfen konnten und somit auch bereit waren, die gerichtliche Auseinandersetzung zum Schutze des Kindes zu wagen.

Hier braucht der Beistand allerdings die Möglichkeit, seinen Praxisanleiter zu Rate zu ziehen, der eventuell bei der Formulierung
- des Antrages der Pflegeeltern gemäß § 1632 Abs. 4 BGB auf eine Verbleibensanordnung,
- der Übertragung der Pflegschaft nach § 1630, Abs. 3 BGB oder
- der Beantragung der Übertragung der Pflegschaft oder Vormundschaft auf die Pflegeltern als Einzelvormund behilflich ist.

Diese im Pflegekinderbereich erfahrenen Personen stehen über die Pflegeelternschule Baden-Württemberg e.V. und PFAD für Kinder, Landesverband der Pflege- und Adoptivfamilien Baden-Württemberg e.V. bereit.

Die Person des Beistandes muss Erfahrung im Umgang mit Pflegekindern haben. Dies allein genügt jedoch nicht. Der Beistand braucht auch gute theoretische Kenntnisse im Pflegekinderwesen.

Die Pflegeelternschule Baden-Württemberg e.V. hat seit 2003 mit dem Ausbildungsprogramm begonnen. Den Beiständen werden die gesetzlichen Grundlagen und die Rechtssprechung im Pflegekinderbereich vermittelt. Das Jugendhilferecht ist ein wesentlicher Teil der Ausbildung. Die Persönlichkeitsrechte des Kindes, die im Grundgesetz verankert sind, die Bestimmungen des BGB, FamFG (FGG) und die Entscheidungen des Verfassungsgerichtes im Pflegekinderbereich gehören zum Ausbildungsprogramm.

Der Beistand benötigt Grundkenntnisse über die Erkenntnisse der Entwicklungspsychologie, der Bindungslehre und der Traumaforschung sowie Kenntnisse in der Verhaltensbeobachtung und der Verhaltensbeschreibung von Kindern.

Neben der theoretischen Wissensvermittlung wird durch Fallarbeit auf die Praxis vorbereitet. Dies ist ein wesentlicher Punkt der Ausbildung.

Eine nicht unwesentliche Bereicherung erfahren die einzelnen Teilnehmer der Ausbildung durch die entstandene Solidarität in der Ausbildungsgruppe und die Bereitschaft, Selbsthilfegruppen zu unterstützen und zu initiieren.

Ein wichtiger Bestandteil der Qualifizierung des Beistandes ist die Praxisbegleitung. Es steht jedem Beistand eine erfahrene Fachkraft als Praxisanleiter zur Verfügung. Jeder Beistand weiß, dass er sich bei schwierigen Fragen mit seinem Praxisanleiter besprechen soll.

Warum sind Beistände wichtig?
Eine Pflegemutter schrieb mir folgenden Brief. Er ist in der Zeitschrift paten 01/05 abgedruckt:[191]
„Die Mitarbeiter des Jugendamtes stehen bei der Betreuung von Pflegekindern zugegebenermaßen vor sehr großen Problemen. Sie sind verantwortlich für das Wohl der Kinder, müssen aber auch die Herkunftsfamilie betreuen und sollten möglichst geringe Kosten erreichen. Vor allem in Jugendämtern ohne Pflegekinderdienst mangelt es nach unserer Erfahrung auch an Spezialkenntnissen zum Thema Pflegekinder.

Bei dieser Konstellation werden immer wieder Konflikte auftreten. Auch die Tatsache, dass die Beratung der Pflegefamilien meist vom gleichen Jugendamt erfolgt und die Informationen zumindest unbewusst gefiltert werden, kann zu erheblichen Schwierigkeiten führen. Deshalb halte ich es für wichtig, dass bei Unklarheiten und widersprüchlichen Positionen zwischen Jugendamt – Pflegeeltern – Herkunftseltern möglichst früh ein Beistand eingeschaltet werden kann, der als unabhängiger Außenstehender das Wohl des Kindes vertreten kann. Ich als Pflegemutter konnte dies in unserem Fall leider nur unzureichend.

Als Pflegeeltern wird man von den Jugendämtern „mangels Qualifikation" nicht als gleichwertiger Partner angesehen.

Argumente wurden ignoriert mit der Begründung, dass wir aufgrund eigener Trennungsängste nicht in der Lage sind, die Situation „sachlich" zu bewerten.

Dass der ökonomische Druck auf die Sachbearbeiter des Jugendamtes die Hilfeplanung beeinflussen, wurde uns von Mitarbeitern bestätigt.

Auch wurde in unserem Fall das Kind als Druckmittel bei der Arbeit mit den Eltern eingesetzt und sollte diesen bei Wohlverhalten als „Belohnung" zu Besuchen nach Hause geliefert werden.

Wir hatten auch nicht den Mut, die Forderungen des Jugendamtes abzulehnen, weil wir uns zur Mitarbeit verpflichtet fühlten.

Auf Umwegen erfuhren wir von der Pflegeelternschule und der Möglichkeit, einen Beistand zu Gesprächen mit dem Jugendamt mitzunehmen. Dadurch wurde der Ton im folgenden Hilfeplan wesentlich sachlicher. Leider konnte kein Ergebnis erreicht werden, das dem Kindeswohl und der Rechtslage entsprochen hätte, so dass wir nur die Möglichkeit einer gerichtlichen Klärung sahen. Die juristisch

---

[191] PAN Pflege- und Adoptivfamilien NRW e.V. (Hrsg): in Zeitschrift paten , 1/05 2005

relevanten Argumente zur Erstellung des Antrages hätten wir allein nicht liefern können. Auch dabei leistete der Beistand wichtige Hilfe.

Ich bedaure, dass wir erst spät von der Möglichkeit der Beistandschaft erfahren haben.

Ich würde mir wünschen, dass jede Pflegefamilie weiß, dass es diese Hilfe gibt und dass es genügend Beistände gibt, die mit ihrer fachlichen Ausbildung bei Hilfeplangesprächen darauf achten, dass das Kindeswohl an oberster Stelle steht."

Dieser Brief einer Betroffenen gibt die Situation der Pflegefamilien realistisch wieder, wenn sie sich z.B. gegen eine dem Kindeswohl widersprechende Besuchsregelung oder mit Rückführungswünschen konfrontiert sehen. Gerade dort, wo Jugendämter die Philosophie vertreten, dass Pflegekinder immer Kinder auf Zeit sind, kann ein Beistand den Pflegeeltern dazu verhelfen, den Mut zum Eingehen von elterngleichen Bindungen zu haben. Das Wissen, dass einem Kind mit Verletzungen nur über eine stabile Beziehung und den Aufbau einer sicheren Bindung zu einer konstanten Bezugsperson geholfen werden kann, kann das Ergebnis des Beratungsprozesses zwischen Pflegeeltern und Beistand sein.

„Ich bin nicht die Spur mehr ein Experte für
Kinder, weil ich Kinderbücher schreibe.
Ich bin nur überzeugt davon, dass man
Kinder wie Menschen behandeln muss"

Astrid Lindgren, S. 42

18. Resümee

1. Das Kind hat eigene Grundrechte
Jeder Mensch – jedes Kind – genießt den Schutz des Grundgesetzes. Artikel 1 und 2 des Grundgesetzes haben zur Folge, dass das Kindeswohl Grundlage jeglichen Handelns der Jugendhilfe und der Familien- und Vormundschaftsgerichte ist.

Artikel 6 des Grundgesetzes beschreibt das Recht der Eltern auf Erziehung und das staatliche Wächteramt. Wörtlich heißt es:
(...) (2) Pflege und Erziehung der Kinder sind das natürliche Recht der Eltern und die zuvörderst ihnen obliegende Pflicht. Über ihre Betätigung wacht die staatliche Gemeinschaft. (...)

Das Wächteramt des Staates wurde in § 8a SGB VIII verdeutlicht.

Das Bundesverfassungsgericht hat 1968 festgestellt, dass als Folge eines länger andauernden Pflegeverhältnisses gewachsene Bindungen zwischen Pflegekind und Pflegeeltern dazu führen können, dass folglich auch die Pflegefamilie unter den Schutz des Art. 6 Abs. 1 und 3 GG gestellt ist.[192]

Die Folge der Anerkennung der Pflegefamilie als Familie, die den verfassungsrechtlichen Schutz nach Art. 6 GG genießt bei einer auf Dauer angelegten Pflege eines Kindes und der dadurch entstandenen Bindungen, ist, dass die Intimsphäre der Pflegefamilie zu achten ist. Das hat praktische Auswirkungen auf Eingriffe in die Pflegefamilie; so kann z.B. kein Umgangskontakt in Zeiten gelegt werden, in denen die Pflegefamilie in Ferien ist oder Familienfeste anstehen. Es kann auch nicht verordnet werden, dass die Pflegeeltern bei einem Berater, der für sie nicht akzeptabel ist, eine Familienberatung annehmen. Die Wahlfreiheit muss auch der Pflegefamilie zugestanden werden.

2. Gewaltfreie Erziehung
Die gewaltfreie Erziehung ist in § 1631 Abs. 2 BGB festgelegt. Kinder haben ein Recht auf gewaltfreie Erziehung. Körperliche Bestrafungen, seelische Verletzungen und andere entwürdigende Maßnahmen sind zu unterlassen.

Der § 1631 Abs. 2 BGB ist in Verbindung mit § 104 FamFG (§ 33 FGG) zu sehen, in dem zum Zwecke des Umgangs eine Gewaltanwendung untersagt wird.

---

[192] BverfGE 68, S 176, 187, 189

Hier stellt sich die Frage nach der Realität in der Jugendhilfe. Immer noch wird es als die Pflicht der Pflegeeltern angesehen, dass sie auch bei schweren Ängsten und bei traumatischen Vorerfahrungen die Kinder so vorbereiten, dass diese „freiwillig" zu Umgangskontakten gehen.

Pflegeeltern, die vom Gericht oder Jugendamt gezwungen werden, durch die Androhung eines Zwangsgeldes, das Kind gegen seinen Willen zum Umgang zu zwingen, muten dem Kind schweren seelischen Schaden zu und dies ist mit dem Kindeswohl nicht zu vereinbaren.

Das Kind fühlt sich auch von den Pflegeeltern verlassen und es kann die Phantasie entwickeln, dass Pflegeeltern und Herkunftseltern unter einer Decke stecken. Siehe Erfahrungsbericht Wochenpflege.

In Verbindung zur gewaltfreien Erziehung ist auch § 1626 Abs. 2 BGB zu berücksichtigen:
(...) (2) Bei der Pflege und Erziehung berücksichtigen die Eltern die wachsende Fähigkeit und das wachsende Bedürfnis des Kindes zu selbstständigem verantwortungsbewusstem Handeln. Sie besprechen mit dem Kind, soweit es nach dessen Entwicklungsstand angezeigt ist, Fragen der elterlichen Sorge und streben Einvernehmen an. (...).

3. Das Recht des Kindes auf Kontinuität und Sicherheit in der Erziehung
Es gibt keine „Kinder auf Zeit", wie das immer wieder in Verlautbarungen von Jugendämtern zu hören ist. Das Recht auf freie Entfaltung der Persönlichkeit, wie das das Grundgesetz festlegt, ist nur dann gegeben, wenn das Kind die Sicherheit hat, bei den geliebten Bezugspersonen bleiben zu können und dort in Ruhe und Sicherheit leben zu können.

Für das Kind ist es verhängnisvoll, wenn sich die Pflegeeltern einreden ließen, keine elterngleichen Bindungen zu ihm einzugehen und die Elternstelle nicht anzunehmen, die das Kind aufgrund seines biologisch festgelegten Bindungsbedürfnisses von ihnen einfordert.

Wenn selbst in Veröffentlichungen von Pflegeelternverbänden zu lesen ist, dass Pflegekinder jederzeit aus der Pflegefamilie herausgenommen werden können, zeugt das von Unwissenheit. Der Gesetzgeber hat in § 1632 Abs. 4 BGB und in drei für die Pflegekinder wichtigen Verfassungsurteilen den Bindungsschutz und das Kindeswohl als Grundsatz festgelegt.

Der immer wiederholte Satz: Kinder lieben ihre Eltern immer, ist dort richtig, wenn die Eltern gemeint sind, die ihrem Kind liebevolle und feinfühlige Fürsorge zukommen lassen. Die Qualität der Bindungen ist die Grundlage der Entscheidungen. Desorganisierte und krankmachende Bindungen sind zu beenden. Die Heilung des Kindes kann hier nur durch Trennung erfolgen.

Wenn das Kind keine sicheren Bindungen zu den leiblichen Eltern eingehen konnte, krankmachende oder keine Bindungen zu den leiblichen Eltern vorhanden sind, und es die Pflegeeltern zu seinen Eltern gemacht hat, so ist dies die Grundlage seiner Sicherheit und Geborgenheit und somit seine Lebensgrundlage.

Dem Recht des Kindes auf Sicherheit und Kontinuität wird in der Bundesdrucksache zum § 37 SGB VIII[193] Rechnung getragen.

Hier ist zu lesen:
„Kommt das Jugendamt nach einer sorgfältigen Prüfung der Situation in der Herkunftsfamilie zu der Überzeugung, das Bemühungen zur Verbesserung der Erziehungsbedingungen in der Herkunftsfamilie mit dem Ziel der Rückführung des Kindes Innerhalb eines angemessenen Zeitraumes offensichtlich erfolglos oder sein werden, dann ändert sich der Auftrag. Fortan hat es seine Bemühungen darauf auszurichten, die Eltern davon zu überzeugen, dass sie ihre Erziehungsverantwortung in der konkreten Situation am besten dadurch gerecht werden können, dass sie einem dauerhaften Verbleib des Kindes in der Pflegefamilie, ggf. auch einer Adoption durch die Pflegeeltern zustimmen."

4. Der kindliche Zeitbegriff
Das Verfassungsgericht hat 1968 erstmals die Wichtigkeit der Bindungen des Kindes aufgrund einer länger andauernden Familienpflege anerkannt. Der kindliche Zeitbegriff hat sowohl im Bürgerlichen Gesetzbuch, jedoch im Besonderen im SGB VIII, Eingang gefunden.

Der Gesetzgeber hat mit gutem Grunde keine objektiv festzulegenden Fristen genannt. Wer Kinder begleitet, weiß, dass dies nur einer Einzelfallprüfung Stand hält. Ein Kind von sechs Monaten, das bisher noch keine Bindungen eingehen konnte, weil es von Hand zu Hand gereicht wurde, wird sich innerhalb von wenigen Wochen so an die Pflegeeltern binden können, dass es nicht mehr ohne Schaden aus der Pflegefamilie heraus gelöst werden kann, während ein als

---

[193] BT Drucksache 11/5948, S.71

Schulkind untergebrachtes Kind eventuell noch nach Jahren mit einem Elternteil positive Erinnerungen verbindet und sich an ihn gebunden fühlt.

Ich halte eine Fristenregelung mit dem Kindeswohl nicht vereinbar, weil es nur im Einzelfall überprüft werden kann. Hier stellt sich das Problem der Bereitschaftspflegefamilien bei Säuglingen und Kleinkindern. Nicht selten werden, trotz gegenteiliger Konzeptionen, Säuglinge und Kleinkinder monatelang in Bereitschaftspflegen, um ungünstigsten Falls sogar in unterschiedlichen Bereitschaftspflegefamilien untergebracht.

Für das Kind ist es unerheblich, ob die Bezugsperson als Bereitschaftspflegestelle deklariert ist. Für das Kind ist es wichtig, dass es seine lieb gewonnene Bezugsperson nicht verliert.

Es liegt in der Verantwortung der Bereitschaftspflegefamilien, rechtzeitig zu erkennen, wenn das Kind es zu seinen Eltern machen will. Hier ist die Entscheidung: Das Jugendamt muss unverzüglich die Lebensperspektive klären oder es muss dem Kind Schutz gewährt werden, indem die Bereitschaftspflegeeltern einen Antrag nach § 1632 Abs. 4 BGB stellen, wenn sie erleben, dass das Kind sich an sie gebunden hat.

5. Die Klärung der Rechtssituation
Wenn sich eine Kindeswohlgefährdung bestätigt hat und die Mitwirkungsbereitschaft im Sinne des § 36 SGB VIII nicht sichergestellt werden kann – und das ist es in nicht seltenen Fällen – so ist die Rechtssituation entweder über den § 1666 BGB oder über § 1630 Abs. 3 zu klären.

Für Max (s. Kap. 15.6.) war es ein folgenschweres Versäumnis der Jugendhilfeträger, dass das Sorgerecht bei den Eltern verblieb und ein notwendiger Antrag gemäß § 1666 BGB nicht gestellt wurde.

Die Möglichkeit, dass ein Kind in Obhut genommen werden kann, durch das Jugendamt gemäß § 42 SGB VIII, hat für Pflegekinder besondere Bedeutung. Wenn die Sorgerechtsinhaber von ihrem Recht auf Herausnahme aus der Pflegefamilie Gebrauch machen oder das Kind entführen, kann das Jugendamt aufgrund der Kompetenz aus dem § 42 SGB VIII sofort handeln und das Kind in die Pflegefamilie zurück bringen.

6. Einzelvormundschaft durch die Pflegeeltern

Pflegeeltern sind die berufenen Vormünder, weil die Grundaussage des BGB lautet:
a) die Vormundschaft ist der elterlichen Sorge nachgebildet,
b) die Bindungen des Kindes sind zu berücksichtigen,
c) dem Willen des Kindes ist Beachtung zu schenken,
d) der Vormund ist bereit, langfristig die Sorge für das Kind zu tragen.

Der Vorrang der Einzelvormundschaft vor der Amtsvormundschaft ist in § 1887 BGB festgelegt. Für das Kind gibt es mehr an Sicherheit und Normalität, ein Grundbedürfnis, dass eine hohe Bedeutung für die gesunde Entwicklung des Kindes hat.

Wenn die Pflegeeltern neben der tagtäglichen Versorgung des Kindes und der Pflicht für das Kind zu sorgen auch die rechtliche Vertretung des Kindes haben, stärkt dies ihre Erziehungskompetenz und erleichtert ihren Auftrag, für das Kind Elternstelle einzunehmen.

Der Handlungsbedarf richtet sich auch nach außen. Wenn Handlungsbedarf ansteht und die Pflegeeltern keine Entscheidungsbefugnisse haben, z.B. bei Operationen, bei schulischen Angelegenheiten, bei stationären therapeutischen Maßnahmen, werden sie nicht selten als juristisch fremde Personen behandelt und es werden plötzlich, ohne ihre Beteiligung, wichtige Entscheidungen für das Kind getroffen.

Die Bedeutung der freiwilligen Übertragung von Teilen des Sorgerechts auf die Pflegeeltern:

Der § 1630 Abs. 3 BGB kann nun auch auf Antrag der Pflegeeltern in Gang gebracht werden. Die Herkunftseltern sind bei entsprechender Beratung durch das Jugendamt – und wo dies nicht erfolgt, durch den Familienrichter – immer wieder bereit, Teile der elterlichen Sorge auf die Pflegeeltern zu übertragen.

Es kommt wesentlich auf die Einstellung des Beraters im Jugendamt an, ob er die Herkunftseltern im Sinne des § 1630 Abs. 3 BGB berät oder ob er die Ideologie vertritt, das dies ein Eingriff in die Rechte der biologischen Eltern ist, unabhängig davon, ob sie ihre Pflichten wahrnehmen.

7. Die Namensänderung

Pflegekinder, die unter der Namensungleichheit mit der Pflegefamilie leiden, ist durch das Namensänderungsgesetz ein Weg eröffnet. Das BVerwG hat die Namensänderung für Pflegekinder erleichtert.[194] Die Namensänderung ist möglich, wenn dies für das Kind förderlich ist und wenn keine überwiegenden Interessen an dem Namenserhalt geltend gemacht werden können. Die Eltern sind am Verwaltungsverfahren beteiligt. Ihre Zustimmung ist jedoch nicht erforderlich, wenn die übrigen Voraussetzungen vorliegen.

Grundsätzlich kann sich ein Elternteil, dem das Sorgerecht für sein Kind entzogen ist und dessen Kind unter Vormundschaft und unter pflegeelterlicher Betreuung gestellt wurde, nicht auf eigene Interessen am Fortbestehen des Namens berufen.[195]

8. Die Schonung traumatisierter Kinder

Traumatische Erlebnisse beeinflussen nachhaltig das Erleben des Kindes. Heilung kann nur erfolgen, wenn das Kind langfristig erleben kann, dass es in Sicherheit lebt, Schutz erfährt und nicht Situationen ausgesetzt wird, die es als bedrohlich erlebt und die seine Verarbeitungsmöglichkeiten übersteigen.

Ein Kind, das vernachlässigt, misshandelt und/oder missbraucht wurde, braucht eine sichere Lebensperspektive, um seelisch überleben zu können.

Vielfach wird die Not des Kindes verharmlost. Dass ein Kind, das nicht mehr schreien kann, weil es weiß, das seine Not nicht wahrgenommen wird, deshalb nicht mehr leidet, wie es in dem Gerichtsurteil über Denis festgestellt wurde, ist ein gravierendes Beispiel für die Bagatellisierung der Not der Kinder. Denis wurde durch die Mangelversorgung getötet und trotzdem kam man zu dem Urteil, dass er kein Leid verspürt hat, weil er nicht mehr schreien konnte.

Das Harmoniemodell besagt, dass diese Kinder gefahrlos Umgangskontakte auch dann wahrnehmen können, wenn sie sich nicht dagegen wehren, sondern freudig auf die Eltern zugehen und nach dem Besuch mit heftigen Verhaltensauffälligkeiten und Ängsten reagieren, ist eine immer wieder zu beobachtende Falle für Besuchsbegleiter.

Sie haben vielfach als Überlebensstrategie ein Verhalten erworben, dass sie sich blitzschnell den Erwartungen der Umwelt anpassen.

---

194   Bverw G v. 24.4.87, NJW 88, S. 85
195   Urteil des Verwaltungsgerichtes Arnsberg v. 28.5.99 in Verb. Mit dem BVerwG vom 24.4.87

Traumatisierte Kinder versuchen ihre Angst durch verschiedene Verhaltensweisen zu bewältigen. Kinder, die sich ohnmächtig ausgeliefert fühlen, die nicht fliehen können und auch keine Möglichkeit des Angriffs haben, versinken entweder in Erstarrung oder Lähmung.

Sie versuchen sich unsichtbar zu machen, indem sie sich den Erwartungen der jeweiligen Umwelt völlig preisgeben. Dieses Verhalten kann oftmals in Umgangssituationen zu Fehlinterpretationen führen, wenn diese Kinder sich scheinbar erfreut über einen Besuch zeigen, in Wirklichkeit jedoch nur sehen, dass es keinen Sinn hat, die eigene Meinung zu äußern.

9. Die Hilfeplanung
Ehrlichkeit, Klarheit und Transparenz sind die Grundlagen jeglicher Planung für die Hilfen für ein Kind, dass fremduntergebracht werden muss.

„Gute professionelle Arbeit erfordert in gleicher Weise Menschlichkeit und Fachlichkeit.

Der gute Professionelle muss im Kindesunterbringungsverfahren sowohl einfühlsam als auch realistisch sein. Diese Eigenschaften widersprechen sich nicht, sondern ergänzen einander.

Ein Professioneller, dessen flinke Sympathie die Durchführung unangenehmer, aber notwendiger Entscheidungen behindert, ist weder realistisch noch einfühlsam. Ein Experte, der harte Entscheidungen trifft und sie mit Güte und Verständnis dem betroffenen Erwachsenen und Kind gegenüber durchsetzt, ist beides. Das einfühlende Element beruht auf der Fähigkeit professionell Handelnder, Emotionen zuzulassen, ohne sich selbst oder jene, denen sie dienen, auszubeuten – und sie versprechen nicht mehr, als sie einhalten können oder wollen."[196]

Das Kind ist nach § 36 SGB VIII an der Hilfeplanung zu beteiligen. Wie das zu erfolgen hat, ist im § 36 SGB VIII nicht genannt.

Wenn der fallverantwortliche Sozialarbeiter des Jugendamtes ein Vertrauensverhältnis zum Kind aufgebaut hat, so wird er es nicht nötig haben, das Kind in die Runde der Erwachsenen aufzunehmen und er wird sich sehr genau überlegen, welche Fakten, die das Kind oder die Pflegeeltern ihm anvertraut haben, in den Hilfeplan einfließen lässt.

Wie fühlt sich das Kind, wenn es wieder eingenässt hat, wofür es sich schämt, wenn es wieder etwas geklaut hat, wenn es wieder schlechte Noten bekommen hat, wenn es wieder geschlägert hat und wenn dies alles in der großen

---
[196] Goldstein, Freud und Solnit 1988, S. 107

Runde besprochen wird. Welches normale Kind wird diesen Stresssituationen ausgesetzt?

Das Kind schämt sich. Scham ist etwas, als ob ein Kübel Wasser über den Kopf geschüttet wird und die Luft zum Atmen weg bleibt.

Die Unterbringungsgründe müssen im ersten Hilfeplan genau aufgelistet werden, damit die Pflegeeltern ihre pädagogische Aufgabe erfüllen können. Datenschutzgründe stehen dem nicht entgegen, weil die Pflegeeltern alle Daten brauchen, die sie zur Erfüllung ihrer Aufgaben erhalten müssen. Sie selbst sind wiederum nur befugt Daten an diejenigen Personen und Institutionen weiterzugeben, die diese brauchen, um ihre Aufgaben erfüllen zu können (Ärzte, Erzieherinnen, Lehrer, Beistände, Therapeuten). Diese stehen ebenso, wie die Pflegeeltern, unter Schweigepflicht.

10. Pflegekinder sind keine Scheidungskinder
Scheidungskinder, die in einer Gewaltbeziehung der Eltern leben mussten, erleben große Not. In der Regel erhalten sie von einem Elternteil Schutz und dieser übernimmt nach der Trennung auch die Betreuung des Kindes. Für dieses Kind können Umgangskontakte auch unmöglich sein und es ist zu hoffen, dass es nicht aus einer falschen Ideologie heraus zu erzwungenen Kontakten mit dem Vater/der Mutter kommt.

Der Unterschied zu einem Pflegekind ist der, dass in diesem Fall kein Elternteil dem Kind den notwendigen Schutz gewähren konnte. Es muss sich völlig neu orientieren und hat die Erfahrung hinter sich, dass auf die Erwachsenen kein Verlass ist. Es hat nicht erfahren können, dass es als Person wichtig ist und dass seine Grundbedürfnisse erfüllt wurden. Es wurde vernachlässigt, misshandelt oder missbraucht, sonst wäre es nicht zum Pflegekind geworden. Der Konflikt bei Scheidungskindern liegt in der Regel auf der Paarebene, bei Pflegekindern liegt ein gestörtes Eltern-Kind Verhältnis vor.

11. Die Umgewöhnungsideologie
Die Einzelschicksale, die in diesem Buch beschrieben sind, beweisen: Es gibt diese sanfte Umgewöhnung eines Kindes nicht. Das Kind gerät in dem Moment, in dem es spürt, dass es von seinen geliebten Menschen getrennt werden soll, in existentielle Ängste, die seine Verarbeitungsmöglichkeiten übersteigen.

Diese Stresssituation entsteht nicht erst, wenn das Kind die Trennung verstandesmäßig erfasst, sondern schon dann, wenn durch Ausdehnung der Umgangskontakte eine Verunsicherung des Kindes eintritt und es die Trennung von seinen geliebten Pflegeeltern und seiner gesamten sozialen Welt erahnt und es dadurch in tiefe Ängste gestürzt wird, dies belegt die Praxis und die Hirnforschung.

12. Pflegeeltern brauchen eine gründliche Vorbereitung und Begleitung durch Fachdienste.

Dies ist eine Tatsache, die in der Zwischenzeit nicht mehr angezweifelt wird. Was ein Problem ist, ist die Tatsache, dass es hier keine standardisierten Vorbereitungskurse gibt und dass jedes Jugendamt je nach fachlichem Handlungsmuster diese Kurse gestalten kann. Auch gibt es zum Gegensatz zu den Tagesmüttern keine gesetzlichen Vorgaben, welche Stundenzahl diese Vorbereitungs- und Weiterbildungskurse aufzuweisen haben.

13. Gut vorgebildete Pflegeeltern müssen auf einen Fachdienst treffen, der spezialisierte Kenntnisse im Pflegekinderbereich hat und auf Erfahrungen in diesem Bereich zurückgreifen kann.

Die doppelte Qualifizierung der Pflegeeltern und der Fachkräfte ist einzufordern.

Dies ist in der Regel mit dem Studium der Sozialarbeit oder der Sozialpädagogik an einer Fachhochschule oder einer Universität nicht gegeben.

Es bedarf hier eines zusätzlichen gründlichen Studiums in den gesetzlichen Vorgaben des Pflegekinderwesens, in der Entwicklungspsychologie, in der Bindungsforschung, in der Traumaforschung und in dem methodischen Umgang mit der Erforschung der Bedürfnislagen von Kindern. Hoffnungsvolle Ansätze finden sich in der Schweiz an der Fachhochschule in St. Gallen. Die Fachdienste müssen nicht nur über gut ausgebildete Fachkräfte verfügen, sie brauchen auch eine personelle und sachliche Ausrüstung, die die Aufgabenerfüllung ermöglicht.

14. Selbsthilfevereinigungen der Pflegefamilien.

Pflegeeltern haben im Gegensatz zu den Heimen wenig Lobby. Es ist wichtig, dass sich die Pflegeeltern in Selbsthilfegruppen und Vereinen örtlich und überörtlich organisieren, um politisch Gehör zu finden.

15. Verfahrensbeistände brauchen Zeit um fachgerecht helfen zu können.

Wenn dem Verfahrensbeistand, durch die Ausführungsbestimmungen des FamFG, die fachlich notwendige Zeit verweigert wird, stellt sich die Frage, ob die Pflegeelternverbände Verfahrensbeistände, zusätzlich zu der Grundqualifikation, ausbilden und diese überörtlich zur Verfügung stellen. Der diskutierte

Geldersatz für die Leistung wäre als ehrenamtliche Aufwandsentschädigung zu werten.

> **Ich durfte viele Menschen begleiten, die
> – als sie Kinder waren – keine guten
> Startbedingungen in ihr Leben hatten.
> Durch Menschen, die sich für diese Kinder
> eingesetzt haben, ist es gelungen, dass sie
> heute ein selbstbestimmtes Leben führen können.
> Dieses Gelingen wünsche ich allen Menschen,
> denen Kinderschicksale ans Herz gehen.**

19. Erfahrungsberichte

**Wochenpflege - die Woche bei der Pflegefamilie -
das Wochenende bei der Mutter.
Mit 5 Jahren kam ich in die 5. Pflegefamilie.**

Meine Geschichte begann mit meiner Geburt im Sommer 1963. Meine Eltern, beide erst knapp 20 Jahre alt, waren gerade in den „Westen" gekommen. Meine Mutter trennte sich kurz darauf von meinem Vater, sie wollte beruflich vorankommen und selbstständig sein. So begann meine Karriere als Pflegekind.

Früh wechselte ich immer wieder die Pflegefamilien und war, wie sich später herausstellte, zu meinem Leidwesen, an den Wochenenden immer bei meiner Mutter. Sie war meistens schon hier überfordert, weil sie die ganze Woche gearbeitet hatte und mich ja nur dann sehen konnte. Sie war gereizt und meistens schlechter Laune, wie gesagt, sie war einfach noch zu jung.

Für mich war das Wochenende immer eine komplizierte Angelegenheit. Da wenig Seele meiner Mutter für mich übrig war, kam ich regelmäßig in merkwürdige Gefühlsschwankungen. Meist war ich der Annahme, es stimmt mit mir etwas nicht, ich bin nicht in Ordnung. Ich lief bei meiner Mutter so nebenher. Sicherlich hat sich meine Mutter, für ihre Verhältnisse damals, so gut sie konnte, Mühe gegeben die Mutter-Kind-Beziehung aufmerksam zu gestalten. Ihre Launenhaftigkeit war für mich das Schlimmste. Ich konnte sie nicht einschätzen und musste dauernd alle Antennen ausfahren.

Wie war es traurig, als ich mit fünfeinhalb Jahren in eine Pflegefamilie mit drei Kindern kam und jedes Wochenende in eine andere, für mich nicht fühlbare und nicht geliebte, Welt musste, weil es meine Mutter so wollte. Vor meiner Abreise am Wochenende schrie und tobte ich regelmäßig. Lauthals gab ich meinem Unmut freien Lauf, leider ohne Erfolg. Ich wollte nicht in eine Welt, die mir nicht vertraut war, die mir fremd und kalt erschien. Wollte mein Leben, die vertrauten Menschen um mich herum, nicht verlassen. Nicht mein Zimmer, meine Pflegeeltern, meine vertraute Umgebung, welche nun, nach einer kurzen, schwierigen Eingewöhnungszeit, auch mein gefühltes Zuhause war.

Es war immer wieder eine schwierige Heimkehr in die Pflegefamilie zurück, da ich Dinge erlebt habe, über die ich meistens nicht sprach oder einfach noch nicht sprechen konnte, da ich zu diesem Zeitpunkt zu loyal meiner Mutter gegenüber war. Welch ein andauerndes Gefühlschaos in mir, mit meinen Mitmenschen, meinen Spielkameraden usw.

Meine Pflegemutter führte eine kräftezehrende, langjährige Auseinandersetzung mit meiner Mutter, mit dem Jugendamt usw. Sie bekam ja hautnah mit, wie ich jedes Mal aufs Neue verstört und verschlossen in die Familie zurückkam. Sie hatte ich an meiner Seite, was mir zu diesem Zeitpunkt jedoch nicht bewusst war, lange glaubte ich, sie steckt mit meiner Mutter unter einer Decke und will mich auch nicht mehr. Ich verstand nicht, warum ich immer wieder Abschied nehmen musste. Andauernd, kaum war Mittwoch und alle kamen mit mir einigermaßen zur Ruhe, war das Wochenende schon nicht mehr weit und alles begann von vorne.

Ich weiß noch, wie ich ganz sicher war, dass ich nicht so bin, wie die anderen Kinder, denn die durften ja an einem Ort bleiben und mussten nicht packen und geliebte Dinge zurück lassen. Ich war mir sicher, dass ich es verdiene, weil ich nicht gut bin, nicht in Ordnung bin!

An dieser Stelle nahm meine spätere Erkrankung ihren Lauf. Ich glaubte, bis vor ein paar Jahren immer, ich sei schuld an irgendwelchen Auseinandersetzungen, welche Menschen in meiner Nähe führten. Ich bin nicht in Ordnung, weil bei mir nicht alles so glatt lief, wie bei manchen meiner Freunde. Mir fehlte oft die Kraft. Das zu tun, was andere in der Zeit schon bewältigt hatten, wie z.B. Ausbildung und Beruf später.

Dadurch, dass meine Kräfte immer mehr begannen nachzulassen, kam ich zunehmend in körperliche Defizite, die mir zeitweise nicht erlaubten, den Alltag ohne krank zu sein, zu leben. In meiner dritten Lebensdekade wurde mein Zustand für mich unerträglich und ich spürte, dass ich jetzt handeln musste. Ich hatte Angst, den Arbeitsplatz zu verlieren. Erst als mir in der Therapie richtig klar wurde, aus welchem Grunde ich nicht richtig „funktioniere", ging es mir schon etwas besser.

Viel später erst war klar, dass ich unter einer schweren posttraumatischen Belastungsstörung litt. So bekamen Dauerkopfschmerzen, Tinitus, Schlafstörungen, Rückenschmerzen und all die anderen Symptome einen Namen, es war wie eine Erlösung. Nun begann eine lange Zeit des Lernens, wie ich damit besser umgehen konnte. In der Folge hatte ich mich lange Jahre mit den folgenden Wechsels des Zuhauses auseinander zu setzen. Ab hier begann eigentlich, so nenne ich es, mein zweites Leben.

An dieser Stelle möchte ich meinen persönlichen Beitrag zu diesem Thema beenden. Dank der vielen Menschen, die zu jedem Zeitpunkt an mich und meine Fähigkeiten geglaubt haben, einschließlich meiner Pflegemutter, wurde der Abstand zu tiefster Verzweiflung und andauernder Suizid-Gedanken immer größer. Ursprüngliche Lebenskräfte kehrten allmählich zurück, die Energie, welche mir in meiner Kindheit durch die anfangs beschriebene Situation, genommen wurde. Ich schreibe diese Zeilen, weil ich glaube: Alles hat seinen Sinn. Ich möchte mit meiner Erfahrung Menschen ein Bild verschaffen, wie es in einem so gequälten Kind aussieht. Vielleicht bleibt manchem Kind, das wie ich damals noch nicht darüber sprechen kann, so manche schwere Stunde in seinem Leben erspart, kann als Kind seine Lebensenergie, welches es als Erwachsener benötigt, für sich nutzen. Ich habe Schlimmes überstanden und wünsche allen anderen Menschen (Kindern), dass ihnen dieser leidvolle Weg erspart wird.

Sicherheit durch klare Hilfeplanung

Ende Mai 1993 fragte uns unsere Sozialarbeiterin, ob wir dem kleinen Luca ein neues Zuhause schenken möchten. Wir hatten ein Jahr zuvor einen Adoptionsantrag beim Jugendamt unserer Stadt gestellt, da bei uns nach jahrelangen erfolglosen Behandlungen keine Schwangerschaft eingetreten war. Da wir Beide Kinder lieben und uns ein Leben ohne Kinder nicht vorstellen konnten, hatten wir uns entschlossen ein Kind bei uns aufzunehmen.

Unsere Sozialarbeiterin erzählte uns Luca's Geschichte. Seine leibliche Mutter war selber in einem Kinderdorf untergebracht, als sie schwanger wurde. Sie durfte mit Luca bei Familie Albrecht in einem der Häuser leben. Sie war trotz der Unterstützung von Frau Albrecht mit der Situation überfordert, ließ ihn viel alleine und ging irgendwann ganz aus dem Kinderdorf weg. Luca blieb bei Familie Albrecht, die mit viel Liebe die bereits entstandenen Entwicklungsstörungen auffingen.

Als Luca fast zwei Jahre alt war und seine leibliche Mutter immer noch nicht in der Lage war, sich um Luca zu kümmern, entschloss sich das Jugendamt Luca in einer Familie unterzubringen. Die leibliche Mutter war damit einverstanden.

So lernten wir Frau Kaiser Anfang Juni auf dem Jugendamt kennen und sie war damit einverstanden, dass wir Luca's neue Familie sein würden.

So fuhren wir ein paar Tage später in das Kinderdorf, um Luca und auch die Familie Albrecht kennen zulernen. Das Kinderdorf war mit der Entscheidung, Luca bei einer Familie unterzubringen, nicht einverstanden. Sie waren der Meinung, es wäre besser, wenn Luca noch ein paar Jahre im Kinderdorf bleiben würde, da er eine Bindung zu Frau Albrecht aufgebaut hatte. Er lebte mit Familie Albrecht und acht weiteren Kindern in einem Familienverband, in dem zwei Kinder leibliche Kinder der Familie Albrecht waren. Herr Albrecht war Lehrer an der dortigen Waldorfschule. Luca sagte zu Frau Albrecht Mama, da er zu seiner leiblichen Mutter kaum noch Kontakt hatte. Der letzte Besuch von ihr im Kinderdorf lag damals über drei Monate zurück.

Die Psychologin des Kinderdorfes, der Kinderdorfleiter und Familie Albrecht erläuterten uns im ersten Gespräch die Gründe, warum Luca im Kinderdorf bleiben sollte. Unsere Sozialarbeiterin aber meinte, dass Luca nur bei Familie Albrecht bleiben könne, wenn er die gleiche Behandlung wie die leiblichen Kinder der Familie Albrecht bekommen würde. Das heißt, er würde ihr Pflegekind und würde bei allen familiären Aktivitäten (z. B. Urlaube usw.) ganz zur Familie gehören. Dies lassen aber die Regeln vom Kinderdorf nicht zu.

Wir saßen dabei, hörten der Diskussion zu und wussten, noch bevor wir Luca das erste Mal gesehen hatten, nicht, ob das was wir machen richtig ist. Wir konnten nur auf die Erfahrung und die Weitsicht von unserer Sozialarbeiterin hoffen, sie konnte Dank ihrer vielen Jahre beim Jugendamt am besten abschätzen, was das Beste für Luca ist.

Frau Albrecht und ich hatten die ganze Zeit über immer wieder Augenkontakt und ich konnte mir vorstellen wie ihr zumute war. Sie machte ihre Arbeit mit ganzem Herzen und hatte den kleinen Luca lieb gewonnen. Nach dem Gespräch gingen wir gemeinsam zu einem Erdbeerfeld, wo Luca zusammen mit der Praktikantin Eva am Erdbeeren essen war. Da stand er mit erdbeerverschmierten Gesicht, strahlte uns an und sagte: "Ädbeer". Ich kann wohl sagen, es war Liebe auf den ersten Blick. Man kann sich wirklich keinen süßeren kleinen Jungen vorstellen, als ihn. Wir gingen mit den Albrecht's und Luca spazieren, unsere Sozialarbeiterin zog sich diskret zurück. Luca war an Frau Albrecht's Hand und sagte Mama zu ihr. Wir gingen zu einem kleinen Bach, an dem Frau Albrecht und ich mit Luca spielten, die beiden Männer unterhielten sich. So langsam taute auch der Eisberg zwischen mir und Frau Albrecht. Wir haben sehr lange miteinander geredet. Sie sagte mir, sie wisse, dass das Jugendamt seine Entscheidung gefällt habe, dass sie vielleicht wirklich gute Gründe dafür hätten, aber dass es ihr unwahrscheinlich wehtäte, wenn Luca die Kinderdorffamilie verlässt. Ich konnte sie so gut verstehen und ich sagte ihr, dass ich mich echt mies fühle. Luca spielte indes an dem Bach, hatte großen Spaß sich nass zu machen, lachte und ahnte gar nichts von unseren großen Problemen.

Wir vereinbarten, Luca die nächsten Wochen so oft wie möglich im Kinderdorf zu besuchen, damit er uns gut kennen lernen sollte. Wir fuhren gleich am übernächsten Tag wieder dorthin. Bei einem Onkel von meinem Mann, der in der Nähe wohnte, konnten wir uns einquartieren und so waren wir nur wenige Kilometer von Luca entfernt. Mein Mann und ich konnten beide kurzfristig Urlaub bekommen. Meinen Chef hatte ich inzwischen schon darauf vorbereitet, dass ich recht kurzfristig kündigen würde, um mich ganz um Luca kümmern zu können. Gott sei Dank, hatte mein Chef viel Verständnis für mich und legte mir keine Steine in den Weg.

Wir unternahmen in dieser Zeit viel mit Luca, durften aber auch Teil der Familie Albrecht sein. Der erste Ausflug ging gemeinsam mit den Albrecht's und allen Kindern zum Schwimmen an einen See. Danach folgten weitere Ausflüge, auch mit Luca allein. Irgendwie stimmte die Chemie zwischen Luca und uns sofort. Schon nach ein paar Tagen ging er alleine mit uns mit, freute sich jeden Morgen riesig, wenn wir kamen.

Auch die Albrecht's freuten sich mit uns, gaben uns viele Tipps, wir haben viel von ihnen gelernt. Wir hatten ja noch gar keine Erfahrung in der Kindererziehung. Wir lernten sie als wunderbare Menschen schätzen. Wir schlossen auch die anderen Kinder im Haus ins Herz. Sie hatten teilweise furchtbare Erlebnisse hinter sich und die Familie Albrecht leistete fantastische Arbeit. Für sie war es kein Job, sondern Berufung und sie investierten so viel Liebe in diese Kinder. Für meinen Mann und mich war diese Zeit im Kinderdorf eine wirkliche Bereicherung für unser Leben. Wir haben viel gelernt.

Es war geplant, dass Luca Anfang Juli zu uns kommen sollte, aber nach nicht mal zwei Wochen meinte Frau Albrecht, dass jetzt der richtige Zeitpunkt wäre. Es würde ihr, ihrem Mann und den anderen Kindern sehr schwer fallen, wenn Luca jetzt mit uns geht. Aber sie wissen alle, dass er sehr glücklich bei uns sein wird, dass wir ihn wirklich lieben. So wurde unser 5. Hochzeitstag zu einem ganz besonderen Tag. Wir nahmen Luca mit zu uns nach Hause. Der Abschied im Kinderdorf war herzlich, wir versprachen, die Albrecht's und alle Kinder bald zu uns einzuladen. Alle winkten, ich sehe noch heute die Tränen in Frau Albrecht's Augen.

Wir fuhren am späten Nachmittag los. Auf dem Weg ins sein neues Zuhause schlief Luca erst mal im Auto ein. Als wir bei uns ankamen, sahen wir, dass unsere Freunde einen schönen Sandkasten mit kleinen Dach, Sandspielzeug und Luftballons aufgebaut hatten. Daran stand: „Herzlich willkommen Luca". Nicht nur Luca, auch wir haben uns sehr gefreut und waren gerührt, dass sich alle mit uns freuten. Auch die Nachbarn haben in den nächsten Tagen Geschenke abgegeben und gratuliert, ebenso die Arbeitskollegen und unsere Verwandten. Alle haben sich mit uns gefreut.

Luca hat an diesem ersten Abend erst mal unsere Katze begrüßt, dann meine Eltern, die mit uns im Haus wohnen. Dann hat er sein Zimmer begutachtet und danach unsere ganze Wohnung. Jeden Schrank hat er geöffnet. Es war wirklich interessant zu beobachten. Erst spät ist er ins Bett gegangen, ist dann aber gleich eingeschlafen. Am nächsten Morgen ist er mit uns raus in den Garten, er war sofort begeistert von den Hühnern, die mein Vater auf dem hinteren Teil des Grundstückes hatte. Wir haben noch am Morgen Frau Albrecht angerufen, um zu erzählen wie es Luca nach der ersten Nacht bei uns geht. Ich weiß noch heute wie Luca zu ihr sagte: „Hallo Mama, bin bei Inge und Walter". (Fast ein ¾ Jahr später kam es wirklich zum versprochenen Besuch der Albrecht's mit allen Kindern bei uns. Luca fand es toll, so viele Kinder zu Besuch zu haben. Frau Albrecht hatte Tränen in den Augen, freute sich aber riesig, wie gut es Luca geht. Für die Kinder aus dem Kinderdorf war es wichtig zu sehen, wie Luca lebt. Wir haben Ihnen auch viele Jahre immer zu Weihnachten ein kleines Album mit Bildern von Luca gemacht und dazu geschrieben, was er so das Jahr über gemacht hat. Es folgte noch ein weiterer Besuch ein paar Jahre später und bis heute haben wir noch Kontakt zu Frau Albrecht.)

Bereits nach zwei Wochen sagte Luca zu mir und meinem Mann Mama und Papa. Er hat sich wunderbar und problemlos eingelebt. Nur nachts, wachte er öfters mal auf und rief nach uns. Dann musste man schnell bei ihm sein, sonst hat er ganz heftig geweint. Ich glaube, dass waren einfach noch tiefliegende Ängste aus der Zeit, als seine leiblich Mutter ihn oft alleine ließ. Doch Luca hatte auch dafür eine Lösung parat. Irgendwann rief er nicht mehr, sondern kam direkt in unser Bett. So hat er bis ins Schulalter eigentlich fast jede Nacht früher oder später bei uns im Bett geschlafen.

Auch Lucas leibliche Mutter Bettina, sowie ihre Mutter Elisabeth, konnten sich kurze Zeit später ein Bild davon machen, wie gut er sich bei uns eingelebt hatte. Luca hat sie, als sie zu Besuch kamen, nicht mehr erkannt. Für ihn waren sie fremd. Es wurde ein Hilfeplan erstellt, indem die Umgangskontakte geregelt wurden. Pflegeeltern, leibliche Mutter und Luca treffen sich einmal im Monat zu einer gemeinsamen Unternehmung (Eisessen, Spaziergänge im Wildgehege) usw. Schriftlich hatte nur Bettina Recht auf Umgangskontakte, aber mündlich wurde vereinbart, dass auch ihre Mutter daran teilnehmen darf.

Die Umgangskontakte waren am Anfang für beide Seiten nicht so einfach. Man musste sich erst kennen lernen. Zwischen Bettina und uns ging das problemloser, aber ihrer Mutter Elisabeth, fiel es schwer uns zu akzeptieren. Sie hatte, so haben es uns die Albrecht's erzählt, jahrelang keinen Kontakt mehr zu ihrer Tochter Bettina gehabt, die in verschiedenen Pflegefamilien und zum Schluss im Kinderdorf untergebracht war. Erst nach der Hochzeit mit ihrem zweiten Mann hatte sie wieder mehr Verbindung zu ihrer Tochter aufgenommen, die inzwischen mit Luca schwanger war.

Die Besuchstermine waren in dieser Zeit für mich sehr belastend. Ich war eigentlich froh, als sich Bettina nach circa 1/2 Jahr für ein paar Monate nicht meldete. Als sie dann wieder mal anrief, sagte sie, sie hätte mich ein paar Monate nicht erreicht. Das stimmte natürlich nicht, da ich in dieser Zeit ganz zu Hause war und es nicht schwer war mich zu erreichen. Als es nach circa zwei Jahren wieder einmal Probleme zwischen Bettinas Mutter und uns gab, bestellte unsere Sozialarbeiterin alle Beteiligten ein und machte dort ganz deutlich klar, dass leibliche Oma´s bei Umgangskontakten nur erwünscht sind, wenn sie das Verhältnis zwischen leiblicher Mutter und Pflegeeltern nicht verschlechtern. Für uns war es sehr wichtig, dass unsere Sozialarbeiterin uns den Rücken gestärkt hat. Man konnte sich auf den Hilfeplan berufen, in dem schriftlich nur das Besuchsrecht der leiblichen Mutter festgelegt war. Die leibliche Oma war somit darauf angewiesen, sich mit uns gut zu verstehen.

Es gab danach immer wieder mal Probleme, z. B. dass Elisabeth, die nicht weit von uns wegwohnt, bei uns im Dorf erzählt hat, sie wäre Luca's Mutter und wir hätten ihr das Kind weggenommen. Natürlich, in einem so kleinen Dorf wie bei uns, haben wir das gleich wieder erzählt bekommen. Aber nicht nur wir, auch Luca bekam es zu hören und war stinksauer. Er wollte daraufhin beim nächsten Besuch nicht mit. Ich habe ihn überredet doch mitzukommen und gesagt, die Leute hätten das sicher falsch verstanden. Ich war auch sehr enttäuscht, da ich zu diesem Zeitpunkt gedacht hatte, unser Verhältnis hätte sich gebessert. Wenn sie bei uns im Dorf waren, habe ich Elisabeth und ihren Mann zu einer Tasse Kaffee eingeladen. Ich dachte, sie freuen sich sicher Luca auch mal so zu sehen.

Trotzdem habe ich keinen Streit angefangen, habe mir gedacht, die Leute erzählen halt viel. Ich denke, das war gut so.

Luca hat sich mit uns sehr gefreut, als ich merkte, dass ich schwanger war. Er wünschte sich einen kleinen Bruder, hat sich aber auch über seine kleine Schwester sehr gefreut. Während der Schwangerschaft musste ich viel liegen, da ich oft Blutungen hatte. Luca hatte dafür viel Verständnis, man merkte, wie sehr er sich auf sein Geschwisterchen freute. Zusätzlich zu der normalen Geburtsvorbereitung haben wir auch noch die hapatonische Geburtsvorbereitung besucht. Sie legt großen Wert auf die Kontaktaufnahme zum ungeborenen Kind. Luca durfte mit und lernte, wie er durch leichtes Drücken am Bauch und Reden Kontakt zum Baby aufnehmen konnte. Das fand er toll, denn Nina reagierte fast immer auf ihn und hat kräftig geboxt oder getreten. Auch zur Kreissaalbesichtigung durfte er mitkommen und die Hebamme hat ihm alle Geräte erklärt. So wusste er, wo ich hingehe, wenn es soweit ist, dass die Wehen einsetzen. Als es soweit war, blieb er bei meiner Mutter und freute sich riesig, als mein Mann daheim anrief, dass er eine kleine Schwester hat. Seine Lehrerin gab ihm am nächsten Tag schulfrei, damit er sein Schwesterchen gleich besuchen konnte. Auch Elisabeth und ihr Mann haben mich im Krankenhaus besucht. Sie hatte extra ein Jäckchen und eine Mütze für Nina gehäkelt. Ich habe mich sehr darüber gefreut und die beiden sowie auch Bettina, als ich wieder zu Hause war, zum Babykaffee eingeladen.

Es war wirklich schön zu sehen, dass Luca sich sehr über Nina freute. Er war nicht eifersüchtig, denn er wusste, dass wir ihn genauso lieb haben wie die Kleine. Sie sind beides Wunschkinder, nur jeder auf eine andere Art zu uns gekommen.

Das wusste und das weiß er auch heute. Das einzige, über das sich Luca interessanterweise Gedanken machte, war, dass er bereits, bevor er zu uns kam, evangelisch getauft wurde. Wir waren katholisch. Er sagte: „Das ist gemein, ihr seid katholisch, dann wird das Baby auch katholisch getauft wie ihr und ich bin evangelisch." Ich habe ihm erklärt, dass das doch keine Rolle spielt, wir sind doch alle Christen und wir gehen doch auch öfters in den evangelischen Gottesdienst. Aber er fand das gemein. Nun ja, eigentlich hatte er ja nicht ganz unrecht, dachten wir. Ein Kind evangelisch, ein Kind katholisch. Wir haben uns entschlossen, dass mein Mann katholisch bleibt, aber ich zum Evangelischen konvertiere und wir Nina auch evangelisch taufen. Da war für Luca die Welt wieder in Ordnung und er freute sich auf die Taufe seiner Schwester.

Luca und Nina hängen sehr aneinander. Sie streiten sich natürlich auch, ganz wie alle Geschwister. Aber wenn irgendetwas ist, z. B. Streit mit anderen Kindern, halten sie zusammen wie Pech und Schwefel. Nina ist sehr stolz auf ihren großen Bruder, der Karate kann und ihr das Fußballspielen beibringt. Manchmal finden sie einander natürlich auch nervig, aber das gehört auch dazu.

Als Luca 13 Jahre alt war, war Bettina auf einmal für mehrere Monate verschwunden. Sie lebte zu diesem Zeitpunkt in der Nähe einer größeren Stadt im nahen Ausland. Ich gab ihr immer für mehrere Monate die Termine für die Besuche, sodass sie entsprechend bei der Arbeit freinehmen konnte. Sie arbeitet hinter der Theke in einer Kneipe oder Bar, die bis in die frühen Morgenstunden offen hat. Sie kam dann jeden Monat für zwei bis drei Tage zu ihrer Mutter und dann haben wir uns zum Besuchstermin getroffen. Elisabeth freute sich, da sie so auch ihre Tochter jeden Monat mal sah. Als wir die beiden eines Tages wieder zum Besuchstermin abholen wollten, um gemeinsam was zu unternehmen, war Bettina nicht gekommen. Elisabeth machte sich große Sorgen, da sie sich auch bei ihr nicht gemeldet hatte. Als sich Bettina nach mehreren Wochen immer noch nicht bei ihrer Mutter gemeldet hatte, schaltete diese die Polizei ein. Doch auch diese konnte sie nicht finden. In dieser Zeit bin ich öfters mal bei Elisabeth vorbei, habe teilweise auch Luca mitgenommen und habe versucht sie zu trösten. Auch die Besuchstermine haben wir weiterhin durchgeführt.

Luca machte sich eigentlich keine großen Sorgen. Er sagte immer: „Du wirst sehen, sie taucht schon irgendwann wieder auf." Ich habe mir schon Gedanken gemacht, obwohl ich zu Elisabeth immer gesagt habe: „Mach Dir keine Sorgen, die ist bestimmt frisch verliebt und macht sich keine Gedanken darüber, wie große Sorgen Du Dir machst!"

Nach Monaten tauchte Bettina dann plötzlich wieder auf, sagte, man habe sie zusammen geschlagen, sie wäre lange Zeit im Krankenhaus gelegen und hätte kein Handy dabei gehabt, um sich zu melden. Luca meinte daraufhin zu mir: „Ich bin zwar erst 13, aber nicht blöd. In jedem Krankenhaus gibt es Telefone, um anzurufen oder sie kann es einer Krankenschwester sagen, dass sie ihre Mutter anrufen soll."

Die Umgangskontakte laufen weiterhin gleich ab. Ich gebe Bettina einen Zettel mit den Terminen, wir holen die beiden ab und gehen was essen oder so.

Danach fahren wir meistens Elisabeth zur Arbeit und Bettina zur Wohnung ihrer Mutter.

Luca hat keine sonderliche Lust auf die Besuche mehr. Beim letzten Besuch vom Jugendamt hat er zu Frau Mader gesagt, dass ihm die Umgangskontakte zu häufig sind und dass er endlich die Adoption möchte. Frau Mader sagte, dass man das nur gerichtlich regeln könnte und dass das sehr langwierig sei. Mit 18 Jahren kann er seine Adoption selber unterschreiben.

Ich habe daraufhin gesagt, dass ich keine Lust habe, mich mit Bettina und Elisabeth zu streiten. Es hat lange gedauert ein Vertrauensverhältnis aufzubauen. Wir machen die Besuche weiterhin wie gehabt. Luca motzt zwar häufig, droht auch manchmal er kommt nicht mit, aber ich kann ihn dann doch meistens besänftigen. Wie lange noch, man wird es sehen.

Die Infragestellung einer Familie nach 8 Jahren durch eine Richterin oder es lohnt sich zu kämpfen

Vorgeschichte: Unser Pflegesohn Jochen kam mit sieben Wochen in unsere Familie, nachdem er in lebensbedrohlichem Zustand in letzter Minute im Krankenhaus gerettet wurde.

Zuvor hatte er bereits ebenfalls vier Wochen lang um sein Leben gekämpft und wurde, nachdem er im Krankenhaus aufgepäppelt wurde, mit Auflagen nach Hause entlassen. Die Herkunftsfamilie war dem Jugendamt bekannt, da es bereits mit Geschwisterkindern ständig schwere Probleme gab. Eine Auflage des Jugendamtes war, dass eine Kinderkrankenschwester täglich nach dem Säugling sieht. Hierbei kam es zu einer tätlichen Auseinandersetzung zwischen der Mutter und der Kinderkrankenschwester, auch wurde das Kind wieder nicht gut versorgt. Daraufhin nahm das Jugendamt Jochen aus der Familie. Er wurde wieder in das Krankenhaus eingewiesen, von dort holten wir Jochen zwei Wochen später ab.

Von Anfang an war auf Seiten der Herkunftseltern kein Eingestehen eigener Fehler vorhanden, ebenso wurde immer bestritten, dass Jochen lebensgefährlich erkrankt war. Von Anfang an waren wir in Gerichtsverhandlungen verwickelt. Umgangskontakte waren auch immer Gegenstand der Verhandlungen. Es gab zahlreiche Varianten und Veränderungen in der Gestaltung der Kontakte, um diese für Jochen stets so erträglich wie möglich zu gestalten. 18 Monate später wurde unserem Antrag auf Verbleib stattgegeben und eine Verbleibensanordnung erging. Die Gerichtsverhandlungen gingen trotzdem weiter. Umgangskontakte fanden zu dieser Zeit alle vier Wochen statt. Bis dahin haben wir immer den Gesamtweg gemacht.

Eine neue Verfahrenspflegerin schlug nun vor, sich den Weg zu teilen. Daraufhin brachen die Herkunftseltern den Umgangskontakt ab. Ein Jahr später verzog die Herkunftsfamilie über Nacht in eine weit entfernte Stadt. Jahre später haben sie einen Rechtsanwalt beauftragt, der die Rückführung beantragte und sofortigen Kontakt mit Übernachtungen forderte. Das Kind sei jetzt ein Schulkind und gehöre zu seinen Eltern.

Jochen hatte sich mittlerweile sehr gut entwickelt. Er ist ein äußerst feinfühliger und empfindsamer Mensch. Wir lieben Jochen aus ganzem Herzen und haben eine tiefe Verbindung zu ihm. Jochen liebt seine Familie – uns - über alles.

Unsere ASD-Mitarbeiterin, die in umfangreichen Stellungnahmen das Wesen von Jochen, seine Bindung zu uns und seine momentane Lebenssituation beschrieb, sprach sich gegen Umgangskontakte aus, zumal keinerlei Verständnis und Interesse von den Herkunftseltern erkennbar war. Jochen wollte nichts hören, von den leiblichen Eltern, auch das wurde thematisiert. Doch das Alles interessierte nicht, es kamen weitere Angriffe vom Rechtsanwalt der Herkunftseltern. Die Richterin sagte dann in einem Gespräch zur ASD-Mitarbeiterin, es muss durchaus geklärt werden, ob Jochen bei seinen Herkunftseltern leben kann, schließlich leben seine Geschwister auch dort. Es wurde eine Verfahrenspflegerin beauftragt.

Dieses Erscheinen von ihr, lösten bei Jochen existentielle Trennungsängste aus, er wurde schwer krank. Allein das Erscheinen genügte, sie hatte keine Fragen gestellt und war sehr einfühlsam. Auch die Verfahrenspflegerin sprach sich gegen derzeitige Besuche aus. Nun ordnete die Richterin eine Begutachtung beider Familien an. Die Herkunftsfamilie lehnte dies ab. So wurden nur wir begutachtet.

Begutachtung durch den Gutachter bei uns.

1. Teil
Gespräch mit uns und dem Gutachter – ohne Kinder. Er kam mit einer klaren Haltung. Jochen bleibt bei uns, darüber gibt es keine Diskussion und dies hat

er auch Familie Weiß (Herkunftsfamilie) beim Gespräch so mitgeteilt. Zitat: „Wir können nur kleine Brötchen backen, was den Umgang angeht, auf jeden Fall nur einen begleiteten Umgang". Wir haben versucht den Gutachter auf Jochen´s eigene Entwicklungszeit hinzuweisen und dass unserer Meinung nach Jochen (er war mittlerweile acht Jahre alt) darüber entscheidet, wann er etwas über seine Herkunftsfamilie wissen will und, wenn er interessiert ist, selbstverständlich jede Unterstützung von uns bekommt. Im Moment gilt für uns Jochen`s Aussage vom Dezember: „Ich will nichts mehr hören, von meinen leiblichen Eltern". Das hat der Gutachter nicht gelten lassen. Er sagte: "Zum Erziehen gehört Konsequenz und es geht nicht an, dass Kinder darüber entscheiden, wann sie ihre Eltern sehen wollen."

Er sprach dann von Umgangsverfahren mit Scheidungskindern sogar von der Umgangspflicht von Vätern. Daraufhin diskutierten wir den grundsätzlichen Unterschied zwischen Pflegekindern und Scheidungskindern. Er zitierte Swientek, wonach es unabdingbar ist, dass Kinder ihre leiblichen Eltern kennen müssen. Ich zitierte dann Frau Professor Zenz, wonach kein Therapeut seine Patienten mit den Verursachern seines Traumas zwanghaft konfrontiert. Wir baten darum unseren Vorschlag anzunehmen, wonach wir in den Austausch mit Familie Weiß kommen wollten, durch Briefkontakt auf Erwachsenenebene. Wir hatten ja bereits zwei Briefe geschrieben, wobei das Echo so war, dass auf unseren ersten Brief ein Brief an Jochen kam, indem sich die einzelnen Familienmitglieder mit einem Bild und ein paar Worten vorstellten und wie schön es hier in X. sei. Keine einzige Frage, wie geht es Dir, Jochen o.ä. Diesen Brief haben wir Jochen nicht ausgehändigt, sondern der Richterin mitgeteilt, dass wir diesen Brief sorgsam aufbewahren und wenn Jochen Fragen hat, ihm diesen Brief zeigen könnten, nur im Moment habe Jochen keine Fragen. Auf unseren Vorschlag erwiderte der Gutachter: "Dieser ist nicht realisierbar, da Familie Weiß einfach nicht in der Lage ist, sich mit Ihnen im Briefkontakt auszutauschen. Sie möchten ihn sehen, das ist ein zentraler Wunsch, von Herrn und Frau Weiß und den beiden jüngsten Mädchen. Die anderen Kinder seien nicht interessiert. Wir erwiderten, warum Jochen jetzt sozusagen in Vorlage treten muss, es ist doch so, dass die leiblichen Eltern vor vier Jahren den Kontakt abgebrochen haben, weil sie nicht damit einverstanden waren, dass die damalige Verfahrenspflegerin den Treffpunkt in die Mitte gelegt hatte. Der Weg von X. nach Y. war ihnen zu weit. Nachdem wir fast drei Jahre den ganzen Weg geleistet hatten, waren sie nicht bereit, sich den Weg mit uns zu teilen. Warum kann man jetzt von den leiblichen Eltern nicht verlangen, dass die Bedürfnisse von Jochen in den Mittelpunkt gestellt werden und nicht, dass sie mit einer Forderungs- und Erwartungshaltung nach vier Jahren auftauchen. Vielleicht auch versuchen zu lernen sich vom Hintergrund aus, versorgt mit regelmäßigen Informationen, am Leben von Jochen zu beteiligen. Unterstützt (Trauerarbeit) von einer Fachkraft. Der Gutachter erwiderte, dass es ein Umgangsrecht der Eltern gäbe und nur dann, wenn das Kindeswohl gefährdet sei, sei ein Kontakt abzulehnen.

2. Teil

Unsere Kinder kamen mit unserem Neffen (sie waren Fußball spielen) zum vereinbarten Zeitpunkt nach Hause. Ich richtete den Kaffeetisch und wir machten gemeinsam „Kaffeeklatsch" (das gehört zu unseren Ritualen). Der Gutachter hatte klar die Gesprächsführung. Er unterhielt sich überwiegend mit meinem Mann. Als die Kinder fertig waren, durften sie aufstehen und gingen in ihre Zimmer. Kurze Zeit später sagte der Gutachter: "Mit Ihrem Einverständnis gehe ich zu Jochen ins Zimmer und nehme auch den Brief mit". Wir waren überrumpelt und stimmten zu.

Er spielte zuerst mit Jochen und seinem neuen Fußballspiel, danach erzählte Jochen über seine Weltkarte. Von beidem ist Jochen derzeit begeistert. So gelang es dem Gutachter das Vertrauen von Jochen zu wecken. Es kam dann zur Befragung. Er fragte nach Freunden, nach der Schule u.s.w. Dann fragte er, ob er denn wüsste, dass er auch noch andere Eltern habe und wie die heißen? Jochen beantwortete die Fragen mit sichtlich weniger Bereitschaft. Er fragte Jochen ob er Interesse hätte einen Brief und Bilder seiner leiblichen Familie zu sehen. Jochen antwortete mit ja. Ich hatte die ganze Zeit an der Tür gelauscht, ein Verhalten, das ich grundsätzlich missbillige, aber hier stand das Wohl von Jochen auf dem Spiel. Es wurde dann auf einmal mucksmäuschenstill im Zimmer. Daraufhin ging ich ins Zimmer hinein, setzte mich neben Jochen. Er betrachtete gerade ein Bild eines Bruders. Ich sagte: "Das sind ja Bilder Deiner leiblichen Familie. Schau und hier ist das Bild deiner leiblichen Mutter. Die haben wir ja auch schon lange nicht mehr gesehen". Fabian (unser anderer Pflegesohn) kam auch kurz herein und schaute einige Bilder an und ging dann wieder. Der Gutachter bat mich wieder zu gehen, damit er und Jochen den Brief und die Bilder zu Ende ansehen könnten. Ich antwortete:" Nein, ich gehe jetzt nicht, denn es ist ja nichts Heimliches den Brief und die Bilder anzugucken." Daraufhin guckten wir die Bilder noch fertig und Jochen las sichtlich uninteressiert den Brief. Er stand dann auf, setzte sich an seinen Schreibtisch und begann zu lesen. Ich sagte zu dem Gutachter: „Sie ziehen eben ihr Ding durch". Er sagte, er möchte jetzt noch mit Jochen spielen, ob ich bitte rausgehe. Ich sagte ja, wir können ja nachher noch weitersprechen. Sie spielten noch etwa 10 Minuten, mit sinkender Bereitschaft von Jochen. In dieser Zeit rief ich bei unserer Beiständin an (sie hatte mir angeboten, dass ich, wenn wir Hilfe bräuchten, anrufen kann).

Ich schilderte ihr die momentane Lage, dass ich ihn wahrscheinlich gleich rausschmeißen werde, weil ich es für unerträglich halte, wie er in Jochen eindringt. Unsere Beiständin riet mir, mich zu beruhigen, versuchen sollte meine Emotionen zu mäßigen und dass wir auf jeden Fall einen guten Abschluss finden müssten.

Er kam dann herunter und sagte: „Jochen ist ein sicher gebundenes Kind". Er werde nichts unternehmen, was ihn oder uns gefährden könnte. Er werde unsere Familie nicht zerstören, denn er möchte ja schließlich auch noch jeden Morgen in den Spiegel gucken können. Er sagte, dass es für ihn auch etwas Besonderes sei, ein Pflegekind vorzufinden, dem es so gut gehe, dass so sicher gebunden sei. Im Übrigen war er sehr angetan von Jochen´s Wesen und seinem Wissen. Er sagte: „Jochen wollte den Brief sehen. Es hat ihn dann aber nicht sonderlich interessiert, weder der Brief noch die Bilder. Er kann sich an niemanden erinnern. Es seien Fremde." Ich sagte dann: „Wenn Sie jetzt schon alles aufwühlen, gehört auch die andere Seite dazu, ihm klar zu sagen, Jochen, du bleibst hier bei deiner Familie. Du wirst hier aufwachsen und niemand wird kommen und dich rausholen. Du gehörst hierher. Der Gutachter erklärte sich bereit, dass Jochen im Nachgang zu sagen. Dann wollte er von uns Vorschläge, wie wir uns einen Umgangskontakt vorstellen könnten. Wir erklärten unsere „Bedingungen":

1. Es muss gewährleistet sein, dass uns Familie Weiß weder verbal noch nonverbal attackiert, indem sie z.B. sagen: (wie schon oft in der Vergangenheit) „Du gehörst zu uns." Sie müssen ihn und sein Leben achten (der Gutachter horchte auf, als ich ihm erzählte, wie es in der Vergangenheit war, dass Frau Weiß nie Anteil an seiner Entwicklung nahm. Ich erzählte beispielsweise, dass ein neuer Zahn gekommen ist oder dieses oder jenes und sie immer darauf antwortete, das ist doch normal, oder das wurde auch höchste Zeit – sie also nie positiv seine Entwicklung kommentierte) und dürfen nicht schlecht über uns reden. Dies sicherte er uns zu und versprach, wenn etwas Derartiges vorkomme sofort abzubrechen.

2. Der Gutachter muss dabei sein, um das zu gewährleisten (nicht irgend jemand vom Jugendamt, wie es zuerst im Raum stand, sondern er). Beide Familien begegnen sich und unternehmen etwas zusammen. Die Kinder laufen „so nebenher". Jochen wird nicht herausgehoben und wir möchten nicht, dass Geschenke mitgebracht werden.

Diese sicherte er uns zu und sagte. "Sie können mir vertrauen, dass das die Grundlage sein wird".

Er berichtete, dass Frau Weiß immer denkt, Jochen geht es schlecht und wenn er ihr begegnet, würde er erlöst in ihre Arme sinken. Wenn sie jetzt die Realität erlebt und sieht, sie ist völlig fremd für Jochen und er hat eine andere Familie, es geht ihm gut, kann sie vielleicht loslassen und die andauernden Gerichtsverfahren hören auf.

Wir schlugen als Treffpunkt das Wildgehege in X. vor. Dort sind wir öfters. Das ist Jochen bekannt.

Der Gutachter ging noch einmal zu Jochen. Als er wieder herunterkam – ich habe dieses Mal nicht gelauscht – sagte er, er habe es Jochen wortgemäß so gesagt. Er bat noch einmal um unser Vertrauen. Danach verabschiedeten wir den Gutachter.

3. Teil
Am nächsten Vormittag rief er an und wollte einen Termin für das Treffen vereinbaren. Den ersten im November und einen Alternativ-Termin im Januar. Das haben wir getan und fragten dann, wann wir das Gutachten bekommen. Daraufhin sagte er, er schreibe jetzt noch kein Gutachten. Ich berief mich auf unsere vereinbarten Grundsätze und ich vergewisserte mich noch einmal, dass das unsere Basis ist. Dies sagte er mir noch einmal zu. Er möchte sich noch nicht festlegen und irgendeinen Rhythmus vereinbaren. Es ist alles ergebnisoffen. Denn wenn er merkt, dass „die Leute" verächtlich mit uns umgehen, wird er sofort abbrechen und dann gibt es keine weitere Basis für Umgangskontakte. Genauso wird er es auch Familie Weiß sagen. Dann erkundigte er sich noch nach Jochen, wie die Nacht war. Jochen war zwar unruhig und jetzt tagsüber sehr erschöpft, übrigens alle Familienmitglieder, aber ansonsten geht es ihm gut. Wir sind so verblieben, dass er sich wieder meldet und einen Termin bestätigt.

Mein persönliches Fazit:
Es war ein sehr schwerer Kampf. Wir haben gekämpft wie die Löwen. Wir haben einen Kompromiss erarbeitet, auf einer Grundlage, die für uns lebbar ist. Es ist Klarheit entstanden.

Wir haben uns sehr gut vorbereitet, durch viele Gespräche. Wir haben den Termin gestaltet, um eine entspannte Atmosphäre zu erzeugen. Der Gutachter hatte ganz klar das Regiment über uns (in unserem Haus). Jochen hat sich ihm gegenüber geöffnet und daraufhin hat er ihn befragt. Wir haben hier eingegriffen und dadurch auch Stärke gelebt, in einer eigentlich ohnmächtigen, überwältigenden Situation. Fabian´s Kommentar: „Dem hast Du´s gezeigt". Wir haben nicht zugelassen, dass die leibliche Familie von Jochen etwas Heimliches ist, was die anderen nicht sehen dürfen. Wir haben es offen angesprochen, als einen Teil von Jochen.

Wir konnten dann Grundvoraussetzungen für einen Kontakt verankern. Der Gutachter wird selbst dabei sein und nicht vom Tisch weg einen Plan ausarbeiten. Das finden wir auch hervorragend. Wir sind im Guten auseinander gegangen.

Es hat sich auch mittlerweile eine Entlastung bei uns eingestellt – durch die Klarheit. Wir können Jochen jetzt immer wieder bestätigen: „Du bleibst bei uns, das haben wir immer gesagt und jetzt hat es auch noch der Gutachter gesagt".

Wir werden sehen, wie es weitergeht, aber ich denke auf jeden Fall sind wir eine Stufe weiter.

Herzenskinder
Liebeserklärung an unseren Wirbelwind

Da warst Du!
Wir wussten nichts von Dir,
und Du wusstest nichts von uns.
Wir öffneten unsere Herzen füreinander, ohne wenn und aber.

Du warst wild, frei und einsam.
Du warst es nicht gewohnt, dass sich jemand für Dich interessierte - einfach so, ohne Dein Zutun.
Du warst es nicht gewohnt, dass jemand für Dich da war – einfach so, ohne Dein Zutun.

Wir alle gaben unsere Freiheit auf und tauchten ein in das Abenteuer Leben.

Du erlebtest, dass es Grenzen gibt. Am Anfang war das sehr schwer für Dich.
Du konntest sie mit der Zeit annehmen, weil Du dafür etwas bekommen hast.
Zuverlässigkeit, Sicherheit und Geborgenheit.
Du bekamst von Menschen Aufmerksamkeit, Zuwendung und Liebe.

Du durftest noch einmal Kleinkind sein, zusammen mit Deinem Bruder, als er mit sieben Wochen in unsere Familie kam.

Du hast Dich getraut, zu vertrauen und zu lieben. Gott sei Dank.

Wir haben jeden Tag bewältigt und gelebt – Schritt für Schritt
und
Du bist gewachsen!

So unbeschreiblich schön.

Du bist ein Mensch mit so hoher Empfindsamkeit für alles Leben.
Du begegnest anderen Menschen mit Achtung und Respekt.
Du freust Dich über „Kleinigkeiten".
Du liebst Dich jeden Tag ein Stückchen mehr.
Du bist voller Liebe und Dankbarkeit – für uns – Deine Familie.
Du wirst stärker und sicherer.

Wir danken Dir dafür, dass Du da bist.
Du hast unser Leben so unendlich reich und bunt gemacht.
Was haben wir alles zusammen erlebt, was haben wir gelacht.
Du hast uns geweitet. Wir haben viel von Dir gelernt.
Wir sind stolz auf Dich und auch auf uns.

Wir haben die Freiheit gegeben und Liebe bekommen.

Die Bedeutung des Sorgerechts

Die Pflegeeltern der fünfjährigen Monique, die mit sechs Monaten in die Pflegefamilie gekommen war, stellten beim Familiengericht einen Antrag auf Übertragung der Vormundschaft.

Als die leibliche Mutter, die das Sorgerecht hatte, nach einem Jahr wöchentlicher Umgangskontakte untertauchte, wurde mit Beschluss vom Familiengericht ein Ruhen der elterlichen Sorge aus tatsächlichen Gründen festgestellt. Bereits zu diesem Zeitpunkt bekräftigten die Pflegeeltern gegenüber dem Jugendamt, dass sie zur Übernahme der Vormundschaft bereit sind. Im ersten Beschluss zum

Ruhen der elterlichen Sorge aus tatsächlichen Gründen wurde eine Amtsvormundschaft eingerichtet.

Nach einem Jahr wurde vom Jugendamt eine Überprüfung des Ruhens der elterlichen Sorge beantragt und dem Familiengericht wiederum mitgeteilt, dass die Pflegeeltern zur Übernahme der Vormundschaft zur Verfügung stehen. Der Familienrichter hielt jedoch den ersten Beschluss des Ruhens der elterlichen Sorge aufrecht mit der Begründung, für eine Übertragung der Vormundschaft auf die Pflegeeltern bestehe keine Notwendigkeit.

Die Herkunftsmutter blieb über einige Jahre verschwunden, und die mittlerweile zuständige Fachkraft vom Jugendamt (die personelle Zuständigkeit war inzwischen auf die 4. Fachkraft übergegangen, und das Kind hatte inzwischen den 4. Amtsvormund) riet den Pflegeeltern, auf ein Auftauchen der leiblichen Mutter zu warten und dass eine Übernahme der Vormundschaft nur durch einen Antrag der leiblichen Mutter auf Übertragung der elterlichen Sorge auf die Pflegeeltern nach § 1630 BGB erfolgen kann.

Zwischenzeitlich wurde, ohne dass dies im Hilfeplangespräch unmittelbar besprochen wurde, unaufgefordert eine Vollmacht des Amtsvormundes zur Entscheidung gesundheitlicher Angelegenheiten ausgestellt, da die Pflegeeltern immer wieder auf die Notwendigkeit der Entscheidungsbefugnis bei gesundheitlichen Dingen, auch und besonders in Notfällen, hingewiesen hatten.

Nach Aussage der Fachkraft schien den Pflegeltern keine andere Möglichkeit zu bleiben, als auf ein „Wiederauftauchen" der leiblichen Mutter zu warten und sie dann zu einem Antrag nach § 1630 BGB zur Übertragung von Angelegenheiten der elterlichen Sorge zu bewegen. Nicht berücksichtigt wurde dabei, dass es seit dem Verschwinden der leiblichen Mutter einen Beschluss zur Bestellung eines Amtsvormundes gab und die leibliche Mutter damit einen Antrag nach § 1630 gar nicht hätte stellen können.

Da der Verbleib des Kindes bei den Pflegeeltern nicht in Frage stand und die Pflegeltern weiterhin bereit waren und die Notwendigkeit erkannten, auf die Dauer – auch zur Stärkung der Erziehungskompetenz in der Pubertät – die Vormundschaft zu übernehmen, versuchten sie zunächst, die leibliche Mutter nach deren Auftauchen nach mehreren Jahren, mit Unterstützung des Jugendamtes zu einem Antrag auf Übertragung von Angelegenheiten der elterlichen Sorge nach § 1630 BGB zu veranlassen. Nachdem es zunächst so schien, als würde auch sie die Notwendigkeit einsehen, stellte sie den Antrag letztendlich nicht. Letztlich wäre dieser auch aus oben genannten Gründen hinfällig gewesen.

Daraufhin stellten die Pflegeeltern einen Antrag nach § 1887 Abs. 2 (Entlassung des Jugendamtes ...) und § 1775 Abs. 1 BGB (gemeinschaftliche Bestellung eines Ehepaars). Der Familienrichter stellte beim Termin aller Beteiligten vor dem Familiengericht fest, dass er nicht zuständig sei, weil es einen Beschluss zur Amtsvormundschaft gibt und die Vormundschaftsgerichte – in Württemberg die Notariate – zuständig sind. Er „beriet" jedoch die Pflegeltern insofern, als er hinterfragte, warum sie denn die Vormundschaft übernehmen wollen, da sie ja doch keine Probleme mit dem Jugendamt haben. Er warnte sie davor, dass sie dann nämlich direkt die Probleme mit eventuellen Anträgen der leiblichen Mutter auf Rückübertragung der elterlichen Sorge hätten, wenn sie diese irgendwann stellen wird.

Die Pflegeeltern stellten daraufhin - trotz gegenläufiger „Beratung" durch den Familienrichter - einen Antrag beim zuständigen Notariat. Der Notar äußerte - nachdem er zunächst nicht sicher war, ob er zuständig ist – die unzweifelhafte Auffassung, dass wer, wenn nicht die Pflegeeltern, die Vormundschaft ausüben sollten und nach dem Gesetz eine Einzelvormundschaft der Pflegeeltern eindeutig einer Amtsvormundschaft vorzuziehen ist.

Die Aussage des Familienrichters war unzutreffend, weil die Pflegeeltern von den eventuellen Anträgen der leiblichen Mutter auf Rückübertragung der elterlichen Sorge ohne die Befugnis zur rechtlichen Vertretung des Kindes u.U. nie etwas erfahren hätten, weil sie an einem solchen familiengerichtlichen Verfahren nicht beteiligt werden müssen. Sie hätten dann zwar nicht die „Mühe" mit einer Reaktion auf die möglichen Anträge gehabt, sie wären aber gleichzeitig möglicherweise vor vollendete Tatsachen gestellt worden, wenn aus Sicht des Richters eine Rückübertragung der elterlichen Sorge in Frage käme.

Ein ungepflegter Haushalt braucht kein Grund zur Herausnahme der Kinder sein

Als ich, als frischgebackene Sozialarbeiterin, meine erste Stelle antrat – es ist schon lange her – lud mich bei meiner Vorstellung in der Schule des Ortes der Lehrer zu sich nach Hause ein, um mit mir in Ruhe über die Probleme zweier Familien zu sprechen. Deren Kinder seien verwahrlost und hätten schon einige

Male wegen Kopfläusen vom Unterricht ausgeschlossen werden müssen. Es sei wichtig, dass das Jugendamt hier endlich einschreite.

Auch der Bürgermeister sprach mich bei meinem Vorstellungsgespräch auf die beiden „asozialen Familien" an. Er gab mir zu verstehen, dass meine Akzeptanz in der Gemeinde davon abhängen würde, ob ich den unhaltbaren Zustand beenden und Maßnahmen zur Heimunterbringung der Kinder veranlassen würde.

Schon bald darauf besuchte ich den Lehrer. Ich wurde von einer freundlichen Frau empfangen. Ein junges Mädchen huschte mit Tee und Gebäck in das Wohnzimmer und begrüßte mich freundlich, ehe es wieder verschwand. Ich ahnte damals nicht, dass mich dieses stille Mädchen für viele Jahre begleiten würde. Aber davon später! Dann betrat der Herr Lehrer das Zimmer. Die Ehefrau verabschiedete sich, und das ernsthafte Gespräch begann. Er berichtete mir von den beiden Familien, nennen wir sie Familie Meier und Müller. Sie hatten jeweils sechs Kinder im Alter zwischen einem Jahr und vierzehn Jahren. Familie Meier lebte außerhalb des Ortes in einem alten Haus mitten im Wald, Familie Müller wohnte im Ort.

Der Lehrer erzählte von den Läusen, von dem üblen Geruch und dem verwahrlosten Äußeren der Kinder. Die anderen Kinder wollten nicht in ihrer Nähe sitzen, und in den Schulhofpausen gäbe es immer wieder Streitereien mit ihnen. Die Eltern kümmerten sich nicht um die Hausaufgaben und erschienen nicht zu den Elternabenden. Deshalb habe er beide Elternhäuser persönlich aufgesucht. Der Zustand der Wohnungen sei unbeschreiblich. Ich solle mir unverzüglich ein Bild von den unhaltbaren Zuständen machen. Es sei höchste Zeit, dass die Kinder in ein Heim kämen und dort ordentlich erzogen würden. Er erwartete von mir die Einleitung entsprechender Maßnahmen. Über das Verhalten der Kinder der Familie Meier wusste er nichts zu sagen, die Kinder der Familie Müller würden klauen, sagte er mir.

Je länger das Gespräch dauerte, umso mehr begann ich zu frieren. Lag es an der Raumtemperatur oder eher an der Atmosphäre in diesem Haus? Wir unterhielten uns schließlich ganz allgemein über pädagogische Fragen, und mir wurde schnell klar, dass ich mich mit meinen Vorstellungen von Erziehung besser etwas zurückhielt.

Als Nächstes habe ich also Familie Meier und Familie Müller aufgesucht. In beiden Familien fand ich die vom Herrn Lehrer und vom Bürgermeister durchaus zutreffend beschriebene Unordnung vor und trotzdem lagen Welten zwischen der Situation der Kinder in beiden Familien.

Fallgeschichte I
Familie Meier braucht Hilfe, um ihre Kinder behalten zu können.
Beginnen wir bei Familie Meier. Ihr Haus lag einen Kilometer außerhalb des Ortes mitten im Wald. Es sah dort allerdings nicht idyllisch aus. Um das Haus herum lag Gerümpel aller Art: alte Autos, kaputte Fahrräder und kaum noch funktionstüchtige landwirtschaftliche Geräte. Ein paar Kinder spielten im Wald. Die sonst üblichen Blumen an den Fenstern fehlten. Als ich das Haus betrat – eine Türklingel gab es nicht – landete ich in einem großen Raum, der offensichtlich die Küche war. Da saß Frau Meier mit dem Jüngsten auf dem Arm. Sie fütterte ihm einen Brei und sah mich misstrauisch an. Ganz offensichtlich hatte sie, wie sie da mitten in ihrem Chaos saß, Angst vor dem, was nun kommen würde. Wusste sie doch, wie man im Dorf von ihrer Familie dachte und dass sie von niemandem Hilfe erwarten konnte. Vom Jugendamt erwartete sie erst recht nichts Gutes.

Nach und nach kamen die Kinder dazu. Sie sahen nicht gerade appetitlich aus, waren aber freundlich und nach einer Anwärmphase auch fröhlich und aufgeschlossen. Ich wagte, nach den Kinderzimmern zu fragen. Ehrlich gesagt, da sah es nicht gut aus. Auf dem Boden lagen einige Matratzen herum und unbezogene Deckbetten. Es stellte sich heraus, dass das einjährige Kind kein eigenes Bett hatte. Seit es aus dem Stubenwagen herausgewachsen war, schlief es mit den anderen Kindern auf den Matratzen am Boden oder bei der Mutter im Bett. Frau Meier erklärte, dass sie sich von der Arbeitslosenhilfe kein Bett leisten könnten. Ich versprach ihr, mich für die Anschaffung eines Bettes mit Bettzeug für das Kleinkind einzusetzen. Ich sagte ihr, dass ich in einigen Tagen wieder käme und hoffte, dass bis dahin das Kinderbett ausgeliefert werden würde. Ich bat sie, schon einmal Platz für das Bettchen zu schaffen.

Ich besprach mit den älteren Kindern in Anwesenheit der Mutter, dass es wichtig ist, sich vor dem Schulbesuch gut zu waschen, weil sie ja wüssten, dass sie von den anderen Kindern wegen des Geruchs und der schmutzigen Kleider gehänselt würden. Die Mutter versprach, die Kleider der Kinder zu richten und zu waschen.

Als ich nach einer Woche wieder einen Hausbesuch machte, war das Bett bereits geliefert. Alles lag schön verpackt da. Frau Meier erklärte, ihr Mann sei auf Arbeitssuche, außerdem müsse er im Wald Holz schlagen und hätte daher keine

Zeit zum Zusammenbauen des Bettchens gehabt. Aber bis zu meinem nächsten Besuch sei das sicher geschehen. Sie bat mich, eine Tasse Kaffee mit ihr zu trinken. Der Küchentisch war mit Geschirr vollgestellt, und auf dem Spülstein türmten sich, wie bei meinem letzten Besuch, Berge von schmutzigem Geschirr. Es kostete mich einige Überwindung, den angebotenen Kaffee zu trinken, aber währenddessen konnte ich den herzlichen Umgang unter den Geschwistern und zwischen den Kindern und der Mutter beobachten.

Unterdessen war der Vater aus dem Wald heimgekommen. Er begrüßte mich misstrauisch und verschwand sofort wieder. Ein paar Kinder sprangen hinter ihm her, um ihm etwas zu erzählen. Frau Meier hingegen schien langsam etwas Vertrauen zu mir zu fassen. Ich versuchte ihr nahe zu bringen, dass es im Interesse der Kinder eine Veränderung geben müsse und dass ich ihr im Rahmen meiner Möglichkeiten helfen würde. Mein Ziel sei nicht die Herausnahme der Kinder, weil ich sähe, wie gut sie mit ihnen umgeht. Allerdings machte ich auch deutlich, was es für die Kinder bedeutet, von den Schulkameraden ausgegrenzt, gehänselt und verlacht zu werden. Beim Abschied versprach sie, bis zur nächsten Woche das Kinderbett aufzustellen, und sie werde auch auf mehr Sauberkeit bei den Kindern achten.

Als ich eine Woche später wieder kam, empfing mich Frau Meier sichtlich unsicher. Sie entschuldigte sich gleich, dass sie noch keine Zeit gefunden hätte, das Bettchen aufzustellen. Ich fragte nach ihrem Mann und bat sie, ihn zu holen. Ich würde da bleiben, bis wir zusammen das Bett aufgebaut hätten. Begeistert war der Vater nicht, von seinem Werkeln um das Haus herum weggeholt zu werden, aber schließlich kam er doch. Während ich eher ungeschickt versuchte, beim Aufbau zu helfen, kamen wir ins Gespräch. Es tat ihm sichtlich gut, dass er mehr vom Aufbau des Bettchens verstand als ich.

Die Veränderung ging nur sehr langsam voran. Familie Meier wusste, dass meine Besuche nicht gerade wegen des Kaffees waren, sondern, neben den Gesprächen und dem gemeinsamen Nachdenken darüber, was bis zur nächsten Woche verändert werden kann, natürlich auch eine Kontrollfunktion hatten. Manchmal klappte es mit den „Hausaufgaben", manchmal nicht. Besonders stolz war der Vater, als er die Decke des „Wohnzimmers" repariert hatte. Vorher war dieses Zimmer unbewohnbar gewesen, weil die Decke halb herunter hing. Aber so ganz schien Frau Meier noch nicht verinnerlicht zu haben, dass ein gewisses Maß an Hygiene und Ordnung das Leben der Familie erleichtert. Als ich einmal den gewohnten Hausbesuch nicht in meinem Terminkalender unterbrachte, meinte sie beim nächsten Termin bedauernd, dass sie in der letzten Woche leider *„ganz umsonst"* aufgeräumt hätte.

In der Schule warb ich um Verständnis für die Bemühungen der Eltern um Veränderung. Eine Lehrerin fand sich bereit, die Kinder einmal in der Woche einen Nachmittag bei sich zu Hause zu betreuen und ihnen bei den Hausaufgaben zu helfen. Sie zeigte ihnen auch, was sie selbst tun können, um von ihren Schulkameraden nicht mehr gemieden zu werden. Von einer Herausnahme der Kinder aus der Familie sprach niemand mehr.

Fallgeschichte II
Familie Müller braucht Hilfe, um ihre Kinder in eine Pflegefamilie zu geben.
Bei Familie Müller verlief alles ganz anders. Ich fand zwar die gleiche Unordnung, die gleichen Geschirrberge und die gleichen verschmutzten Kinder vor. Allerdings hatte hier jedes Kind ein eigenes Bett. Die Betten waren sogar notdürftig bezogen. Die Kleider lagen genau wie bei Familie Meier auf dem Boden herum.

Bei meinem ersten Hausbesuch öffnete mir Frau Müller mit einer Zigarette in der Hand. Sie hatte gerade am Küchentisch eine Tasse Kaffee getrunken, während ihr Mann im Wohnzimmer seinen Mittagsschlaf hielt. Kinder sah ich keine. Frau Müller bot mir einen Stuhl an und begann sofort, über die unverschämten Lehrer zu schimpfen. Sie verriet mir auch bald, dass sie vom Jugendamt wenig hielt und wie sehr es ihr heute noch nachgeht, dass die „Hexe" vom Jugendamt sie als Kind in ein Heim gesteckt hatte. Das wolle sie mir gleich sagen: „Von ihren Kindern käme keines in das Heim". Auf meine vorsichtige Frage, ob ihr Mann sich nicht am Gespräch beteiligen könne, meinte sie, dass der Säufer schon irgendwann wieder zur Besinnung käme. Im Augenblick sei er nicht zu gebrauchen.

In der Zwischenzeit schrie das Kleinkind, das aus dem Schlaf aufgewacht war. Frau Müller reagierte nicht und rauchte ruhig weiter. Ein Mädchen kam in die Küche und wollte etwas von der Mutter, die ungeduldig reagierte und es wieder hinausschickte mit der Ermahnung, ruhig zu sein wegen des Vaters. Auf meine Frage, ob sie vielleicht wegen meiner Anwesenheit das schreiende Kleinkind nicht holen wolle, ging sie in das Zimmer neben der Küche und kam mit dem Kind zurück. Es schrie weiter und der Mutter war der Unmut anzusehen.

Nach meiner Bemerkung, es rieche so, als ob das Kind die Windel voll hätte, packte sie es widerwillig aus. Es schrie noch mehr. Sie wischte den Stuhl mit der Windel weg, was dem Kind offensichtlich große Schmerzen bereitete. Ich bekam ein knallrotes Gesäß zu sehen, bei dem an einzelnen Stellen das rohe Fleisch zum Vorschein kam. Die Mutter wollte einfach nur die Windeln erneuern, ohne wenigstens Öl und Creme aufzutragen.

Auf meinen Hinweis, dass das Kind Schmerzen habe und dringend Salbe brauche, ließ sie das Kind alleine auf dem Tisch liegen und suchte im Zimmer nebenan nach einer Creme, die sie schließlich mit groben Handbewegungen unvorsichtig und für das Kind schmerzhaft auftrug. Es dauerte dann noch eine ganze Weile, bis das Kind, das offensichtlich Hunger hatte, seine Flasche bekam. Der ganze Umgang mit dem Kind war lieblos und es hatte einen leeren, teilnahmslosen Blick.

Unterdessen war Herr Müller aufgewacht. Er kam verschlafen in die Küche und Frau Müller warf ihm lautstark vor, dass ihnen die Leute wegen seiner Sauferei das Jugendamt auf den Hals gehetzt hätten. Innerhalb weniger Minuten war das Paar in einen heftigen Ehestreit verwickelt. Bevor ich ging, kündigte ich an, dass ich in einigen Tagen wieder kommen werde. Auf dem Flur traf ich das vierzehnjährige Mädchen der Familie. Ich versuchte, einige Worte mit ihr zu wechseln. Sie trug den Arm in der Schlinge. Auf meine Frage, ob sie den Arm gebrochen hätte, sagte sie, sie sei die Treppe herunter gefallen.

Als ich das Haus verließ, stellte sich mir nicht mehr die Frage, wie die Unordnung zu mildern sei. Vor allem war ich beunruhigt über den Zustand des Kleinkindes. Ich stellte mir die Frage, ob ich mir die Zeit nehmen darf, die Kinder besser kennen zu lernen, oder ob die akute Gefährdung der Kinder sofortiges Handeln verlangt. Zudem hatte ich den Verdacht, dass der Armbruch auf eine Misshandlung zurückzuführen sei, was sich später leider als wahr herausstellen sollte.

Ich versuchte im Gespräch mit den Eltern und den Kindern die Familiengeschichte zu rekonstruieren. Ich ließ mir die Schweigepflichtentbindung für die Ärzte geben. Diese bestätigten mir, dass beide Elternteile seit vielen Jahren alkoholabhängig sind und Gewalt in der Familie an der Tagesordnung ist.

In der Folgezeit schaute ich fast täglich nach den Kindern. Mein erster Eindruck bestätigte sich, dass die Eltern völlig in ihrer eigenen Not verstrickt waren und die Bedürfnisse der Kinder nicht wahrnehmen konnten. Sie waren nicht in der

Lage, die Grundbedürfnisse ihrer Kinder zu befriedigen. Hilfsangebote mit dem Ziel des Verbleibs der Kinder würden zu einer schweren Kindeswohlgefährdung führen. Diesen Kindern konnte nur geholfen werden, in dem sie schnell von den Eltern getrennt wurden und dauerhafte Lebensperspektiven für jedes einzelne Kind gesucht wurden.

Ich habe Familie Müller nicht aufgefordert, alles in Ordnung zu bringen, damit sie ihre Kinder wieder zurückbekommen. Vielmehr unterstützte ich sie, für sich selbst eine Therapie zu beginnen, damit für sie das Leben erträglicher wird. Ich habe die Eltern nicht im Unklaren darüber gelassen, dass die Kinder durch den Mangel an Liebe, Geborgenheit und zuverlässiger Versorgung großen Schaden erlitten haben. Die große Tochter machte den Eltern klar, dass sie nicht weiter vertuschen werde, was ihr geschehen sei. Sie werde jetzt nicht mehr sagen, dass sie die Treppe heruntergefallen sei, sondern die Wahrheit.

Ich habe das Recht der Kinder auf einen neuen Anfang unmissverständlich in den Vordergrund gestellt und die Eltern nicht mit falschen Versprechungen vertröstet. Die kleinen Kinder kamen in Pflegefamilien und nahmen dort eine gute Entwicklung, die älteste Tochter kam in ein Heim, wurde mit sechzehn Jahren schwanger. Als sie das Kind geboren hatte, wurde es mit drei Monaten von der Mutter mit schweren Misshandlungsspuren in das Krankenhaus eingeliefert. Die Mutter sah ein, dass sie dem Kind nicht gerecht werden konnte und willigte in eine Adoption ein.

Fazit: Jedes Kind verdient das genaue Hinschauen
Mit diesen beiden Fallbeispielen möchte ich deutlich machen, dass die Umwelt oft nur die äußeren Symptome sieht. Dabei ist es keine Frage, dass Familie Meier lediglich Hilfe brauchte, damit die Familie und die Kinder nicht völlig in die Isolation getrieben wurden. Heute hätte dieser Familie ein kompetenter Familienhelfer zur Seite gestellt werden können. Damals gab es diese Einrichtung noch nicht.

Bei Familie Müller dagegen hätte kein noch so kompetenter Familienhelfer und kein noch so fähiger Therapeut die Situation verändern und die Gefährdung von den Kindern abwenden können. Den kleinen Kindern konnte nur durch die Beheimatung in einer liebevollen Pflegefamilie geholfen werden. Die Vorgeschichte hatte bereits erhebliche Entwicklungsbeeinträchtigungen für alle Kinder mit sich gebracht. Es stand von Anfang an fest, dass diese Kinder auf Dauer in eine Pflegefamilie gegeben werden, weil eine Veränderung der Persönlichkeit der Eltern, in einem für die Kinder tolerierbaren Zeitempfinden, nicht zu erwarten war. Die Eltern wurden auch nicht im Unklaren gelassen, dass den Kindern nur geholfen werden kann, wenn sie dauerhaft in einer Pflegefamilie leben können.

Der § 33 SGB VIII weist klar darauf hin, dass entweder eine
zeitlich befristete oder
eine auf Dauer angelegte Lebensperspektive für das Kind gesucht werden muss.

Im Fall der Familie Müller wäre es unsinnig gewesen, Veränderungen im Elternhaus herbeiführen zu wollen. Die Persönlichkeitsstörungen beider Elternteile waren so klar, dass von Anfang an eine Rückkehr der Kinder ausgeschlossen werden musste.

Die Ehrlichkeit den Herkunftseltern gegenüber erfordert es, diese nicht im Unklaren zu lassen. Nur so können sie ihr eigenes Leben in den Griff bekommen. In Kapitel 10.4.1. in diesem Buch wird auf die Bundesdrucksache hingewiesen, in der gesagt wird, dass den Eltern geholfen werden muss, Abschied zu nehmen von ihren Kindern, wenn diese nicht in ihre Familie zurückkehren können. Dies kann gelingen. Noch Jahre danach, als die Kinder längst erwachsen waren, suchte mich die Mutter von sich aus auf, um über ihre alten Schwierigkeiten mit ihrem Mann zu berichten. Die Kinder spielten dabei keine Rolle, weil die Eltern immer noch in ihren alten Kämpfen verhaftet waren.

Auch für die Kinder war diese Klarheit wichtig. Sie konnten sich mit dem Wissen, dass sie nicht mehr in diese schlimme Situation zu den leiblichen Eltern zurück müssen, auf neue Beziehungen einlassen. Die Tatsache, dass ihre Grundbedürfnisse in der Herkunftsfamilie nicht befriedigt wurden, sie vernachlässigt und gar misshandelt wurden und Gewalt zwischen Vater und Mutter miterleben mussten, erfordert, dass sie in der neuen Familie Sicherheit und Halt haben und nicht in Ungewissheit über ihren Lebensmittelpunkt leben müssen.

Kinder müssen wissen, wo ihr Lebensmittelpunkt ist, um mit den Schäden, die sie bisher erlitten haben, leben zu können. Eine nicht geklärte Lebensperspektive verhindert jede Heilung und verhindert das Eingehen neuer Eltern-Kind-Beziehungen. Jedes Kind hat ein Recht als erwünschtes und geschätztes Mitglied einer Familie aufzuwachsen. Wenn keine Klarheit über den Verbleib besteht, können die Pflegeeltern das Pflegekind eben nicht als Mitglied ihrer Familie ansehen, sondern als Gast. Je jünger ein Kind ist, umso existentieller ist es darauf angewiesen, dass es nicht „Gast" in der Familie ist, sondern dass es Eltern findet, die es lieben, es beschützen und in die Welt hinaus führen.

Herkunftseltern brauchen Klarheit, um ihr eigenes Leben in Ordnung zu bringen. Es zeugt von keiner Empathie diesen gegenüber, wenn ihnen unrealistische Auflagen zur Veränderung ihrer Situation gemacht werden. Da weisen sie tatsächlich eine neue Wohnung, eine neue Arbeitsstelle und sogar eine Heiratsurkunde vor! Aber was hat sich bei tiefgreifenden Persönlichkeitsstörungen dadurch verändert? Es ist unredlich, mit beschwichtigenden Vertröstungen zu arbeiten. Verständnisvolle Klarheit hilft nicht nur den Kindern und den Pflegeeltern, sondern auch den Herkunftseltern, – und diese Klarheit ist in den §§ 33 bis 37 SGB VIII gefordert.

Was hätte es geholfen, wenn ein Aufräumteam bei den leiblichen Eltern für Ordnung gesorgt hätte? Die Persönlichkeitsstörung der Eltern war es, die das Wohl der Kinder gefährdete und diese kann auch durch Therapien in einem für die Kinder vertretbaren Zeitrahmen nicht verändert werden und in diesem Fall konnte sie, wie so oft, durch keine therapeutischen Maßnahmen auf Dauer verändert werden.

Nachwort: In Wirklichkeit ist alles noch viel komplizierter.
Ich möchte auf die Tochter des Lehrers zurückkommen, die uns am Anfang dieses Berichtes begegnet ist. Sie ist später in die Obdachlosenszene abgeglitten, wurde psychisch krank und musste schließlich in die geschlossene Abteilung einer Klinik eingeliefert werden. Dort stellte man fest, dass sie schwanger war. In den Gesprächen, die sie mit mir wegen der Zukunft des Kindes führte, wurde das Ausmaß der Lieblosigkeit und Härte in ihrem Elternhaus, bis hin zu körperlichen Misshandlungen, deutlich. Ordentlichkeit, Anstand, Härte und strenge Prinzipien waren das Leitmotiv der Erziehung. Durch den religiösen Fanatismus der Eltern war ein unlösbarer Konflikt grundgelegt: Einerseits wehrte sich die junge Frau verzweifelt gegen die verlogene Moral der Eltern, auf der anderen Seite hatte sie deren Moralvorstellungen, denen sie gar nicht entsprechen konnte, total verinnerlicht. Ein unlösbarer Konflikt!

Sie wusste, dass sie nicht in der Lage sein würde, ihr Kind zu betreuen. Heute ist dieses Kind eine junge Frau, die ihre Schule beendet hat und jetzt eine Lehre macht. Die Mutter wechselt zwischen einer Wohngemeinschaft für psychisch kranke Menschen und einer Klinik. Sie hat in all den Jahren privaten Kontakt mit mir gehalten und sich regelmäßig nach dem Kind erkundigt. Sie braucht immer wieder die Gewissheit, dass es ihrem Kind gut geht und dass sie eine gute Mutter ist, weil sie dem Mädchen eine ungestörte Entwicklung gewährt hat. Besuche des Kindes wollte sie nur, als das Kind klein war. Danach hatte sie Angst, dass während einer Besuchssituation ihre Wahnvorstellungen auftauchen könnten und sie dann keine Möglichkeit haben würde, ihr Verhalten kindgerecht zu steuern.

An dem Beispiel der Lehrertochter möchte ich deutlich machen, dass emotionale Vernachlässigung wenig mit der Frage nach äußeren Kriterien wie Ordentlichkeit und „geordneten Lebensumständen" zu tun hat. In der Gesellschaft werden diese Bürgertugenden häufig über die Einfühlsamkeit der Eltern in ihre Kinder gestellt. Im Spiegel der Umwelt wäre niemand auf den Gedanken gekommen, dass in der Familie des Lehrers abträglichere Erziehungsbedingungen herrschten, als bei Familie Meier.

Stattdessen gibt es überraschende Ähnlichkeiten zwischen der Lehrersfamilie und Familie Müller. Bei Familie Müller kommt allerdings gravierend die mangelnde Pflege der Kinder hinzu.

Es ist unzweifelhaft, dass ein Baby schwer vernachlässigt wird, wenn es in der Art wie bei Familie Müller behandelt wird. Es bedarf der sorgfältigen und liebevollen Pflege an Körper und Seele. Es muss die Erfahrung machen, dass es Einfluss auf die Eltern hat, dass seine Signale verstanden werden, dass sein Schreien verstanden wird und Vater und Mutter die Ursachen seines Schreiens feinfühlig erfassen und diese beseitigen. Es muss die Erfahrung machen, dass es nicht allein gelassen wird.

Wenn diese existentiellen Bedürfnisse des Kindes missachtet werden, wenn es eben nicht sorgsam gepflegt und wenn es allein gelassen wird, ist es schwer gefährdet. Hier wäre es ein Vergehen am Kind, wenn ihm aus Mitleid mit der überforderten Mutter die notwendige Hilfe versagt würde. Immer wieder ist sehr viel Mitgefühl und Verständnis mit den Erwachsenen zu beobachten, während die Gefahr für die Kinder bagatellisiert wird.

Was hilft dem Kind, den Herkunftseltern und den Pflegeeltern:
Klare Aussagen darüber, wo das Kind in der Gegenwart und in der Zukunft seinen Lebensmittelpunkt hat.

Falls es sich herausstellt, dass das Kind enge Bindungen an die Herkunftsfamilie hat, so ist alles sicherzustellen, dass es unverzüglich zu dieser zurückgehen kann. Die im Einzelfall angemessenen Hilfen sind unverzüglich einzuleiten, z.B. hat die junge Mutter Hilfe in einem Mutter und Kind Heim zu beanspruchen, um unter Anleitung zu lernen, mit dem Kind richtig umzugehen oder eine drogenabhängige Frau hat unverzüglich einen Klinikaufenthalt mit dem Kind anzutreten, um ihr Problem in den Griff zu bekommen. Lehnt die Mutter jedoch diese Hilfen ab, so muss mit ihr erarbeitet werden, was das Lebensrecht des Kindes bedeutet. Ein Säugling hat keine Zeit. Er ist lebensnotwendig auf eine stabile Eltern- Kind Beziehung angewiesen. Wenn die Mutter/der Vater dies nicht bieten können, muss die dauerhafte Lebensperspektive in der Pflegefamilie gesichert werden. Nur so kann sich das Kind im Sinne des § 1 SGB VIII zu einer gesunden Persönlichkeit entwickeln.

Es ist keineswegs ein Zeichen mangelnder Mutterliebe, wenn eine Mutter ihr Kind aus Einsicht in ihre eigene Lebensproblematik zum Aufwachsen in einer Pflegefamilie oder einer Adoptivfamilie freigibt. Dies ist sowohl in der Gesellschaft wie auch unter Fachkräften ein Gedanke, der kaum gedacht werden kann. Deshalb möchte ich mit Bernhard Hassenstein schließen:[197]

„Der Mensch scheut vor einem Gedanken zurück, der ihn, wenn er ihn dächte, vor eine Situation stellte, der er sich nicht gewachsen fühlt."

---

[197] Hassenstein 1992, S. 95

20. Das FGG Reformgesetz: FamFG und das Pflegekind

Der Bundestag hat am 29. Juni 2008 das Gesetz über das Verfahren in Familiensachen und in den Angelegenheiten der freiwilligen Gerichtsbarkeit (FamFG) beschlossen und der Bundesrat stimmte am 19. September 2008 der Gesetzesvorlage zu. Die Reform tritt am 1.September 2009 in Kraft. Da es sich um grundlegende Veränderungen handelt, will der Gesetzgeber den Ländern ein Jahr Zeit geben, um die notwendige Neuorganisation der gerichtlichen Abläufe vornehmen zu können (BMJ- Pressemitteilung vom 19.9.2008).

Die Gesetzesvorlagen des FamFG wurden in den letzten Jahren kontrovers diskutiert. Das Pflegekinderwesen fand zunächst keine Beachtung. Den Pflegeelternverbänden und einzelnen in diesem Bereich tätigen Wissenschaftlern und Praktikern ist es gelungen, wenigstens ansatzweise die Belange des Pflegekindes anzusprechen.

So wurde im Gesetz die Möglichkeit eröffnet, dass Pflegeeltern in Sorgerechts- und Umgangsverfahren Beteiligte werden können, wenn das Kind längere Zeit in Familienpflege ist, weil sie vom Ausgang des Verfahrens unmittelbar betroffen sind. Es ist jedoch nicht zu übersehen, dass nach wie vor die besondere Situation des Pflegekindes nicht im Blickfeld steht.

Es bleibt abzuwarten, wie das Gesetz umgesetzt wird. Die Hauptarbeit der Gerichte im Rahmen dieses Gesetzes sind die Kinder aus Trennungs- und Scheidungsverfahren. Hier können Richter, Gutachter, Mentoren und Rechtsanwälte auf Erfahrungswissen zurückgreifen. Das FamFG stellt die Mediation unter den Erwachsenen bei einer Beratungsstelle stark in den Mittelpunkt. Somit wird es zentral darauf ankommen, dass dieser Berater das nötige Fachwissen über die besondere Situation des Pflegekindes hat und konsequent danach handelt. Der grundlegende Unterschied zwischen Pflegekindern und Trennungs- und Scheidungskindern muss allen Beteiligten klar sein.

Die Rechtssprechung ist aufgerufen, die behutsame Umsetzung des FamFG, für das Pflegekinderwesen, zu gestalten.

1. Einvernehmliche Lösungen bei Pflegekindern
Das Gericht soll einvernehmliche Lösungen des Konflikts anstreben, wenn es dem Kindeswohl nicht widerspricht. Einvernehmliche Lösungen müssen vom

Gericht gebilligt werden und wo dies nicht möglich ist, hat das Gericht zu prüfen, ob eine einstweilige Anordnung erforderlich ist (vgl. § 173 FamFG).

Bei Pflegekindern ist der Rahmen für einen Aushandlungsprozess zwischen den Erwachsenen eingegrenzt. Es ist die Regel, dass das Wohl des Kindes bereits verletzt wurde. Die Voraussetzung für eine Fremdunterbringung eines Kindes ist, dass sein Wohl in der Herkunftsfamilie nicht sichergestellt werden konnte. Wenn das Gericht die Pflegeeltern und die Herkunftseltern verpflichtet, im Rahmen eines Beratungsangebotes zu einer Einigung zu finden (§ 173 (5) FamFG), ist das nur dort angezeigt, wo die Beratungsstelle über Fachkräfte verfügt, die mit der besonderen Situation von Pflegekindern vertraut sind und die nicht überwiegend mit Trennungs- und Scheidungssituationen befasst sind. Es ist Voraussetzung, dass der Berater über Traumatisierung, Bindung und Trennung von Kindern und deren Folgen ein umfassendes Spezial- und Erfahrungswissen hat. Nur so können Lösungen gefunden werden, die für das Kind lebbar sind und dem Kindeswohl nicht widersprechen.

2. Die Beteiligungs- und Mitwirkungsrechte des Kindes und der Verfahrensbeistand

Das Gericht hat das Kind persönlich anzuhören, wenn es das vierzehnte Lebensjahr vollendet hat. Hat das Kind das vierzehnte Lebensjahr noch nicht vollendet, ist es persönlich anzuhören, wenn die Neigungen, Bindungen oder der Wille des Kindes für die Entscheidung von Bedeutung sind oder wenn eine persönliche Anhörung aus sonstigen Gründen angezeigt ist (vgl. § 167 FamFG).

In der BMJ Pressemitteilung vom 19.9.2008 heißt es, dass die Beteiligungs- und Mitwirkungsrechte des betroffenen Kindes verstärkt werden und in schwierigen Fällen das Kind durch einen Verfahrensbeistand unterstützt wird. Dessen Aufgabe sei es, im gerichtlichen Verfahren die Interessen des Kindes zu vertreten und das Kind über den Ablauf des Verfahrens und die Möglichkeit der Einflussnahme zu informieren. Im Gegensatz zu dem bisherigen Verfahrenspfleger könne der Verfahrensbeistand auf Anordnung des Gerichtes eine aktive Rolle in dem Konflikt übernehmen und zu einer einvernehmlichen Umgangsregelung – etwa durch Gespräche mit den Eltern – beitragen (vgl. § 166 FamFG).

Der Inhalt dieser Bestimmungen hört sich gut an. Die Deckelung des Honorars für den Verfahrensbeistand, die jetzt im Raume steht, stellt diesen Anspruch an den Verfahrensbeistand jedoch in Frage. Wenn er nur wenige Stunden zur Verfügung hat, kann er diese Interessenvertretung des Kindes nur dann leisten, wenn er einen großen Teil der Arbeit ehrenamtlich verrichtet. Fachkräfte, die diese Arbeit als Beruf ausüben, können, mit der Begrenzung der Stundenzahlen, diese Arbeit nur noch oberflächlich wahrnehmen.

Dies gilt bei strittigen Scheidungen und Trennungen. Bei Pflegekindern verschärft sich die Situation. Hier handelt es sich immer um sehr komplizierte Konflikte und es sind immer zwei Familien betroffen. Wenn der Verfahrensbeistand nicht die Zeit genehmigt bekommt, sich ein umfassendes Bild von den Gefühlen, Bindungen, Ängsten und dem Willen des Kindes zu machen, ist dieser Institution als Interessenvertreter des Kindes mit großer Skepsis zu begegnen Eine zweite Voraussetzung für eine fachgerechte Hilfe ist, dass der Verfahrensbeistand über Spezial- und Erfahrungswissen im Pflegekinderbereich verfügt.

Wenn dem Verfahrensbeistand, durch die Ausführungsbestimmungen des FamFG, die fachlich notwendige Zeit verweigert wird, stellt sich die Frage, ob die Pflegeelternverbände Verfahrensbeistände, zusätzlich zu der Grundqualifikation, ausbilden und diese überörtlich zur Verfügung stellen. Der diskutierte Geldersatz für die Leistung wäre als ehrenamtliche Aufwandsentschädigung zu werten.

3. Umgangsverfahren und Pflegeeltern als Beteiligte am Gerichtsverfahren

Dringliche Kindschaftssachen, insbesondere Streitigkeiten über das Umgangsrecht, müssen vorrangig und beschleunigt bearbeitet werden. Das Verfahren soll zeitnah verhandelt werden. Das Gericht soll den Fall spätestens einen Monat nach Eingang des Antrags mit allen Beteiligten erörtern (vgl. § 165 FamFG).

Das Gesetz geht grundsätzlich davon aus, dass Umgangskontakte mit den leiblichen Eltern für ein Kind immer gut sind.

Bei Pflegekindern, die in der Regel schweren Belastungen ausgesetzt waren und die oft lange Zeit brauchen, um wieder Vertrauen entwickeln zu können und von Ängsten belastet sind, die sie oft erst nach einer langen Zeit äußern können, ist das Beschleunigungsgebot problematisch. Wenn durch Umgangskontakte die Trennungsangst reaktiviert wird, weil das Kind seinen neu gewonnenen Lebensmittelpunkt in Frage gestellt sieht, wird nicht selten unterstellt, dass die Pflegeeltern bei geeigneter Einwirkung auf das Kind diese Ängste zerstreuen könnten. Dass dem nicht so ist, ist in diesem Buch mehrfach anhand von Kinderschicksalen aufgezeigt worden. Wenn unter dem Einigungszwang überstürzte Vereinbarungen getroffen werden, so ist dies im Hinblick auf das Kindeswohl bedenklich. Es geht um eine gründliche Abklärung, was für dieses Kind erforderlich ist, damit es eine gute Entwicklung nehmen kann.

Wie bisher im § 33 FGG ist im FamFG im § 104 (2) bestimmt, dass unmittelbare Gewalt gegen ein Kind nicht zugelassen wird, wenn das Kind zum Zwecke des Umgangs herausgegeben werden soll. Diese Bestimmung ist zu begrüßen, zumal ein Umgangskontakt, der durch körperliche oder psychische Gewalt erzwungen wird, nachhaltige Belastungen für das Kind mit sich bringen. Gefühlsmäßige Abwehrhaltungen werden durch Zwang nicht gelöst, sondern verstärkt.

In der regierungsamtlichen Begründung zu § 102 FamFG (Seite 351) wird ausgeführt, dass künftig zur Durchsetzung von Herausgabe- und Umgangsanordnungen im Regelfall Ordnungsgeld und für den Fall mangelnder Erfolgsaussichten Ordnungshaft anzuordnen sind. Anders als die bisherigen Zwangsmittel haben Ordnungsmittel nicht nur Auswirkungen auf den Willen der pflichtigen Person, sondern sie haben auch Sanktionscharakter. Die Vollstreckung von Sorge- und Umgangsentscheidungen können auch dann noch vollstreckt werden, wenn der Termin für den Umgang bereits verstrichen ist. Absatz 3 Satz 1 bestimmt, dass die Festsetzung eines Ordnungsmittels nur dann unterbleibt, wenn der Verpflichtete Gründe vorträgt, aus denen sich ergibt, dass er die Zuwiderhandlung nicht zu vertreten hat. In der Begründung des Gesetzes (Seite 352) heißt es:

„Gelingt es dem Verpflichteten nicht, detailliert zu erläutern, warum er an der Befolgung der gerichtlichen Anordnung gehindert war, kommen ein Absehen von der Festsetzung eines Ordnungsmittels oder die nachträgliche Aufhebung des Ordnungsmittels nicht in Betracht. Beruft sich etwa ein Elternteil nach erfolgter Zuwiderhandlung gegen eine gerichtliche Umgangsentscheidung auf den entgegenstehenden Willen des Kindes, wird ein fehlendes Vertretenmüssen nur dann anzunehmen sein, wenn er im Einzelnen darlegt, was und wie er auf das Kind eingewirkt und alles in seiner Macht stehende getan hat, um das Kind zum Umgang zu bewegen."

Kinder, die traumatisiert sind und erfahren müssen, dass Pflegeeltern sie psychisch unter Druck setzen, um Besuche gegen den erklärten Willen des Kindes möglich zu machen, erleben sich erneut als ohnmächtig ausgeliefert und werden dadurch retraumatisiert. Dieser Erklärungsdruck der Pflegeeltern kann sich so auswirken, dass sie den Druck an das Kind weitergeben. Das Kind erlebt sich als ohnmächtig, weil die Pflegeeltern ihm den erforderlichen Schutz nicht geben können. Dies kann das Vertrauensverhältnis des Kindes zu den Pflegeeltern schwer belasten. Die Persönlichkeitsrechte des Kindes werden nicht nur bei körperlicher Gewalt, sondern auch bei psychischer Gewalt verletzt und die Entwicklung zu einer eigenständigen Persönlichkeit schwer beeinträchtigt

Das Gesetz sieht in schwierigen Fällen die Einsetzung eines Umgangspflegers vor. In der BMJ Pressemitteilung vom 19.9.2008 wird als Beispiel angeführt:

„Aufgrund des Konflikts in der akuten Trennungssituation sind die Eltern nicht in der Lage, die Übergabemodalitäten beim Umgang einzuhalten. Diese Situation kann dadurch entschärft werden, dass der Umgangspfleger Zeit und Ort der Übergabe festlegt, dieses von dem betreuenden Elternteil abholt, dem umgangsberechtigten Elternteil übergibt und später wieder zurück bringt."

Dieses Beispiel ist beim Umgang eines Pflegekindes mit seinen leiblichen Eltern nur im Ausnahmefall denkbar. Persönliche Konflikte aus einer Paarbeziehung bestehen zwischen Pflegeeltern und Herkunftseltern nicht. Ein „Mitgeben" eines Kindes, insbesondere eines kleinen Kindes, ohne die Begleitung der Hauptbezugsperson, ist in der Regel mit dem Kindeswohl nicht zu vereinbaren. Wenn Pflegeeltern im Hintergrund des Umgangskontaktes dabei sind und das Kind jederzeit die Möglichkeit hat, bei den Pflegeeltern Schutz und Trost zu suchen, kann eine zusätzliche Umgangsbegleitung in Einzelfällen für eine Übergangszeit sinnvoll sein. Grundsätzlich sind Umgangskontakte bei Säuglingen und Vorschulkinder nur als gemeinsame Unternehmungen der beiden Familien denkbar.

Eine positive Wende hat das Beschwerderecht in Sorgerechts- und Umgangsverfahren für Pflegeeltern gebracht. Sie sind jetzt beschwerdeberechtigt und können im Gegensatz zum bisher geltenden Recht als Beteiligte zum Gerichtsverfahren hinzugezogen werden. Da sie vom Ausgang des Verfahrens in Sorgerecht- und Umgangsfragen direkt betroffen sind, können die Pflegeeltern selbst aktiv werden und den Beteiligtenstatus für sich beantragen. Sie haben damit Rechte wie die anderen am Verfahren Beteiligte. Die bisherige weitere Beschwerde zum Oberlandgericht wird ersetzt durch die Rechtsbeschwerde beim Bundesgerichtshof.

4. Kosten des Verfahrens
Das Gericht kann die Kosten des Verfahrens nach billigem Ermessen den Beteiligten ganz oder zum Teil auferlegen. Es kann auch anordnen, dass von der Erhebung der Kosten abzusehen ist. (vgl. § 83 FamFG).

Die Reform sieht vor, dem Gericht die Möglichkeit zu eröffnen, den Beteiligten die Kosten des Verfahrens umfassend nach den Grundsätzen billigen Ermessens aufzuerlegen (Begründung des Reformgesetzes, Seite 238). Das Gericht kann auch anordnen, dass von der Erhebung von Kosten abgesehen wird. Dies wird regelmäßig dann in Betracht kommen, wenn es nach dem Verlauf oder Ausgang des Verfahrens unbillig erscheint, die Beteiligten mit den Gerichtskosten des Verfahrens zu belasten. Da Pflegeeltern, fast ohne Ausnahme, im Interesse des Kindes den gerichtlichen Konflikt wagen, ist zu hoffen, dass dieses billige Ermessen zu Gunsten der Pflegeeltern ausfällt.

Einem minderjährigen Beteiligten können Kosten in Verfahren, die seine Person betreffen, nicht auferlegt werden. Nach meiner Einschätzung können folgerichtig einem Vormund oder Pfleger, der für das Kind klagt, ebenfalls keine Kosten auferlegt werden.

5. Die Anhörung der Pflegeeltern

Das Gericht hat in Verfahren, die die Person des Kindes betreffen, die Pflegeperson stets anzuhören, wenn das Kind seit längerer Zeit in Familienpflege lebt. Dies ist eine deutliche Verbesserung der Stellung der Pflegeeltern im neuen Gesetz (vgl. § 169 FamFG).

6. Ermittlungen von Amts wegen

Die §§ 14 bis 18 FamFG stellen klar, dass die Einleitung eines Verfahrens, das von Amts wegen zu betreiben ist, nicht nur in Folge einer Mitteilung durch eine andere Stelle, sondern auch aufgrund des Antrages eines Bürgers eingeleitet werden kann. Da Pflegeeltern auch Bürger sind, steht es ihnen frei, eine Mitteilung an das Gericht zu machen, wegen einer von ihnen beobachteten Gefährdung des Kindes z.B. durch Umgangskontakte.

Das Gericht hat demjenigen, der die Mitteilung an das Gericht macht, mitzuteilen ob ein Verfahren eingeleitet wird oder warum dieses nicht eingeleitet wird.

21. Für Pflegekinder bedeutsame Gesetze und Rechtssprechungen

Auszug aus dem Grundgesetz für die Bundesrepublik Deutschland (GG)

Artikel 1:
(1) Die Würde des Menschen ist unantastbar. Sie zu achten und zu schützen ist Verpflichtung aller staatlichen Gewalt. (...)

Artikel 2:
(1) Jeder hat das Recht auf die freie Entfaltung seiner Persönlichkeit, soweit er nicht die Rechte anderer verletzt und nicht gegen die verfassungsmäßige Ordnung oder das Sittengesetz verstößt.
(2) Jeder hat das Recht auf Leben und körperliche Unversehrtheit. Die Freiheit der Person ist unverletzlich. In diese Rechte darf nur auf Grund eines Gesetzes eingegriffen werden. (...)

Artikel 6:
(1) Ehe und Familie stehen unter dem besonderen Schutz der staatlichen Ordnung.
(2) Pflege und Erziehung der Kinder sind das natürliche Recht der Eltern und die zuvörderst ihnen obliegende Pflicht. Über ihre Betätigung wacht die staatliche Gemeinschaft.
(3) Gegen den Willen der Erziehungsberechtigten dürfen Kinder nur aufgrund eines Gesetzes von der Familie getrennt werden, wenn die Erziehungsberechtigten versagen oder wenn die Kinder aus anderen Gründen zu verwahrlosen drohen.
(4) Jede Mutter hat Anspruch auf den Schutz und die Fürsorge der Gemeinschaft.
(5) Den nichtehelichen Kindern sind durch die Gesetzgebung die gleichen Bedingungen für ihre leibliche und seelische Entwicklung und ihre Stellung in der Gesellschaft zu schaffen, wie den ehelichen Kindern.

Auszug aus dem Sozialgesetzbuch (SGB) Achtes Buch (VIII) Kinder- und Jugendhilfegesetz (KJHG)

§ 1 Recht auf Erziehung, Elternverantwortung, Jugendhilfe
(1) Jeder junge Mensch hat ein Recht auf Förderung seiner Entwicklung und auf Erziehung zu einer eigenverantwortlichen und gemeinschaftsfähigen Persönlichkeit.

(2) Pflege und Erziehung der Kinder sind das natürliche Recht der Eltern und die zuvörderst ihnen obliegende Pflicht. Über ihre Betätigung wacht die staatliche Gemeinschaft.

(3) Jugendhilfe soll zur Verwirklichung des Rechts nach Absatz 1 insbesondere
1. junge Menschen in ihrer individuellen und sozialen Entwicklung fördern und dazu beitragen, Benachteiligungen zu vermeiden oder abzubauen,
2. Eltern und andere Erziehungsberechtigte bei der Erziehung beraten und unterstützen,
3. Kinder und Jugendliche vor Gefahren für ihr Wohl schützen,
4. dazu beitragen, positive Lebensbedingungen für junge Menschen und ihre Familien sowie eine kinder- und familienfreundliche Umwelt zu erhalten oder zu schaffen.

§ 8 Beteiligung von Kindern und Jugendlichen
(1) Kinder und Jugendliche sind entsprechend ihrem Entwicklungsstand an allen sie betreffenden Entscheidungen der öffentlichen Jugendhilfe zu beteiligen. Sie sind in geeigneter Weise auf ihre Rechte im Verwaltungsverfahren sowie im Verfahren vor dem Familiengericht, dem Vormundschaftsgericht und dem Verwaltungsgericht hinzuweisen.

(2) Kinder und Jugendliche haben das Recht, sich in allen Angelegenheiten der Erziehung und Entwicklung an das Jugendamt zu wenden.

(3) Kinder und Jugendliche können ohne Kenntnis des Personensorgeberechtigten beraten werden, wenn die Beratung aufgrund einer Not- und Konfliktlage erforderlich ist und solange durch die Mitteilung an den Personensorgeberechtigten der Beratungszweck vereitelt würde.

§ 8 a Schutzauftrag bei Kindeswohlgefährdung
(1) Werden dem Jugendamt gewichtige Anhaltspunkte für die Gefährdung des Wohls eines Kindes oder Jugendlichen bekannt, so hat es das Gefährdungsrisiko im Zusammenwirken mehrerer Fachkräfte abzuschätzen. Dabei sind die Personensorgeberechtigten sowie das Kind oder der Jugendliche einzubeziehen, soweit hierdurch der wirksame Schutz des Kindes oder Jugendlichen nicht

in Frage gestellt wird. Hält das Jugendamt zur Abwendung der Gefährdung die Gewährung von Hilfen für geeignet und notwendig, so hat es diese den Personensorgeberechtigten oder den Erziehungsberechtigten anzubieten.

(2) In Vereinbarungen mit den Trägern von Einrichtungen und Diensten, die Leistungen nach diesem Buch erbringen, ist sicherzustellen, dass deren Fachkräfte den Schutzauftrag nach Absatz 1 in entsprechender Weise wahrnehmen und bei der Abschätzung des Gefährdungsrisikos eine insoweit erfahrene Fachkraft hinzuziehen. Insbesondere ist die Verpflichtung aufzunehmen, dass die Fachkräfte bei den Personensorgeberechtigten oder den Erziehungsberechtigten auf die Inanspruchnahme von Hilfen hinwirken, wenn sie diese für erforderlich halten, und das Jugendamt informieren, falls die angenommenen Hilfen nicht ausreichend erscheinen, um die Gefährdung abzuwenden.

(3) Hält das Jugendamt das Tätigwerden des Familiengerichts für erforderlich, so hat es das Gericht anzurufen; dies gilt auch, wenn die Personensorgeberechtigten oder die Erziehungsberechtigten nicht bereit oder in der Lage sind, bei der Abschätzung des Gefährdungsrisikos mitzuwirken. Besteht eine dringende Gefahr und kann die Entscheidung des Gerichts nicht abgewartet werden, so ist das Jugendamt verpflichtet, das Kind oder den Jugendlichen in Obhut zu nehmen.

(4) Soweit zur Abwendung der Gefährdung das Tätigwerden anderer Leistungsträger, der Einrichtungen der Gesundheitshilfe oder der Polizei notwendig ist, hat das Jugendamt auf die Inanspruchnahme durch die Personensorgeberechtigten oder die Erziehungsberechtigten hinzuwirken. Ist ein sofortiges Tätigwerden erforderlich und wirken die Personensorgeberechtigten oder Erziehungsberechtigten nicht mit, so schaltet das Jugendamt die anderen zur Abwendung der Gefährdung zuständigen Stellen selbst ein.

§ 16 Allgemeine Förderung der Erziehung in der Familie

(1) Müttern, Vätern, anderen Erziehungsberechtigten und jungen Menschen sollen Leistungen der allgemeinen Förderung der Erziehung in der Familie angeboten werden. Sie sollen dazu beitragen, dass Mütter, Väter und andere Erziehungsberechtigte ihre Erziehungsverantwortung besser wahrnehmen können. Sie sollen Wege aufzeigen, wie Konfliktsituationen in der Familie gewaltfrei gelöst werden können.

(2) Leistungen zur Förderung der Erziehung in der Familie sind insbesondere

1. Angebote der Familienbildung, die auf Bedürfnisse und Interessen sowie auf Erfahrungen von Familien in unterschiedlichen Lebenslagen und Erziehungssituationen eingehen, die Familie zur Mitarbeit in Erziehungseinrichtungen und in Formen der Selbst- und Nachbarschaftshilfe besser befähigen sowie junge Menschen auf Ehe, Partnerschaft und das Zusammenleben mit Kindern vorbereiten,

2. Angebote der Beratung in allgemeinen Fragen der Erziehung und Entwicklung junger Menschen,

3. Angebote der Familienfreizeit und der Familienerholung, insbesondere in belastenden Familiensituationen, die bei Bedarf die erzieherische Betreuung der Kinder einschließen.

(3) Das Nähere über Inhalt und Umfang der Aufgaben regelt das Landesrecht.

§ 18 Beratung und Unterstützung bei der Ausübung der Personensorge und des Umgangsrechts

(...) (3) Kinder und Jugendliche haben Anspruch auf Beratung und Unterstützung bei der Ausübung des Umgangsrechts nach § 1684 Abs. 1 des Bürgerlichen Gesetzbuchs. Sie sollen darin unterstützt werden, dass die Personen, die nach Maßgabe der §§ 1684 und 1685 des Bürgerlichen Gesetzbuchs zum Umgang mit ihnen berechtigt sind, von diesem Recht zu ihrem Wohl Gebrauch machen. Eltern, andere Umgangsberechtigte sowie Personen, in deren Obhut sich das Kind befindet, haben Anspruch auf Beratung und Unterstützung bei der Ausübung des Umgangsrechts. Bei der Befugnis, Auskunft über die persönlichen Verhältnisse des Kindes zu verlangen, bei der Herstellung von Umgangskontakten und bei der Ausführung gerichtlicher oder vereinbarter Umgangsregelungen soll vermittelt und in geeigneten Fällen Hilfestellung geleistet werden. (...)

§ 27 Hilfe zur Erziehung

(1) Ein Personensorgeberechtigter hat bei der Erziehung eines Kindes oder eines Jugendlichen Anspruch auf Hilfe (Hilfe zur Erziehung), wenn eine dem Wohl des Kindes oder Jugendlichen entsprechende Erziehung nicht gewährleistet ist und die Hilfe für seine Entwicklung geeignet und notwendig ist.

(2) Hilfe zur Erziehung wird insbesondere nach Maßgaben der §§ 28 bis 35 gewährt. Art und Umfang der Hilfe richten sich nach dem erzieherischen Bedarf im Einzelfall; dabei soll das engere soziale Umfeld des Kindes oder des Jugendlichen einbezogen werden. (...)

(2a) Ist die Erziehung des Kindes oder Jugendlichen außerhalb des Elternhauses erforderlich, so entfällt der Anspruch auf Hilfe zur Erziehung nicht dadurch, dass eine andere unterhaltspflichtige Person bereit ist, diese Aufgabe zu übernehmen; die Gewährung von Hilfe zur Erziehung setzt in diesem Fall voraus, dass diese Person bereit und geeignet ist, den Hilfebedarf in Zusammenarbeit mit dem Träger der öffentlichen Jugendhilfe nach Maßgabe der §§ 36 und 37 zu decken.

(3) Hilfe zur Erziehung umfasst insbesondere die Gewährung pädagogischer und damit verbundener therapeutischer Leistungen. Sie soll bei Bedarf Ausbildungs- und Beschäftigungsmaßnahmen im Sinne des § 13 Abs. 2 einschließen.

(4) Wird ein Kind oder ein Jugendlicher während des Aufenthaltes in einer Einrichtung oder einer Pflegefamilie selbst Mutter eines Kindes, so umfasst die

Hilfe zur Erziehung auch die Unterstützung bei der Pflege und Erziehung dieses Kindes.

§ 28 Erziehungsberatung
Erziehungsberatungsstellen und andere Beratungsdienste und -einrichtungen sollen Kinder, Jugendliche, Eltern und andere Erziehungsberechtigte bei der Klärung und Bewältigung individueller und familienbezogener Probleme und der zugrunde liegenden Faktoren, bei der Lösung von Erziehungsfragen sowie bei Trennung und Scheidung unterstützen. Dabei sollen Fachkräfte verschiedener Fachrichtungen zusammenwirken, die mit unterschiedlichen methodischen Ansätzen vertraut sind.

§ 29 Soziale Gruppenarbeit
Die Teilnahme an sozialer Gruppenarbeit soll älteren Kindern und Jugendlichen bei der Überwindung von Entwicklungsschwierigkeiten und Verhaltensproblemen helfen. Soziale Gruppenarbeit soll auf der Grundlage eines gruppenpädagogischen Konzepts die Entwicklung älterer Kinder und Jugendlicher durch soziales Lernen in der Gruppe fördern.

§ 30 Erziehungsbeistand, Betreuungshelfer
Der Erziehungsbeistand und der Betreuungshelfer sollen das Kind oder den Jugendlichen bei der Bewältigung von Entwicklungsproblemen möglichst unter Einbeziehung des sozialen Umfelds unterstützen und unter Erhaltung des Lebensbezugs zur Familie seine Verselbständigung fördern.

§ 31 Sozialpädagogische Familiehilfe
Sozialpädagogische Familienhilfe soll durch intensive Betreuung und Begleitung Familien in ihren Erziehungsaufgaben, bei der Bewältigung von Alltagsproblemen, der Lösung von Konflikten und Krisen sowie im Kontakt mit Ämtern und Institutionen unterstützen und Hilfe zur Selbsthilfe geben. Sie ist in der Regel auf längere Dauer angelegt und erfordert die Mitarbeit der Familie.

§ 32 Erziehung in einer Tagesgruppe
Hilfe zur Erziehung in einer Tagesgruppe soll die Entwicklung des Kindes oder des Jugendlichen durch soziales Lernen in der Gruppe, Begleitung der schulischen Förderung und Elternarbeit unterstützen und dadurch den Verbleib des Kindes oder des Jugendlichen in seiner Familie sichern. Die Hilfe kann auch in geeigneten Formen der Familienpflege geleistet werden.

§ 33 Vollzeitpflege
Hilfe zur Erziehung in Vollzeitpflege soll entsprechend dem Alter und Entwicklungsstand des Kindes oder des Jugendlichen und seinen persönlichen Bindungen sowie den Möglichkeiten der Verbesserung der Erziehungsbedingungen in der Herkunftsfamilie. Kindern und Jugendlichen in einer anderen Familie eine zeitlich befristete Erziehungshilfe oder eine auf Dauer angelegte Lebensform bieten. Für besonders entwicklungsbeeinträchtigte Kinder und Jugendliche sind geeignete Formen der Familienpflege zu schaffen und auszubauen.

§ 34 Heimerziehung, sonstige betreute Wohnform
Hilfe zur Erziehung in einer Einrichtung über Tag und Nacht (Heimerziehung) oder in einer sonstigen betreuten Wohnform soll Kinder und Jugendliche durch eine Verbindung von Alltagsleben mit pädagogischen und therapeutischen Angeboten in ihrer Entwicklung fördern. Sie soll entsprechend dem Alter und Entwicklungsstand des Kindes oder des Jugendlichen sowie den Möglichkeiten der Verbesserung der Erziehungsbedingungen in der Herkunftsfamilie

1. eine Rückkehr in die Familie zu erreichen versuchen oder
2. die Erziehung in einer anderen Familie vorbereiten oder
3. eine auf eine längere Zeit angelegte Lebensform bieten und auf ein selbständiges Leben vorbereiten. Jugendliche sollen in Fragen der Ausbildung und Beschäftigung sowie der allgemeinen Lebensführung beraten und unterstützt werden.

§ 35 Intensive sozialpädagogische Einzelbetreuung
Intensive sozialpädagogische Einzelbetreuung soll Jugendlichen gewährt werden, die einer intensiven Unterstützung zur sozialen Integration und zu einer eigenverantwortlichen Lebensführung bedürfen. Die Hilfe ist in der Regel auf längere Zeit angelegt und soll den individuellen Bedürfnissen des Jugendlichen Rechnung tragen.

§ 36 Mitwirkung, Hilfeplan
(1) Der Personensorgeberechtigte und das Kind oder der Jugendliche sind vor der Entscheidung über die Inanspruchnahme einer Hilfe und vor einer notwendigen Änderung von Art und Umfang der Hilfe zu beraten und auf die möglichen Folgen für die Entwicklung des Kindes oder des Jugendlichen hinzuweisen. Vor und während einer langfristig zu leistenden Hilfe außerhalb der eigenen Familie ist zu prüfen, ob die Annahme als Kind in Betracht kommt. Ist Hilfe außerhalb der eigenen Familie erforderlich, so sind die in Satz 1 genannten Personen bei der Auswahl der Einrichtung oder der Pflegestelle zu beteiligen. Der Wahl und den Wünschen ist zu entsprechen, sofern sie nicht mit unverhältnismäßigen Mehrkosten verbunden sind.

(2) Die Entscheidung über die im Einzelfall angezeigte Hilfeart soll, wenn Hilfe voraussichtlich für längere Zeit zu leisten ist, im Zusammenwirken mehrerer Fachkräfte getroffen werden. Als Grundlage für die Ausgestaltung der Hilfe sollen sie zusammen mit dem Personensorgeberechtigten und dem Kind oder dem Jugendlichen einen Hilfeplan aufstellen, der Feststellungen über den Bedarf, die zu gewährende Art der Hilfe sowie die notwendigen Leistungen enthält; sie sollen regelmäßig prüfen, ob die gewählte Hilfeart weiterhin geeignet und notwendig ist. Werden bei der Durchführung der Hilfen andere Personen, Dienste oder Einrichtungen tätig, so sind sie oder deren Mitarbeiter an der Aufstellung des Hilfeplans und seiner Überprüfung zu beteiligen.

(3) Erscheinen Hilfen nach § 35a erforderlich, so soll bei der Aufstellung und Änderung des Hilfeplanes sowie bei der Durchführung der Hilfe die Person, die eine Stellungnahme nach § 35a Abs. 1a abgegeben hat, beteiligt werden; vor einer Entscheidung über die Gewährung einer Hilfe zur Erziehung, die ganz oder teilweise im Ausland erbracht werden soll, soll zum Ausschluss einer seelischen Störung mit Krankheitswert die Stellungnahme einer in § 35 Abs. 1a Satz 1 genannten Person eingeholt werden. Erscheinen Maßnahmen der beruflichen Eingliederung erforderlich, so sollen auch die Stellen der Bundesanstalt für Arbeit beteiligt werden.

§ 37 Zusammenarbeit bei Hilfen außerhalb der eigenen Familie

(1) Bei Hilfen nach §§ 32 bis 34 und § 35a Abs. 2, Nr. 3 und 4 soll darauf hingewirkt werden, dass die Pflegeperson oder die in der Einrichtung für die Erziehung verantwortlichen Personen und die Eltern zum Wohl des Kindes oder des Jugendlichen zusammenarbeiten. Durch Beratung und Unterstützung sollen die Erziehungsbedingungen in der Herkunftsfamilie innerhalb eines im Hinblick auf die Entwicklung des Kindes oder Jugendlichen vertretbaren Zeitraums so weit verbessert werden, dass sie das Kind oder den Jugendlichen wieder selbst erziehen kann. Während dieser Zeit soll durch begleitende Beratung und Unterstützung der Familien darauf hingewirkt werden, dass die Beziehung des Kindes oder Jugendlichen zur Herkunftsfamilie gefördert wird. Ist eine nachhaltige Verbesserung der Erziehungsbedingungen in der Herkunftsfamilie innerhalb dieses Zeitraums nicht erreichbar, so soll mit den beteiligten Personen eine andere, dem Wohl des Kindes oder des Jugendlichen förderliche und auf Dauer angelegte Lebensperspektive erarbeitet werden.

(2) Die Pflegeperson hat vor der Aufnahme des Kindes oder des Jugendlichen und während der Dauer der Pflege Anspruch auf Beratung und Unterstützung; dies gilt auch in den Fällen, in denen dem Kind oder dem Jugendlichen weder Hilfe zur Erziehung noch Eingliederungshilfe gewährt wird oder die Pflegeperson der Erlaubnis nach § 44 nicht bedarf. § 23 Abs. 4 gilt entsprechend.

(3) Das Jugendamt soll den Erfordernissen des Einzelfalls entsprechend an Ort und Stelle überprüfen, ob die Pflegeperson eine dem Wohl des Kindes oder

des Jugendlichen förderliche Erziehung gewährleistet. Die Pflegeperson hat das Jugendamt über wichtige Ereignisse zu unterrichten, die das Wohl des Kindes oder des Jugendlichen betreffen.

§ 38 Vermittlung bei der Ausübung der Personensorge
Sofern der Inhaber der Personensorge durch eine Erklärung nach § 1688 Abs. 3 Satz 1 des Bürgerlichen Gesetzbuches die Vertretungsmacht der Pflegeperson soweit einschränkt, dass dies eine dem Wohl des Kindes oder des Jugendlichen förderliche Erziehung nicht mehr ermöglicht, sowie bei sonstigen Meinungsverschiedenheiten sollen die Beteiligten das Jugendamt einschalten.

§ 41 Hilfe für junge Volljährige, Nachbetreuung
(1) Einem jungen Volljährigen soll Hilfe für die Persönlichkeitsentwicklung und zu einer eigenverantwortlichen Lebensführung gewährt werden, wenn und solange die Hilfe aufgrund der individuellen Situation des jungen Menschen notwendig ist. Die Hilfe wird in der Regel nur bis zur Vollendung des 21. Lebensjahres gewährt; in begründeten Einzelfällen soll sie für einen begrenzten Zeitraum darüber hinaus fortgesetzt werden.

(2) Für die Ausgestaltung der Hilfe gelten § 27 Abs. 3 und 4 sowie die §§ 28 bis 30, 33 bis 36, 39 und 40 entsprechend mit der Maßgabe, dass an die Stelle des Personensorgeberechtigten oder des Kindes oder des Jugendlichen der junge Volljährige tritt.

(3) Der junge Volljährige soll auch nach Beendigung der Hilfe bei der Verselbständigung im notwendigen Umfang beraten und unterstützt werden.

§ 42 Inobhutnahme von Kindern und Jugendlichen
(1) Das Jugendamt ist berechtigt und verpflichtet, ein Kind oder einen Jugendlichen in seine Obhut zu nehmen, wenn

1. das Kind oder der Jugendliche um Obhut bittet oder

2. eine dringende Gefahr für das Wohl des Kindes oder des Jugendlichen die Inobhutnahme erfordert und

    a) die Personensorgeberechtigten nicht widersprechen oder

    b) eine familiengerichtliche Entscheidung nicht rechtzeitig eingeholt werden kann oder

3. ein ausländisches Kind oder ein ausländischer Jugendlicher unbegleitet nach Deutschland kommt und sich weder Personensorge- noch Erziehungsberechtigte im Inland aufhalten.

Die Inobhutnahme umfasst die Befugnis, ein Kind oder einen Jugendlichen bei einer geeigneten Person, in einer geeigneten Einrichtung oder in einer sonstigen

Wohnform vorläufig unterzubringen; im Fall von Satz 1 Nr. 2 auch ein Kind oder einen Jugendlichen von einer anderen Person wegzunehmen.

(2) Das Jugendamt hat während der Inobhutnahme die Situation, die zur Inobhutnahme geführt hat, zusammen mit dem Kind oder dem Jugendlichen zu klären und Möglichkeiten der Hilfe und Unterstützung aufzuzeigen. Dem Kind oder dem Jugendlichen ist unverzüglich Gelegenheit zu geben, eine Person seines Vertrauens zu benachrichtigen. Das Jugendamt hat während der Inobhutnahme für das Wohl des Kindes oder Jugendlichen zu sorgen und dabei den notwendigen Unterhalt und die Krankenhilfe sicherzustellen. Das Jugendamt ist während der Inobhutnahme berechtigt, alle Rechtshandlungen vorzunehmen, die zum Wohle des Kindes oder Jugendlichen notwendig sind, der mutmaßliche Wille der Personen- oder der Erziehungsberechtigten ist dabei angemessen zu berücksichtigen. (...)

(4) Die Inobhutnahme endet mit

1. der Übergabe des Kindes oder Jugendlichen an die Personen- oder Erziehungsberechtigten,

2. der Entscheidung über die Gewährung von Hilfen nach dem Sozialgesetzbuch.

(5) Freiheitsentziehende Maßnahmen im Rahmen der Inobhutnahme sind nur zulässig, wenn und soweit sie erforderlich sind, um Gefahr für Leib und Leben Dritter abzuwenden. Die Freiheitsentziehung ist ohne gerichtliche Entscheidung spätestens mit Ablauf des Tages nach ihrem Beginn zu beenden.

(6) Ist bei der Inobhutnahme die Anwendung unmittelbaren Zwangs erforderlich, so sind die dazu befugten Stellen hinzuzuziehen.

§ 44 Erlaubnis zur Vollzeitpflege

(1) Wer ein Kind oder einen Jugendlichen über Tag und Nacht in seinem Haushalt aufnehmen will (Pflegeperson), bedarf der Erlaubnis. Einer Erlaubnis bedarf nicht, wer ein Kind oder einen Jugendlichen

1. im Rahmen von Hilfe zur Erziehung oder von Eingliederungshilfe für seelisch behinderte Kinder und Jugendliche aufgrund einer Vermittlung durch das Jugendamt,

2. als Vormund oder Pfleger im Rahmen seines Wirkungskreises,

3. als Verwandter oder Verschwägerter bis zum dritten Grad,

4. bis zur Dauer von acht Wochen,

5. im Rahmen eines Schüler- oder Jugendaustausches,

6. in Adoptionspflege (§ 1744 des Bürgerlichen Gesetzbuchs)

   über Tag und Nacht aufnimmt.

(2) Die Erlaubnis ist zu versagen, wenn das Wohl des Kindes oder des Jugendlichen in der Pflegestelle nicht gewährleistet ist.

(3) Das Jugendamt soll den Erfordernissen des Einzelfalls entsprechend an Ort und Stelle überprüfen, ob die Voraussetzungen für die Erteilung der Erlaubnis weiter bestehen. Ist das Wohl des Kindes oder des Jugendlichen in der Pflegestelle gefährdet und ist die Pflegeperson nicht bereit oder in der Lage, die Gefährdung abzuwenden, so ist die Erlaubnis zurückzunehmen oder zu widerrufen.

(4) Wer ein Kind oder einen Jugendlichen in erlaubnispflichtige Familienpflege aufgenommen hat, hat das Jugendamt über wichtige Ereignisse zu unterrichten, die das Wohl des Kindes oder des Jugendlichen betreffen.

Einer Erlaubnis bedarf ferner nicht, wer:
Ein Kind während des Tages betreut, sofern im selben Haushalt nicht mehr als zwei weitere Kinder in Tagespflege oder über Tag und Nacht betreut werden.

§ 50 Mitwirkung in Verfahren vor den Vormundschafts- und den Familiengerichten

(1) Das Jugendamt unterstützt das Vormundschaftsgericht und das Familiengericht bei allen Maßnahmen, die die Sorge für die Person von Kindern und Jugendlichen betreffen. Es hat in Verfahren vor dem Vormundschafts- und dem Familiengericht mitzuwirken, die in den §§ 49 und 49a des Gesetzes über die Angelegenheiten der freiwilligen Gerichtsbarkeit genannt sind.

(2) Das Jugendamt unterrichtet insbesondere über angebotene und erbrachte Leistungen, bringt erzieherische und soziale Gesichtspunkte zur Entwicklung des Kindes oder des Jugendlichen ein und weist auf weitere Möglichkeiten hin.

§ 51 Beratung und Belehrung in Verfahren zur Annahme als Kind

(1) Das Jugendamt hat im Verfahren zur Ersetzung der Einwilligung eines Elternteils in die Annahme nach § 1748 Abs. 2 Satz 1 des Bürgerlichen Gesetzbuchs den Elternteil über die Möglichkeit der Ersetzung der Einwilligung zu belehren. Es hat ihn darauf hinzuweisen, dass das Vormundschaftsgericht (im FamFG: Familiengericht) die Einwilligung erst nach Ablauf von drei Monaten nach der Belehrung ersetzen darf. Der Belehrung bedarf es nicht, wenn der Elternteil seinen Aufenthaltsort ohne Hinterlassung seiner neuen Anschrift gewechselt hat und der Aufenthaltsort vom Jugendamt während eines Zeitraums von drei Monaten trotz angemessener Nachforschungen nicht ermittelt werden konnte; in diesem Fall beginnt die Frist mit der ersten auf die Belehrung oder auf die Ermittlung des Aufenthaltsorts gerichteten Handlung des Jugendamts. Die Fristen laufen frühestens fünf Monate nach der Geburt des Kindes ab.

(2) Das Jugendamt soll den Elternteil mit der Belehrung nach Absatz 1 über Hilfen beraten, der die Erziehung des Kindes in der eigenen Familie ermöglichen könnten. Einer Beratung bedarf es insbesondere nicht, wenn das Kind seit längerer Zeit bei den Annehmenden in Familienpflege lebt und bei seiner Herausgabe

an den Elternteil eine schwere und nachhaltige Schädigung des körperlichen und seelischen Wohlbefindens des Kindes zu erwarten ist. Das Jugendamt hat dem Vormundschaftsgericht (im FamFG: Familiengericht) im Verfahren mitzuteilen, welche Leistungen erbracht oder angeboten worden sind oder aus welchem Grund davon abgesehen wurde.

(3) Sind die Eltern nicht miteinander verheiratet und haben sie keine Sorgeerklärungen abgegeben, so hat das Jugendamt den Vater bei der Wahrnehmung seiner Rechte nach § 1747 Abs. 1 und 3 des Bürgerlichen Gesetzbuchs zu beraten.

§ 53 Beratung und Unterstützung von Pflegern und Vormündern

(1) Das Jugendamt hat dem Vormundschaftsgericht Personen und Vereine vorzuschlagen, die sich im Einzelfall zum Pfleger oder Vormund eignen.

(2) Pfleger und Vormünder haben Anspruch auf regelmäßige und dem jeweiligen erzieherischen Bedarf des Mündels entsprechende Beratung und Unterstützung.

(3) Das Jugendamt hat darauf zu achten, dass die Vormünder und Pfleger für die Person der Mündel, insbesondere ihre Erziehung und Pflege, Sorge tragen. Es hat beratend darauf hinzuwirken, dass festgestellte Mängel im Einvernehmen mit dem Vormund oder dem Pfleger behoben werden. Soweit eine Behebung der Mängel nicht erfolgt, hat es dies dem Vormundschaftsgericht mitzuteilen. Es hat dem Vormundschaftsgericht über das persönliche Ergehen und die Entwicklung eines Mündels Auskunft zu erteilen. Erlangt das Jugendamt Kenntnis von der Gefährdung des Vermögens eines Mündels, so hat es dies dem Vormundschaftsgericht anzuzeigen. (...)

§ 56 Führung der Amtsvormundschaft

(1) Auf die Führung der Beistandschaft, der Amtspflegschaft und der Amtsvormundschaft sind die Bestimmungen des Bürgerlichen Gesetzbuchs anzuwenden, soweit dieses Gesetz nicht etwas anderes bestimmt. (...)

(4) Das Jugendamt hat in der Regel jährlich zu prüfen, ob im Interesse des Kindes oder des Jugendlichen seine Entlassung als Amtspfleger oder Amtsvormund und die Bestellung einer Einzelperson oder eines Vereins angezeigt ist, und dies dem Vormundschaftsgericht mitzuteilen.

§ 86 Örtliche Zuständigkeit für Leistungen an Kinder, Jugendliche und ihre Eltern

(1) Für die Gewährung von Leistungen nach diesem Buch ist der örtliche Träger zuständig, in dessen Bereich die Eltern ihren gewöhnlichen Aufenthalt haben. (...) Lebt nur ein Elternteil, so ist dessen gewöhnlicher Aufenthalt maßgebend. (...)

(6) Lebt ein Kind oder ein Jugendlicher zwei Jahre bei einer Pflegeperson und ist sein Verbleib bei dieser Pflegeperson auf Dauer zu erwarten, so ist oder wird abweichend von den Absätzen 1 bis 5 der örtliche Träger zuständig, in dessen Bereich die Pflegeperson ihren gewöhnlichen Aufenthalt hat. Er hat die Eltern und, falls den Eltern die Personensorge nicht oder nur teilweise zusteht, den Personensorgeberechtigten über den Wechsel der Zuständigkeit zu unterrichten. Endet der Aufenthalt bei der Pflegeperson, so endet die Zuständigkeit nach Satz 1.

(7) Für Leistungen an Kinder oder Jugendliche, die um Asyl nachsuchen oder einen Asylantrag gestellt haben, ist der örtliche Träger zuständig, in dessen Bereich sich die Person vor Beginn der Leistung tatsächlich aufhält; geht der Leistungsgewährung eine Inobhutnahme voraus, so bleibt die nach § 87 begründete Zuständigkeit bestehen. Unterliegt die Person einem Verteilungsverfahren, so richtet sich die örtliche Zuständigkeit nach der Zuweisungsentscheidung der zuständigen Landesbehörde; bis zur Zuweisungsentscheidung gilt Satz 1 entsprechend. Die nach Satz 1 oder 2 begründete örtliche Zuständigkeit bleibt auch nach Abschluss des Asylverfahrens so lange bestehen, bis die für die Bestimmung der örtlichen Zuständigkeit maßgebliche Person einen gewöhnlichen Aufenthalt im Bereich eines anderen Trägers der öffentlichen Jugendhilfe begründet. Eine Unterbrechung der Leistung von bis zu drei Monaten bleibt außer Betracht.

§ 86a Örtliche Zuständigkeit für Leistungen an junge Volljährige

(1) Für Leistungen an junge Volljährige ist der örtliche Träger zuständig, in dessen Bereich der junge Volljährige vor Beginn der Leistung seinen gewöhnlichen Aufenthalt hat

(2) Hält sich der junge Volljährige in einer Einrichtung oder sonstigen Wohnform auf, die der Erziehung, Pflege, Betreuung, Behandlung oder dem Strafvollzug dient, so richtet sich die örtliche Zuständigkeit nach dem gewöhnlichen Aufenthalt vor der Aufnahme in eine Einrichtung oder sonstige Wohnform.

(3) Hat der junge Volljährige keinen gewöhnlichen Aufenthalt, so richtet sich die Zuständigkeit nach seinem tatsächlichen Aufenthalt zu dem in Absatz 1 genannten Zeitpunkt; Absatz 2 bleibt unberührt.

(4) Wird eine Leistung nach § 13 Abs. 3 oder nach § 21 über die Vollendung des 18. Lebensjahres hinaus weitergeführt oder geht der Hilfe für junge Volljährige nach § 41 eine dieser Leistungen, eine Leistung nach § 19 oder eine Hilfe nach den §§ 27 bis 35a voraus, so bleibt der örtliche Träger zuständig, der bis zu diesem Zeitpunkt zuständig war. Eine Unterbrechung der Hilfeleistung von bis zu drei Monaten bleibt dabei außer Betracht. Die Sätze 1 und 2 gelten entsprechend, wenn eine Hilfe für junge Volljährige nach § 41 beendet war und innerhalb von drei Monaten erneut Hilfe für junge Volljährige nach § 41 erforderlich wird.

§ 86d Verpflichtung zum vorläufigen Tätigwerden
Steht die örtliche Zuständigkeit nicht fest oder wird der zuständige örtliche Träger nicht tätig, so ist der örtliche Träger vorläufig zum Tätigwerden verpflichtet, in dessen Bereich sich das Kind oder der Jugendliche, der junge Volljährige oder bei Leistungen nach § 19 der Leistungsberechtigte vor Beginn der Leistung tatsächlich aufhält.

Auszug aus dem Bürgerlichen Gesetzbuch (BGB)

§ 1618a Beistand und Rücksicht
Eltern und Kinder sind einander Beistand und Rücksicht schuldig.

§ 1626 Elterliche Sorge, Grundsätze
(1) Die Eltern haben die Pflicht und das Recht, für das minderjährige Kind zu sorgen (elterliche Sorge). Die elterliche Sorge umfasst die Sorge für die Person des Kindes (Personensorge) und das Vermögen des Kindes (Vermögenssorge).

(2) Bei der Pflege und Erziehung berücksichtigen die Eltern die wachsende Fähigkeit und das wachsende Bedürfnis des Kindes zu selbständigem verantwortungsbewusstem Handeln. Sie besprechen mit dem Kind, soweit es nach dessen Entwicklungsstand angezeigt ist, Fragen der elterlichen Sorge und streben Einvernehmen an.

(3) Zum Wohl des Kindes gehört in der Regel der Umgang mit beiden Elternteilen. Gleiches gilt für den Umgang mit anderen Personen, zu denen das Kind Bindungen besitzt, wenn ihre Aufrechterhaltung für seine Entwicklung förderlich ist.

§ 1630 Bestellung eines Pflegers, Familienpflege
(1) Die elterliche Sorge erstreckt sich nicht auf Angelegenheiten des Kindes, für die ein Pfleger bestellt ist.

(2) Steht die Personensorge oder die Vermögenssorge einem Pfleger zu, so entscheidet das Familiengericht, falls sich die Eltern und der Pfleger in einer Angelegenheit nicht einigen können, die sowohl die Person als auch das Vermögen des Kindes betrifft.

(3) Geben die Eltern das Kind für längere Zeit in Familienpflege, so kann das Familiengericht auf Antrag der Eltern oder der Pflegeperson Angelegenheiten der elterlichen Sorge auf die Pflegeperson übertragen. Für die Übertragung auf Antrag der Pflegeperson ist die Zustimmung der Eltern erforderlich. Im Umfang der Übertragung hat die Pflegeperson die Rechte und Pflichten eines Pflegers.

§ 1631 Inhalt und Grenzen der Personensorge
(1) Die Personensorge umfasst insbesondere die Pflicht und das Recht, das Kind zu pflegen, zu erziehen, zu beaufsichtigen und seinen Aufenthalt zu bestimmen.
(2) Kinder haben ein Recht auf gewaltfreie Erziehung. Körperliche Bestrafungen, seelische Verletzungen und andere entwürdigende Maßnahmen sind unzulässig.
(3) Das Familiengericht hat die Eltern auf Antrag bei der Ausübung der Personensorge in geeigneten Fällen zu unterstützen.

§ 1631a Ausbildung und Beruf
In Angelegenheiten der Ausbildung und des Berufes nehmen die Eltern insbesondere auf Eignung und Neigung des Kindes Rücksicht. Bestehen Zweifel, so soll der Rat eines Lehrers oder einer anderen geeigneten Person eingeholt werden.

§ 1632 Herausgabe des Kindes; Bestimmung des Umgang; Verbleibensanordnung bei Familienpflege
(1) Die Personensorge umfasst das Recht, die Herausgabe des Kindes von jedem zu verlangen, der es den Eltern oder einem Elternteil widerrechtlich vorenthält.
(2) Die Personensorge umfasst ferner das Recht, den Umgang des Kindes auch mit Wirkung für und gegen Dritte zu bestimmen.
(3) Über Streitigkeiten, die eine Angelegenheit nach Absatz 1 oder 2 betreffen, entscheidet das Familiengericht auf Antrag eines Elternteils.
(4) Lebt das Kind seit längerer Zeit in Familienpflege und wollen die Eltern das Kind von der Pflegeperson wegnehmen, so kann das Familiengericht von Amts wegen oder auf Antrag der Pflegeperson anordnen, dass das Kind bei der Pflegeperson verbleibt, wenn und solange das Kindeswohl durch die Wegnahme gefährdet würde (Neu: Hinweis auf § 1666 BGB ist entfallen).

§ 1666 Gerichtliche Maßnahmen bei Gefährdung des Kindeswohls
(1) Wird das körperliche, geistige oder seelische Wohl des Kindes oder sein Vermögen gefährdet und sind die Eltern nicht gewillt oder nicht in der Lage, die Gefahr abzuwenden, so hat das Familiengericht die Maßnahmen zu treffen, die zur Abwendung der Gefahr erforderlich sind.
(2) In der Regel ist anzunehmen, dass das Vermögen des Kindes gefährdet ist, wenn der Inhaber der Vermögenssorge seine Unterhaltspflicht gegenüber dem Kind oder seine mit der Vermögenssorge verbundenen Pflichten verletzt oder Anordnungen des Gerichts, die sich auf die Vermögenssorge beziehen, nicht befolgt.

(3) Zu den gerichtlichen Maßnahmen nach Absatz 1 gehören insbesondere

1. Gebote, öffentliche Hilfen wie zum Beispiel Leistungen der Kinder- und Jugendhilfe und der Gesundheitsfürsorge in Anspruch zu nehmen,
2. Gebote, für die Einhaltung der Schulpflicht zu sorgen,
3. Verbote, vorübergehend oder auf unbestimmte Zeit die Familienwohnung oder eine andere Wohnung zu nutzen, sich in einem bestimmten Umkreis der Wohnung aufzuhalten oder zu bestimmende andere Orte aufzusuchen, an denen sich das Kind regelmäßig aufhält.
4. Verbote, Verbindung zum Kind aufzunehmen oder ein Zusammentreffen mit dem Kind herbeizuführen,
5. die Ersetzung von Erklärungen des Inhabers der elterlichen Sorge,
6. die teilweise oder vollständige Entziehung der elterlichen Sorge.des Inhabers der elterlichen Sorge ersetzen.

(4) In Angelegenheiten der Personensorge kann das Gericht auch Maßnahmen mit Wirkung gegen einen Dritten treffen.

§ 1666a Grundsatz der Verhältnismäßigkeit; Vorrang öffentlicher Hilfen

(1) Maßnahmen, mit denen eine Trennung des Kindes von der elterlichen Familie verbunden ist, sind nur zulässig, wenn der Gefahr nicht auf andere Weise, auch nicht durch öffentliche Hilfen, begegnet werden kann. (...)

(2) Die gesamte Personensorge darf nur entzogen werden, wenn andere Maßnahmen erfolglos geblieben sind oder wenn anzunehmen ist, dass sie zur Abwendung der Gefahr nicht ausreichen.

§ 1682 Verbleibensanordnung zugunsten von Bezugspersonen

Hat das Kind seit längerer Zeit in einem Haushalt mit einem Elternteil und dessen Ehegatten gelebt und will der andere Elternteil, der nach den §§ 1678, 1680, 1681 den Aufenthalt des Kindes nunmehr allein bestimmen kann, das Kind von dem Ehegatten wegnehmen, so kann das Familiengericht von Amts wegen oder auf Antrag des Ehegatten anordnen, dass das Kind bei dem Ehegatten verbleibt, wenn und solange das Kindeswohl durch die Wegnahme gefährdet würde. Satz 1 gilt entsprechend, wenn das Kind seit längerer Zeit in einem Haushalt mit einem Elternteil und dessen Lebenspartner oder einer nach § 1685 Abs. 1 umgangsberechtigten volljährigen Person gelebt hat.

§ 1684 Umgang des Kindes mit den Eltern

(1) Das Kind hat das Recht auf Umgang mit jedem Elternteil; jeder Elternteil ist zum Umgang mit dem Kind verpflichtet und berechtigt.

(2) Die Eltern haben alles zu unterlassen, was das Verhältnis des Kindes zum jeweils anderen Elternteil beeinträchtigt oder die Erziehung erschwert. Entsprechendes gilt, wenn sich das Kind in der Obhut einer anderen Person befindet.

(3) Das Familiengericht kann über den Umfang des Umgangsrechts entscheiden und seine Ausübung, auch gegenüber Dritten, näher regeln. Es kann die Beteiligten durch Anordnungen zur Erfüllung der in Absatz 2 geregelten Pflicht anhalten.

(4) Das Familiengericht kann das Umgangsrecht oder den Vollzug früherer Entscheidungen über das Umgangsrecht einschränken oder ausschließen, soweit dies zum Wohl des Kindes erforderlich ist. Eine Entscheidung, die das Umgangsrecht oder seinen Vollzug für längere Zeit oder auf Dauer einschränkt oder ausschließt, kann nur ergehen, wenn andernfalls das Wohl des Kindes gefährdet wäre. Das Familiengericht kann insbesondere anordnen, dass der Umgang nur stattfinden darf, wenn ein mitwirkungsbereiter Dritter anwesend ist. Dritter kann auch ein Träger der Jugendhilfe oder ein Verein sein; dieser bestimmt dann jeweils, welche Einzelperson die Aufgabe wahrnimmt.

§ 1685 Umgang des Kindes mit anderen Bezugspersonen
(1) Großeltern und Geschwister haben ein Recht auf Umgang mit dem Kind, wenn dieser dem Wohl des Kindes dient.

(2) Gleiches gilt für enge Bezugspersonen des Kindes, wenn diese für das Kind tatsächliche Verantwortung tragen oder getragen haben (sozial-familiäre Beziehung). Eine Übernahme tatsächlicher Verantwortung ist in der Regel anzunehmen, wenn die Person mit dem Kind längere Zeit in häuslicher Gemeinschaft zusammengelebt hat.

(3) § 1684 Abs. 2 bis 4 gilt entsprechend.

§ 1688 Entscheidungsbefugnisse der Pflegeperson
(1) Lebt ein Kind für längere Zeit in Familienpflege, so ist die Pflegeperson berechtigt, in Angelegenheiten des täglichen Lebens zu entscheiden sowie den Inhaber der elterlichen Sorge in solchen Angelegenheiten zu vertreten. Sie ist befugt, den Arbeitsverdienst des Kindes zu verwalten sowie Unterhalts-, Versicherungs-, Versorgungs- und sonstige Sozialleistungen für das Kind geltend zu machen und zu verwalten. § 1629 Abs. 1 Satz 4 gilt entsprechend.

(2) Der Pflegeperson steht eine Person gleich, die im Rahmen der Hilfe nach den §§ 34, 35 und 35a Abs. 1 Satz 2 Nr. 3 und 4 des Achten Buches Sozialgesetzbuch die Erziehung und Betreuung eines Kindes übernommen hat.

(3) Die Absätze 1 und 2 gelten nicht, wenn der Inhaber der elterlichen Sorge etwas anderes erklärt. Das Familiengericht kann die Befugnisse nach den Absätzen 1 und 2 einschränken oder ausschließen, wenn dies zum Wohle des Kindes erforderlich ist.

(4) Für eine Person, bei der sich das Kind auf Grund einer gerichtlichen Entscheidung nach § 1632 Abs. 4 oder § 1682 aufhält, gelten die Absätze 1 und 3 mit der Maßgabe, dass die genannten Befugnisse nur das Familiengericht einschränken oder ausschließen kann.

§ 1887 Entlassung des Jugendamts oder Vereins
(1) Das Vormundschaftsgericht hat das Jugendamt oder den Verein als Vormund zu entlassen und einen anderen Vormund zu bestellen, wenn dies dem Wohl des Mündels dient und eine andere als Vormund geeignete Person vorhanden ist.
(2) Die Entscheidung ergeht von Amts wegen oder auf Antrag. Zum Antrag ist berechtigt der Mündel, der das 14. Lebensjahr vollendet hat, sowie jeder, der ein berechtigtes Interesse des Mündels geltend macht. Das Jugendamt oder der Verein sollen den Antrag stellen, sobald sie erfahren, dass die Voraussetzungen des Absatzes 1 vorliegen.
(3) Das Vormundschaftsgericht soll vor seiner Entscheidung auch das Jugendamt oder den Verein hören.

Auszug aus dem Gesetz über das Verfahren in Familiensachen und in den Angelegenheiten der freiwilligen Gerichtsbarkeit (FamFG)
(FamFG tritt am 1. September 2009 in Kraft)

§ 7 Akteneinsicht
(1) Das Gericht kann den Beteiligten gestatten, die Gerichtsakten auf der Geschäftsstelle einzusehen.
(2) Die Einsicht ist den Beteiligten insoweit zu versagen, als schwerwiegende Interessen eines Beteiligten oder eines Dritten entgegenstehen.
(3) Personen, die an dem Verfahren nicht beteiligt sind, kann Einsicht nur gestattet werden, soweit sie ein berechtigtes Interesse glaubhaft machen und schutzwürdige Interessen eines Beteiligten oder eines Dritten nicht entgegenstehen. Die Einsicht ist zu versagen, wenn ein Fall des § 1758 des BGB vorliegt.
(4) Soweit Akteneinsicht gewährt ist, können die Berechtigten sich auf ihre Kosten durch die Geschäftsstelle Ausfertigungen, Auszüge und Abschriften erteilen lassen.
(5) Einem Rechtsanwalt, einem Notar oder einer beteiligten Behörde kann das Gericht die Akten mit Ausnahme der Beweisstücke in die Amts- oder Geschäftsräume überlassen. Die Entscheidung ist nicht anfechtbar.

§ 8 Beteiligte
(1) In Antragsverfahren ist der Antragsteller Beteiligter.

(2) Als Beteiligter sind hinzuzuziehen

1. diejenigen, deren Recht durch den Ausgang des Verfahrens unmittelbar betroffen wird,

2. diejenigen, die aufgrund Gesetzes zu beteiligen sind.

(3) Als Beteiligte können von Amts wegen hinzugezogen werden

1. diejenigen, deren Recht durch den Ausgang des Verfahrens unmittelbar betroffen werden kann,

2. diejenigen, die aufgrund Gesetzes beteiligt werden können

Auf Antrag sind hinzuziehen

(4) Diejenigen, die nach Absatz 3 als Beteiligte zu dem Verfahren hinzugezogen werden können, sind von der Einleitung des Verfahrens zu benachrichtigen, soweit sie dem Gericht bekannt sind.

(5) Wer anzuhören ist oder eine Auskunft zu erteilen hat, ohne dass die Voraussetzungen des Absatzes 2 oder 3 vorliegen, wird dadurch nicht Beteiligter.

(6) Das Gericht entscheidet durch Beschluss, wenn es einem Antrag auf Hinzuziehung nicht entspricht.

§ 13 Beistand
Ein Beteiligter kann mit einer nach Maßgabe des § 90 der Zivilprozessordnung befugten Person als Beistand erscheinen.

§ 14 Ermittlung von Amts wegen
Das Gericht hat von Amts wegen die zur Feststellung der entscheidungserheblichen Tatsachen erforderlichen Ermittlungen durchzuführen.

§ 15 Einleitung des Verfahrens
(1) Verfahren nach diesem Gesetz werden von Amts wegen eingeleitet, sofern nicht von Gesetzes wegen ein Antrag vorausgesetzt wird.

(2) Der Antrag ist zu begründen und von dem Antragsteller oder seinem Bevollmächtigten zu unterzeichnen. In dem Antrag sollen die zur Begründung dienenden Tatsachen und Beweismittel angegeben sowie Personen benannt werden, die als Beteiligte in Betracht kommen können. Urkunden, auf die Bezug genommen wird, sollen in Urschrift oder Abschrift beigefügt werden.

(3) Das Gericht übersendet den Antrag an die übrigen Beteiligten.

§ 18 Antrag bei Verfahren von Amts wegen
(1) Auch soweit Verfahren von Amts wegen eingeleitet werden, kann die Einleitung eines Verfahrens beantragt werden.

(2) Folgt das Gericht dem Antrag nach Absatz 1 nicht, so hat es denjenigen, der den Antrag gestellt hat, hierüber unter Angaben von Gründen zu informieren.

§ 63 Beschwerdeberechtigt
(1) Die Beschwerde steht demjenigen zu, der in erster Instanz

1. Beteiligter war,

2. als Beteiligter hinzuzuziehen war oder hinzugezogen werden konnte, jedoch nicht hinzugezogen wurde und durch den Beschluss in seinen Rechten beeinträchtigt ist.

(2) Soweit ein Beschluss nur auf Antrag erlassen werden kann und der Antrag zurückgewiesen worden ist, steht die Beschwerde nur dem Antragsteller zu.

§ 64 Verfahrensfähigkeit Minderjähriger
Ein Kind, für das die elterliche Sorge besteht, oder ein unter Vormundschaft stehender Mündel, kann in allen seine Person betreffenden Angelegenheiten ohne Mitwirkung seines gesetzlichen Vertreters das Beschwerderecht ausüben. Das gleiche gilt in sonstigen Angelegenheiten, in denen das Kind oder der Mündel vor einer Entscheidung des Gerichts gehört werden soll. Diese Vorschriften finden auf Personen, die geschäftsunfähig sind oder bei Erlass der Entscheidung das 14. Lebensjahr nicht vollendet haben, keine Anwendung.

§ 83 Grundsatz der Kostenpflicht
(1) Das Gericht kann die Kosten des Verfahrens nach billigem Ermessen den Beteiligten ganz oder zum Teil auferlegen. Es kann auch anordnen, dass von der Erhebung der Kosten abzusehen ist. In Familiensachen ist stets über die Kosten zu entscheiden.

(2) Das Gericht soll die Kosten des Verfahrens ganz oder teilweise einem Beteiligten auferlegen, wenn

1. der Beteiligte durch grobes Verschulden Anlass für das Verfahren gegeben hat,

2. der Antrag des Beteiligten von vornherein keine Aussicht auf Erfolg hatte und der Beteiligte dies erkennen musste,

3. der Beteiligte zu einer wesentlichen Tatsache schuldhaft unwahre Angaben gemacht hat,

4. der Beteiligte duch schuldhaftes Verletzen seiner Mitwirkungspflichten das Verfahren erheblich verzögert hat,

5. der Beteiligte einer richterlichen Anordnung zur Teilnahme an einer Beratung nach § 165 Abs. 4 Satz 3 nicht nachkommt, sofern der Beteiligte dies nicht genügend entschuldigt.

(3) Einem minderjährigen Beteiligten können Kosten in Verfahren, die seine Person betreffen, nicht auferlegt werden.

(4) Einem Dritten können Kosten des Verfahrens nur auferlegt werden, soweit die Tätigkeit des Gerichts durch ihn veranlasst wurde und diesen ein grobes Verschulden trifft.

(5) Bundesrechtliche Vorschriften, die die Kostenerstattung abweichend regeln, bleiben unberührt.

§ 85 Kostenpflicht bei Vergleichen
Wird das Verfahren durch Vergleich erledigt und haben die Beteiligten keine Bestimmung über die Kosten getroffen, so fallen die Gerichtskosten jedem Teil zu gleichen Teilen zur Last. Die außergerichtlichen Kosten trägt jeder Beteiligte selbst.

§ 86 Anfechtung der Kostenentscheidung
(1) Die Anfechtung der Entscheidung über die Kosten ist unzulässig, wenn nicht gegen die Entscheidung der Hauptsache ein Rechtsmittel eingelegt wird.

(2) Ist eine Entscheidung in der Hauptsache nicht ergangen, so findet gegen die Entscheidung über die Kosten die sofortige Beschwerde statt.

§ 99 Nichtvertretbare Handlungen
(1) Kann eine Handlung durch einen Dritten nicht vorgenommen werden und hängt sie nur vom Willen des Verpflichteten ab (nicht vertretbare Handlung), so kann das Gericht den Verpflichteten zur Vornahme der Handlung durch Zwangsgeld und für den Fall, dass dieses nicht beigetrieben werden kann, durch Zwangshaft anhalten. Bei vertretbaren Handlungen können die in Satz 1 genannten Zwangsmaßnahmen verhängt werden, wenn die Ersatzvornahme untunlich ist. Insbesondere, wenn der Verpflichtete außerstande ist, die Kosten zu tragen, die aus der Ausführung durch einen anderen entstehen.

(2) Das einzelne Zwangsgeld darf den Betrag von fünfundzwanzigtausend Euro nicht übersteigen. (...)

§ 102 Ordnungsmittel
(1) Bei der Zuwiderhandlung gegen einen Vollstreckungstitel zur Herausgabe von Personen und zur Regelung des Umgangs soll das Gericht gegenüber dem Verpflichteten Ordnungsgeld und für den Fall, dass dieses nicht beigetrieben

werden kann, Ordnungshaft anordnen. Verspricht die Anordnung eines Ordnungsgeldes keinen Erfolg, soll das Gericht Ordnungshaft anordnen.

(2) Das einzelne Ordnungsgeld darf den Betrag von fünfundzwanzigtausend Euro nicht übersteigen.

(3) Die Festsetzung eines Ordnungsmittels unterbleibt, wenn der Verpflichtete Gründe vorträgt, aus denen sich ergibt, dass er die Zuwiderhandlung nicht zu vertreten hat. Werden Gründe, aus denen sich das fehlende Vertretenmüssen ergibt, nachträglich vorgetragen, wird die Festsetzung aufgehoben.

(4) Die Beschwerde gegen die Festsetzung von Ordnungshaft hat keine aufschiebende Wirkung.

§ 104 Anwendung unmittelbaren Zwangs

(1) Das Gericht kann zur Vollstreckung auf Grund einer gesonderten Entscheidung des Gerichts unmittelbaren Zwang anordnen, wenn

1. die Festsetzung von Ordnungsmitteln erfolglos geblieben ist;
2. die Festsetzung von Ordnungsmitteln keinen Erfolg verspricht oder
3. eine alsbaldige Vollstreckung der Entscheidung unbedingt geboten ist.

(2) Anwendung unmittelbaren Zwangs gegen ein Kind darf nicht zugelassen werden, wenn das Kind herausgegeben werden soll, um das Umgangsrecht auszuüben. Im Übrigen darf unmittelbarer Zwang gegen ein Kind nur zugelassen werden, wenn dies unter Berücksichtigung des Kindeswohls gerechtfertigt ist und eine Durchsetzung der Verpflichtung mit milderen Mitteln nicht möglich ist.

§ 165 Beschleunigungsgebot, Hinwirken auf Einvernehmen

(1) Kindschaftssachen, die den Aufenthalt des Kindes, das Umgangsrecht oder die Herausgabe des Kindes betreffen, sind vorrangig durchzuführen.

(2) Das Gericht erörtert in Verfahren nach Absatz 1 die Sache mit den Beteiligten in einem Termin. Der Termin soll spätestens einen Monat nach Beginn des Verfahrens stattfinden. Das Gericht hört in diesem Termin auch das Jugendamt an. (...)

(4) Das Gericht soll in diesem Termin und in jeder Lage des Verfahrens auf ein Einvernehmen der Beteiligten hinwirken. Es weist auf Möglichkeiten der Beratung durch die Beratungsstellen und -dienste der Träger der Jugendhilfe insbesondere zur Entwicklung eines einvernehmlichen Konzepts für die Wahrnehmung der elterlichen Sorge und der elterlichen Verantwortung hin. (...)

(5) Kann in den Fällen des Absatzes 1 eine einvernehmliche Regelung im Termin nicht erreicht werden, hat das Gericht mit den Beteiligten und dem Jugendamt den Erlass einer einstweiligen Anordnung zu erörtern.

§ 166 Verfahrensbeistand
(1) Das Gericht hat dem minderjährigen Kind in Kindschaftssachen, die seine Person betreffen, einen Verfahrensbeistand zu bestellen, soweit dies zur Wahrnehmung seiner Interessen erforderlich ist. (...)

(4) Der Verfahrensbeistand hat die Interessen des Kindes im gerichtlichen Verfahren zur Geltung zu bringen. Er hat das Kind über Gegenstand, Ablauf und möglichen Ausgang des Verfahrens in geeigneter Weise zu informieren. Zur Erfüllung seiner Aufgabe kann er auch Gespräche mit den Eltern und weiteren Bezugspersonen des Kindes führen sowie am Zustandekommen einer einvernehmlichen Regelung über den Verfahrensgegenstand mitwirken. Der Verfahrensbeistand hat dieselben Rechte wie ein Beteiligter, er kann im Interesse des Kindes Rechtsmittel einlegen. Er ist nicht gesetzlicher Vertreter des Kindes. (...)

§ 167 Persönliche Anhörung des Kindes
(1) Das Gericht hat das Kind persönlich anzuhören, wenn es das vierzehnte Lebensjahr vollendet hat. (...)

(2) Hat das Kind das vierzehnte Lebensjahr noch nicht vollendet, ist es persönlich anzuhören, wenn die Neigungen, Bindungen oder der Wille des Kindes für die Entscheidung von Bedeutung sind oder wenn eine persönliche Anhörung aus sonstigen Gründen angezeigt ist. (...)

(4) Das Kind soll über den Gegenstand, Ablauf und möglichen Ausgang des Verfahrens in geeigneter Weise informiert werden, soweit nicht Nachteile für seine Entwicklung, Erziehung oder Gesundheit zu befürchten sind. Ihm ist Gelegenheit zur Äußerung zu geben. Im Übrigen steht die Gestaltung der persönlichen Anhörung im Ermessen des Gerichts.

§ 169 Anhörung der Pflegeperson
Das Gericht hat in Verfahren, die die Person des Kindes betreffen, die Pflegeperson stets anzuhören, wenn das Kind seit längerer Zeit in Familienpflege lebt, es sei denn, dass von der Anhörung eine Aufklärung nicht erwartet werden kann. Satz 1 gilt entsprechend, wenn das Kind auf Grund einer Entscheidung nach § 1682 des Bürgerlichen Gesetzbuches bei dem Ehegatten, Lebenspartner oder Umgangsberechtigten lebt.

§ 170 Mitwirkung des Jugendamtes
(1) Das Gericht hat in Verfahren, die die Person des Kindes betreffen, das Jugendamt anzuhören. Unterbleibt die Anhörung allein wegen Gefahr im Verzug, ist sie unverzüglich nachzuholen.

(2) Das Jugendamt ist auf seinen Antrag an dem Verfahren zu beteiligen.

(3) Dem Jugendamt sind alle Entscheidungen des Gerichts bekannt zu machen, zu denen es nach Absatz 1 Satz 1 zu hören war. Gegen den Beschluss steht dem Jugendamt die Beschwerde zu.

§ 173 Vermittlungsverfahren
(1) Macht ein Elternteil geltend, dass der andere Elternteil die Durchführung einer gerichtlichen Entscheidung oder eines gerichtlich gebilligten Vergleichs über den Umgang mit dem gemeinschaftlichen Kind vereitelt oder erschwert, vermittelt das Gericht auf Antrag eines Elternteils zwischen den Eltern. (...)

(3) In dem Termin erörtert das Gericht mit den Eltern, welche Folgen das Unterbleiben des Umgangs für das Wohl des Kindes haben kann. Es weist auf die Rechtsfolgen hin, die sich aus einer Vereitelung oder Erschwerung des Umgangs ergeben können, insbesondere auf die Möglichkeit der Verhängung von Ordnungsmitteln oder der Einschränkung und des Entzugs der elterlichen Sorge. Es weist die Eltern auf die bestehenden Möglichkeiten der Beratung durch die Beratungsstellen und -dienste der Träger der Jugendhilfe hin.

(4) Das Gericht soll darauf hinwirken, dass die Eltern Einvernehmen über die Ausübung des Umgangs erzielen. Das Ergebnis der Vermittlung ist im Terminvermerk festzuhalten. Soweit die Eltern Einvernehmen über eine vom Beschluss abweichende Regelung des Umgangs erzielen, ist die Umgangsregelung als Vergleich aufzunehmen; dieser tritt im Fall der gerichtlichen Billigung an die Stelle der bisherigen Regelung. Wird ein Einvernehmen nicht erzielt, sind die Streitpunkte im Vermerk festzuhalten.

Auszug aus dem Gesetz über die Angelegenheiten der freiwilligen Gerichtsbarkeit (FGG)
FGG wird ab 1. September 2009 vom Reformgesetz (FamFG) abgelöst

§ 33 Zwangsgeld; unmittelbarer Zwang
(1) Ist jemandem durch eine Verfügung des Gerichts die Verpflichtung auferlegt, eine Handlung vorzunehmen, die ausschließlich von seinem Willen abhängt, oder eine Handlung zu unterlassen oder die Vornahme einer Handlung zu dulden, so kann ihn das Gericht, soweit sich nicht aus dem Gesetz ein anderes ergibt, zur Befolgung seiner Anordnung durch Festsetzung von Zwangsgeld anhalten.(...)

(2) Soll eine Sache oder eine Person herausgegeben oder eine Sache vorgelegt werden oder ist eine Anordnung ohne Gewalt nicht durchzuführen, so kann auf Grund einer besonderen Verfügung des Gerichts unabhängig von den gemäß Absatz 1 festgesetzten Zwangsmitteln auch Gewalt gebraucht werden. Eine

Gewaltanwendung gegen ein Kind darf nicht zugelassen werden, wenn das Kind herausgegeben werden soll, um das Umgangsrecht auszuüben. (...)

§ 50 Verfahrenspfleger für das Kind

(1) Das Gericht kann dem minderjährigen Kind einen Pfleger für ein seine Person betreffendes Verfahren bestellen, soweit dies zur Wahrnehmung seiner Interessen erforderlich ist.

(2) Die Bestellung ist in der Regel erforderlich, wenn

1. das Interesse des Kindes zu dem seiner gesetzlichen Vertreter in erheblichem Gegensatz steht,

2. Gegenstand des Verfahrens Maßnahmen wegen Gefährdung des Kindeswohls sind, mit denen die Trennung des Kindes von seiner Familie oder die Entziehung der gesamten Personensorge verbunden ist (§§ 1666, 1666a des Bürgerlichen Gesetzbuchs), oder

3. Gegenstand des Verfahrens die Wegnahme des Kindes von der Pflegeperson (§ 1632 Abs. 4 des Bürgerlichen Gesetzbuchs) oder von dem Ehegatten, oder Umgangsberechtigten (§ 1682 des Bürgerlichen Gesetzbuches) ist.

Sieht das Gericht in diesen Fällen von der Bestellung eines Pflegers für das Verfahren ab, so ist dies in der Entscheidung zu begründen, die die Person des Kindes betrifft.

(3) Die Bestellung soll unterbleiben oder aufgehoben werden, wenn die Interessen des Kindes von einem Rechtsanwalt oder einem anderen geeigneten Verfahrensbevollmächtigten angemessen vertreten werden.

(4) Die Bestellung endet, sofern sie nicht vorher aufgehoben wird,

1. mit der Rechtskraft der das Verfahren abschließenden Entscheidung oder

2. mit dem sonstigen Abschluss des Verfahrens.

(5) Der Ersatz von Aufwendungen und die Vergütung des Pflegers bestimmen sich entsprechend § 67a.

§ 50c Anhörung der Pflegeperson in Personensorgerechtsverfahren

Lebt ein Kind seit längerer Zeit in Familienpflege, so hört das Gericht in allen die Person des Kindes betreffenden Angelegenheiten auch die Pflegeperson an, es sei denn, daß davon eine Aufklärung nicht erwartet werden kann. Satz 1 gilt entsprechend, wenn das Kind auf Grund einer Entscheidung nach § 1682 des Bürgerlichen Gesetzbuchs bei dem dort genannten Ehegatten, Lebenspartner oder Umgangsberechtigten lebt.

Auszug aus dem Gesetz über die religiöse Kindererziehung vom 15.07.1921

§ 1
Über die religiöse Erziehung eines Kindes bestimmt die freie Einigung der Eltern, soweit ihnen das Recht und die Pflicht zusteht, für die Person des Kindes zu sorgen. Die Einigung ist jederzeit widerruflich und wird durch den Tod eines Ehegatten gelöst.

§ 3 Abs. 2
Steht die Sorge für die Person eines Kindes einem Vormund oder Pfleger allein zu, so hat dieser auch über die religiöse Erziehung des Kindes zu bestimmen. Er bedarf dazu der Genehmigung des Vormundschaftsgerichts. Vor der Genehmigung sind die Eltern sowie erforderlichenfalls Verwandte, Verschwägerte und die Lehrer des Kindes zu hören, wenn es ohne erhebliche Verzögerung oder unverhältnismäßige Kosten geschehen kann. Der § 1779 Abs. 3 Satz 2 des Bürgerlichen Gesetzbuchs findet entsprechende Anwendung. Auch ist das Kind zu hören, wenn es das zehnte Lebensjahr vollendet hat. Weder der Vormund noch der Pfleger können eine schon erfolgte Bestimmung über die religiöse Erziehung ändern.

§ 5
Nach der Vollendung des vierzehnten Lebensjahres steht dem Kind die Entscheidung darüber zu, zu welchem religiösen Bekenntnis es sich halten will. Hat das Kind das zwölfte Lebensjahr vollendet, so kann es nicht gegen seinen Willen in einem anderen Bekenntnis als bisher erzogen werden.

§ 6
Die vorstehenden Bestimmungen finden auf die Erziehung der Kinder in einer nicht bekenntnismäßigen Weltanschauung entsprechende Anwendung.

§ 7
Für Streitigkeiten aus diesem Gesetz ist das Vormundschaftsgericht zuständig. Ein Einschreiten von Amts wegen findet dabei nicht statt, es sei denn, daß die Voraussetzungen des § 1666 des Bürgerlichen Gesetzbuches vorliegen.

Auszug aus dem Namensänderungsgesetz (NamÄndG)

§ 2
(1) Für eine beschränkt geschäftsfähige oder geschäftsunfähige Person stellt der gesetzliche Vertreter den Antrag; ein Vormund, Pfleger oder Betreuer bedarf hierzu der Genehmigung des Vormundschaftsgerichts. Für eine geschäftsfä-

hige Person, für die in dieser Angelegenheit ein Betreuer bestellt und ein Einwilligungsvorbehalt nach § 1903 des Bürgerlichen Gesetzbuchs angeordnet ist, stellt der Betreuer den Antrag; er bedarf der Genehmigung des Vormundschaftsgerichts.

(2) Das Vormundschaftsgericht hat den Antragsteller in den Fällen des Absatzes 1 Satz 1, wenn er als beschränkt Geschäftsfähiger das sechzehnte Lebensjahr vollendet hat, sowie in den Fällen des Absatzes 1 Satz 2 zu dem Antrag zu hören.

§ 3

(1) Ein Familienname darf nur geändert werden, wenn ein wichtiger Grund die Änderung rechtfertigt.

(2) Die für die Entscheidung erheblichen Umstände sind von Amts wegen festzustellen; dabei sollen insbesondere außer den unmittelbar Beteiligten die zuständige Ortspolizeibehörde und solche Personen gehört werden, deren Rechte durch die Namensänderung berührt werden.

Die Rechtssprechung des Verfassungsgerichtes zum Pflegekind

Die Entscheidungen des Bundesverfassungsgerichtes binden alle Verfassungsorgane des Bundes und der Länder sowie alle Gerichte und Behörden.

Das Bundesverfassungsgericht hat im Jahr 1968 ein bahnbrechendes Urteil im Pflegekinderwesen gefällt. Es betonte in diesem Urteil, dass das Kind als selbständiger Grundrechtsträger einen Anspruch auf den Schutz des Staates hat.[198] Ein explizites Grundrecht des Kindes kennt die Verfassung zwar nicht, doch ist jedes Kind ein „Wesen mit eigener Menschenwürde und dem eigenen Recht auf Entfaltung seiner Persönlichkeit im Sinne des Art. 1 Abs. 1 und Art. 2 Abs. 1 GG". Während ein menschenwürdiges Dasein verlangt, dass der einzelne Mensch nicht zum bloßen Objekt herabgewürdigt wird, beinhaltet das Recht auf freie Persönlichkeitsentfaltung, dass eine Persönlichkeit im Rahmen einer gesunden körperlichen und seelischen Entwicklung gebildet werden kann.

Aus dem Recht auf körperliche Unversehrtheit (Art. 2 Abs. 2 Satz 1 GG) ergeben sich Schutzpflichten des Staates, die zusätzlich durch das in Art. 6 Abs. 2 Satz 2 GG verankerte „staatliche Wächteramt" zugunsten von Minderjährigen hervorgehoben werden. Die Misshandlung von Kindern ist eine Verletzung dieser verfassungsrechtlich gewährleisteten Rechte der Kinder.

---

198 BVerfGE 68, 176

Im Urteil des Bundesverfassungsgerichtes von 1968[199] wird erstmals festgestellt, dass unabhängig vom Unterbringungsgrund und den gegenwärtigen Erziehungsbedingungen in der Herkunftsfamilie allein das länger anhaltende Pflegeverhältnis und die entstanden Bindungen des Kindes zu der Pflegefamilie dazu führen können, dass das Kind in der Pflegefamilie verbleiben kann. In diesem Urteil heißt es:

„Dabei verkennt das Gericht keineswegs, dass solange das Kindeswohl oberste Priorität bleibt, § 1632 Abs. 4 auch solche Entscheidungen ermöglicht, die aus Sicht der Eltern nicht akzeptabel sind, weil sie sich in ihrem Elternrecht beeinträchtigt fühlen. Wenn eine schwere und nachhaltige Schädigung des körperlichen oder seelischen Wohlbefindens des Kindes bei seiner Herausgabe zu erwarten ist, kann allein die Dauer des Pflegeverhältnisses zu einer Verbleibensanordnung nach § 1632 Abs. 4 führen".

Bei Interessenkollision zwischen dem Elternrecht und dem Kindeswohl hat das Kindeswohl grundsätzlich den Vorrang, wie verschiedene Urteile des Bundesverfassungsgerichtes festgestellt haben. Allerdings können sich die Pflegeeltern nicht auf das Elternrecht des Art. 6 Abs. 2 Satz 1 GG berufen. Bei Interessenkollisionen zwischen dem Kind und seinen Eltern sowie seinen Pflegeeltern ist das Kindeswohl ausschlaggebend.

In einem weiteren Urteil des Bundesverfassungsgerichts[200] stellt das Gericht erhöhte Anforderungen an einen Wechsel der Pflegefamilien. Es folgt hier einem Gutachten von Reinhart Lempp. Danach hat die Trennung von Kleinkindern von ihren unmittelbaren Bezugspersonen als ein Vorgang mit erheblichen psychischen Belastungen zu gelten. Hier fordert das Verfassungsgericht, dass einem Wechsel nur stattzugeben ist „wenn mit hinreichender Sicherheit auszuschließen ist, dass die Trennung des Kindes von seinen Pflegeeltern mit psychischen oder physischen Schädigungen verbunden sein kann".

Das Verhältnis von Pflegekindschaft und Adoption wird vom Verfassungsgericht[201] weiter ausgelegt. Es stellt die Frage, welche Risiken in Kauf genommen werden können, um den besseren Rechtsstatus des Kindes zu erreichen. Hier ist § 36 SGB VIII zu beachten, dass vor und während einer langfristigen Unterbringung die Frage zu prüfen ist, ob Adoption - und dies ist in fast allen Fällen durch die Pflegeeltern der Fall - in Frage kommt. Wenn die Pflegeeltern nicht zur Adoption bereit sind, fordert das Verfassungsgericht eine Risikoabwägung

---

199 BVerfGE 68, S. 176, 187, 189
200 BverfGE 75, 201-220 und vgl. Kap. 5.1.4.:Gutachten von Lempp
201 BVerfGE 79, S. 51, = FamRZ 1989, S. 31

für das Kind. Diese Risikoabwägung stellt eine hohe nur schwer zu überwindende Hürde dar: Mit Sicherheit müssen die schädlichen Folgen der Trennung aufgefangen werden können.[202]

Ein für Pflegefamilien bedeutsames Verfassungsgerichtsurteil gesteht der Pflegefamilie den Verfassungsrechtlichen Schutz nach Art. 6 GG zu. Die Intimsphäre der Pflegefamilie ist zu achten.[203]

---

202 vgl. Salgo 2001, S. 43
203 BVerfGE 68, S. 176, 187, 189

22. Musteranträge

1. Musterantrag zur Übertragung der Vormundschaft auf die Pflegeeltern

2. Musterantrag für die vormundschaftsgerichtliche Genehmigung für die Antragsstellung zur Namensänderung beim Ordnungsamt

3. Musterantrag auf Namensänderung nach § 3 des NÄG beim Ordnungsamt der zuständigen Gebietskörperschaft

Die Musteranträge Nr. 1 – 3 betreffen die gleiche Familie.

4. Musterantrag für Pflegeeltern auf Übertragung von Angelegenheiten der elterlichen Sorge gemäß § 1630 Abs. 3 BGB

Musterantrag Nr. 4 ist die Fortsetzung der in Kapitel 15.6. erzählten Lebensgeschichte.

5. Musterantrag für Vorlage zur Sorgerechtsübertragung nach § 1630 BGB für den Sorgerechtsinhaber

6. Musterantrag auf Verbleib der Kinder gemäß § 1632 Abs. 4 BGB und vorsorglich auf den Erlass einer einstweiligen Anordnung

7. Musterantrag auf Bestellung eines Einzelvormundes/Pflegers

Die Musteranträge Nr. 6 und 7 und die Handreichung betreffen die gleiche Familie und sind die Fortsetzung der in Kapitel 4.1. erzählten Lebensgeschichte.

8. Musterantrag für eine Verbleibensanordnung gemäß § 1632 Abs. 4 BGB

Alle in den Musteranträgen aufgeführten Namen wurden geändert.

Nr. 1 Musterantrag zur Übertragung der Vormundschaft auf die Pflegeeltern

Name und Anschrift der Pflegeeltern   Datum

**An das
Amtsgericht
-Vormundschaftsgericht -
in X**

Vormundschaft: Josefine, geb. ....
                      Anna, geb. ....

Sehr geehrte Damen und Herren,

wir beantragen gemäß § 1887 BGB die Entlassung des Amtsvormundes und die Umwandlung in eine Einzelvormundschaft. Die Kinder leben seit 8 Jahren in unserer Familie und wir nehmen seither die volle Erziehungsverantwortung wahr.

Wir begründen unseren Antrag wie folgt:

Bis vor circa 8 Monaten hatten wir in dem bis dahin zuständigen Sozialarbeiter einen verständnisvollen Begleiter. Seit die neu zuständig gewordene Sozialarbeiterin die Betreuung unserer Familie übernommen hat, haben wir große Probleme.

Ein kleines Beispiel: Beim zuvor zuständigen Sozialarbeiter war es selbstverständlich, dass wir die Zeugnisse unterschrieben haben. Für die Kinder ist es sehr wichtig, dass wir als Eltern in Erscheinung treten. Die jetzt zuständige Vormündin betonte, dass die Unterschrift unter die Zeugnisse von ihr als Vormund zu erfolgen hat. Es gab eine lange Diskussion über diesen Punkt, bis wir ihr deutlich machen konnten, dass diese Handlung über § 1688 BGB abgedeckt ist und wir ihr, wie bisher, die Zeugnisse in Kopie überbringen werden.

Ein weiterer Punkt, der die Kinder stark beunruhigt ist, dass ihr Wille plötzlich ohne Beachtung bleibt. Wir sind bisher gewohnt, anstehende Probleme mit den Kindern zu besprechen. Jetzt werden wir von der Sozialarbeiterin des Jugendamtes unter Druck gesetzt, dass wir die Kinder zu Gesprächen auf das Jugendamt, ohne unsere Begleitung, zwingen sollen. Wir haben dies, gegen unsere

Überzeugung, auch getan mit dem Erfolg, dass die Kinder deutliche Ängste vor jeder ruhigen Minute in der Familie entwickelt haben und die Flucht ergreifen, wenn wir von diesem Thema anfangen wollen.

Seit das Jugendamt in so ungewohnter Weise in unsere Familie eingreift, ist eine tiefe Verunsicherung bei den Kindern entstanden. Plötzlich stehen sie in Gedanken vor der Möglichkeit, dass sie kein sicheres Zuhause mehr haben. Sie sehen auch unsere Autorität als Pflegeeltern vom Jugendamt in Frage gestellt. Bei den Gesprächen mit der Sozialarbeiterin wird betont, dass sie und nicht wir in vielen Fragen des täglichen Lebens zu entscheiden hat.

Ein großer Konfliktpunkt sind die geforderten unbegleiteten Besuche. Beide Mädchen mussten schon immer zu den Besuchen überredet werden, sind aber in unserer Begleitung folgsam mitgegangen. Wir waren immer bemüht, die Besuche für die Kinder und auch die leibliche Mutter interessant zu gestalten. Als Beispiel möchten wir einen Ausflug in das nahe Ausland erwähnen, nachdem die leibliche Mutter sich für den schönen Tag bedankt hat. Die Kinder weigern sich, ohne unsere Begleitung mit ihrer leiblichen Mutter mit zu gehen.

Wir möchten erwähnen, dass die leibliche Mutter die Gefühle der Kinder in den Gesprächen erheblich missachtet. Wir haben die Kinder zweimal zu, von uns nicht begleiteten, Besuchen gezwungen. Die Sozialarbeiterin war teilweise zugegen. Die leibliche Mutter erklärte den Kindern, dass es keinen Gott gäbe. Besonders Anna war sehr aufgebracht. Die Kinder wurden von uns christlich erzogen und haben zu einer tiefen Gläubigkeit gefunden. Die Sozialarbeiterin meinte dazu, dass es der Mutter freistehe, ihre Meinung zu äußern. Wir meinen, dass dies Erwachsenen gegenüber durchaus angebracht sein kann, nicht aber Kindern gegenüber, die sich in ihren Gefühlen verletzt fühlen. Ein anderes Beispiel: Die Mutter fragte, was Josefine für einen Beruf ergreifen will. Josefine – eine begeisterte Reiterin – sagte, sie wolle Tierärztin oder Polizistin werden. Die Mutter erklärte, dass sie, wenn sie Polizistin werden würde, wünsche, dass sie eine korrupte Polizistin würde, weil sie selbst von Jugendamt und Gericht ungerecht behandelt worden ist. Bei diesem Gespräch war ich, der Pflegevater, zugegen und konnte schützend eingreifen.

Trotz der schweren Vorschädigung der Kinder – Anna hat die zu verschiedenen Zeiten erlittenen Misshandlungen nur deshalb überlebt, weil eine Mitarbeiterin des Mutter-und-Kind-Programms, das Kind in einem lebensbedrohlich verletzten Zustand angetroffen hat und die Aufnahme in die Klinik veranlasst hat. Trotz dieser traumatischen Erlebnisse konnten die Kinder sich bei uns zu fröhlichen jungen Menschen entwickeln. Es bedarf jedoch einer sorgfältigen Berücksichtigung der Gefühle und der Bedürfnisse der Kinder und sie brauchen den sicheren Rückhalt in uns als Pflegeeltern, der durch nichts in Frage gestellt werden darf.

Wir haben in den vergangenen acht Jahren bewiesen, dass wir bei diesen beiden in der frühen Kindheit schwer geschädigten Mädchen die volle Elternverantwortung tragen. Bis vor dem Sachbearbeiterwechsel sahen wir keine Notwendigkeit zur Übernahme der Vormundschaft, weil wir uns ohne Vorbehalte unterstützt sahen. Jetzt wissen wir nicht einmal, was der Rechtsanwalt der Mutter schreibt, weil dies angeblich nur den Vormund etwas angeht.

Wir bitten, unseren Antrag positiv zu entscheiden. Wir haben unsere Pflichten immer gewissenhaft erfüllt und bitten jetzt um die mit den Pflichten korrespondierenden Rechte, damit die Kinder die frühere Sicherheit wieder erhalten und wir auch die Möglichkeit bekommen, die Rechte der Kinder zu verteidigen.

Wir denken, dass die Voraussetzungen der Entlassung des Amtsvormundes gemäß § 1887 BGB gegeben sind. Bei der Auswahl des Vormundes ist zu berücksichtigen, dass die Kinder sichere Bindungen an uns entwickelt haben und wir seit Jahren die volle Elternverantwortung tragen.

Mit freundlichen Grüßen

Nr. 2 Musterantrag für die vormundschaftsgerichtliche Genehmigung für die Antragsstellung zur Namensänderung beim Ordnungsamt

Name und Anschrift der Pflegeeltern   Datum

**An das
Amtsgericht
- Vormundschaftsgericht -
in X**

Antrag auf vormundschaftsgerichtliche Genehmigung für die Antragstellung zur Namensänderung nach § 3 des Namensänderungsgesetzes beim Ordnungsamt des Landkreises X für

Josefine, geb. …………..
Anna, geb. …………….

Sehr geehrte Frau Richterin S.,

Sie haben uns mit dem Beschluss vom 15.08.2005 Aktenzeichen (...) zum Vormund von Josefine und Anna bestellt. Als Vormund möchten wir beim Landratsamt X für beide Kinder den Antrag auf Namensänderung stellen.

Bei der Anhörung zur Übertragung der Vormundschaft haben Ihnen beide Kinder gesagt, dass sie unseren Familiennamen möchten und sie sich sehr wünschen, dass sie von uns adoptiert werden. Wir gehen davon aus, dass die leibliche Mutter einer Annahme als Kind nicht zustimmen wird. Die Kinder wissen, dass wir beide Kinder, wenn sie volljährig sind, adoptieren werden. Wir gehen davon aus, dass die Minderjährigenwirkung bei dem langjährigen Pflegeverhältnis und somit eine Volladoption möglich ist.

Beide Kinder weigern sich nach wie vor, sich mit dem Namen ihrer leiblichen Mutter zu melden. Beide leiden daran, dass sie einen Namen tragen müssen, der mit schweren Belastungen für sie verbunden ist. Gerade im Alter von Josefine und Anna wird die Frage drängend: Wer bin ich, und sie haben uns zu ihren Eltern gemacht. Sie fühlen sich voll zu unserer Familie zugehörig.

Erschwerend kommt ein Vorfall am 14. Geburtstag von Josefine hinzu. Nach langer Pause rief die leibliche Mutter an und wollte ihr gratulieren. Sie sagte gleich, dass sie ihr zweites Kind erwarten würde. In Wirklichkeit erwartet sie ihr viertes Kind. Sie hat nicht bemerkt, dass sie mit dieser Aussage Josefine und Anna als ihre Kinder verleugnet. Es war für uns verständlich, dass Josefine den Hörer aufgelegt hat. Auf der anderen Seite verstehen wir auch die leibliche Mutter. Sie konnte keine Muttergefühle Josefine und Anna gegenüber entwickeln.

Da das BVerwG am 24.4.1987 (FamRZ 1987,807) im Gegensatz zu Stiefkindern bei Pflegekindern die Namensänderung erleichtert hat, gehen wir davon aus, dass die Kreisverwaltung als zuständige Behörde dem Antrag stattgeben wird. Das Gericht stellt fest, dass der Name eines Kindes in Dauerpflege bereits dann geändert werden kann, wenn dies dem Wohl des Kindes förderlich ist und überwiegende Interessen an der Beibehaltung des Namens nicht entgegenstehen.

Wir sind davon überzeugt, dass die Voraussetzungen zur Namensänderung bei Josefine und Anna vorliegen. Aus unserer bisherigen Erfahrung heraus glauben wir, dass die leibliche Mutter dem Antrag nicht zustimmen wird. Wir bitten die leibliche Mutter trotzdem, dies zu tun. Dies würde die Kinder etwas versöhnlicher ihr gegenüber stimmen.

Die Zustimmung ist zwar nicht erforderlich, weil die leibliche Mutter mit an Sicherheit grenzender Wahrscheinlichkeit keine überwiegenden Interessen an der Beibehaltung des Namens vorbringen kann. Die Einwilligung der Mutter würde jedoch das Verwaltungsverfahren beschleunigen.

Wir hoffen auf die baldige vormundschaftsgerichtliche Genehmigung zur Antragstellung.

Mit freundlichen Grüßen

Nr. 3 Musterantrag auf Namensänderung nach § 3 des NÄG beim Ordnungsamt der zuständigen Gebietskörperschaft

Name und Anschrift der Pflegeeltern   Datum

**An das Landratsamt
- Ordnungsamt-
in X**

Antrag auf Namensänderung nach § 3 NÄG für unsere Pflegekinder
Josefine, geb. .... Anna, geb. .... in den Familiennamen der Pflegefamilie

Sehr geehrte Damen und Herren,

wir wurden am 15.8.2005 zum Vormund für unsere Pflegekinder Josefine und Anna bestellt. Die Bestallungsurkunde legen wir bei. Wir haben für die Antragstellung als Vormund für die Kinder die vormundschaftsgerichtliche Genehmigung beantragt. Wir werden Ihnen diese, sobald sie vorliegt, übersenden.

Wir begründen unseren Antrag wie folgt:

1. Vorgeschichte:

Die Kinder kamen im Dezember 1996 in unsere Familie. Josefine war 3,7 Jahre alt und Anna kam im Alter von einem Jahr in unsere Familie. Anna kam aus der Klinik zu uns. Dort wurde sie in einem lebensbedrohlichen Zustand eingeliefert. Aus Zeitungsartikeln, die wir dem Antrag beilegen, geht hervor, wie bedrohlich die Situation für Anna war. Wenn die Mitarbeiterin des Programms Mutter- und-Kind vom Jugendamt sich keine Sorgen gemacht hätte, weil die Mutter der Gruppensitzung fernblieb, wäre das Kind nicht in die Klinik gekommen und es hätten die lebensrettenden Maßnahmen nicht eingeleitet werden können. Die Mutter wurde wegen unterlassener Hilfeleistung zu einer Gefängnisstrafe auf Bewährung verurteilt, weil nicht geklärt werden konnte, ob sie oder ihr Partner das Kind misshandelt hat. Wir legen eine Kopie des Gutachtens von Herrn Prof. Dr. YZ vom 17.07.1997 bei, woraus zu ersehen ist, welchen Qualen die Kinder in der Herkunftsfamilie ausgesetzt waren.

2. Die Entwicklung der Kinder in unserer Familie

Die Kinder haben sich voll in unsere Familie integriert. Wir haben auch versucht, zu der leiblichen Mutter trotz all der Belastungen, die sie den Kindern aufgebürdet hat, einen freundlichen Kontakt aufzubauen. Das war leider nicht möglich, weil sie nach wie vor leugnet, dass sie den Kindern Leid zugefügt hat. Vielmehr macht sie die Behörden, die Gerichte und die Polizei für alles verantwortlich. Die Kinder, je älter sie wurden und je deutlicher ihnen wurde, dass die leibliche Mutter Dinge erzählt, die sie nicht akzeptieren können, lehnten sie diese ab und sie weigern sich, ohne unsere Begleitung sie zu sehen. Sie brauchen unseren Schutz, den wir ihnen auch gewähren. Dies war auch der Grund, warum wir die Vormundschaft beantragt hatten.

Insgesamt haben die beiden Mädchen eine sehr positive Entwicklung durchgemacht. Sie haben sich immer voll zu unserer Familie zugehörig gefühlt und haben uns zu ihren Eltern gemacht. Sie weigern sich, mit dem Namen der Herkunftsmutter zu unterschreiben. Sie reagieren auf diesen Namen nicht. Es ist schon immer für die Mädchen eine große Not gewesen, dass sie wissen, dass sie einen anderen Namen wie wir haben. Sie wollen sich vor den Klassenkameraden nicht offenbaren, dass sie eine Geschichte haben, wie sie nun einmal ist. Sie schämen sich, obwohl sie die Einzelheiten der Misshandlungen von uns nicht gesagt bekommen haben. Sie wünschen sich, dass wir sie adoptieren, was wir auch sofort tun würden, wenn die rechtlichen Möglichkeiten vorhanden wären. Die Mutter wird nach unserer Einschätzung jedoch die Einwilligung zur Annahme als Kind durch uns nicht geben. Deshalb ist der zweitgrößte Wunsch beider Mädchen, dass sie endlich den Namen auch zu Recht tragen dürfen, mit dem sie sich identifizieren.

3. Die rechtliche Situation und unsere Einschätzung

Der Mutter wurde das Sorgerecht im Dezember 1996 für beide Mädchen entzogen und dieses wurde auf das Kreisjugendamt X übertragen. Mit dem Beschluss vom 15.08.2005 wurden wir als Einzelvormund vom Vormundschaftsgericht X eingesetzt. Wir legen das Protokoll von der Anhörung der Kinder beim Vormundschaftsgericht X vom 30.06.2005 dem Antrag bei. Daraus können Sie die Haltung beider Mädchen ersehen.

Für uns steht außer Zweifel, dass die Namensänderung dem Wohl der Kinder förderlich ist (BVerwG vom 24.04.1987, FamRZ 1987, 807). Wir sind darüber hinaus zur Überzeugung gekommen, dass sie für das Wohl der Kinder erforderlich ist. Dass ein „wichtiger Grund" vorliegt, dürfte aus der Vorgeschichte der Kinder hervorgehen.

Gerade in der Pubertät und Vorpubertät ist es wichtig, dass die Kinder sich mit den Menschen, die sie zu ihren Eltern gemacht haben, auch nach außen, identifizieren können. Beide Mädchen haben große Probleme, wenn sie auf ihre Geschichte angesprochen werden. Bei dem, was diesen Kindern von ihrer Mutter angetan wurde, kann sich diese nicht auf schutzwürdige Belange zur Beibehaltung ihres Namens berufen.

Wir möchten die Mutter bitten, dem Wunsch der Kinder entgegenzukommen, damit könnte sie den Kindern ein Zeichen setzen, dass sie Josefine und Anna als Persönlichkeiten akzeptiert und ihrem Willen die erforderliche Bedeutung zumisst. Dass ihre Zustimmung unerheblich ist, wenn die beabsichtigte Einbenennung das Wohl der Kinder fördert und überwiegende Interessen an der Beibehaltung des Namens dem nicht entgegenstehen (§ 3 Abs. 1 NÄG), steht für uns außer Frage.

Wir bitten um baldige Entscheidung.

Mit freundlichen Grüßen

Nr. 4 Musterantrag für Pflegeeltern auf Übertragung von Angelegenheiten der elterlichen Sorge gemäß § 1630 Abs. 3 BGB

Name und Anschrift der Pflegeeltern   Datum

An das Amtsgericht
- Familiengericht -
in X

Antrag auf Übertragung von Angelegenheiten der elterlichen Sorge gemäß § 1630 Abs. 3 BGB auf uns als die Pflegeeltern von Max, geb. ....

Personalien:
Kind:

Leibliche Eltern: Vater:
                       Mutter:

Pflegeeltern: Pflegemutter:
                       Pflegevater:

Hiermit beantragen wir gemäß § 1630 Abs. 3 BGB die Übertragung der Personensorge oder folgende Teile der elterlichen Sorge:
1. Das Aufenthaltsbestimmungsrecht
2. Die Gesundheitsfürsorge einschließlich aller notwendigen therapeutischen Hilfen
3. Die rechtliche Vertretung in allen schulischen und beruflichen Angelegenheiten
4. Das Recht auf Antragstellung bei Behörden

Wir begründen unseren Antrag wie folgt:

1. Vorgeschichte des Kindes.
Max wurde vor sechs Jahren und 2 Monaten am 18.01.2001 von der Sozialarbeiterin, Frau Y. vom Jugendamt X in unsere Familie als Pflegekind gebracht. Es war eine Notaufnahme, weil die leibliche Mutter nach der Trennung von ihrem Freund obdachlos war. Warum die Mutter uns als Pflegeeltern nicht kennen lernen wollte und vor allen Dingen den Jungen plötzlich ohne Übergang völlig

fremden Menschen überlassen hat, ist uns nicht klar und geht auch aus dem Hilfeplan des Jugendamtes nicht hervor.

Unser erster Eindruck von Max:

Max schien sich nicht zu wundern, dass er nun bei uns leben soll. Er war blass, sprach kaum verständlich und verwaschen, ging gleich auf das Klavier zu und trommelte darauf herum, nahm die Gitarre zupfte darauf herum und fragte unentwegt: „Hab ich das gut gemacht?" Er lief tollpatschig und ungelenkig, beim Fallen stützte er sich nicht ab, sondern fiel ungeschützt auf sein Gesicht. Er war bemüht, uns zu gefallen und erzählte, was er alles kann, ob das stimmt, war ihm egal. Er erklärte z.B. wie toll er Fußball spielen konnte, ging aber wie ein dreijähriges Kind mit dem Fußball um.

Max kam mit zwei Plastiktüten, die die leibliche Mutter ihm eingepackt hatte. Ich, der Pflegevater, ging einige Tage nach der Aufnahme des Kindes im Einverständnis des Jugendamtes zu der früheren Wohnung des Kindes. Ich traf dort den früheren Freund der Mutter und erstaunlicherweise den Vater des Jungen an. Beide suchten Sachen von Max zusammen und gaben diese mit. Ich kann mich nicht erinnern, dass einer der beiden Männer nach dem Ergehen des Jungen fragte, der Vater warnte mich allerdings vor der Mutter des Kindes, weil diese gefährlich sei.

Den Vater sahen wir danach noch einmal in der Woche nach der Ankunft von Max. Er kam am Vormittag und begegnete deshalb Max nicht, weil dieser in der Schule war. Er brachte die restlichen Sachen für den Jungen. Ich bot ihm Kaffee an. Er schaute sich Max Zimmer an, sprach fast nichts, fragte nichts und schien etwas benommen zu sein.

Im ersten Hilfeplan vom 09.04.2001 steht: „Da die bisherige Lebensgeschichte von Max nur in Bruchstücken bekannt ist, sind manche Reaktionen von ihm in ihrer Bedeutung schwer einzuordnen. (…) Aus einem sehr kurzen Bericht des vorher zuständigen Jugendamtes ist zu entnehmen, dass Max auch schon in der vorigen Pflegefamilie wegen seiner Konzentrations- und Wahrnehmungsschwäche viel Aufmerksamkeit und Betreuung brauchte. Besonders wichtig sei konsequentes Erziehungsverhalten und Kooperation Pflegeeltern und Schule".

Da Max zusammen mit seinem kleinen Bruder aus der Familie heraus kam und beide in verschiedenen Pflegefamilien untergebracht wurden, muss dem vorher zuständigen Jugendamt die Problematik der Familie bekannt gewesen sein. Max hat noch vier Schwestern, die ebenfalls vom Jugendamt untergebracht werden mussten. An die Schwestern hat Max kaum Erinnerungen, an den jüngeren Bruder jedoch erinnert er sich gut. Er erzählt, dass er ihn gefüttert hat, ihm die Windeln gewechselt hat, ihm zu trinken gab, weil die Mutter dies nicht tat. Er habe ihn auch vor der Mutter geschützt, wenn diese geschlagen und getobt hätte. Da hätte er selbst die Schläge eben abbekommen.

An die Zeit in XY. erinnert sich Max mit Schrecken. Unerklärlich ist uns, warum das Jugendamt sich nicht eindringlich um den Jungen gekümmert hat und die Rückkehr zur Mutter verhindert hat. Dem Jugendamt muss die Alkohol- und Drogenproblematik der Mutter sowie die Gewaltbereitschaft bekannt gewesen sein. Es ging hier nicht um Obdachlosigkeit, sondern um körperliche und seelische Misshandlung von Kindern. Sicher ist, dass Max sich vom 24.02.1998 bis zum 30.7.2000 in einer Pflegefamilie befand.

Die Lebensgeschichte des Jungen hat sich uns bis heute immer bruchstückartig erschlossen. Bei zufälligen Erlebnissen oder Eindrücken erzählte er von schweren Misshandlungen, Vernachlässigung von ihm und seinem Bruder, vom Einsperren in einem dunklen Zimmer, von schwerer Gewalt, Übernachtung unter einer Brücke bis hin zum sexuellen Missbrauch durch den letzten Freund der Mutter.

Bei all den düsteren Erzählungen fragten wir ihn, ob er denn nichts Schönes erlebt hat. Er meinte: „Nichts, gar nichts", dann dachte er nach und meinte: „Doch, an etwas kann ich mich erinnern. Mit der Oma durfte ich mit einem Boot einmal auf dem See fahren, und in der Pflegefamilie durfte ich mit dem Opa auf dem Traktor fahren".

Max wird von all den düsteren Erinnerungen geplagt und wir sind sehr froh darüber, dass er mir, der Pflegemutter immer wieder davon erzählt. Das ist oft aus dem Zusammenhang gerissen, aber er kann sich dabei an jede Einzelheit erinnern. Plötzlich sitzt er vor einem Blatt Papier und malt. Wir legen einige Kopien von seinen Bildern bei. Das Haus und die Wohnung in XY. haben dabei eine ihn mit tiefem Entsetzen erfüllende Bedeutung. In einer Zeichnung hat er die Wohnung und das Haus in XY. aufgezeichnet. Er erzählt, dass er, wenn die Mutter fort ging, in sein Zimmer eingesperrt wurde. Das Zimmer sei ohne Licht gewesen, weil die Fenster mit Brettern zugenagelt waren. Das Zimmer der Mutter bezeichnete er als „die Hölle des Teufels". Der Vater hatte neben der Wohnküche eine Kammer. Im Zimmer der Mutter waren zwei Haken. Er schreibt daneben „Galgen der Barbarei". Da Max langanhaltende und schwere traumatische Erlebnisse erlitten hat, ist Max nicht in der Lage, dieses Bild fremden Menschen zu übergeben. Mir, der Pflegemutter, seinem Therapeut und unserer Beiständin von der Pflegeelternschule hat er dieses Bild in allen Einzelheiten erklärt.

Auf dem gleichen Bild zeichnete er das ganze Haus in XY. Er zeichnete auf, dass die Wohnung im 1. Obergeschoss lag und außen am Haus eine Fluchttreppe angebracht war. Da sei es ihm manchmal gelungen, zu fliehen.

Max zeichnete ein ungewöhnliches Messer auf, das die Mutter bei sich hatte und sie habe ihn mehrfach verletzt, wenn sie zornig war. Zeichen dieser Verletzungen sind heute noch sichtbare alte Narben am Körper des Jungen. Sie habe viel Alkohol getrunken und Drogen genommen. Dann sei es besonders schlimm gewesen. Er sagt heute noch plötzlich: „Die Mutter wollte mich töten". Einmal habe er sich gewehrt, in das dunkle Zimmer zu gehen. Da habe die Mutter ihm die Hand in die Türe eingeklemmt und mit dem Messer in die Hand gestochen. Die Mutter habe dabei gelacht. Danach habe er sich nicht mehr gewehrt und ging freiwillig in dieses Zimmer, weil er Angst hatte. Die Mutter sei auch nicht zum Arzt mit ihm gegangen, wenn sich eine Wunde entzündet hätte.

Das erste Bild, das er einige Monate nach der Aufnahme in unserer Familie malte, war ein Gefängnis (Bild 1). Er erzählte, dass sein Vater und seine Mutter für ein paar Wochen in das Gefängnis kamen. Wie lange das war, weiß er nicht genau. Er und sein kleiner Bruder seien bei der Mutter im Gefängnis gewesen. Der Vater sei im gleichen Gefängnis gewesen, aber die Eltern seien getrennt untergebracht worden. Er und sein Bruder seien noch klein gewesen. Im Bild ist oben das „Dienstzimmer" zu sehen. Dort seien er und sein Bruder viel bei den Polizisten gewesen und sie hätten dort auch geschlafen.

Bild 2 zeigt ebenfalls das Gefängnis. Das hat er einige Monate später gemalt. Er versuchte sich zu erinnern, wo er bisher gelebt hat. Als erstes ist ihm wieder das Gefängnis eingefallen. Was zuvor war, ist wohl im nicht erinnerungsfähigen Alter des Jungen geschehen. Dieses Erlebnis hat ihn offensichtlich tief beeindruckt. Das Eingesperrtsein in der zweiten Wohnung gehört neben den Misshandlungen zu seinen schlimmsten Erinnerungen. Wo die 3. Wohnung „mit Fenstern" war, konnte er nicht erzählen.

Bilder, die immer wieder in ihm auftauchen sind kurze Sätze, die er sagt und dann aber nicht weiter darüber sprechen möchte. Im Januar 2001 erzählte er von seinem Bären, der ganz weich und kuschelig war und den er sehr lieb hatte.

Diesem hätte die Mutter vor ihm und seinem Bruder in der Wut die Gurgel durchgeschnitten. Er berichtet immer wieder, dass die Mutter einen Gürtel mit einer Kette daran hatte, mit dem er geschlagen wurde. Sein kleiner Bruder sei damit nicht geschlagen worden. Auf die Frage, warum der Vater ihn nicht geschützt hat sagte er, dass dies nicht ginge. Die Mutter sei stark und habe auch den Vater geschlagen (Bild 3, Mutter, Vater und Bruder).

Wie und warum er in die erste Pflegefamilie kam, weiß er nicht mehr. Er berichtet von dem Opa in der Familie, der sehr lieb zu ihm war und mit dem er mit dem Traktor fahren durfte. Er sei sehr traurig gewesen, als dieser gestorben sei. Auf die Frage, wie es war, als er von der Pflegefamilie fort kam sagte er, dass die Mutter ihn einfach mitgenommen hatte, weil sie einen neuen Freund und eine Wohnung hatte.

Das mit der Wohnung ist wahrscheinlich der Grund, warum das Jugendamt der Rückführung des Kindes zugestimmt hatte. In den Akten steht nichts von Drogen und Alkohol oder Misshandlungen. Als Unterbringungsgrund wird Obdachlosigkeit genannt. Wenn wir erleben müssen, was Max in der Zeit nach der Rückführung zur Mutter an Leid zugefügt wurde, fällt es uns schwer, die Handlungsweise bzw. das „Nichthandeln" des Jugendamtes sachlich hin zu nehmen.

Max berichtet, dass er von seiner Mutter die große Treppe vor der Kirche hinunter gestoßen wurde und sie dabei gelacht habe. Er sei verletzt unten liegen geblieben und fremde Menschen seien mit ihm zum Arzt gegangen. Als wir erst kürzlich an einer Brücke vorbei gingen fragte Max: „Weißt Du eigentlich, warum ich Brücken nicht mag? Ich musste mit meiner Mutter darunter schlafen. Es war sehr kalt und ich habe sehr gefroren." Auf Frage sagte er, dass das einige Male so gewesen sei. Es sei Winter gewesen. War es vielleicht im Januar, als sie obdachlos war?

Erst vor einigen Monaten sprach Max mit mir, der Pflegemutter, über den sexuellen Missbrauch durch den letzten Freund der Mutter. Es ist ihm sehr schwer gefallen, darüber zu reden. Er sagte, er schäme sich so sehr. Max kann außer mit mir im Augenblick noch mit keiner anderen Person über dieses traumatische Ereignis reden. Eine Strafanzeige und Zeugenverhöre würde er bei seiner jetzigen psychischen Verfassung schwer verkraften. Wir hoffen, dass dieser Mann bei anderen Kindern nicht gleich handelt.

Auch in XYZ. waren Alkohol und Drogen im Spiel. Er wurde auch dort hart geschlagen und hatte Todesangst vor seiner Mutter. Der Satz: „Sie wollte mich töten" und der Schrecken, den er damit verbindet, blockiert ihn heute noch und hindert ihn daran, vernünftig zu denken. Er sagt: Vorhin habe ich es noch gewusst- und jetzt – in der Schule – weiß ich nichts mehr!"

2. Die Entwicklung von Max seit der Aufnahme in unserer Familie

Da wir von seiner Vorgeschichte nichts mitgeteilt bekommen haben, standen am Anfang seine schulischen Probleme zu sehr im Vordergrund. Wir verstanden z.B. zuerst nicht, warum sich Max so konstant weigert, zu einer psychologischen Beratungsstelle zu gehen. Es dauerte Jahre, bis es über unseren zweiten Pflegesohn gelang, dass er Zugang zu seinem jetzigen Therapeuten fand. Max sagte, dass die Mutter ihm verboten hat, zu einem Psychologen zu gehen. Da er die Mutter als übermächtig erlebt hat, wirkte dieses Verbot jahrelang nach. Er hat die Grundangst, sie könnte an seinem Wohnort auftauchen, bis heute nicht verloren.

Wir verstanden zuerst nicht, warum er sich strikt weigert, nach A. oder nach B. zu fahren, obwohl wir dort sehr interessante Unternehmungen für die ganze Familie geplant hatten. Er kann zunächst nicht sagen, warum er eine totale Verweigerungshaltung annimmt, aggressiv wird, verwirrt ist und die ganze Familie aufmischt. Warum er nicht nach A. gehen wollte, erklärte sich, weil er Angst hatte, dort seiner Mutter zu begegnen, da er erzählt hatte, dass er mit seinen leiblichen Eltern nach A. ging, und die Eltern ihn dort alleine rumlaufen ließen oder zum Fußballspiel brachten.

Bei B. war es uns nicht klar, weil im letzten Sommer alle in der Familie, auch Max, sich auf das Fußballspiel in B. freuten. Als es zur Abreise ging, war Max plötzlich völlig verändert, er tobte, verweigerte sich und war keinem Zureden zugänglich. Tage danach sagte er, er habe solche Angst gehabt, der Mutter in B. zu begegnen. Er sei bei ihr dort gewesen. Sie habe da gearbeitet. Er sagte, dass er nicht sicher war ob sie nicht weiterhin dort sei.

In unserer Familie hat Max eine erstaunlich gute Entwicklung gemacht. Es gelang ihm, eine sichere Bindung an uns zu finden. Besonders gut ist diese zu mir, seiner Pflegemutter, gelungen. Auch die Geschwister sind für ihn wichtig und besonders zu seiner großen Schwester hat er eine enge Beziehung. Er weiß sich bei uns geliebt und geborgen. Trotzdem kommt immer wieder die Angst, dass die Mutter ihn finden könnte, in ihm auf.

3. Die schulische Entwicklung

Max wurde in der ersten Pflegefamilie eingeschult. Dann kam der Wechsel zu der Mutter und deren Freund mit heilpädagogischer Nachmittagsbetreuung. Zu uns kam er zunächst in die Grundschule. Er ging weiterhin in die heilpädagogische Nachmittagsbetreuung. Im Hilfeplan vom 06.02.2001 steht: „Seine Verweigerungshaltung im Hausaufgabenbereich hat vermutlich ihren Ursprung in seinen unausgeglichenen Macht – und Ohnmachtsgefühlen".

Da Max Schwierigkeiten in der Schule hatte, kam er in die Evangelische Schule. Dort ging es drei Jahre recht gut und Max bekam die Realschulempfehlung. Die Anforderungen dort waren im Leistungsbereich zunächst realistische. Er hatte jedoch immer wieder Blockaden und kam in eine Außenseiterrolle und zeigte immer mehr verzweifelte Reaktionen, die weder die Lehrer noch die Klassenkameraden verstanden. Es wurde vor fünf Wochen klar, dass Max in dieser Schule keine Zukunft hat. Wir baten das Jugendamt um Hilfe und um ein gemeinsames Gespräch in der Schule.

Nach dem Gespräch mussten wir feststellen, dass wir keine rechtlichen Möglichkeiten hatten, auf das Geschehen einzuwirken. Der Schulleiter erklärte uns, dass Max von der Intelligenz her ein Realschüler ist. Er habe keine fünf im Zeugnis. Deshalb stehe die Umschulung auf eine Realschule mit dem Sonderschulzweig für Erziehungshilfe im Raume und davon gäbe es in unserem Bundesland nur zwei. Das bedeute, dass Max in einem Internat untergebracht werden müsse. Es wurde uns deutlich gemacht, dass wir keinerlei rechtliche Handhabe haben, Max die Trennung von uns zu ersparen. Max geriet in eine tiefe Krise, bekam Angst vor der Schule, bekam Angst, was mit ihm passieren würde und er brauchte unsere ganze Kraft, das wir ihm über seine Verzweiflung helfen konnten.

Es gelang uns mit der Hilfe des Beistandes einen Weg für Max zu finden. Er besucht seit dieser Woche die für unser Dorf zuständige Hauptschule und kann dort ebenfalls seinen Realschulabschluss machen.

4. Sein Verhältnis zu seinen leiblichen Eltern

Die Mutter hat Max seit seiner Unterbringung bei uns nicht mehr gesehen. Sie hat ihm nie ein Geschenk zu Weihnachten zum Geburtstag oder zu Ostern geschickt. Sie hat sich nie bei uns gemeldet oder sich nach ihm erkundigt.

Das Verhältnis zur Mutter ist angstbesetzt. Sie war es, die den Jungen schwer und nachhaltig traumatisiert hat. Er fühlt sich heute noch ohnmächtig, wenn er daran denkt, dass sie irgendwann einmal auftauchen könnte. Sein Gefühl ist: Sie ist stark. Sie will mich töten.

Der Vater war, als Max zu uns kam, mit weniger Angst besetzt und er freute sich, als der Vater sich zu einem Besuch anmeldete. Wir richteten zusammen festlich den Kaffeetisch und Max saß an der Tür und wartete. Der Vater kam jedoch nicht. Wir hatten eine Telefonnummer von ihm und riefen ihm schließlich an. Es meldete sich eine Frau, die den Vater informierte, dass wir auf ihn warteten. Max saß immer noch vor der Türe. Wir riefen nochmals an – aber er kam nicht.

Die Enttäuschung zeigt sich in folgendem Brief an den Vater:

„Lieber Vater entschuldige, aber ich brauche eine Zeit für mich wo ich all die schlimmen Sachen vergessen kann. Ich melde mich wann ich will. Mir geht es gut. Dein Max".

Max hatte von seinem Vater keinen Schutz gegen die gewalttätigen Misshandlungen der Mutter erlebt. Max zeichnete das Zimmer des Vaters neben seinem Zimmer in seinem Bild ein. Hier stellt sich für uns die Frage: Wenn der Vater selbst Angst vor seiner Frau hatte, warum hatte er keine Hilfe von außen geholt. Warum hat er die beiden Buben diesen Quälereien überlassen? Max will auch heute noch keinen Kontakt zu seinem Vater. Wir werden ihn selbstverständlich unterstützen, sobald er den Kontakt zu ihm wünscht.

5. Unsere Einschätzung
Max konnte sich trotz der traumatischen Vorgeschichte noch öffnen und sichere Bindungen zu uns entwickeln. Neben seinen Schwierigkeiten, Ängsten, Verweigerungshaltungen und Verwirrungen hat er sehr zarte Seiten in seiner Persönlichkeit. Er ist ausgesprochen hilfsbereit. Er merkt, wenn es jemand nicht so gut geht. Er ist dankbar und kann dies auch zeigen.

Worüber wir besonders froh sind ist die Tatsache, dass er einen Therapeuten gefunden hat, den er akzeptieren kann. Max hat mit älteren Menschen in seiner Vorgeschichte einige gute Erfahrungen machen können, die er auf andere Personen überträgt. Er überträgt jedoch auch Ängste auf Personen, die ihn mit einigen Gesten an seine Mutter erinnern. Er ist dann nicht zu bewegen, mit diesen zu sprechen.

Die Situation in den letzten fünf Wochen, in denen er sehen musste, dass wir ebenfalls ohnmächtig sind, weil wir keine Rechte haben, hat ihn tief verunsichert. Er weiß, dass wir die Personensorge beantragen und er hofft, dass das Gericht diesem seinem Wunsch entspricht. Dies heißt, dass er von seinem Vater erwartet, dass er die Zustimmung zu unserem Antrag gibt. Dies kann einen Weg zum Vater eröffnen. Gerne sind wir auch zu einem Gespräch bei einer gemeinsamen Anhörung vor Gericht bereit.

Die Mutter hat das Kind tief und nachhaltig geschädigt. Wenn ein Rest an Verantwortungsgefühl dem Kind gegenüber vorhanden ist, so kann sie das, was sie dem Jungen angetan hat, mit ihrer Zustimmung mildern. Wenn sie dies nicht tut, bitten wir das Gericht, von Amts wegen tätig zu werden und der Mutter gemäß § 1666 BGB das Sorgerecht zu entziehen.

Für Max ist es wichtig, dass wir ihm auch rechtlich Sicherheit geben. Dass wir dies nicht können, hat Max in den letzten fünf Wochen schmerzlich erlebt. Wir sind seine sozialen Eltern geworden und das war bei der Vorgeschichte des Jungen nicht selbstverständlich. Die Übertragung des Sorgerechts auf uns wäre ein weiterer Schritt zur Heilung des Jungen. Er fühlt sich ohnmächtig. Ein Grundgefühl, das nur dadurch gemildert werden kann, wenn er uns als stark empfinden kann. Wir haben uns aus unserer Not heraus mit der Literatur über traumatische Erlebnisse von Kindern auseinandergesetzt und sehen es aus der von uns erlebten Sicht so, dass Max ein erhöhtes Maß an Sicherheit braucht, dass wir ihn schützen können. Wer stark ist, der wird dich besiegen – das ist seine Erfahrung. Diesem Starken bin ich ausgeliefert oder dieser Starke steht für mich ein. Wir sehen, dass Max seine ganze Hoffnung darauf setzt, dass wir stark sind und ihn schützen können.

Ein weiteres Problem ist nach unserer Einschätzung: Wir wussten bis vor fünf Wochen nicht, das unsere Handlungen im rechtsfreien Raum stattfinden und mit der Alltagssorge in § 1688 BGB nicht abgedeckt sind. Wir haben Max zum Beispiel in der Evangelischen Schule und bei Therapien angemeldet oder medizinische Hilfen unterschrieben. Die Eltern sind seit sechs Jahren nicht erreichbar. Wir wissen jetzt, dass diese Handlungen mit der Alltagssorge nicht abgedeckt sind. Deshalb bitten wir das Gericht, uns die Personensorge zu übertragen.

Wir sind fest entschlossen, die volle Verantwortung für Max zu tragen. Wir brauchen dafür eine rechtliche Legitimation. Das hat keine Auswirkungen auf unser Verhältnis zum Jugendamt. Wir wissen, dass das Jugendamt die Hilfe zur

Erziehung gewährt und wir werden weiterhin mit dem Jugendamt zusammen arbeiten.

Mit freundlichen Grüßen

Nr. 5 Musterantrag für Vorlage zur Sorgerechtsübertragung nach § 1630 BGB für den Sorgerechtsinhaber

Name und Anschrift des Sorgerechtsinhabers

Antrag auf Übertragung von Teilen des Sorgerechtes gemäß § 1630 Abs. 3 BGB für meinen Sohn/ meine Tochter ...., geb. am ....

Hiermit beantrage ich, folgende Teile des Sorgerechtes auf die Pflegeeltern, Frau/Herrn ...., wohnhaft in .... zu übertragen:

1.   Die Gesundheitsfürsorge mit den Entscheidungen über die notwendigen therapeutischen Hilfen für meinen Sohn/meine Tochter

2.   Die Entscheidungsbefugnis in allen schulischen Angelegenheit,

3.   Das Recht auf Antragstellung bei Behörden.

Ich bin davon informiert, dass mein Sohn/meine Tochter .... große schulische Probleme hat. Ich weiß auch, dass er/sie therapeutische Hilfen benötigt und die Pflegeeltern immer wieder gezwungen sind, schnell entscheiden zu können, um meinem Sohn/meiner Tochter .... die erforderliche Hilfe geben zu können.

.................., den ....

Unterschrift des Sorgerechtsinhabers

Handreichung des Jugendamtes an Maja, bei der Unterbringung in die Pflegefamilie: Wörtlich zitiert (Anmerkung: illustriert mit handgemalten Löwen, Giraffen und Bären):

Wie die Löwenkinder in eine Bärenfamilie kamen
- Eine Geschichte für Maja -

Es war einmal ein fröhliches, kleines Löwenmädchen. Das lebte mit seinem Löwenpapa, seiner Löwenmama und seiner kleinen Löwenschwester in einer Höhle. Da die Höhle keine Fenster hatte, war es dort meist dunkel. Die Löweneltern liebten ihre Kinder. Sie wussten aber nicht, wie man mit kleinen Löwenkindern spielen kann und sie wussten auch nicht, was Löwenkinder alles brauchen und was sie alles lernen müssen. So kam es, dass das Löwenmädchen nicht richtig spre-

chen lernte und seine Schwester nicht laufen konnte. Beide waren auch sehr dünn.

Manchmal kamen zwei Giraffen zu Besuch und redeten mit den Löweneltern. Eines Tages sagten sie, dass die Kinder nicht mehr in der Höhle bleiben können. Sie erzählten von einer Bärenfamilie, die ein großes Haus mit vielen Fenstern hat. Das war so groß, dass es früher sogar mal ein Kindergarten war. Sie wussten auch, dass die Bärenfamilie noch genug Platz für zwei weitere Tierkinder hatte, die nicht bei ihren Eltern leben können. Dorthin sollten die Löwenmädchen nun umziehen.

Da wurden die Koffer gepackt und die Giraffen brachten die Löwenkinder zu der Bärenfamilie. Die Löweneltern waren traurig. Die Bäreneltern hatten schon vier Kinder, vier Bärenjungen. Alle freuten sich, dass jetzt das Löwenmädchen und seine Schwester zu ihnen in die Familie kamen. So wurden aus der Bärenfamilie eine Bären-Löwenfamilie. Ein Bärenbruder war schon groß und lebte im Haus nebenan. Zusammen mit den Bärenbrüdern ist in der Bären-Löwenfamilie immer viel los.

So lernte das Löwenmädchen richtig sprechen und malen und durfte jetzt jeden Tag in den Kindergarten. Seine Schwester lernte laufen und darf auch bald in den Kindergarten. Die Löweneltern besuchten nun ab und zu das Löwenmädchen und seine Schwester. Da freuten sich die Löweneltern. Sie waren auch sehr stolz, was die Kinder alles lernten. Die Löwen machten am Besuchstag

meistens einen Ausflug zusammen. Immer abends brachten die Löweneltern die Kinder wieder zur Bären-Löwenfamilie zurück. Da freuten sich die Bäreneltern.

So lebten alle glücklich und zufrieden und wenn sie nicht gestorben sind, dann leben sie noch heute.

Das ist wirklich ein schönes Märchen. Die Realität der beiden Bärenkinder spiegelt sich in den beiden Musteranträgen Nr. 6 und 7 wieder. Da das Märchen nicht Wirklichkeit wurde, haben die beiden Giraffen den Pflegeeltern die Schuld gegeben und mit einem Wechsel der Pflegefamilie reagieren wollen. Sie halten auch heute noch an dem Harmoniemodell fest.

Illustrationen gezeichnet von Constanze Kröst

Nr. 6 Musterantrag auf Verbleib der Kinder gemäß § 1632 Abs. 4 und vorsorglich auf den Erlass einer einstweiligen Anordnung

Doris und Oliver Klink   Datum

An das Amtsgericht
- Familiengericht -
in X.

Antrag auf Verbleib der Kinder und vorsorglich auf den Erlass einer einstweiligen Anordnung für Maja, geb. .... Jessica, geb. am ....
gemäß § 1632 Abs. 4 in unserer Familie

Personalien:
Kinder: Maja
                Jessica

Leibliche Eltern: Mutter:
                        Vater:

Pflegeeltern:

Vormund: Kreisjugendamt Y

Wir stellen den Antrag mit folgender Begründung:

1. Anlass des Antrages

Das Jugendamt hat uns mitgeteilt, dass Maja und Jessica von uns getrennt werden sollen und ihr Amtsvormund beschlossen hat, die Mädchen in eine andere Pflegefamilie zu bringen. Begründet wird dieser Schritt damit, dass wir mit der Erziehung der beiden Mädchen überfordert seien. Maja und Jessica leben seit dem 24.11.2004 in unserer Familie.

Zugrunde liegt ein Gutachten, das der Dipl. Psychologe, Herr Z. in den letzten Wochen erstellt hat. Wir haben dieses Gutachten bis heute nicht erhalten, ebenso wenig wie sein erstes Gutachten zu Beginn des Pflegeverhältnisses. Auch die uns betreffenden Gerichtsurteile zum Umgang der Kinder mit den Herkunftseltern wurden uns nicht ausgehändigt. Das Jugendamt berücksichtigt bei seiner Entscheidung unverständlicherweise nicht die ausführliche Diagnostiken des Sozialpädiatrischen Zentrums (SPZ) der Universitätsklinik, wo die Kinder im Herbst 2006 zwei Tage beobachtet und untersucht wurden.

Herr Z. hat bei der Erstellung des letzten Gutachtens mit uns als Pflegeeltern nur insgesamt 15 Minuten gesprochen und mit der vierjährigen Jessica überhaupt nicht, weil sie sich verweigert hat. Mit der siebenjährigen Maja hat er 10 Minuten alleine gesprochen, dann war sie noch circa 5 Minuten mit den leiblichen Eltern zusammen im Sprechzimmer. Tests wurden keine durchgeführt.

Obwohl wir den Gutachter zuvor informiert hatten, dass die Umgangskontakte zu dieser Zeit ausgesetzt waren, ließ er durch die gleichzeitige Einbestellung von uns, den Kinder und den Herkunftseltern in sein Büro eine erneute Konfrontation zu. Dies und dass Herr Z. plötzlich einwarf, dass eine Rückführung der Kinder in die Herkunftsfamilie durchaus denkbar wäre, hat uns sehr beunruhigt. Dazu kam, dass wir in der kurzen Zeit keine Möglichkeit hatten, unsere Situation und unsere Sorge um die Kinder angemessen darzustellen. Herr Z. stellte infrage, dass ein sexueller Missbrauch in ihrer Herkunftsfamilie aufgrund bestimmter Verhaltensweisen der Mädchen angenommen werden muss. Auch zweifelte er an, dass die Kinder durch ihre frühen Erfahrungen traumatisiert seien. Unser Einwand, dass das SPZ der Universitätsklinik in einer gründlichen Untersuchung zu dem Ergebnis kam, dass die beiden Mädchen schwere Bindungsstörungen, Entwicklungsdefizite, posttraumatische Belastungsstörungen und Mangelversorgung in der Herkunftsfamilie erlitten hatten, beachtete er nicht. Ebenso wenig akzeptierte er die dringliche Empfehlung des SPZ, den Umgang mit den Eltern solange auszusetzen, bis sich die Kinder nachweislich stabilisiert haben.

Was uns nachdenklich gemacht hat, ist die Tatsache, dass die uns zugewiesene Familienberaterin, die sich für die regelmäßigen Umgangskontakte zur Herkunftsfamilie stark macht, vor uns bei Herrn Z. im Sprechzimmer war. Der Gutachter nahm kaum Blickkontakt mit uns auf und er vermittelte uns von Anfang an den Eindruck, dass das Ergebnis seines Gutachtens bereits feststand.

Wir halten es für problematisch, wenn sich das Jugendamt nun bei einer für Maja und Jessica, so schwerwiegenden Entscheidung nach zweieinhalb Jahren intensiver und auch vertrauensvoller Zusammenarbeit auf ein so fragwürdig entstandenes Gutachten stützt und damit alle zuvor gewonnenen Einsichten über die Leidensgeschichte der Kinder und ihrer Bedürftigkeit außer Acht lässt.

Wir möchten feststellen, dass wir nichts gegen die Herkunftsfamilie haben und einer Zusammenarbeit zugunsten der Kinder immer offen gegenüberstanden. Wir haben allerdings im Laufe der Zeit verstanden, dass die Kinder so große Not bei ihren Eltern erlitten haben, dass sie die Umgangskontakte als existentielle Verunsicherung erleben. So wie wir, kamen auch die Fachkräfte mehrmals zu der Entscheidung, den Umgang zu verändern bzw. auszusetzen Dies heißt nicht, dass wir die schwierigen Lebensverhältnisse der Herkunftsfamilie und auch ihre Sehnsucht nach den Kindern nicht anerkennen würden. Aber das Kindeswohl steht nach unserer Meinung und auch nach dem Gesetz im Mittelpunkt.

Die Fachliteratur über traumatisierte Menschen sagt heute eindeutig, dass eine Heilung eines traumatisierten Menschen (und ein Kind!) nur möglich ist, wenn dieser in Sicherheit im Laufe der Zeit Abstand von dem Erlittenen gewinnen kann. Die Wiederbegegnung mit dem Verursacher des Traumas oder schon eine Situation, die die Erinnerung an ihn weckt, wirkt retraumatisierend und wirft das Opfer in die überwundene Seelennot zurück. Im Nachhinein wissen wir, dass der Umgangskontakt in der Wohnung der Eltern und der Tante mit den damit verbundenen schweren Erinnerungen nie hätte stattfinden dürfen.

Darüber hinaus halten wir es für hochgradig riskant, wenn der in der Familie des leiblichen Vaters übliche sexuelle Missbrauch nicht als große Gefahr für die Mädchen gesehen wird. Der Vater muss sich wegen dieses Verbrechens in den nächsten Wochen einer über dreijährigen Haftstrafe stellen.

Es ist inzwischen allgemein bekannt, dass es sich bei den Tätern um Menschen handelt, die meist selbst als Kind Opfer waren und die auch bei gutem Willen und trotz Unterstützung von außen immer wieder rückfällig werden, gerade innerhalb der eigenen Familie. Wer Kinder diesem Umgang aussetzt, geht das Risiko ein, dass wieder eine neue Generation von Tätern und Täterinnen nachwächst.

Die Familienberater äußern derzeit die Einschätzung, dass eine Veränderung in der Erziehungshaltung der Eltern stattgefunden hat und diese gesprächsbereit sind. Wir wollen den guten Willen der Eltern nicht in Abrede stellen. Gesprächsbereitschaft der Eltern mag vielleicht den Familienberatern gegenüber signalisieren, dass die Eltern durchaus einsehen, dass Veränderungen notwendig wären. Mit der Erziehungswirklichkeit hat dies jedoch nichts zu tun. Es ist zu hoffen, dass die leibliche Mutter, dem jüngsten Kind bessere Erziehungsbedingungen bieten kann.

Wir stellen die vom Jugendamt ausgesuchten neuen Pflegeeltern als Personen nicht infrage. Wenn das Jugendamt aber nun hofft, dass diese die Umgangskontakte widerspruchslos mittragen, zeugt das nicht von Fachlichkeit. Maja und Jessica dürfen als schwer traumatisierte Kinder keinen Umgang mit der Herkunftsfamilie haben, bevor sie sich stabilisiert haben.

In den letzten zwei Jahren sind wir mit diesen schwer geschädigten Kindern einen Weg gegangen, der nicht leicht war. Wir sehen die Not der Kinder und wir fühlen uns den Kindern gegenüber verantwortlich. Eine erneute Trennung würde den Kindern nochmals den Boden unter den Füßen weg ziehen. Dies ist der Grund, dass wir diesen Antrag auf Verbleib bei uns stellen.

2. Vorgeschichte:
Maja und Jessica kamen am 24.11.2004 in unsere Familie. Einen Tag vorher waren sie mit der Polizei bei ihren leiblichen Eltern herausgenommen worden, nachdem zur bereits beobachteten starken Vernachlässigung der dringende Verdacht auf sexuellen Missbrauch hinzugekommen war.

Die Kinder waren stark untergewichtig, dünn, distanzlos, umarmten jeden Besucher wahllos und setzten sich bei jedem auf den Schoß. Beide waren um Jahre in ihrer Entwicklung zurück. Besonders auffallend war bei Jessica, dass sie buchstäblich erstarrte, wenn man ihr die Windeln wechselte. Die Kinder hatten keinerlei Zeitgefühl, wussten nicht, wann Schlafens- oder Essenszeit ist.

In der Zeit von November 2005 bis Juni 2006 fand eine Veränderung statt. Sie gingen bei Besuchern unserer Familie auf Distanz, gaben ihnen normal die Hand und wollten dann auf den Schoss von uns, ihren Pflegeeltern. Besonders zu mir, der Pflegemutter, kommen beide Mädchen häufig zum Kuscheln. Wenn ich weggehe, muss ich Maja und Jessica genau erklären, wann ich zurückkomme. Sie sind zwar immer noch unsicher, was uns die häufige Zusicherung „ich hab Dich lieb" zeigt. Jessica weicht kaum von unserer Seite. Sie sucht Sicherheit und Schutz. Gefühlsmäßig ist zwischen den Kindern und uns eine Bindung entstanden, die immer sicherer wird. Umso mehr verwirrt es die Kinder, wenn wir zulassen, dass sie zu Umgangskontakten gehen müssen.

Im ersten Hilfeplan vom 29.11.2004 steht in der Zusammenfassung: „Maja zeigt sehr große Entwicklungsverzögerungen, die wesentlich auf eine mangelnde Versorgung und Förderung im Elternhaus zurückzuführen sind. Es ist zu vermuten, dass die Kinder in einer absolut reizarmen Umgebung und Erziehung aufwachsen. Die Rollläden der Wohnung sind überwiegend heruntergelassen.

Maja ist nach Einschätzung des Kindergartens mit 4,8 Jahren auf dem Entwicklungsstand eines ungefähr zweijährigen Kindes. Ob eine Behinderung vorliegt, ist von den Eltern nie überprüft worden und muss noch abgeklärt werden.

Die Eltern waren nicht in der Lage die deutlichen und massiven Entwicklungsverzögerungen zu erkennen oder wollten es nicht."

Im Hilfeplan vom 15.03.2005 wird gesagt, dass in der Zwischenzeit verschiedene Gutachten vorliegen, in denen zusammenfassend festgestellt werden kann, dass beide Kinder nicht von Geburt an geistig oder körperlich behindert sind, sondern in der Ursprungsfamilie einem Mangelmilieu ausgesetzt waren und deshalb keine altersadäquate Entwicklung möglich war.

In diesem Hilfeplan wird weiter beschrieben, dass Maja nach der Aufnahme der Umgangskontakte zur Herkunftsfamilie zunehmend verunsichert wurde. Sie sei noch nervöser als sonst, schlafe schlecht, mache das Licht mitten in der Nacht an und spiele im Zimmer. Im Kindergarten fällt auf, dass Maja nach den Besuchswochenenden anderen Kindern gegenüber vermehrt aggressiv begegnet. Sie hortet und verteidigt ihre Spielsachen, zieht sich zurück und kapselt sich ab.

Das war die Zeit, als die Kinder bei den Eltern übernachten mussten. Die Sozialarbeiterin des Jugendamtes sah das Problem, dass beide Mädchen noch kein Zeitgefühl haben und sich nicht darauf verlassen konnten, dass sie danach zu uns zurückkommen würden. Daraufhin wurde die Besuchsregelung auf unbegleitete Tagesbesuche bei den Eltern reduziert. Was den Kindern in den langen unkontrollierten Stunden widerfuhr, weiß niemand.

Das Verhalten der Kinder seit der Aufnahme in unserer Familie wird im Hilfeplan vom 15.03.2005 wie folgt beschrieben:
„Während Maja früher auf jeden distanzlos zuging, begann sie in der Pflegefamilie sehr bald zu unterscheiden. Bereits beim zweiten Kontakt beobachtete z.B. Herr V., dass Maja mehr auf Abstand ging. Als ich die Kinder mit einer Praktikantin besuchte, begnügte sich Maja damit, diese freundlich zu begrüßen und sich dann an die Pflegemutter zu wenden. Dies wird von den Pflegeeltern im Alltag bestätigt.
Maja hat fast kein Zeitgefühl. Sie fängt mit Begriffen wie in einer Stunde, morgen, in ein paar Tagen nichts an Sie hat keine Orientierung am Tages – oder Wochenablauf. Sie ist erst in der Lage, kurze Zeiträume zu begreifen. Sie hat keine innere Uhr für Tag und Nacht. Sie beginnt auch nachts zu spielen, wenn

sie aufwacht. In den ersten Wochen kam Maja nicht herunter, wenn sie morgens aufgewacht war, sondern blieb auf der Treppe stehen, bis sie gerufen oder geholt wurde.
Maja kann sich nur kurzfristig selber beschäftigen. Sie benötigt stets Zuwendung und Aufmerksamkeit. Allmählich gelingen ihr immer wieder längere Spielphasen mit den anderen Kindern in der Familie."

Zu den Umgangskontakten, die einige Male mit Übernachtungen, danach in unbegleitete Tagesbesuche abgeändert wurden, steht: „Zunächst war ein sehr umfangreicher Umgangskontakt mit den Eltern geplant. Dieser musste wiederholt verändert werden. Die Kinder zeigten unerwartet heftige Reaktionen auf die Besuchswochenenden".

Im Nachhinein erstaunt uns das Wort „unerwartet". Bei der Vorgeschichte der Kinder sollten die Fachkräfte des Jugendamtes diese Reaktionen vorausgesehen haben und niemals Besuche in der Wohnung der Eltern zugelassen haben.

Am 03.05.2005 wurde ein Hilfeplan für den Einsatz der Familienberatung bei uns erstellt. Als Zielformulierung wurde festgeschrieben: Die Pflegekinder sollen im Familiensystem der Pflegefamilie integriert sein. Die Kinder sollen ihre Entwicklungsdefizite aufarbeiten können. Der Kontakt zu den Eltern soll in einem für die Kinder fördernden Rahmen und Umfang stattfinden.

Am 31.01.2006 fand ein weiteres Hilfeplangespräch statt. Dort wurde über die Reaktionen der Kinder auf Umgangskontakte berichtet. Wir werden auf diesen Punkt bei der Beschreibung der Umgangskontakte zurückkommen.

In diesem Hilfeplan steht:
"Die bisherigen Beobachtungen lassen darauf schließen, dass die Kinder durch die erlebte Vernachlässigung in der Familie und möglicherweise auch durch sexuelle Übergriffe traumatisiert wurden."

Es muss davon ausgegangen werden, dass die Kinder in der Herkunftsfamilie
- unter Hunger und / oder Durst leiden mussten
- Maja oft in ein kahles Zimmer geschickt wurde
- ohne Beziehungsaufnahme mangelhaft versorgt wurden, so dass keine positiven Bindungen zu den Eltern aufgebaut werden konnten –
- sexuelle Übergriffe nicht mehr mit Sicherheit ausgeschlossen werden können.

Zu beachten ist, dass die Kinder nicht durch die Herausnahme traumatisiert wurden, was auch der Gutachter festgestellt hat.

Die Vielzahl der Reaktionen und deren Heftigkeit auf die Umgangskontakte beeinträchtigen die weitere Entwicklung der Kinder in einem Maß, dass eine Gefährdung des Kindeswohls zu befürchten war, wenn diese fortgesetzt worden wären. Es war deshalb zum Schutz der Kinder notwendig, die Umgangskontakte auszusetzen.

Maja neuerdings gezeigtes sexualisiertes Verhalten im Kindergarten kann nicht als die alterstypischen „Doktorspiele" gewertet werden. Sie zieht sich im Kindergarten mit anderen Kindern zurück, schiebt ihren Pullover hoch und die Hose runter. Es lässt sich zumindest nicht mehr mit Sicherheit ausschließen, dass Maja doch – entgegen der bisherigen Einschätzung – möglicherweise sexuellem Missbrauch ausgesetzt war.

Die Eltern verbrachten zuletzt die Umgangskontakte mit den Kindern in der Familie und bei einer Schwester des Vaters. In diesem Haus hat auch einer der angeklagten Brüder eine Wohnung. Aufgrund der bestehenden familiären Beziehungen kann nicht ausgeschlossen werden, dass auch der Haupangeklagte sich gelegentlich bei der Schwester des Vaters aufgehalten hat und dass Maja ihm dort begegnet sein könnte oder begegnet ist.

Es kann nicht mit Sicherheit davon ausgegangen werden, dass die Eltern aufgrund eigener familiären Verstrickungen in der Lage waren und sind, ihre Kinder vor Übergriffen zu schützen. Die engen Beziehungen der Familie untereinander wurden in der Verhandlung vor der Jugendschutzkammer nochmals deutlich."

Wir müssen ergänzen: Sexuelle Übergriffe von Maja auf Jessica finden auch bei uns zu Hause manchmal statt. Maja „untersucht" die Genitalien ihrer Schwester Jessica, auch gegen deren heftigen Widerstand. Wir müssen da hellwach beobachten um Schlimmeres zu vermeiden.

Die Frage stellt sich, warum Jessica panische Angst hatte, wenn wir ihr die Windeln wechseln wollten?? Sie machte sich steif, starrte uns entsetzt an und erstarrte buchstäblich. Aus der Fachliteratur wissen wir nun, dass dieses Erstarren ein typisches Verhalten für schwer traumatisierte Kinder ist und die Reaktionen in Situationen auftreten, die der traumatisierenden Situation ähnlich ist.

Es geht uns nicht darum, einen Täter zu benennen oder gar zu bestrafen. Im Umgang mit den Kindern haben wir erfahren: Diesen Kindern wurde in verschiedener Form Gewalt angetan und die Aussage von Herrn Z., dass Maja und Jessica nicht traumatisiert seien, widerspricht unseren Beobachtungen und der fachlichen Einschätzung des SPZ.

Der bis hierin wiedergegebene Inhalt der Hilfepläne entspricht der Einschätzung des Jugendamtes. Für das Jugendamt war bis dahin klar, dass eine Rückkehr zu den Eltern nicht möglich ist und die in den §§ 33 und 37 SGB VIII auf Dauer angelegte Lebensperspektive dieser beiden Mädchen in unserer Familie ist.

Erstmals kam in diesem Hilfeplan die Sicht der Familienberater zum Ausdruck: „Die Eltern nehmen die Termine bei der Familienberatung zuverlässig in Anspruch. Da die Kinder nicht bei den Eltern leben, können die Familienberater nicht sagen, über welche Ressourcen die Eltern verfügen. Die Eltern seien glaubhaft bemüht, Unterstützung anzunehmen, damit die Kinder bald zurückkommen können."

Der folgende Hilfeplan vom 04.03.2006 sagt folgendes aus: Seitens des Jugendamtes ist geplant, die Umgangskontakte ab April behutsam wieder aufzunehmen. Es ist geplant, dass die Familienberater den Umgang begleiten. Das Jugendamt ging immer noch davon aus, dass die Kinder ihren Lebensmittelpunkt in unserer Familie haben.

Ein Zitat aus dem Hilfeplan: „Der Gutachter stellt am 15.12.2004 fest, dass die Eltern persönlichkeitsbedingt derzeit erziehungsunfähig sind. Eine Rückkehr sei aus psychologischer Sicht nicht indiziert. Eine deutliche Auseinandersetzung der Eltern mit den eigenen Defiziten wie im Gutachten gefordert und eine erkennbare Entwicklung der Eltern ist für das Kreisjugendamt nicht erkennbar. Der Vater wurde inzwischen von der Jugendschutzkammer wegen schweren sexuellen Missbrauchs eines Kindes zu 3,6 Jahren Haft verurteilt. Die Mutter ist wieder schwanger. Durch die Geburt eines weiteren Kindes erhöhen sich die Belastungen sowie die Anforderungen an die Versorgung, Erziehung und besondere Förderung der Kinder an die Eltern noch weiter. Außerdem ist damit zu rechnen, dass der Vater voraussichtlich zwischen 2,4 und 3,6 Jahren inhaftiert sein wird".

Die Familienberater äußern wiederum, dass die Eltern alle Termine bei der Familienberatung wahrnehmen.

Die umfangreiche Diagnostik im SPZ der Universitätsklinik im Laufe des Jahres 2006 wurde im Gutachten vom 03.11.2006 mit einem Besuchsausschluss beendet.

3. Der Verlauf der Umgangskontakte
Zunächst waren umfangreiche Umgangskontakte bei der Herkunftsfamilie geplant. Die Kinder übernachteten am Samstag bei den Eltern. Besonders Maja reagierte mit heftigen Verhaltensauffälligkeiten. Sie nässte mindestens 3 Tage auch tagsüber ein, zog sich zurück oder wurde aggressiv.

Wir haben zeitweise das Verhalten der Kinder in der Zeit nach den Umgangskontakten protokolliert und geben hier Auszüge wieder, die die durchgehenden Belastungsreaktionen zeigen.

Am 25.09.2005 stotterte Maja extrem. Sie brachte kaum ein Wort zustande. Das Stottern hielt circa eineinhalb Wochen an. Nach dem Besuch am 09.10.05 hatte Maja extreme Essstörungen. Sie aß kaum etwas und wenn sie aß, brauchte sie sehr lange dazu. Am 16.10.2005 hatte Maja am Morgen vor dem Besuch leichtes Fieber. Nach dem Besuch stieg es auf 41,3 Grad an. Am Folgetag war sie wieder fieberfrei.

Jessica war nach den Besuchen drei Tage lang trotzig und aggressiv. Dieses Verhalten ist bei Jessica nach allen Besuchen gleichmäßig festzustellen.

Am 30.10.2005 erzählte Maja nach der Rückkehr, dass sie bei der Tante (Schwester des leiblichen Vaters). waren. Die folgenden zwei Wochen suchte Maja auffallend oft unsere Nähe. Sie wollte immer in den Arm genommen werden. Sie wirkte unsicher, war durcheinander und unkonzentriert. Diesmal zog es sich bis zum nächsten Besuch hin. Sie war kaum zum Spielen zu bewegen und wollte lieber zu mir, der Pflegemutter, sitzen und Heftchen anschauen. Auf Anweisungen und Regeln reagierte sie nicht. Die Essensprobleme waren ebenfalls heftig. Sie wechselt mit Aggression und Rückzug. Sie wirkte bedrückt. Auf die Frage, wie es ihr gehe sagte sie: Es geht nicht gut. Sie kann nicht sagen warum. Im Kindergarten gab es Probleme. Es kam zu sexuellen Spielen, die über das „Doktorspiel" weit hinausgingen.

Jessica war nach allen Besuchen aggressiv und konnte keine Regeln einhalten. Nach der Rückkehr am 30.10.2005 will sie nur auf dem Arm getragen werden. In den folgenden drei Tagen ist sie extrem launisch, missmutig, sagt immer nur „nein" und streitet mit den anderen Kindern.

Am 13.11.2005 holen die Eltern die Kinder bei uns ab. Als wir es den beiden Mädchen sagten, dass Mama und Papa sie abholen, wollten beide ganz nah bei mir, der Pflegemutter, sitzen und auf den Arm genommen werden. Nach der Rückkehr am Abend wechselt Maja zwischen der Suche nach Nähe und aggressiver Abwehr. Sie wirkt verunsichert. Jessica weint (sie hatte keinen Mittagsschlaf und ist müde). Sie ist trotzig und wirft sich auf den Boden.

Maja erzählt, dass sie den ganzen Tag bei der Tante gewesen wären und nicht bei Mama und Papa zu Hause. Die Tante habe mit Jessica und ihr Vater, Mutter und Kind gespielt. Mama und Papa hätten nicht mitgespielt. Jessica noch Tage nach dem Besuch verheult und aggressiv. Sie beißt sich immer wieder in die Finger und wirft sich schreiend auf den Boden

Maja macht wieder ihre sexuellen Spiele mit anderen Kindern. Maja sagt, dass ihre Mama gesagt hat, sie würden bald wieder bei ihnen wohnen. Maja kratzt sich das Gesicht auf, bis es blutet. Am 17.11.2005 (Donnerstag nach dem Besuch) erzählt Maja plötzlich beim Abendessen, dass sie bald bei ihrer Mama in den Kindergarten geht und dass sie bald bei ihrer Mama wohnen wird. Sie ist die ganze Woche über anlehnungsbedürftig und sucht unsere Nähe. Jessica ist aggressiv und beißt sich selbst. Gleichzeitig sucht sie unsere Nähe und möchte kuscheln.

Von Januar 2006 bis Juni 2006 ordnete der Vormund aufgrund der Verhaltensauffälligkeiten eine Besuchspause an. Darauf trat zunehmend eine Beruhigung der Kinder ein, die mit der Aufnahme der Besuche im Juni 2006 wieder zerstört wurde. Die alten Verhaltensauffälligkeiten traten mit großer Heftigkeit wieder ein und brachten uns fast an die Grenzen unserer Durchhaltefähigkeit. Diese Besuche fanden bis zur Untersuchung im SPZ statt. Die Kinder waren tief verunsichert, orientierungslos und fühlten sich offensichtlich auch von uns verlassen und schutzlos.

Nach der Begutachtung durch das SPZ der Universitätsklinik kam es im Dezember 2006 zum Besuchsausschluss. Die Universitätsklinik gab die dringende Empfehlung, dass Besuche erst wieder stattfinden können, wenn sich die Kinder langsam stabilisiert haben.

4. Unsere Einschätzung
Wir haben uns vor mehr als vier Jahren entschlossen, Pflegekindern in unserer Familie eine Heimat zu geben. Wir waren immer zur Kooperation bereit und vertrauten auf das Wissen und die Fachlichkeit der Jugendamtsmitarbeiter.

Auch als wir im letzten Jahr durch die großen Verhaltensprobleme der Kinder unter Druck gerieten, wandten wir uns vertrauensvoll an unsere Berater. Wir haben auch damals noch Zuspruch und Unterstützung erfahren. Damals hatte die Wiederaufnahme der Umgangskontakte mit den Eltern die Kinder völlig aus dem Ruder geworfen, sie wurden extrem anstrengend, zumal wir mit der ganzen Familie einen Urlaub auf einem Campingplatz verbrachten. Wir wundern uns heute über uns selbst, dass wir auch noch zugelassen haben, dass ein Umgangskontakt mitten im Urlaub stattfand. Dazu kamen missgünstige Platznachbarn, die von der besonderen Situation von Maja und Jessica nichts wussten und die sahen, dass diese beiden Kinder sich anders benahmen als unsere leiblichen Kinder und auch einen anderen Rahmen brauchen. In dieser Not ist es mir, der Pflegemutter einmal passiert, dass ich Maja auf den Po geschlagen habe. Dies tat mir sofort leid, weil in unserer Familie Schläge nie ein Erziehungsmittel waren und es nie sein werden. Es war sicher keine Misshandlung, aber es war für mich nicht in Ordnung und ich habe das Maja auch gesagt. Unsere Beziehung ist so liebevoll wie immer geblieben.

Die Ereignisse der letzten Monate haben uns schmerzhaft vor Augen geführt, dass die seelische Not von Maja und Jessica nicht gesehen und mitgefühlt wird. Wie sonst kommt man trotz all der bekannten, vielfach formulierten Folgen des Umgangs nicht zu der Erkenntnis, dass diese traumatisierten und immer wieder neu retraumatisierten Kinder erneut weiteren Begegnungen mit der Herkunftsfamilie, und das noch in der Wohnung der Eltern, ausgesetzt werden. Wer übernimmt die Verantwortung dafür, dass diese beiden Mädchen immer wieder Leid zugefügt wird und dadurch eine langsame Heilung ihrer seelischen Verletzungen verhindert wird? Dies wäre die Aufgabe des Vormundes. Wir müssen erleben, dass der Vormund die Weisungen seines Dienstherrn befolgt und nicht zum Schutze der Kinder einschreitet, wo dies nötig wäre.

Kinder, die Schweres erlebt haben, machen es der Umwelt schwer. Wir stehen dazu, dass wir unter diesen Voraussetzungen manchmal an unsere Grenzen gekommen sind. Dies werden auch mögliche neue Pflegeeltern erfahren müssen, selbst wenn sie durch berufliche Erfahrung gut vorbereitet sind. Sie hätten es noch schwerer, weil die Kinder durch eine Trennung von uns wiederum schwer geschädigt würden und kaum noch in der Lage wären, neue Bindungen einzugehen.

Besonders Maja braucht die psychotherapeutische Behandlung, wie es im Gutachten des SPZ gefordert wird. Beide Kinder haben noch heute eine Bindungsstörung. Wie kann diese behoben werden, wenn die Kinder immer wieder erleben müssen, dass alles unsicher ist und sie keinen Schutz erwarten können? Jetzt will man die Kinder, die in ihrem bisherigen Leben keine sicheren Bindungen entwickeln konnten und die gerade im Begriff sind, sich an uns zu binden, wieder eine Trennung zumuten. Das wäre für beide Kinder eine weitere Katastrophe in ihrem Leben, die sie mit Sicherheit nicht ohne eine dauerhafte Beeinträchtigung ihrer Entwicklung und nachhaltigen Schädigung ihres Vertrauens in die Welt überstehen könnten.

Da wir davon ausgehen, dass Herr Z. in dieser kurzen Beobachtungszeit kein Gutachten erstellen konnte und wir dies deshalb nicht akzeptieren können, bitten wir, die Kinder in der Universitätsklinik nachuntersuchen zu lassen.

Wir haben bisher nur das Gutachten der Universitätsklinik gesehen. Die übrigen Gutachten wurden uns angeblich aus Datenschutzgründen nicht gegeben. In diesen Gutachten wird offensichtlich über uns gesprochen. Die Herkunftseltern erhalten unsere Daten, wir erhalten unsere eigenen Daten nicht. Die eine Seite ist, dass wir einen Anspruch darauf haben zu wissen, was über uns geschrieben wird und die andere Seite ist, dass wir auch wissen müssen, was die Kinder belastet und eventuell in diesen Gutachten steht, um unsere Aufgabe, nämlich den Erziehungsauftrag den Kindern gegenüber, erfüllen zu können. Wir bitten daher das Gericht, uns die vorhandenen Berichte und Gutachten zukommen zu lassen.

Wir wissen, dass das Verfassungsgericht an einen Wechsel der Pflegefamilien bei einem Kind weit höhere Anforderungen stellt als bei einem Wechsel zu den leiblichen Eltern. Das Verfassungsgericht hat festgestellt (BverfG 75, 201 –220), dass, wenn es um einen Wechsel der Pflegeeltern geht, nur stattzugeben ist, „wenn mit hinreichender Sicherheit auszuschließen ist, dass die Trennung des Kindes von seinen Pflegeeltern mit psychischen und physischer Schädigung verbunden sein kann".

Maja und Jessica haben sich an uns gebunden und erwarten zu Recht, dass wir sie als Eltern vor Schaden bewahren. Deshalb sehen wie uns in der Verantwortung, uns für ihren Verbleib in unserer Familie einzusetzen.

Mit freundlichen Grüßen

Doris und Oliver Klink

Nr. 7 Musterantrag auf Bestellung eines Einzelvormundes/ Pflegers

Pflegeelternschule Baden-Württemberg e.V.   Datum

An das Amtsgericht
- Vormundschaftsgericht -
In X

Antrag auf Bestellung eines Einzelvormundes/Pflegers für
Maja, geb. am 26.01.2000
Jessica, geb. am 19.12. 2002

Sehr geehrte Damen und Herren,

das Jugendamt X wurde vor circa zweieinhalb Jahren zum Pfleger für die beiden Mädchen bestellt. Seither befinden sie sich in Familienpflege bei Familie Klink.

Wir sind als Beistand gemäß § 13 SGB X bei Familie Klink tätig. Die Pflegeelternschule Baden-Württemberg e.V. ist ein freier Träger der Jugendhilfe und wird vom Sozialministerium gefördert.

In den letzten Monaten kam es zu erheblichen Spannungen zwischen der Amtspflegerin und den Pflegeeltern. Die Universitätsklinik stellte in einer sorgfältig durchgeführten Diagnose eine erhebliche Entwicklungsverzögerung, eine schwere Bindungsstörung und bei Maja eine posttraumatische Belastungsstörung fest. Diese Diagnose ist sehr ernst zu nehmen und spiegelt sich auch im Verhalten der Kinder wieder. Wir geben deshalb der Pflegefamilie Hilfestellung, weil die Erziehung dieser schwer traumatisierten Kinder erhebliche Anforderungen an die Pflegeeltern stellt.

Wir sehen, mit welchem großen Einsatz die Pflegeeltern für diese beiden Mädchen einstehen. Die Pflegeeltern baten auch das Jugendamt um Hilfe, weil sie manchmal an die Grenzen ihrer Kräfte kommen. Sie wollten Hilfe, zumal sie sehen, dass die Kinder Fortschritte machen und sie sich langsam an die Pflegeeltern binden.

Das Jugendamt fordert weiterhin vierzehntägige Umgangskontakte, obwohl die Universitätsklinik ausdrücklich eine Besuchspause gefordert hat, bis die Kinder sich stabilisiert haben. Es ist zu beobachten, dass die Kinder bei diesen Umgangskontakten retraumatisiert werden. Ihre positive Entwicklung wird immer wieder in das Gegenteil verkehrt.

Die Pflegeeltern haben gefordert, dass die Umgangskontakte weiterhin ausgesetzt bleiben, wie das im Gutachten der Universitätsklinik steht. Daraufhin wurde ein Gutachten bei dem Dipl. Psychologen Herr Z., in Auftrag gegeben. Im Gegensatz zu der Universitätsklinik, die viermal jeweils circa zwei Stunden mit jedem Kind Tests durchgeführt hat, kam dieser Gutachter zu dem Ergebnis, dass die Pflegeeltern erziehungsungeeignet seien, dass die Pflegeeltern total überfordert seien, die Kinder nur leichte Fortschritte machten, die Pflegeeltern mit den Herkunftseltern Probleme hätten und die Bindung zwischen Herkunftseltern und Kindern und Pflegeeltern und Kindern gleich sei. Deshalb hat er über eine Rückkehr der Mädchen zu den Eltern oder einen Wechsel der Pflegefamilie nachgedacht. Tatsache ist, dass Jessica nicht mit Herrn Z. gesprochen hat, weil sie sich total verweigert hat und Maja 10 Minuten alleine mit Herrn Z. gesprochen hat und 5 Minuten zusammen mit den leiblichen Eltern. Mit den Pflegeeltern hat er 15 Minuten gesprochen und gesagt, dass die Kinder nicht traumatisiert sind und ein sexueller Missbrauch der Kinder nicht stattgefunden hat.

Eine Tatsache, die uns nachdenklich macht ist, dass beim Eintreffen der Pflegeeltern mit den Kindern bei Herrn Z. die vom Jugendamt angestellte Familienberaterin aus dem Beratungszimmer des Psychologen kam. Diese war eine entschiedene Verfechterin von umfangreichen Umgangskontakten.

Wir müssen feststellen, dass es keine Methode gibt, in dieser Zeit zu Ergebnissen und gar zu so weitreichenden für das Schicksal dieser beiden Mädchen zu kommen. Ein Schriftstück, das ohne gründliche und zeitaufwendige Diagnostik erstellt wurde, ist kein Gutachten. Was uns erschreckt, ist die Tatsache, dass die Amtspflegerin die Meinung der Familienberaterin unbesehen übernommen hat und bereits eine Anbahnung in eine andere Pflegefamilie eingeleitet wurde. Dies ist für beide Mädchen eine Katastrophe. Die Mädchen haben eine schwere Bindungsstörung, waren bei der Unterbringung in der Pflegefamilie völlig distanzlos und sind jetzt im Begriff, sich fest an die Pflegeeltern zu binden. Wenn sie wieder eine Trennung erfahren müssen ist es gerade das, was ihr Wohl nachhaltig schädigt. Die Pflegeeltern werden in ihrer Verantwortung für die Kinder gleichzeitig einen Antrag gemäß § 1632 Abs. 4 BGB auf Verbleib der Kinder in ihrer Familie stellen.

Obwohl wir die Pflegeeltern grundsätzlich für die Übernahme der Pflegschaft für geeignet halten, sind wir in diesem Fall der Meinung, dass ein fachkompetenter neutraler Pfleger bestellt werden sollte. Da die Einzelvormundschaft gemäß § 1887 BGB immer Vorrang hat, wenn ein geeigneter Einzelvormund vorhanden ist, schlagen wir im Einverständnis mit ihr, Frau J. vor. Frau J. ist Dipl. Sozialarbeiterin und sie bietet die Gewähr, dass sie ausschließlich die Interessen der Kinder vertritt und außerdem sowohl mit der Pflegefamilie und der Herkunftsfamilie zusammen arbeitet.

Da bereits morgen wieder ein Besuch der beiden zusammenlebenden Frauen, die die neuen Erzieher der Kinder werden sollen, stattfindet, bitten wir um schnelle Entscheidung.

Wir müssen leider feststellen, dass der Amtspfleger, entgegen der gesetzlichen Vorgaben, Weisungen seines Dienstvorgesetzten, vor die Interessen der Kinder stellt.

Mit freundlichen Grüßen

1. Vorsitzender

Nr. 8 Musterantrag für eine Verbleibensanordnung gemäß § 1632 Abs. 4 BGB

Name und Anschrift der Pflegeltern   Datum

**An das Amtsgericht
- Familiengericht-
in X**

Antrag auf Verbleib gemäß § 1632 Abs. 4 BGB für unser Pflegekind
Toni, geb. am ....

Sehr geehrte Damen und Herren,

wir gehen davon aus, dass das Kreisjugendamt X einen Antrag gemäß § 1666 BGB bei Ihnen gestellt hat und die Herausgabe des Kindes wegen Gefährdung des Kindeswohls gefordert hat. Wir wollen in Ergänzung dazu vorsorglich einen

Antrag auf Verbleib des Kindes gemäß § 1632 Abs. 4 BGB stellen, weil wir ebenfalls das Kindeswohl gefährdet sehen und wir uns große Sorgen um unser Pflegekind Toni machen. Wir beantragen einen sofortigen Herausgabebeschluss mit folgender

Begründung:
Die leiblichen Eltern erhielten in der Zeit vom 03.06.2003 bis zum 14.09.2004 Hilfe und Unterstützung der sozialpädagogischen Familienhilfe durch das Kreisjugendamt X. Im Verlauf der Hilfeleistung wurde deutlich, dass das Auffassungs- und Reaktionsvermögen der Kindesmutter aufgrund ihres psychiatrischen Krankheitsbildes deutlich herabgesetzt war.

Im Verlauf der Hilfeleistung wurden der Umfang und die Schwere der Erkrankung der Kindesmutter deutlich. Eine schizoaffektive Psychose mit wiederkehrender Depression, Wahrnehmungs-, Konzentrationsstörung und verminderter Kraft den Alltag zu bewerkstelligen, wurde diagnostiziert.

Auch der leibliche Vater hat Schwierigkeiten, sein Handeln entsprechend den Bedürfnissen der Kinder auszurichten. Die emotionale Zuwendung verlagert sich sehr auf die materielle Ebene, dabei liest er den Kindern jeden Wunsch von den Augen ab, ohne eine bewusste Grenze ziehen zu können oder sein Handeln reflektieren zu können. Dies ist ein Zitat aus dem Hilfeplan vom Juli 2005 des Kreisjugendamtes X.

Zur Vorgeschichte:
Toni kam nach dem Scheitern der sozialpädagogischen Familienhilfe im September 2004 in eine Bereitschaftspflege. Er war zuvor in einer Krise bereits einmal in einer Bereitschaftspflegefamilie untergebracht. In der Bereitschaftspflege entwickelte sich Toni sehr schnell von einem antriebsarmen und introvertierten, erheblich übergewichtigen und depressiv wirkenden Kind zu einem wachen forschenden Kleinkind.

Dies ist aus den Hilfeplänen des Kreisjugendamtes X. heraus zitiert. Weiter heißt es in dem Hilfeplan vom Juli 2005: Herr und Frau Bayer (die Herkunftseltern) haben der Unterbringung ihrer drei Kinder in Vollzeitpflege zugestimmt. Frau Bayer geht davon aus, dass sie ihre Kinder bis Weihnachten zurückbekommt.

Im Juli 2006 ist ein weiterer Hilfeplan erstellt worden. Dort heißt es: Toni fehlte (bei der Aufnahme in unserer Familie) jegliche kindliche Neugierde seine Umwelt zu entdecken. Durch sein Gewicht war er gehandikapt, sich motorisch fortzubewegen. Er konnte zu Beginn des Pflegeverhältnisses noch keine Treppen laufen und sich nur tollpatschig fortbewegen. Toni konnte nicht auf andere Kinder zugehen. Er zeigte hier auffällig aggressive Verhaltensweisen.

In einem Jahr Vollzeitpflege hat Toni seine Entwicklungsverzögerung sehr gut aufholen können. Besonders in den letzten Monaten hat er sich auch sprachlich gut weiter entwickelt. Toni ist mit seinen fast drei Jahren aber noch nicht reif für den Kindergarten. Er besucht eine Spielgruppe und macht nun hier seine ersten Erfahrungen mit gleichaltrigen Kindern in der Gruppe.

Weiter heißt es in diesem Hilfeplan: Herr und Frau Bayer sehen die positiven Veränderungen bei Toni. Sie sind damit einverstanden, dass Toni weiterhin in der Pflegefamilie verbleibt. Im Vordergrund soll nun erstmals die Rückführung von Katharina (Tochter) stehen. Katharina soll ihre ganze Aufmerksamkeit bekommen.
Das Jugendamt sah damals, dass die Familie Bayer überfordert wäre, wenn zu Katharina auch Toni in die Herkunftsfamilie zurückkäme, weil sonst bald die Ausgangssituation wieder hergestellt wäre.

Ab 1. September 2006 ist Katharina wieder in der Herkunftsfamilie. Um eine Überforderung der Familie zu vermeiden, war klar, dass nur Katharina zurückgeführt werden sollte. Soweit der Inhalt aus den Hilfeplänen.

Bei uns stellte sich die Situation so dar. Toni war bei der Aufnahme ein Kind, das keine Trennungsreaktionen zeigte und das deshalb scheinbar gut integriert werden konnte. Er kam im Juni 2005 in unsere Familie. Toni war anfänglich ruhig im Bett geblieben, hat sich nicht gemeldet, hat extrem Essen in sich hineingestopft und war insgesamt stark entwicklungsverzögert. Erwachsenen gegenüber war er angepasst, Kinder jedoch hat er geschlagen. Im täglichen Leben war der Kampf um das Essen eine große Belastung. Er konnte nicht genug bekommen. Auch die Schlafstörungen waren für den Jungen und uns belastend. Wir verweisen auf den anliegenden Bericht der Frühförderung und Entwicklungsberatung X. vom 01.05.2006. Wir verweisen auch auf den Bericht vom 14. November 2006 von der Familienberatung und Erziehungshilfe in X.

Aktuelle Situation:
Am 13. November, also vorgestern, war ein begleiteter Umgang, zu dem wir Toni gegen seinen Willen gezwungen haben. Das Kind wurde von der Besuchsbegleiterin bei den Eltern abgegeben und als sie es wieder wie vereinbart abholen wollte, weigerten sich die Eltern, es wieder herauszugeben. Sie verwiesen darauf,

dass sie das Sorgerecht haben. Im Bericht der Besuchsbegleiterin ist nachzulesen, dass es den Herkunftseltern vorrangig um ihre verletzte Elternliebe geht und sie Tonis Bedürfnisse nicht realitätsgerecht einschätzen können. Sie können auch die gewachsenen Bindungen an uns nicht realitätsgerecht einschätzen (siehe Bericht der Besuchsbegleiterin). Wie die Besuchsbegleiterin sehen wir, dass Toni im Augenblick durch das Verhalten der Eltern traumatisiert wird.

Die einzige Zeit seines Lebens, in der er verlässliche Bezugspersonen hatte, war bei uns. In seinem bewussten Leben hat Toni noch nie bei seinen Eltern gelebt. Es ist zu erwähnen, dass er vor der Aufnahme in unserer Familie bereits in zwei Bereitschaftspflegefamilien gelebt hat und dabei war er erst zwei Jahre alt. Er konnte nie verlässliche Bindungen eingehen.
Es ist jetzt zu beobachten, dass er bei uns durch geduldige Fürsorge und Liebe ein Bindungsverhalten entwickelt hat, das durch den Eingriff vor zwei Tagen wieder tief verletzt wurde. Dieses Bindungsverhalten ist sehr störungsanfällig.

Toni wurde abrupt von den engsten Bezugspersonen getrennt. Das bedeutet eine schwere Traumatisierung des gerade dreijährigen Kindes. Wir sehen darin eine schwere Kindeswohlgefährdung im Sinne des § 1666 BGB. Die vorhandene Bindungsstörung wird durch die Trennung von uns als den Menschen, die er in seinem bewussten Leben als Eltern erlebt hat, weiter verstärkt und damit dem Kind ein nicht wieder gutzumachender Schaden zugefügt.

Der kindliche Zeitbegriff ist zu beachten. Toni hat zum ersten Mal feste Bezugspersonen erlebt und beginnt Vertrauen zu entwickeln. Er hat sich in den letzten Monaten positiv entwickelt und beginnt, die Frühschäden zwar nicht auszugleichen, doch zu vermindern.

Wenn er jetzt erneut in eine Krise gestürzt wird, sehen wir das Kind im Sinne des § 1666 BGB in seiner körperlichen, seelischen und geistigen Entwicklung gefährdet.

Wir sehen uns deshalb gezwungen, den Antrag gemäß § 1632 Abs. 4 BGB zu stellen. Gleichzeitig bitten wir wegen des kindlichen Zeitbegriffs die sofortige Herausgabe anzuordnen.
Im Interesse des Kindes bitten wir um sofortiges Handeln.

Mit freundlichen Grüßen

Die Pflegeeltern

23. Literaturverzeichnis

Ainsworth, M.D.S.: Introductory remarks to the symposium on Anxious Attachment and Defensive Reaction; Symposium at theBiennial Meeting of the Society for Research in Child Development, Philadelphia, March 30, 1973

Ainsworth, M.D.S.: Mutter-Kind-Bindungsmuster: Vorausgegangene Ereignisse und ihre Auswirkungen auf die Entwicklung 1985a; in Grossmann, Karin und Grossmann, Klaus E. (Hrsg.): Bindung und menschliche Entwicklung, John Bowlby, Mary Ainsworth und die Grundlagen der Bindungstheorie und Forschung, Klett-Cotta Stuttgart 2003

Bartels, Klaus: Die Pädagogik Herman Nohls in ihrem Verhältnis zum Werk Wilhelm Diltheys und zur heutigen Erziehungswissenschaft; in Göttinger Studien zur Pädagogik Bd. 15, 1968

Baumrind, Diana: Rearing competent children; in W. Damon (Hrsg.): Child development today and tomorrow, Jossey-Bass San Francisco, 1996

Bowlby, John: Bindung; Kindler München, 1991

Bowlby, John: Trennung; Kindler München, 1979

Cohn, Ruth C.: Lernen im Tun. Von der Psychoanalyse zur Interaktion; Klett Verlag Stuttgart, 1991

Coopersmith, S., 1967

Ebertz, Beate: Adoption als Identitätsproblem. Zur Bewältigung der Trennung von biologischer Zugehörigkeit; Lambertus Freiburg, 1987

Erikson, Erik: Identität und Lebenszyklus; Suhrkamp Frankfurt a.M., 1973

Faltermeier, Josef: Verwirkte Elternschaft; Votum Verlag Münster, 2001

Fegert, Jörg M. in: 1. Jahrbuch des Pflegekinderwesens, Schulz-Kirchner Verlag, Idstein, 1998

Fröhlich-Gildhoff, Klaus: Indikation in der Jugendhilfe; Juventa Verlag Weinheim und München (Hrsg.), 2002

Goldstein, Josef, Anna Freud, Anna und Albert Solnit: Jenseits des Kindeswohls; Suhrkamp Verlag Frankfurt a. M., 1974

Goldstein, Josef, Anna Freud und Albert Solnit: Diesseits des Kindeswohls; Suhrkamp Verlag Frankfurt a. M., 1982

Goldstein, Josef, Anna Freud und Albert Solnit: Das Wohl des Kindes; Suhrkamp Verlag Frankfurt a. M., 1988

Grossmann, Klaus E. und Karin Grossmann: Entfremdung, Abhängigkeit und Anhänglichkeit im Lichte der Bindungstheorie; in Praxis der Psychotherapie und Psychosomatik, 1990

Grossmann, Klaus E. und Karin Grossmann: Bindungen - Das Gefüge psychischer Sicherheit; Klett-Cotta Stuttgart, 3. Aufl., 2004

Gudat, Ulrich in: Handbuch Beratung im Pflegekinderbereich, DJI-Verlag Deutsches Jugendinstitut München (Hrsg), 1987

Hansbauer, (Hrsg.): Neue Wege der Vormundschaft, Fulda 2002

Hardenberg, Oliver: Psychologische Stellungnahme für das Amt für Kinder, Jugendliche und Familien in Münster, 2001

Hassenstein, Bernhard und Helma: Über die Klugheit; Piper Verlag München Zürich, 1992

Hassenstein, Bernhard und Helma: Verhaltensbiologie des Kindes; Herder Verlag Freiburg, 2001, 5. Auflage

Hassenstein, Helena und Bernhard: Eltern-Kind-Beziehungen in der Sicht der Verhaltensbiologie - Folgerungen für Pflegeeltern und Pflegekinder, in: 3. Jahrbuch des Pflegekinderwesens, Hrsg.: Stiftung zum Wohl des Pflegekindes, Schulz-Kirchner-Verlag, 2004

Haußer, Klaus: Identitätsentwicklung; UTB Harper & Row, 1983

Hoch, Hans J., Eckert-Schirmer, Jutta, Ziegler, Frank und Lüschner, Kurt in: Familie im Recht, Konstanzer Beiträge zur sozialwissenschaftlichen Forschung, Band 10, 2002

Hüther, Gerald: Biologie und Angst. Wie aus Stress Gefühle werden; Sammlung Vandenhoeck Göttingen, 2001

Kasten, Hartmut, Hans Rainer Kunze und Claus Mühlfeld: Pflege und Adoptivkinder in Heimen; Staatsinstitut für Familienforschung an der Universität Bamberg (ifb), Bamberg, 2001

Klußmann, Rudolf / Berthold Stötzel: Das Kind im Rechtsstreit der Erwachsenen; Ernst Reinhardt Verlag München Basel, Neubearbeitung 1995, 2. Aufl.

Köckeritz, Christine: Entwicklungspsychologie für die Jugendhilfe; Juventa Verlag Weinheim und München, 2004

Köckeritz, Christine: Vollzeitpflege zwischen Ideologie und Realität. Kritische Überlegungen und Perspektiven zum fachlichen Handeln in Sozialen Diensten; Zentralblatt für Jugendrecht Köln, Bundesanzeiger Nr. 12, 92/2005

Kolb, Ursula: Den Sozialraum öffnen. Erfahrungen aus der Praxis öffentlicher Träger; in AFET Mitglieder-Rundbrief, Hannover: Arbeitsgemeinschaft für Erziehungshilfe e.V. -AFET- 2000, Nr. 2 - 3

Landesjugendamt Karlsruhe (Hrsg.)Knester, H.: Adoption heute, 1999

Leber: Die Sozialisation von Pflegekindern, in: Pflegekinder in der Bundesrepublik Deutschland, ein Forschungsbericht, Eigenverlag des Dt. Vereins, Frankfurt, 1978

Lindgren, Astrid: Steine auf dem Küchenbord; Verlag Friedrich Oetinger 2000

Lutter, Elisabeth: Tagungsprotokoll des Fachkongresses Qualitätsentwicklung im europäischen Pflegekinder- und Adoptionswesen, Zürich, vom 1. - 4. November 2000

Main, George, Carol und Mary: Social Interaction of Young Abused Children: Approach, Avoidance and Aggression, in: Child Development, 1979

Mehringer, Andreas: Verlassene Kinder; Ernst-Reinhardt Verlag München Basel, 1985

Merchel, Joachim und Hendrik Reismann: Der Jugendhilfeausschuss; Juventa Verlag Weinheim und München, 2004

Münder, Johannes, Jochen Baltz und Dieter Kreft: Frankfurter Kommentar zum SGB XIII, Kinder- und Jugendhilfe; Juventa Verlag Weinheim und München, 2006

Nienstedt, Monika und Arnim Westermann: Der Integrationsprozess; in: Pflegekinder Psychologische Beiträge zur Sozialisation von Kindern in Ersatzfamilien, Votum Verlag Münster, 1998

Nohl, Hermann: Gedanken für die Erziehungstätigkeit des Einzelnen, 1926; jetzt in: Die pädagogische Bewegung in Deutschland und ihre Theorie, 1963

Nohl, Hermann: Charakter und Schicksal. Eine pädagogische Menschenkunde; Verlag G. Schulte-Bulmke Frankfurt a. M., 1938

Oberloskamp, Helga in: Zeitschrift Paten 1/2005, PAN Pflege - und Adoptivfamilien NRW e.V. (Hrsg.), 1998

Oberloskamp, Helga, Rainer Baloff und Thomas Fabian: Gutachterliche Stellungnahme in der sozialen Arbeit; Luchterhand Neuwied, 2001, 6. Aufl.

Pestalozzi, Heinrich: Wie Gertrud ihre Kinder lehrt; WFB Rudolf Wolff, 2006

Rogers, C., 1950

Salgo, Ludwig in: 2. Jahrbuch des Pflegekinderwesens, Schulz-Kirchner Verlag, Idstein, 2001

Salgo, Ludwig: Aufsätze, Beiträge, Berichte, 2006

Scheurer-Englisch, Hermann in: 1. Jahrbuch des Pflegekinderwesens, Schulz-Kirchner Verlag, Idstein, 1998

Schweppe, Katja, Zitelmann, Maud, Zenz, Gisela in: Vormundschaft und Kindeswohl, Bundesanzeiger Verlag, 2004

Staudinger, Julius von: BGB, Eckpfeiler des Zivilrechts, Kommentar zum BGB, 2002, 13. Bearb.

Textor, Martin, 1995

Westermann, Arnim in: 1. Jahrbuch des Pflegekinderwesens, Schulz-Kirchner Verlag, Idstein, 1998

Wiesner, Reinhard in: Zeitschrift Pflegekinder Entwicklungsperspektiven 1/2001, Arbeitskreis zur Förderung von Pflegekindern e.V., Berlin (Hrsg.), 2001

Wolf, Lisa in: Hansbauer, Peter (Hrsg.): Neue Wege der Vormundschaft, Münster, 2002

Zenz, Gisela: Familienrecht; in Handlexikon Rechtswissenschaft, München, 1972

Zenz, Gisela: Sitzungsbericht zum 54. Juristentag München, 1982

Zenz, Gisela in: 2. Jahrbuch des Pflegekinderwesens: Die Bedeutung der Erkenntnisse von Entwicklungspsychologie und Bindungsforschung für die Arbeit mit Pflegekindern; Schulz-Kirchner Verlag Idstein, 2001

Zenz, Gisela in: Vormundschaft und Kindeswohl, Bundesanzeiger Verlag, 2004

Zenz, Gisela: unveröffentlichtes Manuskript, zitiert mit Genehmigung der Autorin, 2005

Zenz, Gisela; Hansbauer (Hrsg.), S. 113

Zwernemann, Paula: in 2. Jahrbuch des Pflegekinderwesens: Sozialisation von Pflegekindern; Hrsg.: Stiftung zum Wohl des Pflegekindes; Schulz-Kirchner Verlag, Idstein, 2001

Zwernemann, Paula: in 3. Jahrbuch des Pflegekinderwesens: Praxisauswertung und Fallanalysen über Besuchskontakte bei Pflegekindern; Hrsg.: Stiftung zum Wohl des Pflegekindes; Schulz-Kirchner Verlag Idstein, 2004

Zwernemann, Paula: Auswirkungen einer ersatzlosen Streichung des § 86 Abs. 6 SGB VIII; in Zeitschrift Paten 03/2004, PAN Pflege- und Adoptivfamilien NRW e.V., 2004a

(BAG) Bundesarbeitsgemeinschaft der freien Wohlfahrtspflege (1982), Reinhard Wiesner

BGH-Urteil vom 21.10.2004 - IIIZR 254/03

Bundestagsdrucksache - BT- Drucksache 7/2060

Bundestagsdrucksache - BT- Drucksache 8/111

Bundestagsdrucksache 8/2788, 40, 52

Bundestagsdrucksache - BT- Drucksache 11/5984 vom 01.12.1999: Gesetzentwurf der Bundesregierung: Entwurf eines Gesetzes zur Neuordnung des Kinder- und Jugendhilferechts (Kinder- und Jugendhilfegesetz KJHG)

BVerfGE 68, S. 75, 79 in Salgo, Ludwig: Die Rechtsprechung des Bundesverfassungsgerichts zu Pflegekindern; Bundesverband PFAD e.V. (Hrsg.), 1996

BVerfGE 75, S. 201 - 220 in Salgo, Ludwig: Die Rechtsprechung des Bundesverfassungsgerichts zu Pflegekindern; Bundesverband PFAD e.V. (Hrsg.), 1996

BVerfGE 1984 in Salgo, Ludwig: Die Rechtsprechung des Bundesverfassungsgerichts zu Pflegekindern; Bundesverband PFAD e.V. (Hrsg.), 1996

BVerwG vom 06.09.1974 - I C 17.7. - E 47, 31, 40

BVerwG vom 24.04.1987 7 C 120/86 NJW 188, 85 (86)

1 BvR 1620/04 v. 1. April 2008

Entwicklungspsychologie für die Jugendhilfe 2004, S.226, 227

Statistisches Bundesamt (2005): Vorläufige Schutzmaßnahmen 2004; http://www.destatis.de/

Zeitschrift Pflegekinder - Entwicklungsperspektiven 1/2001, Arbeitskreis zur Förderung von Pflegekindern e.V. Berlin (Hrsg.)

Wegener 1992, S.145

PAN Pflege- und Adoptivfamilien NRW e.V. (Hrsg) (2005): in Zeitschrift paten , 1/05

24. Stichwortverzeichnis

A

Ablehnung	20, 36, 38, 52, 127, 173, 227, 253, 290
Adoleszenz	262ff
Adoption	86f, 95, 106f, 150, 155, 161ff, 201, 268, 315, 323, 340, 355, 392, 432f
Adoptionsvermittlung	97, 120, 163
Aggressivität	31, 70
Aktenanalyse	305ff
Akteneinsicht	81, 382
Alltagssorge	190, 195f, 198, 215, 410
Amtshaftungsanspruch	204
Amtsvormund	68, 197, 199, 202f, 205, 208, 213f, 218ff, 222ff, 348, 376, 414
Amtsvormundschaftswesen	224
Angstträume	64, 249, 253, 260
Anklammern	24, 32, 70, 306
Anpassungsphase	48, 51
Anpassungsverhalten	50, 307
Apathie	19, 30, 70
Aufenthaltsbestimmungsrecht	202, 210, 402
Autoaggression	25
Autorität	15, 152, 245, 396

B

Beheimatung	13, 120, 176, 201, 311, 355
Beistand	16, 41, 44, 74, 81, 110, 144, 183, 208, 212, 214, 217, 291, 294, 302, 312ff, 317ff, 378, 383, 426
Beistandsausbildung	311
Beistandschaft	219, 319, 376
Besuchsrecht	202, 337
Beteiligung der Kinder am Hilfeplan	327
Bettnässen	70, 249
Bewerberüberprüfung	104, 105, 157, 158
Bindung	13ff, 21ff, 29ff, 34, 38f, 46, 49, 53, 60, 62f, 67f, 78f, 87, 90, 112, 123, 128, 133f, 142, 176, 215, 232, 234, 242, 246, 249, 251f, 257, 279, 299, 301, 316, 319, 334, 341, 361, 407, 417, 427, 432
Bindungsbedürfnis	32, 74, 76, 111, 171, 180, 187, 233

Bindungsforschung	46, 93, 133, 146, 155, 157, 243, 329, 434
Bindungslehre	16, 317
Bindungslosigkeit	31, 278
Bindungssicherheit	17
Bindungsstruktur	23, 115
Bindungstheorie	16, 245, 432
Bindungsverhalten	17, 23, 26, 431
Bindungsvorgang	15
Biografiearbeit	267, 269f, 273f, 282, 294f
biologische Elternschaft	62
Bundesdrucksache	73, 201, 323, 356

D

Datenschutz	109f, 164, 236, 282f, 286f, 291ff, 313f
Deprivation	29
desorganisierte Bindung	128
desorganisierte Bindungsstruktur	23
Doppeleignung von Pflege- und Adoptivbewerbern	8, 106, 161, 163
doppelte Qualifizierung	151, 329

E

Einzelvormund	195, 202, 205, 212, 214, 222ff, 240, 317, 401, 428
Elterliche Sorge	378
elterngleiche Bindung	46, 279
Elternrecht	77, 148, 149, 227ff, 307, 392
Elternschaft	26, 62, 67f, 171, 249, 252, 279, 432
Entwicklungsbeeinträchtigung	34, 257
Entwicklungsphasen	256, 260f, 264
Entwicklungsrückstand	33, 47, 172
Erziehungskompetenz	84, 189, 214, 325, 348
Erziehungswirklichkeit	148, 151, 416

F

Fachliche Ausrichtung der Jugendämter	110, 120f
Fallzahlen	135, 160, 178
Fallzuständigkeit	101, 103, 122, 156, 233, 284, 287
Familienfähig	34

Familienpflege	75f, 78, 81f, 127, 146, 154, 172, 195, 200f, 206, 303, 323, 360, 365, 370f, 375f, 378f, 381, 387, 389, 426
Fremdunterbringung	30, 103, 127f, 156, 158, 165, 171, 179, 191, 307, 361
Fürsorgepflicht	40, 270, 307

G

Garantenpflicht des Jugendamtes	44, 307
Geborgenheit	22, 35, 58, 59, 67, 79, 103, 128, 146, 148, 150, 153, 239, 243, 278, 323, 346, 355
Gegenvormund	205
Gemeinsame Vormundschaft	203
Geschwistersolidarität	115
Geschwistertrennung	85, 114, 116f
Gewalterfahrung	25
Gewaltmuster	38
Grundbedürfnis des Kindes	14
Gruppenarbeit mit Pflegefamilien	96
Gutachten	59, 63, 65f, 69, 78, 80, 84f, 88, 90, 98, 111, 118, 231, 249f, 252, 296ff, 302, 345, 392, 414f, 418, 421f, 424f, 427

H

Handlungsmuster der Jugendämter	303f, 309
Herausgabeverlangen gem. § 1632 BGB	6, 62f, 78, 80, 316
Hilfebedarf	369
Hilfeplan	42, 74f, 113, 161, 164, 168, 170ff, 174, 180, 183f, 186ff, 232, 234, 308f, 314, 318, 327f, 337, 371f, 403, 408, 417ff, 421, 429, 430
Hilfeplangespräch	44, 170, 181f, 188, 259, 288, 348, 419
Hilfeplanung	100, 103, 106, 113f, 122, 126, 130, 149, 156f, 161f, 164, 179f, 182, 187, 196, 214, 216, 220, 223, 313ff, 318, 327, 333
Hilfeverlauf	164, 166
Hospitalismus	30

I

Identität	20, 67f, 134, 198, 227, 250ff, 255, 263f, 275, 432
Identitätsentwicklung	249, 252, 254, 256, 264, 433
Inobhutnahme	82, 190, 192ff, 373f, 377

Integration	35, 48, 51, 54, 56, 104, 106, 116, 146, 251, 371

J

Jaktation	30
Jugendhilfeausschuss	136ff, 157, 159f, 433
Jugendhilfeträger	34, 38, 62f, 102, 135, 139, 164, 185, 311, 313f, 324

K

Kinderschutz	130, 225, 307
Kindeswohl	38, 45, 62, 74, 76f, 82, 113, 124, 127, 129, 133, 135, 144, 147, 149f, 156f, 166, 174, 195, 226, 249, 277f, 280, 292, 306, 311, 318f, 321f, 324, 343, 360ff, 364, 379f, 392, 416, 429, 434
Kindeswohlgefährdung	38, 42, 62, 65, 82, 107, 122ff, 126ff, 131ff, 191, 194, 230, 282ff, 292, 324, 355, 367, 431
kindlicher Zeitbegriff	6, 31, 70f, 157, 170f, 315, 323, 431
Konzeption	99ff, 119, 136, 154ff, 311
Krisensituation	218, 267

L

Landesjugendhilfeausschuss	137, 138
Lebensbuch	274, 294
Leber, Alois	27, 433
Legende von der sanften Umgewöhnung des Kindes	69
Lernen	99, 262, 370, 432
Loyalitätskonflikt	64, 66, 175f, 244, 246

M

Mitvormundschaft	204
Mitwirkungspflicht	185

N

Namensänderung	212, 275ff, 326, 391, 394, 397ff, 401
nicht erinnerungsfähiges Alter	6, 83, 275, 295, 405
Nohl, Hermann	151ff, 434

O

Organisationsstruktur des Jugendamtes	94, 120

P

pädagogischer Alltag	293
pädagogischer Bezug	7, 151f
Personensorge	180f, 194f, 198f, 203, 209, 212, 214, 216f, 219ff, 280, 294, 369, 373, 377ff, 389, 402, 410
Personensorgeberechtigte	171, 371
Persönlichkeitsentwicklung	18f, 115, 373
Pestalozzi, Heinrich	151ff, 434
Pflegeelternverbände	140, 311, 329, 362
Pflegekinderdienst	98, 101, 103, 106, 120, 126, 135f, 148f, 154, 156ff, 163, 171, 175, 187, 214, 219, 220, 222, 238, 318
Pflegekinderpädagogik	12f, 155
Pflegschaft	55, 191f, 202f, 212, 214ff, 223f, 280, 309, 311f, 317, 428
professionelle Familie	153
psychosoziale Diagnose	111, 118, 161, 163f, 170
Pubertät	58, 214f, 217, 238, 251f, 255, 262, 264, 300, 348, 401

Q

Qualifizierung von Pflegeeltern und Fachkräften	98f, 101, 120, 146, 151, 177, 179, 318, 329
Qualität der Bindung	17, 21, 133, 232, 299
Qualitätsentwicklung	141, 144, 148ff, 154f, 160, 433

R

Religion	211
Resignation	62, 68f, 80, 93, 257
Retraumatisierung	218, 225, 244, 271, 273
Risikofaktoren	228, 232, 234, 244
Rolle des Beraters bei der Hilfeplanung	120ff, 124ff, 129ff, 150f, 159f, 161ff
Rollenumkehr	25, 38, 117
Rückführung	70, 74ff, 78, 81ff, 112, 162, 171, 176, 186, 193, 196, 202, 294, 312, 317, 322, 324, 379, 382, 389, 392, 394, 414, 427ff, 431

S

Schutzfaktoren	34, 36, 165, 228, 232, 235
Selbstbestimmung	18, 47, 247, 283

Selbstständigkeit	19
sichere Bindung	15, 17, 21, 24, 29, 63, 68, 176, 242, 316, 407
Sorgeberechtigte	78
Sorgerechtsentzug	122, 180, 191, 220f
Sozialdaten	283ff, 293, 314
Sozialdatenerhebung	283f
soziale Elternschaft	9, 249
Sozialgesetzbuch	13, 194, 196, 367, 374, 381
Sozialisation	31, 100, 131, 252, 297, 433f
Sozialisationsprozess	19
Sozialraum des Pflegekindes	103, 122, 124f, 433
Stellungnahme	5, 40, 64, 216, 298, 310, 372, 433f

T

Trauma	60, 79, 243
Trennungsangst	58, 62ff, 68, 90, 175, 178, 234f, 250, 362
Trennungstrauma	85

U

Überanpassung	49
Übertragung von Teilen des Sorgerechtes	294, 411
Umgangskontakte	21, 24, 42, 62f, 68ff, 79, 123, 126, 134, 142, 179, 191, 226ff, 232, 234ff, 240ff, 244ff, 260, 274, 276, 287, 304, 306, 308, 312, 316f, 326, 328, 337, 339, 340f, 345, 347, 362, 364f, 415ff, 424, 426f
unsicher-ambivalente Bindung	23
unsicher-vermeidende Bindung	22
Urmisstrauen	15, 18
Urvertrauen	15, 18f, 59, 257, 259, 262, 264

V

Verbleib in der Pflegefamilie	62, 65, 68, 103, 171, 196, 315
Verfahrenspfleger, -beistand	147, 154, 310, 361, 389
Verfassungsgerichtsurteile	77
Vermittlungsphase	108, 146, 158
Vermögenssorge	200, 203, 206f, 212, 216, 223, 378ff
Vertrauensbildung	46
Verwandtenpflege	220
Vollzeitpflege	71, 101f, 112f, 119, 142, 144, 150, 157, 163, 168, 172, 184, 189, 304, 371, 374, 429, 430, 433

Vorbereitungskurs	106, 287
Vormund	126, 189, 193, 195, 198, 202f, 205, 207ff, 218, 221, 223ff, 240, 276, 280f, 325, 365, 374f, 382, 390, 395, 397ff, 414, 423f
Vormundschaft	5, 114, 126, 189, 191f, 202ff, 212, 214ff, 219, 223, 225, 243, 266, 279f, 294, 309, 311f, 317, 325f, 347ff, 384, 394f, 397f, 400, 432, 434
Vormundschaftsgericht	203ff, 212f, 215f, 280, 306, 367, 375f, 382, 390f, 395, 397, 401, 426

W

Werksinn	20, 261
Wochenpflege	186, 322, 331

Z

Zugehörigkeit	14f, 51, 54, 138, 146, 239, 243, 252, 275, 280, 432
Zugehörigkeitsgefühl	35, 36